U0361535

献给已逝的

弥尔顿 · E. 福特博士

(1941 — 2014)

THE ART OF BEING HUMAN

The Humanities as a Technique for Living

Richard P. Janaro & Thelma C. Altshuler

艺术：
让人成为人

人文学通识

（第11版）

［美］理查德·加纳罗

［美］特尔玛·阿特休勒　　　著

郭峰　张萌　译

北京大学出版社

PEKING UNIVERSITY PRESS

在阅读这些文字的路上

你会遇见你自己……

第一部分　探求人文学

第二部分　人文学学科

第三部分　人文学主题

艺术：是个问题

朱青生

有问：人何时成其为人？

答曰：无从考证，只凭自省。只要是一个人，沉思反省，可以上达千古之边界，那里，人成其为人。沉思和反省可以通达之处，则为人文。不能逾越的边界即是非人的暗昧分界，人不能体验存在，也不能形容生命，因为人的问题，不能分享于动物，更不能穿透物性。人文始于越过物质和动物的本性的界限，因此，人非草木，人非禽兽。

同样的问题，在欧洲反复诘问，营造成人文主义的故乡，流溢西方，影响中国。反复诘问的后果，人的品质由于人性的分层而界定，即作为物质的存在（有如山石），作为生命之生物（有如鸟兽），作为生活之常人（有如众生）和作为精神之学者（真正的人之谓也，非指如今意义上的知识分子和专家）。山石鸟虫不能自言，任人评说借喻；而从常人到一个有教养的人，则是人与人的高下之别，被当作人可以成其为完人的愿望和指向，也是人生幸福的最终归结。引人离开物性，脱出兽性，超越欲念而趋向高明的所有道路，就是所谓的人文；修养和培育人文的方法和方式即是艺术；对方法的分类和建造则是人文学科，而对人文学科的理性研究和验证就是人文科学。

所以，在这本书中，艺术泛指人文，也可以写为复数（Arts）。人文学科与人文科学的全部范畴合称人文学（Humanities），其中包括历史、哲学和艺术（含文学）。

但是这基于一个美好的愿望！在现代化过程中，人的问题非但无从改进，而是更为落拓。在一个传统的社会，体制和教条逼迫人们向某种人道的方向演进，无论以多少自由和平等丧失作为代价，不惜进行思想钳制和肉体惩戒，把人类文明很长的历程变成一段世俗和精神君王们统治和争斗的历史。现代化使每个人具有自己基本权利的同时，人是否有选择不接受人文和反对艺术的自由？在日常生活中苦苦挣扎的众生和理想高远、素质超绝的精英是否可以要求并得到平等的尊严和权利？因此我就经历过学生家长不只一次的质问："我的孩子如此优秀，为什么你们不让他学经济和管理，却要他学文史哲？"

　　而现代化造成的分工和压力，使人更趋向于消费和娱乐。艺术作为人文的方法和方式既可以引人趋向高尚，也可以反过来诱人坠入沉沦。一个文化产业管理教授坦承，从业者大都是从人性的弱点下手，来组织生产和营销对精神造成安慰和迷幻的产品以获取利润。看看每个得了网瘾的孩子的父母无助而焦虑的眼神，映照的何止是"艺术"对少年的诱拐？也包括娱乐游戏对人间的玷染。一个沉湎于网吧娱乐的人，也正是顺着音乐、戏剧、电影、电视、艺术等活动正脱开高明，趋向欲念，不离兽性，接近物性。文化不可能必然地趋向文明，在一片权术和利益的江湖，"文化"就会反过来造成铁石心肠（人性的最低一等——物性存在）和衣冠禽兽（人性的倒数第二等——生命存活）。

　　幸亏，还有这样的书。它的副标题明示 Human（人），不是作为活着的人，而是作为人文的人。中译为"让人成为人"。它在加强一种警示和呼唤，人本来不是"人"，只有通过修养和教育，经由艺术和人文，方能成为真正的人。

序

本书为《艺术：让人成为人》第 11 版。如同之前的版本，本书旨在向大家介绍人文学给我们带来的愉悦——这些人文学科反映了全世界人类文明各时期的杰出贡献。一直以来，我们的目标是传递我们对人文学所怀有的热情。人文学既是心智与情感体验的源泉，也是自我认知的通途。通过逐渐了解各种创造性艺术，并学会对它们进行批判性思考，读者们便会更好地了解自身以及生活于其中的世界。

《艺术：让人成为人》讲述了人类历史上不同文明在人文学上所取得的杰出成就。我们认可往昔的成就，因为那时曾生活着与我们类似的人，正是他们创造了至今仍然能够感动我们的伟大作品。他们的所言、所行可以帮助我们更好地理解当下。而我们之所以研究现当代艺术家的作品，也是因为相信其中一些会成为经典或者杰作，就像过去那些作品一样。无论何时，只要我们打开这本书，就会体验到愉悦，并在欣赏过去、现在世界不同种族和文明的作品过程中得到新的激励。

本书结构如何？

《艺术：让人成为人》有别于一般的人文学科入门类读物，它不仅关注人文艺术——文学、音乐、艺术、表演，还聚焦永恒的哲学主题，包括宗教、道德、幸福和自由。本书没有按照时间顺序排列，而是按照学科和主题进行分类，旨在引导大家独立探索，并把握其中的重要关联。

第一章至第三章介绍人文学研究的基础。第一章对"人文学"进行相关定义；第二章重点强调批判性思考在理解本书中出现的学科和主题时的重要性；第三章主要探讨神话，因为它是人文学研究的基础。

第四章至第九章对人文学基本学科进行清晰的综合性探讨和研究，这些学科包括文学、艺术、音乐、戏剧、音乐剧和舞蹈以及电影和电视。

第十章至第十六章对世界人类文明的核心主题进行广泛的探讨，这使得本书与一般的人文学入门读物不同。这些主题——包括宗教、道德、幸福、爱、自由、天性以及死亡的威胁和对生命的肯定等——介绍了人类生存中始终面临的哲学问题以及它们对艺术的影响和艺术对其进行反思的方式。

本版新在何处？

《艺术：让人成为人》至今已有10版，每版都很受欢迎，这是因为人文学是充满活力的，而且其蓬勃的生命力将永远持续下去。作为人类日常生活的一部分，人文学总是处在不停的成长和变化中。因此，本书对前面的数版进行了诸多重要修订，这些修订是人文学永葆生命力必不可少的条件。在本版的撰写过程中，我们对绝大部分内容进行了反复验证、修订或重写。本书特意将内容更新至21世纪，每一章中都补充添加了关于当代作品和当代思想的新内容。

❑　在每一章对人文学科做了新的补充，介绍当代作品和人物。这些补充包括：

- 当代诗歌和后现代小说（第四章）。
- 抽象表现主义、表演和装置艺术以及数字化艺术（第五章）。
- 对摇滚、嘻哈和饶舌（说唱）的探讨（第六章）。
- 对包括大卫·马梅、奥古斯特·威尔逊和托尼·库什纳等在内的当代剧作家的探讨（第七章）。
- 摇滚乐、点唱机音乐剧和百老汇奇观音乐秀（第八章）。
- 科幻片、动画片和漫威大片（第九章）。
- 关于电视，聚焦电视剧的"新黄金时代"（第九章）。

❑　对批判性思考的拓展具体反映在：

- 新的图片说明，引导读者们对所看内容进行独立思考。
- 批评聚焦。在章节（第四章至第九章）末尾处增设新的专栏，为读者提供了深入了解某部作品，或对同一流派中两部或多部作品进行比较的视角，引导读者运用批评方法回答作品的相关问题。例如，分析和比较沃尔特·惠特曼、威尔弗雷德·欧文、A. E.霍斯曼关于英年早逝的诗歌，或者讨论美剧《火线》中诸如托尼·瑟普拉诺和奥马·利特等反面角色。

❑ 主题章节（第十章至第十六章）的修订和更新反映了对当代思想和全球文化更加广泛的关注。

❑ "学习目标"在每章正文内容开始之前，每章末尾是"回顾"，带领读者重温每章出现的重点概念。

《艺术：让人成为人》的一贯特色

如果没有坚实的基础，一本书很难屡屡再版。在本书的第 11 版中，我们仍旧持有这样的想法，非历时性的结构能帮助读者更深入地了解人文学。因此，本版延续了之前的做法，分门别类地探讨各种艺术和哲学主题，这历来都是人文学研究的重中之重。本书特色鲜明，因此广受欢迎、简单易用。本版将延续这些特色：

· 人文学学科全覆盖。本书讨论了所有重要的人文学学科，检视了相关的重要议题，并鼓励读者探索艺术和社会主题与自己生活的关系。

· 学科和主题的分别处理。本书的架构可以让读者每次选择一种艺术门类或主题进行学习，不需要像阅读一般历时性文本那样在每章中处理纷繁的主题和学科。

· 灵活的结构安排。每一章都独立成篇，因而本书便于在内容上拆分组合，满足各类学制学时的课程要求。

· 丰富的案例。为尽量拓展读者的认知范围，本书在写作中征引了来自全球各地的文学和艺术案例，凸显了当今全球化时代背景下的重要问题。

· 通俗易懂的写作风格。以更贴近当下的语言来展现人文学的世界，便于读者理解。

· 突出的视觉设计。超过 190 幅的作品图片，能给读者带来更加丰富的视觉体验。所有的图片和附加说明都与文本中的讨论直接相关。

我们希望，本书的读者，除了获得对人类文化的理解之外（这对他们日后的发展会很有帮助），也能发现自己、了解自己。正像凯瑟琳·曼斯菲尔德所言，一个伟大的诗人必须首先是一首伟大的诗。那么，我们应该如何去评价一个完全自觉的人呢？这样一个人难道不应该不只是一首诗，而且还是一首歌、一支舞、一幅画、一场戏、一部电影或者一个新观念吗？这些彼此相隔遥远的星辰很难在一目之间尽收眼底，但正因前路艰难，才值得攀登。

致 谢

序中的"我们"，不仅包括本书的所有作者，还包括其他许多人，正是因为他们长期艰辛的付出，才保证了本书的质量。独立开发编辑 Ginny Blanford 提供了极大的帮助，为本书增加了新内容、扩展了覆盖面，还挑选了许多新图片。编辑 Roth Wilkofsky 的远见卓识和自由编辑 Margaret Manos 的相关工作，都是极其重要的。我们的制作团队——培生公司的 Joseph Scordato 和 Barbara Cappuccio、欧菱格出版服务公司的 Cynthia Cox、Lumina Datamatics 公司的 Haylee Schwenk，保障了工作能如期按时开展。Lumina Datamatics 的 Jennifer Simmons 和 Tom Wilcox 耐心地为我们解决了诸多难题。所有人都是团队的一部分，正是在所有人的努力下，我们才真正明白了协同合作的意义。

本书（英文版原书）封面上的图片是当代意大利艺术家 Franco Fortunato 的作品，在此，我们对他的慷慨授权表示万分感谢，也向帮助我们从中联系的霍夫斯特拉大学的 John Bryant 表示感谢。

我们也要感谢许多老师和同学的来信，他们在信中提出了许多支持和建设性意见，十分宝贵。还有为之前版本精心写作评论的作者：圣里奥大学的 Pamela Painter、亚特兰大技术学院的 Laura Jones、爱许兰社区技术学院的 Debra Justice、帕斯科赫尔南多州立学院的 Connie LaMarca-Frankel、得克萨斯州立学院的 Abigail Lewsader、圣彼得堡学院的 Nancy Smith、塔拉哈西社区学院的 Lindsey Smitherman-Brown、加州州立大学北岭分校的 Patricia Swenson 和 Nancy Taylor。而且我们也对如下提供许多专业细致批评意见的人表示感谢：欧道明大学的 Robert Arnett、北卡罗来纳大学教堂山分校的 Ryan Ebright、棕榈滩大西洋大学的 Gary Poe、罗诺克学院的 Jennifer Rosti 和佛罗里达农工大学的 Derek Williams。

写一本人文学的书，或许是最好的发现其他人的人文脾性的方式，也是彰显意义非凡的劳作之奥秘的方式，而这个奥秘就是，工作绝非一己之力可以完成。

理查德·加纳罗

特尔玛·阿特休勒

艺术：让人成为人

第一部分

探求人文学

图 1.1　列奥纳多·达·芬奇,《蒙娜丽莎》,约 1503—1507 年

为什么这幅小小的作品能成为世界上最著名的油画?它有什么魔力吗?

第一章

人文学：一座闪耀的灯塔

1.1　定义"人文学"。

1.2　总结人文学的礼物。

1.3　解释为什么列奥纳多·达·芬奇被认为是"无限的人"的典范。

　　人文学的定义已经不再像过去那样简单。"**人文学**"（humanities）一词来源于"**人文主义**"（humanism），过去仅仅指对古希腊和古罗马时期伟大艺术家、作家和哲学家思想的研究。文艺复兴是一场始于 14 世纪并席卷整个西欧的伟大的艺术、政治变革，在这一时期，人们重新燃起了对古希腊和古罗马文化的兴趣——两大文明自罗马帝国衰落后的一千年里一直被人们忽视。文艺复兴时期的学者认为，只有通过研究古典艺术、文学和哲学，人才能变成一个完整的人。

　　这些**学科**进而变成了人们所知的人文学。最终，这一术语延伸到古希腊和古罗马文明研究之外，将对西欧主要国家的研究也包括在内：先是意大利，然后是法国和西班牙，再后来是英国，最后是德国。随着人类文明的不断繁衍，人们在认识自己的过程中需要研究的范畴也越来越多。文艺复兴时期，音乐、戏剧和舞蹈开始蓬勃发展起来，学者们发现，这些学科正是古代文明给予人们的礼物。

　　近年来，这种颇具民族中心主义的人文学视角——对西方文明的研究——再次延伸，囊括了欧洲以外各文明做出的巨大贡献。中国、日本等亚洲以及非洲和美洲文明中的音乐、戏剧和文学已经成为人文学研究的重要补充。

1.1 做一个完整的人

人文学是什么？

只有心怀人道，人才是健全的。
——库尔特·冯内古特

　　在本书中，我们对人文学的定义尽可能宽泛。是的，我们仍然需要关注那些在过去饱受赞誉，并且在今天依旧被称为"人文主义传统"的伟大艺术和思想成就。我们都属于人类，我们都希望尽可能多地了解前人做出的伟大贡献。在人文学研究中，我们可能还会找到那个古老神谕——"认识你自己"——的答案。通过研究他人的贡献，我们会明白自己可以做出怎样的贡献——或许不是作为伟大的艺术家、作家抑或音乐家，而是变成一个更有思想、更具批判性的人。

　　需要清楚的是，数世纪以来"人文主义传统"曾多多少少局限在古典时期和西欧文明中的男性做出的贡献。柏拉图、米开朗基罗和莎士比亚时至今日仍然值得我们尊重和学习，但是我们的研究还应该包括世界上古往今来的所有人，所有的男性和女性，他们或许小有名气，或许因为被时代忽略而默默无闻，他们创作了无数精彩的音乐、诗歌作品，留下了很多令人兴奋的思想，这些都在等待我们去发掘和欣赏。

人文学也表达着我们在灵光乍现时的创造力和智慧，也许是在一次淋浴时，也许是在风和日丽的某天的一次街头散步时，你的灵魂因为体验到生命的纯粹喜悦而得到升华。当今时代充满了焦虑和对未来的不确定，令人眼花缭乱的科技进步既令人惊叹又使人迷失，在时空中找到自己的位置变得越来越困难，而人文学为我们提供了一个安全的避难所、一个可以停泊的安静港湾，或者至少在一段时间内，人文学能够帮助我们认识自己。

人不仅仅是一个性别、一个年龄、一个地址和一份职业这么简单，每个人都有思想——表达或未曾表达的，都会被触动，都需要笑或者哭，都会期待自己得不到的东西。人文学为我们提供了可以激发想象的故事、可以启迪心智的思想、可以带来热情的音乐，还可以帮助我们理解他人创作和思想中的智慧。学习人文学能使我们把目光转向内心，察觉到那些被隐藏起来、等待释放的创造冲动。丰富的人文学知识会帮助我们面对真实的自我。本书的一个主要目标就是向大家展示，人文学研究究竟如何成为人们自我发现之旅的起点。

人文学研究：批判性思考的重要性

人文学不仅包括这些令人振奋的伟大成就，还包括对它们的研究以及学者和批评家做出的批判性分析和阐释。研究者将自己的思考传递给他人，因此这些作品永远不会被遗忘。人文学就是一个批判性的过程，在这一过程中，我们能客观公正地欣赏那些我们正在阅读、观赏以及聆听的对象。特别是在世界发展节奏越来越快的背景下，要想成为一个真正的人，这一过程——通常被称为"批判性思考"——必不可少。批判性思考是如此关键，而人文学在促进批判性思考的过程中非常重要，因此下一章将单独讨论这个问题。

> 必须永远有公开运用自己理性的自由，并且唯有它才能带来人类的启蒙。
> ——康德

人文学是一种生存技巧，任何想让生活变得更丰富的人都可以拥有。它也是一种生活方式，充满了批判性思考和审美愉悦的时刻。世界迫切需要它。

人文学会使人上瘾。一旦这些歌曲和故事、音乐和舞蹈、文字和思想进入你的生活，你就再也离不开它们，而你也不需要离开它们。在安静中，你会体验到人文学的魅力所在；而在喧闹的世界上，安静本身也足以让人着迷。如果人人都能守护这些安静的时刻，世界自然会变得更加美好和安全。

如今世界已经变成一个地球村，生命时刻面临恐怖袭击或轰炸的威胁，在这样一个人类互相残杀、环境灾害遍布、愤世嫉俗者不断怀疑生存价值的世界上，人文学的存在总是能够升华人的心灵。艺术、音乐、文学、故事、歌曲这些人类思想的结晶，建筑和工程的伟大成就，甚至哪怕是春天盛开的第一朵花儿，都在提醒我们，做一个真正的"人"到底意味着什么。

生命的延长不一定代表人类的进步。那些研究基因的科学家幻想着能找到人类衰老基因的替代品，他们承诺要延长人们的寿命，就像神话故事里的人那样（或许一些人能活到 110 岁，比如《霍比特人》中的比尔博·巴金斯）。在这个混乱不堪的世界上存在很久，却不去思考自己是谁，不知道如何获得内心的宁静，这绝不是最好的生存方式，而正是人文学使生命变得更加丰盈。

在更广泛的世界中重新定义人文学

要使生命变得丰富，就要尽可能地开放思维。人们活得越久，就越容易固守自己年轻时形成的价值观。人文学会激发人们的开放性思维。对文学、音乐、艺术以及其他文化思维模式的探讨对人类自身的发展是必不可少的。为什么呢？答案很简单：对人们而言，世界越变越小，我们无法不去关心周围发生着什么；世界就在我们周围。因此，我们需要在"我们是谁"和广义地理解"他们是谁"之间保持清醒的平衡。因为"他们"是我们的一部分，而"我们"也是他们的一部分。

天下难事必作于易，天下大事必作于细。
——老子

传统的西方文明史已经无法满足我们了。例如，在古希腊时期，难道没有很多女性，她们也有着伟大的思想，也偷偷写出了很多美丽的诗歌？尽管大部分早期人类文明的先驱，如埃及、中国、日本、罗马和希腊，已经吸引了人们广泛的关注，成为人们分析和研究的对象，但它们并没有完整地呈现人类文明的历史。在非洲、南美洲和中美洲，在哥伦布"发现"新大陆很久之前的北美洲，在那片西方人眼中无比神秘并诞生了伊斯兰艺术、科学和哲学的土地上，在那片无名氏们建造了巨石阵和复活节岛上 30 座伟大雕塑的土地上，都产生过繁荣的文明。奴隶主们在阳台上畅饮着薄荷酒时，农场里的奴隶们便在简陋的棚屋中编造着精彩的传奇，传唱着复杂的歌谣，延续着自己文明的传统。

因此，本书的主要任务是为大家呈现一个无比精彩和奇妙的世界，它的存在和人类的存在一样久远，而且每天都在等待我们重新去发掘。它就是人文学的世界。它就在这儿，就在门外等待着你。如果你知道要看向哪里，你就会发现它在你心里。你只需要打开这扇门，或者找到那个富有创造力的自我，伸出你友好的双手，你的生活会因此发生美好的变化，你一定会迫不及待地跑到街上，与人们分享这一美好！

1.2 人文学的礼物

人文学给了我们哪些礼物？

经济学告诉我们，人的需求永无止境，而资源却往往有限。因为任何东西都是供小于求。因此，那些我们珍爱的事物，以及食物和居住场所等都被贴上了价格标签。甚至连水都变得越来越稀缺，可能在不久的将来，我们需要花很多钱买水解渴，更不用提浇灌草地。然而我们会有足够的钱把自己所有想要的东西都买下来吗？答案当然是"不会"！

而在人文学中，答案却恰恰相反。人文学资源是取之不尽、用之不竭的，缺少的往往是人们对它的需求。在经济学中，我们无法选择让自己变得富有，但在人文学中，我们却会自己选择变得"贫穷"。

几十年前，在一次严重的经济大萧条中，银行为了吸引存款，为那些准备放弃消费、开通定期存款账户的客户准备了礼物：烤面包机、搅拌器、蒸汽熨斗和行李箱；当然，银行的准备金也随之大幅增加。这些刺激在本质上是周期性出现的，而无论经济环境如何，人文学一直在给大家准备着礼物。下面是其中的一部分。

美

自哲学诞生以来，自思想者们开始追问是什么使生活变得美好以来，答案通常都与美相关。美与愉悦之间的关系显而易见。看到美的人和美的事物可以使人感到愉悦和满足，人们喜欢生活在美而不是丑之中。

> 我们总是满世界找寻美，但若心中无美，便难觅美的踪迹。
> ——拉尔夫·沃尔多·爱默生

虽然人们会争论某一个人或者某一首歌是否美，却一致赞同这样一种观点：如果某个事物各个部分的排列令人愉悦、看上去合理，那么它就是美的。这种合理性决定了事物带给我们的愉悦感。当事物的某些地方不合理，我们就很少被它吸引，甚至会产生反感。那么这种让事物看上去合理的标准是什么呢？无法否认，这才是真正棘手的地方。

判断——一幅画、一张脸、一个故事或是一个戏剧场景——是否合理完全是一种主观行为吗？是，也不是。文化在其中起着一定的作用——有些文化把对称视为美，有些则不然；有些文化看重精致，有些文化却看重力量。某种程度上，我们可以在那些历经数世纪却依旧能够感动我们的伟大作品中寻找美的标准。

列奥纳多·达·芬奇的作品《蒙娜丽莎》（图 1.1）可以被称作全世界最伟大的作品。每周都有数千人涌入卢浮宫，专程欣赏这位面带神秘微笑的女人。它创作于 1503—1507 年间，自此以后，数不清的艺术史学家和批评家争相对它为何能成为一幅伟大的作品而发表自己的观点。他们的视角各不相同：有些赞美画中女人迷人的面孔或模糊的凝视，有些却喜欢画中女人身后神秘的背景。并不是所有人都觉得画中的这位女性是美丽的——不同文化对美丽的标准不同——但是他们却一致认可，《蒙娜丽莎》是一部美的艺术作品。

审美愉悦　美在人们心中激起的喜悦被称为**审美**。这是种什么样的喜悦呢？一种答案是，美会激发人们内心一种不言自明的幸福感。诚然，一辆闪闪发光的新车对人的吸引力，与它外表的美丽相比，更多是来自拥有它的自豪感；如果这辆车属于别人，那么它的吸引力更多是来自我们内心生出的羡慕。看到身边走过一张美丽的面孔，我们可能盼望着与她有更为密切的接触，但如果我们开始就没有做出这样的审美判断，就不会产生如此的渴望。那些写出大量专著探讨《蒙娜丽莎》秘密的批评家已经做出了这种审美判断，他们在努力论证为什么画中各部分是合理的。对于美来说，不存在一个宇宙通用的绝对定义，但毋庸赘言，没人会否认美的存在。

在某种程度上，人文学是一个"作品目录"，这些作品得到了那些毕生追求美的人的认可，这些人也为我们对美的求索之路指明方向。然而我们需要谨记，对美的追求是无止境的，人文学这一"作品目录"也需要随时更新。这些美的路标会因为文化的不同而不同。如果我们想提升自己的审美，那就需要亲身体验不同类型的美，需要尝试从不同的视角去欣赏它们。

在纽约大都会艺术博物馆亚洲厅的某个角落放置着一件很容易被人忽略的雕塑——日本艺术家野口勇（1904—1988）的《水石》（图1.2）。它是一个凹凸不平的灰色石头喷泉，顶部源源不断的水流乍看之下似乎是一块透明玻璃，而实际上，水正在以非常缓慢的速度沿着石头边缘往下滴，因此流下的水与从下面抽上来的水永远等量。水滴发出的柔软声音让那些坐在旁边长凳上观赏的游客感到无比舒适和着迷。一位女性说，她在那儿安静地坐了几乎一小时。

《水石》的设计包括石头的形状和质感、水流形成的阴影以及最重要的——声音。不过你没必要专门跑到博物馆去感受这种声音。一条林间小溪，穿过崎岖的礁石，也会形成多样的明暗，这时闭上双眼，就会听到溪流的潺潺声，会听到风吹过水流的声音和溪水拍打礁石的声音。事实上，如果你想完全体验前面所说的人文学为我们带来的那种静谧，你只需要找到这样的一条林间小溪，或者认真观察一下彩虹的色彩。当你寻找美的时候，你就会发现，原来美居然离你这么近。

当然，艺术为我们带来的绝不仅仅是一种审美愉悦。有时候它会向我们传达艺术家认为重要的事情。事实上，有些人认为，首先是要在作品中探求到意义。然而，执意找到作品的意义，对艺术家和观赏者来说都是有害的（毕竟，那条沿着石头雕塑的侧面淌下来的水流表达了什么呢？）。许多艺术家，还有诗人和小说家，他们反对评论家们

图 1.2
野口勇，《水石》，约 1987 年
如果你在大自然的某处看到这
样一组石头，你的感受会有什
么不同？自然的美和艺术品的
美有何不同？
The Metropolitan Museum of Art.
Image source: Art Resource, NY

仅仅从意义上来判断他们的作品是否重要。

人文学既有审美功能，也有交流功能。区别它们是批判性思考很重要的一部分，在接下来的章节中我们将会继续讨论。

优美的动作

一个完美的动作很难不激起人们内心的崇敬和赞美。动作和呼吸一样，是人的独特属性。很少有人能够做出完美的同步性动作，但是当我们看到别人做出这样完美的动作时，会由衷感到愉快。虽然我们自己的动作可能缺乏协调，不像舞者般轻盈、美妙，但是当我们欣赏一段舞蹈，或是随着节奏转身、滑行、摇摆的时候，我们也会从中获得美的愉悦。我们为自己的人生安排了各种计划和目标。或许这就是为什么人们喜欢站在舞台上跳舞，哪怕仅仅是随着节奏起舞的原因——想要寻求一种改变。人们这样做有什么特殊的目的吗？答案是并没有，运动带来的愉悦本身就是它存在的理由。

法国艺术家埃德加·德加（1834—1917）喜欢画舞蹈演员（图 1.3）。他笔下的那些芭蕾舞者展示了女性的优美和体态的优雅。或许展示优美和优雅并非他的唯一目的；他的另外一些作品还展示了处在其他环境中的劳动女性，这表明德加很可能对劳动社会中女性扮演的角色有很大的兴趣。但明显是芭蕾舞者带给德加审美上的愉悦，而他的作品又把这种愉悦传递给我们。

图 1.3
埃德加·德加，《舞台排练》，约 1874 年
观赏绘画能给我们带来与观看真实舞蹈演员同样的体验吗？两种体验有何不同？
Scala/Art Resource, NY

　　同样，观看花样滑冰运动员平稳的滑行、优雅的跳跃，观看滑雪运动员或极限运动员看似不可能的极速旋转，观看嘻哈舞者动感的节奏和跑步运动员流畅的步伐也会给我们带来这种审美愉悦。每个动作看上去都是合理的，即使我们不知道它们具体有什么功能。很多人可能不如训练有素的舞者、滑冰运动员或者跑步运动员那样协调或者强壮，不过如果我们像他们一样的话，那么他们的动作可能就不那么美丽了。

语　言

　　可以无限组合的语言是我们同自己和他人交流的工具。通过语言，我们可以使别人理解自己，也能理解我们读到的内容和别人说的话。人们在很小的时候就有了对语言的需要；如果我们能有幸生长在这样的环境里——大人们愿意同我们交流，他们喜欢读书，也会读给我们听——我们会发展出对语言的爱。

写作时不费力气，读
起来多半无趣。
　　——塞缪尔·约翰逊

　　研究表明，儿童的成长会经过若干阶段。大部分 2 ~ 3 岁的儿童已经具备了文字意识，他们会为视线所及的每一个物体加上名字，这似乎是人与生俱来的一种本能。虽然孩子对词汇与日俱增的需要足以让人感到开心，但他们一天到晚地追问"那是什么？"也会让他们的父母和哥哥姐姐感到厌烦。在这个阶段，孩子喜欢重复他们听到的句子和短语，但并不知道它们的意思。不幸的是，我们并不会一直拥有这种不断增加、充实自己词汇量的"贪婪"。

掌握言说方式　我们究竟是什么时候，以及怎样丧失了对拥有更多词汇的需要，这是一个复杂的谜题。与其努力寻找解开这个谜题的答案，倒不如意识到"事情本可不必这样"来得重要，而这也是人文学的切入点。通过阅读，通过聆听舞台或银幕上精彩的话语——或者，更好的是，通过大声地朗读诗歌——我们会掌握一种极富魅力的言说方式。有些人将人文学看作一种生活技巧，有时会直接引用一些有名的句子来表达自己的观点，确信他们的朋友知道其中的意旨。

读书之于心灵，犹如运动之于身体。
——约瑟夫·艾迪生

戏剧中有一句非常著名的台词是《哈姆雷特》第三段独白的开篇："生存还是毁灭，这是个问题。"当人们处在类似的情景中，比如要决定是待在家里看电视，还是到城里大吃一顿再看场电影的时候，如果当事人说"啊，这是个问题"，即表明说话人并不倾向于哪个选择，而是在等着大家的建议。对这些人们耳熟能详的台词进行直接引用或者改编，不仅有趣，而且能减少琐碎和浪费时间的讨论。

中世纪英国诗人杰弗里·乔叟（1343—1400）最著名的作品《坎特伯雷故事集》中有很多让人过目难忘的故事和对故事讲述者的传神描写。乔叟寥寥几笔就能抓住角色的本质，他的很多描写已经成为人类语言宝库的一部分。其中的一个角色是律师，他总是忙忙碌碌，显然忙得让很多懒人都对他羡慕不已。在详细描绘了这位律师和他的举止后，乔叟补充道："再也没有比他还要忙碌的人。"有谁知道在过去的 600 年里有多少人用这句话来形容某些人呢？这些人表面上忙忙碌碌，实际上却没有做任何有意义的事情。当一名高中生被问到为什么没有完成作业的时候，他答道："我快要被一些别的事儿忙死了。"这时我们就会翻个白眼说："再也没有比他还要忙碌的人。"

人应该每天都听点音乐、读首好诗、看幅好画，可能的话，再说几句明智合理的话。
——歌德

公元前 6 世纪希腊哲学家赫拉克利特有一句名言："人不可能两次踏进同一条河流。"这句话的意思是，生命无时无刻不在变化，宇宙中唯一不变的就是"变"本身。后来一些作家把这句话修改成了"人不能一次踏进同一条河流"，因为河流也在不停地流动，也或许是因为世界上很多河流已经消失了，比如科罗拉多大峡谷，对环保主义者来说，这句话是对人类行为的一种莫大的讽刺。显然，人文学丰富的语言可以为诸如环境保护这样紧迫的事业赢得更多人的支持。

欣赏多样性　人文学中有很多新颖巧妙的措辞，为我们提供了可以娴熟运用语言的各种方式。最伟大的喜剧之一——奥斯卡·王尔德于 1895 年创作的《不可儿戏》是一个充满巧言妙句的宝库，展示了不同的表达方式可以产生多么不一样的效果。在其中一场戏里，主人公杰克·华兴正在接受未来岳母的"面试"。她像一头擅长狩猎的母狮子，调查他的身世（图 1.4）。她问这个紧张的年轻人是否抽烟，他羞愧地承认："哦，是的，我的确抽烟。"她却出其不意地回答道："我很高兴听你这么说，男人总得有份职业。"这个女人不仅在智慧上胜他一筹，还含沙射影地暗示了上层社会的懒散和空虚。

图 1.4　布莱恩·贝德福德在 2009 年出品的《不可儿戏》中饰演布莱克纳尔女士，迂回剧场，纽约

王尔德的戏剧以机智的言辞和俏皮话闻名。社交媒体的出现改变了我们的语言表达方式吗？如何改变的？

Joan Marcus Photography

另一位语言大师是 13 世纪波斯著名诗人鲁米，他留下了很多充满智慧的感人诗篇。那句令人记忆深刻的句子"伤口是光进入你内心的地方"可能影响了 20 世纪加拿大诗人和词作家莱昂纳德·科恩，他的《颂歌》中也有这句话："所有的东西都有裂痕，那是光进入的地方。"[1]

语言艺术已经变成了一种高级艺术。就像美一样，好的语言不证自明。一个"对文字有一套"或"很有语言天赋"的人通常会赢得人们的尊敬（当然，那些除了语言天赋之外一无是处的人除外）。

然而，正如陈旧的句子或习语会毁掉一部小说、戏剧和电影那样，如果我们在日常生活中乱用术语，也会产生同样的后果。不过，这些陈腐的句子往往不经意就会被说出来。比如我们在说话时经常会不由自主地加入"像"（like）这个字。

日常用语　除了无所不在的"像"，人们的日常用语里还经常会出现"你知道的"（y'know）或者"你知道我的意思吧"（know what I am saying）这样的话，我们通常用"go"代替"said"，"我就……然后他就……"（I go... and then he goes...）另外，我们还被鼓励用一些缩略词来与人交流（BTW 代表 by the way，LOL 代表 laugh out loud 等）。随着人们越来越多地通过短信而不是面对面交流，表情符号也可以代替语言。语言总是充满变化，或许在当下的变化要比以往更快。想一下下面这几句话："我需要一台新的 iPhone，因为我手机上的 App 应用都不工作了。"或者说"我们熬了一整晚一口气看完了《女子监狱》"。App？一口气看完（binge-watching）？十年前，这样的词根本不存在。

不过我们留意过这些话吗？会被它们的精巧所吸引吗？大家有印象比较深刻的措辞吗？这种语言能帮助我们成长吗？仔细听一下对方的言语，如果他们说的话新鲜而有趣，那么他们很可能花了很多时间去阅读。或许你的语言也很有趣，这反映了你有热爱阅读的好习惯。我们希望是这样。

以下是泰勒·马里一首诗的摘录。泰勒·马里是一位有着丰富生活经验的诗人。他从教九年，在皇家莎士比亚剧团学习过表演，后来成为一名诗人。他主张在课堂中教人读写。诗歌的名字是《完全就是那样，你知道的吧？》：

万一你没有注意，

这其实有点没那么酷

听起来好像你知道自己在说什么？

或者深信自己所说的？

不可见的问号和括号（你知道的吧？）

早已附着在我们所说的句子的末尾？

即便这些句子并不是，比如，问句？你知道的吧？[2]

观　念

语言不仅仅是我们在与人日常交往时展示我们的见识的工具，还是我们借以阐述观点的方式。不过，每个人的脑海中总会闪现一些转瞬即逝、无法捕捉的想法，或许一时找不到合适的词来表达。阿尔伯特·爱因斯坦曾说过："如果你不能用最简单的语言来描述，那你就是没有真正领悟。"当有人解释一个复杂的理论——比如相对论——的时候，我们会点头表示自己听明白了，有人或许能保证用自己的话做出同样的解释，但绝大多数时候人们是做不到的。

我们借助语言来思考。如果没有语言，我们便不会有观念。人们会产生一些无须语言表达的直觉，但它们与观念不同。当然，直觉是人类至关重要的本能。当聆听一段音乐的时候，我们不需要语言就会被美妙的乐曲所陶醉。直觉对欣赏很多人文学宝藏来说是必需的。但是在哲学家、小说家和诗人那里，我们会找到自己对激动人心的观念的热爱。当我们阅读一篇充满启发性、观点令人震撼的文章时，我们通常会对自己说："啊，我多么希望我也能想到这个！"（当我们提出了一种观点，得到了别人的认同甚至是赞美、钦佩的时候，难道不会感到自豪吗？）

> 物以类聚，只因其不学无识。
> ——罗伯特·哈尔夫

思考可以帮助大家保持理智，哪怕是处在一个社会飞速变化和科技进步声称可以代替人类思考的时代。幸运的是，我们的大脑仍然让我们除了生存之外有着更多的需求。思考让我们和世界一直保持联系。思考也有很多种形式。数学、物理学和经济学等严密的研究可以对大脑进行高强度的训练，但不是每个人都擅长这些领域。

值得高兴的是，我们还有人文学，它可以提高我们内心的敏感度，加深我们对很多事物的理解：过去、现在、人类行为、极富创造力的作品和数世纪以来很多哲学家、科学家和理论家尚未解答的问题。

问答式教学：苏格拉底教学法　《苏格拉底咖啡馆》（2001年出版）的作者克里斯托弗·菲利普斯构想了哲学探索协会。《苏格拉底咖啡馆》描写了很多叫作苏格拉底咖啡馆的地方，协会成员们聚在这里进行交流和讨论。集会的形式受到柏拉图（公元前427—前347）的导师苏格拉底（公元前469—前399）教学方法的启发。

苏格拉底和年轻的学生们聚集在雅典的一个小树林中，讨论诸如"什么是正义？"这样具体的问题。正如柏拉图所记录的——因为据我们所知，这位大师自己并没有留下只言片语——他们讨论的形式是这样的：

> 苏格拉底提出问题。
>
> **学生**："凡符合统治者最大利益的皆为正义。"
>
> **苏格拉底**："统治者是否不论怎样都会通过一项出于某种原因与其最大利益相冲突的法律？"
>
> **学生**："我想有可能。"
>
> **苏格拉底**："倘若情况真的如此，那么人们违背该项法律是否正当？"
>
> **学生**："我不这么认为。法律就是法律。"
>
> **苏格拉底**："换句话说，有人违背一项法律仅仅因为他认为该法律不符合统治者的最大利益，这种做法是不正当的。"
>
> **学生**："谁知道呢……也许这项法律是可以违背的。"
>
> **苏格拉底**："倘若你认为可以违法，而我说不能违反法律，我们哪一个人对？"
>
> **学生**："我猜在这件事上我们都是对的。"
>
> **苏格拉底**："这就是你对正义社会的看法吗？任何人都可以自行决定是否去遵守一项法律，你希望生活在这样的社会里吗？"
>
> **学生**："我想……我不愿意。"
>
> **苏格拉底**："那么我们事实上必须将正义界定为某种绝对的概念，而不仅仅符合统治者最大的利益，或是符合自行决定不去遵守某项法律的个体的最大利益。"

以上展示的是苏格拉底教学方法，即通过问问题来激发学生的批判性思考，而不是通过说教。在苏格拉底咖啡馆，人们讨论的重点不是解决世界上的所有难题，而是用古代哲学家和思想家的思考方式来讨论过去和现在仍然困扰人们的一些问题。很明显，"正义"就是一个这样的问题，因为至今都没有一个让所有人都满意的答案出现。不管你是否认为正义是绝对不变的，还是除了"强权即公理"之外并没有其他普适原则，对这个问题的探讨和辩护可以训练我们的思维。正如舞蹈一样，思考不需要更多的理由。

所谓学习，就是在突然间破除前见，获得新知。
——多丽丝·莱辛

对过去的深入理解

人文学让我们不只看到自己的过去，它能让我们切身体验到那些生活在过去的人们的困扰和抗争，过去人们面对的很多问题至今依然存在，这些经验会帮助我们更好地理解生命的内涵和意义。一个真正的人是过去和过去对当下影响的累积。

人文学让我们拥有不止一种生命体验：此时此刻的和过去的。那些拒绝接受和欣赏人类宝贵的思想遗产的人，如果发现自己陷入一种孤独的生活状态，也便只能责怪自己了。

像所有人一样，"过去"也有被人们聆听的权利。我们知道，它并没有充分地展现出自己的天才，并没有完整呈现出所有文化中男性和女性做出的伟大贡献。尽管过去已经停滞不前，但是它有属于自己的荣耀。雕像《米洛斯的维纳斯》已有数百年的历史。虽然她没有胳膊，但是当我注视她的时候，还是会情不自禁地感受到那种理想主义，感受到那些不知名的古典主义艺术家对女性身体的赞美。我们对过去越发熟悉，就会越了解过去的人们，会越发为我们同属人类而感到自豪。对美的追求和热爱是永恒的、普遍的，而人文学为我们展示的过去不仅仅只有美，就更不用说那些伟大的思想和语言了，过去能给我们的还有更多。

在过去留下的遗产中，有很多我们现在依然面临的问题。古希腊戏剧家埃斯库罗斯（约公元前525—前456）创作的史诗悲剧《俄瑞斯忒亚》是一部三联剧，故事取材于一个古老的神话：儿子为了替父报仇，杀了他的母亲及其情人。在最后一部《报仇神》中，埃斯库罗斯创造了人类历史上第一场法庭戏。戏中，儿子被宣告无罪，因为法庭认为，母亲的罪行比他更大——她杀死了一位勇士，一位人民的伟大领袖。儿子杀死的只是通奸的女人和她的情人。

释放主人公的决定在2500年前已被做出，而且在狄奥尼索斯剧场的舞台上得以上演，直到今天人们还在讨论这场戏。教授戏剧历史的老师通常会指出，虽然无罪释放的判决并不能让所有人接受，尤其是对女性主义者而言（他们认为判决是对受害者的性别歧视，因为它忽略了被谋杀的丈夫也有一名情妇的事实），但是这部作品毫无疑问是人类早期民主发展历史上的一个里程碑。这毕竟是一场审判。阅读或者观看《俄瑞斯忒亚》会引发人们讨论：法律——即使在民主社会中——是否真正实现了公正。

一些现代作品也会表达那些生活在过去的人们的思想和感受。比如，在美国几乎每个上学的孩子都读过小说《杀死一只知更鸟》。这部作品毫无疑问能使我们更好地理解美国社会中存在的种族主义和不公平，也能更好地理解人类童年时期的情绪和感受。多少人在童子军中看到了自己？当然，毕加索的《格尔尼卡》(图5.34)能让我们看到战争带来的混乱和灾难。

我们欣赏苏格拉底、埃斯库罗斯、维纳斯创作者或者更晚近一些的艺术家，比如哈珀·李和毕加索的作品，并不意味着我们轻视他人的成就。同样的道理，我们敬重当代，对未来充满憧憬，也不意味着我们要轻视那些值得颂扬的昨日成就。

知之为知之，不知为不知，是知也。
——孔子

1.3 成为一个"无限的人"

为什么列奥纳多·达·芬奇被认为是"无限的人"的典型？

通过加深我们对当下——包括存在的问题、重要的主题以及它们的不同表现方式——的感觉，通过把我们与过去联系在一起，人文学为我们提供了一个更加广阔的视角去看待生命本身。随着本书的慢慢展开，你对人文学会有更深入的了解，你会了解这个学科是什么，感受到它们如何对你的生命产生影响。你看待人文学和整个世界的视野会变得越发宽广，你也会变成一个"无限的人"。

让我们看一下人文学的楷模，一个典型的"无限的人"——列奥纳多·达·芬奇（1452—1519）。他的好奇心和创造天赋是如此之大，历史赋予他一个绝无仅有的称号——通才。他还被称作"文艺复兴人"，因为他博学多闻，有着广泛的兴趣和成就。在达·芬奇的时代，很多人拥有这个称号，出名的，或者不出名的，他们没有把自己限制在一个领域中，不过绝大多数人都未曾获得达·芬奇的成就：绘制了飞机和潜水艇的草图，早在威廉·哈维正式宣布发现血液循环系统之前就已经推测出人体存在循环系统；最先发明了液体比重计测量排水量；早在测量工具发明之前就研究出气象学。他的《维特鲁威人》是一幅根据建筑学家维特鲁威的作品绘制的画，是艺术和科学的完美结合，也是一次绘制完美比例人体的尝试（图 1.5）。而凌驾于他的所有科学和技术贡献之上的是他的艺术成就，包括《蒙娜丽莎》（图 1.1）。

达·芬奇的例子说明，虽然很少人能有达·芬奇的天才，但是此时此刻的我们也可以在有限的生命里做更多的事情。有太多的书等待着我们去阅读，有太多的音乐等待着我们去聆听，有太多的话剧和电影等待着我们去观看。我们或许成不了多才多艺的"文艺复兴人"，我们却有无尽的选择。我们从人文学中学到的越多，我们的知识就会越多，我们了解自我和他人的能力就会越强。在某种程度上，我们就会变得无限，因为此时我们的生命已经同无数生命交织在一起了。

做一个"无限的人"，有三个优势：

第一，"无限的人"不会违背人性。他不会局限于自我和即刻的需求，不会滥用自己的感受，不会错用自己的欲望。

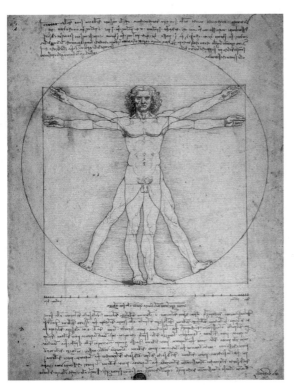

图 1.5　列奥纳多·达·芬奇，《维特鲁威人》，约 1490 年

你觉得为什么这幅画 500 多年来一直很出名？

Cameraphoto Arte

第二，"无限的人"没有偏见，不会干涉别人集会的自由、表达想法的自由、信奉宗教的自由，以及听从自己选择的自由。他们自己拥有自由，也不会限制他人的自由。

第三，"无限的人"从不鲁莽，他们会看到问题的方方面面，而后才做出决定。他们知道没有一种结论是永久的，因而会结合现实进行反复思考。他们从不受家庭传统和社会习俗的约束。他们会找到信仰的内在精神力量，并重新审视它们。"我们这儿都这么做"，绝不是他们会说的话。

通过阅读本书，你会踏上一条通往人文学宝藏、发掘人类伟大和天才成就之路。本书的潜在目的是，希望你渴望丰富自己的生命，使之充满艺术和思想。如果意识到这一点，只要愿意，你就能做到。

> 要接受每个人的责难，
> 但要保留自己的判断。
> ——威廉·莎士比亚

回顾

在这一章里：
- 我们讨论了人文学是什么，以及人文学的定义在近几个世纪以来发生的变化和扩展；
- 我们总结了生活中的人文学，看到了人文学带给

我们的丰厚礼物；
- 我们探讨了"无限的人"的概念，以及列奥纳多·达·芬奇是如何成为其典型的。

主要术语

审美（aesthetic）：一种艺术或生活体验，比如欣赏日落，我们只珍视其本身。

美（beauty）：各部分令人愉悦的组合可以给人带来美感。

学科（discipline）：人文学中的某种艺术形式——文学、视觉艺术、音乐、戏剧、舞蹈、电影——以及学术研究领域（如"文学理论"或"舞蹈的历史"）。

人文主义（humanism）：文艺复兴初期的一场运动，颂扬和研究古希腊及古罗马时期的文化。人文主义学者认为，只有通过研究古典时期的文化，人才能成为一个完整的人。这一概念现在扩展到对所有文明成就的研究。

人文学（humanities）：该定义一度局限在专指"古希腊和古罗马时期伟大思想家的伟大作品"，后来扩展到西欧，现在指全世界包括所有人在内的作品。

文艺复兴人（renaissance man）：通常指列奥纳多·达·芬奇，表示他在很多领域都展示出天赋，现在用来指那些在多个领域做出突出贡献的人（比如阿尔伯特·爱因斯坦）。

图 2.1　米开朗基罗,《大卫》, 约 1501—1504 年
Studio Fotografico Quattrone

图 2.2　多纳泰罗,《大卫》, 约 1430—1440 年
Leemage/Corbis

两座雕像是对同一个历史人物的描绘, 它们代表了人性中日神和酒神两个方面。它们两者有什么不同? 你对这两者会有什么不同的感受?

第二章

人文学和批判性思考

学习目标

2.1　讨论批判性思考在欣赏人文学作品中的重要性。

2.2　区分人文学中的"日神"和"酒神"。

2.3　明确训练思维的三种方式，做一个批判性思考者。

2.4　明确分析一部作品时，职业批评家的角色和非职业个人角色之间的不同。

2.5　明确艺术批评中的"直意派"和"隐喻派"的不同特征。

在上一章，我们曾说过，对人文学的研究包括对整个批评过程——我们对艺术作品的观察、分析和评价的过程——的研究。因此在本章，我们将探讨职业批评家和学者的批评过程。除此之外，我们还会探讨大部分非职业批评家如何通过对作品的批评来充实自己的生命，即通过客观分析自己看到的、读到的或者听到的作品，将纯粹的主观感受与客观分析相结合，搜集尽可能多的信息，进而做出判断。

2.1 批判性思考的重要性

在欣赏人文学作品的过程中，批判性思考到底有多重要？

没有读者，艺术家就无以为继，所以当读者缺席时，艺术家该如何是好？他会虚构出自己的读者，同时背弃自己的时代，为了现在所不被认可的东西，希冀着未来。

——安德烈·纪德

批判性思考的技巧对日常生活有极大影响。我们不应该匆忙对别人做出判断，也不应该盲目接受媒体向我们传达的观点，即便我们很喜欢节目的主播或者评论员。在做出判断之前，我们应该认真听听别人说了什么，这对我们来说非常重要。人们经常会对自己过于草率的决定感到后悔：这个是正确的，那些是废话，他是不可信的，或者她总是特别清楚自己在说什么，等等。更糟糕的是，人们还经常把别人放在自己的"蜡像博物馆"里，给他们贴上永远不变的标签——专横、懒惰、愚蠢、幼稚等。但是，在那些伟大的文学作品和戏剧作品中，我们会发现，人远比这些固定的标签要复杂得多。

批判性思考使人思维敏锐。如果我们很早就开始，并且一直坚持训练自己的批判性思考能力，那么到了年老的时候，敏锐的大脑就不会离我们而去。在威廉·沃顿1981年的小说《父亲》中，主人公在前往父亲葬礼的路上，不经意瞥见了衰老的自己。

我将变成别人的烦扰，会成为交往中的累赘，不断地重复自己，反应迟钝，容易误解别人，不断出错。这些很可能在悄悄发生着。我甚至都察觉不到自己的死亡。[1]

随着年龄的增长，我们的思维会变得越来越宝贵。许多人在年轻时会选择通过吸毒或者酗酒的方式，进入他们所说的"迷幻状态"。他们给出的理由往往是，生命是很复杂的：人们身上背负着太多责任——读书、抚养孩子、赚钱、处理同别人的关系——因此，逃避以上种种负担不仅使人开心，而且是一种生活必需。纵然我们可以相对克制地采用一些逃避方式，但它们并不会产生真正长久的作用，我们还是会想念那些能够充分运用自己宝贵思维的日子。

那些没能训练自己批判性思考能力的人，或许正纠缠在日常生活的琐碎之中，以至于无法超越当时那些看似对自己非常重要的东西。除了做一些实际的决定，已经没有人能进行真正的思考了。一度，诸如"我应该穿什么去派对？"这种问题变成了人们最重要的问题。这些只关心现实问题的人被称为非批判性思考者。我们都会时不时地进行非批判性思考，而我们进行批判性思考的努力，以及对那些超越日常生活和我们每天接触的小圈子的事和概念进行关注，会给我们带来很好的回报。

学而不思则罔，思而不学则殆。

——孔子

英文写作班的老师经常会布置一些个人叙事作业，因为学生更擅长写他们自己，不擅长处理那些更宏大的问题。好的个人叙事作品可能会像弗兰克·麦考特的《安琪拉的灰烬》（1996）那样——书中讲述了一个爱尔兰贫民窟孩子的成长故事。还可能像玛嘉·莎塔碧著名的自传体漫画《我在伊朗长大》那样——书中讲述了作者在伊朗的童年生活。自传作品很可能充满放纵和无趣。那些糟糕的自传作品，正如丹尼尔·门德尔松在一篇文章中说的那样，"完全围绕着自己"：

> 不得体的自我揭露、令人不快的背叛、无可避免的谎言……现代史上绝大部分自传是文学作品家族中的害群之马……它们看似充满活力，实则只想吸人眼球。[2]

理想的情况是，对自身进行思考能让人们认知自我，而后才能更好地认知世界和人类。千万不要把认识自我当成"自拍"！

2.2 人文学中的日神式反应和酒神式反应

人文学中的日神式反应和酒神式反应有何区别？

德国哲学家弗里德里希·尼采在写于1872年的《悲剧的诞生》（德文原名《悲剧从音乐精神中诞生》）一书中，带领我们重新回到公元前5世纪的雅典那个伟大的悲剧时代。他指出，这种艺术形式早在公元前6世纪就出现了，最初是合唱和舞蹈，没有对话。

随着戏剧的发展，独唱者渐渐从歌队中独立出来，他们以对话的方式讲述古老的神话故事，比如埃斯库罗斯的《俄瑞斯忒亚》。流传最广的是悲剧神话，讲述了那些有权力的或者富有的人（通常是统治者），因为致命的性格弱点，从权力的顶峰跌落到绝望与毁灭的谷底。并不是所有的悲剧都符合这样的套路，像《俄瑞斯忒亚》就不是，但它们都描写了恐惧、受难以及人类极致的痛苦。这些悲剧作品中都会有一些前所未有的悲惨场景。

令尼采烦恼的是，教师和批评家在讲授悲剧或者创作关于悲剧的文章时，经常忽略舞蹈和音乐是悲剧的源头。他认为，欣赏悲剧的正确方式就像欣赏音乐一样，要充分调动自己的感受。他发现，读者和批评家往往将关注的重点放在人物的道德缺陷上，或者放在因为打破道德约束而引发的一连串后果上。这就导致对于希腊悲剧的分析和探讨总是围绕它们能带给人们的启示来展开，而不会去分析它们在人们情感上产生的作用。尼采认为，鼓励人们用理性而不是感情去欣赏悲剧是错误的，不去欣赏悲剧故事中的力量和狂暴，却鼓励人们研究悲剧背后的道德哲学是错误的。

接下来，他区分了对待戏剧和生活的两种方式：一种是**日神**式的，指人理性、严格分析和逻辑的一面，简言之，就是希腊悲剧在追寻意义时所激发的那一面；另一种是**酒神**式的，指人受到情感、直觉以及无限的自由支配的一面，即音乐或者悲剧中暴力和冲突所激起的那一面。

尼采从希腊神话中选择了这组意义截然相反的词。阿波罗是太阳神（光和真理之神），狄奥尼索斯是生命力之神（感情、即兴和直觉之神，参考图 2.1 和图 2.2，文艺复兴时期的两件作品反映了二者之间的区别）。尼采认为，生命的目标就是达到理性和感性的平衡——既能清晰地思考，又有稳定、可靠和负责任的行为；同时能够去感受、去享受葡萄的果实（打个比方），能够（在必要的时候）不受约束地表达内心的好恶。

本书有很多地方会提到人文学中的日神和酒神精神。如果学会批判性思考是学习人文学的主要目的，那么我们身上的这两个对立面将是我们学习的起点。当你研究人文学时，就会发现，日神或者酒神——往往是两者兼而有之——会贯穿在任何一部作品中。例如，贝多芬的交响曲可以给人带来酒神或者情感上的反应，但是我们批判的、日神的一面会去欣赏它里程碑式的结构。

日神精神也指在分析一部作品之前，要客观地去看待它。批判性思考始于日神精神；写出一篇批判性分析通常是日神式的，尽管这种理性的分析要由强烈的感情来刺激才能完成。一个人可能会沉迷于一场音乐表演，却不想对它做进一步分析。在这种情况下，"它很棒，我被它迷住了"这样的评论不能被当作一个完整的观点。它必须是一种个人体验的宣言。"我喜欢它"是一种个人的、酒神式的表达。"我喜欢它，因为它……"可能就会引出日神式的分析。二者都是合理的，但是不能将它们混淆。

重估一切价值，这就是我给人类最高自我觉悟活动的公式，这一活动在我身上已经成为血肉和精神了。

——弗里德里希·尼采

"爆米花"综合征

警告：批判性思维太容易屈服于酒神式的兴奋，以至于人们会认为严肃的思考一点都不重要。这样做不会增加人们的心智能力，应当杜绝，除非这部作品值得人们耗费时间和精力。

更有诱惑性的是一些"爆米花"体验，通常会在电影院中感受到。当我们将某部电影比作"爆米花电影"，就意味着我们可以简简单单坐在那里，津津有味地咀嚼着爆米花，无须思考，仅仅享受电影带来的愉悦就好。很大一部分电影和电视节目都可以被归为此类，还有一些流行小说，它们通常被称作"好读物"或者"海滩读物"。

苏珊·柯林斯的《饥饿游戏》三部曲（《饥饿游戏》，2008；《燃烧的女孩》，2009；《嘲笑鸟》，2010）非常受欢迎，吸引的不仅仅是年轻人——虽然小说最初预想的受众可能是他们。小说描写了在一个反乌托邦社会中，统治者通过随机抽取一些青少年进行一种"不是你死就是我死"的游戏来维持统治，小说的女主角带领大家进行反抗，最后取得成功。小说那种快速推进的、影片般的节奏使观众迫不及待地想要一直往下读。刺激吗？是的。能吊人胃口吗？确实可以。那么这是一部伟大的文学作品吗？在这里人们就需要停下来想一想了。这是一部完全可信的作品吗？小说中的角色都有其深度吗？小说能让读者反复回味吗？还是它也像很多作品一样，只能带来一种"爆米花"的乐趣？

事实上，这部小说（以及由其改编的电影）虽然可能算不上是一部伟大的文学作品，但它确实提出了很多关于暴政、剥削以及革命等重要的、发人深省的问题。如果我们曾经读过（或者手里拿着爆米花看过）这部作品，却从来没有认真思考过这些问题，那就是我们的损失了。

当然，我们可以说任何一部有趣的小说或者电影——无论是《疯狂的麦克斯》的速度和暴力，还是亚当·桑德勒扮演的那些愚蠢的喜剧角色——都有其价值。报纸和杂志上的流行音乐、电影、小说和卡通漫画——这些都可以在一段时间里让人感到快乐，逗人发笑——至少都能被称作"暂时的"人文学。像所有感受一样，快乐是我们消磨时间再合理不过的方式了。很多人就止步在这里。

不过，"娱乐"有着更深刻、更丰富的内涵。看完《饥饿游戏》三部曲——作为一系列"好读物"，凯特尼斯和史诺总统可能会在我们的脑海中产生一些共鸣。我们会审视这个迫使孩子们互相攻击的社会，思考如此凶残的事情是否会（或者已经）在我们的世界中发生。我们可能会分析美国（这部作品以未来美国作为故事背景）为何变成了书中描绘的那样，是哪些原因导致的？我们会发现，自己对于这部作品的理解会比曾经想象的要深刻很多。

批判性思维将人们对艾灵顿公爵的《搭乘 A 次列车》或泰勒·斯威夫特的《统统甩

那些欣欣然从众而行的人，真令人鄙视。对他们来说，大脑一无是处，一根脊椎足矣。

——阿尔伯特·爱因斯坦

掉》等歌曲产生的感受看作酒神式的，会思考是什么因素给人们带来这些感受：是切分还是节奏？歌手的独特嗓音？歌词具有普遍性？还是出其不意变化的节拍？所有的分析都不相同，它们也不需要相同。

批判性思考是一种过程，而不是对"好"或者"坏"的绝对判断。那些未经检验的酒神式反应——或许仅仅是"哦，这太棒了！"——就其本身而言再正常不过，但它无法让我们更进一步；它不会对平衡我们生命中的两种对立的力量产生太大的作用，认识到这一点很重要。在承认我们会产生人人都会产生的情感反应的同时，我们还应该去探索"为什么"，也就是找到一件艺术品、文学作品或者表演为什么能够打动我们的原因。

共情和间离

有时画家、舞蹈演员或者戏剧创作者很难让人产生共鸣，有时他们还会故意防止人们对他们的作品产生情感冲动。他们创作的人物或者作品可能会引起人们的共情，或者会带来一种截然不同的反应——间离。

共情　共情是指我们对某个角色和表演者产生认同，在一段时间内会把自己代入角色中，这是人类天生的酒神式反应。共情对人们获得愉快体验非常关键。举个例子，当你在一场杂技表演中迟到，在走钢丝绳表演开始的时候才入座，你不仅能看到命悬一线的表演者站在比你之前想象的要高得多的地方，还能看到成百上千的观众也在自己的座位上晃来晃去。他们自身仿佛身处险境，每逢表演者眼看要掉下去了（这也是表演的一部分），他们也会跟着倒吸一口凉气。

同样，你和你的同伴在电影院里看电影时，会觉得自己坐在一辆马上就要失控歪倒的车里向前飞驰，躲开了纽约运河街上高耸的立柱，你还会感到被爱人抛弃的忧伤。那些电视和电影导演非常熟悉酒神式的共情，他们会特意设计一些能使人们沉迷于其中的情节。比如女主角被困在山谷中，下面是逐渐上涨的洪水，她试图攀上岩壁，刚开始肯定会一切顺利，但是当她爬到一半的时候会突然跌落，差点就要摔死了。你尽情地体验着这种刺激，因为你知道最终结局一定是好的，但是如果故事从头到尾都是轻松愉悦的情节，你就会觉得自己被骗了。

对于为什么把这些惊险刺激的情节产生的共情看作娱乐这个问题，人们已经争论了数个世纪。或许可以追溯到18世纪，那时已经不再流行悲剧舞台上的血雨腥风，就像莎士比亚的那些悲剧作品——里面到处是被砍掉的双手、被挖掉的舌头和眼睛等足以与今天的恐怖电影相媲美的情节。在18世纪，大西洋两岸的上层社会流行一种高雅的生活方式，引起了人们的竞相效仿。莎士比亚和与他同时代的艺术家不再流行，除非他们的作品被重新修改,删掉所有恐怖因素。渐渐地,随着整个社会越来越讲究体面(至少表面上是这样),舞台表演重新开始增加一些情节剧的因素,以供那些想要暂时躲避自己那正直体面生活的人们来消遣。19 世纪,马戏团出现,演员在秋千上、在空中或者同野兽一起卖力表演,给观众带来刺激。以上所有都不可避免地导致今天我们对电影或电视的酒神式"狂欢"。

有时我们会对一个不那么"高尚"的角色产生共情(图 2.3)。热播电视剧《绝命毒师》的男主角沃尔特·怀特从一个化学教师变成了一个制毒者。剧情最开始时他非常令人同情——刚刚被诊断出肺癌晚期,几乎没钱养家,你会觉得他是个失败者——但是渐渐地,他变成了一个恶魔。因为故事本身的结构非常精巧,所以即使当他已经违背了道德和伦理,观众依旧对他充满同情,对他的恶行仿佛视而不见。编剧文斯·吉里根说过,他有意做了这样的设计:他想知道观众到底能同情怀特多久。

> 还有一些人以他们的一把正义自豪,为了这种正义,对一切事物大干其罪恶勾当:使世界溺死在他们的不义之中。
>
> ——弗里德里希·尼采

间离 在这些娱乐中,酒神硬币的反面可以被称为日神式的间离。**"间离效果"**一词由 19 世纪早期德国著名剧作家贝尔托·布莱希特(1898—1956)提出。布莱希特希望观众不要太沉迷于剧中情节和人物,因为如此一来便很难领会他想通过作品传达的信息。他经常将杂耍闹剧、歌曲以及舞蹈穿插在正在进行的情节中,希望借此防止观众产生共情。

图 2.3 在电视剧《绝命毒师》中,布莱恩·科兰斯顿扮演沃尔特·怀特
是什么让我们对电视剧或电影中的人物产生共情?导演如何操纵观众的共情体验?
Ursula Coyote / AMC / Everett Collection

图 2.4　米开朗基罗，《创造
亚当》，约 1512 年
什么时候对一件艺术作品产生
纯粹的情感反应是合适的？对
这幅作品，你的第一反应是感
性的还是理性的？
The Gallery Collection/Fine Art
Premium/Corbis

　　一个批判性思考者绝不会被作者或演员的意图所迷惑。观看一部情感暗流涌动的话剧或电影，阅读一本情节令人感动、悲情无比的小说，我们会承认并且欣赏这些作品能触动我们的心灵，但同时我们会对它们进行分析。我们或许会问：为什么这个不算好人的主角的死亡会如此惊心动魄？作者用了什么方法让我们持续关注他的遭遇？当我们开始思考艺术家或作家是如何引导我们产生某种感受的时候——以及他们所用的艺术策略——我们的观赏或者阅读体验就会变得更加丰富。我们也可以借此来拓宽自己的思维。

　　当我们进行批判性思考的时候，当我们超越主观感受的时候，我们往往会形成更加深刻的印象，会找到与持有不同观点的、看到不同创作手法的人们进行讨论的乐趣。是否达成一致观点并不重要，重要的是训练我们的"大脑肌肉"。

　　明白什么时候单纯的情感反应是合适的，这很重要　我们并非认为日神式的分析更好，这不是一种非此即彼的活动。当人们走进梵蒂冈西斯廷礼拜堂，看到天花板上米开朗基罗那幅伟大的作品，会发现自己完全找不到合适的语言来表达自己的感受，也不需要语言去解释它的艺术构思是多么巧妙。对人们来说，欣赏作品即体验柏拉图所说的"美本身"。时间停止了，对现实的关切也消失了。

对另一些人来说，类似的体验来自聆听印度西塔尔琴大师演奏一曲拉加，或是观看一场精彩的日本歌舞伎演出，抑或是在博物馆的一个小展厅中找到一件前哥伦布时期的雕塑。这是最高级的享受，亲身体验一下这种极致的愉悦，你就会明白！

伟大的作品，诸如毕加索的《格尔尼卡》、米开朗基罗的《大卫》、贝多芬的交响曲、莎士比亚的悲剧或者中国明代的瓷器，早在接受人们的理性分析之前，就已经极大地震撼了那些观赏者或聆听者的心灵。

当你听到贝多芬的《D小调第九交响曲》，你有何感受？

即使是那些训练有素的、以分析作品为职业的批评家，毫无疑问也会受到作品的感染，而后才会深吸一口气，努力用一种旁观者的姿态对作品进行理性分析。如果一部作品没有感染我们，那么也就没有对它进行理性分析的必要了。不幸的是，这种感情诉求总是在正式的人文学课堂中付之阙如。

批判性思考的重要性

批判性思考会对某件事进行定义、描述和分析，比如，一次选举、一个重要的决定、一个数世纪以来困惑哲学家的问题、一个新的电子产品、一部电影、一部小说、前四十名中的第一名，或者是否要搬回自己的公寓。如前面所述，批判性思考锻炼我们的脑力，通常包括以下几步：

> 即便你走的路没错，若停滞不前，终会被超越。
> ——威尔·罗杰斯

1. 明确我们要分析的对象。（是什么使一部电影如此特别？）
2. 总结自己的直觉和感受。（我对它有何感受？）
3. 搜集信息，思考所有相关因素。（对于艺术家意图和作品表现手法，我能了解多少？）
4. 在合适的语境中分析作品或主题。（作品创作的历史和艺术背景是什么？）
5. 接受与你不同的角色。（我喜欢这些人吗？或至少能理解他们吗？虽然我们毫无共同之处。）
6. 在材料的支撑下，形成自己的观点。（基于搜集到的所有信息和对这部作品的个人感受，我如何认识这部作品？）

培养这种分析和客观评价事物的技能可以提高我们对人文学的鉴赏力，也会帮助我们辨别什么才是真正值得付出时间的事物。

2.3　训练你的思维
训练批判性思维有何方式？

大部分人在觉得需要锻炼身体的时候就会很快行动起来，尤其是当身体已经很久没有活动的时候（比如在飞机上坐了好久）。因为疾病而缺少锻炼的人会被鼓励改变生活方式，被人督促着跑步、散步、不坐电梯走楼梯，以及做一些运动来克服懒惰。不过，大部分人都不会因为思维懒惰而感到困扰，或者愧疚。敏锐的思维更容易实现我们之前讨论过的批判性分析，你甚至都不需要节食就能拥有它！

三个步骤可以锻炼我们的批判性思考能力：定义和解决问题、质疑预设和辨认语境。

定义和解决问题

批判性思考者经常发现并解决问题，即使是一些假设的问题，比如：

> 一个风雨交加的夜晚，一起旅行的三个销售员发现了一个旅店，他们进去订了一间房。值班店员告诉他们，三人间一晚是90美元，因此每人需要付30美元。他们上楼后，店员重新检查了一下汇率，发现这个房间只需85美元就够了。他把5美元给了服务员，让他把钱交给三名旅客。服务员在上楼的时候想："他们退宿的时候已经是早上了，值班的人已经不在了，他们根本不会知道房间真正的价格啊！"于是他决定，给这三位旅客3美元，自己留下2美元。那么问题来了：在得到这笔"返还金"后，三个人每人要付29美元，总计87美元（29×3=87），加上服务员口袋中的2美元，总计89美元，所以，那1美元哪里去了？

出错的地方在最后给出的问题。房间的实际价格是85美元而不是87美元。旅客拿回了3美元，服务员留下了2美元，这样就回到了刚开始的90美元。类似的问题能让我们更细心地描述一件事情，会留意事情的不连贯和矛盾之处。

一旦养成这种分析习惯，你就得做好面对现实中各种问题的准备。很多人每天都要面对不停向自己求助的家人。如果你有一个经常入不敷出的兄弟，欠了一屁股债，却依然大手大脚花钱如流水，那是因为他一直都有可以依赖的亲人——比如你。

解决这种问题的第一步是对它进行定义——确定问题是否真的存在。如果你已经

> 只有那种清教徒的社会才会把艺术和自我完善混同。
> ——刘易斯·H.拉伯姆

决定不帮你的兄弟承担债务的话，那它就不是你要解决的问题。那它是谁的问题呢？如果拒绝他会让你觉得愧疚，那么问题就会由你来解决；而如果你下定决心坦荡地拒绝，那么这个问题就属于你的兄弟或者其他亲戚。如果所有人都明确拒绝帮助他承担债务，那么问题就只属于你的兄弟一个人。

虽然亲情的力量很强大，但是你也需要有所权衡。你的兄弟是否经常超支？他是否有赚钱还债的能力？如果答案为否，那么他是否会听取别人对他"量入为出"的建议？仅仅是为了"不想惹麻烦"而帮他还债会使情况越发糟糕。

不是所有问题都能被解决，但都可以被解释。我们刚才就对这个问题进行了理性思考。有时候，我们找不到那些容易的解决方式，但又必须做出一个决定，希望会产生最好的结果。如果我们没有对问题进行完整的分析，即当我们还不是一个批判性思考者的时候，我们基本上不会做出正确的选择。

质疑预设

预设经常出现在人们的日常交流中，人们形成观念和得出结论都会基于预设。通常它是被隐藏的，也就是说，它会隐藏在人们话语的字里行间而不被察觉，但它通常才是说话者真正要传递的信息。当我们进行批判性思考，我们会很仔细地倾听，试图明白言外之意。

假设一个读报纸的人转过身来告诉你，一个杀人犯在精神病院关押十年后被释放了。在法官眼里，这个曾经的杀人犯已经不再对社会构成威胁。然后这个读者评论道："应该颁布法令禁止人们装疯卖傻逃脱死刑，因为他们被释放后很可能会再度杀人。"

上述言论无意指涉现实。发言者自然是在表达自己的观点。可能不会有人留心他的话中暗含的预设。以下仅仅罗列了一部分：

1. 精神病等问题与诉讼案件无关；
2. 被告实际上没有精神病；
3. 州或者联邦立法机构应对被告如何诉讼进行管控；
4. 杀人犯永远是杀人犯；
5. 精神病院负责人没有资格对病人何时被释放做出正确的判断。

点点头赞同他的观点要容易一些，因为要想对这个问题进行辩论，就意味着要对所有隐藏的预设进行分析和研究，而许多人不愿意花费时间和精力分析它。

现在，假设报纸的读者都经常训练自己的思维，努力平衡大脑中的"日神"和"酒神"，那么读者可能就会用另一种方式来描述报纸上的故事："亚伯·帕森已经从待了十年的精神病院中被释放了。如果你还记得，他因为精神病而被判无罪。"

　　听者可能会答道："文章有给出释放他的原因吗？"

　　"一直在观察他的精神病医生召集三名顾问，他们都判定他已经康复了。"

　　"他们有使用监控系统来密切观察他至少在一段时间内的行为吗？"

　　"文章里没有说。"

　　"我觉得他们需要定一些规矩了，你觉得呢？"

　　两个人并没有解决这个棘手的法律问题。在这场假设的对话中，他们做的是收集事件的客观事实，而不是仅仅去做出预设，也就是说，他们在努力对这件事进行批判性思考。

真正伟大的艺术家绝不会墨守事物的本来面貌。否则，他就不成其为艺术家了。
——奥斯卡·王尔德

辨认语境

　　任何人和事物都处在由环境和关系交织而成的**语境**中。要进行批判性思考，就要明白所有事物都有一种或多种语境，要避免做出泛泛的概括和绝对的分析。当然，我们都在努力简化、提炼语境，使它可以被我们所掌握。我们都有观察真相的能力，不仅是观察过去的真相，还能对就在昨天发生的不愉快或让人尴尬的事情进行观察。凭借自己训练有素的理性思维，我们会选择用一种更清晰、更容易被接受的方式向他人（以及我们自己）描述一件事。例如，与兄弟的一场激烈争吵，通常是犯错的人不在现场，我们才是受害者。我们认为自己讲的内容和那场争论发生的语境一模一样，但真实情况可能并非如此。

　　虽然那些认真、严密的批判性思考者也免不了会对语境进行改动或有意挑选那些让他们觉得更舒适的细节，但如果让他们重新思考一下，他们就可能放弃这种用想象代替现实的行为。

　　历史语境　人文学的礼物之一是人们对过去的深入认识，能让我们更深入地了解历史语境。一个在阁楼上满是旧物的二手店里闲逛的人可能会逐渐失去耐心，但那些有历史感的人可能会对研究这些古老的玩具、布偶或者服饰非常感兴趣。

　　对于过去，我们知道得越多，就越会明白历史和文化语境的重要性。我们越多地了解这些语境，就会越少地只用当下的角度来分析事物。当我们欣赏过去的书籍或电影，批判性思考者不会仅仅用当下的角度去判断。《飘》（1939）曾被专业的电影批评家视为电影制作史上里程碑式的作品，但是现在人们会发现其中有很多感伤和过时的东西。当然，许多人会对电影中隐含的种族主义持有一种本能的否定，就像电影在1939年上映后很多观众——尤其是非裔美国人——所认为的那样。尽管如此，我们必须承认这部电影在色彩运用、交响乐以及费雯·丽（扮演斯嘉丽）和哈蒂·麦克丹尼尔（获得奥斯卡金像奖的第一位非裔美国人，在电影中扮演妈妈）的精彩表演等方面都是突破性的。没有一部艺术作品可以摆脱当下视角而存在。无论这部作品属于过去还是现在，即使我们不再认同它的思想或技巧，依然可以欣赏它的伟大成就。

熟悉历史背景会让我们对已经"过时"的风格更加包容，比如黑白电影或 19 世纪的歌剧。刚刚接触这种歌剧的观众很可能会对长达三小时的表演丧失耐心，他们会觉得咏叹调拖慢了故事节奏，而且演员也是凭借其声音被挑选出来的，并非因为外貌或演技。那些更有经验的歌剧观众以及带着批判性思维去欣赏作品价值的人则十分清楚，这些由一流嗓音演绎的精美乐曲能做的不只是弥补作品过时的套路那样简单。

接受改编　有时为了适应现代观众的需求，很多以前的作品会被重新编排演出或重写。纯粹主义者通常会选择原始版本，但改编能吸引很多新的观众去欣赏过去的作品。那些拥有批判性思维的人两者都能接受，前提是它们都是制作精良的艺术作品。一个典型例子是 1989 年改编自人们熟悉并喜爱的作品《蝴蝶夫人》（贾科莫·普契尼，1904）的音乐剧《西贡小姐》（图 2.5 和 2.6）。用现代的标准来看，原作故事充满了感伤主义、种族主义和性别歧视：一个日本艺妓爱上一名美国海军军官，嫁给他并给他生了一个孩子，结婚后很快被丈夫抛弃，后来军官又娶了一位美国妻子。生活在 1904 年的

图 2.5　普契尼的《蝴蝶夫人》中的场景，2006 年，巴黎，巴士底歌剧院
Super Stock

图 2.6 克劳德－米歇尔·勋
伯格的《西贡小姐》中的场
景，2010 年，dancap 公司出品
当一部作品被改编为不同的艺
术形式后，不同的语境会如何
改变其意义？
Robbie Jack／Corbis
Entertainment／Corbis

观众会理解为什么美国军官的日本婚姻是不可能发生的，也理解为什么他无论从道德还是整个社会的规则上都必须回到美国。当看到被抛弃的巧巧桑（蝴蝶夫人结婚前的名字）决定在儿子面前自杀的时候，他们会为此哭泣；但是当她告诉儿子要他记住他是一个美国人，在自己悲惨的生命结束之前向儿子小小的手里放了一面美国国旗的时候，他们会为她这一"可敬"的行为而鼓掌。

《西贡小姐》中的故事发生在动荡不安的 20 世纪中期越南战争期间。很多远离故土的美国士兵与越南女性产生了千丝万缕的联系，这正是剧作家——法国的克劳德－米歇尔·勋伯格和阿兰·鲍伯利在《蝴蝶夫人》中发现的惊人的相似性。剧中，女主角金——一个年轻的越南酒吧侍女，因生活所迫靠卖淫为生。她和一个美国士兵上床，当得知她只有 17 岁并且是一个孤儿的时候，他决定保护她。1975 年，美军被迫从西贡仓皇撤退，这位名叫克里斯的士兵被迫抛下金——并不知道她已经怀了他的孩子。回到美国后，克里斯结婚了，但他最后和妻子一起回到东南亚想要寻找金。刚开始金感到非常开心，但当她知道克里斯已经结婚，而且他的妻子并不想把她的儿子带到美国，她感到非常沮丧。像普契尼歌剧中的情节一样，女主角选择自杀，她想克里斯可能就不得不收养她的儿子了。为了让儿子过上更好的生活，她牺牲了自己。

两部作品的历史背景截然不同。早期普契尼歌剧的观众可能会对美国士兵产生同情，但是现代观众会觉得这种行为应该受到谴责。《西贡小姐》的观众会同情克里斯和金，他们更加理解战争背景下的悲剧和非人性。

　　同只看过其中一部作品的观众相比，看过两部作品的观众可能会产生更多的情感共鸣。那些擅长批判性思考的观众不仅会讨论两部作品之间的相似和不同，也会分析历史背景如何影响我们理解作品的方式。

2.4 批判性观赏指南：职业的和个人的

在分析一部作品时，职业批评家和个人所扮演的角色有何不同？

　　职业批评家——以撰写关于电影、艺术、舞蹈、文学等创作的批评文章谋生的人——和大部分人一样，通常最开始都是一些没有经过专门训练、不擅长分析的观众、听众或读者。一部分人会通过专门的学术训练去研究自己要分析的艺术作品，另一些人则不会。他们仅仅是去阅读、观察、聆听，训练自己识别艺术家所用的技巧。他们内化——偶尔创造——分析作品的标准。阅读这些专业的批评，或者关注职业批评家所关注的作品，听一听他们对于某部作品的评价，这些都是提高分析能力的一种非常不错的方式。

职业批评家

　　从专业角度进行批评是一种职业。最优秀的批评家凭借自己备受尊重的观点来赚取丰厚的薪水。他们的文章被刊登在很多重要的报纸如《纽约时报》《旧金山新闻》、杂志如《纽约客》《滚石》《电影评论》《歌剧新闻》，以及网站如连线或 *Slate* 等。其实，大部分批评家并没有接受过专门训练——他们并不会获得某个"如何进行批评写作"的学位。相反，首先也是最重要的是，他们都喜欢某种艺术形式，出于热爱，他们会去学习、了解这种形式，同时训练自己怎样更好地将想法传递给他人。通常而言，职业批评家要经过很长一段时间才会找到自己的方向，不过有些人除外，就像近代影评人罗杰·艾伯特（1942—2013）那样，几乎生来就知道他们想要什么。艾伯特在芝加哥大学读书时就开始写影评（芝加哥大学产生了美国最早的大学电影社团），之后就从没停止过。

好的批评家首先要善于怀疑。
——詹姆士·拉塞尔·洛威尔

　　职业批评家的分析可以帮我们在众多选择中做出决定。在人文学世界里，有太多的"酒神"会刺激我们的感情，有时候还会干扰我们的判断，而职业批评家的批评可以成为我们提高自身批评能力要学习的榜样。

有时，专业的批评对我们来说过于条分缕析了。一个著名的例子是 1965 年奥斯卡金像奖获奖作品——音乐剧《音乐之声》，有线电视各频道的固定节目。为那些著名杂志和报纸写专业评论的大部分批评家不喜欢这部电影，原因有很多：扁平的人物形象、矫揉造作的风格（例如，严厉的、军人作风的父亲含着眼泪向孩子们的家庭教师说："你把音乐带回了家。"），以及俗套的情节（我们早就知道故事里的一家人会逃脱纳粹的追杀）。

女性杂志《美开乐》的影评人宝琳·凯尔（1919—2001）在一篇文章中对《音乐之声》进行了犀利的点评，她的观点得到许多人的赞同和引用。凯尔形容这部电影（还有很多其他电影）是"人们看起来愿意吃下的包着糖衣的谎言"——不仅讽刺了这部广受欢迎的电影，也暗地里讽刺了那些喜欢这部电影的观众。后来凯尔被辞退，这引起了影评界的巨大反响。《迈阿密先驱报》的拉里·迪文建议《美开乐》"回到烹饪和足部护理的老本行"。当然，这其中暗含着见风使舵对女性杂志进行攻击。凯尔的批评风格以及迪文等影评人的奚落给很多职业评论家扣上了"傲慢的势利眼"的帽子。

不过，我们必须要说，凯尔后来一直在《纽约客》做影评人。她那充满思想、偶尔引起争论的评论为 20 世纪七八十年代的电影批评树起了标杆。

一个好批评家的特征　假设专业批评家有两种类型：一种是专门写评论的人，对某部艺术作品进行概括或描述（他们更可能会发掘那些非常具有流行潜力的作品）；另一种批评家会形成并坚持自己的某种批评原则，寻找——或者撰写文章来研究——构成作品的基本元素。严肃批评家的态度是：我们都被束缚在当下，我们渴望被感动、被挑战，同时最重要的是，我们想同那些——像作家、艺术家、作曲家、导演和演员——尊重我们智商的人在一起。

《纽约客》乐评人阿历克斯·罗斯的兴趣非常广泛：从巴赫、波普爵士乐到电影配乐。他总爱研究严肃艺术，包括那些很多批评家声称自己不屑一顾的作品。他为林肯中心的室内乐和摇滚撰写评论。他对 20 世纪 60 年代地下丝绒乐队的兴趣和关注使这支乐队成为朋克音乐和另类摇滚的先驱。为了让读者对当代音乐会音乐的刺耳和无调保持一种开放的态度，罗斯用其他音乐形式表达了自己的观点："这种和弦萌芽于爵士；前卫的乐曲出现在好莱坞电影配乐中；自地下丝绒乐队以来，极简音乐已经影响了摇滚、流行乐和舞曲。有时一种音乐听上去像噪音，它就是噪音，或者与噪音相似，是人们专门设计的。"[3]"设计"一词让那些对乍听起来像噪音的音乐持怀疑态度的人产生了再去仔细听一次的想法。

或许职业批评家最重要的任务是对那些没有专业背景知识、不了解这些艺术形式的人进行教育。他们会认真研究作品的细节，而且往往对艺术形式的构成元素有着非

品位是创造力的大敌。
——巴勃罗·毕加索

常清晰的认知。以阿拉斯泰尔·马考雷对由杰佛瑞芭蕾舞团表演、弗里德里希·阿什顿编排的舞剧《辛德瑞拉》的一篇评论文章为例，马考雷写道：

> 　　将观众带到一种新的艺术形式中，阿什顿丰富的词汇和奢华的风格极大地扩展了舞台空间……他最伟大和最惊人的创作是午夜来临时刻的末日倒计时……（舞者）变成了没有感情的机器——一个巨大的钟，辛德瑞拉发现自己被困在钟里。她不停地被一道道墙所阻拦……很少有芭蕾舞剧能具有如此强的说服力。[4]

　　批评家用短短的几句话告诉我们，一部好的芭蕾表演可以运用诸如精彩的场景技术等出人意料的"发明"，来呈现午夜对女主角来说意味着什么，"极大地扩展了舞台空间"。它并不是在讲一个新故事；它只是用一种新的、发人深省的方式讲了一个旧故事。如果马考雷仅仅说这部芭蕾舞剧"新颖、很棒"，我们对芭蕾的认识不会有任何增加。

个人批评

　　只要能够认真和客观地观赏、聆听或阅读某个作品，我们就可以进行分析，而不需要接受职业批评家那样的专业训练（或薪水）。让我们以一首诗歌为例来了解一下什么是个人批评。下面是华兹华斯（1770—1850）的一首诗，名为《这尘世拖累我们可真够厉害》。英国工业革命时期，很多人从乡村搬到城市寻找赚钱的机会，此时的华兹华斯居住在英格兰湖区。诗歌形象地表达了这种以赚钱为主要目的的生存方式的局限性。

> 问题只是披着工作服的机遇。
> ——亨利·凯泽

> 这尘世拖累我们可真够厉害：
> 得失盈亏，耗尽了毕生精力；
> 对我们享有的自然界所知无几；
> 为了卑污的利禄，把心灵出卖！
> 这大海，她向明月袒露着胸怀；
> 这天风，他只想昼夜呼号不息，
> 如今却像熟睡的花朵般静寂；
> 对这些，对万物，我们都不能合拍，
> 都不能感应。——上帝呵！我倒情愿
> 当个异教徒，为古老信条所哺养；
> 那么，在这片草地上，我就能瞥见
> 异样的情景，宽慰这凄苦的心肠；

> 看得见普罗谛乌斯现形于海面，
>
> 听得见特里同把螺号悠悠吹响。[5]

我们如何才能成为一名批判性思考者？下面是分析华兹华斯这首诗以及人类一切艺术成果所需要的五个步骤。

不要直接下结论。要做一个有见地的批评家，第一步就是不要匆忙下结论。在分析刚开始就说"我不喜欢"或者"我爱这首诗"是无关紧要的话。

问自己：我看到了什么，读到了什么，或者听到了什么。第二步是清楚自己刚刚阅读的内容，尽可能清晰客观地对这首诗进行描述。比如，诗歌包含了（或者是似乎包含——至少在刚开始或许是一种更加保守和谨慎的方法）一种悔悟，即人们追求物质利益，与大自然已经不再亲近；从今天的角度来看，人们不停地积累个人财富，越来越少地感受到大自然带来的愉悦。诗歌在创作两个世纪以后仍然在提醒我们，大自然无与伦比的美丽是不证自明的。那些季节变化带来的美丽风景，那些随处都能生根、发芽、盛开的植物和花朵，它们都是金钱买不到的免费宝藏。

研究背景，思考诗歌表达的观点。华兹华斯不可能知道我们现在所说的环保主义，但他那时已经意识到，人们日常的商业生活——赚钱和消费——带来了一种危险：人们忽视大自然，不再关心大自然。因此，他想起了古代，那时，神话赋予大自然一种神秘的力量，人们对大自然充满了赞叹和敬意。

如果你喜欢探险，想做进一步的探索，你可以在网络上查一下诗人生活的背景。然后你会了解，随着华兹华斯年龄的增长，他特别害怕当远离大自然的时候会失去自己曾经获得的灵感。你还会了解到这首诗歌创作于1804年，这或许是华兹华斯人生中的一个转折期——在这一时期，他的思想渐趋成熟，他可能开始担忧，自己虽然正从写作中获益，但同时也在消耗灵感。不过，如果你想沿着这个方向再进一步，你最好缓步慢行。虽然很多文学研究者致力于研究作者自传和全部创作，但是诗人在这首诗中可能只是表达了一个面向所有人的观点。

很多时候，探讨一部作品的思想会提高我们的批判能力，即使它没有下定论。重要的是从可能性中发现必然性。事实上，华兹华斯关于人们对物质利益的追逐感到沮丧很有可能是因为，他在34岁这一年害怕自己丢失一度点燃他整个青年时代的激情。

真正能衡量一个人的，不是他身处安逸时的立场，而是面对挑战和争议时的选择。

——马丁·路德·金

思考技巧。批判性思考的下一步就是去思考诗人采用的技巧，即对语言、**意象**（诗歌在你脑海中形成的景象）以及诗人如何用短短几句诗歌来表达思想。诗歌与散文的不同之处在于诗人能够把大量想要表达的内容精简到很少的语句。

"得失盈亏"四个字描绘了一个完整的经济过程，仅用几个非常容易记住的字就将复杂的思想进行了高度凝缩。人们一直在使用这种说法，甚至包括经济学家。华兹华斯对月亮下大海的描写让我们仿佛真的看到了一片海洋。如果他只是用"大海"两个字来表示，当然也可以表达他的观点，但是效果却截然不同。这种用语言在人们头脑中描绘画面的天赋为我们带来了极大愉悦，因为在脑海中产生的形象极其复杂，以至于任何一幅关于大海的画作都无法与其比拟。为什么呢？因为脑海中的形象让我们看到了自己的复杂性。一幅画的内容就是内容本身，我们看不到画面之外的东西。

思考形式。最后，这首诗是一首**十四行诗**，这一体裁要求诗人必须用 14 行诗句进行创作。以前，诗人不断挑战自己，要押韵，还要讲究韵律。通常，韵律和韵脚都是固定的。例如："Backward, turn backward, oh time in your flight， / Make me a child again just for tonight！"人们可能会觉得，写出这几句话的人应该是希望自己能做更长时间的孩子，但是"just for tonight"使整句诗变得押韵。诗歌的韵律使我们清楚地看到形式的要求取代了诗人的个体特征。韵律和押韵是重点，而诗人不是。

如果你大声朗读一下华兹华斯的诗歌，想找到它的韵律节奏，你会发现整首诗的节奏非常精确严谨：非重读音节后面总是跟着重读音节；很少出现两个重读音节或两个非重读音节连在一起的情况。同时，当你朗读这首诗，即使没有特别留意押韵，你会发现每一个词都在非常自然地流动，句子之间的韵律也悄无声息。押韵也很有规律（第一句和第四句押韵，第二句和第三句押韵，第五句和第八句押韵，第六句和第七句押韵；最后，第九句、第十一句和第十三句押韵，第十句、第十二句和第十四句押韵）。不过当你大声朗读的时候，并不会觉得诗歌的押韵和语境是脱节的。

你或许会问，如果一首诗的韵律和押韵没有那么明显呢？一种答案是，当诗人在某种严格的规则之下进行创作，但是规则并未限制他的表达，我们就会赞赏他创作诗歌的技巧和手法。明白诗人在谨慎地将自己的技巧尽可能地隐藏起来，这正是我们对作品进行批判分析的乐趣之所在。当一名钢琴家演奏一首复杂的爵士独奏，或者一曲莫扎特的奏鸣曲，我们不必去考虑钢琴家一年又一年每天八小时的练习。当一位滑冰运动员伴随着德彪西《月光奏鸣曲》的节拍在舞台中间穿梭，我们会觉得，自己也可以穿上滑冰鞋，也可以做出如此优美的动作。

艺术是一种幻象，似乎其中毫无技艺，浑然天成。当上面这位滑冰运动员在尝试做三周半跳时突然摔倒了，我们才会明白这一系列动作的难度，才会意识到其中的痛苦。当然，我们不会忘记技艺的存在，但非常神奇的是，倘若我们不断地被提醒这一点，那么艺术便不存在了。你不会想让一名演员来告诉你，他或者她是多么伟大。批判性思考者可以自己去发现和挖掘。

如果上天想让我们用肚皮思考，为何又赐给我们大脑？
——克莱尔·布思·卢斯

我们分析华兹华斯诗歌时所用的原则几乎可以被用来分析所有艺术作品——一幅画、一首歌、一部戏或者一段舞蹈。

- 不要着急下结论。不要一下子就说出"我喜欢它"或者"我讨厌它"。
- 了解自己看到的或听到的内容。尽可能多地发现细节，客观地描述它们。
- 思考语境。作品是什么时候创作的？有哪些因素影响了作品的创作——是作者的生活还是整个世界？
- 挖掘思想。作者的创作目的是什么？作品除了审美之外还有什么其他意义？
- 思考技巧。作者是如何熟练地运用现有技巧的——文学作品中的图像和语言、绘画作品中的颜色和形状等。
- 思考形式。作品可以被归于何种形式范畴？如果可以被归入某种体裁类型，那它又是怎样体现体裁规则的？——或者它故意打破这些规则，震惊观众、读者或者听众？

2.5　直意派和隐喻派

批评中的直意派和隐喻派有何主要特征？

你在剧院大厅遇到一个人，在闲聊中你们讨论起刚刚观看的电影，一般你可以根据这个人对语言的使用来判断他是否在尝试进行批判性思考。那些不喜欢谈论自己经验之外事情的人，会把所有的事情与自己联系起来："电影对我来说太血腥了！我更喜欢一部温情的、有爱的电影。"（或者相反："我不喜欢这些忧伤的爱情故事，我要看那些老派的恐怖片。"）那些想要超越自己艺术经验的人可能会提出一种更宽泛的概念或者更普遍的原则。这种更大的好奇心往往来自更多的人文学经验——聆听、观看或阅读，以及思考。

同批判性思考和非批判性思考一样，**直意派和隐喻派**并非完全对立，也并非没有重合之处。相反，语言同思考一样是连续体，所有人都会不时地在其中来回走动。不过总体而言，那些非批判性思考者可以被称为"直意派"，意指他们习惯性地忽略事物的普遍规律。他们只关注当下发生的事情，通常会受到身边同样不会批判性思考的朋友的影响，或者是受到福克斯新闻或微软全国广播公司有关全球变暖、高压统治或本州经济情况等问题的报道影响。他们更愿意接受已被打包加工好的观点，就像被放到超市塑料袋里，永远不需要他们去拆解或分析。

那些愿意把时间花在批判性思考上的人被称为"隐喻派"，因为他们会用一些形象的语言（也就是比喻）表达自己的多种体验，包括人文学。即使在讨论当下，他们也会

有人把我当作超现实主义者，其实我不是。我从来没有画过梦；我画的都是自己的现实。

——弗里达·卡罗

从一种更广泛的视角来进行审视。与"我知道我喜欢什么"不同，一名隐喻者可能会对某部电影陈词滥调的人物对话、平庸的镜头或者主题的相关性——或者不相关性——进行一种更广阔视角下的评论。他可能会说："这是这部电影（或小说、绘画）教会我关于人类本性或人类境况的一些东西。"

直意派的表达

直意派会局限在日常具体事物当中，他们可能随意地听几句隐喻派概括性的话，然后抓住对方最后说的话不放。

> **隐喻派**：我遇到的很多所谓的"业内人士"似乎都不能称为专家。我更希望遇到那种可以对重要问题提出好的答案的人：在哪里住，要不要换工作，我的孩子在哪里可以受到好的教育等。
>
> **直意派**：我不知道你都有孩子了。
>
> **隐喻派**：我没有。
>
> （茫然地凝视）

上面的隐喻派真正想说的是不存在某种确定性，就算是在那些你所认为的专家身上也一样。他或者她只是在引用某个特殊或假设的例子来证明某个普遍规律。他们的朋友或许有孩子，或许没有。因为对世界有着广泛兴趣，他或者她可能对教育系统非常了解，阅读了大量相关内容，也听了很多讨论等。

他们的对话还在继续：

> **隐喻派**：我觉得我的学生分不清卧室和教室。
>
> **直意派**：我的邻居说她儿子喜欢在课堂上睡觉。
>
> **隐喻派**：他们的父母最后能做的就是把枕头和孩子一起送到学校。
>
> **直意派**：我觉得那可不是明智的选择。

对话终止。

隐喻派的表达

隐喻派，尤其是那些读过很多文学名著的人，经常会用比喻或隐喻——语言表达

> 我深信，有一种寻求正义的方式，是借助故事的力量。
>
> ——莱斯莉·玛蒙·西尔科

的是其他意思，而非字面意思——甚至是在日常对话中。大量的阅读让他们非常机智；相比于那些很少读书的人来说，他们的表达更加自然，更容易令人印象深刻，产生更好的效果。比如，在一部糟糕话剧的首映式上，一个隐喻派在看完后会向朋友做出如下评论："坐在这儿看完这部戏就像是给一个雕塑做心脏复苏。"而"这部戏太无聊了"则会显得十分无趣。

隐喻派擅长对词语进行加工和修饰，这些词语在原来的语境中充其量只能算是比较精巧，但是一经加工就会变得无比精彩。有一个可能是杜撰的故事，讲述了一个傲慢的英国剧作家（一个版本是诺埃尔·考沃德，另一个版本是萧伯纳），向备受尊敬的首相温斯顿·丘吉尔送去邀请函，邀请他参加作品首映式。众所周知，丘吉尔对蠢人的容忍度极低（或者，有人认为是邀请了丘吉尔的儿子伦道夫）。据说邀请函上写的是："阁下，这是两张票，带朋友过来吧——如果你有的话。"据说丘吉尔是这样回应的："这次我无法参加了，下次吧——如果还有的话。"

与英语国家的其他剧作家相比，莎士比亚创作了更多有名的句子——多到当我们观看诸如《哈姆雷特》这样的话剧的时候，要强迫自己不要对作家用了如此多的"陈词滥调"感到震惊。"做真实的自己；对自己忠实；坚信自己是正确的""因为世上的事情本来没有善恶，都是各人的思想把它们分别出来的""生存还是毁灭""这看似疯狂，实则有因""甜美的祝福献给甜美的人：珍重！"——这些都来自《哈姆雷特》。我们甚至还没去读他的 36 部戏剧和 154 首十四行诗呢！我们常常把这些话稍做修改用到各种情况中。比如，一名巧克力爱好者会说："甜美的祝福献给甜美的人：珍重，牙齿！"

大部分经常被引用的句子都在其精巧的表面之下蕴含着智慧。批判性思考者明白无法再对它们进行改进。传奇棒球手、经理人尤吉·贝拉（1925—2015）以经常用重复的字来说话而闻名——有些经常不符合语法。他最著名的一句话——"直到真的结束，才是结束"——用来指他最爱的棒球（永远能再多击一个，直到没有球了）。这句话现在已经成了我们的日常用语，用来指无论环境多么糟糕，希望都会一直存在。

贝拉的很多话会给人一种没怎么受过教育的人的民间智慧的感觉，但贝拉是受过教育的。有人认为，随着年龄的增加，当他发现自己的话变得如此出名，他开始赋予它们深度，而且尝试一种完全不同的方式。以下面这句话为例："理论上，理论和实践没有区别，但实际上却有。"这种狡猾的智慧悄悄地影响（接近）着我们。用另一种方式来表达这句话会是"那些花大把时间空谈理论的人真该看看外面的世界是什么样子"，但是贝拉的措辞是多么迷人，多么令人难忘啊！

批判性思考和做人的艺术密不可分。我们经常会声称"我不愿意去思考，我只想享受"，但事实上，兼顾思考和娱乐是可能的。思考可能是享受生命的终极方式。思考（和表达）是人文学的挚爱，你可以从中攫取无限的灵感来提高批判能力。

批判将是自愿的反抗的艺术，是充满倔强的反思艺术。

——米歇尔·福柯

回顾

在这一章里：

- 我们探讨了对人文学进行批判性思考的重要性；
- 我们分析了人文学日神式反应和酒神式反应的异同；

- 我们讨论了像训练身体一样训练思维的重要性；
- 我们罗列了批判性观赏、阅读和聆听的原则，明确了职业批评家的角色及职责；
- 我们区分了作品分析中的直意派和隐喻派。

主要术语

间离效果（alienation effect）：一种用来使观众与戏剧保持距离的手法，主张对社会进行批判，有时被称作"陌生化效果"。

日神（Apollonian）：来源于尼采，希腊象征光和真理之神，用来代指某些有序、理性的人或者物。

语境（context）：正如本章中所说的，用来加深人们对作品理解的环境、背景或者某种具体情景。历史语境指某个特殊时代的思想、价值观和风格对社会以及艺术品或哲学产生的影响。

批判性思考（critical thinking）：一种理性或逻辑分析的技能。客观地看待事物，收集尽可能多的信息，进而得出结论。而匆忙下结论则是基于纯粹的主观直觉。

酒神（Dionysian）：来源于尼采，希腊象征酒和植物的神；通常用来描述一种自发性，缺乏秩序和结构，用来指艺术、社会或者个人创造性和热情的一面。

共情（empathy）：与其他人或者某本书、某部电影、某场戏剧中的人物产生共鸣，某种程度上变成了别人，切身体验别人的困扰。

隐喻派（figuratist）：一个批判性思考者，语言表达非常丰富，通常比较有趣，经常用隐喻来表达对普遍性而非某件事情的兴趣。

意象（imagery）：诗歌中比较常用，诗人用寥寥数语在读者脑海中构建出来的场景，普通的散文往往无力如此。

直意派（literalist）：不能批判性思考的人，他们的话往往反映当下的所思所想，特别是那些正在发生的或与自身有关的。

十四行诗（sonnet）：共十四行，诗人严格按照长度和押韵的原则进行创作。

图 3.1　赫拉克勒斯、密涅瓦和墨丘利的雕像，1913 年，纽约曼哈顿中央车站前

每天有成千上万的人看到这座雕像。你能想起神话学在日常生活中发挥作用的例子吗？

Tetra Images / Alamy

第三章

神话及人文学的起源

学习目标

3.1　定义"神话"和"神话学"。

3.2　辨别和区分不同的神话原型。

3.3　探讨神话是如何解释那些无法解释的现象的。

3.4　阐释童年神话的特征。

3.5　了解通俗神话和俗谚所发挥的作用。

3.6　分析神话是如何影响人文学的。

早在人们可以阅读印刷品上的艺术之前、在音乐和舞蹈诞生之前，人文学便存在于神话学之中了。音乐和舞蹈最初可能是一种有节奏的伴奏、一系列程式化的动作，人们通过它们来赞美或安抚神明，庆祝人生的某个阶段，比如成年礼。早期戏剧中，人们扮演勇敢的猎人，为了生存追踪凶猛的野兽，或者扮演与恶势力做斗争的英勇战士。在旧石器时代的洞穴壁画中，比如那些在法国拉斯科发现的壁画，我们的祖先绘制了他们赖以生存的动物和狩猎中的自己。在重现狩猎场景的过程中，他们无意中赋予自己的行为某种神话意义。

在早期社会中，人们以故事的形式来记录历史——人类起源的故事和人类与诸神之间的故事；一些关于伟大的猎人、战士或者领袖的故事；一些教导人们什么是对什么是错的故事。

尽管并没有与人文学相分离，神话学是大部分作品创作的基础。文学、视觉艺术、音乐、戏剧、电影都能在**神话**中找到它们的起源。有时，神话专属于某个特定的文明，但很多情况下神话是世界性的，在不同文明中有不同版本。因此，神话是我们研究人文学的一个再合适不过的起点了。

3.1

神话是什么？

神话是什么？神话学是什么？

> 神话是探究人类生活的精神潜能的线索。
> ——约瑟夫·坎贝尔

神话指传统的故事，作者姓甚名谁通常不详，表面上是根据某个历史事件改编而成，但通常用来解释人类无法解释的现象，如自然现象、人类起源、世界诞生或洪水灾害。神话学一般指对神话的研究，或形成某个民族特定习俗、信仰体系、宗教仪式等的神话集。因此，我们可以探讨美洲原住民的全部神话，或某个英雄如亚瑟王的全部神话。宗教本质上是神话的集合，但我们常会把本民族的故事和信仰当作宗教真理，而将其他文明的故事和信仰看作神话。

神话在人文学中扮演的角色

本章我们将探讨神话学在塑造人文学中所扮演的角色，包括一些著名文学作品中的神话元素。我们还会探讨每个人都拥有的个人神话学——一般从人类童年早期开始形成，这一时期人们开始感受到恐惧和潜在欲望，开始区分善恶，开始拥有自己心目中的英雄。这种个人神话会在生命中一直伴随着我们，随着我们一起成长，在成长的每个阶段满足我们不同的心理需求。

在研究人文作品的神话起源的过程中，我们发现莎士比亚将亨利五世塑造成一个近乎完美的英雄形象——一个民族的领袖和守卫者、一个无法战胜的人。弗罗多——《魔戒》中的霍比特人——也是如此。他牺牲家庭和个人安危，从可怕的索伦手中拯救了中土世界。史诗中有很多类似英雄人物的描写，比如阿拉伯诗人、冒险家安塔拉·本·舍达德（525—608）的悬诗，美索不达米亚的《吉尔伽美什》（公元前2100）、《松迪亚塔》（14世纪，松迪亚塔是非洲马里帝国的开创者和民族英雄）等。英雄是众多神话**原型**之一，也可以说英雄是人类潜意识中的一种原型，能够帮助我们理解世界、自然、生命目的以及生命事件。

神话不是什么？ 我们需要从最开始就驳斥那些关于神话的错误想法。"神话"这个词虽然简单但是易被混用，人们对它的使用经常基于自身需要，而与人文学没有太多关联。这种误用经常漏洞百出，但很多人却深信不疑——那些理性的成年人则会对此不屑一顾，比如"气候变化神话"或者"卡路里被揭穿的神话；可以想吃什么就吃什么"。对神话的另一种"误用"是自视甚高，认为神话只是"科学诞生以前幼稚的人们信以为真的故事"。

如果神话真能被轻而易举地看成一些虚假的或者已经过时的信仰，那本章也不会以它为主题进行探讨了。神话关系和影响着大多数人，神话知识是人们最基本的文化素养。神话也不一定是不真实的。神话故事包括信仰和生活中的人物原型，会为我们带来思想、希望和梦（图 3.1）。

神话可以做什么？ 单就自身而言，神话是一些有趣的故事，不受文学事实的限制，在心理和情感上都是真诚的。它能帮我们理解文明如何定义自身以及定义与它有关的其他文明。它能帮助我们理解人们如何思考，以及如何清楚自己的潜在需要。最重要

这些天国的原型都被当作真实不虚的，就像人们总把想象中的事情和形式看得比现实更真实更重要一样。

——凯伦·阿姆斯特朗

的是，掌握一些神话知识可以防止我们对正确和错误做出仓促的判断，因为我们发现正确和错误的显著区别本身就是一个神话原型。坚持鲜明的是非观本身不一定错误，这里要表达的是，某些信仰和思维习惯在某种程度上扎根在人们心里，是真实的。我们要明白的是，"真实"不只是一种科学意义上的概念。

同呼吸和进食一样，神话几乎是人们生存的必需品。除了影响人文学和心理学（后面将会看到）之外，神话还影响着世界上所有人的行为。神话可以解释创造、出生、死亡、来世、爱和权力的秘密。它围绕某些神秘的数字、循环、冒险或者未被开垦的花园而展开。一部分神话可以追溯到非常早期的人类，但它们都会以另外的形式被重现。它是深藏在文明和人类潜意识中的象征，帮助人们认识自我和世界。它是人文学研究不可或缺的一部分。

3.2 神话原型
如何定义神话原型？

虽然神话只是一些关于贵族、战争、热情和复仇的故事，但它也有文学欣赏价值。阅读神话的时候，我们会震惊于很多故事或人物之间的相似性。我们可能会问，为什么有些故事和人物会反复出现，会影响我们的思考方式以及对别人做出的反应？学者通常看得更深。他们看到的是一种共同的线索，一个从中了解人类生存状况的契机。故而他们转向了心理学家、哲学家卡尔·荣格（1875—1961）的理论。荣格认为，人类从出生起就拥有关于**原型**的知识，这些原型可以帮助人们理解经验，应对人生中种种艰巨的挑战。荣格认为，这些原型——诸如英雄、恶棍和小丑等形象，远征或漫游等事件，十字架、太阳等象征——以不同形式存在于世界上的所有文明之中。原型——共同构成了人类隐秘的想象——代代相传，被荣格称为"**集体无意识**"。

> 无意识产生了一种决定性的影响，这种影响与传统无关，在它之下，人和人类经验本身，以及人们充满想象力的表达方式都具有相似性。一个重要的证据是，神话母题之间普遍相似。[1]

荣格的理论并不被所有心理学家或神话研究者认同，但是没有他和相关理论，我们很难解释某些神话故事和神话元素反复出现的原因：关于洪水和一个好人救赎的故事、死亡和黑暗中的冒险故事，以及最重要的，每个人的人生中几个关键阶段的故事——主人公有时是半神半人，比如典型的"英雄"故事。不过也有很多其他解释。

　　一种解释是"外部理论"，是诸多解释中最符合科学规律的一种。按照这种理论，神话故事沿着人们的移动路线进行传播。在某个地方产生了某个神话故事，当地人与外地人在征战、贸易及通婚的过程中，将这个故事传播出去。在很多已经被证实有着迁徙关系的文明之间，神话故事的相似性的确存在。

　　神话在人类迁徙过程中传播的一个例子是，约鲁巴人的宗教信仰和宗教活动在古巴被完全不同的受众修改和接纳。约鲁巴人曾居住在现在的尼日利亚一带。在一个全新的环境中，约鲁巴人作为奴隶需要对他们的宗教信仰进行掩饰，天主教一神论渐渐被加入原有的宗教中，作为保护非洲泛神论继续存在的一种手段，萨泰里阿教由此产生——这一宗教在古巴还一直存在，而在他们的万神殿中，守护神既包括最初的非洲神，也包括基督教圣徒。

　　神话具有世界性的另一个例子大家都能想得到，即尽管人与人之间有地理位置和文化成熟度的区别，却有着共同的需要，而某些神话中共有的元素会帮助人们应对面临的种种境况。需求的相似性并非指文明之间或集体无意识中强制性信仰之间的相似。如果人们的需要完全没有区别，为什么神话之间会有区别呢？

世界神话中的英雄

　　英雄这一原型几乎存在于所有文明之中，"创世英雄"一说就此而来。英雄的魅力如此之大，以至于他们的形象反复出现：就拿最近非常成功的《雷神》系列电影来说（《雷神》，2011；《雷神 2：黑暗世界》，2013；《雷神 3：诸神黄昏》，2017），雷神最初是挪威神话中的雷电之神，是日耳曼神话中一个非常重要的英雄形象。他挥舞着锤子，最后成为对抗斯堪的纳维亚基督教的异教徒象征；在今天的电影中，他出现在新墨西哥（外星人入侵的地方），为了打败人类的敌人。洛基（Loki）——另一个原型——在挪威神话中是一个爱惹是生非的人，在《雷神》系列电影里被塑造成重要的反派。

　　爱尔兰小说家詹姆斯·乔伊斯用**单一神话**表达了他关于"'英雄'的概念几乎在任何地方都一样"的想法。美国神话学家约瑟夫·坎贝尔（1904—1987）借用乔伊斯这一概念，提出了"英雄的历险"的"单一神话"。在他的作品中，尤其是代表作《千面英雄》中，坎贝尔指出，所有神话英雄的故事都不自觉遵循的固定格式，称为"英雄的历险"。无论不同的文明如何去看待人类的存在和特殊的生存需要，英雄故事似乎必不可少。早在 1909 年，西格蒙德·弗洛伊德的学徒奥托·兰克就曾暗示过西方神话中英雄的特征：

　　　　英雄是贵族之子，在困境中被孕育。出生时通常会在母亲的梦里产生前兆，
　　或有神谕。随后他被送到很远的地方，身处险境。他被平民或是一些动物挽救、

激情能把普通人变成英雄：尽管困难重重，他仍会竭力赋予生命以意义。

——埃里克·弗洛姆

抚养。长大后，他经历了很多次冒险，发现了自己的贵族身份。他经受住探险途中的所有考验，最后变成一个英雄，获得了名誉，取得了伟大成就。[2]

西格蒙德·弗洛伊德（1856—1939）是对神话进行心理学阐释的先驱。他认为，"单一神话"中的两个家庭——贵族和平民——分别代表儿童成长不同阶段的父母形象。荣格认为，这些"世界性"神话的元素——或母题——是最初的形象，或称为原型。对荣格而言，它们是人类对生命普遍预期的重要部分。每个人都会不自觉地相信英雄的存在，并等待英雄的降临。

英雄的诞生　英雄往往诞生于非常神奇的环境中：弯折的树；或者囚禁着年轻女孩的房间，屋顶上突然下起金币雨；神变身成另一种生物、动物或人的造访，以及一些神秘的预言。通常英雄会由超自然的生命所孕育。

自人类意识产生以来，"诞生"一直吸引并困惑着人们。虽然人们最终掌握了生命繁衍的因果顺序，但依旧会为这种"奇迹"的出现感到惊喜！即使对那些"普通"的凡人而言，孩子的诞生也是一件大事；他们将昭告天下，接受朋友们的祝福。而诞生的这天将是人们一生中最特别的日子。现实生活里，孩子（无论男女）诞生时也会带着预言：人们向他们的父母送上最真诚的祝福，祝福他们获得天赐的爱和成功。而那些没有如预言中取得辉煌成就的人会觉得自己受到了命运的诅咒。

英雄的早期显现　注定伟大的英雄在很小的时候就会脱颖而出，通常是完成一件惊人之举。例如，年轻的亚瑟把王者之剑从石头中拔出——只有正义之人才能将它拔出；或者提修斯用超乎常人的力量举起一块压着一把金色宝剑和一双鞋子的巨石，同时证明了他是国王曾经丢失的儿子（然而关于这个神话的另一个版本并没有将提修斯描写得这么强壮，而是巧妙地让他用一个设计好的杠杆把石头撬了起来）。有时候英雄的显现发生在昔日的预言变成现实的时候。例如，伊阿宋（乘坐阿尔戈号）如预言所说穿着一只草鞋到达俄尔科斯。

单一神话背后的理论是，英雄早期显现的主题表现了人们对认同感的需求。在充满痛苦的青春期，少年会问"我是谁"，他们害怕听到"你什么也不是"这样的回答。与身边的成年人相比，他们显得如此渺小，因此价值感的缺失也就不足为奇了。

许多人都会承认童年时期幻想过自己其实是一个声名显赫的贵族家的孩子，刚出生在襁褓中就被偷走，送给现在的父母抚养。带着这样一种隐秘的身份，他们与普通人住在一起，做着一些贵族后代不该做的枯燥的家庭劳动。某天，即将进入青春期的他们感到自己身份被"揭穿"的日子很快就要到了。只需看看《哈利·波特》系列小说是多么畅销，你就知道这类神话是多么流行了。

英雄的壮举　每个英雄都有过伟大的行为，通常发生在他们年轻的时候——当他们离开家，远离父母。这是"通过仪式"、成年礼的神话版本（想一下在《星球大战2：帝国反击战》中，卢克·天行者用他的"原力"从尤达的沼泽地中举起了船）。所有的神话都强调从青春期到成人的转变的重要性。

几乎所有早期文明都需要完成一项艰巨的任务作为童年结束的象征：忍受住严寒，在野外存活，从凶残的守卫手中激活魔法物品，打败一头凶猛野兽。克里特岛牛身人面的怪物弥诺陶洛斯命令雅典人向他上供美丽的年轻人，提修斯最后将他击败（图3.2）。为了杀死弥诺陶洛斯——这本身是一个伟大的行为——提修斯首先要找到这个可怕的怪物，其间他还要经过一连串迷宫和一条条错综复杂的道路。弗洛伊德主义的神话评论家将提修斯的这段旅程看作童年时期性发育的不同阶段。根据弗洛伊德主义，最后找到和杀死弥诺陶洛斯标志着年轻人性发育的成熟。

很多伟大的行为是体力上的，但也有一部分纯粹是智力上的。索福克勒斯悲剧的主角俄狄浦斯王解开了著名的斯芬克斯——狮身女人面——之谜。没有答对问题的人会被斯芬克斯吃掉。问题是：什么动物早上有四只脚，中午有两只脚，晚上有三只脚，

Minotaurum Thefeus vincit.

图 3.2　提修斯和弥诺陶洛斯，奥维德《变形记》早期意大利版本
你如何定义英雄？一个英雄的壮举必须是身体上的吗？就像提修斯杀死弥诺陶洛斯？还有其他形式的英雄主义吗？
Los Angeles County Museum of Art.

而且有四只脚的时候走得最慢？俄狄浦斯到达底比斯城的时候，这里正因为无人能解答出这个谜题而陷入巨大恐慌。但是俄狄浦斯答对了，答案是"人"：人在童年用四肢爬行，爬得最慢，成年后用两只脚走路，在晚年的时候会用拐棍来辅助走路。暴怒的斯芬克斯杀死了自己，俄狄浦斯成为国王，承受着被命运安排好的无尽的痛苦。

庆祝英雄的成功和伟大功绩的需要会伴随我们一生。我们喜欢观看和感受这些里程碑式的成就：新总统的就职典礼、学术成就奖颁奖典礼或为奥林匹克运动会冠军授予金牌缎带。我们也会记录自己人生中具有重要意义的事件：生日、毕业、第一次约会、初吻、一封入职信、得到梦寐以求的工作、结婚、为人父母，等等。不过大多数时候我们会更认同公众人物的行为，而不怎么重视自己取得的成绩，尤其是当我们心中怀有根深蒂固的自卑感的时候。

英雄丧失力量　西方神话很少以英雄得到幸福和获得成功为结局，童话则不然（王子娶了辛德瑞拉后，我们也不知道辛德瑞拉和她的原生家庭、丈夫的家庭，以及和孩子之间的关系了）。然而，在成人神话中，像俄狄浦斯这样的英雄通常都会"跌下神坛"。亚瑟王一定会看到卡米洛特被摧毁，眼看着自己的王国四分五裂。在西方，神话中英雄的结局往往是悲剧性的。

如果英雄失去了力量，一种可能的补偿是他们的死亡通常是光荣的，他们生前的伟大会得到承认。不想看到自己乱伦后所生孩子的俄狄浦斯刺瞎了自己的双眼，他说："我是不洁的，侮辱了这片土地。"然后把自己放逐到沙漠中。歌队问了一个可怕的问题："这一切为什么会发生？为什么被预言诅咒的俄狄浦斯在做出杀父和乱伦的举动之后会有负罪感？为什么不去责备赋予他此种命运的诸神？"不过，在承担了所有的恶果后，他还是留住了自己的贵族地位。在索福克勒斯的这场戏剧中，这位被诅咒的英雄不屈地走在城市中，悲痛的市民自发为他让出一条道路。伟大的英雄即将消失，人们将永远悼念他。在这场戏的续集《俄狄浦斯在科洛诺斯》中，一道亮光突然出现在将死的英雄俄狄浦斯面前，他虽然已经看不见了，但还是发现了这道亮光，并从中找到人类苦难的秘密。

伟大的英雄失败了，但他们的失败证明了他们生命的伟大。这就像是神话在告诉我们："人不能什么都拥有。你默默无名，但可能会长寿；你是个英雄，但可能生命短暂。"

英雄要用一生的时间去证明自己的伟大。事实上，他们通常面临很多敌意。提修斯在惨烈死亡之前，曾经因为离开国家后，雅典遭到斯巴达人入侵而被昔日忠诚的臣民指责。他们甚至把他驱逐出去，强迫他向敌对的国王献殷勤，最终他被杀了。不久之后臣民认识到自己犯的错误，为了纪念他，臣民为他修建了豪华的陵墓。

西方文明史上出现过很多真实存在的英雄故事，他们活着的时候被否定，受到高度争议，死后才得到人们的尊敬。举两个例子，圣女贞德和伽利略。爱尔兰剧作家萧伯纳在戏剧《圣女贞德》的结尾,讽刺地描写了教堂神职人员后悔将贞德烧死在木桩上的情节。令他们吃惊的是,贞德突然出现了。她告诉他们,她现在已经变成了魂灵,可以随心所欲地去往她所向往的地方。如果他们真心想让她复活,她可以回到这里,但是他们转身跑了。贞德一人向上看着,说出了最后一句台词:"哎,创造这个美好世界的上帝啊,他要到什么时候才愿意接受你的圣徒?主啊,还要多久?还要多久啊!" [3] 这个故事的魅力在于让我们看到,如同我们有时会产生一些无价值感,那些陷落的英雄(还有落魄的政治家或名人)也并没有好到哪里去。

西方以外的英雄 亚洲和中东神话也有自己的英雄故事,但是它们很少推崇凡人的功绩。释迦牟尼本人(他出生时是一个王子,本名悉达多)非常谦卑,他不追求权力,并且阻止他的追随者将他神化。约瑟夫·坎贝尔认为:

> 典型的西方英雄是具有人格特性的,并且……必定是悲剧性的……东方英雄是一个单子(monad,一个简单的不可见的元素,构成事物的基础):本质上没有人格特征……不为世俗所困。正如在西方,对个性的导向体现在将上帝的概念和经验加以个性化。与之完全相反,在东方,一种不带个人色彩的……不可抗拒的感觉……把万事万物都融为一体。[4]

犹太和伊斯兰传统中有很多讲述摩西和穆罕默德以及他们作为领袖的伟大功绩的故事。这两位先知都被看作一种精神力量,也是强有力的征服者。在死之前,摩西要求隐藏他的埋葬地点,防止人们对他进行奢华的纪念。穆罕默德统治下的伊斯兰法律主张"四海之内皆兄弟……信徒之间人人平等……以及对真主(安拉)意愿的绝对遵从" [5]。

中国神话里,伟大的王朝统治者因美德和成就而备受推崇。比如,传说中黄帝发明了农业,推动了音阶的发展。他因驱逐蛮夷而被颂扬,但他的成功却并非因其过人的勇猛,而是因为得到了神的帮助,是因为神看好他善良正直的品性。孔子致力于为统治者提出现实可行的建议,而不是研究浩瀚宇宙中关于精神的形而上的信仰:要安分守己,要做对社会有益的事。在西方神话里,亚瑟王的形象无比接近孔子的理想状态,但他同时也是一个勇猛的战士,拥有精湛的战斗技巧,否则他也不会如此受到人们的尊敬。当然,他非常符合西方人对英雄的要求,即有着非凡战斗力的个人。

不知周之梦为蝴蝶与?蝴蝶之梦为周与?
——庄子

那个"特别的人" 我们周围仍然有很多英雄原型。那些受到崇拜的男性或者女性名人,或许不是某个神或者凡人的后代,但他们在人们眼中与以前的英雄一样生动。他们的成就在杂志、八卦栏目以及电视采访中被跟踪和报道,他们还引领着服饰、发型和语言的新潮流。

仙境无所不包，除了小精灵、小仙子、矮人、女巫、巨魔、巨人和神龙之外，还有海洋、日月和天地，有彼此一体的万物：树和鸟，水和石，酒和面包，还有我们这些迷醉其间的凡人。

——J. R. R. 托尔金

依然有一些人因为立下了赫拉克勒斯般的功劳而备受推崇，比如斯蒂芬·霍金。我们会赞美刚刚获胜的全垒打之王、世界上跑得最快的运动员、第一个进入宇宙的宇航员、第一位徒步到西藏的女性、第一个登上珠穆朗玛峰的盲人、凭借首次演出就获得奥斯卡奖的演员以及诺贝尔奖获得者，他们在此之前一直默默无闻。我们仍然在寻找某个"特别的人"来解决所有难题。在美国神话中，这个神秘陌生人的原型非常重要，或许是因为这个国家在发展初期面临很多危机需要解决，或许因为这个边缘的民主社会的领袖并非生来就处在这个位置，他们需要不断证明自己具有成为领袖的能力。

一个典型的关于"特别的人"的例子，是乔治·史蒂文斯在1953年改编自杰克·舍费尔同名小说——一部以美国西部为背景的畅销小说——的电影《原野奇侠》。电影（现在依然可以在电视和 DVD 中观看，也非常值得一看）描写了一个隐退的枪战高手，骑着一匹白马走出怀俄明山，发现目无法纪的恶徒想抢占安分守己的自耕农的土地。主人公枪杀了牧牛人的头目，救了这些农民，然后回到自己生活的地方。

我们现在依旧在等待着这样一个"特别的人"出现，比如一个坚决捍卫正义公平而不在乎个人政治生涯的政治家，他能让世界上所有的国家意识到不能再向空气中排放二氧化碳；他会游说特殊的利益集团，让他们相信有比赚钱更重要的事情，以此修补失调的经济。

这些原型式的人物往往是男性（只有极少数例外，比如圣女贞德），或许是因为很长一段时间以来，神话的创造者都是男性。神话历史中也有很多女性，但是她们通常被（男性）描写成麻烦的制造者。然而，随着新的神话故事不断被创造，男性和女性都成为故事的主角。

当然，电影和电视剧是神话的丰富资源。女性和男性一样，能够挥舞着武器杀死凶猛的怪兽，就像《饥饿游戏》中的詹妮弗·劳伦斯（图3.3）和《分歧者》中的谢琳·伍德蕾，更不用说《X战警》系列电影中的众多女性角色了。中国电影《卧虎藏龙》（2000）的女主角俞秀莲武功极其高深，甚至还会飞檐走壁，成为一度流行但只能由男人继承的功夫的完美继承人。迪斯尼公司近年制作了一部以女性为中心的电影《勇敢传说》（2012）。在电影中，公主失去王子后，一个人快乐地生活着。

数字的力量

人类很早就发现数字是理解宇宙和万物的基础。在《神曲》中，但丁大量使用"3"这个数字表示"三位一体"。整首长诗被分成三部分——《地狱》《炼狱》和《天堂》。后

图 3.3 《饥饿游戏·嘲笑鸟（上）》(2014)，詹妮弗·劳伦斯扮演的凯特尼斯·伊夫狄恩
女性可以成为英雄吗？你对女性英雄的看法与对男性英雄的看法是否不同？
Murray Close／Lionsgate／courtesy Everett Collection

两部各包含 33 首短诗或章节，与基督死亡时的年龄相对应。第一部分比后两部分多一个章节，使整首长诗的章节数达到了人们心中最完美的数字——100。

希伯来传统中也有很多神秘的数字。希伯来字母都有相应的数字对应，人们相信从某些数字组合中可以了解整个宇宙的秘密。希伯来神秘哲学派卡巴拉致力于研究《希伯来圣经》中数字的复杂性。例如，部分学者认为，实际上有 620 条诫命，而非 10 条：613 条被写进《摩西五经》；另外 7 条由后来的拉比添加。绝非偶然，这些学者发现《十诫》中包含了 620 个希伯来字母。

现在人们依然对数字和数字排序充满好奇，比如人们相信死亡与数字"3"有关。当一个重要人物去世，人们便会觉得会有另外两个重要人物也将死亡。旧金山金门桥是世界上自杀死亡人数最多的地点，旧金山官方曾经对这些"跳桥者"进行统计，甚至标记出每根柱子。当 1995 年自杀总数达到 1000 的时候，他们停止了记录。有人说，他们是在鼓励状态不稳定的人自杀来凑成这个特殊的数字。当时甚至还流传着这样一个故事：城市在第一千个人自杀之前就已经宣告了这个数字的到来，他们提供了一个虚构的名字和职业，还声称葬礼服务不会公开——他们非常明白，成为第一千个死者或许可以引诱那些原本可能不会自杀的人真的去自杀。

圆　环

　　圆环是一个深刻影响人们生活的原型。因为圆环没有起点和终点，是一个统一封闭的空间，人们用它来象征统一、完整和永恒。在神话中，它以盾牌、戒指、坠子、太阳、月亮等形式出现，还有洞穴或石头上的各种标记。人们在世界上发现了数不清的环形建筑——其中很多建筑可以追溯到上千年前——寺庙、环状列石，当然还有迷人的巨石阵（图 3.4）。巨石阵是位于英格兰西南部索尔斯堡平原上的一群巨石像，建造它们的初衷一直是多年来理论探讨的焦点。它可能是一个宗教建筑，可能是一个墓地群，也可能是一个巨大的日历——没有人知道它到底是什么。然而，对神话研究者而言，巨石阵——无论其建造初衷为何——证实了宇宙是一个有限圆环的神话。

　　亚洲和西方对宇宙的认识非常相似。他们都认为圆环——几何学上的完美图形——让宇宙似乎可控，即使不能控制，也在人们可以想象的范围内。现代科学一直在争论宇宙的本质和范围，争论"圆环"理论是否真的可行。大爆炸后行星和太阳是随机组合成现在的结构吗？它是否会无限延伸？与此同时，物理学家也在探寻物理定律中的一致性。爱因斯坦的相对论认为，宇宙既是无限的，也是弯曲的，重力使得宇宙变形，因而没有物体可以永久直线运行下去。

　　在亚洲文化里，传统意义上的圆环是自然秩序的象征。道家的"阴"和"阳"代表两股对立的力量相互作用，使宇宙处在平衡之中，这一思想用一半黑色和一半白色相

图 3.4　巨石阵，英格兰，建于大约公元前 2500 年
数世纪以来，游客们着迷于巨石阵的神奇和壮观。你觉得他们为什么会这样？
Bartlomiej K. Kwieciszewski/
Shutterstock

互重叠、交融的圆环来表现。不过，东西方对人类的思维和意识却有不同看法。简言之，大部分西方文明将人类意识看作一个独立的圆环，而亚洲文明将意识看作一条流动的河流，思想和感受来来往往。人的自我就像一座由城墙环绕的城市，独立而又封闭——在亚洲人看来这是一种无法理解的概念。

同时，在亚洲文明中，圆环象征着自然和人类的统一，不过西方关于圆环的词汇大部分局限在"自我"的层面。西方"整体"医学研究的对象是"完整的个体"。每当我们不知道生活应该去向何处，我们就会说"努力振作起来"；当我们感到自己失去控制，我们的朋友可能会帮助我们"收拾残局"。

除了对思维有着不同理解，传统的亚洲文明和西方文明都承认事物有其存在的意义，圆环证实了这种想法。圆环是一种组织原则、一个连贯的整体，它和混乱毫不相干。人们不希望自己拥有一种漂泊感和被离弃感，不希望自己的存在不被理解。实际上，圆环就像一名舞者，在从非洲到美国南部等诸多文明中翻跹，暗示着人类是一个不可破坏的统一体；人们之间彼此联系，没有人会被抛弃。

圆环还象征着永恒。印度教和佛教中的"转世"和"生命轮回"就是典型的例子，很多西方人认同这两个概念。那么他们这种相信会有来世，但是不相信生命像一个圆一样没有尽头的信仰，是怎样的信仰呢？

时轮曼陀罗以独特的色彩和形式表达了佛家勇猛精进的精神特质。
——彼得·戈尔德

旅　程

西方神话一个非常重要的原型提供了探讨存在意义的非圆环视角。坎坷遍布的旅程或追寻，是描绘人类生命过程的另一种方式。作为旅程的生命暗示着目的和终点，绝不是一系列毫不相干的事情的随意组合。我们将生命看作从一个阶段或"时期"过渡到另一个阶段或"时期"，这再一次表明我们可以理解生命。

神话中的英雄通常要开始一段充满危险的旅程，完成一系列等待他们的充满挑战性的任务。他们在前进的道路上会遇到很多可怕的障碍：迷宫般的森林、危险的野兽以及让人昏迷的神奇毒药。不过属于英雄的旅程终究会继续。

神话建构着人们对生命的期待和想象，人们期待着自己和他人生命中的旅程，期待着旅程中的种种障碍。"没有痛苦，就没有收获。"我们坚信人生旅程中的努力都是值得的。完成一项重要的任务意味着获得认可和支持。当看到有人没有成功，我们就会说"他没真的长大"或"她还在重蹈覆辙"（这种"我们必须不停努力"的观念非常可怕，在很多当代电影中，主人公都或多或少地沉浸在童年时期）。

神话中的旅程也是一种追寻。英雄要寻找故乡，寻找被埋藏的宝藏或圣杯。拥有一个目标为生命赋予了轮廓和方向。现在，让我们来看一看两个重要象征之间的矛盾：

圆环使生命没有尽头，而旅程却要指向一个重要结局。虽然我们很乐意用圆环来象征作为一个自足整体的宇宙秩序或人类思维，但我们不想将生命看成一段没有目的和方向的旅程，不喜欢自己"原地打转"。我们更愿意相信，虽然生命充满变化和起伏（有很多神奇的山峰需要攀登），但终究会实现某个目标。

相反相成。
——中国成语

　　而亚洲神话中的旅程是一系列事件的发生，不一定按照先后顺序，也不一定有一个终极任务。菩提达摩将佛教从印度带到中国。根据神话故事的描述，他在山顶上冥想了九年，双腿都退化了。故事仅仅描述了这件事，并没有将其定义为悲剧。对东方而言，一个又一个生命出现了，每一天都有存在的理由；对西方而言，一段没有目的的旅程毫无价值。"她死得太早了"是一种西方神话视角；"他今年35岁，都做了什么呢？"也是。

伊甸园

　　如上所述，西方的"旅程"一般会有一个完美的结局，但也有一些神话对这些结局进行怀疑——它们认为"我们是在沿着错误的道路前进"，或者通过回忆过去发生的事情，认为"希望我们从未踏上过这段旅途；我们失去得太多了"。

　　黄金时代的神话在西方传统中可以追溯到很久以前。一个英雄的毁灭暗示着昔日美好事物的消失。对卡米洛特圣地的希望也随着亚瑟王的离世而消失了。很多神话研究者认为，"黄金时代"这一原型起源于《圣经》对伊甸园的记载。伊甸园曾经是亚当和夏娃在地球上的家，他们因为偷吃了智慧树上的禁果而被上帝驱逐出伊甸园。

　　《希伯来圣经》中有一个反神话，其中的伊甸园是一个反象征：亚当和夏娃被赶出伊甸园，但亚伯拉罕和他的后代却被许之以应许之地迦南——一个奶与蜜之地。摩西把以色列的后代带出埃及，但是他并没有活着到达终点。而他的这些追随者发现，迦南绝不是一个能为他们带来幸福生活的快乐天堂——它不停地被攻击、被征服、被占领。不过，上帝对亚伯拉罕的承诺指向的是未来。黄金时代虽尚未出现，但终将来临。

　　18世纪，欧洲和美国作家重新用伊甸园神话来悼念乡村生活的消失。他们悲痛于城市穷人的悲惨生活，悲痛于犯罪猖獗且肮脏的贫民区。对他们而言，喧闹的城市是伊甸园的对立面，他们赞美那些未被破坏的乡村，赞美那些快乐、纯朴、没有被城市的贪婪和傲慢腐蚀的村民。作家和剧作家将自己的视野投向远处，想象着远方的天堂，那里一年四季都有太阳照射，食物充足，居民生活在永恒的和谐之中。

　　原始主义　上述文学运动受到了原始主义哲学的影响。原始主义者认为，住在远离城市的"自然状态"中的人们更加幸福，更不容易实施犯罪。与那些受过更多教育和更有钱的人相比，他们更愿意分享自己土地上的果实。法国哲学家让－雅克·卢梭（1712—1778）是原始主义哲学最有名的代表。卢梭通过重述伊甸园神话，谴责政府和社会的控制——这些都是文明的产物——导致人性堕落。他创造了"高贵的野蛮人"这一原型——他们虽未受教育，但本性聪敏、足智多谋，能为自己的家庭赚取食物和住处。

原始主义哲学使这一新的神话形象在舞台和小说中流行起来。在英格兰，丹尼尔·笛福的小说《鲁滨逊漂流记》中的"星期五"与那些船只被毁掉的英国绅士相比，更能适应没有文明提供便利的环境，那些绅士靠他才能生存。在美国，马克·吐温创造了哈克·费恩这个角色，让他和他的朋友吉姆一起，乘着筏子沿密西西比河漂流，在故事的最后，"到领地去"[6]——暗示着一种逃离文明、远离文明世界道德准则和社会需求以及不快乐人们的生活方式。詹姆斯·巴里笔下的彼得·潘生活在永无岛上，是一个永远都长不大的小男孩。

新世界　随着 1492 年美洲大陆的"发现"，出现了一种新的伊甸园原型——新世界，直到今天它还影响着我们。首先是探险家，他们骄傲地在"处女地"插上自己国家的旗帜（在美洲原住民的注视下）。随后是乘船而来的朝圣者，他们想过上新生活，在这里自由祈祷。接下来，成千上万的移民来到这里挖掘宝藏——他们以为这里有数不清的金币。随着美洲东部人口的增长，长时间的工作和拥挤的公寓掩盖了人们对成功的渴望，伊甸园的原型因此转到边疆——辽阔的西部地区。成千上万的"先驱者"离开了家，寻找新的"迦南"。有些地方因此繁荣起来，很多地方却没有。对无数人而言，新世界仍然是他们的希望。

当他们来到希望之地，这些现代移民，就像他们的前辈那样，同时带来了各种强大的原型——家庭以及习俗、传统信仰和那些联结家庭成员的宗教仪式。新成员有时会被热情地接受，有时会被拒绝。年轻一代通常会慢慢融合到新文化中。年长一代则会固守传统，坚持传统习俗，时刻充满对丧失自我和尊严的恐惧。他们对新世界感到失望，留恋自己的祖国，他们认为那里有着更加美好的生活、更善良的人们以及更安全的街道。就像奥兹国中的多萝西一样，他们发现自己的国家并没有那么糟糕。伊甸园永远在另一个地方。不过，如果这个原型会导致人们幻想的破灭，那么它同时也能给人们带来希望。

啊，美丽的新世界，有这么出色的人！
——威廉·莎士比亚

作为人类的诸神

作为一个原型，希腊的神无论在文学作品还是在雕塑作品中，都被刻画或描绘成富有英雄色彩的人类。同很多早期文明一样，希腊人对自己的神持有一种复杂的情感。

他们畏惧神，因为神有强大的力量，而且不可预测（神可以在任何时候、任何地点杀死任何一个人），他们也憎恨神。希腊人认为，宇宙中没有什么东西比人更重要。如果神要存在，那袖们一定是**拟人化**的，要按照人类的形象来创造，而不是像在犹太教、基督教或者伊斯兰教中那样。

"希腊男神"一词指英俊的男性，通常指阿波罗，他是完美的象征，"阿波罗"这个名字本身也被用来代表男性之美。"希腊女神"（多数时候称作"女神"）是一个美丽动人的女性，通常指阿芙洛狄忒或维纳斯。虽然我们不可能每天都遇到像阿波罗或维纳斯这样完美的人，但这些流传至今的神话表明，神拥有完美的外表，普通人类也是能够拥有的。

人们认为，希腊诸神住在奥林匹斯山——这是一个真实存在的地方，非常类似于住在好莱坞山或阿斯彭山，或世界富人聚集地法国里维埃拉大断崖公路一带的那些"偶像"。宙斯和赫拉是众神之王，他们就像那些互相憎恨、斗争激烈的明星夫妇。很多人类的痛苦都被看作敌对的宙斯和赫拉之间的相互设计和陷害。在将神人化的同时，希腊人也将自己神化了。

不是只有希腊人赋予神人类的品性（特别是人的弱点）。只要认真思考一下就会发现，大部分神在某种程度上都是被拟人化的：他们自负，会感到饥饿，会有需求，有时还会报复。人们或许只能理解和自己有着共同特征的神，还有一种更简单的情况：人是按照神的形象来创造的。

3.3 作为解释的神话
神话如何解释不可解释的现象？

神话不仅包含原型，还能帮助人们解释世界和生命中发生的诸种现象。对人类祖先而言，他们在有生之年面临两个非常令人困惑的难题：一个是神秘的自然界，另一个是解释那些看似人类生命一部分的困境。而神话就是他们理解奇妙宇宙和生活苦难的方式。

如果人类祖先都用科学来解释和处理问题，他们或许就不会创造神话，而会进行观察和实验。正因为没有科学，他们才创造了一些故事去解释那些当时无法理解的难题。对此，我们应该感到庆幸，因为这些古老的故事，连同早期的音乐和舞蹈，一起构成了人文学得以流传至今的基础。这些古老的故事让整个世界和那些奇妙的现象变得不再遥不可及、不再令人害怕；它们帮人类克服了对与生俱来的邪恶和不可预知灾难的恐惧。

我们所谓的人文学大部分致力于为生命的悲剧找到一种可以被接受的解释，即使它们会与科学大相径庭。比如，1927 年因创新戏剧《我们的小镇》而闻名的美国作家桑顿·怀尔德（1897—1975）出版了小说《圣路易斯雷大桥》。小说描写了一架建在秘鲁安第斯山脉陡峭峡谷上的人行桥。每年都有成千上万的人来这里旅行，但是有一天这座桥突然倒塌，五名旅客因此丧生。

小说随即展开这五名受害者的故事，作者提出了这样一个问题："为什么是这个人？"虽然有很多科学的解释，但作者留下了足够大的空间，引导读者思考发生的一切是否为上帝的安排。相信任何事都有其缘由，要比相信生命只是一系列随机的、无法感知的事件会更让人觉得舒服吗？我们的祖先可能就是这样认为的，因此就有了这些用来解释的神话，这也是他们留给我们的遗产。

创 世

最伟大的科学家也会对下面的问题感到困惑：为什么原本无物之处会有物出现？存在一个基本规律使得实在出现，还是实在突然出现？如果是这样，它是怎样出现的？为什么会出现？我们为什么会在这里？为什么我们还没有发现地球之外其他智慧生命的存在——至少到现在为止？神话为此提供了很多解释，但人们的探索仍在继续。

印度古代哲学典籍《奥义书》中记录的创世神话中写道："开始他孤独、害怕，最重要的是，他'不快乐'（因此，一个人孤独的时候是不快乐的），他希望有第二者……于是他将自己一分为二，从而出现丈夫和妻子。"[7]但是妻子非常害怕别人碰她，因此她躲藏起来。她变成很多动物，而他追着她，与她变成的各种动物交合，直到自然形成。虽然故事并没有解释"我"从哪里来，但是一旦这个前提被接受，其他事情就会遵循这个因果顺序而发生。

大部分亚洲的信仰体系都没有比较清晰的创世故事。佛教认为，法是构成宇宙一切事物和秩序的规则，而宇宙则没有起源；因此，自然世界作为这一秩序的外部显现，一定是永远存在的。中国重要的哲学流派——儒家学派强调社会生活和人们的义务，对于其起源的问题避而不谈。儒家学派认为，与生命如何度过相比，起源问题没那么重要。

道家——中国另一个重要哲学流派——的创世故事与那些非亚洲文明更为相近，这也再次印证了荣格的理论。荣格认为，早期人类文明之间虽无交流，但是它们创造了相似的神话故事。道家认为，宇宙最初是一片黑暗的混沌，就像《希伯来圣经》中描述的那样。盘古的胚胎于混沌中诞生。盘古长大，张开双臂，躯壳破裂，较轻的一半飘向上方变成天空，较重的部分下沉变成大地。自此以后，宇宙运行依赖于两部分的相互吸引——完美预言了现代电磁感应原理！

　　希腊神话用类似的方式描写世界诞生以前的样子。这一阶段被描述为"地是混混沌沌的，还没有成形，黑暗笼罩着深渊"。混沌神奇地生出了孩子：地母盖亚、夜神尼克斯和黑暗之神厄瑞波斯。尼克斯与厄瑞波斯结合，生出"爱神"（我们尚不清楚如何定义这里的"爱"）。"爱神"做的第一件事就是创造出光明神和白昼神。

　　希腊神话告诉我们，神出现于世界诞生之后，这一顺序并不奇怪，尤其是考虑到希腊神话中，命运的力量似乎要比神的力量大很多。对希腊人而言，命运的力量一直存在，命运带来了夜晚和死亡，因此被看作神圣的力量。[8]

　　海达族人居住在远离加拿大不列颠哥伦比亚的岛上，他们的创世神话（同很多北美土著的神话相似）认为最早出现了动物，有些动物拥有神一般的力量。一个海达族神话故事讲述了大渡鸦独自在海岛上，看到一个非常特别的蛤壳，许多小小的人类从蛤壳里探头探脑往外张望（图3.5）。于是，渡鸦就哄骗人类离开贝壳加入它的美好世界。人类开始并不愿意，最终好奇心驱使他们脱离半张开的巨大贝壳。他们就是最早的海达人。

图 3.5　比尔·雷德，《渡鸦与初民》，1980 年
你觉得为什么那么多的美国本土神话都依托于动物或昆虫而非神？
Keith Douglas / All Canada Photos / Corbis

　　很多文明把自然界的源头归因于世界诞生之前的某种神力。犹太教、基督教和伊斯兰教都认为，世界由一个全能者创造。基于这样的传统，英国诗人约翰·弥尔顿（1608—1674）在史诗《失乐园》中想象了一个上帝和混沌之前的存在，由它创造了充满秩序的宇宙。按照弥尔顿的解释，最初：

> 从岸边眺望广大无边的深渊，
> 像个阴暗茫昧，风波险恶的
> 大海，由于烈风和汹涌的波涛，
> 像一群山峰冲上天空高处，
> 翻江倒海，地心和地极都被搅乱。
> 于是全能的"言词"说：
> "肃静，你们混乱的风波！"[9]

现在，人们仍然为世界是否存在起源而争论不休。现代科学致力于探讨因果规律，但就是否存在一个起源的问题，仍然有许多截然不同的观点。很多人相信宇宙大爆炸理论，认为宇宙起源于一个奇点的爆炸。一旦这种解释被人们接受，一切都可以用这个理论来解释。但是有人会问，这个奇点是从哪里来的呢？一种答案是它从"无"中来，但我们不能认为"无"就一定是空。

看到现在仍然无解的问题和我们的祖先未解的问题如此相似，真是一件特别有意思的事。

自然世界

关于英格兰索尔斯堡平原上的巨石阵，有观点认为，它是一种通过一年中太阳和石头的相对位置来预言四季的方式。或许这种说法是对的，巨石阵或许能帮助人们预言季节。不过，巨石阵却无法解释四季为什么会存在。为什么不永远是夏天呢？为什么会有寒冷的冬天，人们会被冻死，粮食短缺？为什么会有万物复苏的春天？毫无疑问，自然引起了人们的好奇、恐惧和崇拜。很多早期神话对自然进行解释，早期的人类仪式——比如仪式舞蹈或用动物、人类献祭——通常是人类试图控制自然的方式。

再比如，在斯堪的纳维亚文明中，丰饶之神是弗雷，人们认为祂能带来丰收。祂会寻找一名纯洁的处女，象征着地与天的结合。斯堪的纳维亚人认为，纪念弗雷和丰收的仪式是事关生死存亡的大事。几乎人类所有的早期文明中，如果庄稼长得不好或者不足，人们一定会寻求神的帮助。如果神没有带来雨水（或让雨停下），那么人们就会从海上获取食物——如果能抚慰暴风雨之神的话。

希腊神话中，太阳神阿波罗每天乘着两轮马车穿过天空，象征太阳的升起和落下，正如阿波罗的妹妹阿尔忒弥斯控制着晚上的月亮一样。众神之神宙斯负责闪电，波塞冬掌管大海。但是，人类的活动可能会因为众神的一时兴起而改变。所以，当波塞冬想惩罚一个不尊重他的舰队，海上就风平浪静，舟船困滞。当提修斯请求神灵毁灭他那与继母通奸的儿子，波塞冬听到他的祈祷，就派出了海怪。

早期人们相信一种"感应术"，认为通过类似仪式等行为可以影响神的行动。所以，特别害怕冬季漫漫长夜的人会点燃蜡烛呼唤太阳的出现，仿佛太阳或者掌管光的力量会模仿这些微弱的光似的。

解释四季　绝大多数文明都对季节的变化做出了解释。例如，希腊人认为季节源自丰饶女神得墨忒尔对女儿珀尔塞福涅的爱。一想到自己的女儿，得墨忒尔就会特别开心，所以当珀尔塞福涅在她身边的时候，得墨忒尔就会让土地上长出所有能长出的

> 对我的同胞而言，大地上的一切都是神圣的：每一根松针，每一片沙滩，幽暗森林中的层层薄雾，片片草地和只只鸣虫。在我们的记忆和经验中，所有这一切都是神圣的。
>
> ——西雅图酋长

美丽植物。有一天，冥界之神哈德斯抓走了珀尔塞福涅，强行娶她为妻。得墨忒尔为此非常伤心，土地就被永久的寒冬冰雪所覆盖。

如果没有宙斯干预，土地上的人们可能都会因此丧生。宙斯被得墨忒尔的悲伤感动，他允许珀尔塞福涅与母亲每年在一起待四个月；这些日子是她欠自己丈夫的。当珀尔塞福涅去冥界的时候，土地就结冰了；当她回来的时候，她开心的母亲就会让大地重新开出花朵。

还有一种解释来自狄奥尼索斯的神话。狄奥尼索斯是地球的丰饶之神，当他死后，在地狱里遭受折磨，被撕成碎片吃掉，冬天就会来临。神奇的是，他又会完整地复活，因此出现了春天——只不过是暂时的。每年狄奥尼索斯都会重复自己可怕的命运。

复活和牺牲　珀尔塞福涅和狄奥尼索斯被打入地狱都可以看成为了重生而做出的牺牲。"没有痛苦或牺牲就没有春天来临般的喜悦"的观念牢牢控制了早期的作家和哲学家。

对希腊人而言，植物通常与神和美丽的凡人联系在一起。雅辛托斯（风信子）和那喀索斯（水仙花）的盛开是为了纪念他们的同名人，使他们在自然中复活并获得永生。雅辛托斯是一个年轻美丽的男子，阿波罗爱上了他，但是在玩掷铁饼游戏的时候，阿波罗不小心把他杀死了（需要注意这样一件事：希腊人一度赋予神很多人类的弱点）。后来阿波罗把死去男子的身体变成了风信子。

德裔美国古典学家伊迪丝·汉密尔顿（1867—1963）1942年出版的专著《神话》向人们普及了神话学研究，解释了这些"转换故事"的黑暗背景。她认为，这些故事证实了早期人类的自我牺牲，而不是突然死亡。早期的人们会挑选一些年轻帅气的小伙子作为活人祭品献给他们的神。按照汉密尔顿的观点，希腊人在后来重述这些故事的时候对它们进行了修改，把自己从这段残忍的历史中抹除了：

> 如果一个村庄附近的田地不结果、谷物不发芽，那么人们可能会杀死一位村民，将他（她）的鲜血洒在这片贫瘠的土地上……如果一位美少年这样被杀了，后来这片土地上又开出了水仙花和风信子，那么，大家认为这些鲜花就是少年复活之后的化身，不是很自然的吗？于是他们奔走相告，转述这个迷人的奇迹，使残酷的死亡显得不那么残酷了。[10]

动物献祭每年都会发生，尤其是在春天，人们纪念狄奥尼索斯，欢迎他的回归和春天的到来。在戏剧节上，悲剧主角的跌落是一种象征性的牺牲，城邦因此恢复秩序。

现在的西非加纳地区流传着一个关于国家如何能够繁荣昌盛的故事：人们每年会给一条贪吃的巨蛇献上一位美丽的女子（蛇的形象经常出现在世界各地的神话当中）。但是，有一年，当一个女孩被领到大蛇守候的陷阱时，她的未婚夫也等在那里。这个勇敢的小伙子看着毒蛇两次将毒液喷到女孩身上，因为他知道只有当毒蛇第三次攻击的时候才有可能被杀死。年轻人抓住时机砍下蛇头，发现又有新的蛇头长了出来，来回长了六次。女孩虽然获救，蛇却开始了自己的复仇。当最后一颗头被砍下后，它飞走了，说道："在接下来的 7 年 7 个月零 7 天，加纳将不会有水和雨。"因此，随之而来的旱灾毁掉了这个曾经繁荣的国家。

波塞冬和狄奥尼索斯的故事解释了自然世界的四季循环，与之不同，这个毒蛇的故事为一场异常的、真正的灾难提供了解释。

人类的苦难

那些由自然灾害（如 2004 年东南亚台风中 20 万人丧生）和残忍的政权（如 20 世纪早期的纳粹集团）招致的苦难有时被看作罪恶问题，也一直是哲学家、神学者和文学家关注的焦点。人类的祖先思考我们今天依然会听到的问题：为什么有人心中满是怨恨、嫉妒和贪婪？为什么会发生饥荒、瘟疫和战争？像同时代的很多人一样，他们更愿意相信人们忍受苦难必有其原因。没人愿意接受可怕的事情会没来由发生这样的想法，因为它暗示了一种无序，暗示了宇宙中人类的渺小和无力。在创造解释人类苦难故事的过程中，人类的祖先通过相信宇宙秩序的存在来使自己安心，他们坚信合适的行动就会避免厄运的发生。

作为罪人的女性 对苦难的一种常见解释是人类违背了神圣律法：冒犯神，或者违抗命令。做出这些行为的往往是女性。例如，希腊潘多拉神话解释了女性的好奇心如何招致灾难。宙斯爱上了潘多拉，送给她一个神奇的魔盒，里面有很多她不应该知道的东西。潘多拉被好奇心折磨得痛苦万分，于是违背了宙斯的命令，打开魔盒，盒子中飞出了死亡、忧伤、瘟疫、战争以及其他灾难，这些灾难自此降临人间。受到惊吓的潘多拉赶紧关上盒子，却不知道"希望"被她留在了盒子里。

在犹太—基督教传统中，上帝命令亚当和夏娃不许偷吃智慧树上的禁果（禁果通常被描述成苹果，《创世记》中并未特别指明，苹果不是中东本土水果）。受到蛇的蛊惑，夏娃偷尝了禁果，亚当也偷吃了。《创世记》中并未指出夏娃劝说亚当和她一起犯下罪恶，虽然后来人们将整件事描绘成是由于女性本身的软弱所导致的。在弥尔顿的《失乐园》中，上帝惩罚亚当要比惩罚夏娃更严重，虽然夏娃有罪在先，但亚当作为一名男性，应该有更高的智慧。

在非洲布隆迪部落的神话里，女性也是造成人类受难的罪魁祸首。人类最初是永生的，因为有神犬在保护他们。有一天，死神来到一名女子身边，承诺将永远保护她和她的家人。当这名女子开口说话时，死神跳到了她的嘴里。主神询问她死神的行踪，她撒谎说没有看见过死神。知晓万物、有着无穷力量的主神知道她在撒谎，于是就让死神永远住在女人和她的所有后代身上。

非洲布干达地区（今天的乌干达）流传着另外一个口头传说：肯图——宇宙第一个男人——和妻子钠母比急着逃离死神。他们被警告千万不能拖延逃跑时间，但钠母比回头去拿粮食。在她想追上丈夫的时候，死神抓住了她，后果是死亡变成对全部后代的一种惩罚，这与《创世记》中的母题非常相似。

在墨西哥和美国中、南部流传着"小哭娘"（一个哭泣的女人）的传说。这个故事在口头传说中十分流行，至今仍然流传着诸多版本。在其中一个版本中，她是一个幽灵，没有人见过她，但是每天晚上人们都会听到她为因自己而死的孩子哭泣。在另一个版本中，她是一个被诅咒的灵魂，寻找着被生前的自己忽视的孩子。还有一个版本，她在其中是一个臭名昭著的魔鬼，引诱男人走向惨烈的死亡。在这些故事里，她像极了希腊神话中那些迷人的女性，比如用优美歌声引诱水手走向死亡的塞壬，或者日耳曼传说中的女妖罗莱蕾，她是一个可爱的女人，坐在岩石上，梳着一头美丽的长发，唱着动人的歌谣，引诱那些水手朝她驶来，然后毁掉他们的船只。

小哭娘的故事经常被用来警告那些怀孕后遭到抛弃的女孩，她们通常无计可施，只能选择堕胎。人们认为，不断重复这个为死去孩子哭泣的女性的故事可以提醒那些年轻的女孩，让她们预见违背宗教教律和家庭禁令可能会出现的结局。[11]

好奇和违抗：俄耳甫斯和罗得的故事   可以在两个著名的神话故事中看到好奇和违抗造成的结果。一个来自希腊神话，另一个来自《希伯来圣经》。两个神话故事都表达了同样的观点，即有些事情不知道为好。希腊神话中，伟大的音乐家俄耳甫斯与美丽的欧律狄刻相爱，欧律狄刻死后被带去地府。俄耳甫斯一路跟着他们，并用他那把非凡的七弦竖琴说服了地府之王，让他同意把欧律狄刻送回凡间。地府之王答应了他的请求，但是有一个条件：俄耳甫斯必须一直往前走，不能回头看。俄耳甫斯几乎就要兑现承诺了，但是在最后一分钟，因为受不了自己心中的好奇，他转身了，于是他的爱人重新回到地府，他永远失去了她。

1959年巴西获奖电影《黑人奥菲尔》（非常值得看的一部电影）在里约热内卢狂欢节之夜上映，讲了一个相同的故事。一个戴着死神面具的人在拥挤的大街上追逐现代版的欧律狄刻，最终抓住她并把她关到一个空建筑里，推下了旋转楼梯。现代版的俄耳甫斯跟着他们，和神话故事不同，他没有给她复活的机会，而是和她一起死去。第二天早上，人们发现这对爱人的尸体躺在一起，两个人都被芦荟尖刺穿了。在这个现代的复述版本里，死亡不是好奇和违抗的结局，而是——更可悲的——一件毫无目的发生的事情。

《圣经》故事里，罗得和他的家人能够逃离索多玛和蛾摩拉城，但是有一个前提条件——他们在逃离时不能回头看后面发生的事情。但罗得的妻子受不了诱惑，当她回头的时候，立刻变成了一根盐柱。

亚洲传统不会把人类的苦难与反抗神的命令联系在一起，但它们谴责人的自私会导致不幸。在印度教的观念里，人身上发生的事都是业力，死亡则是人生命中的种种行为的因果报应。如果在道德上有失，人的灵魂就会在一个遍布饥饿和贫困的地方转世。如果道德不完美，但是表现尚可，那么人死后有可能通过转世过上更好的生活。印度教中的"善业"代表行好事会带来的善果，而"恶业"则表示相反的情况。

来自命运的诅咒

希腊人有另外一种方式解释人类灾难，那就是命运。它被形象地描述成三姐妹：一个负责编织人类生命之线，另一个将线拉长，第三个将线切断。除了认为人类寿命由命运决定，希腊神话还发展出这样一个概念：很多人因为过去的罪行导致一生被厄运挟持，或是因为祖先犯下罪行，需要他们为此付出代价。两部伟大的希腊神话讲述了一个贵族家庭因过去犯下的罪而受到惩罚的三部曲。

埃斯库罗斯的《俄瑞斯忒亚》用三部剧讲述了阿特柔斯家族在劫难逃的命运。阿特柔斯杀死自己弟弟的两个孩子，并把他们吃掉。他的行为之所以如此残暴，是为了报复他的弟弟强暴了自己的妻子。阿特柔斯的两个儿子——斯巴达王墨涅拉俄斯和希腊勇士阿伽门农，注定会为他们父亲所犯的罪行承担后果。墨涅拉俄斯娶了美丽的海伦为妻，海伦与特洛伊王子帕里斯私奔，就此引发特洛伊战争。阿伽门农为他的兄长征战十年之久，回到家却被自己的妻子陷害，并被她的情人刺死。阿伽门农的儿子俄瑞斯忒斯在姐姐厄勒克特拉的帮助下，杀死了谋害父亲的凶手。复仇女神的任务是追赶并恐吓所有罪人，她们追逐着俄瑞斯忒斯，夜以继日地折磨他，直到他在世界上第一场已知的戏剧审判场景中，被女神雅典娜免除了一切罪过。

卡德摩斯家族的命运包括他的儿子俄狄浦斯和俄狄浦斯与妻子伊俄卡斯忒生下的四个孩子的命运，伊俄卡斯忒其实是俄狄浦斯的亲生母亲。有钱的市民卡德摩斯因为生意的成功便吹嘘自己和神一样强大，冒犯了神。由于他的傲慢，灾难降临到他的后代身上。

索福克勒斯的三部戏剧讲述了俄狄浦斯的悲剧命运——《俄狄浦斯王》《俄狄浦斯在科洛诺斯》以及《安提戈涅》。公元前 5 世纪的雅典已经发展出极为完善的城邦文明，虽然古老的神话故事仍然是当时很多戏剧的创作基础，但它们开始遭受质疑。特别是俄狄浦斯系列悲剧要处理这样一个问题：如果俄狄浦斯不知道自己的真实身份，弑父娶

罪恶总是像尖针一样悄然而至，随后便如橡树一般肆意生长。

——埃塞俄比亚谚语

母只是命中注定的话，那么他应该为自己的所作所为承担责任吗？索福克勒斯通过让他的角色自愿承担后果来保持尊严解决了这个问题。他说："神要我在不知道他是我亲生父亲的情况下将他杀死……但是我确实是杀人了。"

希腊神话和悲剧具有持久性，因为关于人是否真的拥有自由意志这一问题至今仍然存在。它是很多关于责任两难处境的法庭辩论的核心。遗传、家庭暴力、贫困以及恶劣环境经常成为人们辩论的焦点。

3.4 童年神话

童年神话有什么特征？

那些讲给我们或者读给我们听的故事是我们与文学的最初相遇，它们很可能影响了我们对未来生命的预期。童话——虽然经常出现暴力和恐怖元素——能通过圆满的结局来保护孩子（甚至还有他们的父母）的安全感的需要（"他们从此过上了幸福的生活"）。

成年人还是会沉浸在童年时喜欢的魔法王国、女巫、男巫以及不得不经历的冒险世界中，作为逃离日常生活的一种方式。这些童话故事直到现在都保持着活力，尤其是在迪斯尼电影公司出品的各种删减版电影中。年轻人和成年人为《白雪公主和七个小矮人》《美女与野兽》《狮子王》《冰雪奇缘》等电影贡献了巨大的票房。与之相似，人们会万人空巷去观看蒂姆·波顿2010年导演的电影《爱丽丝漫游奇境记》和《沉睡魔咒》（2014）——这是一个从皇后的角度来讲述的睡美人故事，由安吉丽娜·朱莉主演。皇后在故事中原本是一个恶毒的角色，但这部电影为她"挽回了声誉"。本部分会探讨很多童话及其主题，这些主题非常重要，因为它们是人们对人文学的初体验。

价值观的获得

那些还在听《三只小猪》故事的孩子会明白，努力和勤奋虽然无聊又无趣，但是很久之后一定会有回报。小红帽如果听从家人的嘱托，不跟陌生人说话的话会更安全；这个去探望外婆的小女孩在路上发生的故事为孩子们上了有意义的一课，告诉他们如果不听劝告会发生怎样可怕的事情。睡美人被告知，如果碰一下纺锤，就会产生可怕的后果。她受不了诱惑，碰了一架藏起来的纺车，然后就受伤了。就像很多故事一样，睡美人的故事也隐含了对违背命令的警告，同时暗示故事的最后一定是一个好的结局。

并非所有童话都是让人安心的，特别是很多童话最初的版本。比如在格林兄弟最初的故事里，小红帽的外婆是被肢解后吃掉的，并不是被简单地一口吞下去。在格林兄弟的很多故事里，孩子们经历的苦难反映了更大的社会现实。雷蒙·斯尼奇（笔名，原名丹尼尔·汉德勒）创作的系列儿童故事集《雷蒙·斯尼奇的不幸历险》再次向人们展示，并非所有事情都有完美的结局——但是聪明的孩子可以在黑暗中找到出路。

此外，并非所有童话都有教育意义。很多故事是为了给人一种安慰和安全感，即使它们表现的是现代生活的压力。故事中的角色可能面临着非常真实的危险和可怕的坏人。在英国作家 J. R. R. 托尔金的长篇小说《魔戒》中，索隆统领着末日火山，他是邪恶的化身，最终在激烈的战斗中被打败。在莫里斯·桑达克经典的儿童故事《野兽国》中，一个小男孩跟母亲大吵一架后选择离家出走，独自乘坐一艘挂着白色风帆的小船（当然没有经过允许），进入了一个神奇的岛屿，遇到很多奇幻的、偶尔比较吓人的生物，作家对这些动物的描写特别生动形象。尽管经历了这些神奇的事情，小男孩最后还是安全地回到家——发现他的晚餐摆在桌子上，还是热的。这个故事满足了人们逃离单调乏味、逃离偶尔让人倍感压力的现实生活的需要，同时满足了人们获得安全感和爱的需要。

> 童话故事善于描摹孩童的焦虑和困境，并把它们直接表达出来：需要被爱、担心别人眼中的自己一无是处，对生命的珍爱和对死亡的恐惧。
>
> ——布鲁诺·贝托海姆

拥有美貌和财富的重要性

旧时的童话如今仍然流行，它们延续并强化着老一套的性别角色、等级差别以及"颜值即正义"等观念。那些名叫可爱（Charming）、美人（Beauty）和白雪公主（Snow White）的角色不仅拥有迷人的外貌，其品质也必然是高尚的、纯洁的。"邪恶的女巫"和"邪恶的继母"往往属于那些不美的角色——通常是女性——一些不怀好意的人。辛德瑞拉有着惊人的美貌，也非常勤奋，而她异父异母的姐姐都是自私的、丑陋的，还有一双恐怖的大脚。

童话故事通常发生在有阶级制度统治的魔法王国中，毕竟在它们的创作年代，人们相信贵族血统是天生的。人们可能并不真的相信只有少部分人拥有贵族血统，但他们会不断地被提醒"阶级决定一切"。童话《豌豆上的公主》的女主角是典型的贵族阶级，她非常敏感娇贵，因被放在很多层床垫下的一颗豌豆而整夜无法入眠。这颗豌豆被故意放在那儿测试她的真实身份。这些故事暗含的价值观或许在根本上是有害的，但是它们为人们提供了好故事，只要孩子们能甜蜜入睡，有谁愿意费心去分析它们呢？

名字的重要性

在一个民间故事里，出身贫寒的女主角——磨坊主的女儿，因为谣传她能把亚麻变成黄金，被许配给了王子。她被关在一个屋子里，命令必须变出一屋子金币；如果做不到，她就会因撒谎而被处死。当然，她不知道该怎么做。一个小矮人提出可以帮助她把亚麻变成金子，前提是要她承诺把自己和王子生的第一个孩子送给他。考虑到还没有嫁人，而且天亮之前完不成任务就会被处死，女孩答应了他，因此如愿以偿地变出满屋子黄金，与王子结了婚。按照计划，他们的第一个孩子出生了。当小矮人要她履行承诺的时候，王后祈求他再给她一次机会，她得到了这个机会，条件是她必须猜出小矮人的名字。她第一次猜的名字大错特错，但是她偷听到小矮人吹嘘自己"龙佩尔施迪尔钦就是我"，于是她最后猜对了。

孩子们在刚开始学习语言的时候会被这个故事吸引。当故事搬上舞台或者银幕时，这些小小的观众会向女演员大声喊"龙佩尔施迪尔钦"这个名字。它或许能促进孩子们对自我身份的认同。名字，正如他们看到的那样，是至关重要的，特别的名字会让人与众不同。

黑暗面

灰姑娘的故事确实动人心弦，即便早已过了相信美德终会换来水晶鞋的年纪，我们还会有其他的感受……至于如愿以偿的故事，我更喜欢晚熟的人终能参加舞会那类故事。
——亚历山德拉·马伦

现代童话完全不回避那些真实的危险，甚至那些由来已久的知名童话故事也会唤起人们不同的反应。魔法王国和漂亮的角色中潜伏着小妖精、蝙蝠和头骨。通过诸如此类的黑暗元素，比如《绿野仙踪》中恐怖的森林和会飞的猴子，孩子们会明白，生活并不总是充满阳光。

美丽的白雪公主因为咬了一口嫉妒的继母送来的毒苹果死去了，被放在玻璃棺材中。而在现实生活中，孩子们很少有机会与死亡近距离接触。当然，最后的结局是王子的吻让公主死而复生，两个人举行了一场隆重的皇家婚礼。

很多故事都侧重表现被吃的危险。今天，《汉萨尔和格里塔》在儿童剧院中仍然流行。故事中，一个恶毒的妇人烧着火炉想把两个孩子烤来吃。在紧急关头，孩子们得救了，邪恶的妇人自己被扔到炉子里烧死了。

在1986年的音乐剧《魔法黑森林》中（2014年拍摄了同名电影），史蒂芬·松德海姆聚集了童话中所有的角色，把他们放到森林的一个小屋里；他们成了世界上真正危险的象征。剧中到处散落着破碎的神话幻象。辛德瑞拉在婚后发现她的白马王子有很多婚外情。被撞破的时候，王子争辩说："我生而迷人，并非生而专情。"杰克爬到魔法豆茎顶端，一举击败巨人，悲剧的、令人震惊的结局马上发生了。巨人的妻子为丈夫报仇，毁掉了整个王国，杀死了很多人，其中包括面包师的妻子——这是观众特别喜欢的一个角色。传统神话帮助创作者传递着这些黑暗信息。

罗尔德·达尔的童话《查理和巧克力工厂》于 1971 年被改编为电影《威利·旺卡和巧克力工厂》，2005 年被再次改编。这部童话并不像它的名字那样完全是部喜剧。它没有讲述非凡糖果的奇幻世界，而是一部关于贪婪如何致人毁灭的悲剧。无法抵抗威利·旺卡巧克力工厂诱惑的孩子会掉进巧克力河，被冲进废品炉。不过，主人公的纯洁和掌握的知识得到了工厂主人的认可，他被允许乘坐一架魔法电梯进入一个没有贪婪和腐败的世外桃源。

一些家长不想吓坏自己的孩子（特别是在睡前），于是他们把所有恐怖的母题都略去不讲，使孩子们觉得那些饿狼是不会吃掉小猪或小女孩的。但当孩子们听完最后乏味的结尾，流着眼泪问狼是否还饿的时候，这个母亲会烦扰不堪。

把这些古老的故事讲给孩子听重要吗？电影导演、制作人乔治·卢卡斯可能认为重要，因此他才在 20 世纪 70 年代初期就构思出由 9 部电影构成的《星球大战》系列电影。作为约瑟夫·坎贝尔的崇拜者，卢卡斯用《星球大战》（1977）、《星球大战 2：帝国反击战》（1980）和《星球大战 3：绝地归来》（1983）三部电影组成了整个故事的主体部分，随后将整个电影的拍摄计划搁置了 15 年之久。不过，这三部早期作品却是整个故事的精髓——英雄对未知答案的探索。根据坎贝尔笔下的原型，《星球大战》讲述了卢克·天行者的故事。他刚开始并不知道自己的贵族血统。在旅途中经历了各种传统意义上的磨难和挑战后，他开始怀疑自己，但最终学会相信"原力"——内在力量能够指引他做正确的事情。而原力不断受到"黑武士"——达斯·维德的化身——的挑战。或许一些读者没有看过《星球大战》系列故事，因此这里我们就不透露达斯·维德的真实身份了——只要说它很符合神话套路就足够了。

3.5 民间神话

民间神话和俗谚在文明中扮演着什么角色？

我们过去或者现在说过的很多话以及对某些情境做出的反应，都可以在神话中找到源头。无论是否意识到，我们一直在创造和延续着神话。希腊寓言作家伊索（公元前 6 世纪）的寓言故事中有很多流传至今的故事和道德训诫，比如龟兔赛跑中的乌龟、吃不到葡萄说葡萄酸的狐狸——我们常说的"酸葡萄"的由来，尤其是当有人说"反正我也不想要它"的时候。伊索提出了建议和忠告，但也有很多自相矛盾的地方：既有"在跳之前一定要先看一眼"的建议，也有"犹豫的人会迷失自我"的建议。然而，根据实际情况的不同，这些寓意都可以算是至理名言。

　　人们会引用很多民间信条却不顾其来源。挖掘它们的源头并不是要你变得实际，而是鼓励你养成分析某一思维和情感模式的习惯，如此才会更好地分析它们是否仍具活力或已不再有用。在某种程度上，它也是人们批评鉴赏人文学的起点。

俗　谚

　　我们都曾听过俗谚，几乎每个人都在使用它们。如果没有它们，生活会大有不同。它们诞生于古老的故事、宗教教义，或经常重复的口号。可能很多人觉得，它们是一些错误的观念，但是它们中的大部分已然经受住时间的考验。那些嘲笑它们的人或许从未分析过为什么能够得到这么多人的认同。下面是一些普遍信仰，它们构成了人们的日常神话学。

　　"善有善报，恶有恶报。" 这句话让很多人找到坏事发生的原因。我们更愿意相信坏事不会像闪电一样没来由地发生，只是人们做错事的后果。如果不再继续做错事，一切就会变好。

　　"大自然母亲。" 只要自然还被塑造成一种母性力量，很多人就会相信，尽管我们忽视了地球上正在发生的事情，但这位共同的母亲总会养育和保护我们。

　　"他们会想办法的。" 在希腊戏剧的结尾，一个演员会装扮成神的样子走到舞台上解决难题，人们并不知道他从何而来。这种情节设计通常被称作"机械降神"，它已变成情节构思中的一个重要概念。在民间神话中，"上帝"有时是指医学研究。就像那些飞奔救人的骑兵或及时出现的神秘陌生人一样，"科学"会解决所有问题，会在关键时刻使所有疾病痊愈。因为"它们"之前提供了很多帮助，人们便期待"它们"解决所有问题。如果援救不可避免要发生，那么在人们等待拯救者出现的时候，所有有关身体健康或城市正常运转的规则都可能被打破。

　　"你需要的是爱。" 无论是否被告知爱是"最甜蜜的事情"（比如1932年的一首特别流行的歌曲），或者"是它使地球转动"（像在1961年的音乐狂欢节中），或者是"你需要的是爱"（披头士乐队1967年的同名歌曲），很多人都相信爱是重要的，而且是治愈的，就像空气一样。虽然与过去相比，人变得更加孤独，但大部分人依然相信生命中的伴侣——你爱的和爱你的——能让生命的存在真的具有意义。一次失败的经历需要人们对下一次正确的选择进行研究。刚恢复单身的人宣称自己幸福往往不可信，还会被认为是想要寻找另一半的暗示。神话告诉我们，人都有生而注定的另一半。我们都有自己的白马王子和睡美人，如果能找到的话。

"命中注定。"命运，也叫"天命"，在希腊神话里是一个非常重要的母题，也是希腊神话最重要的遗产。它依旧存在于人们对事物的反应之中。命定的感觉可以使人宽慰、放松，可以拥有无须负责的自由。因为如果有些事情"注定"要怎样，就不能责怪任何人。命运不只会带来悲剧结局，也可以带来好运气、爱和幸福。它是人类永恒希望的源头。

"罪有应得。"小时候，我们以为圣诞老人只奖励表现好的孩子，淘气的孩子理所应当会收到一份煤炭作为礼物。如果没有"奖惩"神话，生命简直无法想象。比如它是构成整个公正体系的基础，它会让很多可能实施犯罪的人打消念头，甚至还会给那些监狱里服刑的人带来安慰，"毕竟，我罪有应得"。

"我们与他们。"成为某个群体的一员，与属于另一个群体的人产生争执是一种很常见的现象，它带来了学校精神，促进了家庭成员之间的团结，但同时会制造敌人、战争、群众暴动、永久的怀疑和对"他者"的厌恶。教练和军队长官会通过强化"我们／他们"的不同使自己的学员或战士更勇猛地去战斗。战争时期，这一对立可以加强整个国家的团结，增加对敌国的敌意。主角属于特权阶层，这构成了 20 世纪早期电影里隐含的种族主义；在这些电影中，少数族裔总是被看作低人一等。这种观念预先假定了某一群体相对于另一人群或非人群体的优越性。

"上面永远有位置。"人人都可以取得成功的信念刺激着人们的野心，也让那些未能取得成功的人感到非常失望。"上面"一词充满偏见和期待。在上面的是那些企业家、娱乐大亨、运动员和政治领袖。这种观念的广泛流行要归功于那些教你怎么做的书和那些承诺教会你如何快速达到顶峰的论坛（当然，如果"上面"有任何意图，有些人肯定会在下面等着听它指挥）。

文学作品塑造了许多无比相信这种"向上爬"神话的人物形象。美国作家霍雷肖·阿尔杰 20 世纪早期小说中的主人公都是那些刚开始一贫如洗，最后通过努力或运气变成富人的角色（20 世纪晚期，杰奎琳·苏珊的畅销小说中也有许多类似的人物，虽然有些人通过不停地结婚发家致富）。还有很多电影是关于早期经历无数挫折和失望的演员最后不出意料地成为明星的故事。这一神话精神深深植根于西方文化，致使很多人认为不断前进是他们的使命。

"男人（或女人）不都这样吗？"性别角色——男性或女性适当的行为和功能模式——在很长一段时间里被严格地规定，长期固定不变。很多文明里，性别是一种宗教意义上的概念，不遵守规矩会带来恶劣后果。甚至连那些觉得自己足够开明的人潜意识里也存在着古代神话对男性和女性的各种限定。男人喜欢探险电影，女人喜欢爱情故事和浪漫喜剧。迷路时男人从不会问路。女人从不错过任何一家鞋店。2004年，歌后玛莎·斯图尔特因一起商业丑闻被起诉逮捕，随后被判刑关进监狱。她的支持者为她辩护，声称她只是男性主导的社会憎恶成功女性的受害者。成功女性都是"霸道的""专横的""不温柔的"，成功男士则是"果敢的"，而且通常是一个备受尊重的行动派。

"人人都这么做。"善良就是软弱这种类似的说法表明，人们接受"作弊"或"抄近路"的做法，认为它们是可以理解的行为：无论是在运动场上、在教室里、在法庭上还是在人事部门。考试作弊只是打着"人人都这么做"的幌子的一个例子。毕竟世界的本来面目就是如此。无论用什么手段，最终的战利品永远属于那些胜利者。

还有人会认为神话和我们的日常生活没有关系吗？

3.6　神话对人文学的影响
神话对人文学有着怎样的影响？

在本书其他部分，特别是在介绍正规学科的章节，我们常会指出某部作品中隐含的神话、故事和原型。在本章最后，我们想为大家展示神话在文学、戏剧和电影中的广泛应用。你会看到掌握一定的神话知识能怎样促进或加深对阅读和观赏作品的理解。

神话和诗歌

荷马史诗《奥德赛》描写了一片诱人的土地，奥德赛的船只就是在这里遭到了暴风雨袭击。如果你熟悉这个故事，英国诗人阿尔弗雷德·丁尼生的《食莲者》会有更多意义。诗中，居民们强迫船员吃掉土地上生长茂盛的枣莲，船员们吃了它们后失去记忆，其效力十分强大，甚至必须被拖回船上，并用锁链绑在船桨上。丁尼生在诗歌最后一节形象生动地描写了这种状态——"错不了，错不了，酣睡比劳作甜美。"诗中食莲者的神话与当时诗人所处的时代——令人绝望的工业革命初期——交织在了一起。

八

枣莲在光秃秃的山峰下绽放，

枣莲开在条条蜿蜒的溪流旁，

微风的声息整天越吹越圆润，

在冷清的小路和空落落的岩洞，

在香喷喷的丘原，黄澄澄的枣莲花粉随风飘送。

我们已受够了操劳和漂泊的熬煎，

在恣意汹涌的浪涛中被掀到右舷、掀到左舷，

而翻滚在海水里的怪兽噗着满是泡沫的喷泉。

让我们一同起个誓，并从今后矢志不移：

要定居在这个处处是山谷的枣莲之地，

像并不操心人间事的天神在山上闲倚。

因为他们躺着享用身边的琼浆，而雷电

却抛向下界的山谷，他们那金色的宫殿

有云彩轻绕，还围着圈星光闪烁的长天。

他们在那里俯视一片荒原，暗自发笑：

只见灾荒饥馑、瘟疫地震，沙漠火热、海洋咆哮，

只见刀兵相击、城镇火起、深海沉船、合手祈祷。

但他们微笑，他们听出哀歌裹着音乐升腾而起，

这悲啼哀号，是一个诉说人类冤屈的古老故事，

这故事虽情真词切，但他们听来却毫无意义；

唱歌的是受虐待的人类，他们犁田开沟，

撒下种子，凭坚持不懈的努力盼来收获，

每年收起小小一份麦子、葡萄酒、橄榄油；

直到去世后，有些人据说还得下地狱去受苦，

受无尽的苦，而另一些人将住埃律西昂山谷；

终于在常春花的床上歇歇累透的双手双足。

错不了，错不了，酣睡比劳作甜美，在岸上

远胜过在深海大洋之上凭木桨苦苦斗风浪；

休息吧，水手兄弟们，我们不愿再漂泊四方。[12]

所以，如果你听过美男子牧羊人的故事，就更容易理解约翰·济慈（1795—1821）《恩底弥翁》这首诗。英俊的牧羊人睡在山上，月亮女神爱上他，对他施了咒语，使他永远不会醒来，也永远不会老去。青春永恒的神话在世界各地广泛流传，原因很明显。

熟悉泰坦神话的人能更加深刻地理解珀西·比希·雪莱（1792—1822）的诗歌《解放了的普罗米修斯》。巨人普罗米修斯从神那里偷来火种送给凡人，自己却因为违反天条被绑在一块巨大的石头上，每天一只巨大的鹰啄食他的肝脏，每天他的肝脏会重新长出来，接着被鹰吃掉，如此的折磨循环往复，没有尽头。

> 相较历史，我更爱神话。历史是真实的，却会变成虚妄；神话是虚妄的，却能变成现实。
>
> ——让·谷克多

神话、死亡及对死后世界的想象

即使是神话也会处理"死后发生什么"这种问题。主要有两种死后世界：一个是天堂，另一个是黑暗、阴沉之地，在很多故事中，充满了永恒的痛苦。

希腊神话里，在经受了死亡的痛苦之后，勇士的灵魂最终会归于"至福乐土"。当死亡来临，一个仁慈的神会出现，护送他们到宁静之地。与之类似，在中世纪亚瑟王的故事里，一艘有魔力的船载着亚瑟王的身体去了遥远的阿瓦隆，人们认为他在那里得到永生。此外，在 20 世纪奇幻三部曲《魔戒》中，霍比特人的英雄佛罗多为毁掉那个引起无数痛苦和死亡的戒指，踏上了一条漫长又危险的旅程。在为中土世界——他所生活的世界——带来和平之后，他在精灵们的陪伴下乘船去了西部——有可能去了来世，但一定是某个天堂般的地方。用一个酷似亚瑟王命运的结尾，托尔金对佛罗多离开去往大海的描写令人难忘：

> 佛罗多亲吻了梅里和皮聘，最后则是山姆，接着他也上了船。船帆扬起，海风吹拂，船缓缓地离开港口，佛罗多所戴着的宝石发出闪光，就消失在迷雾中。这艘船航向大海，直往西方前进……直到一个下雨的夜晚，佛罗多闻到了空气中甜美的味道，以及海上传来的歌声。然后，就如同他在庞巴迪尔的家中所做的梦一样，灰色的雨幕被拉开，眼前出现了一个洁白的海岸，一望无际的绿色大地和美丽的日出。[13]

考虑到今天人们对环境问题的担忧，一个讲述环境优美的死后世界的神话会变得非常有吸引力。希腊神话中还有冥界或地府，在这里居住着那些不是战士的人，他们需要穿过连接着生前和死后世界的冥河。虽然那里是黑暗的、阴郁的，但是并不会受到折磨。

神话的教谕

丰富多彩的亚洲神话通常会以**寓言**的形式来表现，用简单的故事进行道德或精神教谕。比如良宽的故事告诉人们，不管拥有多少，都要做一个慷慨的人：

> 从前，有一个僧人，名叫良宽，他终日打坐冥想，虽然清贫，但是生活得很简单。有天晚上，一个小偷潜入他的小屋，把他的食物偷走了，还顺便把他的衣服也偷走了。良宽非但没有生气，反而说道："我特别希望能把地上的月光也给你。"[14]

古罗马神话在后来很多神话故事中保持着活力，比如博西斯和腓利门的故事。他们的美德传到众神之神朱庇特那里，当时朱庇特非常厌恶人类的罪恶，准备毁掉他们，重建一个新的世界。在毁灭世界之前，他决定去看一下博西斯和腓利门是否真如人们说的那样。他佯装成一个衣着破烂、饥肠辘辘的旅人，在博西斯和腓利门周围的邻居中挨家挨户拜访。所有人都拒绝了他，直到他来到这对名声在外的夫妻门前。他们热情地招待了他，虽然他们自己也很贫穷，但还是为他生了火，把所有的食物都给了他。

朱庇特显现了自己的真实身份，让他们说出自己的愿望。他们希望两个人能死在一起。朱庇特满足了他们的愿望，当他们死的时候，他把他们变成了两棵相互缠绕的树。

当今的神话

如上所述，神话可以成为我们日常认知的一部分。我们能在电影、电视、文学，甚至连环画中找到神话的身影。超人和蝙蝠侠不是神话形象又是什么呢？说到这一点，21世纪最受欢迎的电影之一——《速度与激情》(图 3.6)的主角多米尼克和布莱恩，如果不是神话英雄的现代化身，又是什么呢？我们当然明白，没有神话是完全真实的。而且，很多神话会干扰我们的判断，有些神话则完全是迷信。即便如此，依然会有令人眩晕的迷宫、魔戒和不知何处而来的神奇陌生人。我们的"花园"需要这样的迷雾。

在一部不怎么出名但非常精彩的小说《侏儒回忆录》中——作者是英国作家、诗人沃尔特·德·拉·梅尔（1873—1956）——小小的主人公被强迫在一个嘉年华狂欢秀上表演来赚取微薄的薪水，"迎接"人们大笑或者一种近乎残忍的同情。苦恼数晚之后，她学会了不去看那些观众，但是突然一股神奇的力量让她抬起了头：

"再见，"狐狸说，"这就是我的秘密，一个非常简单的秘密。只有用心才能看得清：重要的东西用眼睛是看不见的。"

——安托万·德·圣埃克苏佩里

图 3.6　2011 年上映的电影
《速度与激情》中饰演多米尼
克和布莱恩的范·迪塞尔和
已故的保罗·沃克
这两个角色和神话有什么关
系？为什么我们会把他们叫作
"神话般的"？
Scott Garfield/Universal Pictures/
Everett Collection

　　我的眼睛偶然落到了一个人身上，他在稍稍远离亮光处站着。他戴着高顶
帽子，穿着一件长款棕色的，类似教士的外套，开襟，银扣腰带。他的靴子上
有马刺，手里拿着一个浅色的马鞭。他神色冷漠，头微微低下，只能看到侧面。
他站在那儿，一动不动，若有所思，显得忧郁而平静，眼神深邃，一个陌生人。
是什么让我好像长了一双翅膀冲向他的身边？我的体内有一种难以名状的热情
和渴望。我好像被带去了一片无边的狂野——矮小的树，咸味的空气，无尽的
夜空，空间。而这个男人，是灵魂和孤独的主人。[15]

　　很长一段时间，这件事没有任何后续，几乎要被观众忘掉了。故事仿佛什么都没
有发生似的继续向前发展，直到一天晚上，这个小个子女孩消失了，只留下一张神秘的
纸条，上面写着："我跟他走了。"这个陌生人的身份从来没有公开，甚至我们连他是否
存在也不确定。我们更不会知道这个小个子女孩去哪里了，不知道她未来的命运是什
么样的。但这些都不重要。我们难道没有一次盼望着一个知晓万物的外部力量突然出现，
解决可怕的困难吗？

　　现实生活中也有很多这样的外部力量，正如"9·11"恐怖袭击后，短短几分钟内实
施救援的救护人员，还有那些总是临危不乱的人。神话学是鲜活的，也是适宜的。我
们应感到庆幸，我们也确实需要它。

回顾

在这一章里：

* 我们定义了"神话"和"神话学"；

* 我们探讨了"原型"的概念，分析了神话中不同原型所发挥的作用，包括英雄、数字、圆环、旅程、伊甸园以及作为人类的诸神的作用；

* 我们讨论了为什么人们创造神话去解释那些不可解释的事物，比如创世和人类的苦难；

* 我们概述了一些童年神话；

* 我们探讨了民间文化中神话的角色以及神话在人文学研究中的基础性作用。

主要术语

拟人（anthropomorphic）：具有人类特征。

原型（archetype）：神话中的一种模式（如英雄、圆环、旅程），它经由神话变成了人们潜意识的一部分，帮助人们思考自我、人类以及宇宙本质。

集体无意识（collective unconscious）：出自荣格，表示不同文明之间——包括很多完全没有任何接触的文明之间——神话和原型所具有的普遍性。

性别角色（gender roles）：特定文化中男性和女性应有的行为和功能。

单一神话（monomyth）：爱尔兰小说家詹姆斯·乔伊斯用以指涉所有文明的一个基本神话——英雄神话，也

被称作世界神话。这一概念在约瑟夫·坎贝尔那里得到了进一步发展。在西方神话里，英雄是命中注定要做出伟大功绩的人，通常是某群人的救世主。在很多西方神话故事里，英雄的力量并不是永恒的。

神话学（mythology）：既指某一文明或文明群的所有神话的集合，也指对世界各地神话或特定文明中的神话进行的系统研究。

神话（myths）：代代相传或某代人心中普遍流传的故事和信仰，很多都具有心理真实性，或能满足人类的深层次需求。

寓言（parable）：简单的故事，给人以道德或精神教谕。

第二部分

人文学学科

图 4.1　E. 维拉,《堂吉诃德和桑丘的对话》, 19 世纪
堂吉诃德身上的哪些特征让他持续流行至今?
Mary Evans Picture Library / Alamy

第四章

文　学

学习目标

4.1　定义"经典"和"杰作"。

4.2　分析书写文本在构建文明历史中发挥的作用。

4.3　分辨不同的诗歌形式，如有韵诗、十四行诗、俳句、宗教诗和现代诗。

4.4　探讨小说的诞生及在过去百年里发生的变化。

4.5　描述当代短篇小说和早期短篇小说有何不同。

谁没讲过故事呢？谁没有过对发生的事情进行修饰使之拥有更多情感和色彩的经验呢？在这个意义上，所有人天生是会讲故事的。

虽然有些人以它为专业，但我们都可以参与到别人写作的过程中，分享着别人的想象。遗憾的是，很多人离开学校后就埋头于日常工作，丧失了阅读兴趣。如果你有这种感觉，我们真诚地请求你：转过身来，找回自己的想象力吧！你已经把它放到某个地方了。你并没有丢掉它——你永远不会真的丢掉它。把它从抽屉中取出，或从阁楼上取下——从任何其他地方。你值得这样去做。

文学是怎样开始的？一个猜测是，文学冲动早在被用来记录最早的人类表达的书面语言产生之前就已经存在了。视觉艺术中的洞穴壁画可以追溯到几千年前。动用一下你的想象力（刚在抽屉中找到），我们能想象出早期（非常早）的人们已经开始跳舞、唱歌，用石头和棍子敲击产生节奏。那么，为什么我们会认为某些文学形式并不是与人类历史一起诞生的呢？

> 我们是讲故事的动物——我们是谁，我们是什么，乃至我们为什么存在。当我们死后，我们就成了其他故事的一部分。其中遗留之物便是我们的长存不朽。
>
> ——萨尔曼·拉什迪

4.1　经典和杰作

什么塑造了经典和杰作？

假设人们都是天生的诗人和讲故事的人（以及天生的读者），那么将文学看作一种只能被搁置在图书馆里难懂的艺术便毫无理由。在本章里，我们将认真学习一部分典型的文学**体裁**：史诗、诗歌、小说和短篇小说。我们将会了解它们的发展历程，同时明白它们满足了人们的何种需要。

我们将对一些**经典**作品进行分析。这些经典作品自完成之日起一直流传至今与我们发生关系，而且它们会一直具有相关性，在未来很多年，甚至很多个世纪里继续流传下去，感动着人们。有些作品被称为**杰作**——在风格、完成度、引发的共鸣等方面远远超过其他作家创作的同体裁作品。比如，尽管在莎士比亚所在的时代，很多诗人也创作了不少优秀的十四行诗，但是莎士比亚十四行诗要远胜过他的同时代人。他的作品意义更加深远，技巧更加娴熟（韵律和节奏的处理），词藻更加华丽，作家的词汇量可能要比在他之前和在他之后的作家更为丰富。实际上，有许多人们熟知的名言都来自莎士比亚的诗歌和戏剧。

很多经典作品——不是所有——被称为杰作。经典总是同时代和环境相关联，而杰作具有独立性，不同时代都有喜欢它们的读者——只要被发现。有时，一部杰作从诞生之日到被人们发掘需要经历很长一段时间。赫尔曼·麦尔维尔的小说《白鲸》1851 年出版后卖得非常不好，直到 20 世纪早期研究者开始研究它，它的声誉才慢慢开始好转。

本章聚焦过去和当代文学，它们从人类灵魂之中产生，通过它们，我们会渐渐了解自己，了解那些与我们共同体验着生命之奇妙的人们。我们将讨论几部具有鲜明特色的代表作，有些很出名，有些知名度没那么高，但都很值得我们去阅读。

4.2 作为历史的文学

书写文本——文学——在构建文明历史的过程中发挥着什么样的作用？

在某个时候，可能是数千年前，一个群体一定会产生确认、定义自身的需要。他们明白他们已经在长期的生存斗争中有了共同的纽带。想象一下，如果你突然得了健忘症，完全不记得过去发生的事情，会是一种什么感觉？你难道不会特别想在时空中找到自己的位置吗？

基本的文学冲动：身份

约翰·斯坦贝克（1902—1968）早在小说《愤怒的葡萄》（1939）中，就用一个简单的故事表明，人类留下有关自己的记录是何等重要。斯坦贝克将 20 世纪 30 年代俄克拉荷马州破产农民的西部移民潮看作人类社会发展的典型例子。在这些"俄克佬"眼里，加利福尼亚是一个有着大量工作机会和金银财宝的希望之地，但同时他们被看作一群被掠夺了家乡和身份的无名者。当被拉到果园去卖苦力的时候，果园主人提出的问题往往是："有多少采摘的手？"从来不会问他们："你的名字是什么？"

在充满艰辛的路途中，乔德爷爷——小说主要描写家庭的家长——死了。家人们把他埋在一条荒凉、无名的路边，但是不确认遗体的身份是不可能的。他的孙子汤姆写了几句话，放在爷爷身上。这几句话是一首简洁的民歌：

> 文学传递着不可更迭的致密经验……在一代代人之间。唯其如此，文学才成为一个民族的鲜活记忆。
> ——亚历山大·索尔仁尼琴

　　这个人是威廉·詹姆斯·乔德，是个中风而死的老人。他的家人把他葬在这里，因为他们没钱缴丧费。他不是被人杀害的，只是中风死了。[1]

　　一些古埃及法老用大半辈子时间建造纪念自己的陵墓，其中很多都保存到现在。这些伟大的金字塔既是统治者的见证，也是文明的见证。埃及通过艺术和建筑来构建自己过去和现在的身份，其他文明往往是通过口耳相传的故事，其中很多故事可以追溯到数千年前。文学冲动最初是一种构建身份和历史的需要。

早期史诗：《吉尔伽美什》

　　在文学通过口头或某些文字形式（有时两者兼而有之）来传播和保存的时候，**史诗**就成了很多早期社会的文学体裁。史诗是长篇叙事诗，讲述了那些兼具力量、勇气、机智，但不一定是道德典范的英雄人物的行为和冒险故事。当生存尚且是人类最重要的关怀时，他们的史诗英雄一定是不可战胜的，就像他们希望自己的国家也是不可战胜的一样。

　　《吉尔伽美什》是最古老的史诗之一，讲述了大约4000年前统治今天伊拉克地区的一个暴君的故事。故事被刻在12个纪念碑上，在公元前7世纪亚述图书馆的废墟中被发现。研究者认为，这首史诗（还有一些其他史诗）起源于纪念公元前2750年真实存在的乌鲁克国王伟大行为的歌谣和诗歌。有学者指出，经过1000年的发展，这些歌谣和诗歌在美索不达米亚流传开来，最后由巴比伦诗人把它们改写成一部史诗，由巴比伦神父辛莱克乌尼尼编纂而成。

　　这首诗讲述了一个超级英雄的传奇故事。吉尔伽美什非常可怕，对他的支持者非常残忍，甚至天上的神都感到恐惧。神创造了温和、慈悲、富有同情心的恩奇都，与吉尔伽美什抗衡。部分学者将恩奇都理解为吉尔伽美什的另一个化身，是他具有人性的一面。在这首史诗中，两个超级英雄进行了决斗，最终两人不分胜负，暗示着攻击性和仁慈都是人类的特质。

　　故事里，恩奇都死了，但吉尔伽美什没有被打败，活了下来，依旧是神在凡间的一个心头大患。作者也许认为，尽管仁慈和善良是人类品格中不可或缺的一部分，但它可能无法比攻击性持续更久。

　　很多早期文明都通过创作史诗来构建和强化文化身份，比如印度次大陆的《玛哈帕腊达》、非洲的《松迪亚塔》、英国的《贝奥武夫》，以及挪威的《埃达》。

早期杰作：荷马的《伊利亚特》

《伊利亚特》标志着史诗在本质和体裁上的巨大改变。像《吉尔伽美什》一样，《伊利亚特》中也有两个非凡英雄人物间的决斗。但《伊利亚特》的非同寻常之处在于，它不仅为读者提供了历史和身份——就像典型的史诗作品——它还赞颂了敌人的荣耀和美德。

《伊利亚特》不仅是早期文学的最佳代表，也是人类文明的宝藏。传统意义上，它的作者是生活在公元前 1200 年至公元前 850 年的荷马。很长一段时间里，研究者倾向于认为，这部史诗的形成经过了数个世纪，因而无法确定为一人所做。最近很多的研究认为，作品风格如此统一，必定是某位天才作家的作品。

荷马总是常读常新，当天的报纸却无比陈旧过时。
——夏尔·佩吉

对那些非常古老的作品来说，追溯作者身份是一件充满风险的事情，但就像那个古老的玩笑说的那样，"如果不是荷马写的，那就是被另一个叫荷马的人写的"。传说中，荷马是个盲人，除此之外，人们对他一无所知。

作为文明史的《伊利亚特》　《伊利亚特》似乎雄心勃勃地要使希腊民族成为文明史的一部分，使之获得一种延续性。史诗描绘了持续十年的特洛伊战争中最后几周发生的故事。荷马将特洛伊称为"伊利昂"，因此史诗标题的意思是"伊利昂之歌"。为什么是"歌"？可能是最初的表演者只有通过歌唱才能记住诗中的句子。

文字的不在场是早期文学最重要的特点。虽然《吉尔伽美什》被镌刻在纪念碑上，但它是用极具象征性的楔形文字写成的。当然，《伊利亚特》更可能是以口头形式进行表演，而不是写或者读的形式。吟游诗人——或常说的"吟咏史诗的人"——被统治者和宫庭专门雇佣讲述或呈现"历史"。当然，这些历史都是关于他们自己祖先的历史，关于勇猛战士的伟大功绩。两千多年以来，普通人从未出现在任何一个重要的文学场景中。

《伊利亚特》的副标题是"阿喀琉斯的愤怒"。阿喀琉斯是神话中的英雄，他在战争中非常勇猛，被认为"不可战胜"，但他有一个致命的弱点。他的母亲想让他获得永生，于是在他还是婴儿的时候，提着他的脚后跟，将他的身体浸泡在冥河里。因此，没有经过浸泡的脚踵成为阿喀琉斯的弱点，也最终导致他的死亡。现在人们还会用"阿喀琉斯的脚踵"来形容某人致命的弱点。

《伊利亚特》以希腊国王阿伽门农不情愿地将自己的情妇——特洛伊的俘虏——与阿喀琉斯的情妇布里塞伊斯作为人质进行交换为开端。在反抗的过程中，希腊英雄阿喀琉斯拒绝发起战争，他的撤军使特洛伊占据了优势。那些最早听到这个故事的希腊人难免会怀疑自己的祖先是如何获胜的。

根据著名的古希腊传奇，希腊人送给特洛伊人一头巨大的木马作为求和礼物（图 4.2）。

木马里面藏着希腊兵士，他们在夜晚偷偷爬出来，杀死了特洛伊城所有的市民和搜捕到的贵族后裔。历史学家认为这个"木马故事"完全是虚构的；至少，它没有发生在《伊利亚特》中。

后来，特洛伊战争成为古罗马维吉尔（公元前70—前19）的伟大史诗《埃涅阿斯纪》的主要部分。在这部作品中，特洛伊战争确实发生了。《埃涅阿斯纪》中，特洛伊王子埃涅阿斯是罗马城的创建者，他成功地从屠杀者那里逃脱。罗马作家毫无疑问会将希腊战士描绘成卑鄙无耻、善用花招的人，比如用木马计。如果罗马帝国发源于特洛伊，而特洛伊被占领了，那么这部作品则真是本着文学作为历史的精神，呈现了这场不那么光荣的战争。

不过，《伊利亚特》中没有出现"木马故事"并不意味着这部作品是对希腊人胜利的一种自豪欢呼。当然，希腊人也没有被塑造成懦夫。阿喀琉斯已被塑造为高大威猛的英雄，他的希腊支持者热切地等待着他再次出征。诸神的参与让情节变得复杂起来。有些神站在希腊一边，有些则支持特洛伊；战争局势一直摇摆不定，直到阿喀琉斯和阿伽门农和解，同意与勇敢的特洛伊战士赫克托耳进行一对一决斗，以此决定胜负。

如果故事的结局只是阿喀琉斯凭借一己之力杀死赫克托耳，取得了最终胜利，那么《伊利亚特》可能的确是一部赞颂民族伟大胜利的故事。我们并不知道荷马本意是否

图 4.2　乔瓦尼·提埃波罗，《木马进入特洛伊》，1760 年
虽然特洛伊木马的故事没有出现在《伊利亚特》中，但它引起了人们的无限想象。你觉得为什么这个故事会这么出名？
World History Archive / Alamy

如此。但是，作品不仅描写了希腊的胜利，同时描写了失败方的悲剧。

赫克托耳是特洛伊的王子，是特洛伊非常重要的守护者，作者对这一人物形象赋予了极大的同情，甚至整首史诗真正的高潮其实是赫克托耳被阿喀琉斯杀死的时候。阿喀琉斯把赫克托耳的尸体绑在他的战车上，拖着尸体沿着特洛伊城转圈奔跑，最后让特洛伊人将尸体赎回。基于希腊历史创作的《伊利亚特》本质上是围绕一个失败英雄的悲剧展开的——一个非希腊英雄！因此，维吉尔的《埃涅阿斯纪》是一部民族主义史诗，而《伊利亚特》不是。

《埃涅阿斯纪》将埃涅阿斯塑造成一个完美的英雄：强壮、勇敢，充满智慧。特洛伊城早已衰败，因为埃涅阿斯注定要创建一个比特洛伊更伟大的城市。但是，尽管《埃涅阿斯纪》如一般史诗那样精彩刺激，却没有《伊利亚特》扣人心弦。

作为悲剧的《伊利亚特》　有这样一种可能，《伊利亚特》经过数世纪的修改，经过无名传唱者的代代传唱而最终成型。它可能逐渐演变成一部悲剧作品。毕竟是希腊人发展了戏剧艺术，他们的戏剧最初就是悲剧表明，希腊人喜欢贵族堕落的故事。在这些作品里，造成英雄堕落的是好人身上的致命缺陷。《伊利亚特》预示了希腊悲剧时代的到来。

赫克托耳也有这样一个致命缺陷吗？在某种程度上，是的。故事中，他是一个勇敢的战士，他的行动超出了人们对他的期待，因为像所有的战士一样，他也想凭借自己英勇的行为被世人铭记。诚然，想要世人记住自己的英勇是英雄的共性，但成为英雄的荣誉感也是一个致命的弱点。"骄傲"是希腊悲剧的主题，包括诸多后来的作品。《伊利亚特》被称为西方文明史上第一部重要作品，不仅因为其宏伟的诗篇，还因其对主要人物的人性化描写。比如，对赫克托耳的描写就非常典型。

"人性化"在某种意义上解释了一种文学形象区别于其他形象的原因。它类似演员常用来描述自己在饰演的角色中找寻的东西：对立，或人性中截然相反的两端。扮演某个角色的时候，演员首先会找到剧本人物的主要特征，比如他是一个嫉妒的丈夫或她是一个忠诚的妻子。接下来，演员会尝试定位人物之间的对立或矛盾——他非常爱自己的妻子，不想失去她；虽然妻子是忠诚的，但是对丈夫的善妒感到非常愤怒，以至于潜意识里希望丈夫能够离开她。伟大的作家总是能够明白人绝不仅仅是这样或那样。如果一部作品中的人物形象有着绝对固定的特征，而不是人类共有的矛盾本性，那么这部作品只是一部情节剧，而非悲剧。

如所有的悲剧英雄一样，赫克托耳有他盲目的一面。在他和阿喀琉斯进行生死决斗之前，他被警告了很多次：自己将在决斗中死去。他的妻子安德洛玛克恳求他不要离开她和儿子，因为她的父亲和兄弟们都在之前的战争中被阿喀琉斯杀死了。她告诉赫克托耳，阿喀琉斯有神明庇护，没人能打败他，但赫克托耳意志坚定。他相信凭自己的

> 我以为，真正的生活形式是个人努力的自然结果，是个人在探索未知领域的精神冒险中创造出的活生生的东西，在这片未知领域内，人总是有所体验又不甚理解，正是从这体验中生发出了认识未知之物的渴望。
>
> ——乔治亚·欧姬芙

力量和勇气，一定能打败阿喀琉斯。

> 你且回到家里，照料你的家务
> 看管织布机和卷线杆，打仗的事男人管
> 每一个生长在伊利昂的男人管，尤其是我。[2]

这不仅是勇气的表现，同时也是骄傲的表现。赫克托耳的"对立"在这里显现出来，这就是荷马对于他的人性化描写。赫克托耳以为自己是唯一能够拯救特洛伊的人，就像很多人坚定地认为自己总能比别人更好地完成一项艰难的任务一样。极度的自信使赫克托耳带着一种近乎鲁莽的狂热之情与命运对抗，而后失败，由此削弱了自己城邦的防守能力。

塑造一个宛如赫克托耳一样伟大的悲剧形象就是塑造一个讽刺的矛盾体。真正杀死赫克托耳（以及攻陷特洛伊）的是他的勇敢，但是勇敢也是人的伟大之所在。其中蕴含的一种意义是——在后面的作品中将反复出现——伟大意味着悲剧。是几千年前的荷马发现了这一点吗？在《伊利亚特》中，他明显抓住了一种比胜利更加壮丽、荣耀的东西：意识到人类生命结束之时超乎寻常的潜力；意识到人们永远无法达成自己设定的目标，但一定会去追求它，直到失败。如果这就是存在的真相，那么就会出现这样一个问题：伟大的失败是否比赢取微不足道的成功要好？伟大的文学作品总是会提出诸如此类宏大的、人们经常无法回答的问题。

作为杰作的《伊利亚特》 《伊利亚特》当之无愧是西方历史上的第一部杰作。诗人提出了文学作品创作的基本原则：现实不仅是善恶之间的斗争。赫克托耳可能是《伊利亚特》中最高尚的人物形象，但阿喀琉斯也并不因此就是恶人；实际上，按照大部分标准（包括我们已经提到的），他也是一个英雄。史诗的副标题"阿喀琉斯的愤怒"暗示了他对阿伽门农的愤怒是推动情节发展的力量。作为历史学家的荷马不带任何个人判断，展示了他所了解的阿喀琉斯愤怒的故事。倘若荷马对希腊勇士所怀的同情少于他对赫克托耳所怀的同情，那么他至少充分肯定了前者的力量和勇气及其在希腊历史中的地位。

然而，赫克托耳内心的斗争使《伊利亚特》不仅是一部伟大的史诗，更是一部伟大的悲剧。他极度渴望胜利，但他同时也理解妻子的痛苦——对妻子恳求的感动源自他对她深深的爱。作为读者，你会发现很多杰作的力量都来源于人物内心的斗争，而非人与人之间的冲突。

俄罗斯戏剧家安东·契诃夫（1860—1904）观察到，邪恶会在人与人之间传递，而不是从人身上产生。赫克托耳的骄傲让他陷入一场导致自己和很多人都受害的战争。

阿喀琉斯的拒绝出战也使很多希腊人丢掉性命,让希腊人丧失了取胜的机会。双方都认为自己的理由是正义的,没有人是邪恶的,但是他们的行为都带来了毁灭性的后果。这就是悲剧的方式,是荷马这样伟大的作家眼里的人性的悲剧。

如果荷马生活在现代世界,又有谁会知道他对大屠杀、“9·11”恐怖袭击或发生在伊拉克、阿富汗及中东等地的战争将做何反应?这些大问题其实很难回答,但无论是过去还是现在,伟大的文学作品能让我们去感受、去思考,进而去改变。

4.3 诗歌

我们讨论的各种诗歌体裁 —— 抒情诗、十四行诗、俳句、宗教诗以及现代诗之间有何不同?

虽然这里我们将史诗看作一种历史文本,但它同时是押韵的叙事诗。正如《吉尔伽美什》和《伊利亚特》,叙事诗很可能是最早的诗歌体裁;但是随着早期社会的发展,出现了很多有着典型个人风格、技巧和主题的艺术家,让诗歌呈现出多种形式。在公元前6 世纪,希腊诗人萨福所在的时代,诗人成为社会上受过高等教育、备受尊重的群体。他们被期待用一种升华了的日常语言文字来创作,即对散文体裁的超越。

抒情诗

罗马人继承了希腊人在文明社会中发展艺术的愿望,包括对美食、美酒、矿泉浴、按摩以及性表达的愉悦的追求。这种愉悦同时还包括创作史诗等文本和抒发个人感受的诗歌。在罗马人中特别流行的是**抒情诗**,如此命名这一诗歌体裁是因为这类诗歌通常用七弦琴进行伴奏。七弦琴是类似于竖琴,但体积要比竖琴小很多的弦乐器。

萨福:第一个抒情诗人?　　萨福可能是第一个历史上有记录的描写个人内心感受的诗人,甚至很多祈祷中都会提到她的名字。众所周知,萨福 (图 4.3) 会为自己的诗歌进行伴奏,另说她曾创作了当时大部分的音乐。她可能使用的是当时业已存在的乐谱,但至今尚未有任何相关发现。

萨福作品最重要的主题是爱恋中的愉悦和痛苦。她显然有着强烈的生理需求,带来了一个恒久不变的主题——单恋之苦。这一主题在文艺复兴时期非常流行。事实上,这也是当代很多流行歌曲的主题。

在美丽的月亮旁边,群星遮住了自己明亮的脸;当她在最圆之时向大地洒下银辉。

——萨福

《永恒的阿芙洛狄忒》是萨福最为著名的作品之一。萨福在诗中祈求爱神的同情，她因爱情沮丧而日渐憔悴：

> 女神，你永恒的脸上露出微笑
> 似在问我，这次是什么使我烦恼
> 是什么使我向你呼唤
>
> 我绝望的心想得到什么帮助？
> 而你说："这次我要让谁爱上你呢，萨福，究竟是谁
> 让你受了委屈？
> 假如她逃避你，她马上就会追逐你，
> 假如她拒绝你的礼物，她马上就给你礼物，
> 假如她不爱你，她马上就对你钟情，
> ……如此这般。"
>
> 现在请你再来我的身边
> 让我从这残酷的追逐中解脱……[3]

图 4.3　萨福半身像，罗马复制品，公元 2 世纪，原希腊半身像已佚
你阅读或者创作爱情诗吗？爱情是经久不衰的文学主题，为什么？
Prisma Archivo/Alamy

可能有很多作家将这一主题带到了新高度，但萨福一直被看作诗歌艺术的杰出代表，同时她也是第一个建立女子学校的人。

抒情诗在罗马迅速发展起来，诗歌的主题依然是爱情，这是一种在罗马人中十分流行的消遣方式。这一时期，大部分诗歌是高度模仿性的：职业诗人使用一些极为夸张的辞藻来取悦公众。罗马的贵族女性拥有相当大的权利和自由，以拒绝求婚者而闻名，于是"单恋"便成了很多男性视角诗歌的主题。一些罗马诗人还就此创作了许多关于爱人——已经许下誓言——的背叛或不贞的诗歌。

中世纪早期或晚期绝大部分古希腊和古罗马的抒情诗已经被人们遗忘。这一时期的诗歌，像艺术一样，是基督教徒摆脱世俗诱惑，寻找上帝，表达他们虔诚的神秘体验的方式。古典主义时期的诗歌主题"爱"——包括爱情所带来的痛苦——在文艺复兴时期（始于14 世纪）重新流行，文艺复兴时期的女性重新开始拥有拒绝男性的权利。很多人认为，19 世纪早期，浪漫主义时期的著名英国诗人，比如济慈和雪莱，把抒情诗发展到了极致。

十四行诗

十四行诗是有着十四行诗句的诗歌形式，由文艺复兴初期意大利诗人最早使用。文艺复兴时期，人们重新燃起对古典艺术和文学的兴趣。虽然当时这种诗歌体裁非常前卫，但诗歌表达的主题——因为爱情得不到满足而痛苦——却延续着古典时期的诗歌风格。诗人弗兰齐斯科·彼特拉克（1304—1374）在古典艺术复兴的过程中起着关键作用。比如他重新发掘了《伊利亚特》的天才之处，并把它翻译成拉丁语，而他更因推动十四行诗的发展而著称于世。对彼特拉克和他之后的诗人来说，诗歌形式上的要求——把思想感受放到十四行有韵脚和韵律的诗行当中——绝对是一个巨大的挑战。

数世纪以来，十四行诗的各种变体不断出现，但基本形式都是彼特拉克式的。诗歌的韵律称作抑扬格五音步，是英语诗歌的基本韵律，在威廉·莎士比亚的一部分十四行诗和戏剧作品中非常典型。莎士比亚深受彼特拉克的影响。

在用**抑扬格五音步**写作的诗中，每行诗有五个连在一起的"非重读音节加重读音节"。每一组音节称为一个音步（foot），类似于音乐中的小节（bar）。比如 decide 就是一个抑扬格音步。"decide on when to go or not, my dear"这句话就是一个抑扬格五音步的例子：它有 5 组重复的音步。当我们大声朗读这句话，就会发现每组第二个音节是重读音节。严格按照以上原则来创作十四行带韵的诗句，又不能让这种形式显示得太过明显或太过无聊——这绝不是一件容易的事情。

一首优秀的十四行诗会给人一种自然流动的感觉，完全不会让读者感到诗人受过训练，在刻意追求押韵。当大声朗读的时候，一首诗听起来不该过分凸显节奏，否则就会像初学者在课堂上表演的华尔兹。发现诗歌中的韵律应是一种意外之喜。在下面这首诗中，韵律简直是扑面而来（更不用提韵脚了）。

> 他每日写信来，他的信多么让我们兴奋！
> 我甚至不能描述他精致的表达带给我们的欢欣。
> He writes to us most every day, and how his letters thrill us!
> I can't describe the joys with which his quaint expressions fill us.

英语语言很容易落入抑扬格的窠臼，就连日常的语言表达也常会采用抑扬格的形式。英语国家的伟大诗人，比如莎士比亚，非常清楚韵律对人们情感的影响（就像在音乐中那样），但他们不想让韵律完全凌驾于语言之上。可以拿上面的两句诗同莎士比亚最著名的十四行诗（第十八首）前几句进行比较。值得注意的是，如若要找到其中的抑扬格韵律，就得打破诗中文字的自然语流。

> 我是否可以把你比喻成夏天？
> 虽然你比夏天更可爱更温和。[4]
> Shall I compare thee to a summer's day?
> Thou art more lovely and more temperate.

　　写作十四行诗的诗人面临的挑战越来越大。不仅每行诗要有一定的节奏，还要符合押韵形式。诗人必须找到押韵的词语，还要保持它们的自发性和优雅。或许押韵最初是为了方便记忆，但它构成了大部分诗歌的基本要素；很多诗人仍然喜欢用押韵的形式来创造音乐式的情感共鸣，喜欢接受创造并非刻意或勉强押韵的挑战。在彼特拉克和莎士比亚的十四行诗中，押韵要遵循某种固定顺序且不能更改。伟大的诗人既能在押韵的限制内创作，也能在固定的形式中自由地表达思想。

　　彼特拉克或意大利的十四行诗　彼特拉克十四行诗的特点是前八行按照 abbaabba 的形式来押韵，后六行诗相对灵活一点，但通常会按照 cdecde 或 cdcdcd 的形式押韵。两部分通常具有不同的功能：前八行引出一个问题、一种欲望或一次怀疑，后六行是对前面问题的解决，或对前文欲望、怀疑的回应，抑或仅对前面的诗句进行评论。

　　下面是彼特拉克写给他的毕生挚爱——一位 23 岁的已婚妇女，被彼特拉克称为"劳拉"——的一首著名的十四行诗。托马斯·怀亚特将其译为《爱的矛盾》。这首诗恰当地抓住了那些陷入无果爱情的人通常会感受到的痛苦和愉悦：

爱的矛盾

> 我结束了战争，却找不到和平，
> 我发烧又发冷，希望混着恐怖，
> 我乘风飞翔，又离不开泥土，
> 我占有整个世界，却两手空空；
>
> 我并无绳索缠身枷锁套颈，
> 我却仍是个无法脱逃的囚徒，
> 我既无生之路，也无死之途，
> 即便我自寻，也仍求死不能；
>
> 我不用眼而看，不用舌头而抱怨，
> 我愿灭亡，但我仍要求康健，
> 我爱一个人，却又把自己怨恨；

> 我在悲哀中食，我在痛苦中笑，
>
> 不论生和死都一样叫我苦恼，
>
> 我的欢乐啊，正是愁苦的原因。[5]

译文的一些押韵可能并非那么精确，但我们完全想得到译者忠于意大利原文的努力。Done（结束）和 seize on（占有）严格遵守了押韵的规则，与此类似的还有结尾处的 prison（监狱）和 occasion（时机），以及 life（生）和 grief（愁苦）。研究者发现，意大利文艺复兴时期的诗人，包括彼特拉克，发展起来的这种押韵形式较之英文更加适合意大利语。在意大利，很多词都有相同的结尾，因此找到一组有着相同尾音的词要比在英语中容易得多。英语中押韵的词相对较少。

莎士比亚的十四行诗　威廉·莎士比亚（1564—1616）的 154 首十四行诗是英语文学的宝藏，莎士比亚也是世界公认的英语诗歌巨匠，这不仅是因为他思想的复杂性，更因为他那从未被超越的押韵技巧。

莎士比亚所擅长的押韵形式与彼特拉克不同，他的大部分诗歌都采用 ababcdcdefefgg 的形式，可能因为这种形式更适合英语。或许是因为在英语中找到押韵的词语具有挑战性，大部分英国和美国诗歌——比如莎士比亚戏剧的大部分台词——完全放弃了押韵。**素体诗**指不押韵的格律诗。你绝对不会想去看一场台词像意大利十四行诗那样的戏剧。莎士比亚戏剧的魅力在于其节奏完全服从表演者的对白——像微弱的击鼓声，而节奏本身却很少被人注意到。

莎士比亚大部分戏剧是无韵的抑扬格五音步。当他用一组**偶句**结束某个场景，他其实是在用一种诗的图式。在文笔稍差的人那里，这种押韵会显得过于明显或者缺乏戏剧性，但莎士比亚却使句子的押韵显得特别自然。下面是当哈姆雷特发现叔叔谋杀了自己父亲时说的一句非常著名的话。他父亲的幽灵出现，让哈姆雷特为他复仇，而这个年轻人担心自己并不想去实施暴力：

> 这是一个颠倒混乱的时代，唉，倒霉的是我却要负起重整乾坤的责任！
>
> The time is out of joint: O cursed spite, That ever I was born to set it right!

莎士比亚会在十四行诗中自由地押韵，他有着非凡的词汇量（据说超过 30000 个词），这意味着他会找到那些同时兼顾韵律、押韵和意义的词语。莎士比亚的十四行诗的主题通常是表达爱意，有时还会是长久得不到回报的迷恋。

这些诗歌究竟是写给谁的，这个问题引发了莎士比亚研究者极大的争议。诗歌在伊丽莎白时代（16 世纪）的英国非常流行，诗歌的主题通常是爱，无论是以积极的形式还是消极的形式来呈现。从这个角度来说，伊丽莎白时代的诗歌与 20 世纪三四十年

> 别小看十四行诗，
> 批评家，
> 你皱起双眉，
> 忘了它应得的荣誉；
> 像钥匙一把，
> 它敞开莎士比亚的心扉。
> ——威廉·华兹华斯

代的流行歌曲极为类似——这些歌曲或赞美心爱之人的美貌，或哀悼失去爱情时的忧伤。像 20 世纪三四十年代流行歌曲的词作者一样，伊丽莎白时代的诗人也不总是完全基于个人经验来创造诗歌的。创作一首好的诗歌可以赚钱，所以当年轻且没有多少钱的莎士比亚从埃文河畔斯特拉福镇来到伦敦，他发现可以凭借自己的这个才能养活自己——既写诗，又创作剧本。在第二十九首十四行诗中，他描写了爱情能为人们带来的愉悦：

逢时运不济，又遭世人白眼，	When, in disgrace with fortune and men's eyes,
我独自向隅而泣恨无枝可依，	I all alone beweep my outcast state
忽而枉对聋聩苍昊祈哀告怜，	And trouble deaf heaven with my bootless cries
忽而反躬自省咒诅命运乖戾，	And look upon myself and curse my fate,
总指望自己像人家前程似锦，	Wishing me like to one more rich in hope,
梦此君美貌，慕斯宾朋满座，	Featured like him, like him with friends possess'd,
叹彼君艺高，馋夫机遇缘分，	Desiring this man's art and that man's scope,
却偏偏看轻自家的至福极乐；	With what I most enjoy contented least;
可正当我妄自菲薄自惭形秽，	Yet in these thoughts myself almost despising,
我忽然想到了你，于是我心	Haply I think on thee, and then my state,
便像云雀在黎明时振翮高飞，	Like to the lark at break of day arising
离开阴沉的大地歌唱在天门；	From sullen earth, sings hymns at heaven's gate;
因想到你甜蜜的爱价值千金，	For thy sweet love remember'd such wealth brings
我不屑与帝王交换我的处境。[6]	That then I scorn to change my state with kings.

这首诗的韵律时有不规整的地方。例如，"and trouble"是多出一个非重读音节的抑扬格音步，而这一行诗中其他词都是抑扬格的。诗歌的韵律只有通过**韵律分析**才会被清晰地呈现出来。莎士比亚不喜欢自己的诗歌过分追求押韵。他的秘密就是像阅读散文一样阅读他的诗歌。韵律和押韵只是静静地待在诗句里。它们的作用就像是一部优秀电影的背景音乐一样。诗人天才地将形式和内容结合在一起。

第二十九首诗中的标点符号只有两个分号和少量逗号。因此，诗歌传递的思想超越了押韵的词语，将读者自然地引到下一行，韵律因而被掩盖，因为人们在读的时候并不会在句与句中间停顿。在大多数情况下，莎士比亚那富有创造力的大脑使得韵律和押韵既符合逻辑又无比自然。云雀真的振翮高飞了！

公民！核算核算我的川资旅费吧；诗，它的全部，都是通向未知领域的旅行。

——弗拉基米尔·马雅科夫斯基

运用隐喻和奇喻　诗人常用**隐喻**的修辞手法。隐喻指用可视的、具体的事物形容抽象的概念（如"公正"和"爱"）。几乎所有文学作品都会出现隐喻，但对诗歌而言，隐喻是它的灵魂。"公正是不存在的"的效果远远不如"公正就是一个丢掉了天平的盲眼太太"。

　　在莎士比亚生活的时代，英语语言得到了极大丰富，英格兰与其他国家的文化互相影响，带来了语言的交融：德语、斯堪的纳维亚语，当然还有法语。这些语言资源都储存在他的大脑里以供随时取用，帮他表达、探讨一些复杂的思想，而这些思想仅凭那些已有的抽象概念是无法实现的。因此，莎士比亚也在尝试用隐喻的手法表达思想，一个典型的例子是《罗密欧与朱丽叶》。罗密欧看到阳台上的朱丽叶，忍不住问自己："那边窗子里亮起来的是什么光？"然后他回答道："那就是东方，朱丽叶就是太阳！"

　　在莎士比亚之前，约翰·多恩（1572—1631）因其玄思**奇喻**而闻名，诗人极为巧妙地将两个完全不同的东西进行关联。多恩的生活经历可以帮我们更好地理解他为何能将复杂的思想感情与如此丰富的事物联系在一起：他曾参加过英国远征军，与西班牙对抗；他在英国做过神职人员，还是伦敦圣保罗大教堂的牧师。他的诗歌是这些截然不同的生活方式的反映。诗人早期的作品呈现了一种色情、愤世嫉俗和幽默戏谑的生活，而晚年的诗歌却带有一种虔诚的灵性。虽然老年的多恩信奉宗教，但他体内依旧涌动着一股年轻人一般的性冲动，下面这首十四行诗是他最著名的作品之一。诗中，诗人体内的两个自我融合在一起。在充满性暗示的诗句中，我们同时能看到诗人对灵魂愉悦的渴望和摆脱罪恶感的努力。

圣十四行诗，第十四首

撞我的心，三位一体的主；因为

你至今只一碰就歇在那里闪熠，

就想修理；要撞破我让我能屹立；

为我新生，要全力把我攻破烧毁。

我像是一个被别人霸占的营垒，

毫无成效地为迎你进驻而努力；

理智是你派的总督，该为我防御，

可他却被俘，软弱得犯下背叛罪。

但我热爱你，也希望能被你所爱，

然而我已经被许配给你的对手：

判我们解约吧，把这结解开扯开，

把我带到你那里关起来，因为我

除非是被你奴役，就永不会自由，

也永不会贞洁，除非是被你抢走。[7]

　　多恩的想象不仅包括强烈的身体接触（"除非是被你抢走"），还包括祈求上帝帮他

图 4.4　宫本武藏，《伯劳鸟》细节图，17 世纪早期
这幅画如何反映出俳句的技巧？

Burstein Collection/Fine Art Value/Corbis

远离撒旦和一切邪恶以获得自由，似乎暗示着一种神秘的恋情。多恩应该深爱着自己的妻子，或许这可以解释为什么他能如此自然地描写两人之间的身体和精神联结，而只有伟大的诗人才能如此勇敢和创造性地将上帝称为上述两者之一。

数世纪以来，约翰·多恩隐藏在复杂创作背后的隐秘自我，激发了许多批评家和学者的好奇和关注。诗歌是打开通向隐秘自我之门的钥匙。隐秘的自我不会说话，直到诗人找到释放它的方式。

俳　句

日本**俳句**建立在"自然界是一体的"这样一种认知之上。俳句是一种短诗（不超过 17 个音节，分为三行：第一行 5 个字，第二行 7 个字，第三行 5 个字）。诗人在对大自然的直接观察中捕捉到日常语言无法表达的某种思想或意象。这种思想或意象在读者脑海中形成永远的印象。与之最为相似的是禅画，画家用寥寥几笔就能描绘出事物的本质。

大部分俳句起源于佛教，它们不追求冗长复杂的理性因果逻辑，而是追求直觉式的洞悉。很多诗人用俳句来探索自我，俳句使他们更加接近自然。孩子们也喜欢读俳句，很多孩子因为它们简单直白的形式而爱上了诗歌。

在视觉艺术中，与俳句类似的艺术形式非常丰富，特别是在喜欢或擅长用尽可能少的细节描绘情景或表达思想的艺术家那里。日本艺术家宫本武藏（1584—1645）是一名武士，同时也是一名禅师。他的作品《伯劳鸟》（图 4.4）主要描绘了两个对象：一只鸟，一只正在沿着树枝慢慢向上爬、明显不知道树枝上方的鸟很快会吃掉自己的毛毛虫。像俳句一样，这幅画用极为简单的笔触对生命进行了描绘，却胜过千言万语。

简单的形式，深刻的意义

在莎士比亚之后的数个世纪里，很多诗歌形式出现并流行。诗人会继续创作十四行诗，但也会用其他方式表达自己。英国艺术家、诗人威廉·布莱克（1757—1827）被那些严肃诗人视为童谣的诗歌吸引。在很多诗歌中，诗人巧妙灵活地运用这些通俗简单的形式去表达关于个体和宇宙的真理。

威廉·布莱克,《天真之歌》与《经验之歌》 今天的诗人可以把自己的思想或感受用任何可能的形式表达出来,而在布莱克所处的时代,诗人普遍严格遵循已有的对诗歌形式的要求来进行创作。布莱克最著名的两部作品——《天真之歌》(1789)和《经验之歌》(1794)采用简单、童谣般的韵文,这种题材要求有非常刻意的节奏和押韵(与莎士比亚十四行诗不同)。但是在单调乏味的句子背后,我们看到了布莱克对童年的失去和成年人不得不面对现实生活的忧思。

《天真之歌》中最著名的一首诗是《羔羊》("The Lamb"),与《经验之歌》中的《老虎》("The Tiger")相呼应。两首诗一起强有力地表达了诗人的观点。虽然两首诗都有着宗教的主题,但它们之间的对比也极为强烈。

> 要看到一粒沙子里的世界,看到一朵野花里的天堂,在你的手掌里保持无限,还有一小时内的永恒。
>
> ——威廉·布莱克

羔 羊

小羔羊谁创造了你

你可知道谁创造了你

给你生命,哺育着你

在溪流旁,在青草地;

给你穿上好看的衣裳,

最软的衣裳毛茸茸多漂亮;

给你这样温柔的声音,

让所有的山谷都开心;

小羔羊谁创造了你,

你可知道谁创造了你;

小羔羊我要告诉你,

小羔羊我要告诉你;

他的名字跟你的一样

他也称他自己是羔羊。

他又温顺又和蔼,

他变成了一个小小孩,

我是个小孩,你是羔羊,

咱俩的名字跟他一样。

小羔羊上帝保佑你。

小羔羊上帝保佑你。[8]

虽然诗歌采用了童谣般的节奏和风格，但在这种纯真的背后，叙述者知道羔羊是用来祭祀的动物，基督也是——他"也称他自己是羔羊"。这首诗告诉人们，更加黑暗的现实世界即将降临。

《经验之歌》中，布莱克仍然用童谣的形式表达了人长大之后面对邪恶的现实世界时内心的感受。

老 虎

老虎，老虎，你炽烈地发光，

照得夜晚的森林灿烂辉煌；

是什么样不朽的手或眼睛

能把你一身惊人的匀称造成？

在什么样遥远的海底或天边，

燃烧起你眼睛中的火焰？

凭借什么样的翅膀他敢于凌空？

什么样的手竟敢携取这个火种？

什么样的技巧，什么样的肩肘

竟能拧成你心胸的肌肉？

而当你的心开始了蹦跳，

什么样惊人的手、惊人的脚？

什么样的铁锤？什么样的铁链？

什么样的熔炉将你的头脑熔炼？

什么样的铁砧？什么样惊人的握力，

竟敢死死地抓住这些可怕的东西？

当星星射下它们的万道光辉

又在天空上洒遍了点点珠泪，

看见他的杰作他可曾微笑？

不就是他造了你一如他曾造过羊羔？

老虎，老虎，你炽烈地发光，

照得夜晚的森林灿烂辉煌：

是什么样的不朽的手或眼睛

能把你一身惊人的匀称造成？[9]

诗歌把简单的语言、孩童般的喋喋不休和一些宏大的问题结合在一起。布莱克在

37 岁的时候创作了这首诗。《羔羊》中孩子的叙述视角在这首诗里变成了一个清醒的成年人。"他造了你一如他曾造过羊羔"这句话，像很多作品中那些振奋人心的句子一样，直击人们内心深处，但凡人们曾经怀疑过："如果上帝是好人，那为什么世界上会有邪恶存在？"哲学家也在思考这个问题。他们用复杂冗长的文章去分析、去探讨，试图找到答案，而诗人仅用短短八个单词就清楚地表达了这个震撼着整个时代又拒绝着任何答案的问题。

　　就伟大的文学作品而言，解释只能捕捉到表面。就像天真的羔羊暗示着黑暗世界的来临，可怕的老虎也有其壮丽的一面：炽烈地发光。这是一种补偿吗？邪恶在使人恐惧的同时，也有迷人的一面吗？还是这两首诗一起暗示着，宇宙背后有一个人类永远无法理解的邪恶秩序在运行？伟大的作品有着令人震撼的力量，让人担忧，令人不安，使人好奇。

宗教诗歌

　　人类与神交流、用歌唱的形式来赞美神的欲望和人文学一样久远；像舞蹈和音乐一样，它也是早期人文学的一部分。这里的关键词是"歌唱"，因为很多祈祷文都是用歌唱或吟诵（通常是长时间的单调音或吟唱）的形式来表达的。不同的宗教或信仰有着不同种类的吟诵。佛教僧侣、罗马教堂悼念会上的牧师、犹太会教堂唱诗班的领唱、部落仪式上的神父，还有清真寺的朝圣者，他们有着各自不同的吟诵风格。

　　除了是有节奏、通常押韵、单一音调的句子——简言之，诗歌——以外，吟诵还能是什么？唱着赞美诗的新教徒把诗放到音乐中。伟大的作曲家，如莫扎特和贝多芬，把祈祷文和唱词融入他们的交响乐里，管弦乐队和多人唱诗班为之伴奏。作为诗歌的基本框架，这些有节奏的句子是人类宗教经验不可或缺的一部分。

　　《希伯来圣经》中赞美诗的叙述对象是大卫王，包含很多对上帝创造万物的愉悦和对上帝之爱超凡力量的信仰。《诗篇 23》是其中闻名遐迩的一首诗，在 1611 年詹姆斯国王钦定版《圣经》中被翻译过来。诗的开头是"主是我的牧者"（《旧约·诗篇》，23：1）。这个比喻表现了充满爱的上帝（牧羊人）和人类（上帝照料的羊群）之间的关系是犹太教和基督教的基础。

　　杰拉德·曼利·霍普金斯　诗人杰拉德·曼利·霍普金斯（1844—1889）是一名被正式任命的天主教神父，他那终生效忠诗歌的欲望和认为将生命贡献给诗歌是一种任性和放纵行为的信仰之间产生了激烈的矛盾，经过多年的抗争，他最终说服自己——自己的灵感来源于上帝。他把接下来短暂的生命都献给了诗歌，并且为现代主义诗歌奠定了基础，同时也赞颂了上帝的荣耀。在下面这首广受喜爱的诗中，他把上帝和自然看作一体，这一观念在19世纪后半叶非常流行。

上帝的恢宏

世间充满上帝的恢宏。

它会陡然燃起，如箔纸的闪光；

它汇成一种伟大，如榨油般慢慢

渗出。为什么人总是不顾祂的权杖？

他们踽踽前行，一代又一代；

一切都被交易炙烤；模糊不清，染满劳迹；

一切都沾上人的污秽，散发着人的浊气；大地

如今赤裸，脚却无法感觉，紧裹在鞋里。

尽管如此，自然也从未被耗尽；

在万物的深处存活着弥足珍贵的朝气；

尽管最后的亮光消逝在黑暗的西方

哦，早晨，从东方的棕色边缘涌起——

因为圣灵笼罩扭曲的世间

用温热的胸膛和，啊！明亮的翅膀。[10]

这时候我们的眼睛变得冷静，由于和谐的力量，也由于欢乐的深入的力量，我们看得清事物的内在生命。

——威廉·华兹华斯

研究这首诗最好的方式是大声朗读很多遍。不需要将它分解成一个个意象、比喻或可能的意义。就像霍普金斯眼中的世界一样，整首诗是不可分割的统一体，只能作为整体欣赏。诗歌语言的变革源于诗人对威尔士诗歌的热爱，源于威尔士诗歌对诗人称之为"跳韵"（sprung rhythm）——一首诗节奏突然中断——发展的影响。这首诗著名的结尾句非常出色地体现了这种中断：在生动地描绘了圣灵的形象后，诗人发出"啊！明亮的翅膀"的呼喊。使用跳韵的目的是让人在词语中漫游，用新的视角看待世界——这就是诗歌永恒的目标。大部分诗人都在不停地寻找更好的表达方式。

现代诗的诞生

最近一百年前后创作的诗歌被称为现代诗，尽管很多19世纪的诗人，比如沃尔特·惠特曼，也创作了类似于今天现代诗的无韵体。对一些人而言，"现代"意味着"比过去的诗歌更难理解"。很多人担心现代诗与现代艺术、现代音乐一样晦涩难懂。虽然

有些现代诗歌作品初读时会感到费解，但如果我们有足够的耐心——最重要的是大声朗读的话，大部分诗歌是能够被理解的。这些所谓"困难"的出现是由于很多现代诗人已不再使用传统的诗歌形式，比如十四行诗，也不再严格遵循某种节奏和押韵来创作，就像 E. E. 卡明斯那样，他们还会打乱标准的语法。我们需要赋予诗人创造自己的形式和语言表达方式的权利。

艾米莉·狄金森　美国诗人艾米莉·狄金森（1830—1886）是一位离群索居、性格内向的女性。她在诗歌中找到了释放内心积压的思想和感情的方式。她一生中只公开发表了三首诗歌，但在她死后，人们发现她把创作的许多诗歌藏到了一个抽屉里。如今，她被看作 19 世纪最伟大的诗人之一（图 4.5）。

狄金森有一种非凡的能力，她能把简单、普遍的人类经验转换成一种终极的形式，例如：

剧痛之后，感觉恢复正常——	After great pain a formal feeling comes—
神经正襟危坐，像坟墓一样；	The nerves sit ceremonious like tombs;
僵硬的心发问——他就是那个忍受的人？	The stiff Heart questions—was it He that bore?
是昨天——还是数世纪前？	And yesterday—or centuries before?
双脚，机械的，转悠	The feet mechanical go round
一种木然的方式	A wooden way
是地面，是空气，还是乌有，	Of ground or air or ought
已全然不顾，	Regardless grown,
石英的满足，像块石头	A quartz contentment like a stone.
这是铅的时辰	This is the hour of lead
如果活下去，就永记心头，	Remembered if outlived
如同冻僵的人，回想起	As freezing persons recollect
白雪——	The snow—
起初冰冷，接着麻木，最后	First chill, then stupor, then
撒手。[11]	The letting go.

狄金森真正站在了现代诗的门槛之上，但她与同时代诗人又有不同：她依旧用传统的抑扬音步来表达自己的思想感受，一半都是偶句押韵。狄金森诗歌的前现代性通过整首诗不押韵的部分——而且这部分也没有固定的格式——得以呈现。比如上面这首诗歌开头有两个连续押韵的对句，后面紧跟的句子完全不押韵，随后这种不押韵又随着 grown（生长）和 stone（石头）以及 snow（白雪）和 go（撒手）的出现而被中断。

倘若我切切实实感觉到自己脑窍大开，我知道那就是诗。

——艾米莉·狄金森

图 4.5 艾米莉·狄金森 16 岁时半身照
狄金森一生很少离家远行。这种深居简出的生活是如何影响她的诗歌创作的呢？

Wendy Maeda / Boston Globe / Getty Images

最后一个对句中的 snow 和 go 非常神奇。Letting go（撒手）如此明显地接在 chill（冰冷）和 stupor（麻木）后面，似乎它的押韵只是一种巧合。试着想象用一个不押韵的词来结尾。正如我们曾在前面说过的，艺术是一种不存在技巧的幻象。一首出色的诗中的词看似都是自然而然地出现的；而在一首糟糕的诗中，我们却能看出诗人背后的努力。

狄金森也可以说是一个承前启后的诗人。她前脚还在押韵诗歌的时代，后脚已经跨进了现代诗歌的世界。在这个世界，押韵如果真正存在，绝不可以成为诗人表达的障碍。众多现代诗人倾向于采用一种散文式的结构，但他们也会突然改变主意追求语法，就像狄金森在"双脚，机械的，转悠 / 一种木然的方式 / 是地面，是空气，还是乌有，/ 已全然不顾"中一样。这里，古老的日神—酒神之间的对立十分明显。这首诗有非常标准的语法结构——有主语和谓语。不过要注意到诗人用"机械的"代替了人们常用的"机械地"，以及三个名词——地面、空气和乌有（最后一个动词用作名词）。不管疼痛多么剧烈，哪怕让我们失去知觉，我们都必须去做想做或不想做的事。这首诗既简单又复杂，在每个词的最高意义上，兼具散文性和诗性。这种组合是狄金森的标志性风格，使她的大部分作品带有鲜明的个人特色。

要超越词语的陌生性，就要理解或明白诗人是在将普遍的痛苦经验具体化。任何一个经历过失去心爱的人、遭到过拒绝或失败打击的人，都会体会到那种震惊之后的麻木。狄金森让疼痛看似正常普通，能够给看懂的读者带去抚慰，让他们知道自己是人类的一员。在这里，我们感受到了诗人独一无二的灵魂。

哈莱姆文艺复兴时期的诗人 历史上经常出现有意识的艺术运动，作家和诗人聚集在一起，想把自己的文化、思想传递给更多的人。20 世纪早期爱尔兰文艺复兴就是这样的一场运动，另一场是 20 世纪 20 年代中期到 30 年代中期的哈莱姆文艺复兴运动，在这场运动中涌现了一大批非裔美国艺术家、作家和诗人。

1924 年 3 月 21 日晚，文学杂志《机遇》（*Opportunity*）的编辑查尔斯·S. 约翰逊邀请了众多著名的白人文学大师——剧作家尤金·奥尼尔也在其中——参加一个非裔美洲文学的庆典。诗人乔治亚·道格拉斯·约翰逊（1880—1966）作为代表之一在活动中朗诵了自己的作品。约翰逊是 20 世纪第一位非裔美国女诗人，她用传统抒情诗的风格表现了美国那些被忽略但非常重要的群体所承受的艰辛和痛苦。《黑人女性》展示了现代诗人如何赋予读者完全不同的视角去看待生命，就像半个世纪之前的霍普金斯所做的那样。

黑人女性

不要敲我的门，孩子，

我不能让你进来，

你不知道这世界是如何

残酷又罪恶。

等在安静的永恒中

直到我来找你，

这世界是残酷的，残酷的，孩子，

我不能让你进来！

不要敲我的心，小家伙，

我不能承受那痛苦

对你的呼唤充耳不闻

一次又一次！

你不知道那些恶魔般的男人

占据着大地，安静吧，安静吧，我最珍贵的孩子，

我必不能把你诞生！[12]

虽然约翰逊在诗的开篇就表达了主题，但整首诗的主题表达直到最后一句才真正变得完整。在结尾句，诗人放弃了敲门的比喻，而是真实呈现了女人的困境。约翰逊的诗歌结构几乎定义了现代诗。现代诗通过不断增加复杂性来使读者感动、震撼，或者产生某种感悟。虽然不可避免地要同很多线性媒介，特别是那些无须过多思考的媒介相竞争，很多现代诗诗人仍然坚持着自己的风格，坚信会有小部分读者理解自己的作品，这些读者能用新的视角看待世界，也会努力——如果需要的话——去感受这最后一句诗的神奇之处。

约翰逊的诗歌直接呼吁人们去理解女性忍受的痛苦。她是哈莱姆文艺复兴运动的诗人之一，代表诗人还有康梯·卡伦、克劳德·麦凯、卓拉·尼尔·赫斯特和詹姆斯·鲍德温。或许这场运动中最著名的是兰斯顿·休斯（1902—1967），他的诗歌《哈莱姆》选自他 1951 年的诗集《延迟的梦之蒙太奇》。这首诗不仅为 1959 年洛琳·汉斯伯里的戏剧《阳光下的葡萄干》提供了剧名，还通过追问被延迟的梦会被晒干、溃烂还是会爆炸，来暗示长期以来的种族偏见所带来的后果。

当代诗歌

虽然诗集卖得不是太好，但我们绝不该对这种体裁的发展感到绝望。很久以前，诗歌是一种口头艺术形式，在吟游诗人之间传唱。在接下来的数个世纪，诗歌越来越少地被大声朗读。而现在，我们似乎进入了一个两者兼而有之的时代。

实际上，大部分旧体诗已经沉默了，它们存在于书本当中。因此，它们不需要被即刻抓住，它们会被反复地阅读、研究、思考，读者在几天之后还能回过头重新欣赏。它们存在于自己的角落，读者被邀请进来，与诗人进行单独对话。这种对话创造了一种特殊的联系，这种联系只存在于人文学中。

在诗歌吟诵和某些说唱比赛中，诗歌以及广泛流传的歌词仍需被大声朗诵。很多文学研究者认为，鲍勃·迪伦的歌词是近50年最好的诗歌之一。从格什温到桑德海姆再到斯普林斯汀，从史诺普·道格到德雷克再到坎耶·维斯特，人们发现了大量的诗歌，它们像之前所有的诗歌那样，有着严谨的样式和强烈的感情。

很多人将现代诗的发端追溯到19世纪美国文学巨匠沃尔特·惠特曼（1819—1892）汪洋恣肆的语言表达中。当同时代谨慎的文体大师，如马修·阿诺德（1822—1888）和阿尔弗雷德·丁尼生（1809—1892）还在创作优雅精致的诗歌的时候，惠特曼却走向粗犷，一遍遍地修改自己的作品《草叶集》，融合了诗人对自我和人性的高度个性化、极为自由奔放的描写。从惠特曼开始，自由体出现了，诗人可以自由地创造关于性、愤怒和强烈情感的诗歌。

奥瑞德·洛德　诗人奥瑞德·洛德（1934—1992）是一名非裔美国女同性恋者，她在许多备受喜爱的诗歌中对诸多社会文化问题进行了品评。她的作品不仅聚焦于应对一个充满敌意的世界，而且充满了自我内在身份的挣扎，这一点在《耶曼伊亚的房子》这首诗中表现得尤其明显。

> 我的母亲有两张脸和一个煎锅
> 她在里面烹制她的女儿
> 做成了女孩子
> 在她做好晚饭之前。
> 我的母亲有两张脸
> 和一个破罐子
> 她在里面藏了一个完美的女儿
> 那不是我

我有这样的印象。
不是发电机，
不是发电厂。
但好像它们之间
有这些不同点。
所以它是个地方，
它是一首诗，就像一个球体，
就像一个中心点遍布的圆。
所有的诗都似这般。
它们彼此回环。

——乔伊·哈乔

我是太阳和月亮和永远饥饿的
在她的眼里。

我背上背着两个女人
一个邪恶的、富有、藏在
另一个母亲
象牙般的美梦中
她脸色苍白如女巫
但冷静又亲切
给我带来面包和恐惧
在我的睡梦里
她的双胸是硕大的激动人心的锚
在午夜的暴风雨中。

所有这一切已是
曾经
在我的母亲的床上
时间没有意义
我没有兄弟
我的姐妹都很残忍。

母亲我要
母亲我要
母亲我现在需要你的邪恶
正如八月的大地需要雨水。
我是

太阳、月亮和永远饥饿的
锋利的尖刀
白天和黑夜将要相遇
但不会成为
一体。[13]

洛德生活在 20 世纪后半叶，在这一时期，人的身份问题变得非常重要。我们都在探索自己的内心，都想清楚我们是谁。洛德发现了两个不同的自我，都可以追溯到她那被当作白人但有着双重种族身份的母亲。我们可以将洛德对世界的探索与前面乔治亚·约翰逊的诗歌进行比较。

4.4 小说

小说首次出现于何时？在过去的百年里，小说是如何发展的？

　　作为文学体裁的小说的出现是一种必然。从本质上讲，小说是长篇叙事。前面我们探讨的伟大史诗就是描述历险、战争、胜利和人与人之间复杂关系的长篇叙事诗——这些都是虚构作品的必备元素。就这一点而言，《伊利亚特》和《埃涅阿斯纪》可以说是小说的先驱，它们当然不是仅有的例子。在世界范围内，每个文明都有自己的故事，以文字或口头的形式存在。《希伯来圣经》大部分都包含叙事，比如摩西带领以色列子民逃离奴役的故事，以及耐心的约伯受到严峻考验的故事。哥伦比亚小说家加夫列尔·加西亚·马尔克斯曾在他的传记中提到，"约拿回家的那天，当他告诉妻子自己因为被一头鲸鱼吃掉而迟到了三天，小说便诞生了"。

　　印度、中国和日本的文学传统都可以追溯到荷马之前，这意味着讲故事是与人类的交流能力同时发展的。很多文学史家认为，世界上第一部"正规"的小说是一千多年前日本贵族紫式部的《源氏物语》（图4.6）。虽然小说中也描述了诸多英雄和英勇行为，但不同于古典主义时期那些伟大的史诗作品，这部小说是散文式的风格。

　　中世纪晚期的法国出现了很多散文式的传奇故事，被称为罗曼司。这是一些关于骑士、骑士精神以及骑士和女主人之间的爱情故事（女主人通常都已经嫁人）。英国有

图4.6 《源氏物语》场景，彩色木版画，日期不详
1000年前日本女作家紫式部创作的小说包括了很多英雄壮举和英雄人物。为什么人们将它看作小说而非史诗？
Akg-images/Newscom

亚瑟王和圆桌骑士的故事。它们不仅有着成熟的艺术手法，还创造了不断影响人类想象的神话。除了圣地卡米洛特，这些传奇故事还突出对圣杯的追寻，这已经变成了人类总是追求难以实现的目标的象征。

"小说"一词源于拉丁文"novellus"，意思为"新的、陌生的"。早在意大利文艺复兴时期，作家乔万尼·薄伽丘（1313—1375）就用意大利文的中篇小说指代他创作的叙事散文。该词中所含的"新奇"的意思，很有可能是为了将虚构的叙事作品与描写现实的作品区分开来。

早期西方小说

早期西方文学，特别是**流浪汉小说**在西班牙非常流行。流浪汉小说有着较长的篇幅，通篇讲述某个幸运的骑士，浪迹在一条宽阔的大路上，参与所有的阴谋，经历了无数次爱情。西班牙也有类似于亚瑟王的故事，讲述的是勇敢、精力充沛的英雄骑士路上的历险故事；他们非常勇猛，品质高尚，对自己的心爱之人非常有骑士风范。

西方第一位著名小说家是米格尔·德·塞万提斯·萨维德拉（1547—1616），与莎士比亚的寿命相当。其作品《堂吉诃德》（创作于 1612—1615 年间）是最流行且最受人们喜爱的小说之一。小说的主角是一个老头，他读了很多关于勇敢骑士的故事，几近为之疯狂，认为自己也是其中之一。他骑着一头年迈跛腿的马，叫作罗西南特，带着忠诚的侍从桑丘·潘沙，一起出发寻找各种能够带来荣誉的冒险（图 4.1）。虽然作家的初衷是讽刺对冒险骑士故事的过度痴迷，但在很多人眼里，《堂吉诃德》其实是一个悲剧故事，描绘了一个理想主义者眼中的世界，这个世界是他心中的样子，而非世界的真实面目。在他想象的世界里，人们的行为都有着高尚的动机，骑士精神盛行，处处充满了爱。作为一部冒险小说，《堂吉诃德》影响了很多小说家，也影响了 18、19 世纪的一些杂志系列故事冗长、松散的结构。这类故事有一种"花招"，总以男主角或女主角陷入危险作为结尾，吸引读者继续关注下面的情节。

英国小说真正起源于 18 世纪。杂志故事的出现引发了人们对虚构故事的喜爱，因而很多蓄势待发的小说家开始进行天马行空的创作。而这一时期也是人们热爱科学、相信科学能带来真理的时代。控制着读者品位的那些人认为，一部长篇故事，要值得人们花费时间去读，至少要假装故事是真实的。因此，很多虚构作品都是传记和自传，这意味着真实作者的名字往往被隐去。比如乔纳森·斯威夫特的《格列佛游记》（1726）和丹尼尔·笛福的《鲁滨逊漂流记》这两部流传至今的小说，都以一种对冒险的真实记录的方式来呈现。塞缪尔·理查逊的小说《帕梅拉》（1740）是一部**书信体小说**，书中都是 15 岁的女主角写的信。

讲故事的人以讲述事件自任，且总能幸存，远比其他人更长寿。事实上，正是讲故事的人造就了现在的我们。

——钦努阿·阿契贝

美国作家直到很久之后才得到认可和尊重。19 世纪早期的英国评论家会问："谁要去读一本美国小说，谁会去看一部美国戏剧呢？"这种质疑激怒了美国作家，他们很快就以多种方式进行了回应。其中有华盛顿·欧文（1783—1859），他用化名狄德里希·尼克尔包克尔出版了《纽约外史》（1809）。该书是一本伪装成非虚构作品的讽刺小说，诙谐地讽刺了托马斯·杰斐逊的民主理念。欧文是第一位享誉世界的美国作家。

小说的黄金时代：19 世纪

19 世纪中期，小说已经成为最流行的文学体裁。在美国，华盛顿·欧文之后是詹姆斯·费尼莫尔·库珀（1789—1851），他在小说《最后的莫西干人》（1826）和《猎鹿人》（1841）中将美国荒野进行了传奇化描写。随后是三位著名的作家，他们的作品至今还感动着我们，虽然方式各不相同。他们是纳撒尼尔·霍桑（1804—1864）、萨缪尔·克莱门斯（1835—1910，即马克·吐温）和或许是三人之中最杰出的赫尔曼·麦尔维尔（1819—1891）。霍桑的小说《红字》（1850）和《七个尖角顶的宅第》（1851）在英国受到了一致好评。麦尔维尔的《白鲸》同样创作于 1851 年，相对于其早期作品来说，这部小说卖得并不好；麦尔维尔直到去世时还是一个不知名的作家。直到 20 世纪 20 年代，评论家重新发现了他的杰作，人们才将他看作一位伟大的小说家。

很多小说家在欧洲获得了良好的声誉：英国的查尔斯·狄更斯（1812—1870）、法国的维克多·雨果（1802—1885），以及俄国的陀思妥耶夫斯基（1821—1881）和列夫·托尔斯泰（1828—1910）。这些伟大作家的作品永远在文学圣殿中占据着重要位置——特别是通过将它们改编为歌剧（《白鲸记》）、音乐剧（《悲惨世界》）和电影（《安娜·卡列尼娜》《战争与和平》）。小说中那些鲜活的人物——哈克贝利·费恩、奥立弗·退斯特、费根和亚哈船长——也已进入文化语汇之中。

现代美国小说

到 19 世纪后半叶，美国小说家伊迪丝·沃顿和亨利·詹姆斯在大西洋两岸崭露头角。马克·吐温此时已经写出了《哈克贝利·费恩历险记》。那些严肃的美国作家已不再与他们的欧洲同行玩你追我赶的游戏了。一部好的作品可以为作者带来财富和声誉，更不必说对出版商投资的回报了。这就是年轻的斯科特·菲茨杰拉德（1896—1940）之所以耐心地坐在那里，决心写出"美国最伟大的小说"的原因。人们对这句话是如此熟悉，以至于对很多人而言它是一种伟大的美国神话。它激励了很多人，却从未有人真正实现过。事实上，对伟大小说的追求已经成为很多小说家的创作主题，他们笔下的主角怀着年轻时的理想，经历社会的残酷，最终意识到自己不可能写出一部真正完美的小说。

斯科特·菲茨杰拉德　20世纪早期的斯科特·菲茨杰拉德和欧内斯特·海明威是两种不同类型的小说家，他们的作品在风格和主题上有着很大的区别，但两人都是美国文学的杰出代表。菲茨杰拉德用复杂的散文式语言进行创作，他对20世纪20年代美国社会的描写至今仍然被看作经典：穿着短裙的交际女、杜松子酒、时髦跑车，以及以野外派对为标志的**爵士时代**——一个无忧无虑的时代。这一时代随着1929年证券市场的崩溃和无数投资人的跳楼自杀戛然而止。

菲茨杰拉德是这一时代的观察者和批评者。他的小说《了不起的盖茨比》(1925)讲述了一个毕生追求财富的男人（靠着一些非法的生意）的悲剧。他在长岛上举办奢华的派对，看似实现了美国梦 (图4.7)，但他爱上了一名已婚女子，让她开着自己的劳斯莱斯，造成另外一名女子的死亡，这些行为也导致了他自己的惨死。

小说的最后一段展示了菲茨杰拉德一贯的叙述风格，从中可以窥见盖茨比形象的一斑——盖茨比是美国文学史上少数真正悲剧性的人物形象之一：

图4.7 巴兹·鲁曼2013年的电影《了不起的盖茨比》中的场景，列奥纳多·迪卡普里奥和凯瑞·穆丽根主演
当一部小说被改编成电影时会发生什么？为什么很多评论家认为，坏小说能改编成好电影，而好小说会改编成坏电影呢？
AF archive/Alamy

《了不起的盖茨比》并没有宣扬人性的高贵——这在政治上是不正确的；它既没有彰显如何解决生活中的各种问题，也没有传达任何时髦的或令人宽慰的信息。它只是一部杰作。
——马修·J.布鲁克利

他经历了漫长的道路才来到这片蓝色的草坪上，他的梦似乎近在眼前，他几乎不可能抓不住的。他不知道那个梦已经丢在他背后了，丢在这个城市那边那一片无垠的混沌之中不知什么地方了，那里共和国的黑黝黝的田野在夜色中向前伸展。[14]

海明威   海明威（1899—1961）与菲茨杰拉德有很大的不同，他重现了美国早期虚构文学如《猎鹿人》和《哈克贝利·费恩历险记》中的硬汉形象，却将他们置于许多不同的空间，使之接受各种考验。在《永别了，武器》（1929）中，主角是第一次世界大战期间的救护车司机弗雷德里克·亨利，他爱上了一名护士，但只能看着她死掉。他对被文明社会毁掉的生活感到心酸和愤怒，在他眼中，文明社会也毁掉了整个世界，于是他离开了军队。弗雷德里克·亨利是美国文学中与社会脱节的"畸零人"形象的早期代表。

随着年龄的增长，海明威的敏感性和价值观都在发生变化。很多研究者认为，他开始过分迷恋维持体形和对女性的吸引力。作品中的主角变成了强壮、沉默、阳刚的男性形象，往往拥有强大的耐力，能够战胜极端的险境，总是爱上一个同样强大的女性，最终又失去她。传记作家将这些角色看作海明威对自己的期望。

或许《告别了，武器》中弗雷德里克·亨利的逃脱使海明威感到极其不安。凯瑟琳的死和战争的无意义促使亨利逃离，但对后来的海明威而言，这种逃跑行为是懦弱的表现。海明威成熟期的小说或故事的主题都是关于获得勇气以对抗生活中的一切残酷。

《丧钟为谁而鸣》是海明威1940年创作的一部关于西班牙内战的作品。这部小说被很多评论家看作海明威对坚忍的、勇敢的人物形象最典型的描写，他们愿意为了他人而牺牲自己。美国青年罗伯特·乔丹志愿参加西班牙政府军，反抗当时专制的右翼集团。当占据上风的国民军把他们困在山里时，乔丹让战友们逃离，自己拿着一把机关枪，一个人抵抗国民军，直到战友们安全撤退。

小说中有一处情节非常感人：乔丹与一生的挚爱玛利亚的告别。就像海明威的大部分作品一样，这部小说也没有一个圆满的结局，却传达着作者对幸福的独特理解。对海明威而言，幸福就是征服人心中的懦弱和胆小。一名文学史研究者发现，罗伯特·乔丹是对弗雷德里克·亨利的救赎。亨利救了自己，抛弃了军队；而乔丹虽然有生的机会，但是他却选择了死亡。

后现代小说

在约翰·厄普代克、艾丽斯·沃克和乔纳森·弗兰岑等作家的作品中，依然有一些或多或少可以称为现实主义的小说，它们是记录可能真实存在的人物生活的虚构作品。

但在 20 世纪早期，小说家开始越来越多地尝试采用一种读者会觉得难懂甚至是抽象的形式或内容。像詹姆斯·乔伊斯的《尤利西斯》一样，很多作品引起了审查机构的愤怒。但是，随着人们渐渐习惯了这种新的写作试验，这种新的小说风格越来越受欢迎。不同国家的小说家，比如美国的托马斯·品钦、托妮·莫里森和哥伦比亚的加西亚·马尔克斯，他们都在这一时期创作了大量伟大的作品。

托马斯·品钦 品钦出生于 1937 年纽约的格伦科夫，他在康奈尔大学读书时就开始写作。他的第一部小说《V.》围绕着对神秘人物 V. 的调查而展开。只有退役海军军人普路费恩知道 V.，普路费恩是全病帮的成员。这部小说，像品钦的其他小说一样，书中人物有着奇怪的名字和奇怪的举动，情节非常混乱。它的时间线和故事背景一直从 19 世纪的佛罗伦萨延伸到当代的纽约城。小说中句子冗长复杂，词汇丰富，反映了用语言来描述现实的不可能性。

《V.》吸引了生活在混乱的 20 世纪 60 年代的整代人，与前人相比，他们似乎更能理解飞速发展的现实世界。品钦是众所周知的隐士，从来不参加任何采访活动（虽然他曾出现在《辛普森一家》中）。他 1973 年出版的小说《万有引力之虹》同时获得了普利策奖和美国国家图书奖。品钦的创作风格——长句和破碎的结构——在 21 世纪很多作家的作品中都有体现，最典型的应该是迈克尔·夏邦。

托尼·莫里森 莫里森是第一个获得诺贝尔文学奖（1993）的当代美国作家。莫里森出生于 1931 年俄亥俄州的洛雷恩，她在创作小说的同时，还在从事编辑工作。她把很多年轻的黑人作家介绍到美国的主流文学中。她的小说主要描写黑人的故事和奴隶制的后果，但小说的内容并未因此变得局限。她的代表作《宠儿》（1987）是关于一个逃跑的黑人女性的故事。女主角一直被自己死去孩子的魂魄纠缠。当我们读到结尾时会感到震惊，我们会发现自己是这种残酷行径的同谋，而且我们必须承认，这些行为有时恰是人性的象征，而不是对人性的否定。

加夫列尔·加西亚·马尔克斯 马尔克斯（1927—2014）是 20 世纪后半叶**魔幻现实主义**小说的主要代表。加西亚·马尔克斯出生于哥伦比亚，一生大部分时间在墨西哥度过。他是近五十年里最受欢迎的拉丁美洲作家之一。他的魔幻传奇故事——特别是《百年孤独》——主要取材于拉丁美洲的传说故事和从抚养他的祖父那里听来的故事。虽然他笔下的人物和背景都是现实主义的，但哥伦比亚小城镇马孔多经常发生一些神奇的事情。加西亚·马尔克斯坚称自己的创作内容全部基于真实，但他笔下的真实完全不同于其他作家笔下的真实。

4.5 短篇小说

当代短篇小说与早期短篇小说有何不同？

或许有人认为——或者已经相信——短篇小说和爵士乐一样发端于美国。但我们要谨慎对待这种观点，因为它大部分是基于我们现在所说的短篇小说。如果短篇小说指围绕某个中心行为展开的短篇故事，那么我们必须要承认，在美国短篇小说出现之前已经存在很久的《圣经》中就出现了这一体裁。该隐和约伯、约瑟和他的兄弟们、路德的故事、亚伯拉罕的献祭，更不用说伊甸园，这些故事既是宗教文献，也是文学经典，是用词精练的传奇故事的典范。好的短篇小说正应如此。

杂志小说

19世纪早期，随着杂志的流行，杂志小说这种体裁在大西洋两岸得到了认可和尊重。除了每周或每月定期刊载的长篇小说以外，杂志还会刊登可以一口气读完的短篇故事，或许是因为作家无法及时创作篇幅足够长的小说来满足读者需求。此外，那些写出颇为有趣的短篇故事的作家可以得到丰厚的奖金——比如在可怕的城堡或建筑里出现了谋杀和鬼魂，直到惊悚高潮到来的故事——而一部小说的金钱回报要慢得多。

提到这些故事，人们很快会想到埃德加·爱伦·坡（1809—1849）。他凭借作品中黑暗的、血腥的场景，关着门、爬满蜘蛛网的城堡，黑暗山谷中回荡的类似鬼魂的声音赚到了足够的金钱去满足他的两大爱好——喝酒和赌博。虽然他在短暂的一生中看似过得并不开心（这可以解释为什么他在自己的作品中描绘了如此多的想象世界），但他为人们留下了很多精彩的短篇小说，比如《金甲虫》和《莫格街凶杀案》，这些作品确立了美国在短篇小说领域中的领先地位。

之后在法国，短篇小说被现实主义文学所取代。现实主义小说反对此前小说的幻想风格，小说中的人物与情节同样重要——如果没有更重要的话；人们认为短篇小说的高潮要有启示性，要洞悉人性和生命本质。通常这种启示具有讽刺性。

短篇小说中的顿悟

短篇小说中经常出现的对人性和生命的突然洞悉被称为顿悟（epiphany）。该词最早来源于爱尔兰小说家詹姆斯·乔伊斯，他借用了该词在《圣经》中的意义：婴儿时期的耶稣被三位智者探视。乔伊斯和后来的批评家用它来指代揭示真理的行为或对话，正如三位智者的到来揭示了耶稣的神圣。

雪莉·杰克逊（1919—1965）的《摸彩》凭借精彩的顿悟情节而享誉国际。杰克逊常把爱伦·坡式的惊恐与情节高潮时的意义结合在一起。《摸彩》很多地方都感动着读者，敏锐的读者每次阅读都能强化顿悟。故事讲述了令人紧张的、看似真实发生在一个平静小城镇上的年度开奖典礼的故事，直到恐怖的高潮到来之前，整件事一直在隐瞒"奖金"的特性。当城镇居民聚在一起等待开奖时，每个人从一个黑色盒子中拿出一张小纸条。所有的纸条都是空白的，除了一张纸条上有一个黑色标记。抽到这张纸条的人会成为"赢家"，而奖品是死亡（让我们想起了《饥饿游戏》）。

诗人是不可见者的司铎。
——华莱士·史蒂文斯

故事在前半部分对整件事的性质早有暗示。有谣言说很多城市已经考虑不再举行这种摸彩游戏了，随后一个年长的外籍居民评论说，这是一个糟糕的主意："六月摸彩，粮食很快就来。"作者向我们展示了古老的生存祭祀仪式。在这种仪式上，有人被杀死用以献祭，神便会赐予人民以丰收。故事并不是要讲述这种农业仪式，它是对人们认为已经不存在的人类古老本能的重现。

当代短篇小说

近几年出版的很多小说已不再出现顿悟的情节。可信的人物角色和读者能够辨认的复杂关系越来越流行，并受到评论家的认可。这一文学趋势与小说、戏剧的发展同步。当代作家致力于反映时代精神（或整体观念）：没有一种可以覆盖人类和全部文明的理论。

但有时，这些文学守护者必须要对现实世界发生的某些大事做出反应。一个典型的例子发生在 2001 年 9 月 11 日，就在早上九点之前。整件事如此令人心碎，人们知道生活从此以后彻底不同了，也永远不会忘记当飞机撞向五角大楼的瞬间自己正在做什么。作家需要许多时间去整理自己的思考和感受，创作关于这场灾难的诗歌、戏剧或者小说，这很正常。而在最先发声的一群人中，有一位是当代最伟大的作家之一，这似乎也不足为奇了。

约翰·厄普代克，《宗教经验种种》 约翰·厄普代克（1932—2009）一生多产，他在《大西洋月刊》上发表了对"9·11"事件的回应。标题借自威廉·詹姆斯的代表作，取名为《宗教经验种种》。这个有趣的题目并没有直接透露出文章的主旨。虽然厄普代克大部分时间都是一名虔诚的信徒，但这里他用"宗教"来指代人们可能会有的对事件的反应和理解（詹姆斯指出，不存在普遍的宗教，也不存在定义宗教体验的唯一方式）。

故事重心从一群人转向另一群人，他们各自处在截然不同的环境中——一个辛辛那提人去探视自己在布鲁克林的女儿，从女儿家阁楼平台上看到了这场灾难；一对车库服务员——受影响最小的人——"还在开着玩笑"；一名在五角大楼某间豪华办公室里的商人；飞行员——他们在佛罗里达一家肮脏的酒吧里饮用了过多之前从没喝过的高度酒，看了钢管舞；一个害怕乘坐飞机的女人乘坐这架不幸的飞机到纽瓦克市上空时脑海中闪过的念头；在这架飞机上，一部分乘客制服了劫机者，导致飞机坠毁在宾夕法尼亚州的平原上。那位来自辛辛那提的父亲代表了厄普代克对这场灾难的反应，小说开头是当代小说最有力量的开场白之一："上帝不存在：当丹·凯洛格看到世贸大楼轰然倒下时，这个启示向他袭来。"他随后发现自己处在两种对立的旋涡中，这种矛盾最后得到了自我解决：

> 内心之中的宗教狂热是丹早已坦然接受的，虽然原教旨主义和夸张的清教主义经常让他左右为难；但现在，它却似乎变得残酷而野蛮了。[15]

神圣阅读有双重效果，或用知识教谕心灵，或用道德武装心灵。
　　——圣维克多的休

像当代大部分短篇小说家一样，厄普代克没有给出任何结论（他怎么能下结论呢？）。他那丰富的想象和仁慈之心使他同情这些不同种族的遇难者。小说从无辜者的视角用一句不确定又带有希望的话来结尾。当丹和他的外孙女们看到飞机落地处闪出的红光之后，大一点的女孩拒绝走到阳台上去。她说："小孩们不能看你看的这些东西，太吓人了。"

> "不要害怕，"她的小妹妹对她说，"老师说它就像彩虹，也就是说它不会再发生了。"[16]

我们知道，厄普代克的心中充满着怀疑。

本章中，我们通过几种重要的文学体裁向大家介绍了一个非常复杂的主题。这一介绍并不详尽。我们只是选取了几部重要作品，希望能鼓励大家以后去阅读文学作品。希望大家从这里找到阅读的乐趣。当你打开一部文学作品，无论是短篇小说还是长篇小说，散文还是诗歌，你都会于其中发现一个无限的世界，发现不同的现实，它们可以把你带入只有通过人文学才能发现的地方：属于你自己的想象之岛。

批评焦点 探讨有关英年早逝的诗歌

有些主题会不断在文学作品中出现。比如小说中的"成长"母题(《哈克贝利·费恩历险记》《追风筝的人》《杀死一只知更鸟》)、宗教(弗兰纳里·奥康纳、威廉·布莱克和杰拉德·曼利·霍普金斯的作品)、乌托邦(完美世界)和反乌托邦(乔治·奥威尔《1984》、托马斯·莫尔《乌托邦》、维罗尼卡·罗斯《分歧者》三部作品中失序的世界)。在所有的文学体裁中,最常见的主题是年轻人的悲剧性死亡。

19 世纪美国诗人沃尔特·惠特曼亲历了美国内战,他志愿加入了治疗伤员的军队医院。《从地里上来吧,父亲》从一位前代阵亡的青年士兵的视角出发,描述了他尚在人世的至亲的感受。

> 从地里上来吧,父亲,我们的彼特来了信。
> 到前门来吧,母亲,你那亲爱的儿子来了信。
>
> 看哪,这是秋天,
> 看哪,树木更绿,更黄,更红了,
> 微风里抖颤着的树叶使俄亥俄的村庄显得凉爽又甜蜜,
> 果园里悬挂着成熟的苹果,棚架支起的藤蔓上悬挂着葡萄,
> (你闻得到藤蔓上葡萄的气味吗?
> 蜜蜂们适才还在嗡嗡穿飞着的荞麦,你闻得到吗?)
>
> 看哪,特别是雨后的晴天多么宁静,多么明亮,还点缀着奇妙的云彩朵朵,
> 地上也一样,一片宁静,一切都生气勃勃而美丽,农庄也百事兴旺。
>
> 地里一切都十分兴旺,
> 但父亲现在却从地里走了上来,听从了女儿的呼唤,
> 母亲也到了门口,马上就来到了前门。
> 她尽量加快速度,不祥的预感使她步履不稳,
> 她顾不得花时间理顺头发,或把头上的帽子戴好。
>
> 快快把信封拆开,
> 啊,这不是我们儿子的笔迹,虽然署的是他的名字,
> 啊,是陌生人给我们亲爱的儿子代笔,啊,母亲的心受了多大的打击!
> 她只见面前一切在浮动,两眼发黑,只听到了主要内容,

支离破碎的句子：胸口受枪伤，骑兵遭遇战，已送进医院，目前情况稍差，
不久可望好转。

　　啊，俄亥俄虽然欣欣向荣，到处是城镇和农庄，
　　我现在却只看得见一个人的形象，
　　她脸色苍白，头脑麻木，四肢无力，
　　倚靠在门柱上。

　　不要这样悲伤，好母亲，（才长成的女儿抽咽着说，
　　小妹妹们挤成一团，一言不发，心中惊慌，）
　　你看，好母亲，信上说彼特不久就会好转。
　　哎呀，可怜的孩子，他永远不会好转了（其实也无须好转，那勇敢又朴素
的灵魂，）
　　他们在家门口站着的时候他已经死去，
　　那独生子已经死去。

　　但是做母亲的却应该好转，
　　她瘦削的身子不久就穿上了黑衣，
　　白天她吃不下饭，晚上睡不稳，还时常惊醒，
　　午夜她醒来，呜呜哭泣，只怀着一个深切的愿望，
　　啊，但愿她能悄悄地离开，默默地逃离人间，
　　去跟踪，去寻找，去和她那亲爱的亡儿在一起。[17]

英国诗人 A. E. 霍斯曼（1859—1936）或许写出了这一主题最著名的一首诗《给一个夭逝的运动家》，这首诗最早出现在他 1896 年的诗集《西罗普郡少年》中。

　　你替镇上跑赢的那一次
　　我们抬起你穿过闹市，
　　大人和小孩站一旁叫好，
　　回家时我们举你有肩高。

　　今天跑手们群集于路歧，
　　归去也，我们抬你与肩齐，

我的母校是书籍，是馆藏丰富的图书馆……我大可用尽余生去阅读，只为满足好奇。
——马尔科姆·艾克斯

抬你抬到你家门口放稳，
你家在一个更清静的乡镇。

机伶的孩子，正是在这时候
从荣华不久留的田野溜走，
这里月桂树虽说长得早，
它比玫瑰花更快地枯槁。

眼睛为昏暗的长夜所蒙
将看不见自己的记录断送，
阒寂也未必比欢呼难受
在泥土堵塞了两耳之后。

现在你不会加进那一群
磨穿了已往光荣的年轻人，
被声望抛落在后面的跑手，
姓氏先死去了，人还没有。

所以趁足音未消逝以前，
快腿先踏上幽冥的深槛，
并且高擎在低矮的门楣
那仍旧被你保持的优胜杯。

环绕你早加上月桂的头颅，
无力的亡魂将群来瞻睹，
那留在卷发上不谢的花冠
生命比小女儿编的还短。[18]

另一名英国诗人威尔弗雷德·欧文（1893—1918）被称为第一次世界大战期间最伟大的诗人之一。他的《青年阵亡者的赞歌》描写了那些战场上死去的无名战士，没有人歌颂他们，也没有人送上鲜花。这首诗也在一定程度上预言了欧文自己的命运——25岁时战死沙场。

　　什么钟为牛马般死了的青年报丧？

> 只有大炮的巨怪一般的怒叫。
> 只有步枪急促的突突鸣响，
> 匆匆忙忙地做出了一些祷告。
>
> 不要笑他们：没人祈祷，没丧钟，
> 没有悲悼的声音，除了那唱诗班——
> 尖声哭叫的炮弹唱诗班，发了疯，
> 和号角，从悲哀的州郡向他们呼唤。
>
> 拿什么蜡烛来祝福他们每个人？
> 孩子们手中没拿，孩子们眼睛里
> 将射出告别时刻神圣的亮光。
>
> 姑娘们额上的苍白给他们做枢衣；
> 他们的花圈是忍痛者心中的深情，
> 渐暗的黄昏是一次次帘幕的徐降。[19]

- 这些诗之间有什么区别？又有什么相似性？
- 这些诗创作的年代有什么独特性？
- 这些诗各自的背景是什么？是谁在叙述？诗歌背景和叙述者的视角是如何影响我们的阅读体验的？
- 你认为哪首诗更真实地描绘了英年早逝的悲剧？为什么？

回顾

在这一章里：

- 我们讨论了经典和杰作的区别；
- 我们探讨了文学文本是如何建构文明史的；
- 我们详细了解了很多诗歌形式，包括抒情诗、十四行诗、俳句、宗教诗和现代诗；
- 我们探讨了小说作为一种独立的文学体裁是怎样出现以及何时出现的，并追溯了它的历史；
- 我们深入分析了一部短篇小说。

主要术语

素体诗（blank verse）：有韵律但不押韵的诗。

经典（classic）：一部因为有着广泛相关性可以流传很多年甚至数世纪的作品。

奇喻（conceit）：文学术语，精巧的比喻；多恩的十四行诗《撞我的心》是一个典型例子，诗人用极其感性的文字表达了神秘的欣喜之情。

偶句（couplet）：两行押韵的诗句；莎士比亚用其作为十四行诗的结尾。

史诗（epic）：一种文学体裁；描述强壮、勇敢、机智但品德不一定高尚的英雄的长篇叙事诗。

顿悟（epiphany）：对人性和生命的突然洞悉，通常作为一部虚构作品的高潮，特别是短篇小说。作家詹姆斯·乔伊斯借用了该词最初的宗教意义。

书信体小说（epistolary novel）：指全部由一人写给另一个人的书信组成的小说。

体裁（genre）：人文学中有广泛应用，任何有着自己规律的类别，如文学中的史诗、十四行诗、小说或者短篇小说；体裁通常对作者有很多要求和限制；例如，一首十四行诗必须有 14 行，一首俳句一定要有 17 个音节。

俳句（haiku）：传统日本诗歌体裁，诗人描绘一种情景，通常取材于对自然的观察，同时也蕴含着诗人的思考；俳句往往被限制在 3 行之内，第一行 5 个音节，第二行 7 个音节，第三行 5 个音节。

抑扬格五音步（iambic pentameter）：英语古典诗歌押韵形式；一行诗中包括 5 个"非重读音节和重读音节"的音步，如 when in disgrace with Fortune and men's eyes。

爵士时代（Jazz Age）：由斯科特·菲茨杰拉德创造，指 20 世纪 20 年代，形容富裕的年轻人自由散漫的生活，他们不停地开派对、喝酒、飙车和滥交。

吟唱（lyric）：字面意思是"里拉琴的"。里拉琴是一种古代乐器，因此该词指将文字以歌唱的方式呈现。

抒情诗（lyric poetry）：有节奏，通常押韵，像音乐般的诗歌。通常表达诗人的感情，特别是爱情。

魔幻现实主义（magical realism）：将奇怪、看似魔幻的元素融入文学或者艺术作品中，它们的描写都是现实主义的。

杰作（masterpiece）：一部文学作品在风格、完成度、角色或意义方面远超其他作品，不一定会在创作年代得到人们的认可。

隐喻（metaphor）：一种广泛应用的文学手法；作家用具体形象代表抽象事物。

现代主义（modernism）：文学批评家和史学家经常使用的概念，指突破了旧有传统和创作习惯的作品。

中篇小说（novella）：比长篇小说短，但比短篇小说长的作品。

流浪汉小说（picaresque）：指迷人且有趣的主人公有趣的冒险故事（及其不幸遭遇）。

罗曼司（romance）：指流行于中世纪的一种文学体裁，内容通常围绕勇敢帅气的骑士和他对一个已婚的美丽女性的爱情而展开。

韵律分析（scansion）：大声或小声朗读一首诗歌，分析它的韵律以确定它是否有固定的节奏，如抑扬格五音步。

十四行诗（sonnet）：一种诗歌体裁，共有 14 个诗行；有严格的节奏和押韵格式，由意大利诗人最早使用，被广泛应用在莎士比亚的诗歌中。

象征主义（symbolism）：一种表达意义的方式，超越了故事或小说的表面意义；用以表达那些复杂的、无法直接言明的思想。

图5.1　杰夫·昆斯，《小狗》，古根海姆博物馆，西班牙，2005年

杰夫·昆斯在古根海姆博物馆的装置艺术作品（不锈钢，土壤，土工布，内设灌溉系统和鲜花植物，486×486×256英寸，
1234.4×1234.4×650.2厘米）

第五章

艺　术

学习目标

5.1　解释为什么所有艺术都可以被看作模仿。

5.2　辨识古典时期、中世纪以及文艺复兴时期艺术的主要特征。

5.3　描述18世纪和19世纪的主要艺术潮流。

5.4　分析为什么"作为变革的艺术"可以定义20世纪和21世纪的艺术。

5.5　讨论技术在摄影和数字艺术发展过程中的影响。

5.6　解释为什么建筑可以被看作艺术。

图5.2　米开朗基罗·博那罗蒂，《摩西》，约1515年
将在西班牙古根海姆博物馆展出的杰夫·昆斯的《小狗》（图5.1）与下图米开朗基罗的作品——放在罗马威克里圣彼得大教堂教皇朱利叶斯二世墓地上的雕塑进行比较，这两种雕塑都是艺术吗？我们用什么标准去判断艺术？
Vincenzo Pirozzi

1911年8月，在巴黎人的记忆中是一个酷热难耐的夏天；那年，人们认为永不沉没的泰坦尼克号刚开始建造；那年，业余画家路易斯·贝鲁来到卢浮宫博物馆，准备继续仿制《蒙娜丽莎》，这是他几天以来一直在做的事情。这一时期，得到许可的业余画家是可以仿制名画的，只要画的尺寸和原画不同即可。当贝鲁抬头观看的时候，他发现达·芬奇的这部杰作并没有出现在往常的位置——通常这幅画被放在两幅更大尺寸的作品中间。值班的安保人员正在打盹，看上去并没有受到惊扰。肯定是有人拿它去拍照了，他想，这种事情时常发生。

然而事实却并非如此，《蒙娜丽莎》被盗了。据调查发现，一个名叫温琴佐·佩鲁贾的意大利人偷走了它。他承认自己想将这幅画归还到它原本的归属地意大利。侦查员认为佩鲁贾绝不是单人作案，但这起大胆的盗窃案至今都没有彻底侦破。早些时候，一位与毕加索名望不相上下的人甚至遭到过怀疑。

偷盗事件震惊了整个艺术圈。人们提出了很多有趣的问题。例如，如果最后归还到卢浮宫的画作只是一幅精致的复制品——在技巧上比原作价值要低很多，对欣赏者而言，它们在价值上有什么区别？艺术家的声誉对作品的价值有影响吗？还是艺术品的价值是其本身所固有的？

如果艺术家用帆布或大理石或黄铜创作出的艺术品不能让人即刻辨认出某种形象呢？什么是艺术？由谁来决定？有时，是历史决定了什么是艺术，就像文森特·梵·高和卡拉瓦乔所经历的那样。有时，艺术家生前就获得了赞美，比如米开朗基罗、达·芬奇和毕加索。有时，艺术家生前和死后得到的评价又会褒贬不一。像杰夫·昆斯就至今仍无定论。身为当代雕塑家的昆斯创作了许多巨大的复制品，比如用不锈钢和鲜花做的"气球"动物。这是艺术吗？或者像很多批评家所认为的，这只是媚俗？它值得投资者花费上百万美元吗？应该用什么标准来衡量一部作品是不是艺术呢？

　　本章将对视觉艺术进行简单介绍，包括绘画、雕塑、建筑、摄影和数码艺术。希望读者能抛弃偏见、放下固有期待来探索这个主题。对可能初看上去不熟悉，甚至有点疯狂的作品要保持开放的态度。最重要的是，不要期待有一个适用于所有艺术作品的绝对统一标准。正如当代先锋艺术家罗伯特·蒂勒曾经说的："艺术即艺术家之所为。"

5.1 模仿的需要
为什么所有的艺术都可以被看作模仿？

　　旧石器时代那些令人惊奇的洞穴壁画告诉我们，即使是早期的人类也会通过艺术来表达自己。虽然他们的艺术手法现在看来有些简单，人们很容易就能辨别出它们的主题——通常是洞穴居民熟悉的动物，比如一头野牛（图5.3）。虽然人们尚未发掘出早期人类创作的准确动机，但是关于作品，有一件事是不言自明的：早期艺术家发展了模仿他们所见事物的技巧。有些绘画似乎也在表达情感——对动物力量的畏惧，或对动物力量的掌控。早期艺术家很有可能极为享受这种模仿，因为他们对如何创作有一种本能的认知。他们喜欢把在三维世界中看到的事物放到二维平面上展示。

　　所有视觉艺术无论创作于何时都是模仿。它们中的一部分——只是一部分——意在与现实世界、人们所熟悉的世界真正相似。有些作品是对艺术家想象世界的模仿，很多时候这种作品很难被人们接受，因之并不为人所熟悉。

　　因此，**模仿**需要更广泛的定义和理解。它并不仅仅是指看上去真实和可信的东西。在人文学中，模仿意味着艺术家从现实出发，但并不一定要以现实作为最终目的。有时，一部有着现实外表的艺术品实际上是对生命本身的认知。因此，如果人们以为自己看懂了某部作品而喜欢它的时候，就得慎之又慎了。

图5.3　洞窟野牛壁画，桑坦德，西班牙，约公元前35000—25000年
从这幅很多世纪以前的壁画中你看到了哪些人类重现现实世界的需要？
Gianni Dagli Orti／Fine Art／Corbis

图 5.4　**爱德华·马奈，《女神游乐厅的吧台》**，1882 年

马奈的这幅《女神游乐厅的吧台》给你印象最深的是什么——是这幅画的形式、色彩、人物的美，还是画中女郎脸上的表情所隐含的社会意义？

De Agostini Picture Library / Getty Images

受到现实主义和印象主义影响的法国艺术家爱德华·马奈（1832—1883）的作品《女神游乐厅的吧台》没有呈现出照相写实主义，但与现实的相似性却非常明显（图 5.4）。酒吧侍女脸上的表情暗示了她或许对自己日复一日的工作感到厌倦，或许对自己的处境和客人之间的不平等感到不满。有人说，这幅画映射了社会现实，但人们永远不会知道画家本人的想法是什么。这幅画描绘了一个特定地点和特殊人物，但人们仍然无法知道马奈是否想借此传达某种社会意义——只知道自己的解读与此种社会意义相关。

如果在每部作品中都去寻找严格的**现实主义**的话，人们将错过很多。艺术家可能在帆布或黄铜上模仿出从未见过或永远不会见到的东西。在数不清的形式中，无论现实主义与否，艺术都扩展了人类的世界。

去看！

好观众也懂创造。
——瑞士谚语

艺术家模仿的需要源于他们特殊的观看方式：仔细观察，注意到细节、形状及色彩。不幸的是，大部分人会选择性地进行观看，除非在某个特殊时刻，比如一处风景或一次日落吸引了我们的注意。孩子们观看的方式比较接近艺术家，或许这就是毕加索希望人们不要长大的原因，要像孩子一样，每天都是新的。

虽然儿时的我们比成年后的我们观察得更加仔细，但大部分人都无法模仿自己看到的东西——至少不能完全准确地模仿。还记得你的小学老师要求你画一座房子的时候你是怎么做的吗？除非你是一个天生的艺术家，有着极高的天赋，否则你会对自己画出的二维房子（三个矩形和一个三角形）非常满意，你还会画一些棍子似的形状来代表人。你画出了象征房子的符号，因为已经学习了语言，象征手法已经主导了你的世界。

简单的房子和棍子人物让大部分人完成了作业。我们觉得当我们画出这样的一座房子，别人都会知道我们画的是什么。我们画的是房子的理念。为什么要费力模仿一座真正的房子？这不是相机的工作吗？

一些艺术家能绘制极为逼真的作品。17 世纪的荷兰画家就是如此长于模仿，因此很多后来的艺术家认为无法与他们竞争，他们开始尝试其他的手法和目的。

这些目的是什么呢？一个是对内心世界的模仿。想一下自己的梦境，每个物体、每个空间都由一些具体细小的东西构成。如果你能尽可能详细地把自己的梦画下来，至少在一段时间之内，你就是一个现代画家。某种程度上，模仿的元素依然存在，只是古怪的新世界成了模仿的对象。当一个艺术家画出我们不熟悉的新鲜事物，我们就需要不带个人偏见和判断地去欣赏，努力抓住作品所有的元素和内涵。

然而，艺术的珍贵之处在于，其现实性在模仿对象消失之后依然存在。作品是对现实的补充，并不仅仅是一种再现的方式。艺术家通常会加入新的内容，如很多之前不存在的组合方式。达·芬奇的《蒙娜丽莎》并不是蒙娜丽莎本人，后者很早之前就离开了人世，而前者永远不会死亡。

风格和媒介

我们已经明白了所有的视觉艺术都是模仿，不过这里模仿的意思并不是要创造一种直接相似性，我们可以探讨模仿的不同风格、方法或**媒介**。想象一下，在一所学校里，所有人都满足于画那些矩形和棍子人物，一个学生想要和大家不一样，她想让自己画的东西像真的一样。这时她已经决定了用什么风格。

这个小小的"艺术家"感到自己被发下来的画纸束缚了。一个二维平面无法带来足够的自由或者说创造空间，于是她把一块肥皂带到学校，开始在上面刻出一个三维的房子。这不仅是与众不同的风格尝试，同时肥皂也是与纸张不同的媒介。

模仿的媒介和模仿行为本身一样令人着迷。站在米开朗基罗的雕塑作品《摩西》（图 5.2）或《大卫》（图 5.5）旁，人们会震惊于艺术家创作的这些大理石雕塑竟然如此逼真。一幅模仿大卫的画与一座雕塑是完全不同的，虽然能看出两件作品都在模仿同一个人。媒介在艺术经验中占据了非常重要的位置。

孩童是天生的艺术家，问题是成年后如何保有这种艺术天才。

——巴勃罗·毕加索

如果艺术家最原始的冲动是模仿人物、地方和物体的外貌，那么基本的风格就是作为相似性的艺术（art as likeness）——虽然艺术家对他们所模仿的现实世界的定义和艺术手法非常不同。很多艺术家宣称自己在模仿现实，但我们在他们的作品中会发现很多不同的风格、媒介和手法。

5.2 用不同的风格创造相似

古典时期、中世纪和文艺复兴时期的艺术的主要特征是什么？

虽然艺术家的终极目标是尽可能地实现逼真，但他们在模仿现实的手法和媒介等方面有很大不同。公元前 5 世纪希腊的大理石半身像雕塑看上去与太平洋群岛新几内亚的陶制或木质雕塑有很大区别——艺术家的创作目的也不同——但对欣赏者而言，两个都是男性的头部雕像（图 5.6 和图 5.7）。

这一部分我们会研究绘画和雕塑中的艺术相似性，了解它们在漫长的历史演变进程中的主要成就和风格。然后我们就会明白，为什么艺术家开始考虑其他艺术表达的可能性了。

古典艺术

"经典""古典"和"古典主义"三个词的内涵略有不同。经典指一件艺术作品——绘画或雕塑，还有部分小说或诗歌、戏剧、电影、音乐——不仅能持续受到人们的喜爱，而且在它们创作出来很久后，人们还会继续观赏、阅读、表演、观看或演奏。批评家有时会热情地将一部新作品贴上"时下经典"的标签；意思是这部作品将会存在很长时间，在未来的许多年里仍将有重要意义。当然，没有人真正知道一部当代作品能够存活多久。颇具讽刺意味的是，那些公认的经典作品的创作者却很少意识到自己的作品能传之后世。另一方面，历史中永远不会缺少一些充满自信的艺术家，他们相信自己已经创造了经典，但他们的作品几乎立即就被人们遗忘了。

在视觉艺术中，"**古典主义**"或"古典时期"一词通常指某个文明的独特艺术风格和媒介刚刚开始勃兴的早期历史阶段。因为不同文明有着不同的发展脉络，它们的古典时期也就处在不同的历史时代中。

图 5.5 米开朗基罗·博那罗蒂，《大卫》，约 1501—1504 年

观看米开朗基罗这座雕塑的照片与观看雕塑本身一样吗？艺术媒介如何改变我们对作品的观赏体验？

Studio Fotografico Quattrone

我确信连大理石也会奋起反抗。它本来了无生命，所以绝不愿被斧凿得栩栩如生。

——亨利克·易卜生

图 5.6 罗马,《安提诺乌斯》, 局部, 公元 2 世纪
G. Dagli Orti / De Agostini Picture Library / Getty Images

图 5.7 传统雕像, 巴布亚新几内亚群岛某小镇
把安提诺乌斯的头像 (图 5.6) 与新几内亚岛上这个传统的雕像进行比较, 文化差异怎样影响了这两个人类形象的不同表现?
Dzoeir Marc / Hemis-Fr / Alamy

早期伊斯兰、印度和亚洲艺术 伊斯兰艺术的古典时期可以追溯到先知穆罕默德时代 (570—632) 到 11 世纪。古典伊斯兰艺术在本质上是高度抽象和具有几何特征的, 它模仿的不是艺术家所熟悉的世界, 而是艺术家对精神世界的认知。伊斯兰古典艺术主要是装饰性的, 常用于挂毯、地毯、神圣建筑和贵族的住宅中。

古印度的古典时期从公元前 3500 年一直到公元 1200 年。其中有一部分艺术作品, 像伊斯兰艺术一样是抽象的, 但大部分作品栩栩如生。从男性裸体雕塑中可以看到艺术家在石头上重现人体柔软肌理和肌肉的煞费苦心。

中国的古典艺术可以追溯到公元前 500 年到公元 220 年汉朝灭亡。古老的陶器呈现了逼真的人物和动物形象, 与洞穴壁画中的形象非常相似, 表达了成功狩猎的重要性。还有很多描绘天神面孔的奇特面具, 当然, 它们不可能与人类相似。

古老的日本艺术有着悠久的历史; 有证据表明, 三万年前的日本就已有人类居住了。考古学家发掘出陶器和家用器皿, 虽无法精准确定其年代, 但人们认为它们几乎比任何同类人工制品都要古老。考古研究结果表明, 当时日本的陶艺非常发达, 综合了形式与功能。壶和盘子不仅用于家庭日常需要, 同时也用以满足人们的审美需求。它们通常有着奇特的形状, 还会用精心设计的抽象图案作为装饰, 表现了一种兼顾美感与实用性的生活方式。

> 艺术本质上是对存在的肯定、祝福和神化。
> ——弗里德里希·尼采

早期西方艺术   西方文明中，古典艺术是指公元前 6 世纪到公元 5 世纪古希腊和古罗马的雕塑、墙雕、**湿壁画**、镶嵌画以及建筑。很多游客参观遗址时发现雕塑和建筑物都是白色或灰色的，所以普遍认为关于这一时期艺术的普遍想象都是色彩单一的、石头形状的艺术品。事实上，古典艺术家很喜欢使用色彩，但由于时间、气候和其他因素使颜色慢慢褪去了。例如，雅典卫城大多数的白色圆柱最初都有色彩鲜艳的涂饰。

古代世界有丰富的石料，艺术家毫不吝啬地利用这些媒介进行创作。公元前 5 世纪，负责装饰雅典城的艺术家热衷于用大理石来创作，他们保留了大理石未经雕琢的部分。公元前 146 年，征服了雅典的罗马人想获得（甚至超过）雅典在艺术上取得的巨大成就。罗马雕刻家费力地雕琢大理石，后世的创作延续了这一时期的工艺流程。

古雅典建筑的设计和建造符合数学的精确性，源于希腊人对数字和几何和谐的热爱。他们的雕塑主要是一些有着人类形象的男神和女神。他们与贵族、英雄人物相似，比普通人高大，因此不像某个普通的凡人。从这个意义上而言，他们代表的是人性的完美，艺术家显然相信这是模仿神之外形的恰当方式。通过把神塑造成人形，艺术家也把人性提到了神性的高度。

著名的《阿特米西青铜像》（图 5.8）以其发掘地希腊的阿特米西命名，可以追溯到

> 人是万物的尺度。
> ——普罗泰戈拉

图 5.8   《阿特米西青铜像》，约公元前 460 年

图 5.9   《驾战车者》，约公元前 475 年

图 5.8 和图 5.9 中的雕塑作品都可以追溯到公元前 5 世纪。人们认为《阿特米西青铜像》表现的是一位神，而《驾战车者》表现的是人。你能从这两件雕塑作品的什么地方——如果有的话——辨别出他们是神还是人？为什么神被雕刻成完美的人形？

Marie Mauzy

古典时期的公元前 460 年。这是一个近乎完美的人物雕塑。艺术史学家认为，雕塑的原型要么是宙斯，要么是海神波塞冬（罗马的海神尼普顿）。它有时被称为"海洋之神"。

　　公元前 5 世纪的作品中，保存最为完好的作品之一是《驾战车者》(图 5.9)。这件同样是用青铜铸成的雕塑表明，古希腊艺术家确实也会模仿真人。它像极了一个年轻人，一个赶车的车手，绝非天神。但是他的外形却毫无瑕疵，脸上带着高贵的神情。他很可能是一个神，就像《阿特米西青铜像》很可能是一个完美的人一样。显然，这件雕像出自一个精通解剖学的雕刻家之手。驾战车者的右臂（左臂缺失）和双脚的纹理经过了艰辛的雕琢处理，非常接近真实的人体，衣服的褶皱也非常逼真，让人忍不住想去触碰。

图 5.10　帕台农神庙，约公元前 447 年
这座象征希腊荣耀的神庙的基底似乎证明了黄金分割律：短边与长边之比为 1∶1.68。
Marie Mauzy

　　帕台农神庙　帕台农神庙 (图 5.10) 是希腊古典时期的典型代表。它是希腊人为雅典娜女神而建造的，表现了雅典人对规则有序的数学世界的热爱。很长一段时间里，人们相信帕台农神庙的基底体现了欧几里德（约公元前 300）发现的特殊公式。欧几里德是几何学早期创始人之一，相传他递给他的朋友们一根棍子，让他们说出各自认为完美的分割点。他发现，几乎每个人选择的分割点都在同一个地方，而这个地方却不是中心。于是，他开始测量这两部分之间的比例，结果发现，这个比例接近于 1 比 1.68。更简单地说，欧几里德定律指出，两个连接部分之间最完美的关系为较小部分与较大部分之比是 1∶1.68，较大部分与整体之比也是 1∶1.68。欧几里德称之为**黄金分割律**。

　　数学家和艺术史学家对黄金分割理论很感兴趣，他们声称在很多地方都发现了黄金分割的例子。除了帕台农神庙的基底以外，还有许多罗马时代废墟的地基、中世纪大教堂的平面图、中世纪彩绘手稿页以及许多文艺复兴时期的艺术和建筑。虽然欧几里德黄金分割律是否真的存在于这些地方尚值得怀疑，但研究人员声称很多都与之惊人地接近。

　　公元前 4 世纪，希腊掀起了一场艺术运动，推崇更多的现实主义和较少的理想主义。这一时期被称为希腊化时期。虽然《驾战车者》塑造的就是拥有神之外形的凡人，但希腊化时期的雕像在塑造神的时候采用了更多凡人的特征、更少的几何图形和更多

图 5.11 《拉奥孔》，约公元
前 1 世纪
这座父亲和儿子们被海蛇缠绕
的雕塑体现了希腊化时期艺术
风格的哪些变化？
Asier Villafranca/Shutterstock

的真实性，这表明艺术家已经开始使用真人模特了。公元前 3 世纪以后，人们发现了
更多雄心勃勃的现实主义作品。艺术家开始选择那些相比他们的前辈而言更加不平
静、更有活力、更需要激情的题材。他们捕捉感官的瞬间以及人垂死挣扎的痛苦。《拉
奥孔》（图 5.11）是公元前 1 世纪的雕塑作品，详细描绘了一个父亲和两个儿子被海蛇
缠住时的痛苦。这些人物形象并没有被理想化——除非他们的痛苦代表的是完美的痛
苦。罗马人则倾向于模仿公元前 5 世纪更静穆的古典主义，但他们也深受后期生动的
现实主义的影响。

尽管像《拉奥孔》这样的希腊化时期的艺术作品具有持久性，但希腊和罗马艺术给
后人留下了一种重视平衡与和谐的普遍印象。事实上，涌现于 17 世纪中后期的所谓"古
典主义"音乐，便与古典艺术的复兴有关，它们展现出了古典艺术的平衡与和谐。

中世纪艺术

从 5 世纪到 15 世纪，大部分基督教艺术都有一个目的：提醒人们对耶稣、玛利亚、圣徒和使徒的虔诚。教会培养出的艺术家把自己的才能全部用到教堂内部的装饰上。就像几个世纪以前的希腊人和罗马人一样，中世纪艺术家站在人类的角度想象精神世界，尽管他们的作品并不会使观众感到自己在看的是活生生的人。中世纪艺术往往呈现一种概念，而不是对事物进行忠实的模仿。

在艺术家契马布埃创作的这幅画像（图 5.12）中，圣母或多或少有些写实的风格，但圣婴耶稣的脸绝非在暗示这是一个真实的婴儿。这是一张少年的脸，就像在几乎所有此类绘画中表现的那样。中世纪的艺术家认为，婴儿时期的耶稣已经很有智慧了。在这里我们看到的是"圣婴"的概念，而不是现实生活中的婴儿。

几乎所有的专业艺术都是由男性完成的，一个例外是中世纪法国和英国流行的刺绣艺术。贝叶挂毯（图 5.13）根本不是真正的挂毯，而是在亚麻布上用彩色纱线绣制的刺绣品。它长达 203 英尺（6187.44 厘米），讲述了 1066 年西斯廷战役的故事，在这场战争中，征服者威廉统治下的诺曼人击败了哈罗德国王带领的撒克逊军队。据说，这幅挂毯是由威廉同父异母的兄弟委托制作的，并一度被认为是由威廉的妻子马蒂尔达女王所作。但随后的研究表明，它更有可能是很多年之后英国刺绣者的作品。

但是，在中世纪，古典思想并非完全处于休眠状态。建于 11、12 世纪的中世纪大教堂就运用了古典艺术的数学原理。当然，它们反映的主要是基督教教义，多数教堂的平面图——中央过道叫作中殿，两边各有一个较小的礼拜堂——形状像十字架。它们被认为是**哥特**式风格的最佳范例。16 世纪，一位意大利艺术史学家以"野蛮"的哥特人——征服罗马的日耳曼侵略者——的名字来命名这种风

图 5.12 契马布埃，《圣特里尼塔的圣母像》，1280—1285 年
中世纪艺术家把耶稣描绘成成年人而不是婴儿，就像契马布埃在这幅画里做的一样。他们为什么会这样做？
Studio Fotografico Quattrone

图 5.13　**贝叶挂毯细节图，约 11 世纪 70 年代**
是什么阻碍了中世纪女性进行艺术创作？
Erich Lessing/Art Resource, NY

格。这一标签意在暗示一种与古典主义截然不同的风格，也许缘于那些用以驱散恶灵的丑陋的、邪恶的、恶魔般的怪物雕像。但这个平面图本身并没有什么野蛮的地方。这些大教堂有着高耸入云的塔楼和石壁，设计精妙，石料之间彼此铆合，完全不需要用到灰浆。

> 还有什么比感官更能给我们以可靠的知识呢？此外又有什么能让我们更好地明辨真伪呢？
> ——卢克莱修

乔托　佛罗伦萨艺术家乔托·迪·邦多纳（1266/1267—1337）在创作中采用了新的表现手法，为**文艺复兴**时期现实主义艺术的发展奠定了基础。乔托与许多同行一道，为已经退化为手艺活的教堂内部装饰艺术注入了新的生命。

乔托不仅关心肉眼能看到的东西，也关心人们是怎样看到的。比如，如果观察前方数英里以外的铁路轨道，你会发现它们看起来并不会一直保持相同的距离，距离会逐渐缩小，直到在某一点两条线路汇聚在一起。这是一种错觉，在艺术中被称为**透视法**，乔托是最早用透视法进行创作的艺术家之一，他根据人物和物体相对于观察者的位置来判定画中物体的大小。

绝大多数艺术史学家认为，帕多瓦斯科洛文尼教堂墙上的壁画是乔托的杰作。画中有 37 处基督和圣母的生活场景。乔托致力于表现空间的景深，其中最有力量的一个场景是《哀悼基督》（图 5.14）。人物背后的岩架表明人物处在前景的位置，重叠的形象有助于将观者带回到画面中心。此外，画面中有两个背对观者的人物，与观者视线一致，从而把观者所在的空间和画面空间连在一起。在中世纪早期的作品中，由于没有表现景深，人物和物体通常处于同一个平面里。

图 5.14　乔托·迪·邦多纳，《哀悼基督》，1304—1306 年
这幅壁画中，乔托对空间景深的利用怎样改变了人们的观赏体验？
Studio Fotografico Quattrone

像许多文艺复兴时期的艺术家一样，乔托还创作湿壁画，这一艺术形式在他去世百年后才得以发扬光大。这种方法将水性涂料应用于湿石膏，能够使壁画保存更长的时间，因为当石膏干燥后，颜料会沾在墙壁的表面上。不过这需要艺术家非常快速地绘制，而且还不能出错。在乔托所处的时代，一面用来绘制壁画的墙首先要用粗石膏打上底灰。当底灰干燥后，艺术家的助手会用红褐色颜料或炭笔将艺术家的作品复制到墙上，绘制出底图，上面再涂上一层薄薄的灰泥。当灰泥固定但还没有完全干透的时候，艺术家就用混合了水的颜料逐步完成壁画作品。

相比之下，在米兰圣玛利亚修道院的《最后的晚餐》中，达·芬奇采用了更富实验性的壁画技法，直接把油性蛋彩绘制在干的灰泥墙上。这种激进的技术实验导致了作品的不稳定，终会慢慢剥落。

文艺复兴时期的艺术

文艺复兴的意思是"重生"，发端于 14 世纪的意大利。乔托有时被划入早期文艺复兴艺术家的行列。他的确在艺术从中世纪平面绘画转向更丰富的绘画方式的发展过程中起到了很大作用。文艺复兴是一场有着广泛影响的运动，不仅包括艺术，还包括戏剧、音乐和政治等领域。

图 5.15　菲利波·利比，《天使报喜》，约 1435—1440 年

这幅画与图 5.12 契马布埃的《圣特里尼塔的圣母像》中对于玛利亚的刻画有何不同？

Courtesy of National Gallery of Art/Samuel H. Kress Collection

> 艺术来到你面前，坦言它能提供的别无他物，只有与之共度时的最高品质。
>
> ——沃尔特·佩特

这场运动从意大利蔓延到整个西欧，最终在 16 世纪末影响到了不列颠群岛。起初，作为一场艺术革命，文艺复兴运动为世界带来了一种前所未有的、充满活力的现实主义，一场反对宗教严密控制的政治和社会革命。这场运动不再强调"来世"是人们应该关心的问题，而是把焦点放在如何过好"现世"生活上——但宗教主题仍然最为重要。文艺复兴时期恢复了科学作为知识合法来源的地位，并对个人成就给予了更高的尊重。意大利艺术家多那太罗、安吉利科和波提切利以及来自北方的凡·艾克、丢勒和汉斯·荷尔拜因等人，都在创作中融入了多年来未曾出现过的感官体验和现实主义元素。

菲利波·利比　菲利波·利比（1406？—1469）更广为人知的名字是弗拉·利波·利比，主要因为罗伯特·勃朗宁创作的关于他的著名诗歌。利比是文艺复兴精神的典型代表。他 8 岁时被迫加入修道会，但却难以抑制自己想摆脱束缚的欲望。最后，他放弃抗争，开始趁夜溜出去，在乡间漫游，把那些吸引他的人物和东西都画下来。作为 16 世纪意大利文艺复兴时期艺术家的先驱，利比的天才在其青年时代就得到认可，因此被委托绘制《圣经》中的场景。他笔下的人物极为逼真，致使有人指控他使用了当时不被允许的人体模特（图 5.15）。甚至有谣言称，在画圣母玛利亚的肖像时，他曾屡雇妓女充当模特。

古典原则和个人表达　在人文学中，"文艺复兴"一词标志着人们对古希腊罗马时期的知识和艺术重新产生了兴趣——部分原因是那个古老的世界已经被忽视数百年，另一个原因是古典时期的艺术家和思想家关心的是现世的意义。

　　文艺复兴时期的艺术家在古典原则中加入了新的内容：个人自由表达的需求。文艺复兴是西方艺术和思想史上最伟大的革命之一。尽管早在几个世纪以前，阿拉伯世界就一直流行希腊哲学的教义，特别是亚里士多德的思想，尤其是他对分析人类境况的渴望和对科学方法的期盼。

　　起初，这场艺术革命静悄悄地发生：艺术家试验更加逼真地表现人类形体的方法。随着时间的流逝，革命之火越来越猛烈。艺术家开始大胆反抗宗教保守主义，他们强烈主张艺术家应该拥有不受审查制度的约束和恐吓、进行自由创作的权利。

　　巴洛克艺术家米开朗基罗·梅里西·德·卡拉瓦乔，即卡拉瓦乔（1571—1610）也许是这些艺术家中最声名狼藉的一位。卡拉瓦乔的画因为强烈的光影对比而引人注目（图 5.22），这影响了许多后世艺术家。此外，他将基督、圣母玛利亚和圣徒描绘成非理想化的、逼真的人形，他们漫步于世间，有时还会出现在穷人当中。卡拉瓦乔创作了很多非常性感的人物，比如俊美的年轻男人售卖水果和鲜花，或者演奏音乐。卡拉瓦乔从来不缺乏重要的委托，但他却卷入各种犯罪活动，或许还有谋杀。他 39 岁时在罗马南部的海滩上死去，死因至今不详。虽然卡拉瓦乔去世后几乎被世人遗忘，但在 20 世纪重新恢复了名誉。现在，他是公认的艺术史上最杰出、最有影响力的画家之一。

　　人体　意大利文艺复兴时期的艺术家对古典艺术经常描绘的裸体非常感兴趣。诚然，古典艺术中的裸体形象拥有几何学上的完美特征，因此并不是完全的逼真，但古典艺术激发了新时代艺术家对现实主义解剖学的兴趣。达·芬奇和米开朗基罗都进行过解剖学研究，解剖学帮助他们了解人体。米开朗基罗的《大卫》以理想化的、英雄主义的姿态展示了艺术家对古代雕塑，尤其是对青壮年时期健美的男性裸体雕塑的研究。我们还从现存绘画作品中发现，米开朗基罗和同时代艺术家会用真人模特来研究人体。

　　这种新的艺术有两个显著特征：第一，延续了乔托的传统，试图让观者看到现实生活中的事物和人，用透视法模拟现实生活的三维感受；第二，它调动着观者的情绪反应。对比米开朗基罗的《大卫》（图 5.5）与多纳泰罗的《大卫》（图 2.2）就会发现，两者都基于对古典传统的研究。多纳泰罗优美的《大卫》是专为私人雇主设计的，这位雇主是美第奇家族的成员；而米开朗基罗英雄般的《大卫》是受更为保守的教会委托而创作的。多纳泰罗早于米开朗基罗近百年，两件作品引起的感受也完全不同。

　　佛罗伦萨人对米开朗基罗《大卫》的古典主义风格反响热烈。它的主题和形式都是文艺复兴式的：主题（即将迎战巨人歌利亚的男孩）不仅仅是《圣经》故事，而且也是现世的、政治的。佛罗伦萨的共和国公民视大卫为他们这座小城市的象征，他们要在艺术、城市成熟度方面挑战刚被驱逐的美第奇家族，或其他更大的意大利城市，如威尼斯、热那亚和罗马。

真正的艺术家，在肖像画的画布上描绘的，要远甚于模特当天的面容；一言以蔽之，要涂绘其人及其特征。
——詹姆斯·麦克尼尔·惠斯勒

文艺复兴艺术家对精确模仿现世生活的痴迷，在某种程度上可以归因于时代的普遍精神。新现实主义凭借强烈的情感和戏剧感，以及观察和模仿生活的新方式，吸引了很多伟大的艺术家，大多数都生活在佛罗伦萨或周边地区。许多艺术家在人文历史上占据重要位置，其中达·芬奇、米开朗基罗和拉斐尔几乎瞬间便获得了不朽。

列奥纳多·达·芬奇　达·芬奇（1452—1519）从佛罗伦萨附近的芬奇镇来到佛罗伦萨，是三大艺术巨匠中最年长的一位。他在很多领域都颇有建树——既是画家、雕塑家、建筑师、发明家，还称得上是潜水艇和飞机的构想者——完全配得上"通才"（uomo universale）的称号，这个词还被翻译成"文艺复兴人"。

达·芬奇至少有两幅作品可以作为两种艺术类型的典型代表：壁画《最后的晚餐》（图 5.16）和肖像画《蒙娜丽莎》。《最后的晚餐》是达·芬奇 1494 年受委托为米兰的圣玛利亚修道院绘制的壁画，描绘了耶稣在被捕和受难之前同 12 个门徒的最后一次聚会，耗时三年才完成。《最后的晚餐》之所以成名有很多原因。首先是视角的成功运用。整幅壁画占据了整个餐厅远处的墙，让人产生一种室内空间延伸到绘画中的错觉，耶稣和门徒身后的窗户又使空间过渡到自然世界。

其次，达·芬奇采用了一种被称为"**明暗对照法**"（chiaroscuro）的表现方法，强烈的光影对比提供了三维空间和戏剧冲突感。明暗对照法被文艺复兴早期的艺术家所采用，包括卡拉瓦乔和伦勃朗在内的很多后世艺术家也擅长运用这种技法，甚至还会有

图 5.16　列奥纳多·达·芬奇，《最后的晚餐》，1494—1498 年
当你欣赏这幅画的时候，目光的焦点在哪里？艺术家是怎样做到的？
Studio Fotografico Quattrone

意夸大明暗对比。透视法的使用会强化人们对现实的幻觉，但光与影之间的相互作用对创造一个完全真实的视觉体验必不可少。作品中光线的轮廓像烟雾一样柔和、朦胧（艺术史学家称之为"晕涂法"），起到了非常好的效果。

再次，这幅作品是达·芬奇天才地捕捉人类无限复杂性的典型代表。达·芬奇的作品不仅外形真实，而且还体现了心理真实。耶稣此时刚刚说出："你们中间有人要出卖我。"（《圣经·马可福音》14：18）虽然他仍是画面中平静的中心，但他的话在众人中引起了情绪骚动，只有一个人除外。只有那个人知道背叛已经发生了。

这幅画有指出哪个人是叛徒犹大吗？仔细看，从观者的视角来看，犹大是耶稣左边第三个门徒，他的胳膊靠在桌子上，手里似乎拿着一袋硬币，这袋硬币是他把耶稣指给罗马人看所得到的报偿。达·芬奇的神奇之处在于，我们完全不需要看到钱袋就能确认犹大的身份。他的身体侧离基督，是唯一一处在阴影中的门徒。

达·芬奇就像一个舞台导演，通过人物位置和人物目光的方向，控制着观者欣赏画中场景的方式。"观赏"比"看"用在这里会更加合适。虽然绘画是一个静止的存在，描绘的是停止的瞬间，但《最后的晚餐》这幅画却展示了一场可以观赏的大戏。

达·芬奇笔下人物的复杂面孔，尤其是耶稣的面孔，与现代戏剧中的潜文本非常相似。剧作家经常会使用这种技巧，通过让角色保持沉默或说出寥寥数语，使观众注意到表象之下发生的事情。得益于作者丰富、高超的潜文本创作技巧，优秀的舞台演员能够通过轻轻一瞥或说话前后的沉默，引发观众的思考和好奇。与之类似，像达·芬奇这样的伟大艺术家也能表现画中人物的内心世界。我们从基督的脸上看到他的哀伤，因为他知道谁是背叛者，也知道一切已无法挽回。他即将在十字架上死去，也对此无可奈何。令人惊讶的是，我们还看到了他的理解和宽恕。

通过对笔下人物的位置安排（比如犹大和耶稣）以及披露人物内心世界的能力，达·芬奇极大地推动了戏剧艺术的发展。20世纪著名戏剧导演马克斯·赖因哈特告诉他的学生，如果想学习如何更好地呈现一个场景，就去学习达·芬奇。康斯坦丁·斯坦尼拉夫斯基是现代体验派表演的创始人，他也在课堂上花了很多时间分析诸如《最后的晚餐》等作品中的戏剧元素。

达·芬奇，《蒙娜丽莎》 达·芬奇的另一幅杰作《蒙娜丽莎》（图1.1）也远远超越了表面的现实主义。它已成为世界上最著名的艺术作品之一，每天都吸引大批游客前往巴黎卢浮宫观赏。

这有什么好大惊小怪的？我们如何解释这幅30×21英寸（76.20×53.34厘米）的作品取得的非凡成就？当然，一个原因可能是被人们广泛讨论和关注的"神秘微笑"。肖像画不总是具备心理复杂性，因为艺术家通常是被雇佣绘制现实肖像和理想化人像的。蒙娜丽莎的表情仍然是人们争论的焦点，也是众多分析和阐释的主题，可能永远

铁不用乃蚀；水不流则腐，遇寒而成冰；心灵亦然，惰怠则活力日损。
——达·芬奇

都不会有答案。

不过，仔细观察这幅画就会发现，画中人的嘴角呈现出非常不明显的微笑。同样有趣的是，画中的模特（一名佛罗伦萨商人的妻子）正在注视画中没有出现的东西或人，我们永远都不会知道她在看谁，而这无疑增加了整幅画的神秘性。

许多人认为，达·芬奇在这幅画中既展现了一个具体的人，又表现了一个典型的贵族女性形象，揭示了人类面孔和性格的模糊性，使其绘画主题兼具了特殊性和一般性。在让人回想起圣母玛利亚形象的金字塔形构图中，在人物通过手臂和双手展现的宁静、自信中，在朦胧光线下人物和自然的融合中，画中人呈现出了迷人而神秘的形象。她没有转移视线，自信地直视观者，这在文艺复兴时期贵族女性肖像画中司空见惯。虽然文艺复兴时期的女性肖像画常用珠宝和华丽的服饰来强调画中人的社会地位（作为一种贵族精英类型），而达·芬奇探索的则是人物的个性，增加了人物的神秘感和现代感。

> 没有人能在艺术生涯终结和个人生命结束前真正纯熟精通。
> ——米开朗基罗

图5.17　米开朗基罗·博那罗蒂，《圣母怜子像》，1498—1499年
Izzet Keribar / Getty Images

米开朗基罗　莎士比亚之于戏剧，贝多芬之于音乐，如同米开朗基罗之于雕塑。在他出现之前，雕塑最多被认为是一种技艺，甚至还会被看作普通装饰。米开朗基罗（1475—1564）改变了雕塑的地位，使雕塑成为一种高级艺术形式。他凭借几乎是不可想象的顽强的意志和体力做到了这一点。

年轻的米开朗基罗曾向15世纪佛罗伦萨风格的艺术家学习，但他很快意识到，他想学习的比他们教的东西要多。他想创造出属于自己的、带有个人特色的人物形象。他非常自信，认为自己的风格绝不会与其他艺术家的风格相混淆，所以只在一件作品上标过自己的名字——梵蒂冈的《圣母怜子像》（图5.17）。创作这件作品时米开朗基罗只有22岁，此时的他还没有后来那么自信。

随着米开朗基罗日渐成熟，他的作品开始呈现出古典主义和激情表达之间的张力。在梵蒂冈的圣彼得教堂，每天有成百上千的人看到这座《圣母怜子像》，看到这个曾被钉死在十字架上的儿子躺在他悲伤的母亲的腿上。米开朗基罗并不像前人在描绘这个主题时所做的那样去关注肉体的痛苦。他的雕塑更多地包含着一种痛苦的理念（idea），而非痛苦的本质（essence）。这部作品有一种静穆的气质，虽然激动人心，但没有刻意去刺激人类的强烈情感。

米开朗基罗 80 岁时创作的《隆达尼尼的圣殇》(图 5.18)与《圣母怜子像》完全不同。米开朗基罗可能是想在别人看到这件作品之前就毁掉它，坚信那些严厉的批评家会认为这件作品毫无价值——批评家在他眼里就是上帝。据推测，这本是他为自己的坟墓准备的，但现在我们只能看到残部——或者正如一些学者所说，这是艺术家故意没完成的一件作品。雕塑中最清楚的是圣母玛利亚的脸，呈现了一种不可磨灭的痛苦表情，而这在米开朗基罗早期的作品中是缺失的。这是一件极为个人的艺术品，是一个对自己作品并不满意的天才的宣言，他感受着大多数人不能理解的悲伤——对凡人无法臻至最高境界的悲伤。当然，在人们对米开朗基罗的评价中，他确实达到了这样的境界和高度，但他从未沉醉于自己的成就。这在人文学里屡见不鲜！

米开朗基罗对完美有着不懈的追求，这也是他不满足于只停留在雕塑领域的原因之一。他还想成为世界上最伟大的画家。他面临的最大挑战——甚至比《大卫》这座 17 英尺（518.16 厘米）高的大理石雕塑还要大——是

图 5.18　米开朗基罗·博那罗蒂，《隆达尼尼的圣殇》，约 16 世纪 50 年代—1564 年 米开朗基罗的《圣母怜子像》和《隆达尼尼的圣殇》两件作品有很大区别。为何这两件主题相同的作品又有着明显的差异？ De Agostini Picture Library / Getty Images

朱利叶斯二世教皇交给他的一项任务：绘制梵蒂冈西斯廷教堂的天顶。米开朗基罗的想象力瞬间被激发了。高耸入云的教堂将他的艺术带向前所未有的高度。巨大的天顶可以用来绘制一系列宗教主题的绘画，同时呈现给观众统一的效果。但绘制湿壁画也是一项巨大的挑战，因为石膏必须被涂到天顶上，还要在完全干燥之前完成绘制。米开朗基罗用了整整四年时间，每次都要站在脚手架上几个小时，石膏不断滴落在脸上。不过，这部作品中既有激情又有条理。多亏他的助手精心策划，作品最终"揭幕"之前几乎没人注意到。艺术家从不担心教皇会失望，但他可能会心怀恐惧，担心上帝不满意。

米开朗基罗不仅追求完美，而且在运用诸如大理石和湿壁画这样富有挑战性的媒介上也真正做到了完美，这很好地解释了为什么人们把他视作文艺复兴的象征。对伟大永无止境的追求无疑是人类强大自我意识的标志，这也与当时对个人主义和个人成就的强调非常一致。而奉献自我为上帝服务就是向世界宣布放弃了世俗的名声和自我。

有时，无法战胜自我会加重米开朗基罗的痛苦。人们崇拜他，潜在的雇主会为他提供可观的报酬。当他看到自己在各个领域取得的伟大成就，怎么可能没有一点自豪感呢？他的书信展示了一个总和自己过不去的人，总是努力压抑自我的人。另一方面，一些批评家认为，视上帝为作品唯一合适的观众实际上隐含着一种极度的傲慢。

他的风格——有时会用"terribilità"来形容，意思是"令人惊叹"——就像斗牛士挑衅公牛般，源于对固有风格的不断挑战。不过，米开朗基罗绝不是唯一一名创作灵感来源于对媒介进行挑战的艺术家。许多艺术家，也许是大多数艺术家，克服了可能阻止他们前进的各种障碍。任何媒介都不会心甘情愿地投降；对很多人来说，斗争使征服变得更有价值。现代诗歌和现代戏剧有着自由的语言和结构，评论家安德鲁·萨瑞斯在谈到这种"宽容"时说：万事皆有可能时，便什么都不重要了。

然而，伟大的艺术作品常常会隐藏起艺术家的努力。如果我们坐在前排观看芭蕾舞，我们会听到沉重的呼吸声，看到汗珠落在舞台上。我们可以理解这一切背后付出的努力。坐得再靠后一些，我们就只能看到动作的优美和流畅。但我们需要知道这一切背后是充满激情的奋斗。这里很值得再重复一遍：艺术是一种不存在艺术技巧的幻觉。

> 艺术的真正功能是加工自然，从而使其连贯且动人。艺术家则是激情洋溢的审校员。
>
> ——H. L. 门肯

拉斐尔　拉斐尔（1483—1520）是文艺复兴时期佛罗伦萨艺术三杰中最年轻的一位，比达·芬奇晚一年去世，比米开朗基罗早去世近半个世纪。这一点需要注意，因为当我们考虑拉斐尔在其短暂的生命中取得的成就时，我们只能推测如果他活得更久一点将获得的成就。拉斐尔的优势是他可以研究两位前辈的创作方法，而他的作品也明显表现出两位前辈对他的影响。他们把艺术带向越来越强烈的现实主义，尤其是达·芬奇对光影的运用，这也是拉斐尔在1510年创作《阿尔巴圣母》（图5.19）时采用的手法。拉斐尔作品中的光更加明亮，与达·芬奇朦胧的晕涂法和常见的色彩不同。

这幅画也呈现了自乔托以来现实主义透视法技术的发展。远处的山，几乎要到画面顶端，比耶稣和受洗者约翰的形象要小得多。此外，圣母玛利亚仿佛一个现实中的女性，两个孩子也是生活中孩童的样子。母亲和孩子的神圣感通过受洗者脸上崇拜的表情来表现，特别是孩子们手上拿着的大十字架，还有其他象征性元素；如果没有这些元素，这可能只是对一个普通家庭的描绘。

作品自然的明暗对照效果得益于拉斐尔对天光、圣母玛利亚伸出手臂时斗篷内部的阴影以及对圣母玛利亚右臂的处理。画中背景也展示了光影之间的对比。前景的阴影表明，画中人物可能在一棵树附近。

1508年，成名的拉斐尔被朱利叶斯二世教皇召入罗马，委托他为梵蒂冈宫画四幅湿壁画，展示神学、哲学、诗歌和正义主题。其中最著名的是赞颂哲学的湿壁画《雅典学园》（图5.20）。作品中，我们再次看到了透视法的高超技巧，许多古代哲学家聚集在一个具有古典风格的大堂里。在对称的构图中，人物与背景中的两座拱门和两座高耸的古代神像之间有着精确的比例，拉斐尔精细地描绘出每个人物的细节。为了再现如此宏大的场景，拉斐尔不得不在湿石膏上用极细的笔触进行绘制。

拉斐尔和其他意大利文艺复兴时期伟大艺术家的作品使佛罗伦萨和罗马成为世界艺术中心，每年通过互联网上的数字游览吸引了成千上万的游客。倘若你有机会去欣

图 5.19　拉斐尔·桑西,《阿尔巴圣母》,1510 年

思考这幅画中的圣母与圣婴与图 5.12 中契马布埃笔下的圣母与圣婴有何不同。几个世纪里,是什么发生了改变?

Courtesy of National Gallery of Art/Andrew W. Mellon Collection

图 5.20　拉斐尔·桑西,《雅典学园》,1509—1511 年

在这幅作品中,两个主要形象分别是柏拉图和亚里士多德,这表现了文艺复兴时期的什么文化?

Richard Osbourne/Alamy

赏原作，那将是你生活中难得的经历。

后文艺复兴时期的两位女性　索福尼斯巴·安圭索拉（1532—1625）和她的五个姐妹都是受过训练的艺术家，而索福尼斯巴是第一位因艺术成就而获得国际声誉的女性。她对现实人物肖像画有着极高的天赋，伟大的米开朗基罗同意做她的老师，并对她的作品表示赞赏。吉奥乔·瓦萨里是意大利文艺复兴时期第一个重要的批评家和艺术史学家，同时也是《艺苑名人传》一书的作者。他认为索福尼斯巴做着"罕见且美好"的工作，并将她置于所有女性艺术家之前（这表明她可能只是众多从事绘画艺术的女性之一，而很少有人能像她们的男同行们那样获得美誉）。索福尼斯巴在肖像画领域获得了成功，成为西班牙国王的宫廷画家；她还创作了很多私人肖像画，包括她的一个正在下棋的妹妹。

比她更年轻的女性艺术家有阿特米西亚·简提列斯基（1592—1652）。在她的声誉面前，索福尼斯巴都黯然失色。当代艺术史学家认为，阿特米西亚是文艺复兴后期最重要的女性艺术家，尽管她的作品只有 34 件幸存下来。在她所处的时代，那些批评家和她的男性同行都嘲笑她在宣传自己作品时过于咄咄逼人，即"不够女性化"。

图 5.21　阿特米西亚·简提列斯基，《朱迪斯斩杀赫罗弗尼斯》，约 1612 年
Rabatti Domingie/Akg-Images/Newscom

当她卷入一桩性丑闻时，成了佛罗伦萨流言蜚语的焦点和众人嘲讽的对象。她指控自己的同行、艺术家塔西对她实施了强奸，并要求逮捕他并绳之以法。审判持续了七个月，在此期间，塔西的很多男性朋友作证，称阿特米西亚本身就众所周知地放荡。另一位证人挽救了整个局面，他作证塔西曾当面吹嘘过强奸这件事。阿特米西亚的名声因而有所恢复（虽然由于负面传闻太多，仍然没有完全恢复），她坚持了下来。女性主义者和艺术史学家就此次审判对她作品的影响争论不休，经常引用作品中的暴力主题。她最受欢迎的作品之一是《朱迪斯斩杀赫罗弗尼斯》（图 5.21），描绘了《圣经》故事中的女性朱迪斯引诱亚述人统帅赫罗弗尼斯，用剑将他斩首以保护族人免受侵略的故事。

伦勃朗：完美复刻　从达·芬奇开始，欧洲对肖像画的需求越来越大。慢慢地，那些富有权势的家族开始用自己已故祖先的凝视画来装饰住所。完美的肖像画或许也需要对某处的皱纹或下巴做一些修补，为掌握了忠实模仿技法的艺术家带来新的机会。

图 5.22　米开朗基罗·梅里西·德·卡拉瓦乔，《朱迪斯砍下赫罗弗尼斯的头颅》，1598—1599 年
卡拉瓦乔和阿特米西亚画中朱迪斯的表情有何不同？如何解释这种不同？
Scala / Art Resource, NY

图 5.23　伦勃朗·哈尔曼松·凡·莱因，《自画像》，1659 年
在这幅艺术家的自画像中，你觉得最有意思的或者最让你感到惊奇的是什么？
Peter Horree / Alamy

　　17 世纪**荷兰画派**的杰出画家能精准地绘制面孔、人物和风景，直到两个世纪之后，摄影术才出现。事实上，很多不经常去博物馆的游客仍会因为作品惊人的现实性而赞叹不已。

　　但是，没有一位画家能超越伦勃朗·哈尔曼松·凡·莱因（1606—1669）的成就。他已经掌握了完美复刻的技术，同达·芬奇一样，他对**"心理现实主义"**也很感兴趣。伦勃朗经常接受委托进行创作，但他总是寻找主题上的挑战：面孔背后的人物、正在遭受的痛苦（即使他不知道原因）、摆脱沮丧人生的渴望。他喜欢画老人，这些老人的脸上承载着多年的艰辛和失去的痕迹。

　　为进一步增强表现强烈内心现实的技法，伦勃朗援引了卡拉瓦乔曾灵活运用的明暗对照法；他煞费苦心地将这种方法付诸实践，致使人们将二人一同视为运用明暗对照法的大师。此处影印的这幅作品，突出的是人的面部，沐浴在一股有着神秘来源的光线中。欣赏伦勃朗的诸多作品就是欣赏光与暗之间的对比，而且人们往往会以为光一定来自画外。虽然光主导着整幅作品，但我们不能就此认为黑暗对整体效果而言并不重要；伦勃朗用黑暗增强了自画像的宁静效果（图 5.23）。

　　参观一座大型博物馆，你将有机会看到许多近乎完美的传统肖像画，但只是表面的现实主义：表情似乎缺乏情感；它们无法表现画中人过着何种生活。要做到这一点则需要艺术家极高的天赋。

对艺术家而言，等待我们的是经由艺术与日常生活中所有伤人的一切达成的欣然和解。
——劳伦斯·杜雷尔

5.3 对完美复刻的反抗

18 世纪和 19 世纪的主要艺术运动是什么？

就在当下，时间的一瞬正飞逝而去！将这一瞬的真实记录在绘画中！为此，必须抛掉心中的其他一切，成为当下。
　　——保罗·塞尚

艺术界非常清楚，伦勃朗和其他荷兰画派的现实主义大师已在模仿层面将视觉艺术发挥到了极致。因此，如人们所预料的那样，新一代的艺术家会努力模仿他们的做法。直到 18 世纪，在大西洋两岸，风景画和肖像画在技术上均已成熟，而且几乎无一例外地乏味。但是，艺术最普遍的特征之一就是创新，所以这种趋势迟早会走到尽头，一定会有人站出来反抗这种追求完美复刻的传统。18 世纪末期西班牙重要艺术家弗朗西斯科·何塞·德·戈雅－卢西恩特斯（1746—1828）是这场反抗运动的带头人。

从现实主义过渡：戈雅

诚然，戈雅的早期作品都是他成长的阿拉贡乡村的写实风景画和如照片一般精致的肖像画。年轻的戈雅证明了他可以像（或几乎像）荷兰画派那样。虽然当他刚到西班牙文化中心马德里时很少有人知道他的名字，但他凭借自己讨巧的肖像画绘制技巧赢得了贵族极大的青睐，很快成为明星。

随后没有料到的事情发生了：他越来越无法忍受马德里那些时尚精英的生活方式。他对贪婪、虚伪和谋求社会地位感到恐惧。他意识到，如果继续走下去，他将毕生陷在炮制贵族肖像的无聊竞争中。对后人来说，所幸的是戈雅非常看重艺术的真诚。与为官方绘制肖像这种有利可图的工作相比，戈雅更想画出自己对社会的感受，嘲笑懒惰、低效、傲慢的贵族。这种消极否定的风格可能部分受到身体的影响，他在 1792 年几乎完全失聪。

戈雅变成了一个彻头彻尾的愤世嫉俗者，开始憎恨特权阶层以及他们为获得权力所做的一切。他的风格变得越来越黑暗，近乎疯狂。

19 世纪的第一个十年，拿破仑入侵西班牙，在带来战争的同时也证明了人类的残暴，这对戈雅而言是进一步的打击。在两幅代表作《1808 年 5 月 2 日》和《1808 年 5 月 3 日》（图 5.24）中，他用艺术手法戏剧化地表现了战争的残酷性。在图 5.24 中，拿破仑的行刑队正在处决几名西班牙人。艺术家集中刻画了那些被枪指着的人脸上那惊恐、绝望的表情。可以看出，这些人都是男性，但他们体现了艺术家对战争强有力的控诉，因而这幅作品拥有了永恒的意义。注意观察戈雅在这幅画中对明暗的高级处理以及受到的伦勃朗光影对比的影响。

对许多观众而言，戈雅后期的作品就算不是丑陋的，也是非常令人不快的。即使是现在，人们仍在质疑艺术家的理智和他基于对人类存在的悲观认知来进行表达的合理性——戈雅后期的作品没有任何审美性，还会激起人们的愤怒和恐惧。

不过，使人们感到不安的当代艺术现在已经十分常见，因此很多戈雅的后继者会认为"艺术是否必须是美的"这种问题毫无意义。或许他们认为，艺术凭借其艺术性，无论主题如何，都是美的。如果判断一件作品是不是"艺术"的标准之一是艺术家对一种极具挑战性的媒介的征服和对强烈束缚的突破，那么戈雅对人类难以捉摸的激情的刻画一定可以被称为"美的"。

图 5.24　弗朗西斯科·何塞·德·戈雅－卢西恩特斯，《1808 年 5 月 3 日》，1814 年
如果我们能同时看到士兵和受害者的脸，我们的观赏体验会发生什么变化？或者，如果中心人物没有举起双臂（举起双臂的人可能会让观众想起十字架上的耶稣）呢？
GL Archive/Alamy

印象主义

在戈雅和其他艺术家逐渐打开强烈个人风格大门的同时，现实主义风景画和肖像画依旧流行。在一些国家，年轻艺术家们声称追求相似性的日子已经过去，但在法国和英国这样的艺术圣地，艺术仍然意味着在细节模仿上的全然相似。想成为艺术家的人就必须接受对规则熟练程度的评判。尤其是在巴黎，新艺术家渴望自己的作品能够在一年一度的沙龙上展出，沙龙是向公众开放的大型艺术展。那些负责挑选展出作品的评委通常来自那些几十年来控制大众口味的所谓"专家群体"。陌生风格的绘画很少受欢迎，而那些"漏网之鱼"通常会被批评家骂得体无完肤。

对印象主义运动的艺术家而言，绘画是一种对色彩和光的体验。我们熟悉的世界是印象派画家创作的起点，但是它已经转变为画布上鲜艳的颜色，在画中，人的轮廓和自然景象被虚化，不再有鲜明的区分，每个细节都与画面整体融合在一起，这是顷刻之间对世界的主观感知。

受印象派画家理论影响的人也深受光学的影响，光学探讨视觉现象。相关的研究起源于中世纪伊斯兰国家，尤其是埃及。他们想要比文艺复兴时期的前辈们走得更远，试图再现真实的视觉体验。他们想试验颜色是如何抓住人的眼球的。哲学家也开始提出这样的问题："颜色是物体本身固有的吗？还是发生在观者身上的？"

爱德华·马奈　爱德华·马奈是经常被评委拒之门外的艺术家之一。他的作品坚持自己的风格，拒绝遵循评委专家们为沙龙展制定的规则。已经习惯被拒绝的马奈，最终证明了自己艺术创作的合理性。他在 1862 年递交的作品如今被认为是现实主义／印象主义运动的早期杰作，但在当时却是人们嘲笑和讥讽的对象。《草地上的午餐》(图5.25) 描绘了坐在巴黎公园草地上的三个人物：两个穿着考究的男人和一个裸体女人。背景中还有另一个女人，也许刚刚从湖里裸泳结束正在擦干身子。裸体女人可能已经游过泳了，也可能还没有，但这看起来完全不重要。在某种层面上，我们可以把这幅画看作对观看方式的研究。就其对现实世界的观察而言，它是现实主义的，但描绘逼真的形象并不是目的，因为画家不仅使空间平面化，还用一种单调的光线使画中人物也平面化了。

马奈针对这种全新的艺术风格提出了一套完整的理论。他说，一幅绘画不应该模仿事物表面的样子，也不应该凭借其传达的观点而被重视。相反，一幅画应该是一个事件，除了它自己，什么也不能表现，它为自己而存在——不是因为某个问题，也不是为了纪念某个人的样貌。

举个例子，艺术家看到一群人在湖边野餐，于是决定画下整个事件。但是我们所看到的、必须在画布上进行重现的，是一束光以各种不同的色调和阴影相互融合，投射在观者眼睛里的画面，光与阴影也融合在一起。伦勃朗和达·芬奇用光的效果创造了奇迹，但他们赋予画中主体以戏剧性。而对印象派画家来说，光线本身就是艺术的核

图 5.25　爱德华·马奈，《草地上的午餐》，1862 年
艺术的含义会随着时间发生变化。这幅被巴黎艺术界拒之门外的作品如今已是无价珍宝。艺术家将其看作对色彩和光线的试验。不过，生活在 21 世纪的欣赏者们或许能在这幅画中看到更多东西——一种文化价值观。你的想法呢？
Peter Horree/Alamy

图 5.26　克劳德·莫奈，《日出·印象》，1872 年
这幅画有哪些"印象主义"特征？
Album／Art Resources, NY

心：世界的光怪陆离通过令人惊叹的光学现象重现在艺术家的眼里。很多年后，物理学家才发现光是由一种被称作光子的微小粒子组成的；而印象主义画家，通过本能感知到光并非存在于某处，而是以某种方式存在。这为艺术带来了革命性的变化。

　　克劳德·莫奈　这种新风格的得名非常偶然。克劳德·莫奈（1840—1926）的名字经常与马奈的名字混淆，也一直遭到专家们的拒绝，但当很多与他相似的绘画风格得到认可后，他也开始售卖自己的作品。有一天，另一位印象派画家奥古斯特·雷诺阿的儿子埃德蒙·雷诺阿在莫奈的工作室里浏览他的新作时，偶然间看到了一幅画作上描绘的勒阿弗尔港口的日出场景，画布上呈现的鲜艳色彩和船只模糊不清的朦胧感吸引了他，整个场景呈现出对某个壮丽时刻的主观感受。他问莫奈准备为这幅画取什么名字，莫奈耸了耸肩说："哦，你可以称它为印象。"雷诺阿认为这件作品需要一个不那么普通的名字，所以他写下了《日出·印象》（图 5.26）。自此之后，莫奈和与他同种风格的艺术家都被称作印象派画家（然而这个词并不总是褒义的）。

　　贝尔特·莫里索和玛丽·卡萨特　19 世纪的印象主义运动造就了两位重要的女艺术家：马奈的弟媳贝尔特·莫里索（1841—1895）和美国女画家玛丽·卡萨特（1844—1926）。莫里索是第一位进入法国印象派画家圈子的女性，她的作品同其他印象主义画

图 5.27　玛丽·卡萨特，《船上聚会》，1893—1894 年
卡萨特深受日本艺术的影响，日本艺术倾向于运用粗而简洁的线条、大胆的形状和较少的细节。
（图 5.28）你能在这幅画中看到日本艺术的影响吗？
National Gallery of Art Chester Dale Collection 1963. 10. 94

图 5.28　浮世绘画师喜多川歌麿，《母子对镜图》，
1802 年
Brooklyn Museum Collection

家的作品一样，非常关注光线如何被看见。她对创造接近真实的形象很感兴趣，因此她一生都在印象画派的外缘徘徊。莫里索使用柔和的光影，结合了家庭现实主义手法和印象派手法。

　　玛丽·卡萨特受到印象派对光线的运用和印象主义思想的影响。印象主义认为，在绘画中，内容要从属于艺术家的技法。她生活优裕，促进了印象主义在美国的延续和接受。她的父亲是一个富有的法裔商人，他看到了女儿的艺术天赋，把她送到宾夕法尼亚美术学院学习。卡萨特毕业后定居巴黎。在巴黎，年轻的卡萨特结识了很多重要的印象派艺术家，这些艺术家影响了她后来的作品。

　　我们可以在《船上聚会》（图 5.27）这幅画中清楚地看到这种影响，尤其是受到画过类似场景的马奈的影响。同许多印象派画家一样，卡萨特深受日本艺术的启发。她曾在巴黎参观过日本艺术展。日本画家喜欢使用大胆的形状和较少的细节（图 5.28）。划桨手黑色的上衣与母亲及其怀抱的婴儿身上的柔光形成了鲜明的对比。这些形象，如同莫里索作品中的人物形象一样，显示了卡萨特对家庭生活主题的兴趣。《船上聚会》绘制于 1893 年至 1894 年间，这一时期被认为是卡萨特创作力最为旺盛的阶段。

后印象主义

印象主义运动在大西洋两岸逐渐占据了重要地位，最终像它所取代的传统艺术一样，变成一种艺术权威。新的艺术家出现了，他们逐渐不再满足于用光和色彩凸显绘画效果，开始试着用色彩来表达情感和某些象征意义。"**后印象主义**"这个说法由艺术史学家创造，指那些经历了印象主义全盛时期的艺术家的作品，他们虽然受到印象主义的影响，但显然不属于印象派。

文森特·梵·高　文森特·梵·高（1853—1890）可能是后印象主义画家中最早的一位。他与印象派画家相比有一个非常明显的不同：他没有形成一套科学的艺术理论来指导自己的创作。他喜欢色彩，尤其是明黄色、艳绿色和红色。有时他将这些颜色放在一起，形成一种强烈的效果。他对研究光学原理没有任何兴趣，因此他可以准确地模仿自己的观看体验。

从梵·高写给弟弟西奥的信中，我们可以了解很多他的绘画方法。这些信详细记录了梵·高对自己作品的想法。他将颜色作为表达情感的手段，从快乐、喜悦到孤独、绝望，而不是仅仅用它们去描绘现实世界。

梵·高是完全为自己创作的艺术家的典型，尽管他确实曾经试图出售过自己的作品。他的风格在当时是如此与众不同，连少数几个注意到他的批评家都感到困惑。如果他那善良的弟弟西奥没有照顾他的生活，他很有可能大部分时间都在挨饿中度过，甚至无家可归。但西奥相信哥哥的创作才能，即使在梵·高的作品遭到谴责和嘲笑的时候，他仍然在支持着梵·高。梵·高一生中只卖出过一幅画。不幸的是，他 37 岁时自杀了。

梵·高的一生印证了"艺术是饥饿艺术家最后的栖息之地"这种浪漫的说法。除了弟弟，他几乎处在一种被边缘化和不被理解的处境：作为求婚者，他被拒绝了两次（有一次，他强烈地呼喊："不，绝不，绝不！"）；他大部分时间都在理性和疯狂之间徘徊（最终越过了边界，再也没有回来）。他之所以能活着，仅仅是因为他在观察和模仿世界的过程中，常常会产生孩童般的快乐。

梵·高,《星空》　梵·高的《向日葵》和《星空》（图 5.29）都是无价之宝。这些作品与梵·高的很多作品一起，展示了一种与创作者风格完全一致的笔触方法：一种被称为"厚涂"的简短、有力的绘画技巧，借由此整个画面看起来充满活力。尽管艺术界对此不置可否，但梵·高还是沉溺于表现生命形状和色彩的感官冲击，并将它们转化为更高层面上的现实——将纯粹的感受转化为颜色、形状和质感。他还使用强烈的扁平色和厚涂的笔触来创造意义。例如，他在给西奥的信中解释说，他的星空和柏树表达了他

艺术旨在搅扰。科学使人安心。

——乔治·布拉克

图 5.29 梵·高,《星空》,
1889 年
这幅画在全世界受欢迎的程度
可能仅次于《蒙娜丽莎》。你认
为是什么原因呢？
Brian Jannsen / Alamy

对死亡和来世的看法。

　　本章一开始，我们讨论了《蒙娜丽莎》，指出它是世界上最著名的绘画作品。梵·高
的《星空》在受欢迎程度上可以被看作仅次于《蒙娜丽莎》的杰作，这是它应得的荣誉。
对于一个在 40 岁之前就结束了自己生命的人来说，这真是一种莫大的讽刺，他从来不
知道后世为他准备了什么！

5.4　作为变革的艺术

为什么"作为变革的艺术"可以定义 20 世纪和 21 世纪的艺术？

　　尽管印象派画家描绘的是他们眼中的世界，我们仍可以从他们的作品中辨认出我
们所熟悉的世界的痕迹，即使画中世界已经发生了巨大的变形。从梵·高的《星空》中，
我们看得到天空，尽管天空混合了黄色和蓝色。梵·高的作品正朝着我们称为"现代主
义"的方向发展。批评家和艺术史学家把大约在 1875—1975 年之间的学派、运动和绘

画技法都粗略地归在这一概念之下。20世纪末至今的文学和视觉艺术风格常被称作"**后现代主义**"。使现代艺术家和后现代艺术家迥然不同于如梵·高等艺术家的，是他们的创作"意图"。

梵·高和印象派画家为我们描述了一个熟悉的世界，这个世界被情感、被画家对光、色彩和形状的主观体验所改变。但当我们谈到紧随其后出现的艺术"**变革**"时，参与其中的艺术家甚至不从熟悉的世界开始创作。他们想要在世界中加入新的东西，加入属于自己的内容。在这样的意图下，他们丝毫不会被艺术传统所约束，除非这些艺术传统符合他们的个性，或符合他们的想象。刚进入现代艺术世界的人可能会感到困惑，这里似乎根本不存在理性，也没有明确的主题，更没有任何规则。

当马塞尔·杜尚（1887—1968）买了一个小便池，将它原封不动地提交给1917年的展览时，他对"艺术"的定义提出了质疑。这种"现成品艺术"（found art）的批评家可能会问："艺术家在其中做了什么？艺术家的禁区是什么？"现代艺术家总是给作品施加自己的规则。他们创造新的传统，也总会感到孤独。难怪他们有时会像杜尚那样带有某种幽默感。

一些现代艺术——事实上有很多——实际上与其所描绘的人、地方和事物很相像，但这通常也正是它背离传统的起点。例如，弗朗西斯·培根（1909—1992）的油画中有一些真实的、可以识别的事物，可能是有人坐在马桶上，或是一块正在流血的肉。你知道它描绘的是什么，但你可能会问："为什么会有人想画这个呢？"

我认为，可贵的是能拥抱新事物且乐于学习；而且，一旦掌握，它定能带来快乐，否则就不成其为艺术。

——理查德·威尔伯

1913 年第 69 团军械库展览

现代艺术在镀金时代末期传入美国。镀金时代指19世纪最后的二十年。其间，一些靠铁路、煤炭或钢铁发家致富的美国人有了很强的艺术意识。这是一个华丽的大厦、奢侈的远洋航行以及无价艺术品大量聚集的时代。尤其是纽约，迫切需要成为现代主义的艺术中心。收藏家想看到一切新鲜和令人兴奋的东西。早在印象派在欧洲全面流行之前，这些人就已经向它敞开了怀抱。

1913 年，曼哈顿第 69 团军械库是欧洲艺术家新作品展览的地方。直到今天，这次展览仍被视作美国历史上最重要的艺术展。许多美国人在这里第一次看到了梵·高那惊人的作品。还有很多艺术家的作品，他们的风格看起来即便不是可笑的，也是令人极为费解的。

瓦西里·康定斯基 俄国画家和艺术理论家瓦西里·康定斯基（1866—1944）的作品是优秀的现代艺术入门作品。年轻时，他绘制人物的手法已非常娴熟，于是开始寻

找其他对象。康定斯基逐渐认为，艺术作品最关键的要素是形式——线条和色彩令人愉悦的安排除了审美别无目的。换言之，绘画应提供一种美的体验。康定斯基沉浸在自己的想象中，创造了一个只有形状的新世界。他将它画了出来，形成了后来被称为"抽象艺术"的风格。不过，"那是什么？"通常是欣赏者提出的第一个问题。

像很多现代艺术家一样，康定斯基区分了美和人们可以在画中看到的其他东西，他认为：

> ……为了直接与灵魂对话，避免物的干扰，最好使用纯色彩语言进行艺术创作。摆脱了现实世界的束缚，色彩可以变得像音乐一样，因其音调和音强间的相互作用而变得异常美丽。[1]

康定斯基的理论对他自己和其他参展艺术家而言很有意义，很多来参观的艺术批评家和潜在的收藏家都希望能有一些真正的收获。而事实上，展览中的大部分作品都未受到批评家和公众的热烈欢迎。如此多的改变带来的震惊实在太大了，像后来被称为 20 世纪最著名艺术家的毕加索的作品就在那里受到了广泛的谴责，展出其作品的展厅被戏称为"恐怖屋"。

杜尚，《下楼梯的裸女》　有一幅作品引起了最大的骚动和争议，其创作者即刻恶名远扬，它就是杜尚的《下楼梯的裸女》（图 5.30）。一位批评家称杜尚是现代艺术界"最大的罪人"。四年后，也就是 1917 年，杜尚把我们前面提到的小便池交给了另一个展览，进一步引起批评家的不满（作品很快就被展览拒绝了）。这位艺术家发起了一场被称为"现成品艺术"的运动，并最终获得了认可（或许是有些勉强的）。

在《下楼梯的裸女》中，杜尚发展了自己独特的抽象主义。他以一个现实中模特从连续台阶上走下为起点，去掉了所有的现实元素，只留下下降这一动作的感觉和人物的暗影。换句话说，杜尚从真实场景中抽象出来的只是他作为艺术家感兴趣的元素，而把其他东西都去掉了。他放弃了画家让自己作品的内容能立刻被辨认出来的职责和义务。如果这幅名字如此清楚的作品没有因缺少现实元素使观众失望的话，争议可能就不会那么激烈了。抽象艺术在当代艺术家中仍然是一种流行的表达形式。有时人们可以从作品的题目中获得主题的暗示，而艺术家更多的时候只是描述性地命名绘画或雕塑作品，比如"研究"或"线条与色彩"等。

立体主义以及现代主义的诞生

军械库艺术展的久负盛名要归功于它向美国介绍了那些最令人费解、最具争议，也最具有创新性的现代艺术家的作品。巴勃罗·毕加索的作品在"恐怖屋"中展出，引起了成千上万人的嘲笑，但也有不少人对它们赞叹不已。他对整整一个世纪的艺术家的影响超过了我们所能想到的任何艺术家。他完全超越了他所在的时代，因此很多艺术史学家把他列为有史以来最伟大的三到四位艺术家之一。

巴勃罗·毕加索　巴勃罗·毕加索（1881—1973）生活在整个现代主义艺术运动时期。人们看他的作品就会知道现代主义是什么。他年轻时深受印象派画家和印象派理论的影响。印象派画家认为，随着摄影技术的出现，模仿性的现实主义已死。毕加索在其令人难以置信的艺术生涯中，比同时代任何一位艺术家都更加坚持现代主义风格。他接受过传统训练，完全可以创作出栩栩如生的画像，但他也可以重现主观视觉体验，或创造一种既不现实主义也不抽象的全新艺术风格，这种风格来源于他观看世界的另一种方式，被称为**立体主义**。毕加索与艺术家乔治·布拉克一起创造了这一艺术流派。

第一次到巴黎时，毕加索只有 19 岁。在那里，他看到了印象派画家对色彩的运用，并为之惊叹不已。他非常喜欢蓝色，很快就掌握了模仿和变化的技巧。他用特殊的蓝色色调绘制穷人，比如妓女和无家可归的流浪者。

毕加索从一开始就希望不只展示自己完美复刻的天赋，虽然他的确很擅长。他既想凭借自己独一无二的天才在世界上留下印记，也想改变现实。他的确做到了，他不仅在二维平面上进行创作，还从事雕塑、建筑和剧院景观设计的工作。他在业余时间也创作诗歌和戏剧！

毕加索快乐地运用色彩，就像一个拒绝长大的孩子。随着年龄渐长，他喜欢建议年轻艺术家尽一切可能拒绝长大。二十多岁的时候，"孩子气"的毕加索迷上了马戏团。在那里，他开启了以粉红色、橙色、黄色和灰色为主色调的新阶段：他画了许多小丑、空中飞人和表演者的肖像画。这些肖像画栩栩如生，很好辨认，但已经开始表现出对现实的变形，这也是毕加索大多数成熟作品的特点。

在巴黎举办的一个非洲面具展上，毕加索被面具的颜色和扭曲的人脸所吸引。这些面具对他的影响如此之大，如此之迅速，以至于让毕加索创作了他的第一部成功作品《亚威农少女》（1907）。这幅巨大的油画描绘了 5 名女子，她们的身体被缩减成几何图形，就像非洲面具那样；人物从不同的视角被呈现，则像埃及雕塑那样（埃及雕塑对毕加索也产生了重要影响）。这些人物被放在一个断裂、扁平的空间里，没有遵循西方自然主义和透视法传统（图 5.31 和图 5.32）。早期观众会觉得这幅画令人吃惊——有时他们也会觉得很有趣。

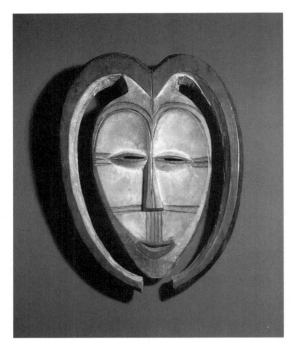

图 5.31　扎伊尔首都金沙萨展出的山羊面具
Charles Lenars/Fine Art/Corbis

图 5.32　巴勃罗·毕加索，《亚威农少女》，1907 年
毕加索在创作这幅《亚威农少女》之前参观过一个非洲面具展。他所受到的影响在画中是怎样体现的？
Joseph Martin/Album/Newscom

乔治·布拉克　乔治·布拉克（1882—1963）比毕加索小一岁，在展览中看到亚威农的这些少女，认为她们改变了他的生活和未来的艺术创作计划。他打算去拜访这位不仅让他看到了一种全新的绘画方式，也让他看到了一种全新观察方式的艺术家。在这位"年长"导师的建议下，布拉克开始用新的方式进行创作。他会观察一个因为种种原因吸引他的场景，然后走开，让自己忘记场景中的真实细节，直到自己能在记忆中将其解构，而后就在画布上用大胆的、没有阴影的颜色将场景重建为几何图形。他用这种方式创作了系列风景画。一位评论家曾抱怨布拉克的作品选取的物体是美丽的，但都把它们变成了"立方体"。这篇评论出现后，"立体主义"一词——虽然最初带有贬义——开始用来指布拉克和毕加索的作品。1909 年，两位艺术家密切联系，发起了立体主义运动，提出了清晰的艺术原则。

通过对他们的艺术进行批判性思考，两位艺术家提出了一种理论：没人能真正看见某个物体或人。相反，人们看到的只是一段时间内事件的延续，不管事件本身发展得有多快。此外，人的眼睛不断转动，不断变换观察视角。无论是坐还是站，人都处在一个特殊的、固定的位置。写实绘画和摄影催生出一种错误观念，事物有着固定的视角。我们的话语暗示着我们看到了现实，而事实上，我们真正看到的只是意识重新组合起来的碎片。

立体派的作品并未放弃绘制可以识别的物体：作品的名字都是人们熟悉的主题。布拉克的《弹吉他的男人》（图 5.33）就是一个例子。这幅画是布拉克 30 岁时画的，是立体主义的代表性作品。人们可以看到很多熟悉的元素：一个站立的模糊人形、一把弦乐器。这幅画是对支离破碎的世界的阐释，而重点是它与现实中音乐家的形象并不相似。

毕加索，《格尔尼卡》　1937 年，毕加索受邀为巴黎世博会西班牙馆创作一幅大型油画。毕加索没有简单选择一个视觉事件并用他那著名的风格将事件转化为几何图形，而是借此表达了对战争的强烈控诉和反对。《格尔尼卡》（图 5.34）不仅被视作毕加索的杰作，而且被看作有史以来最伟大的艺术品之一。它还让那些谴责现代艺术家过分专注技术和创新而忽略现实的批评家默不作声了。

虽然毕加索在和布拉克分道扬镳之前就已经放弃了这场运动，但通过这种绘画方式，毕加索得以用迅速的视觉冲击来传递信息——同样的内容需要记者用大量文字和摄影师相机中数不清的照片来表达。这幅画描述了一个引发全世界反对的事件：声名狼藉的德国空军对格尔尼卡实施的大轰炸。格尔尼卡是一个文化中心，位于西班牙北部巴斯克地区，是共和军对抗叛军的大本营，而最终叛军赢得了西班牙内战。叛军领导人弗朗西斯科·佛朗哥·马丁已向德国和意大利请求支持。美国支持当选的共和党政府，而希特勒则支持弗朗西斯科。格尔尼卡大轰炸也是德国向世界展示自己军事实力的一种方式。

轰炸发生在 1937 年 4 月 26 日，受害者不仅包括共和军士兵，还包括 2500 名市民，其中有数百名儿童。世界各地的报刊集中报道了这一事件，并刊登了大量死难者的图片。当时，尚未决定是否要为西班牙馆创作一幅作品的毕加索，看到这些照片深感震动，于是他冲回家，立即开始了创作。

当《格尔尼卡》1939 年在纽约世界博览会上亮相时，受到批评界的一致好评，也确立了毕加索于在世艺术家中的地位，当然其中也不乏批评者。俄罗斯政府表示，只有现实主义艺术才能带来重大的社会变革，而纳粹政权不出意料地将其斥责为"堕落的艺术"。

作为一件真正的杰作，《格尔尼卡》时至今日仍然具有重要意义。当我们仔细观察这幅画作时，震惊世界的越南、伊拉克和阿富汗战争就会浮现在我们的脑海中。它并不是对一个已逝事件的简单记录，而是持久鲜活的良知的显现。因此它将持续感动着

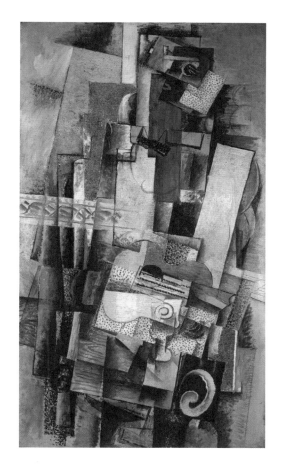

图 5.33　乔治·布拉克，《弹吉他的男人》，1912 年
你能在这幅画中看出哪些熟悉的物体？你真的看到了一个弹吉他的男人吗？还是其他的东西？
Gianni Dagli Orti / The Art Archive at Art Resource, NY. Art © 2015 Artists Rights Society (ARS), New York / ADAGP, Paris

绘画不是审美活动；而是一套魔法，是这个陌异不利的世界与我们之间的调停；是赋予我们的恐惧和欲望以形式以便我们获得权力的方式。

——巴勃罗·毕加索

图 5.34　巴勃罗·毕加索，《格尔尼卡》，1937 年

将这幅画与戈雅的画（图 5.24）进行对比，戈雅的画也表现了战争的恐惧，在很多人眼里，也戏剧性地表达了一种反战观点。两位艺术家的绘画方法有何不同？有何相似？哪部作品更能触动你？Oronoz/Album/Newscom. Art ©2015 Estate of Pable Picasso/Artists Rights Soeity (ARS), New York

人们。曼哈顿的联合国总部悬挂着作品的挂毯复制品。2003 年，时任美国国务卿的科林·鲍威尔在联合国安理会上发表演讲，主张对伊拉克采取军事行动时，这幅通常被挂在外面进行展示的挂毯被遮挡起来。

毕加索晚年的作品更加简单，反映了画家近乎孩童般的纯真状态，这种状态像《格尔尼卡》一样，用自己的方式进行强有力的表达。它满载着对充满和平与爱的未来世界的希望。只要格尔尼卡的恐怖事件还在上演，人们就需要这样的表达。在毕加索家乡尼斯附近的法国南部小镇瓦勒里小教堂的天顶上，毕加索曾画过一些鸽子。在他的朋友和邻居亨利·马蒂斯的帮助下，他还将"拼贴"发展成一种艺术形式：花费数百个小时剪下小片的图案，将它们粘在大的彩色背景中。90 岁的毕加索并没有像一些愤世嫉俗者那样"失去理智"，相反，他做到了我们很少人能做到的事情：他的身体里一直住着一个孩子。让人成为人的艺术正需要孩童般的赤子之心。

"不现实"的现实主义

艺术家能否赢得声誉取决于他对其他艺术家产生了多大的影响。很多艺术家将毕加索视为领袖，是他鼓励他们按照自己的想法进行创作，无须顾及公众的反应。毕加索和志同道合的伙伴们解放了艺术家，鼓励艺术家追随自己的方向，创立自己的风格，发出与众不同的声音。20 世纪的欧洲，尤其是美国，艺术发展出现了很多不同的方向。墨西哥壁画家迭戈·里维拉等社会现实主义画家创作了很多不朽的纪念劳动人民的社

会批判作品。萨尔瓦多·达利和里维拉的妻子弗里达·卡罗等超现实主义者也许是受到日益流行的精神分析的启发，在奇怪的梦境中找到了灵感。20世纪后半叶，《玛丽莲·梦露》和《金宝汤罐头》的创作者安迪·沃霍尔成为著名的波普艺术的支持者。而像乔治亚·欧姬芙这样的艺术家则成功地避开各种标签，坚持沿着自己的道路进行创作。

超现实主义：达利和卡罗 超现实主义是 20 世纪上半叶流行的艺术风格，它将清晰可辨的形状置于晦涩的背景中。定义**超现实主义**最好的方法是将其看作对梦境和潜意识的模仿。这在很大程度上要归因于弗洛伊德和荣格的心理学理论。他们对深藏在人类意识之下的领域的探索激起了视觉艺术家、作家和哲学家的兴趣。人们发现，内心世界就像自然世界的种种新近发现一样令人着迷。

超现实主义者想要模仿内心世界，使潜意识外化为外部世界有形的部分。至少这是这场运动公开的宗旨。这场运动的主要发起者是西班牙画家萨尔瓦多·达利（1904—1989）。与毕加索笔下碎片化的对象不同，达利创造的是一个由具体物体组合而成的梦的世界，这些物体在画中被非理性地组合在一起。

达利以他神经质的行为和作品中描绘的奇幻世界而闻名。对精神病学家和那些从心理障碍角度解读作品的艺术批评家而言，达利的画充满了魅力。有些评论家甚至将他的画称为疯子的作品。但如果达利真是个疯子，那么他也是一个极有商业头脑、长于算计的艺术怪才。他从一开始就利用弗洛伊德的人气进行艺术创作，使自己成为争议的中心，从而提高了作品的价值。

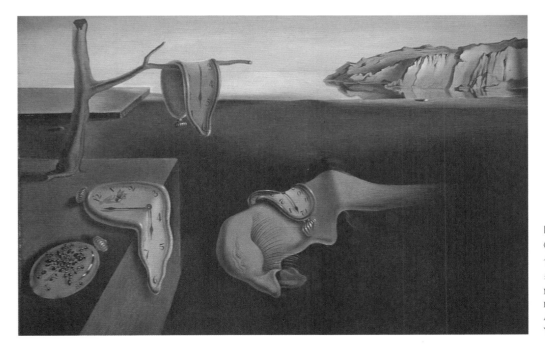

图 5.35 萨尔瓦多·达利，《记忆的永恒》，1931 年
你认为这些奇怪的图像是从哪里来的？你觉得它们表达了什么？
M. Flynn / Alamy. Art © Salvador Dalí, Fundació Gala-Salvador Dalí, Artists Rights Society (ARS), New York 2015

达利最有名的作品《记忆的永恒》（图5.35）是一部明显的，也许是有意识创作的弗洛伊德式作品。画中有一根树枝，上面挂着由柔软的橡胶材料制成的钟表。另一块橡胶钟表挂在桌子上，桌子上还放着一块实体的钟表，另一块戴在一个不是手腕的东西上。坚持用弗洛伊德理论进行解读的人可能会将这些无精打采的钟表看作迟钝的男性性器官的象征，而没有扭曲变形的钟表则是过去快乐生活的象征，或许这也正是达利所希望的。艺术家在被迫隐藏自己的态度吗？还是他故意这样做以引起人们的争论？

墨西哥艺术家弗里达·卡罗（1907—1954）一生中的大部分时间都生活在著名壁画家丈夫迭戈·里维拉的阴影下。她在一次交通事故中身体多处受伤，以致终身无法生育。尽管面临这些挑战（或许正是因为这些挑战），她创作了一系列作品，其中大部分都是自画像（图5.36），这些作品公然展示了女性心理的复杂性，她也因此成为女性主义者的偶像。她的作品将原始民间艺术的质朴与超现实主义复杂的心理现实结合在一起，但她在世时几乎没有受到任何关注和认可。不过，她在48岁去世后，声誉开始与日俱增。如今，她已成为20世纪最著名的艺术家之一。

乔治亚·欧姬芙　乔治亚·欧姬芙（1887—1986）的作品呈现了另一种"不现实"的现实主义。她笔下的形象也是抽象的，或许我们还能从中窥探到她的潜意识。艺术家似乎是基于内心深处的冲动进行创作，这种冲动导致她重新诠释自己熟悉的现实世界。她坚信，所有艺术都只能基于作品来分析，基于艺术家的所做而非所说来分析。

欧姬芙通常会模仿一两个现实世界中醒目且有趣的形式，去掉诸多细节后将它们画出来。欧姬芙观察世界的方式与立体派不同。立体派将世界分解成几何形状，而欧姬芙将世界视为一个不知为何突然跃入艺术家眼中的某些形式：颜色、形状本身的美、肌理，或者如一些批评家所说的，形式对艺术家而言所具有的潜在的性方面的意义。尽管欧姬芙一直反对这种解读，但许多批评家认为她作品中的性暗示是不言自明的，女性主义者也将她视为群体中的一员（图5.37）。

欧姬芙出生于威斯康星州，曾在芝加哥艺术学院接受教育。搬到纽约时，她只有20岁，在那里她嫁给了摄影师阿尔弗雷德·施蒂格利茨。施蒂格利茨的画廊展示着当时最流行的艺术家的作品。欧姬芙的早期作品深受亚洲艺术、立体派艺术和超现实主义艺术的影响，但她很快形成了自己独特的风格，尤其在搬到新墨西哥州以后。欧姬芙一生

我在哪里出生，在哪里居住，又如何生活，这些并不重要。有趣的倒是我做过什么又去过哪里。

——乔治亚·欧姬芙

图5.36　弗里达·卡罗，《两个弗里达》细节图，1939年
这幅画中发生了什么事？给你一种什么样的感觉？这幅画与另一幅超现实主义代表作《记忆的永恒》（图5.35）有何异同？
Album / Art Resource, NY. Art ©2015 Banco de México Diego Rivera Frida Kahlo Museums Trust, Mexico, D. F. / Artists Rights Society (ARS), New York

的多数时间都在那里度过。

欧姬芙的大部分著名作品都创作于她搬到新墨西哥州以后的时期：花朵从茎中绽放；山脉、峡谷、无际的天空和不断变化的颜色；已死动物被漂白的头骨。所有这些形象最开始都是用纯白色绘制的，这种耀眼的颜色和宏伟的造型使整件作品轮廓鲜明，十分突出。虽然西南部本身就拥有五彩纷呈的景象，但欧姬芙改变了地上风景，赋予它们迷人的活力，回馈给大自然她曾从中获取的一切，所有艺术家都有权这样做。

图 5.37 乔治亚·欧姬芙，《公羊头、白蜀葵和小山》，1935 年

欧姬芙常绘制她在新墨西哥看到的景色。不过批评家通常将其看作对女性想象的表现。你认为一幅画总有想表达的意义吗？或者，观赏者会阐发出画家并没有想表达的思想吗？Brooklyn Museum, Bequest of Edith and Milton Lowenthal Georgia O'Keeffe (American, 1887—1986). *Ram's Head, White HollyhockHills (Ram's Head and White Hollyhock, New Mexico)*, 1935, oil on canvas, 30×36in. (76.2×91.5cm)

阿隆·道格拉斯 当达利、卡罗和欧姬芙还在精炼自身的技艺时，一位名叫阿隆·道格拉斯（1898—1979）的年轻非裔美国艺术家从堪萨斯城出发，准备在纽约做中途停留，然后前往巴黎。20 世纪二三十年代，巴黎就像一块磁铁，吸引着世界各国的艺术家，在那里，他们可以找到所有能想象到的艺术风格。自印象主义进入全盛时期后，巴黎就成了那些想要在艺术界出人头地的艺术家的聚集地。不过，在纽约中途停留的时间比道格拉斯预期的要长得多，因为在这里，他发现了哈莱姆区。

道格拉斯出生于堪萨斯州一个中产阶级家庭，毕业于内布拉斯加大学视觉艺术专业，最初他并未感受到自己与非洲血统的联系。非洲血统的自我发掘对这位正在寻找自己风格和主张的年轻艺术家产生了深刻影响。道格拉斯在非洲文化中发现的是他在平静的美国中西部生活中所没有的：一种不受限制表达情感的方式，无论是欢乐和喜悦，还是痛苦和悲伤。在他周围，哈莱姆区的人们在诗歌、爵士乐、舞蹈和戏剧中尽情释放着情感。很多人在寻找合适的视觉艺术语言，并邀请道格拉斯加入他们。

道格拉斯知道自己想超越完美复刻的艺术，但他并不知道从何处着手，也不知道为何要这样做。在哈莱姆文艺复兴运动和立体主义中，他找到了答案。道格拉斯欣赏立体派鼓励人们重新思考如何看待现实的观点。他知道自己并不赞同那些敦促艺术家和作家耗费自己的才能发表抗议声明的非裔美国领袖。他相信，非裔美国艺术应该有自己的运动，应该有自己的价值，也能够向世界展示一种新的视角。

古埃及艺术使道格拉斯第一次认识了非洲。令他既震惊又兴奋的是，古埃及艺术家以一种毕加索非常熟悉的方式塑造人物。在图 5.38 中，非洲舞蹈演员怀着喜悦疯狂地舞动，周围是族人和鼓手。画面上方中间位置小小的金色造型也是埃及风格，毕加索应该非常熟悉这种形式。

图 5.38　阿隆·道格拉斯，《黑人生活：黑人在非洲》，1934 年

从道格拉斯作品的哪些细节里可以看到毕加索的影响？或埃及艺术的影响？

Schomburg Center, NYPL / Art Resource, NY

道格拉斯的风格植根于他的严肃思考。他坚信，在模仿现实世界的过程中形成的完美复刻的艺术，实际上歪曲了人们观察世界的方式。鼓手的形象使他能把自己在非裔美国人精神中感受到的兴奋传递到作品中，这种兴奋正是他观察世界方式的一部分。因此，他既模仿现实，也模仿自己的情感。

抽象表现主义

也许**抽象表现主义**是 20 世纪中叶最重要的艺术运动。这一术语来源于德国表现主义运动，但最终几乎只同第二次世界大战后的美国艺术家，如杰克逊·波洛克、马克·罗斯科以及雕塑家，如路易丝·布尔乔亚和路易斯·内维尔森联系在一起。在某种程度上，抽象表现主义运动是对 20 世纪早期主流社会现实主义风格的反抗，也是对超现实主义和立体主义以及毕加索、康定斯基和马蒂斯等艺术家作品的延续。形状和颜色是抽象表现主义艺术家关注的重点。

杰克逊·波洛克　杰克逊·波洛克（1912—1956）出生于美国怀俄明州，在亚利桑那州和加利福尼亚州长大。在那里，他接触了美国本土沙画，跟随美国地方主义者、壁画家托马斯·哈特·本顿学习。在 WPA 联邦艺术项目工作几年之后，波洛克在 20 世纪 40 年代早期定居纽约，并开始尝试新的创作方法。不久他就放弃了传统的画架和刷子，而是用木棍、铲，甚至注射器在铺在地板上的巨大画布上进行创作，因此他可以在创作过程中四处走动（图 5.39 和图 5.40）。他的绘画通常被称为"滴洒画"或"行动绘画"，不再描绘可识别的物体，而是对艺术家充沛精力的一种记录，充分挖掘画家的内心世界。虽然人们对波洛克的作品褒贬不一，但他的确影响了几代美国艺术家。波洛克严重酗酒，在一次车祸中去世，年仅 44 岁。最终，大部分波洛克同时代艺术家的作品，即便与他的艺术手法和风格相去甚远，都被一起贴上了现代艺术的标签。

路易丝·布尔乔亚　雕塑在 20 世纪后半叶成为一种日益重要的媒介。抽象表现主义对形状的关注成为大卫·史密斯和野口勇等极简抽象派艺术家的灵感来源，而杜安·汉森、乔治·西格尔等艺术家却对现代主义采取一种置之不理的态度，创作出被称

图 5.39 杰克逊·波洛克,《第三号老虎》,
1949 年
Album/Art Resource, NY. Art ©2015 The Pollock-
Krasner Foundation/Artists Rights Society (ARS),
New York

图 5.40 佛教僧侣们正在制作沙画
这两幅作品都是作家在画布上方创作的作品,而不是坐在画布旁边绘制的。
这种绘画方式是如何改变人们对作品的观赏体验的?
Maria Grazia Casella/Alamy

为"超级写实主义"的作品。路易丝·布尔乔亚(1911—2010)生于巴黎,长期居住在
纽约,是 20 世纪 50 年代抽象表现主义艺术家。作为雕塑家,她很快建立起自己独特
的感受方式,常用作品表达自己早年遭到父亲虐待、经历母亲去世,以及在新的国家和
新的语境中面临的问题。尽管像乔治亚·欧姬芙一样,她拒绝被贴上女性主义者的标
签,但她的作品具有明显的女性气质,如她最著名的作品《妈妈》(图 5.41)。创作《妈妈》
的时候,布尔乔亚已年近 90 岁。

波普艺术

受到包括漫画、电影、电视广告和广告牌等在内的流行文化的影响,**波普艺术**在
20 世纪中叶不可避免地出现了。它还被描述为"玩笑"艺术,因为艺术家似乎对自己的
作品带有一种幽默感。他们有时会对美国文化中的时尚和肤浅表达自己的看法,并且
往往专注于普通事物,有时会借此暗示美国的生活一无是处。

安迪·沃霍尔 安迪·沃霍尔(1928—1987)无疑是波普艺术最著名的代表。他因
擅长取材流行文化而闻名,比如《100 罐》,画中是一排排看起来一模一样的金宝汤罐

头。这种艺术灵感显然来源于大众广告，但对罐头形象的过度重复却显得既有趣又令
人震惊。沃霍尔是在嘲笑美国文化愚蠢的因循守旧和缺乏想象力吗？

不过，沃霍尔也喜欢这种花里胡哨的文化，可以看看他为电影明星玛丽莲·梦露绘
制的著名肖像（图 5.42）。这幅肖像是 1953 年电影《飞瀑怒潮》的一幅宣传照，表现了
当时流行的"电影杂志"封面图片的样式（《娱乐周刊》和《明星》的前身）。鲜艳的色
彩暗示着一个虚幻的"浮华城"。沃霍尔同其他艺术家一样，无法抗拒梦露——一位曾
叫诺玛·琼妮·贝克的普通年轻女孩——的美色而试图将她描绘成现代版的阿芙洛狄
忒。沃霍尔知道梦露只是一个被制作出的产品，作为一个电影人，他也为自己的电影
世界制作很多虚假形象，包括一个名叫迪万的身材丰满的异装癖和一个主张波普艺术
的信徒。

电影是沃霍尔艺术的中心，《雀西女郎》（1966）的出现引发了一种新的电影现象，
即"地下影片"，一般指预算极少且无计划，通常是黑白的，主题是反对（或讽刺）美国
主流文化的电影。沃霍尔的电影一般都超过三小时；两个屏幕同时放映看似毫无关联
的动作。电影的"情节"是一系列支离破碎的片段，夹杂一些奇怪的、令人难忘的画面。
在一个五分钟的镜头里，一个年轻女子站在镜子前剪头发。其他什么都没发生，但密
集的镜头聚焦在她的脸上，伴随着剪刀的声音，创造出一种催眠效果。

通常迎合另类品味的艺术馆会在某个特殊的夜晚放映沃霍尔的电影。他的大部分电影作品目前已经很难看到了，但它们仍然是所谓"常驻"艺术和"非永久"艺术之间的重要衔接。"常驻"艺术可以在博物馆和画廊中找到，而"非永久"艺术只能持续很短的时间，它们本身也并不想获得永恒价值，而这或许也是美国艺术必然的发展方向。在美国，人的注意力持续时间很短，并且总是处在变化之中。

图 5.42 安迪·沃霍尔，《玛丽莲·梦露》，1962 年
沃霍尔大部分的艺术内容都是图像的重复，有时候他还会让很多人在工作室里帮他做一些工作。这是艺术吗？是什么定义了艺术？
Akg-Images/Newscom. Art ©2015 The Andy Warhol Foundation for the Visual Arts, Inc./Artists Rights Society (ARS), New York

行为艺术和装置艺术

行为艺术和**装置艺术**都是"事件"艺术，艺术家想要寻找一种在风云变幻的艺术世界里与众不同的艺术表达方式，又或许，他们认为如果艺术不存在那么长时间的话会更美、更有效。行为艺术家不以作品某天被珍藏在某个著名博物馆中为目的；他们选择做一些只在一段时间里存在的事情，即使他们的作品会引发巨大的争议而后再也不会被人们看到。虽然行为艺术也可以再现，但他们绝不会连续两次创作同样的作品。装置艺术家创造环境，有时会在大自然中，有时会在某个结构内部。装置作品也是持续时间相对较短的艺术品，虽然它们可以被重新创造很多次。

玛莉娜·阿布拉莫维奇 玛莉娜·阿布拉莫维奇是 21 世纪最著名的行为艺术家之一，1946 年生于塞尔维亚。她的行为艺术作品侧重表现痛苦以及身体的耐久力。她曾多次让观众用手术刀和剪刀割碎她的衣服，多次刺伤自己的双手，或者服用强效药片，让人们观看她的身体反应。最让她声名狼藉的作品是《艺术家在场》（2010，纽约现代艺术博物馆）。作品中，阿布拉莫维奇在两个月的时间里静静地坐了 736.5 小时。博物馆的参观者则排着长队，有时长达数小时，只为坐在她对面。

克里斯托和珍妮－克劳德 克里斯托·贾瓦切夫（1935—2020）和他的妻子珍妮－克劳德·德奈特·德·吉尔邦（1935—2009）——大部分人不熟悉他们的姓——既不模仿，也不做行为艺术；他们真正而又短暂地改变了世界，创作了一个个宏大且非常著名的作品。他们认为自然环境就是他们的媒介。他们的一系列作品包括用塑料包裹 100 万平方英尺（92903.04 平方米）的澳大利亚海岸线，在科罗拉多州两座山中间安装一块巨大的幕布，在加利福尼亚州山上用 20 英尺（609.60 厘米）高的尼龙板建造 24 英里（38.62 公里）长的栅栏，用火红色的塑料环绕迈阿密比斯坎湾的一个岛屿（这件作品在

当代艺术，无论其如何标榜自身对否定性的热衷，仍旧可以被解释为一整套有关形式的肯定。
——苏珊·桑塔格

环保主义者心中引起恐慌，他们试图阻止，但并未成功），还有一组巨大的、由 7503 个木质框架组成的装置，中间挂着橙色窗帘。这件作品的创作历时 6 年，2005 年在中央公园展出了 16 天。作品名为《橙色门廊》（图 5.43），被看作自狮身人面像以来最大的艺术工程。

5.5　摄影和数字艺术

技术对摄影和数字艺术的创作有何影响？

自 19 世纪摄影术诞生以来，摄影日益普及，肖像画和现实主义风景艺术的影响日渐式微。人们会说，如果想要创作看起来逼真的作品，为什么不选择更好的制作工具呢？富有创造力的艺术家对这项新发明十分着迷，几乎立刻就开始尝试使用它们，极大地拓展了摄影的可能性。在 21 世纪，通过技术创作的艺术——**数字艺术**——在艺术景观中占据了越来越多的空间。

摄影：施蒂格利茨和谢尔曼

20 世纪早期最优秀的摄影师之一是阿尔弗雷德·施蒂格利茨（1864—1946）。他痴迷于摄影，想让摄影成为一种独特的美国艺术形式。他最著名的作品是拍摄妻子乔治亚·欧姬芙的照片。他凭借肖像照而闻名，一心想证明照相机能捕捉人的内心，即使比不上画家，也能跟他们一样。他的大城市生活照也很出名，照片提供了有关美国城市生活的外观和感受的影像记录。施蒂格利茨镜头下的纽约已经呈现出拥挤和狂热的节奏，这终将成为纽约的标志性特征。1897 年，他创立杂志《摄影笔记》，1903 年又创办了杂志《摄影作品》。《摄影笔记》是第一本致力于研究摄影艺术和技术的杂志，施蒂格利茨在 20 世纪 40 年代和 50 年代期间指导了许多年轻艺术家，并为他们提供展示自己作品的场所。

图 5.44　辛迪·谢尔曼，《无题》电影剧照，第三张，1977 年
你认为谢尔曼想在这幅照片中表达什么？或者只是一张简单的照片？
Courtesy of Cindy Sherman & Metro Pictures/LACMA

1954 年出生于新泽西州的辛迪·谢尔曼在摄影时常把自己当作模特，并以此闻名。身着各式各样的服装，她着重表现女性在美国文化中的角色（图 5.44），尤其在"男性的注视"下，社会对女性外表和行为的期待。谢尔曼一系列"插页女郎"的照片引发了很多争议，批评者为她贴上"偷窥狂"的标签，但她认为，她只是让美国文化直面自己对女性身体的偏见。

数字艺术

计算机和数字技术的兴起改变了 21 世纪的艺术面貌。数字和多媒体艺术使艺术家能以全新的方式处理现实，创作由光和声音组成的作品，构建人物、物体、梦境的三维图像。如今，计算机生成的艺术品无处不在，从广告、视频游戏到社交媒体中的表情包。但是，多媒体装置威胁着当代艺术博物馆藏品的主导地位。艺术家们最近收集了很多人在 Instagram 上发布的照片，创造了一种新的艺术，比如一组"日落或日出照片"。很难预测未来将会发生什么，但人们肯定会看到越来越多由技术生产出来的艺术品，因为技术在生活和文化中变得越来越普遍。

在某个范围内，摄影只能向我们传达我们自己亲眼所见的，但在另外的范围里，它能向我们证明亲眼所见是何等有限。
——多萝西娅·兰格

5.6 建筑
为什么建筑会被称为艺术？

行为艺术在本质上是暂时的，仅存在于行为产生期间。在本章的最后一部分，我们将介绍社会中存在时间更长的建筑。建筑有着双重功能，满足了人们生活的多种需求：居住、工作、娱乐、宗教信仰和教育。在所有艺术形式中，建筑最能改变现实。它赋予城市与众不同的外观，增添生活的美感。当然，并非所有的建筑都可以被看作艺术，成为艺术的建筑要求建筑师必须带有审美意图。像弗兰克·劳埃德·赖特、法兰克·盖里和扎哈·哈迪德等著名建筑师，他们就像画家或雕塑家一样，即他们将建筑看作对社会审美的提升。

确定某个建筑是不是"艺术"的基本原则是看它形式和功能之间的相互作用。建筑的功能是要满足人们的居住需求。办公楼应为员工提供一个愉快的工作环境，让工作变得不那么烦琐，也应该让员工能更方便地进入任何一个他们必须进入的空间；它要使工作变得简单、愉快，还必须专门为残疾人进行无障碍设计。而大教堂或寺庙这样的宗教建筑内外都应庄严肃穆、令人敬畏。如此，敬神者或冥想者都可以在其中远离熟悉的现实世界，进入一种不同的或者说更高级的意识状态。

建筑的形状和功能一样重要。如果建筑是由建筑艺术家设计的，它可以同时是一种个人观点的表达：这是"我"认为"美"的形式，将供人们使用，为人们带来审美愉悦。像所有视觉艺术家一样，建筑师把自己放到空间中。他们想看到某个公共区域因为自己的努力而发生了某种改变，这不仅是一种自我表达，还可以为他们带来永久的声誉。他们非常明白，建筑是一门永恒的艺术。印度的泰姬陵、罗马的圣彼得大教堂和伊斯坦布尔的圣索非亚大教堂都是历经数世纪的建筑杰作，已成为各自文明的象征。

关于形式和功能哪个更为重要的争论已经持续了数百年，很可能永远不会有答案。认为建筑应该主要服务于有用性的人提出了他们的著名论点：形式服从于功能。而通常被称为"建筑纯粹主义者"的人则把建筑物的外形及其带来的审美体验置于"单纯的实用性"之上。还有人会说："为什么不能两者兼得？"

建筑是凝固的音乐。
——弗里德里希·冯·谢林

宗教建筑

为宗教崇拜或冥想而建造的建筑代表着世界建筑的最高成就。为纪念女神雅典娜而建的帕台农神庙是世界上最古老的建筑奇迹之一，至今仍是许多西方古典文明的象征（图 5.10）。吴哥窟是柬埔寨建造的 70 座寺庙中最大的一座，它不仅是成千上万佛教

图 5.45 吴哥窟，柬埔寨，
12 世纪
iSiripong / Shutterstock

徒的冥想之地，同时作为世界七大奇迹之一，也是柬埔寨的旅游胜地。每年都有成千上万的人来这里寻找灵感，感受它的美丽，视之为无与伦比的体验。

同时作为两大宗教基石的建筑并不多，吴哥窟就是其中之一。它直到今天仍然是世界上最大的宗教建筑，也是印度教和佛教的家园。最初它为崇拜印度神毗湿奴而建，在 1177 年柬埔寨国王推崇佛教后成为一处佛教圣地。它的顶部是五座菠萝形状的尖塔，足有 200 英尺（60.96 米）之高，可以说是吴哥这座城市最威严的一幢建筑（图 5.45）。建筑中有数不清的走廊和壁龛，墙上绘制着神话故事和柬埔寨人的日常生活。

很少有建筑能够与吴哥窟相提并论。英国小说家毛姆曾说巨大的庙宇需要"闪耀的阳光或皎洁的月光增添魅力，撩动人心"[2]。人们发现在其中漫步 3 英里（4828.03 米）就能带来改变，情绪、感受都会发生明显的、向好的变化。

现代大教堂和一些宗教场所经常打破传统，这种做法得到了建筑师们的称赞，却备受信徒的强烈谴责。迈阿密的圣路易斯天主教堂看起来像一座即将起飞的飞碟。加利福尼亚州加登格罗夫的水晶大教堂（图 5.46）属于一种新哥特式风格，除了完全由玻璃制成以外，根据某些反对者的说法，它看起来更像一座豪华酒店，而不是教堂。芬兰赫尔辛基的一座路德教堂被建在山腰上，给人一种进入洞穴的错觉。

伊斯坦布尔的蓝色清真寺建于 1609 年至 1616 年之间，是世界上最受欢迎同时也是历史最悠久的宗教建筑之一。在功能上，就像其他宗教建筑一样，它提供了一个可以升华信徒精神的场所。它的内部由 2 万多块瓷砖组成，弥漫着蓝色的氛围。同时它

图 5.46　加利福尼亚州加登格罗夫的水晶大教堂，竣工于 1981 年

宗教建筑很多都高耸入云。把这座建筑与吴哥窟进行比较，你觉得这两座建筑哪座更能激发起你对神灵的崇敬之情？原因是什么？

Gertjan Hooijer/Shutterstock

还被用作对濒死之人进行临终关怀的场所。它那壮观的外形和建筑物内部的绚丽光线使它成为人们的必游之地。

世俗建筑

即使一座建筑想要兼具功能与形式（这一点只能伟大的建筑师才能做到），创造者与投资方、使用者之间的冲突也不可避免。对那些受到公众、个人或团体委托建造的建筑，作为艺术家的建筑师通常会感到棘手。有人可能会谴责他们把强烈的自我表达欲望凌驾在了建筑的基本功能之上。

即使在建筑被视为公共艺术的地方，投资方也只会思考如何去维护公共利益。当某个企业或城市规划者斥巨资承包一座建筑，例如一个行为艺术中心，他们期待的是（花费数百万美元）一个同时能满足功能和审美需求的作品，而不只是符合建筑师的想法。他们知道自己投资建造的大厦会存在很长一段时间，他们更知道如果公众不喜欢的话，他们就会遇到很大的麻烦！他们认为建筑将塑造城市，就像大胆的、受到国际赞誉的歌剧院就是悉尼的象征（图 5.47）。

图 5.47 约恩·乌松，悉尼歌剧院，1973 年
这座建筑的形式是如何与背景相呼应的？
VanderWolf Images / Shutterstock

悉尼歌剧院的屋顶是白色的、闪闪发光的、像帆船一样的三角形，经过 16 年的建造终于在 1973 年正式营业。建筑的设计既要考虑到呈现良好的室内声效，也要为观众创造一个宜人的环境，能够在其中享受音乐带来的乐趣。与此同时，这座建筑也是其所在城市的象征。那些第一次乘船进入悉尼港的游客马上就会知道他们即将访问这个前卫的、年轻的、与艺术和新生活密切相关的大都市。经过激烈的评选竞争，丹麦著名建筑师约恩·乌松（1918—2008）最终入选，他坚持以艺术家的身份来表达自己——设计一个空间以体现他对美的理解，而不仅仅是服从城市规划者提出的功能性要求。简言之，悉尼歌剧院既满足了市民需求，也满足了个人需求。

并非所有的悉尼人都认为这座建筑同时满足了实用性和审美需求。就像所有前卫艺术家打破既定传统、改变既定环境时所发生的事情一样，很多人会诋毁他的努力，预言整座城市将因此而沦为笑柄。不过，这一次，舆论一直站在乌松这边；直到今天，悉尼歌剧院经常被评选为 20 世纪最伟大的建筑成就之一，被看作一座完美结合外形美和功能美的建筑典范。

弗兰克·劳埃德·赖特 弗兰克·劳埃德·赖特（1867—1959）因其创新精神被公认为美国 20 世纪最杰出的建筑师。他出生并成长在威斯康星州的小城镇里奇兰森特。

习惯了开阔的空间、新鲜的空气和广阔的自然景观，他一定已经感受到美国城市的发展，在那里，高耸的建筑伸向天空，密集拥挤的城市生活使居民很少与大自然互动。美国哲学家拉尔夫·沃尔多·爱默生及其激进的反城市盟友亨利·戴维·梭罗对赖特的建筑理念产生了深刻影响。从很早开始，赖特就为他的创作制定了一个严格的原则：将大型建筑的功能需求与内心的环保需求相结合。他的使命将是既满足大企业的实际需求，同时避免建筑群的拥挤和幽闭。

赖特在职业生涯初期设计了"草原式住宅"，一个杂乱无章的单层结构，有很多窗户和低矮的挑空屋顶。他的设计理念是，这座建筑应该与周围的环境融为一体，这与19世纪许多富有家庭居住的豪宅不同（这些豪宅外部常常有着华丽的雕刻、雕塑和彩色玻璃窗户来象征财富）。赖特想在功能、形式和环境之间创造出一种平衡。他随即设计了一座被许多评论家视作结构和环境完美结合的住宅——流水别墅（位于宾夕法尼亚州的米尔朗），它建在一个悬崖边上，别墅的周围和下方是一条天然的瀑布。

20世纪第一个十年，赖特设计了纽约布法罗拉金大厦，大厦独特的时尚外观引起了欧洲城市规划者的注意。20世纪30年代，"流线型"一词变得时髦而国际化，赖特变成了公认的新风格倡导者。这种新风格采用半透明玻璃砖、曲面、宽敞的室内空间等元素，明显去除了不必要的、纯粹装饰性的装饰。他坚信形式要服从功能。在赖特的带领下，许多现代建筑师认为，如果建筑的基本功能被"艺术"目的损害，那它就不可能是美的，比如在建筑的入口处堵上一座雕塑喷泉。

1936年，赖特设计了行政大楼，1944年又设计了威斯康星州拉辛市约翰逊蜡业公司的研究塔，它们都被誉为现代建筑的杰作。一位建筑历史学家称它们是"美国有史以来最为深刻的艺术作品"[3]。

赖特从未把金钱放在第一位。首先，他希望保护雇员和游客免受日益恶化的城市环境的影响。尽管他喜欢用光，喜欢大量使用玻璃，他还是设计了窗户。这样一来建筑物里的人就看不到停车场和陈旧腐朽的街道了。他们反而是被实心的砖墙包围着，头顶有光照射进来。他想让使用者感觉自己仿佛置身于松树之间，呼吸着新鲜空气，沐浴着阳光。赖特是一个有远见卓识的人，他助力了现代世界的出现，同时也是过度建造的死敌。

赖特的最后一个作品——对许多人来说也是他的巅峰之作——是纽约第五大道上的古根海姆博物馆（图5.48）。它被很多人视为现代建筑的最佳典范，而另一些人则嘲讽它看起来像一个停车场。一系列圆形的石质斜坡螺旋式上升，厚重的石壁可以减弱城市噪音。整个建筑没有窗户，光线通过坡道之间的缝隙进入建筑内部，艺术品被柔和地照亮。艺术家最初的想法是尽可能把光线挡在外面，为参观者提供一个安静的绿洲、一个人类创造力的别样世界。

房子不应孤立于山巅之上或其他任何地方。它应该成为山的一部分，属于山，如此一来，山和房子就可以共生共存，各得其乐。
——弗兰克·劳埃德·赖特

多重视角创造出的空间，要远大于固守一隅。
——卢克莱修

图 5.48　弗兰克·劳埃德·赖特，古根海姆博物馆，纽约，1959 年

Rafael Ben-Ari / Alamy

图 5.49　法兰克·盖里，古根海姆博物馆，西班牙毕尔巴鄂，1997 年

这幅图中的建筑和图 5.48 中的博物馆有何共同之处？有何不同之处？

Maremagnum / Getty Images

法兰克·盖里　法兰克·盖里（生于 1929 年）是居住在加利福尼亚州的加拿大裔美国人。他将美国现代建筑提升到一个新高度。他的作品在注重形式的同时也不忽略功能。盖里的天才之处在于，他能够使形式看起来是功能的必然结果。一些批评者认为他的风格不切实际，指责他为了艺术性的自我表达而置功能于不顾。不过很多艺术家坚决捍卫他这样做的权利。

作为一个被"接纳"的南加州人，盖里喜欢现代艺术中时髦的元素，常常将奇思妙想与严肃目标结合在一起。比如他喜欢鱼，会把鱼的雕塑放在人们意想不到的地方——也许就放在电梯前面。他用瓦楞纸箱制作家具，毫不吝啬地使用铁丝网，而且还会不停地使用。他会在院子里拉起铁丝网，除了作为一件艺术品，完全没有其他用途，就像克里斯托和珍妮 - 克劳德会做的事情一样，只是盖里的装置作品是永久性的。对于那些认为他的作品轻浮和丑陋的批评家，他回答自己不知道"什么是丑陋，什么是美丽"。他的反驳否定了建筑艺术的绝对审美标准，捍卫了艺术家进行个人表达的权利。

人人都同意，盖里迄今为止最杰出的作品是西班牙的毕尔巴鄂古根海姆博物馆。建筑的委托方站在艺术的一边，他们了解并喜欢创新，无论这种创新有多么大胆，多么有争议，而且他们还想呼吁全世界来关注自己所钟爱的这座城市。那些认为盖里作品轻浮的人便再无容身之处了。

扎哈·哈迪德　出生于伊拉克的建筑师扎哈·哈迪德（1950—2016）是第一位在2004年赢得普利兹克建筑奖的女性建筑师，冲破了女性在男性长期主导的职业中所面临的障碍。她的建筑是流动的、充满力量的，同时表现了现代生活的结构和混乱。她的设计包括滑雪跳台、足球场、博物馆、购物中心等；她在美国设计的第一座建筑是位于俄亥俄州辛辛那提市的当代艺术中心。哈迪德在许多中东国家都有项目在进行，其最著名的作品则在中国（图 5.50）。

> 人塑造房子，而后房子塑造人。
> ——温斯顿·丘吉尔

如果你没有去过毕尔巴鄂、北京或纽约，但你生活在一个有着博物馆或画廊，可以展出永久收藏品和旅游展品的城市，那么你非常幸运。抓住所有的机会吧，你会为自己见识的增长感到高兴。如果没有博物馆，公共图书馆和互联网也可以把你带到世界各地的画廊和博物馆。你可以重温古典时期的希腊和罗马，重温文艺复兴时期富丽堂皇

图 5.50　扎哈·哈迪德，银河 Soho，北京，中国，2012 年
你在这座建筑中看到了受什么观念的影响？你会觉得这是个让你舒服的地方吗？为什么？
View Pictures / Universal Images Group / Getty Images

的佛罗伦萨，重温荷兰伦勃朗和其他 17 世纪艺术家的肖像画，或者你也可以去梵·高的世界，看看他留给我们的财富。你还可以欣赏巴黎卢浮宫的古董，或去奥赛博物馆，那里收藏着印象派艺术家的作品。你可以看到卡萨特、道格拉斯、欧姬芙等美国艺术家留下的丰富遗产。

生活在一个数字化世界是一件幸运的事情。在这里，你不仅可以用手指触摸到艺术，还可以创造艺术。如果你有机会接触技术，那就尽情地尝试吧。如果你没有机会，那就拿起一支铅笔和一张纸，试着画个草图，去创造艺术吧。艺术世界属于你们，我们也希望当你需要振奋精神时就来看一下本章。如果你有强烈的好奇心和开放的心态，你会发现艺术永远都不会让人失望。视觉效果同样也可以美妙绝伦，一定要仔细欣赏。

艺术并不再现可见物；正相反，它使之可见。

——保罗·克利

批评焦点 **探索改编**

艺术家经常"品评"彼此的作品，或改编前代艺术家的风格以表达自己的想法。比如非裔美国艺术家卡拉·沃克（1969 年生）经常使用剪纸，这是法国印象派画家亨利·马蒂斯晚年常使用的一种艺术手法。比较下面两幅作品。

图 5.51 亨利·马蒂斯，《伊卡洛斯》，1947 年
RMN-Grand Palais / Art Resource, NY.
Art ©2015 Succession H. Matisse / Artists
Rights Society (ARS), New York

图 5.52 卡拉·沃克，《叛军领袖》，2004 年
The Museum of Modern Art / Licensed by
SCALA / Art Resource, NY. Art ©Kara Walker /
Walker Arts Center

- 你认为两位艺术家创作各自作品的意图是什么？
- 你的观看体验有何不同？
- 艺术家的意图在观赏体验中有多重要？
- 文化背景对我们如何看待艺术有多重要？

现在比较一下下面两幅作品。

图 5.53　维米尔，《戴珍珠耳环的少女》，
1665 年

Scala/Art Resource, NY

图 5.54　安沃·艾力克，《戴竹耳
环的少女》，2009 年

Courtesy of Awol Erikzu

　　维米尔（1632—1675）的作品《戴珍珠耳环的少女》是世界上最著名的作品之一，以其纯粹的美丽和明亮的色调而闻名。几年前的一本畅销小说就是基于这幅画创作的。当它从荷兰搬到其他博物馆进行展览时，人们会蜂拥而至。年轻黑人艺术家安沃·艾力克的作品就是基于这幅画进行的创作。

- 你认为两位艺术家创作各自作品的意图是什么？
- 你的观看体验有何不同？
- 艺术家的意图在观赏体验中有多重要？
- 文化背景对我们如何看待艺术有多重要？

回顾

在这一章里：

- 我们探讨了人类模仿的需要，包括对熟悉的世界和内心世界的模仿；
- 我们讨论了艺术家的作品，包括古典、中世纪和文艺复兴时期的艺术；
- 我们描述了对完美复刻的反叛，这导致了印象派和后印象派艺术的开始；

- 我们讨论了"作为变革的艺术"——立体主义、超现实主义、抽象表现主义、波普艺术以及行为艺术和装置艺术等现代主义运动；
- 我们简要探讨了技术产生的艺术——摄影和数字艺术；
- 我们展示了建筑艺术——最接近日常生活的艺术。

主要术语

抽象艺术/抽象表现主义（abstract art/abstract expressionism）：艺术家仅从现实中抽取出自己想要的东西，或对头脑中的概念进行描绘；由此产生的艺术作品与人们熟悉的世界完全不同。

变革（alteration）：现代艺术家通过增加自然中不存在的形状、线条、颜色来改变现实。

明暗对照法（chiaroscuro）：意大利语，表示艺术品中光和阴影的强烈对比。

古典主义（classicism）：公元前 5 世纪和公元前 4 世纪雅典的艺术和建筑，以平衡、和谐、符合数学规律为特征，以及受此影响的罗马艺术的诸多方面；也指后世所有按此种风格创作的艺术和建筑。

拼贴画（collage）：把报纸、杂志图片、绉纸，甚至玻璃和木头等各种材料拼贴在一起构成的艺术作品。

立体主义（Cubism）：20 世纪早期的一场艺术运动，以毕加索为代表。立体主义摒弃了西方的透视法和造型法，将画面分解成很多几何图形，以二维的形式同时从多个视角进行表现。

数字艺术 / 多媒体艺术（Digital art/multimedia art）：通过技术创作的艺术，包括用电脑创作的艺术以及利用声音和 / 或光创作的艺术。

荷兰画派（Dutch school）：一群专注于创作具有强烈现实主义风格作品的艺术家，以 17 世纪的荷兰为中心，代表人物有伦勃朗等。

湿壁画（fresco）：绘制在教堂和公共建筑墙壁上的作品，文艺复兴时期十分流行，创作时艺术家将颜料涂在未干的石膏上。

黄金分割（Golden Section）：一个平面的两条边之间的完美关系（比如一个长方形），其中短边与长边的比例正好等于长边与两边之和的比例。这个比例是 1 : 1.68。

哥特（Gothic）：中世纪晚期的一种建筑风格，以高耸而分散的墙壁立面为主要特征，建有尖拱门、带肋拱顶和大面积的彩色玻璃窗等；这一说法源自批评家对这种风格的批评——野蛮得"如同摧毁罗马帝国的哥特人"。

模仿（imitation）：艺术家将外在或内在的经验转变成艺术；它可以是理想的再现（如古典主义），可以是忠实的现实主义（如荷兰画派），或者是艺术家思维的外化（如抽象艺术）。

印象主义（Impressionism）：19 世纪中叶的先锋派艺术运动；艺术家放弃了现实主义，把通过颜色和光感知到的光学效果描绘在画布上，着重表现城市和自然环境中的现代生活主题。

装置艺术（installation art）：三维立体艺术，往往针对特定场所进行设计，以改变观者对空间的感知。

相似（likeness）：艺术家为尽可能地仿照现实而再现人物或风景；随着 19 世纪摄影技术的出现日渐衰落。

媒介（media）：艺术家创作时使用的材料，如油漆、丙烯、酸、木炭、石头，甚至轮胎、围巾、玻璃碎片等。

现代主义（modernism）：不特指某个艺术运动，而是泛指 19 世纪后期到 20 世纪后期的艺术。

行为艺术（performance art）：一种事件艺术，一般只存在于行为发生期间。被包裹的建筑物、被包围的岛屿和其他类似设施可以被保留更长的时间，但不是永久的。

透视法（perspective）：一种透视技术，在一个平面或曲面上，物体像在自然中呈现出来的那样进入绘画空间中；在早期的意大利文艺复兴时期得以发展和完善。

波普艺术（Pop Art）：20 世纪中叶的艺术风格，源于流行文化，受漫画、电影、电视广告和广告牌的影响；可以是纯粹的娱乐或讽刺。

后印象主义（Post-Impressionnism）：一个较为宽泛的定义，艺术史学家用来指 19 世纪末 20 世纪初的一场艺术运动。在这场运动中，艺术家使用颜色表达情感、创造象征意义，而不是像印象主义那样记录光学效果。

后现代主义（postmodernism）：20 世纪后期的艺术运动，艺术作品脱离现代主义，其主要特征之一是怀疑主义。

心理现实主义（psychological realism）：诸如达·芬奇和伦勃朗等人表达人物内心的方式。

现实主义（realism）：一种艺术表现手法，艺术对象需要尽可能与现实相似，而不是将其理想化。

文艺复兴（Renaissance）：始于 14 世纪意大利的艺术、政治和社会运动，15、16 世纪扩展到整个西欧；以人们重新恢复对古典世界的兴趣为主要特征，也标志着中世纪的结束和现代社会的开端。

超现实主义（surrealism）：与萨尔瓦多·达利等艺术家的作品有关。生活中的物体被放置在奇怪的背景中，仿佛梦境的视觉化。

图 6.1　格里特·范·洪特霍斯特，《阳台上的乐队》，1622 年

为什么自古以来音乐在文明中一直发挥着如此重要的作用？

Digital image courtesy of the Getty's Open Content Program

第六章

音 乐

学习目标

6.1　定义音乐的基本要素。

6.2　区分赋格、交响曲和艺术歌曲所带来的不同音乐体验。

6.3　讨论不同类型流行音乐的出现及其影响，包括民谣、爵士、布鲁斯、福音、摇滚和嘻哈。

我们生活的有声环境充满了不确定性，也就是说，我们所听到的往往是周围恰好出现的声音：飞机起飞、刹车、吹风机、别人手机里的音乐、别人在电话中的谈话，这些声音会一直存在。人类意识刚刚形成的时候就能感受到猛犸象的吼叫声。大多数人会一直生活在并不需要的各种杂音里。

在充满和平与爱的世界里，音乐是通用的语言。
——亨利·戴维·梭罗

音乐是最好的声音。乐器演奏或人演唱的音乐可以看作在寂静无声之中成形的声音：形态越好，声音就越丰富、越悦耳。就像视觉艺术的不同形态和形式丰富了视觉环境一样，音乐中也有很多声音：巴赫、莫扎特、格什温、阿姆斯特朗、辛纳特拉、约翰尼·卡什、詹姆斯·布朗、碧昂丝等。把自己局限在某一种音乐里对成长是有害的，就像你从未踏出过家门，却突然发现无限的生活体验就在门外一样。

自然界中的很多声音宛若音乐：鸟儿的叫声、山间溪流的声音、雨轻轻飘落的声音以及草原上的风声。模仿大自然中悦耳的声音似乎是人的本能。吹口哨能让人想起鸟鸣（注意这里描述鸟叫声的音乐术语）。潺潺的溪水激发了很多作曲家的灵感。芬兰作曲家让·西贝柳斯的管弦乐作品《塔皮奥拉》重现了森林中的风声。在《群鸟》中，意大利作曲家奥托里诺·雷斯庇基让乐团模仿不同种类的鸟叫声。作曲家们都看到了自然与音乐之间的亲缘关系。

大多数古代文明都把音乐看作自然界极为重要的一部分，看作上天的馈赠。一种理论认为，对古人而言，自然之声就是神的声音，而歌声是对神的声音的模仿。在很多俗语中，我们会听到"她像天使一样歌唱"之类的说法。

无论是否相信音乐起源的神话，音乐对人的精神生活都至关重要。你能想象没有音乐存在的生命会是什么样子吗？音乐是人文学赋予人类的无尽财富之一。这一艺术形式经过几千年的发展有了很多品类，对此我们应该感到幸运。

本章旨在引导并鼓励大家去探索无限的音乐世界。有些音乐是人们公认的世界艺术遗产，也有一些音乐放在今天依旧非常新颖，其中的某些作品可能有朝一日会成为举世闻名的杰作（预测什么作品会成为杰作是一件有趣的事）。我们首先将分析音乐的组成元素，随后会介绍一些彼此迥异的主要音乐形式以及古往今来的优秀作品，这将有助于我们更全面地了解音乐。当然，所有介绍性的文本都是有所选择的，这里也不例外。我们所做的，只是尽可能地让通往音乐世界的大门更加敞开一些。

6.1 音乐的基本要素

音乐的基本要素是什么？

　　音乐的发展与古埃及人及其信仰密切相关。古埃及人相信，月神透特赐予人类七种基本声音，很像后来出现的七声音阶。中国古人认为，自然皆由天道主宰，音乐上通天道，下贯人事，是天人之间的沟通。

　　古希腊人奠定了西方思想、艺术和文学的基础，也发展出影响深远的音乐理论。在《理想国》中，柏拉图曾提及"天体音乐"（the music of the spheres）的概念，这一概念一直持续了几个世纪。其中天有八层，在每层的边口都有一名塞壬唱着美妙乐曲。塞壬是希腊神话中的长发女妖，她们用动听的歌声诱杀航海者；而在柏拉图这里，塞壬显然没有害人之意。相反，她们的歌声代表着宇宙的永恒秩序或和谐（armonia）。armonia是希腊语，后来演变成英语中的 harmony（和谐）一词，表明了音乐和宇宙结构之间的关联。世界上很多宗教宣称，人可以通过音乐实现与神的结合。

　　显然，音乐早在很久以前就以各种形式存在着。随着各种音乐规则的发展，音乐才逐渐成为西方的一种艺术形式。

音

　　音乐的基本元素是音（tone 或 note），指由人或乐器产生的声音，有着固定的震动频率，与音长无关。或许对自然之声的模仿经由塑形之后变得纯净甜美了，又或许这纯净甜美之声本就源自人的想象，而且足以让听者震惊不已。无论因何而生，音的发现标志着人们开始战胜充满不确定性的有声环境。真正的音乐始于人们对不同音的实验，有的音比较高，有的音比较低。

音　阶

　　古人凭本能发现了不同的音，用之创作歌曲或者为舞蹈和仪式伴奏，他们不可能知道音是由声波振动引起的：频率越高，音就越高；频率越低，音就越低。然而，几乎所有文明，无论古代还是当代，都注意到了八度或两个相似音之间存在距离等听觉现象。

　　不同文明划分八度音阶的方式不同，尽管大多数文明在一个八度中通常使用五个音或七个音。后来，人们发现了单个音从低到高的逐级上升，这就是西方音乐的起源。这种按照顺序将音由低到高的排列就是**音阶**，它把一个八度划分为一定数量的音级；音级是音阶中两个连续音之间可辨认的距离（或音程）。所有发展出音乐的文明都会使用音阶，尽管模进不一定相同。

五声音阶、自然音阶和半音阶　　最初，非西方音乐和西方音乐的主要音阶由五个音组成，被称为五声音阶。它至今仍然是大多数传统亚洲音乐的基础音阶。西方音阶在 6 世纪扩展到六个音，由一位意大利僧侣进行了记录（或谱曲）。随后增加到七个音，**自然音阶**得以最终形成。每个音都有一个标识——ABCDEFG——每七个音组成的序列构成一个音阶。慢慢地，每个音阶的第一个音成为**调**，乐曲基于它来创作。这第一个音——被称为主音——扮演着重心的角色，整首乐曲会围绕它铺展。西方音乐的基本音阶可以以任何一个音为起点，这些音通常以 do、re、mi、fa、sol、la 和 ti 命名——这一体系最初由 6 世纪的一位本笃会修士创建，用来帮助歌者记住格列高利圣咏中各个音的位置。

图 6.2　国家广场祈祷仪式上的美洲原住民舞者，华盛顿特区
这些舞者随着有节奏的鼓声起舞。你能想象没有节奏的音乐吗？你认为音乐的基本元素是什么？
Dennis Tarnay, Jr./Alamy

然而，西方音乐不是只有这七个简单的音。虽然在一些文明中，一个八度包含 24 个以上不同的音，但西方音乐体系通行的八度包括 12 个音，两音之间的音程相等。在音 A 到 G 上加升半音（sharp）和降半音（flat，或用 half-ones）是西方音阶中的一些可能的音高。一个 12 音音阶（想象一下弹奏钢琴上一个八度中所有的黑键和白键）叫**半音阶**，半音阶相邻两音之间的间距为半音。于是就有了升 C、降 B 等调。

大调音阶与小调音阶　　音程形态由两个全音、一个半音、三个全音和一个半音组成的七声音阶叫大调音阶。小调音阶更为复杂。自然小调音阶是音程形态为"全音—半音—全音—全音—半音—全音—全音"的音阶。和声小调音阶将一个八度内的第七音升高（所以第六音和第七音之间的音程为 1.5 个音），而旋律小调在上行时有升调，下行时则与自然小调一致。虽然用文字来进行定义非常复杂，但小调音乐很容易识别。很多表达心碎和忧伤的歌曲都用小调写成，当纯音乐试图营造忧郁氛围时也是如此。

传统交响曲通常根据其开始时的调、音阶类型

（作曲家也可以对既定作品的这两个方面进行改变）和作品编号（如若作曲家的全部作品已被编号的话）进行区分。因而节目单上会有这样的名称：贝多芬，《D 小调第九交响曲》，作品第 125 号。

非西方文明中的音阶 大多数非西方文明中的音乐是五个音的音阶，不一定与西方音阶的各个音相吻合。西方人对七音的偏好可能与下面的事实有关：他们更习惯于音阶中七个音之间的高频转换。他们初听传统亚洲音乐时会期待听到熟悉的音阶，所以很可能会觉得亚洲音乐十分奇怪。

长期以来，非洲发展出许多没有固定音阶的音乐，其中许多在节奏上异常复杂。当然，同其他文明一样，音仍是其中最基本的元素，但是这些音可以随时改变以适应音乐家或歌者的情感。传统非洲音乐大量使用人声，而当人声是旋律的主要表现方式时，就会出现大量的变奏。非洲音乐也是爵士乐和布鲁斯得以发展的基础，而在爵士和布鲁斯中都有着巨大的自由表达空间。

节 奏

世界上的早期音乐很可能都是单音音乐，即单旋律的、不附带任何和声或伴奏的乐曲。但在某些场合会出现有节奏的伴奏，如葬礼或其他通过仪式（rite of passage）上的乐曲。

我们非常清楚，节奏是早期希腊仪式中的潜在因素，对此人们已有记录。某些节奏适合用在鼓舞人心的仪式上，因为它们会让人振奋；而另一些节奏——当然包括在每年纪念狄奥尼索斯的狂欢中——则被认为会引起人们无法控制的放荡行为。

虽然真正的音乐始于音的发现，但节奏本身很可能在音调、音阶和最早的乐器出现之前很久便已经存在了。它是音乐最基本的元素；人的身体有自己的节奏，宇宙也有自己的节奏。早期人类很可能就已经会用棍子发出砰砰声来标识某些庄重或者愉快的场合。后来，人们用鼓来进行伴奏（图 6.1 和 6.2），身上仍然存在着这些早期的本能。比如，我们经常会看到小孩子用积木或仅仅用手发出砰砰的声音；随着孩子年龄的增长，他们打出的节拍会变得清晰而规律。当下流行的说唱和嘻哈音乐说明人们至今依然和自己的祖先一样，会被极为稳定和规律的节奏所吸引。

日神节奏和酒神节奏 人们伴随着节拍摇动身体（更为通俗的说法是跳舞）的历史可能比唱歌更为久远。就算无歌可唱，人们也会在各种手舞足蹈的强烈节拍中释放自己的感情。日神和酒神是人类文明和人性的两个截然不同的层面，日神享受秩序，

我知道，每个八度内的十二音和各种节奏为我提供了许多机会，这是再多的人类天才也用之不竭的。
——伊戈尔·斯特拉文斯基

酒神则陶醉于无拘无束的情感表达，两者缺一不可。文明的进步需要日神的秩序感，但没有酒神的自发性，文明就会变得僵化，没有创造力。

音乐中的**节奏**通常指声音在时间上的组织特征——音能持续多久（持续时间）、音的跳动（或节拍）的快慢以及这些轻重缓急的节拍组成的有规律的整体。同诗歌一样，音乐中的节奏也有重音和非重音之间的变化。不同的节奏形式有着不同的变化方式。华尔兹是西方音乐中一度流行的一种音乐节奏，它的节奏是一个重音节拍后加两个非重音节拍。它被称为"优雅的"节奏，较为日神一些，因此更适合 19 世纪的贵族；它也有酒神的一面，尤其是在公共场合触摸异性会引起不满的时代。18 世纪贵族中流行的小步舞曲也是一种日神节奏（精准、规律），与之相似的还有葬礼和毕业典礼上的进行曲。

柏拉图欣赏缓慢庄重的节奏，对他而言，这种节奏有助于维护公共场所的庄重性，也是对城邦秩序的肯定。他强烈反对那些只是为了刺激人们情感的节奏。现在的人们喜欢跟着摇滚乐队或嘻哈音乐的节奏在舞池中跳舞，发现这些自由的酒神节奏可以帮他们很好地逃避家务、工作或学业的日神式需求。节奏就像将整部作品粘在一起的灰泥，它赋予作品以连贯性。节奏的变化非常重要，听者常会为之兴奋不已。它打开了新的可能性，带来了新的方向。

一旦乐音与人们对节奏的热情结合起来，便产生了新的力量，带来一种表达、释放和控制感情的方式。节奏一旦被发现，就永远不会消失。即使是中世纪僧侣和牧师唱的素歌也有自己的节奏，它们符合口语的自然重音和语调变化。著名印象派作曲家莫里斯·拉威尔的《波莱罗舞曲》的节奏就非常明显，构成了整部作品的结构。

一些作曲家渴望摆脱传统节奏的束缚，试图做到完全无节奏：避免重音和非重音的规律性交替，几乎不会重复某种固定样式。听者则毫无防备，一直处于紧张状态。引起焦虑和不稳定的情绪，正是此类作品的追求。

节奏到底施展了什么魔力？当然，我们可以尽情想象。婴儿在节奏中孕育，在节奏中出生；父母会有节奏地拍打抚慰他们。宇宙本身有节奏：地球自转、季节更替、潮起潮落、出生死亡。而秩序与混乱、日神与酒神、信仰与怀疑、喜悦与悲伤呢？人类学家对早期仪式的研究表明，地球母亲的心跳也曾用节奏产生的效果来表现。

感恩而死乐队的打击乐手米奇·哈特曾经说过："节奏是生命的中心。"如果你去问别人哪些音乐元素他们最容易弃之不用，节奏很可能不会是答案。

> 音乐是我的庇护所。我可以蜷曲于音符之间，背倚孤独。
>
> ——玛雅·安吉洛

旋 律

音乐始于根据不同序列来演奏或演唱的不同乐音，这一序列可能是有规律的，也可能没有规律，还可能彼此交叉出现。这些序列就是旋律。**旋律**有时被称作"曲调"，是我们记忆中的一首歌或一曲交响乐中的某个片段。如果我们能记得的只有乐器的嘈杂声，很多人可能就会问："这首歌的旋律是怎么回事？"

音的发现使旋律的诞生成为可能。旋律可以通过两种方式来定义：一、音的序列形成的整体，就像散文中的句子，往往会重复出现，或以变奏形式出现，西方人对这种旋律最为熟悉；二、在很多非西方文明中，旋律是一些音的连续性组合，不一定有明显的结尾。18 世纪和 19 世纪的大部分古典音乐都是围绕旋律来创作的。

歌剧观众听到一部新作品的首演时，可能起初会觉得"它没有旋律"。那些只习惯欣赏西方交响乐的人在第一次听到印度西塔尔琴音乐时，可能会想，为什么没有"美妙的旋律"，或谴责摇滚乐队咚咚弹奏的"只是噪音"。并不是所有的旋律都美得让人记忆深刻。

音乐乃声音的算术，一如光学是光的几何学。
——克劳德·德彪西

浪漫旋律　可以理解的是很多人会被浪漫的旋律所吸引，旋律线舒缓地、不间断地进入耳朵。它带来的大部分感受都与演奏的乐器有关：通常是小提琴、钢琴、吉他和长笛，这些乐器会发出柔和的声音。浪漫旋律往往是"温柔的"，与它唤起的温柔情感非常相称，旋律的节奏往往也很舒缓。

浪漫主义的音乐风格在 19 世纪和 20 世纪早期占主导地位。勃拉姆斯和柴可夫斯基等作曲家一直是人们眼中的"旋律大师"——他们创作了大量难忘的、引人入胜的音乐。勃拉姆斯的《摇篮曲》举世闻名，几乎是人类婴儿时期最为珍贵的记忆。柴可夫斯基的经典作品《罗密欧与朱丽叶幻想序曲》的主题会让人们想起初恋的欢乐，后来它被改编成一首叫作《我们的爱》的流行歌曲。《罗密欧与朱丽叶幻想序曲》奠定了柴可夫斯基旋律之王的地位。

谢尔盖·瓦西里耶维奇·拉赫玛尼诺夫（1873—1943）的《帕格尼尼主题狂想曲》为浪漫旋律提供了典范。乐曲一开始就是主题曲——由生活在一个世纪之前的意大利小提琴家、作曲家尼科洛·帕格尼尼创作的乐曲，旋律明快优美。虽然帕格尼尼的作品因其对小提琴错综复杂的挑战深受小提琴家们的欢迎，但拉赫玛尼诺夫的主题变奏曲在观众中的受欢迎程度远超原作，尤其是第十八变奏曲。在一段充满戏剧性的寂静之后，钢琴开始以极缓的节奏演奏帕格尼尼活泼的主题曲。当弦乐部分充满激情地重复主题曲时，听众会不由得心潮澎湃。

旋律变奏　对爵士音乐家而言，旋律是他们开始表演时的主题曲，其余部分都以其为基础。演奏结束时的旋律通常不同于人们刚开始听到的旋律，而且区别很大。爵士乐非常复杂，要探索其中的奥秘，需要投入大量的时间。

一个提高"无旋律"音乐审美水平的有效方法是变成一个专注的爵士乐听众。在爵士乐中，你会发现一部作品中有很多不同乐器演奏变奏曲。从爵士乐转向**室内乐**（由少数几种乐器演奏的小型器乐曲），你会再次听到清晰可辨的主题曲经过一系列变化成为一种更加复杂的声音序列。通过扩展对旋律的定义，你会发现自己拥有了更为丰富的音乐体验。

有时，旋律是一系列似乎可以无限期演奏而且不会重复出现的乐音。20世纪60年代，西塔尔琴音乐在西方流行起来，因为它有很长的旋律线和明显的非西方风格，因此它是"反正统的"。一些现代作曲家被非西方音乐所吸引，试图摆脱传统的西方音乐。当代美国作曲家菲利普·格拉斯在创作生涯早期就延续着同一种风格，很长时间都在坚持同一种模式。有人认为他的作品单调乏味，不断重复，也有人认为他的作品具有很好的催眠效果（图6.3）。导演马丁·斯科塞斯邀请格拉斯为他的电影配乐。虽然格拉斯是西方人，但他的音乐对于西方大多数人而言非常陌生，却易被藏族人接受。聆听这首曲子是探索不同旋律的好方法。我们应该明白，旋律之美是历史和文化问题，不是所有的旋律都是美的——也可以说没有一个旋律是美的；音乐之"美"与特定文化传统中的流行程度和乐器种类都有很大关系。

不协和和弦和简约主义音乐　自20世纪初期以来，作曲家开始强烈反对浪漫的旋律，这种对传统的极端背离是现代西方音乐的特征。音乐中充满侵略性的**不协和和弦**，在那些希望音乐是浪漫的、不能容忍其他任何音乐形式的人眼里缺少吸引力。当然，这其实是作曲家有意为之。整个20世纪，作曲家不断尝试非传统的音阶和声音。有时他们会创造新的音符，它们不在人们已知的音阶上，需要半唱半说。作曲家甚至还会

图6.3　歌剧《真理坚固》，美国作曲家菲利普·格拉斯（1979）编曲
《真理坚固》这部歌剧以我们大多数人都不熟悉的非西方音乐传统为基础，包括缺乏清晰可辨的旋律的不断重复。你还能想出其他没有旋律的当代音乐作品吗？你觉得易于上口的旋律重要还是其他元素更重要？
Jack Vartoogian/Getty Images/Getty Images

在音乐中加入长时间的静默。

近年来，许多作曲家已经开始反对现代主义，特别是那些"喧闹的叮当声和碰撞声"，似乎要坚决创造出完全陌生的音乐。这种新的音乐形式，就像新出现的视觉艺术一样，可以称为后现代音乐。这一流派最流行的作品来自一些经常被称为"简约派"的作曲家，尽管他们自己反对这种称呼。他们的目标是剥离现代主义音乐不必要的装饰，回归基本元素，尤其是节奏。简约主义音乐（minimalist music），如菲利普·格拉斯和史蒂夫·莱奇的音乐，有时会让一些听众感到冷漠、严肃、无情和单调。然而，就像所有人们不熟悉的音乐一样，它们终究会回报那些愿意花时间去聆听的人。后简约主义音乐作曲家，如约翰·亚当斯，经常会在作品中加入一些感人的旋律。

有人认为音乐是情感的声音。人的情感极为复杂，不是吗？认为音乐只能有一种形式就像是在说人们只能有一种感受一样。当我们不想认识一个陌生人，我们可以转身离开，但同时我们也有结识新朋友的自由。

和声与管弦乐队

亚洲音乐中的音通常是独立呈现的，没有和声（由人或乐器的不同乐音同时发声所呈现的效果）。西方人习惯这些同时出现的乐音，视和声的存在为理所当然。然而，和声和旋律一样，有着自己的历史和文化根源。

第一个千禧年间，基督教教会将音乐纳入僧众的私人仪式和公开弥撒之中。歌被看作一种与上帝交流的方式。深受古希伯来圣歌的影响，这些被唱出来的祷文被称为素歌。

它们由神职人员一起演唱，颂扬上帝的荣耀，祈求上帝的怜悯和宽恕。此时，不同声音创造出的和声非常不合时宜，违背了"在上帝眼中所有人都是平等的"这种信仰。然而，在 12 世纪的巴黎，作曲家开始尝试和声，创作出适合巴黎圣母院这种宏伟建筑的新音乐。

16 世纪在整个欧洲蔓延的文艺复兴运动复兴了古典文明，人们歌颂现世生活，音乐——世俗音乐——受到了热烈追捧。文艺复兴主张人们享受现世生活，而音乐可以为人们的休闲时光带来很多乐趣。宫廷配有专门的音乐家，同时，为探索世俗音乐的丰富性和感受性，人们还发明了新的乐器。在这些地方，每时每刻都有鲁特琴、竖笛或双簧管演奏的乐曲，有时是独奏，但通常是一群人的合奏。

文艺复兴时期的作曲家探索乐器与声音的和谐交织，仿佛在说，音乐应该是很多元素共同做出的贡献，每个元素都为生活增添了乐趣，每个元素都在做自己的音乐表达。文艺复兴歌颂每个人的独特性。和声使不同音乐主题的交织成为可能，每个音乐主题都有自己的旋律，由某个乐器或声音来演奏或演唱。和声的发展最终带来了复杂的**巴洛克**音乐，这一风格盛行于 17 世纪的欧洲。

和声的发明也使歌剧这一艺术形式成为可能。歌剧是很多不同个体——作曲家、管弦乐队、歌手、诗人、舞者以及新兴艺术家、舞台设计师——共同合作呈现出来的丰富且复杂的视听盛宴，他们的合作赋予了和声更丰富的意义。

交响乐   管弦乐队在规模和复杂性上不断增加，作曲家也在急切地探索不同种类的新乐器，它们有着不同的**音色**。到 18 世纪，**交响乐**——一种由不同乐器共同演奏的音乐形式或运动——将弦乐器、管乐器、铜管乐器和打击乐器结合在一起，成了音乐会的主要内容。演奏者聚在一起组成交响乐团；随着海顿、莫扎特、贝多芬、勃拉姆斯以及 19 世纪末马勒等音乐家的作品需要越来越多的演奏乐器，交响乐团的规模也在不断增加。《第八交响曲》是马勒的主要作品之一，整首曲子需要很多人来演奏、歌唱。柴可夫斯基的《1812 序曲》，除了需要一个庞大的管弦乐队，高潮时还需要鸣放大炮。贝多芬的《第九交响曲》现在由至少 150 名演奏者组成的庞大管弦乐队来演奏，另外还需要一个大约 200 人组成的合唱队。

第二次世界大战结束后，柏林墙将柏林一分为二。1989 年，美国作曲家兼指挥家雷昂纳德·伯恩斯坦受邀在刚刚倒塌的柏林墙遗址指挥《第九交响曲》，来自美国、苏联、英国和法国的 200 多名音乐家和歌手参加了这次演奏。最后一个乐章是诗人席勒的作品《欢乐颂》的大合唱，预示着东西柏林之间自由和友谊的新曙光，为人们带来了希望：所有受压迫者都将在反抗暴政的斗争中取得胜利。

1998 年，在日本长野举行的冬奥会开幕式上，指挥家小泽征尔指挥《欢乐颂》的表演，来自地球四个不同地方的歌唱家通过卫星进行合唱。此时，音乐代表了全世界的联合，因为来自不同国家的运动员无法通过语言交流，但他们可以在贝多芬的音乐中找到彼此联结的纽带。

音乐和声，特别是那些伟大而繁复的交响乐团创作出的和声，已经成为人类社会的理想典范。它需要每个演奏者为着共同的目标齐心协力。没有一种声音比另一种声音更重要，但每一种声音都有其光辉耀眼的时刻。如果一个音调偏低，整部作品都会受到影响。

无　声

无声是音乐中不发声的部分，它之于音乐的作用类似于雕塑周围的空白之于雕塑本身，或墙面之于艺术展。想象一下，把 25 幅梵·高的原作堆到一起："《星空》在哪里？

找到了。我差点就错过了。有趣，但不知怎么回事，它并不像我想象的那么震撼。"快速播放一个视频会破坏所有戏剧价值。加速消除了停顿，而停顿与话语本身一样重要。毕竟，如果人物说个不停，戏剧性的场景如何发展下去呢？在音乐中，音与音之间的空白——或称无声——也同样重要。

要加深对音乐的理解，人们需要聆听和享受无声。无声是许多作品不可分割的部分。贝多芬《第三交响曲》第二乐章《葬礼进行曲》的停顿和前后的主题曲一样著名。这一停顿为主旋律的最后一次演奏带来了非常强烈的戏剧效果。无声后面是部分主旋律，而后是更长时间的无声，后跟更长的主旋律。这种处理效果使听众仿佛看到了某个正在努力忍住眼泪的人。

想想上次你在别人面前努力控制自己的时候，彼时的无声难道不是充满意义吗？就像伟大的艺术家列奥纳多·达·芬奇擅长处理阴影一样，伟大的作曲家也会用同样的方式处理无声。舞台演员之所以伟大，某种程度上要归功于对没有台词时候的掌控，归功于他们说话之前和之后的无声。

勃拉姆斯《第一交响曲》第四乐章开始后不久就是著名的法国圆号独奏主题曲。定音鼓的出现预示着主题曲即将呈现。一些指挥家看到了无声的作用，他们让乐队在演奏这一主题曲前暂停片刻，因而极大地凸显了接下来主题曲的重要性。法国圆号的出场就像演员的出场一样，观众一直在翘首以盼。然而，很多演奏并没有出现这种停顿，或许就此丧失了一个振奋人心的机会。

作曲家约翰·凯奇（1912—1992）因在作品中融入无声而闻名，他认为无声与乐音同等重要。他的作品《4分33秒》以演奏的时长命名，要求艺术家坐在钢琴前4分33秒。凯奇认为"音符是无声的"，但会一直存在；他鼓励听众把所有的声音都当作潜在的音乐，把生活当作潜在的艺术。在一首很长的钢琴曲中，他将无声音符和有声音符结合在一起；在另一首曲子中，他演奏了一系列复杂的和弦，双手在键盘上飞速移动，随后静静坐了大约15分钟。据一位评论家说，现场的观众"几乎不敢咳嗽"。禅宗对凯奇有很大影响，它是一种非常严肃、有纪律的佛教宗派，要求信众在绝对的安静无声中进行长时间冥想。

音乐家之间的区别不仅在于演奏能力，还在于音乐直觉。一种批判性分析这种直觉或"对音乐的感觉"的方法是看演奏者如处理音符周围的空白。三位世界级钢琴家重新演奏贝多芬的《悲怆奏鸣曲》，尽管每个人弹奏的乐音完全相同，但每种诠释都会带有音乐家自己的微妙感受。最有说服力的因素就是他们对无声的处理。停顿在这里被拉长，在那里被缩短。正如雕塑周围的空间一样，音乐中的无声可以定义、彰显并创造个体。

声音是一部伟大音乐作品最好的礼物，声音的缺失也同样重要。请记住，音乐是寂静无声之中成形的声音。

除沉默之外，最能表达难以表达之物的就是音乐。
——阿尔多斯·赫胥黎

6.2 不同的音乐体验

如何区分赋格、交响曲和艺术歌曲带来的不同音乐体验？

音乐风格和音乐形式非常多样，要从中单独挑选出几个其实是很困难的。不过，按照一些标准来看，选用几种音乐类型是足以说明音乐给人带来的体验的，以下是其中两种。

巴赫的赋格

> 它让我充分认识到了生命的奇妙，认识到了生而为人的妙不可言……每一天都是崭新的、精彩纷呈又不可思议。那就是巴赫，就像大自然，一个奇迹！
>
> ——巴勃罗·卡萨尔斯

约翰·塞巴斯蒂安·巴赫（1685—1750）生活在一个不怎么看重音乐的德国家庭，多数家人认为，音乐要么是宫廷娱乐，要么是宗教的附庸。巴赫的音乐确实产生于宗教，但也超出了宗教的范围，对后世的音乐艺术产生了极大的影响。巴赫的作品是典型的巴洛克风格，极为复杂。人文历史学家通常把17世纪中叶到1750年间定义为巴洛克时期，而1750年恰好是巴赫去世的那一年。

巴洛克时期以宏伟华丽的建筑、精美复杂的色彩和装饰为特征。这一时期的城市建筑，有些至今仍然矗立在维也纳环形大道的沿线，往往有镀金装饰、雕像等，没有一座建筑是纯功能性的。"巴洛克"一词来源于法语和葡萄牙语，意思是"不规则的珍珠"，用来指一种与古典主义的简单朴素大相径庭的新风格。建筑中大量使用曲线而非直线，巴洛克音乐也格外错综复杂。

天主教在巴洛克气势恢宏的建筑中发现了一种引导人们重返教会的方式。德国教士马丁·路德（1483—1546）反对天主教，认为他们道德败坏。他和其他改革者共同发起了一场宗教改革运动，旨在消灭天主教会的腐败。与宗教改革者的木制教堂明显不同，天主教巴洛克教堂，尤其在意大利和波兰，重新使用大理石、鲜艳的色彩和文艺复兴时期的教堂雕像，能同时为人们带来精神和感官上的愉悦，也许是为了鼓励那些叛离者早日回归。这些教堂可以追溯到17世纪，色彩明亮的天顶上装饰着飞翔的天使，大理石柱顶端坐着面带微笑的金色小天使。它们是当时社会富裕的缩影，为人们带来了直观的审美愉悦。

尽管路德和他的追随者施行了很多改革，但路德宗仍然比许多即将发展起来的新教教派更接近天主教。尽管路德宗的信徒通常避免对教堂进行精美的视觉装饰，但他们对音乐样式却有着不同的感受。音乐在路德宗的仪式中变得尤其重要，巴赫为其创作了诸多作品。随着时代的发展，宗教作曲家和世俗作曲家都试图在作品的复杂性方面超过对方。他们大量运用**对位法**，让两条旋律线彼此对应，予以同等的重要性和独立性。

当然，自文艺复兴早期以降，和声已经成了音乐的常规，但巴赫的对位法进一步增加了和声的复杂性。虽然巴赫的音乐在他有生之年已获得相当大的认可，但在他死后，教会仍将他视作伟大的管风琴手，而非作曲家。因此，那些第一次听到巴赫作品的教众往往会感到困惑，有时甚至不知所措。

当巴赫（图 6.4）首次受雇演奏管风琴时，一部分作品得到人们的欢迎，这进一步激发了他试验管风琴音乐的热望。为了拓展自己的音乐视野，巴赫告了假，在 1705 年跟随丹麦和德国著名的管风琴师、作曲家迪特里克·布克斯特胡德学习。学成归来的巴赫带回自己的新作品，这些作品非常复杂，技巧也极为精湛，唱诗班时常无法唱出。直到这时，新音乐的消息不胫而走。最终，巴赫荣任莱比锡圣托马斯教堂的音乐总监和唱诗班指挥。他的余生十分高产，大部分时间都在这里度过，几乎没有出过城。

图 6.4 约翰·塞巴斯蒂安·巴赫，1746 年
巴赫最初被当作一名教堂管风琴手，最后却改革了音乐的艺术。听一听他的《D 小调托卡塔与赋格》，你有什么感受？
Georgios Kollidas／Fotolia

他声名日隆，但随着年岁的增长又日渐消退，不过其作品的复杂性丝毫未减，反而日渐加深。人们开始说他在某些方面已经过时了。他几乎是全凭一己之力将巴洛克音乐推向顶峰，随后又被指责不够现代。直到 18 世纪中叶，弗朗兹·约瑟夫·海顿（1732—1809）学习了巴赫的音乐技法，创作出 104 首交响曲，赢得了"交响曲之父"的称号。海顿回归古典主义的质朴，进一步加速了巴洛克音乐的衰落。其实，早在巴赫的晚年，已有许多年轻作曲家在尝试类似于海顿的音乐风格了。

凭借这些新的作品，德国音乐也在音乐艺术的领域拥有了一席之地，因而巴赫的经典作品（包括康塔塔、清唱剧以及被称为"赋格"的华美对位法），早在真正成名之前就已经被视作过时了。直到整整一百年之后，巴赫的音乐才进入公认的杰作之列。

虽然受到了地域和职业的限制，但巴赫在探索音乐语言上是极其自由的。巴洛克风格不仅需要长而流畅的旋律以及复调旋律，还需要**即兴**——根据既定主题进行一次或者一系列的自发变奏。通过即兴创作，巴赫能够振翅高飞，翱翔在无尽的内心世界之中。

巴赫的《D 小调托卡塔与赋格》 在巴赫和海顿所处的时代，人们并不期待用音乐表达作曲家的内心情感；事实上，巴赫的音乐经常被贴上"理性"的标签。例如，他的音乐深受数学家的喜爱，他们认为他的作品与高等微积分有着相似之处。但他的作品也有感性的一面。伟大的《D 小调托卡塔与赋格》为听众带来了一种几乎无法描述的感觉。人们可以分辨出许多相互重叠的旋律线，进而将声音化作相互缠绕、相互淹没的光线和线条，它们不断变幻成一些从未见过或想象过的形状。听这首曲子，我们会感到自己游荡在一个充满思想和感情的、奇异的内心世界。

托卡塔是一种自由的音乐形式，巴赫同时代的演奏者常用它展现自己的精湛技艺。托卡塔之后，通常跟着赋格，巴赫的《D 小调托卡塔与赋格》就是其中一例。相较而言，赋格更受音乐规则的限制。在托卡塔乐曲中，作曲家或演奏者可以围绕主旋律即兴创作，将之带向不同方向。

这种演奏方法与爵士乐极为相似。爵士乐演奏者如此欣赏巴赫的音乐才华并非巧合，他们惊叹于巴赫的即兴演奏天赋，常在自己的演奏中加入巴赫的变奏曲。赋格允许同时演奏或演唱不同的旋律；它是一种快节奏的音乐形式，但是要遵循对位法的原则，即同时演奏的旋律线必须互为补充，而不能彼此抵牾。

只需听一听管风琴演奏的《D 小调托卡塔与赋格》，就会让人震惊不已，竟然有人能仅用一双手和一双脚处理如此高难度的曲子。赋格旨在证明，对一般人而言不可能的事情演奏者却能做到。它能让作曲家和演奏者展示自己精湛的技艺。同时，错综复杂的形式又需要非常严格的规则和高超的技巧。虽然整部作品可能听上去挥洒自如、无拘无束，但实际上却有着严格的规范和要求。当代重要的爵士乐作曲家和演奏者通常都是训练有素的音乐家，他们的即兴创作也都遵循明确的规则，与巴赫的赋格十分类似。

贝多芬的交响曲

有时，历史上长达数年，甚至数十年，都不会出现一位伟大艺术家，但许多艺术天才同时出现的情况也可能发生。例如，在 15 世纪晚期的意大利有视觉艺术的"三杰"，他们身处同一个时代——达·芬奇、米开朗基罗和拉斐尔。德国和奥地利也可以自豪地宣称，他们在 18 世纪末期为世界带来了贝多芬和莫扎特。

一天晚上，我听到了一部贝多芬的交响曲。随即我就发烧了；痊愈后，我就成了音乐家。

——理查德·瓦格纳

在巴洛克音乐传统中，作曲家用有限的音乐形式探索自己的音乐道路。巴赫让音乐形式适应自己非凡的音乐才华和想象力，掌握了除歌剧以外所有已知的音乐形式，取得了举世瞩目的伟大成就。莫扎特（1756—1791）因其杰出的作品与巴赫齐名。在短暂的一生中，莫扎特不仅创作歌剧，还创作出交响乐、室内乐、大型弥撒曲、各种歌曲以及为小提琴和钢琴创作的协奏曲。莫扎特提高了交响乐团的能力极限，为贝多芬铺平了道路。贝多芬将莫扎特的音乐带到新的高度。为给自己痛苦的生命找到一种情感释放的方式（贝多芬几乎丧失了全部听力），他在创作中采用更新、更宽泛的音乐形式，彻底改变了人们对音乐的认知，音乐变成了个体和个性的主观表达。

贝多芬（图 6.5）为教堂、音乐厅、小沙龙、私人演出、皇家宫廷谱曲，但最重要的是为自己谱曲。他在音乐事业达到巅峰时丧失听力，于是转向内心，从自己复杂而痛苦的灵魂深处发出了前所未有的声音。直到今天，在贝多芬逝世一个半世纪以后，当他创作的每一个音符被成千上万的音乐家演奏和诠释、被成千上万的人聆听的时候，无论是听众还是表演者依然能在他的作品中发现伟大人格。

这一全新的传统将世俗的、宗教的和民族的趋势结合在一起，使北欧音乐与数世纪以来雄踞西方音乐正统的意大利音乐并驾齐驱。尤其需要指出的是，它创造并迅速扩大了交响乐的范围，而交响乐之于德国，就像歌剧之于意大利一样重要。

交响乐的发展不能只用数量来衡量。海顿创作了 104 首交响曲，莫扎特创作了 41 首，贝多芬只创作了 9 首。后来的约翰内斯·勃拉姆斯在贝多芬雄壮的交响曲面前望而却步，花了 20 年时间创作了第一部交响曲。他终其一生只创作了 4 部交响曲！

图 6.5 卡尔·贾格（1833—1887）在贝多芬去世后为其画的肖像，1870 年
贝多芬的交响曲可能是西方古典主义音乐中最著名的作品。听一下《英雄交响曲》的第一小节，或者是《第九交响曲》的第四小节《欢乐颂》。贝多芬的作品如此流行的原因是什么？
Library of Congress, Prints and Photograph Division, LC–USZ62–29499

贝多芬的《英雄交响曲》 交响曲的音乐形式在莫扎特那里得到前所未有的扩展，贝多芬继承了莫扎特的传统，创作出两部交响曲。1804 年，贝多芬又创作出了《降 E 大调第三交响曲》，也被称为《英雄交响曲》。作品首次面世时并未赢得音乐界的关注和好评，尽管此前莫扎特的最后一部交响曲杰作《朱庇特》已经上演了。毕竟，交响曲最初只是 20 分钟的音乐会曲目，由四个乐章组成：第一乐章节奏缓和，第二乐章节奏慢而抒情，第三乐章节奏快而轻松，第四乐章则振奋人心，是整部作品的高潮。四个乐章之间的关联完全取决于作曲家的风格，但人们从未期待它们表达出某种统一的主张或宣言。

《英雄交响曲》的时长是《朱庇特》的两倍。这部作品构思宏大、旋律复杂，产生的效果非常震撼，本应很快被人们看作与米开朗基罗的《大卫》、西斯廷教堂天顶画或者莎士比亚悲剧一样伟大的作品。然而不幸的是，很多第一次接触这部作品的听众无法适应它的英雄主义色彩和大胆创新，尤其是七和弦的大量使用——当时七和弦是音乐创作中的忌讳（当时大多数和弦都是三和弦），将之视作粗俗的、不和谐的，不适合文明社会的居民听。

在《英雄交响曲》中，四个乐章构成了一个整体，每一个乐章都是对前面乐章的完美补充。显然贝多芬有意在前后乐章之间保持某种联系。音乐史学家认为，《英雄交响曲》最让人感到惊奇的地方在于，它并没有刻意地营造某种伟大。

第一乐章规模宏大，有着史诗风格的崇高主题和庞大的管弦乐编曲，只有贝多芬自己的《第五交响曲》和《第九交响曲》可与之相媲美。贝多芬被解放欧洲的拿破仑英雄形象所激励，在开篇充分表达了自己的感情，想把整部作品献给这位自由世界的救世英雄。也有这样一种说法，当贝多芬得知他眼中的英雄要求加冕之后，便将之前的题献一笔勾销。

这部作品歌颂的不是帝国领袖，而是普通人所具备的英雄气概。这与我们在米开朗基罗的作品中看到的握拳怒喝一样。贝多芬是一个蔑视传统的音乐叛逆者，饱受疾病困扰直至失去听力，也被许多人误解和批评，因此很容易认同祖国发生的变革，并对美国和法国的革命充满同情和理解。

有人可能想从第二乐章中听出贝多芬对拿破仑深深的失望和幻灭。确实，第二乐章中充满浓郁的悲伤之情，乐谱中的节奏早已表明，这是一部葬礼进行曲。葬礼进行曲是所有乐章中最缓慢的，哀婉动人，令人伤心欲绝。我们已经在上文中谈到过它。拿破仑究竟是不是这浓郁悲伤的直接原因，还是说贝多芬已经穷尽了所有崇高的情感，在这里试图探索悲伤的极限，我们不得而知；但可以说，《英雄交响曲》的前两个乐章明确表现了一种人所共有的生命体验：从英雄式的、理想主义的青年时期过渡到成熟期，开始意识到悲剧的存在。

相比而言，第三乐章以快速的节奏和精确的号角使人震惊，整个部分听起来像一个狩猎派对。是不是有些格格不入？当然不是。仔细聆听葬礼进行曲的每一个音符，就会发现人所能承受的情感痛苦是非常有限的。生活终将继续，沮丧的情绪必须从绝望中振作起来。

终曲以优美、舞曲般的旋律开始，让人联想到一个文雅的社会：文明得到了恢复。经过错综复杂的发展，旋律重新回到最开始的英雄主义氛围。人们从浪漫的幻想进入悲剧的深渊，经过斗争，变得更加成熟、清醒和坚定。贝多芬全方位地刻画了人类的灵魂，但这并非贝多芬对天堂的最后一瞥。

贝多芬的《第九交响曲》 贝多芬的《第九交响曲》是他的最后一部交响曲，完成于1824年，此时他已经完全失聪。《第九交响曲》

图 6.6 法国画家雅克·路易斯·大卫绘制的拿破仑肖像，1812 年

贝多芬的《英雄交响曲》最开始是献给拿破仑的。听一段其中的旋律，对你而言它是英雄主义的吗？它是怎样做到的？

Courtesy of National Gallery of Art/Samuel H. Kress Collection

的时长是莫扎特晚期交响曲的四倍，是《英雄交响曲》的两倍。《第九交响曲》没有表现年轻人如何应对严酷的现实世界，而是表现了一个经受身体和创作双重挑战的伟大灵魂努力寻求并抓住一切的最后呐喊，就像两个世纪前的米开朗基罗在大理石上追求完美和一个世纪后的爱因斯坦寻求宇宙中所有力量相互作用的终极方程式一样。

在《第九交响曲》的前三个乐章，贝多芬谱写了一曲又一曲动人的旋律。它们有着复杂的节奏、错综的和声，以及大胆的不协和音。他似乎在努力寻找人们全部的内心感受在音乐上的对应物。在第四乐章，他似乎已经得出结论——管弦乐队不足以表达他在无声世界的深处听到的声音，他还需要人的声音。

在他之前，一些作曲家曾经创作过大型合唱作品，其中最为典型的有巴赫的《圣马太受难曲》、海顿的《创世记》和莫扎特的《安魂曲》，而贝多芬对人声音的运用远远超出人们的想象。

在对《第九交响曲》最后一个乐章的理解上，存在很多争议。有些评论家说，它把人们尽可能地带到天堂的大门前；而有些人则将它称为"尴尬的乐章"，因为它根本无法唱出来。一位女高音歌手在试唱后称贝多芬完全不尊重女性的声音。还有人认为，失聪的贝多芬能够听到一些音乐范围之外的特别声音，这些声音没有任何乐器能够演奏，甚至人都无法演唱。或许这些不同的观点把作品过分浪漫化了，但或许又并非如此。没有人知道贝多芬到底听到了什么。

为演绎弗里德里希·席勒的诗作《欢乐颂》而谱写的第四乐章主旋律，已经获得了"国际赞美诗"的称号。大多数人认为，这部作品早已超越喜欢与否的问题，喜欢与否似乎是无关紧要的。在它的宏伟庄严面前，人只会感到谦卑。聆听贝多芬的《第九交响曲》，你会发现人类创造力的真正含义。

这部作品在当时欧洲音乐之都维也纳进行首演，几乎所有当地杰出的音乐家都到场了。此时他们已经完全相信贝多芬的天才，渴望听到这位伟大作曲家从内心世界中发掘出的新声音，那些曾长久地被人和自然的声音所掩盖的声音。贝多芬是那次演出的联合指挥。

见证那场演出的观众留下了许多精彩的故事，尤其是关于这位大师如何整场都精力充沛，定能听到只属于他自己的管弦乐队的演奏云云。因为当"另一支"管弦乐队的表演结束时，热烈的掌声已经响起，而贝多芬还没有放下指挥棒。当他终于意识到发生了什么的时候，就从舞台上走了下来，仿佛觉得这次演奏没有完全表达自己的想法。另一位乐队指挥追上他，及时让他转身看到那些站起来欢呼的、高喊着"太棒了！"的观众。贝多芬仅仅点了点头。没人知道他听到了什么，就像他也不可能知道别人听到了什么一样。尽管如此，人文学历史依然会铭记这一时刻，它是人类灵魂在奇妙的艺术世界中的一次交汇。

艺术歌曲

我们已经探讨了音乐的起源以及基本要素、两种主要音乐形式以及创造出辉煌音乐历史的伟大作曲家。其实很多人的日常音乐经验来自歌曲。歌曲是篇幅较短的作品，旋律和节奏都很容易记住。

孩子们有儿歌可以学，也有摇篮曲可以听。某种歌曲的创作——即使是孩子自发的吟唱——属于人类的一种本能。像诗歌及其他艺术形式一样，歌曲会逐渐演变成更为复杂的风格，最终会成为作曲家遵循严格规则创作而成的作品。

艺术歌曲的诞生可能要追溯到古典时代。当时，《伊利亚特》等史诗是由吟游诗人吟唱出来的，这样才便于记忆。中世纪早期，僧侣们吟唱祈祷词，将之作为礼拜仪式的一部分。然而，到中世纪晚期，富有的贵族要求把歌曲作为宫廷娱乐的一部分，其主题几乎都是爱情。到了上述伟大作曲家的时代，歌曲成了公认的艺术形式，会在音乐会上由训练有素的专业人士演唱。由专业人士演唱的这些作品，逐渐被称为艺术歌曲，以区别于那些并非专为音乐会谱写的流行歌曲。艺术歌曲的出现标志着文字与音乐的融合，用各种声音，尤其是钢琴，赋予诗歌以更丰富的意义。

弗朗兹·舒伯特　弗朗兹·舒伯特（1797—1828）是艺术歌曲的天才，他在短暂而悲惨的一生中创作的歌曲足足有六百余首！他煞费苦心地为歌者和伴奏者创作，笔下的音乐与诗歌的语言和意境相得益彰。我们可以从作品《鳟鱼》中领略舒伯特歌曲的精妙，欣赏那优美的旋律和溪水般潺潺流动的伴奏；我们还可以欣赏《死神与少女》那跳动的旋律和奇特而平静的伴奏。少女看到了死神——一个看似凶狠的骷髅——朝她走来，她恳求他走开，不要伤害她。但事实证明死神是友好的，让她轻轻地睡在自己的臂弯里。

舒伯特最著名的作品是《圣母颂》的配曲。据说，这位贫穷的作曲家把这首曲子快速地写在餐巾纸（或许是桌布）上，然后用 15 美分的价格卖给了别人。不管是真是假，这样一个故事表明了我们对舒伯特的了解，也就是说，他在有生之年并不成功。但与梵·高不同，他身边有一群欣赏他才华的朋友。

阿尔玛·辛德勒·马勒　人们对奥地利作曲家阿尔玛·辛德勒·马勒（1879—1964）在艺术歌曲上的成就的认可也姗姗来迟。起初，她是一位富有的维也纳社交名媛，是那些富丽堂皇的沙龙的女主人。她的热情和爱才惜才的品质吸引了很多男艺术家。当时年仅 17 岁的她爱上了其中一位并与他结婚，但是这个男人并没有告诉她自己已婚。她没有因此而感到沮丧，在创作激情的驱使下，她进入一所音乐学校学

最甜美的歌就是那些诉说最忧伤的思想的。
——珀西·雪莱

习。在那里，她不断地激励自己的同学阿诺德·勋伯格——后来成为 20 世纪的艺术先锋——根据自己的感受进行音乐创作，而非投听众之所好。阿尔班·贝尔格是另一位先锋派音乐家，他也是马勒的好朋友，他还把自己的杰出歌剧《沃采克》题献给她。

多情的马勒爱上了古斯塔夫·马勒（1860—1911）——19 世纪后期一位伟大的指挥家和作曲家。她希望两人在事业上彼此相助，但古斯塔夫·马勒却没有这么想。他要她放弃写歌，做妻子该做的事情。当时的古斯塔夫·马勒已经是公认的天才作曲家，也是维也纳歌剧院的指挥家，除了奥地利皇帝和上帝之外，他不理会任何人，而他最后的交响曲也是献给上帝的。他比阿尔玛大二十岁，是对阿尔玛来说最接近于丈夫的人。在两人的关系中，古斯塔夫·马勒一直扮演着父亲的角色，像父亲一样对待阿尔玛，但从不鼓励她施展自己的天赋。

古斯塔夫·马勒带着他执导歌剧时的那种专横态度，命令妻子必须照看孩子，精心准备饭菜，营造一个家的温馨，而且在业余时间抄写他所有的手稿。不过阿尔玛却在暗地里反抗。她写信给一个朋友说，"那个在公开场合魅力十足的男人想在家里放松一下"，而这"终究会是女人的宿命，但不会是我的"！

最后，或许古斯塔夫·马勒感到有点内疚，他和西格蒙德·弗洛伊德聊了一个下午，认识到自己的婚姻问题。弗洛伊德鼓励他去认真了解一下妻子的作品。见面结束后，古斯塔夫·马勒回到家里，弹奏了一些阿尔玛的曲谱，禁不住呼喊道："我做了什么？这些歌曲很棒！"他坚持立即将它们出版。然而不幸的是，他在兑现承诺之前就去世了。阿尔玛活到 84 岁，以善于培养男性天才艺术家而闻名。后来，她创作的歌曲被发现，但遗憾的是只有 17 首留存下来。

先锋派音乐

与视觉艺术领域的先锋派一样，音乐的创新者也不希望自己的音乐听起来像以前的任何作品；他们不希望受到旧有规则的限制，而是努力试图找到新方向，他们被称为**先锋派**（avant-garde），翻译过来就是"前卫的"。这是一个军事用语，应用到艺术领域，garde 也可以指"保卫者"或"看守人"。换句话说，先锋派是那些保护我们远离枯燥熟悉的事物的人，是对我们最有益的人。

对一部天才的作品而言，摆脱束缚是关键。例如，贝多芬在创作《第三交响曲》时拓展了音乐的范围，使音乐适应创作者本人强烈的感情。20 世纪，乔治·格什温的《蓝色狂想曲》前所未有地把爵士乐和交响乐结合在一起。当披头士出现在舞台上时，观众无法接受这个乐队带来的摇滚风格和技巧的变化。这些作曲家都做了他们必须做的事情：无论传统是什么，他们都按照自己的性格和意愿表达自我。

　　因此，反叛的需要就是成为自己的需要，而如果你恰好又是一个艺术家，那么你的艺术就是反叛的。今天，一些音乐会作曲家已经厌倦了自然音阶，甚至所有音阶。一个作曲家用她的拳头砸向一架大钢琴，然后爬到钢琴上，倒立在上面并且敲起琴槌；还有人在合成器和电脑里发现了通往未知内心世界的秘密，因而创造出人们闻所未闻的声音。

　　伊戈尔·斯特拉文斯基（1882—1971）被很多人视作现代音乐先锋派之父。他在为1913 年芭蕾舞《春之祭》创作的革命性配乐中加入了非常陌生的声音元素，再加上尼金斯基那极具挑衅性的动作和编舞，让作品在巴黎首演时引发了一场骚乱。尽管受到观众和批评家的一致谴责（一位批评家把这种音乐称为"谷仓活了过来"），但斯特拉文斯基最终还是赢得了胜利。他那非正统的节奏、不协和音以及音色对后世的音乐产生了重大影响。

　　同辈之中还有阿诺德·勋伯格（阿尔玛·马勒的老同学）。勋伯格出生于柏林，在维也纳接受了音乐教育。他的大型音乐会作品将管弦乐队的规模减少到 15 件乐器，用令人眼花缭乱的复调和奇异的和声创造了不协和音。信奉无调性的他，许多早期作品完全抛弃了音调，《月迷彼埃罗》是其中的代表。在这些作品中，他用并不总像人声的人声故意制造出某种精神焦虑的音乐对应物。比如，在《月迷彼埃罗》中，他去掉标准的音符，在乐谱上标明"歌者"要用同样的音调边说边唱。有时它们听起来像迷失的灵魂想摆脱孤寂荒凉的拘禁。他的**无调性**——缺少调或调性主音的音乐——鼓励着其他先锋艺术家摆脱传统和弦和传统结构的束缚。

　　1925 年，勋伯格回到柏林，在那里他受到了德国先锋派的影响，后者在戏剧和视觉艺术方面也产生了很大的影响。此时柏林的艺术充满了战后愤世嫉俗的特征，观众只会注意到文明的衰退。就是在这里，勋伯格创作了歌剧《摩西与亚伦》，剧中的人物边说边唱，诉说着彼此的无法交流。《月迷彼埃罗》和《摩西与亚伦》这两部作品迄今仍然是人们能否接受极其陌生的事物的试金石。我们希望你至少尝试一下。一些当代先锋派作曲家认为斯特拉文斯基和勋伯格早就过时了，这一点也不足为奇。

　　如上所说，大多数先锋派音乐都会通过合成器来制作，最先使用这种方法的是法国作曲家埃德加·瓦雷兹（1883—1965）。起初作为一名数学系学生，他发现自己对在机器上弄出新的音乐声音感到不可抗拒的兴奋，这种机器似乎可以创造出他想要的任何东西。他大胆地宣布自己拒绝向已有的声音屈服，而这确实可能是先锋派的战斗口号。随即他补充说，规则不能带来艺术。在他的朋友克劳德·德彪西的鼓励下，瓦雷兹探索了非西方的各种声音，最终将它们与自己对西方音阶和调性模式的重组（或摒弃）结合了起来。

　　1923 年，他的《双棱体》首演，同《春之祭》一样，这部作品也在剧院引起骚动。他使用的乐器包括雪橇铃、摇铃、碰撞钹、铁砧、中国积木、印度鼓以及底部有一个孔的垫圈，演奏者可以通过这个孔发出狮子般的吼声。

瓦雷兹在 71 岁的时候创作了《沙漠》，以回应核武器问题及其对世界造成的危险。这部作品既使用了录制的声音，也使用了合成声音。它使观众陷入狂乱，几乎引发了另一场骚乱。一位评论家声称，瓦雷兹应为制造出这样的噪音而判处极刑。

6.3 音乐厅之外的音乐

我们如何解释不同类型流行音乐的出现和影响，包括民谣、爵士、布鲁斯、福音、摇滚乐和嘻哈？

至此，我们已经讨论了在音乐会或演奏厅中经常听到的音乐——由专业音乐家作曲、记录、谱写、编曲、研究和演奏的音乐。但很多人更熟悉的音乐来自音乐厅之外，来自他们的智能手机或平板电脑，来自自己最喜欢的电影或户外节日和活动。这类音乐通常与那些为管弦乐队、受过古典音乐训练的歌者或室内乐手创作或演奏的音乐一样复杂、精致，而且也会让听众感到难以抗拒。

民 谣

不同于那些在人文学中有着固定传统的艺术形式，民谣几乎没有可遵循的规则。有些民谣诞生于几个世纪前，也许是作为偏远地区传播信息的一种方式，也许是那些几乎没有其他娱乐的人的即兴创作。民谣并不需要专业的音乐伴奏或训练有素的声音。它们很可能代代相传，每次演唱都会有所改变，这也是同一首歌会有很多版本的原因。

在伍迪·盖瑟瑞和赫迪·莱德贝特——我们熟悉的莱德贝利——的推动下，民谣在 20 世纪中期掀起过一股流行浪潮，后来经过琼·贝兹、琼妮·米歇尔、鲍勃·迪伦、朱迪·柯林斯以及最近的安妮·迪芙兰蔻等成熟音乐家的努力，风格开始接近艺术歌曲。然而，它仍然是一种参与性很强的艺术，是对群体身份的认同。在某些地方，小提琴手仅仅弹几个《稻草中的火鸡》的音符，立刻就会有人鼓掌或跳舞。在 20 世纪 60 年代的民权运动里，《我们一定会胜利》这首歌将陌生人瞬间团结在一起，且至今仍然如此。

在集会或体育赛事中人们自发演唱的歌曲并不都是民谣，但它们在加强群体团结方面起到了类似的作用。例如，20 世纪 80 年代的摇滚乐队"皇后乐队"发行了一首名为《我们将震撼你》的歌曲，至今在全美，尤其是在足球比赛的时候，学生们依然在演唱这首歌；1979 年斯莱兹姐妹的歌曲《我们是一家人》已经成为匹兹堡海盗队的战斗口号。

关于真人真事的歌　中世纪，吟游诗人用歌声向人们讲述战斗和冲突中的英勇行为。海上传说中也有很多讲述海上发生故事的歌谣，如海盗船长犯下的暴行或船只孤独地沉没到海底。民谣常常用来纪念某个人，如"开路英雄"约翰·亨利以及其他被遗忘的普通人，像是鲍勃·迪伦的《海蒂·卡罗尔的寂寞之死》中被谋杀的酒吧女。纪念性歌曲的叙述者往往姓名不详，它们典型的开场白是："我的名字不特殊，所以我不用说出来。"歌词中的人群、发生的事情或某个人要比歌手或叙述者更重要。

纪念性歌曲持续流行。1968 年，风格温和的歌曲《亚伯拉罕、马丁和约翰》歌颂了那些暗杀活动中的受害者；唐·麦克林 1971 年创作的《美国派》讲述了一个略显神秘的故事。很多人认为这首歌是为纪念在一次空难中去世的流行歌手巴迪·霍利、里奇·瓦伦斯和约翰尼·普雷斯顿而创作的。

劳动歌曲的历史也很悠久，因为很难想象工作不再占据人们生活的中心。很多时候，劳动歌曲反映了一种艰苦的生活以及管理者与劳动者之间的紧张关系。但是，音乐却往往是欢快的，充满了活力和喜悦，仿佛在帮助创作者忘记自己那疲惫的身体和微薄的薪水。

> 我在铁路上工作
> 整整一天都在工作；
> 我在铁路上工作
> 仅仅为了消磨时光。[1]

19 世纪的民谣《约翰·亨利》既是纪念歌曲，也是劳动歌曲，反映了工人与机器之间的冲突。当时，蒸汽钻头即将取代手动的锤子。约翰·亨利是一个民间英雄，被塑造成一个比机器更强大、更聪明的超人。他用锤子和钢矛反抗蒸汽钻头，但他的雄伟抱负以失败告终。

> 约翰·亨利对他的队长说：
> "你只不过是个普通人，
> 在那个蒸汽钻机把我打倒之前，
> 我死的时候手里还会拿着锤子。"
> ……
> 约翰·亨利在右边捶打
> 左边是大蒸汽钻头，

在那个蒸汽钻机把他打倒之前，

他把愚蠢的自己捶死了。[2]

另一位是乔·希尔。他是移民，出生于瑞典。和很多人一样，他在 20 世纪初怀着美好的梦想来到美国，但最终却被卷入大量的劳动力群体中，成了他们中的一分子，每周要辛苦工作 40 多小时，靠最低工资维持生计。作为一位天生的民间诗人和歌手，希尔开始创作歌曲，讲述工人经历的艰辛和管理者的蛮横无理——他们不仅拒绝工人的请求，甚至还拒绝妥协。于是希尔变成了一个现代民谣歌手。他的歌曲简单，易于演唱和记忆，很快就从一个工会大厅传播到另一个工会大厅，人们用他的歌曲来反映各种劳工问题。

希尔同时也是一个激进分子。他走遍全国各地，在工人集会上发表演讲，因而难以避免地被贴上"捣乱分子"和"煽动者"的称号。有一次，当他在盐湖城某次工会会议上发表演讲时发生了一起谋杀案，希尔被逮捕并被指控谋杀。在那次非常有名的审判中，控方提供人证，证明希尔在犯罪现场。经过陪审团的短暂商议后，希尔被判有罪，并被处以死刑。在等候行刑的时候，希尔创作了最后一首歌。在这首歌里，他说，有些人可以在盐湖城找到正义，"但是乔·希尔不能"。

琼·贝兹是一位民谣歌手，也是 20 世纪六七十年代人权运动的缩影，创作了一首纪念乔·希尔的歌，这首歌被人们看作真正的民谣艺术杰作。

> 行动是治疗绝望的解药。
> ——琼·贝兹

从圣迭戈到缅因州，

在每个矿山和工厂，

工人们都在捍卫他们的权利，

你在那里可以找到乔·希尔，

你在那里可以找到乔·希尔！[3]

关于浪子的歌　浪子歌曲（scoundrel song）歌颂人们的酒神气质——人们潜意识中非常喜欢的一类人，如目无法纪、不负责任但充满魅力的恶棍，虽然你不能信任他、不能嫁给他，也不能委以重任，但他总是很有趣。爱尔兰传统中有一个非常受人欢迎的"逍遥的酿酒商"，他喝酒、狂欢、赌博、逃避工作。叙述者自豪地唱道："如果你不喜欢我，你可以离开我。"谁能反驳呢？他打算这么做：

饿的时候吃，渴的时候喝，

如果酒杀不掉我，

我就一直活到死。[4]

图 6.7　摩西奶奶，《我们正在去教堂》，1949 年
20 世纪艺术家摩西奶奶的这幅作品与民谣有怎样的对应关系？
Christie's Images Ltd./SuperStock

当然，如果指望这些人，社会就会灭亡，而演唱这些歌的歌手却通常不太合群，他们不能或不愿轻易满足社会的要求，因此，人们很难期待他们的歌会赞美那些道德高尚、勤劳、虔诚的人。

累积歌和叙事歌　累积歌（accumulation song）指故意被拉长的歌，一段接着一段，叠句不停重复。类似《圣诞的十二日》和《老麦克唐纳》等歌曲，开始只有一个细节（一份礼物、一只动物），随着歌曲的继续，细节会越来越多。曾经在很长一段时间内，累积歌加强了人们的团结，延长了聚会的高潮，让人们远离孤独。累积歌带来的温暖和温馨有时近似于原始艺术或民间艺术，如摩西奶奶的作品（图 6.7）。

叙事歌（narrative song），顾名思义，歌词中讲述的是故事，往往篇幅很长，像累积歌一样，满足了听众想尽可能长时间待在一起的需求。它是史诗的民间版本，通常讲述一些奇妙和神奇的事。苏格兰民谣《宾诺里歌谣》讲述了一把神奇竖琴的悲伤故事。这把竖琴由一个被谋杀女孩的胸甲做成，它一边弹一边唱，揭露了女孩被谋杀的整个过程，最后是令人震惊的高潮："是我的姐姐杀死了我。"像很多歌一样，这首歌很可能是对真实事件的改编。

乡村音乐和西部音乐继承了民间音乐的叙事传统，并在其中加入自己独特的故事元素。20 世纪 60 年代后期，《比利·乔颂歌》作为一首跨界歌曲风靡一时，登上了乡村音乐排行榜前四十名。粉丝们聚精会神地听着歌中十几岁的男孩从塔拉哈奇桥上跳河而亡的悲惨故事。这首歌的独特之处在于，它对故事发生的"原因"给出了微妙的暗示，但没有告诉我们太多。数百位听众致电广播脱口秀节目发表自己的看法，但作曲家博比·金特里拒绝泄露故事的秘密。

抗议歌和社会公正歌　20 世纪 60 年代的美国是一个充满疏离感的时代，这一时期民谣开始大范围复兴。年轻人常常远离家乡，在那些匆匆忙忙搭起的帐篷里或在成员经常不固定的人群里聚会过夜，他们一起歌唱，很快就变成了——有时只是暂时的——朋友。《乔·希尔》的作曲和演唱者琼·贝兹和朱迪·柯林斯凭借复兴这些旧歌获得了巨大声望，特别是那些依然努力在种种限制中寻求自由的反叛歌曲。但是，复兴这些民间歌曲的主要目的是促进群体的团结，很可能带有某种特别的宗教含义。在音乐会上，朱迪·柯林斯演唱了古老的赞美诗《奇异恩典》，台下上万人很快加入合唱，他们手牵手，凝聚成一个整体。这首赞美诗一经复兴，就变成了文化的一部分；美国前总统奥巴马曾在 2015 年南卡罗来纳州为九名被谋杀的黑人礼拜者举行的追悼会上演唱了这首歌。

新的"民谣歌手"出现了，他们用抗议歌曲（protest song）反对战争、环境污染和当权者的腐败。鲍勃·迪伦的《大雨将至》和约翰·列侬的《给和平一个机会》都为抗议而作，它们最初是为了反对越南战争，后来也用来反对一切战争。它们都是艺术水准很高的现代民谣。列侬在 20 世纪最重要的民谣《想象》中描绘了一个没有战争、没有饥饿和没有仇恨的梦想世界。虽然这首歌的创作者和歌手是一位专业音乐家，但歌曲本身却具有民间的朴实和热情。只要世界上还有战乱，这三首歌就会一直流传下去。什么时候不会再流传呢？

音乐会和芭蕾舞剧中的民间主题　民间音乐一直启发着古往今来的音乐会作曲家们。贝多芬对盖尔的民间传统很着迷，会用爱尔兰和苏格兰的旋律创作。美国作曲家阿隆·科普兰（1900—1990）对自己国家的民谣，尤其是旧西部歌谣感到非常自豪，可以说他的音乐在声音上定义了美国。《小伙子比利》是科普兰的一首芭蕾舞乐曲，把那首（一个牛仔唱给马听的）民谣《别了，老花马》用活泼的主题和变奏加以呈现。《牛仔竞技曲》把周六夜晚谷仓舞的主题和节奏交织在一起。《墨西哥沙龙》是一首由墨西哥传统民谣和充满活力的拉丁节奏交织而成的管弦乐组曲，平衡了科普兰式的不协和音。

无论你相信与否，在世界上的一些地方，音乐至关重要。在世界上的一些地方，所有的艺术都事关民族尊严。

——弗兰克·扎帕

也许这位作曲家最著名的作品是为芭蕾舞剧《阿帕拉契亚的春天》创作的配乐，其中运用了许多民间音乐的旋律，尤其是古老的歌谣《淳朴的礼物》。而芭蕾舞本身便是历史悠久的颂扬仪式，比如庆祝大家共同建成的谷仓等。

民间音乐的旋律，就像那些融入芭蕾舞中的旋律一样，通常来自其他文明。例如，阿帕拉契亚音乐深深扎根于爱尔兰和苏格兰以及英国民间的盖尔民谣传统中。以色列的霍拉舞和意大利的塔兰台拉舞一样是世界闻名的民间舞蹈。波尔卡音乐最初起源于波兰的民间音乐。我们希望你能多留意这些来自其他文明的民间音乐带来的丰富音乐体验。

灵歌与福音音乐

灵歌源于非洲奴隶表达和延续自己的文化之根、为自己的苦难赋予意义，并要求获得正当的社会地位的需要。早在17世纪，他们就被迫离开自己的祖国，除了奴役、痛苦和死亡，他们看不到任何希望。但是他们通过与上帝的交流，在一个人人自由的天堂给予的最终回报中获得了慰藉。

> 深深的河流，我的家在约旦河上，
> 深深的河流，主啊，我要穿过去进入营地。
> 我想穿过去进入营地。[5]

灵歌强调上帝对每个人的关怀，无论他们在其他人眼中是多么渺小。例如：

> 我唱歌是因为我快乐，
> 我唱歌是因为我自由
> 他的眼睛看着麻雀，
> 我知道他在看我。[6]

蓝调是绝望之歌，福音音乐则是希望之歌。
——玛哈丽亚·杰克逊

随着这种音乐形式的发展，它变得越来越复杂，教会合唱和独唱中会采用这种形式，并加入自己的诠释。宗教狂热分子基于它们创造了一种新的音乐类型——福音音乐。多年来福音音乐一直作为教会仪式的一部分，现在业已进入流行音乐的舞台。它给了歌手发挥的自由，使情感得到充分表达。

玛哈丽亚·杰克逊（1911—1972）是世界上最有影响力的福音音乐倡导者。她出生在新奥尔良，当时那里正流行着一些新的音乐——雷格泰姆、爵士乐和布鲁斯乐。她在教堂附近长大。在教堂里，音乐起到重要作用，在那里她听到了传统赞美诗用不同形式进行的演奏和吟唱。除此之外，狂欢节的音乐、街头小贩的叫卖声以及敞开门窗的酒吧里传出的歌声都渗入了她的血液。作为一名虔诚的宗教信徒，杰克逊把灵歌和新奥尔良风格的音乐融合到宗教歌曲中，这些歌曲在全国得以流行。随后，她搬到芝加哥，嫁给了一个商人。丈夫看到她的潜力，帮她开展音乐事业。1954 年，哥伦比亚唱片公司与她签订了一份长期合同，福音音乐很快登上唱片排行榜。

杰克逊还是一位民权活动家。1963 年她参加了历史上著名的华盛顿游行，数千人聚集在马丁·路德·金广场上聆听那场划时代意义的"我有一个梦想"演讲，而她就在这些人面前演唱了歌曲。

雷格泰姆音乐　　雷格泰姆音乐可以追溯到 20 世纪初。那时，洛克菲勒家族、范德比尔特家族、古尔德家族和阿斯特家族正在积累财富，富有的美国贵族和他们的朋友，以及那些试图模仿维多利亚风格的人在沙龙里用庄严的华尔兹舞曲招待客人，试图在大西洋彼岸重建欧洲的优雅。

而那些没那么富有的人也渴望在这个自由的社会获得地位，想要像那些富人一样得到社会的认可。他们想向所有人展示，他们有能力创造属于自己的优雅。雷格泰姆音乐诞生于非裔美国人社区及其深受欧洲风格影响的音乐传统中。这些非裔美国音乐家想要做的不仅是演奏白人听众认同的吟游表演。雷格泰姆音乐出现的时间恰到好处。斯科特·乔普林（1868—1917）是公认的雷格泰姆音乐大师，他的职业生涯始于幕后工作和下等酒馆，但随着 1899 年《枫叶雷格》（"Maple Leaf Rag"）的流行，他一跃成了美国的名流。

乔普林是在船上第一次听到由一些小型非洲—美洲乐器组合演奏出的雷格泰姆曲子的。它们可能是古老的种植园歌曲、吟游诗人的弹唱和班卓琴旋律的变奏，节奏非常生动。白人观众期待中的非裔美国人音乐是令人精神抖擞的，而**雷格泰姆**音乐却不一样。人们为它取这样一个名字是为了识别它的切分音，而切分音正是雷格泰姆音乐的特色。当一段乐曲的旋律线与强拍不对应的时候就会产生**切分音**；音符总是落在拍子之间。切分音通常很难演奏，因为左手和右手要有不同的节拍（切分音的典范是乔治·格什温的《迷人的旋律》）。

乔普林被这种新的声音迷住了，但他想把它变成一种合理的、被人们认可的音乐，既属于非裔美国人，也能与那些外国引进的音乐相媲美。这意味着要模仿或至少接近欧洲音乐的节奏。他放慢了节奏，使曲调更加庄严。他在"雷格乐"的活页乐谱中写道："不要把这首曲子弹得太快。快速弹奏雷格泰姆永远是不对的。"

华尔兹舞曲总是四分之三拍的，而几乎全由钢琴演奏的雷格泰姆音乐，一般会是四分之一拍，它的节奏也从未改变过。除船歌外，乔普林的音乐主要受到流行的欧洲进行曲、华尔兹和庄严的法国方块舞的影响。

《枫叶雷格》和乔普林的其他流行作品让非裔美国音乐家兴奋不已，尤其是在新奥尔良，那里是新音乐的大本营。杰利·罗尔·莫顿（1890—1941）把乔普林的音乐介绍到新奥尔良，不过他是用更快的节奏进行演奏的，这一创新将被整合入另一种美国音乐类型——爵士乐——之中。

爵士乐

爵士乐起源于非洲，是由奴隶带来美国的，"呼唤与回应"模式是其特征。演奏者演唱或演奏一个特定的音调组合，人们会用演唱或弹奏出的变奏作为回应。爵士乐最初的目的与民谣相似：促进人的团结。

19世纪后期，非裔美国音乐家来到新奥尔良，学习欧洲音乐类型及其节奏模式。他们也带来自己文明中那些传统的声音："田野呐喊"、劳作时演唱的有节奏的歌曲以及非裔美国人宗教生活中重要的灵歌。

非洲音乐使用的典型音阶包含五个音，而非欧洲的七个音。起初，新奥尔良音乐家试图在不抛弃非洲音乐音阶的前提下将两者结合起来，结果就是他们在自然音阶中加入一种叫作"蓝调音"（blue notes）的音值略低的音，并借鉴了雷格泰姆音乐的切分音。这些变化加速了爵士乐的出现。

在20世纪动荡不安的几十年里，这种形式吸引着一批又一批音乐天才。他们有些自学成才，有些经过古典音乐的训练，但共同点是都知道如何在控制与尽情地释放之间保持平衡，现在也仍旧如此。"呼唤与回应"模式要求回应者改变原来的主旋律，增加自己的变奏。即便爵士乐后来发展成精致复杂的艺术形式，即兴创作仍然是其主要特征。

无论受过何种训练，爵士乐演奏家和作曲家都很欣赏巴赫，因为是巴赫将即兴创作提升到一个新高度。典型的爵士乐遵循严谨的模式。合奏，或有伴奏的独奏会完整地演奏主旋律（有时是著名歌曲，有时是专门创作的曲子）。随后，各个乐器开始演奏主旋律的变奏曲。

最初，爵士乐作品的名字通常特指某个地点或时间，比如《搭乘A次列车》（指纽约市一条通往哈莱姆区的地铁线）、《一点钟跳舞》和《舞在萨沃伊》（萨沃伊是哈莱姆区的一个舞厅，可以与市中心的罗斯兰相媲美，后者主要为白人顾客服务）。从一开始，爵士乐就塑造和定义了"炫酷场景"——某个深夜聚会，敏感的人们想迷失在音乐中，暂时逃避自己的问题，就像表演者寻求在音乐中迷失自己一样。

在杰利·罗尔·莫顿之后，伟大的爵士乐独奏家，如查利·帕克和路易斯·阿姆斯特朗等凭借其冗长的变奏曲闻名，他们经常即兴创作10到15分钟，然后再回到主旋律。爵士乐即兴创作的一个动机是发掘乐器的潜力，把它带到人所不知的地方。现象级的小号演奏家毕克斯·比德贝克在 28 岁时就悲惨离世，据说他非常痴迷于寻找演奏家们认知范围之外的完美音符，或许他没有活到愿望实现的那一天。那些有幸听到他演奏的人如此描述当时的场景：当他把乐器演奏到极限时，他的脸几乎变成了鲜红色，他的面部肌肉几乎要挣脱出来。

音乐蕴含着人的阅历、思想和智慧。如果一个人不爱音乐，音乐就不会从他的萨克斯风中流淌出来。
——查利·帕克

艾灵顿公爵　在将爵士乐看作严肃且重要艺术形式的音乐史上，爱德华·肯尼迪·艾灵顿——人们常称他为艾灵顿公爵（1899—1974）——处于卓越的位置。他用一己之力搭起了沟通音乐厅与私密爵士俱乐部的桥梁（图 6.8）。20 世纪 20 年代后期，艾灵顿担任乐团领队，吸引了无数曼哈顿人驱车前往哈莱姆区棉花俱乐部。他努力通过不断的实验来扩大爵士乐的范围。

> 他将之称为"丛林效应"。当小号、长号、单簧管和奇怪的打击乐器奏出的乐曲被做成唱片，世界各地的音乐批评家和买家立刻发现了作品的独创性。……作为一名爵士乐编曲家，他的伟大天赋在于平衡了管弦乐曲和即兴创作。[7]

艾灵顿把爵士乐带到了卡内基音乐厅。在那里，爵士乐可以在专为古典音乐搭建的环境中演奏，接受人们的评价。为此，艾灵顿精心创作出复杂的管弦乐作品——在

图 6.8　艾灵顿公爵
很多批评家认为爵士乐是美国对世界音乐做出的最重要贡献。你同意这种说法吗？是什么让爵士乐独属于美国？
Bettmann/Corbis

他之前从未有人做到过。他常穿着华美的晚礼服演奏，也的确在演奏中留足了个人的即兴空间（否则就不是爵士乐了），但像《芳心之歌》《丝缎娃娃》和《久经世故的女郎》等作品，也着实表现出古典意识的训练和音乐造诣。

乔治·格什温　另一位在爵士乐发展早期就把它带进卡内基音乐厅的人，是美国著名作曲家乔治·格什温（1898—1937）。他的唱作职业生涯开始于锡盘巷（Tin Pan Alley），但他也接受过古典音乐的训练，渴望创作更伟大的作品。到了20世纪20年代，他转而为许多百老汇音乐剧创作配乐，还创作了歌剧《波吉与贝丝》。

1924年，格什温的机会来了。同样渴望得到认可的乐队领队保罗·惠特曼委托格什温创作一首音乐会爵士乐演奏曲，《蓝色狂想曲》由此横空出世，它成功地把浪漫的钢琴和管弦乐作品的质感与爵士乐的脉动、不协和音和切分节奏融合到一起。借此，格什温把这种美国的艺术形式置入国际音乐的版图之中。《蓝色狂想曲》一夜成名，唱片销量达到数百万张，至今仍然是几乎所有大型管弦乐队演奏会上的保留曲目。

自此，爵士乐变成一种重要的艺术形式，几乎每所学校都会学习，世界各地的音乐厅和一年一度的音乐节上都会定期演出，这些音乐节会专门介绍经典爵士乐作品、新近的风格和崭露头角的创作者，比较典型的例子是罗德岛的新港爵士音乐节和纽约林肯中心的爵士乐厅，在那里诞生了很多同时精通古典和爵士乐的伟大艺术家。

迈尔斯·戴维斯　小号手、钢琴家迈尔斯·戴维斯（1926—1991）就是一位这样的演奏家。多才多艺的他一直处在爵士乐创作的前沿，接触过比波普爵士乐和酷派爵士乐等各种爵士音乐类型。戴维斯18岁的时候就展示出较高的天赋，朱利亚学院曾专为他提供奖学金，但事实证明他没有足够的耐心去等待毕业。他19岁时出了自己的第一张唱片，并在其中加入最早的萨克斯演奏家查利·帕克的爵士乐五重奏。由于年轻且缺乏专业经验，戴维斯最初只是一名伴奏者，为其他演奏家伴奏。但是没过多久，他就站到了聚光灯下。1955年，他创造了迈尔斯·戴维斯五重奏，将爵士乐推向新的高度。

戴维斯的早期作品曾对20世纪40年代风靡一时的比波普爵士乐进行过尝试。比波普爵士是爵士乐的一个分支，几乎完全即兴，所以深受那些希望音乐能满足其独特演奏需要的独奏者的喜爱。迈尔斯·戴维斯五重奏乐队逐渐成熟，也逐渐去掉了比波普爵士乐即兴的怪癖，开始转向酷派爵士乐——一种更加讲究规则、更加忠实于音乐、更少带有狂野音乐幻想的音乐形式。20世纪50年代后期，戴维斯也为卡内基音乐厅演奏，带来了爵士版的音乐会音乐。后来，他将电子乐器融入混音中，创作出批评家眼中史上最伟大的专辑之一《泼妇酿酒》（1970）。

布鲁斯音乐

　　"布鲁斯"一词源于某种音乐形式带来的忧郁情绪，这种音乐充分利用富有感情的低音调，即所谓的"蓝调"。这一音乐类型已经深入到人们的日常词汇中，以至于"蓝色"似乎总是意味着"情绪低落"。很多爵士乐的曲调是充满活力的，但爵士乐时常也会演奏一些布鲁斯曲目。

　　最初，布鲁斯音乐就像雷格泰姆音乐和爵士乐一样，是奴隶经过一天的田间劳作之后唱的歌谣。他们希望自己有一种乐观的情绪，同时也常需要倾吐自己的忧郁。随着爵士乐逐渐进入娱乐业，成熟老练的作曲家和歌手将这些古老歌谣改编成迷人的悲情之作，得到了各色听众的喜爱。

　　布鲁斯歌曲通常以男性或女性视角来描述激情过后的空虚。男人演唱女人的不忠，女人则将之回敬给男人。或许最著名的蓝调歌曲是 W. C. 汉迪（1873—1958）的《圣·路易斯布鲁斯》，他还创作了《比尔大街布鲁斯》。如果说爵士乐与新奥尔良密切相关，那么蓝调的发源地就是孟菲斯。许多著名的蓝调俱乐部就坐落在孟菲斯的比尔街上，吸引着世界各地的游客。

　　那些助推布鲁斯音乐地位的独奏家，大多数都有着悲惨的人生，或是因为放荡不羁、滥用药物，或是受到社会歧视。其中最著名的是贝西·史密斯（1894—1937）。许多人认为她创造了后人不断踵步的蓝调风格。贝西留下了许多经典的布鲁斯乐的歌词，包括"如果不是因为厄运，我根本就没有运气"等。

　　比莉·哈乐黛（1915—1959）是最多才多艺的蓝调歌手，也是命运最悲惨的人之一（图6.9）。作为一名歌手和词曲作者，她擅长爵士乐、爵士蓝调、感伤情歌以及摇摆乐。她被戏称为"黛夫人"（Lady Day），深受爵士乐演奏家的影响，形成了一种后无来者的风格。她最著名的歌曲是《女士唱起布鲁斯》，此外她还因戏剧性演绎了一首关于私刑的歌曲《奇异果实》而被世人铭记。

流行歌曲

　　20 世纪 30 年代到 50 年代初，非常流行所谓的大乐队。为逃避大萧条和第二次世界大战期间的悲

据说没有人会像我这样唱"饥饿"这个词。
——比莉·哈乐黛

图 6.9　比莉·哈乐黛，约 20 世纪 40 年代
人文学的一大奇特之处是几乎所有伟大艺术家的生活都充满了痛苦。你同意这种观点吗？幸福可以激发出伟大的艺术吗？
World History Archive / Alamy

观情绪，人们成群结队地涌入夜总会，随着格伦·米勒、多尔西兄弟、班尼·古德曼等音乐家精心制作的大型管弦乐翩翩起舞。米勒开创了一种全新的风格，背景乐紧凑和谐，配合着长号独奏。古德曼是当时最杰出的单簧管演奏家，从夜总会一路表演到卡内基音乐厅。那些后来所谓的经典之作最初都是为了这些场合而创作的。许多歌手，包括法兰克·辛纳特拉在内，多是与大乐队一同登台亮相的。辛纳特拉曾是多尔西乐队的主唱。

大乐队歌曲，比如《我的这份爱》让瘦弱纤细的辛纳特拉声名鹊起。这首歌遵循一种独特的形式，时长约三分钟，先由管弦乐队演奏一次，然后由独唱或小组演唱一次。在辛纳特拉成为多尔西乐队的金字招牌之前，大多数管弦乐队的演奏是为了配合双人舞。不过，歌词也非常重要，因为78转的唱片是音乐商店的热门产品。

这一时期的电影音乐剧及百老汇演出也进入全盛时代，以录制歌曲并将其作为所谓的热门歌曲推广为特色。这使作词家受到严格的限制，他们通常需要在三分钟内完整表达出一个想法，歌词不能太明确，这样才既能用于电影或舞台，又能讲述歌曲自己的故事。其中一首经典歌曲是杰罗姆·科恩的《烟雾迷住你的眼》，歌词由奥托·哈巴赫创作。哈巴赫可谓真正的诗人，在歌词中提出了一个非常普遍的、至少可以追溯到古罗马诗歌时代的主题：痛失的爱情。起初，叙述者相信他的爱人是忠诚的，尽管朋友们不这么认为，他们建议"当你的心燃起熊熊烈火时"，你必须意识到"烟雾会迷了你的双眼"。叙述者嘲笑了自己的朋友，却发现他的爱人已经弃他而去，自己沦为朋友们的笑柄。但他十分机智，在不同的语境里重复着歌名中的这句话，并说道，当浪漫爱情的火焰渐渐熄灭时，"烟雾会迷了你的双眼"，让人涕泪横流。

艾文·柏林　艾文·柏林（1888—1989）不识谱，但却创作出众多20世纪经久不衰的作品。他的歌通常表达质朴、真诚而普遍的情感，既能描绘爱情的持久欢乐，也能极为准确地刻画出苦乐参半的思乡之情。一切如过眼烟云，但还是会留下美好的回忆。《白色圣诞》中的浓浓乡愁让一首电影中的流行歌曲一跃成为经典的圣诞颂歌。

1938年，流行歌手凯特·史密斯邀请柏林创作一首爱国歌曲，以此作为她纪念第一次世界大战停战20周年节目的终曲。在经历了屡次尝试无果之后，柏林想起他在战争期间为军队演出创作的一首歌《上帝保佑美国》，这首歌曾因"极端爱国主义"色彩而被拒绝。他从旧箱子里把它翻出来，稍加润色之后献给了史密斯。1938年11月20日，史密斯在广播上首次演唱这首歌，震撼了广播电台和全国观众。这首歌有十句简短的歌词，完整演唱一遍可能不到三分钟。此后，这首歌曲产生了极大的影响，举世闻名。当人们想让杰罗姆·科恩介绍一下柏林在美国音乐中的位置时，他简洁地回答道："艾文·柏林就是美国音乐。"

法兰克·辛纳特拉 法兰克·辛纳特拉（1915—1998）的声誉不仅超越了大乐队时代，而且还在持续扩大，甚至获得了最伟大的流行歌曲声音造型师的美誉。作曲家和词曲创作者迫不及待地想为他创作歌曲，因为他那灵活的声音和表演天赋能够表达出丰富的内容，几乎无人能及。他演唱的许多歌曲都成了经典，但几乎没有一位当代歌手能够重现他演唱时的力量，那是一种凝聚人类所有共通情感，进而让人摆脱孤独感、给人以安慰的力量。

在辛纳特拉的经典之作《一杯敬挚爱》中，叙述者深夜坐在酒吧里，除了一个酒保外，周围没有其他人。酒保可能在听，也可能根本没有在听。尽管如此，叙述者还是吐露着自己的心声。他被自己的爱人抛弃了，尽管他也承认自己罪有应得；但现在他只能借酒消愁。副歌部分，他不断要求酒保再给他两杯酒："一杯敬挚爱""一杯敬余生"。就像那些可以被称为艺术的诗歌和歌曲一样，这首歌捕捉到某个特定的时刻，一个具有普遍性的意象：深夜酒吧里的孤独者，前途未卜，又得不到一丝安慰。

摇滚乐

摇滚乐是当代最流行的一种音乐现象，形式多样，已存在半个多世纪，它是在声音上定义当代文化的主要方式。**摇滚**乐融合了节奏、布鲁斯、福音、乡村音乐、西部音乐和说唱风格。它包括许多复杂的因素：从严肃音乐家有意识的艺术性表达到体格健壮的音乐家的失控、弯腰叫喊，或者在舞台上来回走动。摇滚乐首先是对酒神精神的颂扬，是完全无视规则的狂喜。歌词经常谴责当权机构（也可以说任何机构），赞美一种自由、犀利的生活态度。

研究流行文化的历史学家将摇滚乐的起源追溯到 1955 年。那一年，电影《黑板丛林》刚刚上映，主题曲《昼夜摇滚》产生了爆炸式的效应，欢快的节奏竟使得电影观众在走廊里尽情舞动，就像几年之后人们在摇滚音乐会上所做的那样。歌曲的编曲和演唱都是由比尔·哈利与彗星合唱团完成的，他们也成了最早推行所谓**摇滚乐**的人，而很多学者和历史学家一致认为，摇滚的起源可以追溯到 20 世纪 40 年代的非裔美国人音乐——节奏布鲁斯音乐。

长期以来，节奏布鲁斯音乐一直是南方一些小型非裔美国人舞蹈俱乐部的主要节目。由于空间狭小，这些俱乐部只能容纳小型联欢会。可能是为了弥补这一遗憾，演出一般会发出很大的声音。这种新的形式迅速传播开来，从非裔美国人社区蔓延到主流广播电台，但多数是白人表演者改编过的作品。大乐队时代那种彬彬有礼的舞蹈已经不再适合那些沉溺于学术研究或者朝九晚五、需要在周末放松一下的战后一代。欢快的贝斯小提琴增强了摇滚乐的节奏，满足了人们新的需求。

小理查德　理查德·韦恩·彭尼曼的狂热活力预示了几年之后摇滚乐队和摇滚音乐会所能引发的观众狂潮。彭尼曼生于1932年，自称小理查德，还声称自己是整个摇滚乐运动的发起人。他无疑是早期摇滚乐最古怪的表演者之一，经常穿着有些凌乱的正式礼服，或者说，当他弹钢琴时不会坐着，而是频繁地跳到乐器上，不停地弹奏爆裂的和弦。摇滚乐史研究者尼克·科恩非常认同"小理查德是真正的摇滚之父"这种观点：

> 他身着闪闪发光的西装，穿着宽松的裤子，头发又长又直，白牙齿和金戒指在聚光灯下闪闪发亮。他站在钢琴前，有时站在钢琴上，弹奏着黑人和弦，大声喊叫着赞颂之声，呼喊着自己的快乐。[8]

1957年，小理查德突然离开音乐界，做了一名传道者。但他并不觉得精神的狂喜与自己的音乐有不相容之处，这两者成了他生活的主要内容，而他则常常往返于两者之间。

图6.10　埃维斯·普里斯利，1957年

通常被称作猫王，普里斯利把节奏布鲁斯音乐、灵歌、乡村音乐和西部音乐的很多元素融合在一起，创造出独一无二的、充满力量的风格。你认为是什么让普里斯利对音乐界和整个国家产生如此大的影响？

Library of Congress, Prints and Photographs Division, LC–USZ6–2067

埃维斯·普里斯利　在彭尼曼离开的前一年，一位来自密西西比州的年轻歌手埃维斯·普里斯利（1935—1977）（图6.10）出现在广受欢迎的节目艾德·沙利文秀，一个展示新晋音乐人的最好平台。普里斯利迅速成为一种文化现象，扭来扭去的屁股震惊了那些上了年纪的观众，同时也使摇滚在年轻观众中广受欢迎。

在音乐上，普里斯利深受福音歌曲的直接影响，尤其是后者那充沛的感情。他在吉他中加入节奏布鲁斯的节奏和和弦，吸收了很多乡村音乐和西部歌曲的元素，赋予它们一种强有力的侵略性，至今仍是摇滚乐的标志。在有些地方，他的音乐也被称为乡村摇滚乐。

摇滚乐史研究者查利·吉勒特认为，普里斯利在早年就达到了艺术巅峰，很多作品表达了乡村音乐和西部音乐的情感主题——通常是忧伤的爱情故事或谴责不忠——以及摇滚乐的解放精神。他第一首畅销歌曲的标题很有特色，《伤心旅店》在隐喻的使用上近乎诗作，比如歌中这座"伤心旅店"就坐落在一条孤独大街上。

然而,在吉勒特看来,过早地成为超级巨星对普里斯利来说非常糟糕。他与美国无线公司签订了一份数百万美元的合同,公司坚持要为他的音乐加入一些华而不实的元素。作品中曾经拥有的直率情感在"纷繁的声乐组合、电吉他和鼓的伴奏声中丧失了……因为他试图将兴奋和情感结合起来,夸张地、充满自我意识地表演,而之前的演出多是临场即兴的"[9],换言之,已经失去了真实和自发性。其他歌手或乐队紧跟潮流,摇滚演变出多种风格,许多都是猫王后期作品在音量上的增强版。

披头士乐队 20 世纪 60 年代早期,摇滚乐在整个西方世界流行起来,很快传播到更远的地方。当今世界上几乎每一个角落都能听到摇滚乐。尤其在英国,摇滚乐吸引着那些厌倦了僵化的风俗习惯的年轻一代。这些年轻人喜欢大西洋彼岸传来的音乐。不过,音乐史学者眼中最重要的摇滚乐队并非诞生于美国,而是诞生于经济萧条的英格兰北部港口城市利物浦。1964 年,当披头士出现在周日晚间电视综艺节目艾德·沙利文秀时,他们在美国人心中留下了不可磨灭的印记,猫王曾在八年前参加过这个节目。披头士乐队成员名字古怪、衣着考究,歌曲充满了活力。作为表演者,他们十分规整,歌曲的和声非常复杂,也越来越巧妙(除了作曲家、指挥雷昂纳德·伯恩斯坦喜欢他们之外,还有很多艺术家对他们表示欣赏),清晰的歌词让他们看起来像是用同一个声音在演唱。那天晚上的表演被很多人认为是世界上最伟大的首秀。

就像前辈猫王和辛纳特拉一样,披头士无论走到哪里都会被人群包围。他们的唱片销量一路登顶。父母一辈会绝望地摇头,他们认为这不仅是音乐的衰落,也是整整一代人的堕落。约翰、保罗、乔治和林戈以他们陌生的风格和作品注定跻身于经典之列,他们几乎不可抑制地吸引了新兴的"嬉皮士"亚文化群体:这些年轻人倡导从一切社会和道德约束中挣脱出来。20 世纪 50 年代以来,摇滚乐一直保留了其革命性的社会斗争呐喊的特征,变成了当代的终极酒神式音乐。

披头士乐队迷人而机智,即使他们的音乐是二流的(显然不是),他们仍然获得了巨大的声望。保罗·麦卡特尼、约翰·列侬和乔治·哈里森的作品极具独创性和美感,像《昨天》《艾琳·卢比》《生命中的一天》《当我的吉他轻柔地哭泣》等歌曲都跻身西方最佳歌曲之列。专辑《帕伯军士的孤心俱乐部》和迈克尔·杰克逊的《颤栗》被一致认为是有史以来最伟大的两张摇滚乐专辑。

1980 年,列侬被一个精神错乱的歌迷一枪毙命;2001 年,乐队吉他手乔治·哈里森去世。列侬和哈里森两人深受印度文化和宗教的影响。四个披头士乐队成员曾在某处短暂地学习过打坐冥想。哈里森和印度音乐大师拉维·香卡一起学习锡塔尔琴。他的歌曲不像列侬和麦卡特尼那么出名,是非常神秘的精神音乐,就像诗歌一样。林戈·斯塔尔和保罗·麦卡特尼,现在年过七十,仍在坚持演出。

百年之后,人们会像我们听莫扎特一样听披头士。
——保罗·麦卡特尼

滚石乐队　如果说披头士乐队是摇滚界的好男孩，那么20世纪60年代出现的另一个英国乐队——滚石乐队就是坏男孩。成员们穿着各异，发型不同，也没有努力装出有趣或迷人的样子。那些担心孩子受披头士影响的父母肯定会被滚石乐队逼疯。滚石乐队的主唱米克·贾格尔色迷迷地摇着自己的舌头和臀部，唱着《对魔鬼的怜悯》之类的歌曲，主唱基思·理查德则炫耀着自己的毒瘾。但是，同披头士乐队一样，滚石乐队也创作出一系列非凡的歌曲和很多摇滚乐经典作品，其中包括《（我得不到）满足》《给我庇护》和《你不能永远得偿所愿》等。滚石乐队的歌曲改变了摇滚乐，使它从轻松变得极度危险。关于《给我庇护》这首歌，《滚石》杂志这样评价："与摇滚乐中的其他作品不同，这首歌曲体现了生活在动荡历史中的身体体验。这是滚石乐队的完美风暴：60年代的终极颂歌和摇滚乐史上最伟大的摇摆赞歌，有着灵魂音乐的凝聚力和超过一切朋克摇滚的躁动。"[10] 用摇滚歌手、批评家和诗人帕蒂·史密斯的话来说：

> 到1967年，他们（滚石乐队）几乎从字典里删除了"愧疚"这个词……我从未觉得滚石的音乐是一种毒品音乐……它们本身就是毒品……他们恶魔般的天才创作打动着我们……只听到节奏，你就可以跳一整夜。[11]

滚石乐队一直在巡回演出，最初的三名成员——贾格尔、理查德和鼓手查理·沃茨现在都年过七旬了，但他们仍在坚持演出。他们的音乐会——在大型体育场举行的多媒体音乐盛宴——门票很快就会被抢购一空。他们可能没有臻至摇滚音乐的顶峰，但确实延续了这种艺术，让洋基体育场和洛杉矶体育馆挤满了人。据悉，狂热的粉丝会提前几天露营以便购买门票，这一仪式也一直延续了下去。摇滚音乐会从上流社会所禁止的地方出发，终止了很多所谓的文明行为，因为这些文明行为慢慢演变成对情感自由表达的限制。而摇滚乐则要求观众随着疯狂的音乐喊叫、大跳、旋转，回归纯粹的乐趣，无须言说、无须思考、无须评判。

伍德斯托克音乐节和阿尔塔蒙特音乐节　20世纪60年代中期，筹办人开始看到将多个乐队聚集在一起举办大型户外音乐会的吸引力，这些音乐会的规模远远大于摇滚乐队曾演出过的剧院和音乐厅音乐会。史上最著名的摇滚音乐会于1969年8月在纽约伍德斯托克附近的一个小村庄举行，从琼·贝兹到感恩而死乐队的贾尼斯·乔普林，到吉米·亨德里克斯，许多表演者齐聚一堂，参加了这场为期三天的、歌颂爱与自由的活动，同时抗议越南战争。音乐会上一共有32场演出，约40万年轻观众聚集到这里。

人群出乎意料的庞大——筹办人原本预计会有5万人左右，但由于无法应付拥挤的人群，最终只能让所有人免费入场，这导致从纽约市出发向北行驶的主要高速公路——纽约州高速公路不得不封路。同样出乎意料的还有天气：大雨倾盆，成千上万

我们都是车轮上的辐条，汇往一个中心点，且持续运转着。你可曾见过只有一根辐条的轮子吗？那就不是轮子了。必须从不同的方向汇往同一个点，而且要运转起来。
——艾斯·库伯

的粉丝在泥地里尖叫，对他们周围的情况和尴尬一无所知。虽然表演非常令人难忘，但更具历史意义的是这种集体的体验。它有力地表明，把战争当作解决人类问题的手段，绝非人性的合理表达。

当地居民对在原本平静的生活中发生的事情感到震惊，他们谴责这场音乐会是对美国历史的破坏。不过，很可能在伟大的希腊悲剧时代，每年纪念酒神的仪式同样会失去控制。酒神式的狂欢通常与人类的创造力密切相关。

如果说伍德斯托克音乐节是集体摇滚文化的巅峰，那么接下来 12 月份在北加利福尼亚的阿尔塔蒙特高速路上举行的免费音乐节则是其最低谷。滚石乐队发起的阿尔塔蒙特音乐节将伍德斯托克音乐节的集体快乐变成了悲剧：四人死亡，其中三人死于意外事故，一人被音乐节请来充当保安的地狱天使摩托车俱乐部成员刺杀。感恩而死乐队，这场音乐会的最初组织者，因歌迷的暴力程度太高而拒绝演出。因此，六个月的时间里，大规模的摇滚乐"部落集会"来了又走。如今，像西南偏南和柯契拉音乐节等组织良好、纪律严明的活动，参加费用高达数百美元。

虽然批评家长期以来一直在哀叹"摇滚乐之死"，但摇滚乐的出现为整个国家乃至世界音乐界带来的变化却无可置疑。摇滚乐那激动人心的节奏在很多音乐形式中都有体现（包括迪斯科、情绪摇滚、朋克、俱乐部音乐和浩室音乐等），而且它确实存活了下来。几乎每个国家都出现了各种摇滚乐队。许多人都是前卫摇滚的支持者，包括很多实验类型和子类型。他们倾向于吸引小规模的忠实粉丝，且以不逢迎大众市场的需要为乐，因而十分自由，探索出许多新的方向。

> 我最爱音乐的蓬勃发展。无论我们如何竭尽全力地发展它，它总是自行生长着。这就是为什么每天总有人带着新歌脱颖而出的原因。音乐永远继续。
>
> ——鲍勃·马利

嘻哈与说唱音乐

嘻哈是一个较为宽泛的概念，定义了一种完整的存在方式（摇滚其实不是），有着不同的音乐表现形式。正如一位嘻哈乐评论家所言，它"包括饶舌、宽松的衣服、霹雳舞、涂鸦和一种生活方式"。而这种生活方式可以被描述为随心所欲的，每个人都有权利选择自己的生活和身份。

说唱音乐是嘻哈文化的一个主要分支，是半唱半说的音乐，节奏明快、稳定，配合快速押韵的歌词，由那些口才极好、词汇量丰富的歌手演唱。说唱音乐的主题通常是社会抗议性的，也有对生活的反思，或者对两性经验的大胆描述。说唱爱好者坚信，他们的绝大部分作品就是诗歌。

说唱音乐起源于 20 世纪 70 年代末布朗克斯地区，是一种在婚礼、舞会及其他庆典活动上通过音乐来表达的祝酒词、顺嘴词和即兴诗歌，很容易让人联想起种植园歌曲"呼唤与回应"的特点，一个 DJ、乐队领班或司仪喊出节奏，如"把手放在空中甩 /

把内衣脱下来 / 大喊一声"，接着激动的人群便会大喊起来。第一张取得巨大成功的说唱乐专辑是 1979 年糖山帮的《说唱乐手的乐趣》。

有些说唱歌手被称为民间诗人，比如朗尼·拉希德·林恩（生于 1972 年），他更广为人知的名字是科蒙（Common，以前被称为 Common Sense）。他的首张专辑《能不能借我一块钱》最短时间内让他拥有了诸多狂热的追随者。20 世纪 90 年代后期，他变成了主流。2003 年，他凭借歌曲《我生命中的爱（嘻哈颂）》获得格莱美奖，2006 年凭借与坎耶·维斯特合作的说唱歌曲《南方》再次获得格莱美奖。他在世界各地演出，还曾被邀请到白宫演出，这令许多保守派感到震惊。

说唱音乐还因美化暴力和毒品、对女性和同性恋的不容忍——因为不够"友善"或政治立场不正确——而受到批评。捍卫者反驳说，艺术家就是艺术家，人文学的历史充满了不"好"的，或者不是由"好"人创作但引人注目且经典的作品（有时甚至是杰作）。他们为说唱辩护，指出它的存在并不是为了宣扬反社会的价值观，而是真实描述城市生活的现实。

就像科蒙、Jay Z、埃米纳姆和坎耶·维斯特等人的作品一样，说唱音乐代表了语言的高超运用和惊人的诗性，是对创造力的极致训练。

我们今天听什么

随着音乐播放器和流媒体的出现，流行音乐在过去十年里发生了巨大变化。过去的唱片销量会高达数百万张，现在卖出几十万张已经足够幸运了。几乎每天都有流行歌手出现或消失——艾米·怀恩豪斯、阿黛尔、爱莉安娜·格兰德。泰勒·斯威夫特和碧昂丝等歌手对自己的作品和个人财务拥有惊人的控制力，这种控制力是小理查德、查克·贝瑞甚至猫王等早期艺人从未拥有过的。在许多方面，嘻哈音乐家和说唱音乐家已经成为名人中的贵族。肖恩·康姆斯（吹牛老爹）、Jay Z 和坎耶·维斯特都拥有自己的服装品牌、唱片公司和其他企业。他们的一举一动都会登上各大报纸的头版和商业版。Jay Z 和他的妻子碧昂丝（图 6.11）可以说是整个美国乃至当今世界最有"影响力"的夫妻。

图 6.11　Jay Z（本名肖恩·卡特）与他的妻子碧昂丝，2015 年
像坎耶·维斯特和他的妻子金·卡戴珊、Jay Z 和他的妻子碧昂丝这样的夫妇，不只是艺人，也是文化偶像。我们如今所处的名人文化对欣赏音乐的方式有影响吗？在哪些方面？

Epa European Pressphoto Agency b. v./Alamy

现在的音乐变好了吗？是的，流行音乐的范围的确比许多年前更广了。如今，说唱歌手和温文尔雅的创作型歌手（如红发艾德、阿黛尔）以及老谋深算的幸存者（如麦当娜）都有自己的发展空间。Lady Gaga 轻而易举地在几代人的经典歌曲《天生完美》和与八十多岁的低音歌手托尼·贝内特的二重唱之间自如往返。一些人认为，流行音乐的灵魂已经被企业化运营埋葬了，你同意这种说法吗？

当代世界音乐

当代音乐舞台的多样性得益于许多不同文化的贡献，我们必须永远记住，人文学研究的其中一个目标就是让人意识到人类创造力的不同表现。中国作曲家可能在合成器上试验新的音阶和声音；柬埔寨版的 Lady Gaga 可能用同样令人愉悦的热情录制她的第一张专辑，但不是基于西方熟悉的音符；一个伊斯兰流行歌手用一首哀怨的、充满颤音的情歌和一把类似于曼陀林或吉他的乐器，让咖啡馆里的听众兴奋起来；加纳的一个小乐队可能摇摆着唱一首不同版本的经典歌曲。人们可以在互联网上听到很多非西方音乐，并且，由于今天的即时通讯，它们也将影响未来全球的音乐风格。

在中国，流行音乐在改革开放之前就不再局限于进行曲和爱国歌曲了。20 世纪早期，西方对中国音乐产生了影响，崔健就是这个时期的摇滚歌手。在亚洲和西方几乎同样流行的唐朝乐队——一支北京摇滚乐队——将亚洲五声音阶与更为人熟知的西方自然音阶融合起来。

传统的中国音乐仍然盛行，它们大量使用打击乐器，特别是鼓、定音鼓、锣、钹、大钟、木琴和三角器。弦乐部分包括二胡、扬琴、琵琶和箜篌。木管乐器部分包括长笛、排箫和洞箫，洞箫看起来像双簧管，但是听起来全然不同。

伊斯兰教支持各种音乐形式，包括爵士乐。销量最高的阿拉伯语专辑来自一位名叫卡勒德的阿尔及利亚音乐家，他的作品为他带来了巨大的声誉。2009 年，他曾任蒙特利尔爵士音乐节的主演嘉宾。2010 年，他在南非世界杯开幕式上演唱了歌曲《迪迪》。最终，卡勒德不得不搬到巴黎，因为伊斯兰原教旨主义者反对他塑造的穿着和舞蹈动作都带有浓厚的色情意味的女性形象。

你可以用一个下午的时间来探索这些新的声音，网上现在有大量的资源。

我们没有足够的篇幅来讨论世界各地新近出现的所有音乐。如果你愿意倾听的话，你的生活会变得无限丰富——倾听过去的伟大经典，或许还有现在伟大的实验音乐。不要忘记，贝多芬常常被他的同时代人认为过于"现代"。但是，当你聆听着各种音乐时，也不要忘记与安静无声共处一段时间。

批评焦点　分析德彪西的《月光》

法国作曲家克劳德·德彪西（1862—1918）创作的和声在当时被视作革命性的，对现代作曲家影响深远。他最著名的作品《月光》是1905年发行的钢琴曲《贝加马斯克组曲》的第三乐章。标题取自法国象征主义诗人魏尔伦的一首诗。

请听德彪西的《月光》。

- 本章第一节中描述的音乐的基本要素，你能在这首曲子中找出来吗？哪些对你的聆听体验来说最重要？
- 你会用日神式或酒神式的来形容这首曲子吗？你如何用这些术语来描述具体的乐曲？
- 德彪西的《月光》属于印象派音乐。你如何描述艺术上的印象主义与音乐上的印象主义之间的异同？

回顾

在这一章里：

- 我们认识并讨论了音乐的基本元素；
- 我们探讨了古典音乐形式之间的差异，包括赋格、交响曲和艺术歌曲，并讨论了形式影响人类音乐体验的方式；
- 我们简要介绍了美国流行音乐的历史，包括民谣、灵歌、雷格泰姆音乐、爵士乐、布鲁斯、摇滚乐和嘻哈音乐。

主要术语

无调性（atonality）：大部分先锋音乐的特征，在创作中往往不考虑调性。

先锋派（avant-garde）：挑战传统艺术规则的艺术；先锋派音乐有时采用很多不协和音和无调性。

巴洛克（Baroque）：指17世纪中期至18世纪中期的艺术风格；以精美的装饰和高度复杂为特征；该词的原始意义是"不规则的珍珠"。

室内乐（chamber music）：专为小型乐团演奏的乐曲，如两把小提琴、一把中提琴和一把大提琴。

半音阶（chromatic scale）：由12个音组成；如果在钢琴上弹奏，会连续弹奏黑键和白键。

对位法（counterpoint）：几条旋律线同时发声，彼此融洽；巴赫作品的主要特征。

自然音阶（diatonic scale）：包含七个音，音程形态为全音—全音—半音—全音—全音—全音—半音，是西方音乐的基础，但不是唯一的音阶。

不协和和弦（dissonance）：在音乐中，两个或两个以上不同的音同时被演奏或演唱，产生一种陌生的或令人不快的效果。

赋格（fugue）：大型作品中较长的片段，其中有两个或多个旋律线同时演奏。

半音（half-tone）：半音音阶中每两个音之间的距离；大部分西方音乐最小的间隔。

和声（harmony）：两个或两个以上的音，不论是否协调，同时演奏或同时演唱。

嘻哈（hip-hop）：包括说唱音乐在内的一种当代音乐风格；指一种以打碟、采样、宽松的衣着、词汇和涂鸦为特征的生活方式。

即兴 (improvisation)：根据一定的音乐主题即兴创作的一组变奏曲；一旦演奏完毕，可由其他演奏者记录下来并重复演奏。

调 (key)：音乐创作中占主导地位的特定音阶，由该音阶的第一个音符以及大音阶还是小音阶来确定，如 C 大调、降 B 小调。

旋律 (melody)：按照某种固定顺序组成的音的整体。

八度 (octave)：两个相似音之间的距离。

五声音阶 (pentatonic scale)：早于七声音阶的一种音阶体系，今天仍然是许多非西方音乐的基本音阶。

雷格泰姆音乐 (ragtime)：一种音乐类型，是爵士乐的前身。19 世纪 90 年代后期，由著名的非裔美国作曲家斯科特·乔普林创造，深受缓慢而庄严的欧洲舞蹈的影响。

说唱音乐 (rap)：嘻哈的主要分支，特征是歌词押韵，半唱半说。

节奏 (rhythm)：音乐中重音与非重音的交替，通常由打击乐器产生。

摇滚 (rock)：通称，涵盖各种风格，伴随响亮的和持续不断的节奏。

摇滚乐 (rock'n'roll)：摇滚乐于 20 世纪 50 年代出现，猫王将其推广普及；在节奏布鲁斯、福音以及乡村音乐和西部音乐的融合中诞生。

音阶 (scale)：音在一个八度中的排列方式。

灵歌 (spiritual)：美国南部黑人基督教徒的宗教歌曲；很多人认为，这种音乐源自黑人奴隶对欧洲赞美诗和非洲音乐元素的结合。

交响曲 (symphony)：18 世纪末至今的重要管弦乐形式，通常由四个独立的部分或乐章组成，带有对比鲜明的节奏，有时构成一个整体，但多数时候并不如此。

切分音 (syncopation)：作曲家用以改变音符的重音位置而避免有规则的节奏的一种方法，如格什温的《迷人的旋律》和披头士的《艾琳·卢比》等。

音色 (timbre)：一种乐声的特性，与音高或强度相对。

托卡塔 (toccata)：巴赫大量使用的一种即兴演奏方法，能让演奏者展现出令人无法抗拒的精湛音乐技法。

音 (tone)：一种乐器或人产生的单独的声音。

图 7.1 托尼·库什纳执导的《天使在美国》的上部《千禧年降临》中天使降临的场景

这部极具冲击力的戏剧与 20 世纪 80 年代不被承认的艾滋病危机有某种关联。戏剧可以起到多大的社会作用？

第七章

戏

剧

学习目标

7.1　比较古希腊悲剧和伊丽莎白时代的悲剧。

7.2　指出各种喜剧形式之间的区别，包括讽刺剧、性格喜剧、闹剧和戏仿剧。

7.3　讨论 19 世纪戏剧的主要发展。

7.4　描述 20 世纪和 21 世纪新的戏剧发展方向和主题。

戏剧一直是一种自发的活动。孩子们玩耍时，经常把自己假装成十全十美的好人或者十恶不赦的坏蛋，这种纯粹的好人或纯粹的坏蛋在现实生活中极少存在。即便如此，戏剧与现实生活仍密切相关。它是一种凝练经验的方式，一种通过模仿生活而使生活变得有意义的方式；它也是一种强化氛围的手段，比如在游行、庆典或重要事件的华丽开场中。戏剧赋予事件以形式，为生活增添情趣，加快节奏。这就好像戏剧被发明出来是为了给我们的生活充电，让我们把自己投射到虚假的行动中，并赋予我们把假象当作现实的智慧。参与戏剧表演就是分享更多的经验。

观众总想被唤起人性。
——奥林匹亚·杜卡基斯

戏剧存在于每一种文化中，但它有许多不同的形式。就像视觉艺术一样，戏剧并不总是假装成现实生活的精确复制品（事实上，现实主义的舞台表演在戏剧史的大部分时间里都是缺失的）。甚至连我们所知道的看似直接反映真实生活的戏剧其实也并没有真正如此。布景不是真实的，演员说着已经为他们写好的台词。他们可能用韵文或者奇怪的、不同寻常的方式说话。舞台上发生的事情取决于戏剧的程式，而这些程式并非一成不变。在莎士比亚的戏剧中，人物用韵文交谈。在音乐剧中，人们唱出他们的感情。这些程式还是剧作被创作或被演出的时代的反映。

这种支配戏剧舞台和表演的各种惯例被统称为戏剧**程式**，也可以指观众同意接受戏剧为真实的条件。尽管舞台上可能空荡荡的，或者塞满了家具，尽管演员可能和他们所扮演的角色一点也不像（比如，真实生活中那个面目奇丑的《象人》是由布莱德利·库珀扮演的），但那些经常去剧院看戏的人还是会全力配合演出，暂时抛下他们的怀疑。戏剧程式会随着时间而改变。现代的导演往往喜欢为自己的作品加点料，给观众制造些惊喜，而经验丰富的观众会立即适应新的规则。事实上，这也是欣赏戏剧的乐趣之一。

7.1 戏剧与戏剧史中的悲剧

古希腊悲剧和伊丽莎白时代的悲剧有何相似之处？它们又有什么不同之处？

戏剧通常分为两大类：严肃剧（包括悲剧）和喜剧。当然，这是一个极其简化的说法。"严肃剧"和"喜剧"是广义的术语，其中包含众多不同的类型，而且许多演出会将喜剧和严肃剧有效地结合起来。

希腊古典戏剧和伊丽莎白时代的戏剧之比较

为了探索严肃剧的传统，让我们从对比古希腊的古典戏剧和与之迥然不同的英国伊丽莎白时代的戏剧开始。古典戏剧的代表剧作家是索福克勒斯，他创作了许多戏剧，包括《俄狄浦斯王》（公元前 430）和《安提戈涅》（公元前 440）。伊丽莎白时代的代表剧作家是莎士比亚。索福克勒斯和莎士比亚剧目上演的剧场之间存在着巨大的差异，这也极大地影响了他们的戏剧程式。在希腊古典时代，剧场是一个可容纳 14000 到 20000 人的露天体育场，观众是坐在石凳上观看演出的（图 7.2）。他们只能在一年一度的为期三天的节庆期间观剧，这是城邦组织的宗教庆典的一部分。在伊丽莎白时代的伦敦剧院里，观众离舞台很近，可以坐着，也可以站着（图 7.3）。戏剧几乎在一年中的任何时间都会上演，与宗教并无关系。娱乐和商业上的成功才是戏剧的追求。

图 7.2　希腊埃皮达鲁斯剧院，建于公元前 4 世纪

Javarman/Shutterstock

图 7.3　伦敦新环球剧院，仿照旧剧院而建，建于 1997 年

这两座建筑分别暗示了戏剧在各自的文化中发挥着怎样的作用？

Kamira/Shutterstock

伊丽莎白时代的主要剧院是环球剧院，莎士比亚的大部分作品都在那里上演。环球剧院是一座八角形的建筑，顶部有一部分是敞开的，因为戏剧只能在白天演出。舞台上有一个长露台和一些活板门，供戏中的恶魔鬼怪（如《麦克白》中的女巫）等上场。为了适应这种空间，莎士比亚和他同时代的剧作家们使用了一套新的戏剧程式。上等和中等阶级观众的座位上设有顶棚，能免遭恶劣天气的影响，而下等阶级或**普通观众**只能露天观剧，忍受各种天气。舞台上基本没有布景，只有少量道具，这种极简的程式反而造就了快速流畅的动作，以至于有人将之与当今电影做比较。

> 我们提到马儿，眼前就仿佛真有万马奔腾，卷起了半天尘土。把我们的帝王装扮得像个样儿，这也全靠你们的想象帮忙了；凭着那想象力，把他们搬东移西，在时间里飞跃，叫多少年代的事迹都挤塞在一个时辰里。
>
> ——威廉·莎士比亚

面具与歌队的使用　在古典戏剧发展的早期，其实是没有真正意义上的戏剧的。正相反，参加节庆的人们所看到的，是一众歌队。他们戴着面具，又唱又跳地赞颂众神，尤其是丰收之神狄奥尼索斯。在公元前 6 世纪，一位名叫泰斯庇斯的独唱者从**歌队**中站了出来，开始与歌队进行某种形式的对唱，就像牧师在做弥撒时与唱诗班进行的互动一样。渐渐地，重点便从歌队转移到这些独立出来的演员（任何时候都不会超过三个）身上。剧作家极富创造性，重新讲述或改编了各种耳熟能详的神话故事。故事的重点内容总是违背神意之后可能发生的事情。于是，戏剧就此诞生了。

人们用很多理论来解释戴面具的习俗。它可能只是古老祭祀仪式的遗留，也可能是有意用怪异巨大的面具来恫吓那些身处大型露天剧场的观众。最普及的一种观点认为，面具允许演员扮演多个角色。伊丽莎白时期的剧场规模要小得多，面具也不再使用，但男性演员仍能扮演所有角色。希腊悲剧的基础是各种耳熟能详甚至许多人信以为真的神话故事。伊丽莎白时代的戏剧并不都是根据神话创作的，当然，莎士比亚在诸如《凯撒大帝》《安东尼与克莉奥佩特拉》以及描写几位英国国王的作品中都充分地借鉴了历史。

古希腊戏剧中有一个 12 到 15 人组成的歌队，其主要功能是歌颂众神，阐述背景，并对主人公的错误行为所导致的后果进行道德评判。歌队的成员通常都戴着相同的面具，以表示同一个舞台形象。伊丽莎白时期的戏剧并不需要歌队，不过莎士比亚偶尔也会选用某个演员来承担同样的功能。比如《亨利五世》第四幕的开场中，一位演员站在白日空荡荡的舞台上，要让观众相信眼前所见乃是大战前夜气氛紧张的兵营。

> 现在，一天正来到这样一个时分：
> 这一片昏黑的宇宙，充满了
> 令人不安的喊喊促促的嘈杂声。
> 在这无边的黑暗中，双方的阵地，
> 营帐接着营帐，传播着轻轻的声响；
> 那站岗的哨兵，几乎各自听得见
> 对方在私下用耳语把口令传授。
> 火光遥对着火光，在那惨淡的照明下，
> 彼此都望见了对方昏沉沉的脸儿。
> ……
> 那些该死的可怜的英国人，
> 真像是听凭宰割的牺牲，
> 耐心地坐对着篝火，在肚子里反复盘算着，
> 明天天一亮，危险就要来临；
> 他们那种凄厉的神情，
> 加上消瘦的脸颊和一身破烂的战袍，
> 映照在月光底下，
> 简直像是一大群可怕的鬼影。[1]

在这两个时代的戏剧中，为了与戏剧中的庄严事件相匹配，剧作家总是使用典雅的韵文。素以诗韵才能著称于世的莎士比亚，偶尔也会为那些地位较低的人物配上无韵对白。

暴力的作用 在古希腊戏剧中，暴力总发生在后台，绝不会在台前。观众会听到后台传来的恐怖叫声，然后一个传报人上台来描述一番别处发生的骇人情形。在最早

的表演中，演员们不仅戴面具，还得踩高跷，为的是让自己看起来比真人更高大，尤其是在空旷巨大的空间里演出时。如此穿戴，实难在舞台上表演暴力场面。

古罗马的悲剧在较小的场地演出，会把诸如刺杀等暴力场面完全呈现在观众面前。有时候，演员在最后一刻会被奴隶代替，最终真的被杀死。在当下，"希腊元素"这个词有时用来描述一部多对话而少动作的戏，而"罗马元素"则是电影产业的重要组成部分，意味着作品中会充满暴力。

尽管伊丽莎白时代社会各阶层的人都痴迷于诗歌和复杂的文字游戏，但他们也很乐意欣赏各种各样的动作，而且越暴力越好。莎士比亚给观众提供了持续不断的动作：决斗、比剑、各种刺杀和下毒。他甚至不惧违背悲剧作品的严肃性，总是在庄重的悲剧情境中加入一些低俗喜剧的场景和戏言秽语。克莉奥佩特拉在自杀之前遇到了一个小丑，两人之间的对话可被看作带有性暗示意味的"插科打诨"。

表演空间的布局不同，表演风格也会有相应的差别。在希腊和罗马的圆形剧场中，演员的姿势动作非常舒展，不怎么注重细节。演员在表演的时候会做出夸张的、大幅度的动作，来配合他们的台词，就像体育比赛中的裁判一边喊着犯规，一边用手势做出判罚一样。但在莎士比亚的戏剧中，开始出现了更加自然的表演，很有可能是因为戏剧中的人物变得更复杂了。

三一律　另一个古典戏剧的程式是时间、地点和行动的统一，最早由亚里士多德在《诗学》中提出。时间的统一意味着所有事件都要发生在一天之内，地点的统一要求不能转换场景，行动的统一意味着不能有任何次要情节。古典悲剧普遍遵循这样的规则。观众只能专注于眼前的单个冲突，不能旁及次要角色的相关事件。

伊丽莎白时代的戏剧则不受三一律的限制。莎士比亚尽可随意安排故事的时间，不过在《暴风雨》中，他还是让所有动作都在一天之内发生了（好像是为了证明他也可以做到）。他也能写出带有许多次要情节的作品，同时表现多个人物的命运。在《李尔王》中，主人公和三个女儿的关系与格洛斯特公爵和儿子的关系是平行推进的。

索福克勒斯，《俄狄浦斯王》　古典悲剧围绕一个中心人物或主人公展开，观众在故事中看到的就是他的命运。今天的戏剧和电影里仍然有这种角色，通常被称为"主角／英雄"（hero），但这个词也有一定的误导性。英雄是指拥有德性和勇气的人，通常能战胜邪恶力量。然而，在诸多伟大的悲剧中，主角很少具备这些品质，导致悲剧的正是其性格上的缺陷。《俄狄浦斯王》不仅是希腊时代的经典，也是人类历史上的经典，剧中的中心人物可以说是所有悲剧主角的典范。

这部戏剧的开场相对平静（悲剧中往往如此——暴风雨前的平静）。整个忒拜城邦治理有方，至少民众是如此认为的。国王俄狄浦斯勇武有力、智慧过人，能为常人所不能为。他曾于多年之前赶走怪物，救忒拜民众免遭荼毒。如今，忒拜城又遭到新的威胁——瘟疫降临，绵延不断。代表民众的歌队恳求俄狄浦斯查明瘟疫暴发的原因。神谕传来，除非找到杀害前国王的凶手并绳之以法，否则瘟疫将持续蔓延。

俄狄浦斯信心十足，答应解开谜团，却没有意识到自己就是凶手。一位盲人先知向他坦白真相，他却恼怒难挡，将前者大肆谴责了一番。他曾拯救城邦，不可能是杀害前国王的凶手。直到故事的最后，他才被迫承认自己多年前在一次偶然冲突中杀死的那个人竟是忒拜的前国王，也是自己的亲生父亲。

灾难接踵而至。好像这个消息还不够坏似的，他又意识到，自己娶了已故国王的妻子伊俄卡斯特，还与她生了四个孩子，而她实际上是自己的亲生母亲。在知道了骇人的真相之后，他自毁双目。观众听到后台传来的恐怖叫声，然后传报人来到场上描述那可怕的情形。传报人的讲述生动细致，观众会有身临其境之感。

索福克勒斯和莎士比亚戏剧中的真相大白场景

经典悲剧中通常有一个**真相大白场景**，一个主人公全然明白了灾难之缘由的时刻。首先是追寻已发生事件的意义，接下来可能是对之前行为进行辩护，但最终要承担责任。

场灯暗下，脉搏上升。
——朱迪丝·安德森

俄狄浦斯要为发生的一切负责吗？他出生时就被预言要弑父娶母。希腊人相信命运主宰着人的一生，所以没有什么能够改变俄狄浦斯的命运。而且他的确承担了责任，或许是想证明自己终究是一个强大的人。

《安提戈涅》中，克瑞翁说出了一段著名的独白。克瑞翁在俄狄浦斯大难之后继承了忒拜王位，早已成了一个强大而自负的统治者。在这段独白中，他意识到自负不仅导致儿子早亡，也导致妻子自杀。他失去了曾经最亲爱的人，现在他的生活一团糟。他哭喊道：

> 把我这不谨慎的人带走吧！
> 儿呀，我不知不觉就把你杀死了，
> 还把你也杀了，哎呀呀！
> 我不知看他们哪一个好，不知此后依靠谁；
> 我手中的一切都弄糟了，
> 还有一种难以忍受的命运落到了我头上。[2]

虽然莎士比亚极少遵循古典程式，但他在《奥赛罗》中也同样加入了真相大白。《奥赛罗》是莎剧中公认最具古典色彩的作品。在最后一幕中，主人公意识到自己误入骗局，竟误以为妻子不忠，在暴怒之下掐死了她。在因罪被捕时，他对逮捕他的人说：

> 且慢，在你们未走以前，再听我说一两句话。
> 我对于国家曾经立过相当的功劳，这是执政诸公所知道的；
> 那些话现在也不用说了。
> 当你们把这种不幸的事实报告他们的时候，
> 请你们在公文上老老实实照我本来的样子叙述，
> 不要徇情回护，也不要恶意构陷；
> 你们应当说我是一个在恋爱上不智而过于深情的人。[3]

说完这段话后，他拔出匕首，自刎而死。他承担了全部责任，保全了自己的尊严，留给了自己自我了结的自由。

可能没有其他戏剧能与《李尔王》中的真相大白场景相提并论了。濒死的李尔王，终于明白自己驱逐忠诚的小女儿科迪莉娅所酿成的大错。因盲目自大，无视现实，他一直维护自己的两个大女儿，结果遭到两人的背叛。无辜的小女儿被抓捕后遭到处决。这位并不总是完全清醒的老人终于明白自己的所作所为，也知道自己再也见不到真正爱着自己的女儿了。

对许多戏剧爱好者来说，这一刻是无与伦比的。莎士比亚没有赋予李尔王雄辩的口才，只是让他道出寥寥几句：

> 为什么一条狗、一匹马、一只耗子，都有它们的生命，
> 你却没有一丝呼吸？你是永回不来的了，永不，永不，永不，永不，永不！[4]

许多人认为，最后一句话中包含所有悲剧作品中至为悲惨的五个词。扮演李尔王的演员常常泣不成声，无法将这几个词尽数说出。

亚里士多德论悲剧的本质

到目前为止，本章已经论及一些剧作家的作品和表演程式。现在我们再来了解一下世界上第一位戏剧批评家——希腊哲学家亚里士多德（公元前382—前322）。亚里士多德确立了一系列分析悲剧目的和要素的经久不衰的标准。

环顾上演戏剧的圆形剧院，亚里士多德想知道是什么感动了观众，观众为什么会感动，所有悲剧必须具备的基本要素有哪些，最后，为什么一些戏剧比其他戏剧更成功。他在《诗学》一书中写下自己的观察和思考。《诗学》完整收录了他探讨悲剧的名篇，

还有一篇论喜剧的文章据传也全篇收录其中，但流传下来的只有第一行。

亚里士多德分析了观看虚构故事如何会产生与目睹真实悲剧事件一样的效果。他发现，在观看戏剧时，观众和剧中人物会产生认同，能感受到类似于演员所感受的痛苦，尽管演员只是在扮演受苦。因此，他认为理想中的悲剧主人公必须在总体上是好的（否则人们不会在意他身上发生了什么），但又不是完全无辜的。人物要有一个悲剧性的缺陷，最后会导致他或她的毁灭。如果一个无辜的人遭遇厄运，观众会认为这个结果太残忍而拒绝接受。

戏剧的各个部分　亚里士多德将悲剧分为六个部分，按重要性排序：情节、性格、思想、言语、戏景和唱段。然后他给出了著名的悲剧定义：

> 悲剧是对一个严肃、完整、有一定长度的行动的摹仿；它的媒介是经过"装饰"的语言，以不同的形式分别被用于剧的不同部分，它的摹仿方式是借助人物的行动，而不是叙述，通过引发怜悯和恐惧使这些情感得到疏泄。[5]

行动指的是悲剧中向前发展的动势，人物行动导致的环境变化（往往是变坏），随着灾难的迫近，观众的情绪也会变得更加强烈。戏剧的目的是引发观众的情感反应，不是为了产生情绪本身，而是为了情绪的余波：情绪爆发之后的平静感。

这种平静被称为**净化**，也经常会在其他审美体验之后出现，比如在听了贝多芬的《英雄交响曲》之后。"为什么人们要让自己经历如此痛苦的折磨？"亚里士多德对此的回答是：倘若一个人把虚构的痛苦当作真实的痛苦来回应，他／她就会从中获得力量。观众慢慢会回到戏剧之外的现实生活，但会满怀着那种经历灾难真实发生之后富于理性精神的静穆感。

俄狄浦斯的缺陷是**傲慢**，这是一种普遍的缺陷。人们身边总有这样自以为是的人。亚里士多德的分析现在依然适用。他说，悲剧需要观众的认同；只有这样，主人公的遭际才会引起观众情感上的震撼，如若没有深深地被感动，观众的情感便得不到净化。无怪乎剧作家会不断地延长悲剧的高潮，再无其他的剧场艺术形式能如此强烈地感染观众了。

仿佛是要戏剧性地强调古希腊悲剧的黄金时代已经逝去，索福克勒斯和欧里庇得斯（公元前 484—前 406）在同一年离世了。欧里庇得斯的剧作中罕见能完全符合亚里士多德在《诗学》中所示原则的作品，而且剧中也没有主人公认清灾难真相、承担责任的最后告白，剧作的情节结构也没有亚里士多德所激赏的《俄狄浦斯王》那样紧凑，尽管如此，亚里士多德仍视欧里庇得斯为"最具悲剧性的"。也许亚里士多德的意思是，欧里庇得斯能至为深切地体会到人们活着的痛苦。这痛苦即是他作品的主题。

一部戏应该让人若有所思。当我第一次看一部戏就能理解它时，我就知道它不可能有多好。

——T. S. 艾略特

事实上，对于现代观众来说，欧里庇得斯的《美狄亚》一直以来都是最值得搬上舞台的希腊悲剧。也许，与同时代人的作品相比，欧里庇得斯的作品在精神气质上与现代更加接近。

欧里庇得斯的《美狄亚》　《美狄亚》的情节结构十分紧凑，它之所以在现代观众中仍然如此流行，主要是因为欧里庇得斯有意削弱了歌队的作用。推动可怖的悲剧不可避免地向前发展的，是妒火中烧的妻子为报复丈夫杀死自己的亲生儿子。随着故事逐幕推进，妻子对丈夫的怨恨也越积越深，她做出的一系列决定引发的悲剧性后果几不可逆，与此同时，她对孩子的爱却越来越强烈。欧里庇得斯更感兴趣的是推动作品向前发展的情感和内心力量，而不是人物角色的行为引发的道德和哲学争议。

这部戏只讲述了美狄亚故事的最后一部分。然而，观众从美狄亚的回忆中得知，美狄亚曾用魔法帮助丈夫伊阿宋找到金羊毛，让后者一举成了英雄。而伊阿宋之所以娶她为妻，是出于感激，而不是出于爱。故事开始时，美狄亚住在伊阿宋的城邦里，周遭的人们既不尊重外邦人，也不尊重妇女。伊阿宋告诉美狄亚自己打算娶一位公主为妻，这样一来，他们的两个儿子就可以堂堂正正地生活在王室之中了，可以与伊阿宋的其他孩子做同父异母的至亲兄弟。伊阿宋希望美狄亚能为两个孩子的将来感到高兴。但美狄亚并不如此认为，她只是假装支持丈夫的计划，以便日后伺机报复。她用魔法炮制了一件毒礼服，谋害自己的情敌，但仍未心满意足，总觉得伊阿宋受的折磨还不够。在全剧最震撼的场景之一里，美狄亚内心极度挣扎，她深知对伊阿宋最大的报复就是杀死自己与伊阿宋的骨肉（图7.4）。

当无辜稚子还在玩耍时，美狄亚正竭力抑制自己杀子的冲动，但根本抑制不住。她把两个孩子带进屋里，一段可怕的寂静之后，观众听到了他们的惨叫声。孩子的亲生母亲割断了两个孩子的喉咙。

这部戏的结局缺乏《俄狄浦斯王》的那种道德完整性。对索福克勒斯来说，尽管俄狄浦斯的命运是预定的，但他的傲慢本身就是对神圣法律的蔑视，而且他也因傲慢付出了悲剧性的代价。然而，美狄亚的苦难并非源于

图7.4　洛娜·霍顿扮演的美狄亚，史蒂夫·卡特于2010年改版自《美狄亚》的新剧 *Pecong*，背景设在加勒比海的某座小岛上
就美狄亚的故事而言，背景和时间的变化使观众的观看体验发生了怎样的变化？
Hubert Williams

对道德法则的践踏，而是源于自身的激情：一个深爱孩子的母亲，不应该被麻木不仁的丈夫带到这种地步；复仇的激情把她撕得粉碎。而且，美狄亚也没有像俄狄浦斯那样身败名裂。

当伊阿宋对着孩子们的尸体悲痛不已时，美狄亚则乘着祖父赫利俄斯送给她的龙车飞走了。当她抬头看着"不友好的星辰"时，她说出了最后一句话："他们鄙视的不是我。"即便她的余生将在内疚之苦中度过，这悲苦也只是她个人的事情，与众神无关——如果真的有神的话。

许多迹象表明，欧里庇得斯已经放弃了从遵循神法中寻找意义的努力。他的戏剧中充斥着愤世嫉俗，一种对人类被抛于无神世界之中的恐惧；或者，世上果真有神的话，他们也极其反复无常，正义从未实现过。似乎是为了彰显自己的愤世嫉俗，欧里庇得斯的许多戏剧都有极不自然的、令人难以置信的圆满结局。他似乎在说，在一个无道德的世界里，幸福结局纯属偶然。在欧里庇得斯的世界里，没有道德责任，有的只是痛苦。

莎士比亚的天才

莎士比亚创造了许多不朽的人物，从罗密欧与朱丽叶到李尔王，从奥赛罗到夏洛克。这可能不是他的本意，他当然对提供娱乐和赚钱感兴趣，而且确实在这方面非常成功。但不知为何，他所取得的艺术成就远超同辈和许多后辈剧作家，作品更是经久不衰。

伊丽莎白时代的观众离舞台非常近，几乎可以清楚地看到演员的表情，也可以听到他们的低声细语。伊丽莎白时代的剧作家发展出的最重要的程式之一就是**独白**。在独白中，一名演员在舞台上独自一人大声说出自己的想法。虽然莎士比亚和同时代剧作家在戏剧中广泛使用独白，但是其中最著名的，莫过于哈姆雷特的那段以"生存还是毁灭"（To be or not to be）开头的独白了。

与独白不同，**旁白**是其他演员于舞台上表演时，某位演员从旁说的话。观众可以听到这些话，但是其他演员按理要装作听不到。有时，它是独白的缩略版，就像哈姆雷特在听完他背信弃义的叔叔那虚假的夸夸其谈后，对观众评论道："超乎寻常的亲族，漠不相关的路人。"莎士比亚用寥寥几个词就描绘出哈姆雷特对这位叔叔的感受。到了18世纪，大多数严肃剧就已不再使用旁白了，但喜剧和音乐喜剧中则一直沿用至今。

莎士比亚对韵文的使用　莎士比亚及其同时代的戏剧作品中有许多恢宏壮阔的战斗场景，而且伊丽莎白时代的戏剧程式也允许人物在死前发表长篇大论。除了少数下

请你念这段剧词的时候，要照我刚才读给你听的那样子，一个字一个字打舌头上很轻快地吐出来；要是你也像多数的伶人们一样，只会拉开了喉咙嘶叫，那么我宁愿叫那宣布告示的公差念我这几行词句。

——威廉·莎士比亚

图 7.5　劳伦斯·费舍伯恩和肯尼斯·布拉纳在 1995 年版的《奥赛罗》中
你看过莎士比亚戏剧的演出吗？有什么样的感受？现代改编如何改变我们观看莎士比亚戏剧的体验？
Everett Collection

层人物之外，莎士比亚笔下的大多数人物都说着精妙的韵文，深刻表达自己的各种感受。剧作家也不会让人物像普通人或观众那样去讲话。没有人会说"从昨晚起就没吃过东西"或者"这场雨真讨厌"一类的话，每个人的言谈举止都要与情景相匹配。这是一个永恒和普遍的惯例。也只有在舞台上，人们才总是能在需要的时候说出恰如其分的话！

剧中的韵文是用五步抑扬格写成的，一行有 5 个音步，韵律听起来像这样：大哒，大哒，大哒，大哒，大哒。当有经验的演员表演莎士比亚的戏剧时，韵律往往难以察觉，因为他们以某种方式奇迹般地将有韵律的词语与场景完全结合起来，观众几乎察觉不到韵律的存在。除了一些段落中明显的韵脚之外，人物的对白听起来就像是优雅的散文（如果不是这样的话，想想一出戏会多么单调乏味）。

莎士比亚天才般地把五步抑扬格与精确的词语结合到戏剧情境之中。《奥赛罗》的最后一幕就是彰显他这种天才的精彩例子。主人公奥赛罗因怀疑妻子不忠而大发雷霆，在狂怒之下把妻子掐死了。刚刚杀死她之后，他就听到妻子的侍从爱米利亚敲门。奥赛罗对爱米利亚喊着他马上就会开门，然后当他意识到自己的骇人行径之后，开始自言自语起来（图 7.5）。

莎士比亚天赋异禀，部分就是因为他能写出几乎严守韵律的台词，同时又能给演员足够的情感体验空间。

是的，这是爱米利亚。——等一等。——她死了。
她多半要来说起凯西奥的死。

> 外边已经听得见嘈杂的声音。嘿！一动也不动了吗？
>
> 像坟墓一样沉寂。要不要让她进来？妥当不妥当？
>
> 我想她又在动了，——不。怎么办呢？
>
> 要是她进来，她一定要跟我的妻子说话。
>
> 我的妻子！我的妻子！什么妻子？我没有妻子。[6]

这段台词的韵律几近完美，可以完全按照五步抑扬格的轻重音阅读。但是演员一般不会这样说话。以第一句为例："是的"是大声对爱米利亚说的话；"这是爱米利亚"是柔声对自己说的话；"等一等"是继续大声对爱米利亚说的话；而在"她死了"之前必定要有一段停顿。

第五行中"不"这个词完全是独立存在的，要求演员在两次停顿之间说出这个词；原本这句话是标准的五步抑扬格。事实上，整篇台词使演员在相应的时候表现出了奥赛罗狂躁中的犹疑不决。莎士比亚的天才处理使得演员可以两者兼得：既有诗歌般的韵律，又有探索角色情感的自由。

莎士比亚对意象的运用　　意象是指能在观众和读者的脑海中创造出画面的文字。莎士比亚的诗作中就充满了各种意象。大量运用意象，可能是为了弥补舞台上布景的缺乏。照明和音响系统的出现是几百年以后的事情了。也许，最著名的戏剧性意象莫过于《罗密欧与朱丽叶》阳台相会场景的前两句台词了：

> 轻声！那边窗子里亮起来的是什么光？
>
> 那就是东方，朱丽叶就是太阳！

相比之下，月亮"已经气得面色惨白了，因为她的女弟子比她美得多"。[7] 在《哈姆雷特》第三幕的一个著名场景中，哈姆雷特身处王后的卧室，母子的对话中包含许多耸人听闻的暴力意象。在哈姆雷特因王后的无耻行径而宣布与之断绝关系后，王后大声喊道："啊，哈姆雷特！你把我的心劈为两半了。"哈姆雷特用一个异常有力的意象回应道：

> 啊！把那坏的一半丢掉，
>
> 保留那另外的一半，让您的灵魂清净一些。[8]

这两句台词也运用了语言强弱法，节奏从慢到快，声调从响亮到柔和。哈姆雷特对前来宫廷表演的演员们的著名演说表明，莎士比亚对当时的情节剧表演风格极其不满，力图寻求一种更自然的表演方式。

> 请你念这段剧词的时候，要照我刚才读给你听的那样子，一个字一个字打舌头上很轻快地吐出来；……也不要老是把你的手在空中这么摇挥；一切动作都要温文，因为就是在洪水暴风一样的情感激发之中，你也必须取得一种节制，免得流于过火。[9]

　　莎士比亚为哈姆雷特写下这些台词，但这很可能是莎士比亚自己也认同的观点。尽管如此，这仍然是一部剧中的台词，而不是写给有抱负的演员的表演指导手册。这番话，和其他许多角色一样，也许根本不能代表莎士比亚自己的观点。他喜欢文字，钟爱思想，而且似乎乐于创造那些擅长表达而又有思想的人物角色。一直以来，学者都竭力想发掘贯穿莎士比亚所有剧作的哲学思想。事实上，莎士比亚的许多段落，尤其是在《哈姆雷特》《李尔王》和《麦克白》中，都饱含有关人类境况的深刻智慧，它们一经阅读或演出，就必能引发人们的思考。但它们是否能够表现出莎士比亚的某种个人哲学，仍是学术讨论的一大议题。

　　莎士比亚与戏剧元素：主题、情节、背景　　与古典戏剧不同，伊丽莎白时代的戏剧没有义务一定要处理普遍的主题。莎士比亚的主要兴趣可能是给不同的观众提供丰富的、多层次的娱乐。主要人物的深刻性也表明他对人类心理学（尽管这个词在彼时还不存在）和"反映自然"（用哈姆雷特的话来说）的痴迷。

　　紧凑的情节通常不是莎士比亚的强项，但他在其经典作品中表现的人物和思想，在整个戏剧领域都是无与伦比的。无论他本人是否接受过所谓的正规教育，他笔下的人物从独特到一般，找寻的都是可以为人类生命的意义提供深刻启示的普遍的道德原则。这些启示往往也是愤世嫉俗的，他的许多角色对生活抱有悲观的看法。当哈姆雷特被邀决斗时，并不知道对手的剑尖有毒，他的朋友霍拉旭有不祥的预感，劝哈姆雷特不要应战。但哈姆雷特没有拒绝邀请，他用几句话表明死亡在该来时就会到来。

> ……我们不要害怕什么预兆；一只雀子的死生，都是命运预先注定的。注定在今天，就不会是明天；不是明天，就是今天；逃过了今天，明天还是逃不了，随时准备着就是了。一个人既然在离开世界的时候，只能一无所有，那么早早脱身而去，不是更好吗？[10]

　　麦克白的城堡已成废墟，大敌也正在逼近。此时，他听闻妻子去世的消息，说出了一些话，几乎可以说是悲观主义者的宣言：

> 她反正要死的，
> 迟早总会有听到这个消息的一天。

明天，明天，再一个明天，

一天接着一天地蹑步前进，

直到最后一秒钟的时间；

我们所有的昨天，

不过替傻子们照亮了到死亡的土壤中去的路。

熄灭了吧，熄灭了吧，短促的烛光！

人生不过是一个行走的影子，

一个在舞台上指手划脚的拙劣的伶人，

登场片刻，就在无声无臭中悄然退下；

它是一个愚人所讲的故事，

充满着喧哗和骚动，

却找不到一点意义。[11]

伊丽莎白时代的戏剧演出摆脱了移动沉重道具的负担，剧作家意识到，只要台词足够生动，一个空荡荡的舞台完全可以被描述成任何地方。场景可以从室内移到室外，也可以从室外移到室内，从花园到宫殿或者想象中罗密欧与朱丽叶殉情而死的坟墓。当时的观众很快就适应了戏剧的种种新规则。

莎士比亚的观众还面临另一种挑战，辨别白昼和夜晚的唯一办法就是听演员的说辞。戏剧都是在白昼上演的，只有当演员提到"夜晚"的时候，才会是夜晚。观众要想看到哈姆雷特父亲的鬼魂在黑暗中徘徊，只能全凭想象。

新古典主义悲剧

在伊丽莎白时代之后，戏剧程式再次发生变化。在 17 世纪后半叶，戏剧、诗歌、绘画和建筑普遍回归古典主义的原则，开始追求秩序和平衡。接下来的一个半世纪，在艺术上被恰如其分地称为**新古典主义**时期。

新古典主义戏剧的剧场转移到了室内。这是戏剧首次脱离巨大的露天剧场，不再囿于依赖阳光照明的庭院。戏剧可以在精心装饰的房间里上演，还能在夜晚演出，用考究的枝形吊灯照明。

观众也发生了变化、不再是希腊和罗马剧场以及伊丽莎白剧场里出没的各色人等，此时的观众多是受过良好教育、衣着华丽的贵族，戏剧必须考虑他们的喜好。人们强烈要求戏剧回归，不能再像莎士比亚的戏剧那样充满暴力了；戏剧的主题也要像古典时期那样以神话为基础，但是要对故事进行改编以便反映当时的社会问题和道德观念。

过往的杰作只对过去来说是好的，对我们来说则不尽然。我们有权以只属于我们的方式说出那些从未被说过的……与现下的感觉模式相一致。

——安托南·阿尔托

一个非古典的元素是，扮演女性角色的女性演员首次出现了。新程式让剧作家聚焦于情欲和男女之间冲突所引发的悲剧故事上。

剧作家尽可能地恢复古典的三一律。如果情节发展需要不同的场景，解决的方式便是搭建一个宽敞朴素的舞台背景，比如一个宽敞的房间就可以代表很多地方。舞台工作人员随时可以把家具和道具搬上搬下。

除了三一律，新古典主义戏剧家还像古典剧作家一样，采用高度程式化的、典雅的舞台语言。台词的韵律极其考究，远甚于莎士比亚的五步抑扬格。语言也辞藻华丽，贴合贵族的品位。例如，"air"（空气）这个词被弃用了，取而代之的是"ozone"（新鲜空气），"cat"（猫）则变成了"feline creature"（猫科动物）。

拉辛，《费德尔》 让·拉辛（1639—1699）的《费德尔》是持续近百年的新古典主义戏剧历史（1650—1750）上英法两国最重要的悲剧作品。该剧的对白按照相应的风格进行了大量润色，人物高贵优雅地谈论着自己的强烈情感，却从不让感情直接流露出来。

主人公费德尔嫁给了神话英雄忒修斯，但对她的继子希波吕托斯（依包利特）有着强烈的欲望。她深知自己必须隐藏这种欲望，但它极为强烈，对女演员也提出了极高的要求，女演员必须在表演中想方设法将备受煎熬的痛苦表演出来。

因此，《费德尔》为戏剧增添了内心戏的元素。近年来，作家和导演创造了一些内心戏比台词更为丰富的角色，观众想要充分了解人物，就必须关注人物少之又少的语言、关注人物的面部表情和肢体动作。对戏剧观众来说，只言片语中蕴藏丰沛的情感，能比大费周章地直抒胸臆获得更多的观戏满足感。

《费德尔》遵循当时的戏剧程式，整个故事都发生在一个文明社会的客厅之中，尽管故事中的人物都有希腊名字，但他们的外貌和声音都类似于当时的贵族。费德尔是否该向继子袒露心迹？当然不会，也不可能；因为强烈的感情不应公开表达。

然而，费德尔还是越界了。她向继子坦白，自己能从他的身上看到丈夫的音容笑貌。她不可思议地坦白了自己，把自己的真情实感和盘托出。

继子的温和反驳似乎更合乎观众的期待："夫人，恐怕有些误会。"当然，他只是在逢场作戏。他的行为举止无可挑剔，但这些行为引发了费德尔的无比愤怒，她自觉遭受奇耻大辱，便准备扭转局面，意图报复。她告诉忒修斯自己遭到继子的侵犯。忒修斯一怒之下恳求天神降下风暴和海怪，继子因此丧命（图7.6）。当然，充满暴力的死亡场景也是由报信人描绘的。

> 人们把悲剧视作儿戏，是因为他们并不相信悲剧的真实，但真实的悲剧却在文明社会中每每上演。
>
> ——奥特加·伊·加塞特

在汹涌的波涛间出现一只可怕的精灵，
宽阔的额头上生着锋利的角刺，

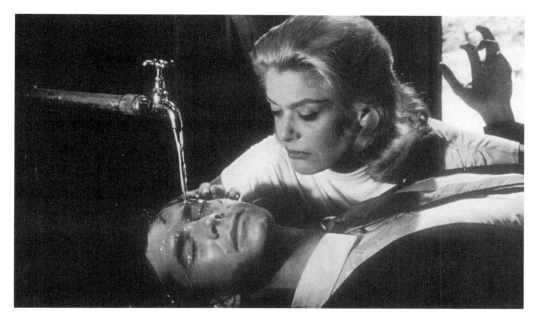

图 7.6　希腊女演员梅莲娜·梅尔库丽为她死去的爱人、继子哭泣，继子由安东尼·柏金斯扮演，在 1961 年改编自《费德尔》的电影中
尤金·奥尼尔 20 世纪中期的戏剧《榆树下的欲望》讲述了类似的故事，你觉得为什么这些古典故事会不停地被当代的戏剧和电影改编呢？
Photo 12/Alamy

全身上下披着黄色的斑痕。

一只凶恶的野牛，像一条蛟龙，

它的臀部弯弯曲曲地隆起，

它的长鸣震动着大海亚楠，

上天在这野蛮怪物面前也提心吊胆。

大地震动着，空气十分浑浊，

带它而来的波涛也惊悸地往后退缩。

万物都对它避之不迭，

每个人都就近在庙宇中躲藏。

只有依包利特，不愧为英雄的后代，

勒定了战马，抓住了长戟，

他镇定地挥戈刺向那妖怪。

在它的胸腔刺了一个大洞，

那怪物咆哮狂跳不堪疼痛。

它大吼着奔到马脚前倒下，

翻滚着，伸出一张燃烧的嘴巴。

烈火、鲜血、烟雾紧紧裹住战马，

骏马们立刻怒吼着，不听使唤。

马勒无法驾驭，怒斥也是无益，

各种手段都使尽，仍然无能为力。[12]

用贵族自己的语言来讲述古典神话故事，这种方式也深刻影响到英国和法国的剧作家。剧中的报信人述说着一个亲眼看到的恐怖场景，然而他的描述却极其优雅又不带感情。

莎士比亚于 1616 年去世，他的作品满是激情，尽管在世时备受观众喜爱，但对新古典主义戏剧的观众来说，他的作品过于随性。距他离世还不到半个世纪，"完善"其作品的工作就已经开始了；多数的戏剧情节是可以接受的，但他直呈情感的方式则被视作庸俗不堪。剧作家毫不犹豫地重写他的作品。例如，约翰·德莱顿（1631—1700）将莎士比亚的中年恋人之间相互毁灭的悲剧《安东尼与克莉奥佩特拉》改编成《一切为了爱情》，使之变成了一部贵族之间逾越礼节的"礼仪"悲剧。一出新古典主义戏剧，就像一座新古典主义建筑，讴歌平衡、和谐、秩序，避开了所有不受控制的激情。人物尽可能聪敏地谈论自己的感情，还能带着韵律，但除了在死亡场景中，一般都不会直接表露感情。

现代悲剧

除了少数例外，希腊古典悲剧、伊丽莎白时代的悲剧和新古典主义悲剧关注的都是社会地位较高的主人公所犯的致命错误。亚里士多德对此早有明确阐述——普通人的堕落并不足以让观众得到情感上的净化。莎士比亚感兴趣的是贵族和有权势者不可避免的堕落，因为他把权力看作一种诅咒，一种腐化人心并致人毁灭的东西。普通老百姓没有权力，所以不可能有什么大灾大难。

由于这不是君王和贵族的追求，所以这种悲剧便是民主的而非贵族的。
——奥托·赖纳特和彼得·阿诺特

从 19 世纪开始，一种新的悲剧，起初在欧洲，然后在美国出现了。大多数观众已不再是受过良好教育的贵族了，因此亟须创造不同类型的悲剧主人公，从而对灾难降临的原因进行思考。剧作家把目光转向日常生活中的普通人，开始探索他们身上的悲剧主题。

格奥尔格·毕希纳，《沃伊采克》《沃伊采克》是较早的一部普通人悲剧，它并不完整，是格奥尔格·毕希纳（1813—1837）在 23 岁离世前的遗作。故事围绕一个卑微的工人和他对一个女子的痴爱展开。女子与他育有一子，但他仍然怀疑妻子不忠。在一次激烈的争吵中，他将一把刀刺入她的喉咙，随后当他试图取回凶器时，竟被淹死了。毕希纳想要把剧作搬上舞台，但他抛弃了以前所有的传统。他是一个极度的悲观主义者，坚信普通人是阶级社会的受害者，阶级社会剥夺了他们受教育的权利，迫使他们生活在贫困之中，而贫困的生活又使他们的心中充满无法控制的愤怒。

《沃伊采克》的手稿直到 20 世纪初才被找回，距他离世已久。但自此以后，他的影响波及一代代剧作家，他们与毕希纳持有相同的主张：悲剧的主人公并没有任何导致最后惨剧的性格缺陷，故而也不需要为灾难承担任何道德责任。对他们来说，真正的悲剧在于道德秩序已经不存在了，无法通过颠覆它而改变悲剧命运。

阿瑟·米勒，《临桥望景》 一个世纪之后，美国剧作家阿瑟·米勒（1915—2005）试图赋予中下阶层的人物以真正的悲剧主人公的地位。米勒试图用适合中等阶层题材的新标准取代亚里士多德对悲剧的定义。1949 年，凭借《推销员之死》，米勒获得了国际声誉，而这部戏的标题也彰显着普通人的崇高。许多评论家高度赞扬这部戏的抒情性和戏剧张力，但也认为该剧尚未臻至悲剧的境界，因为主人公从始至终都被蒙在鼓里，没有意识到自己的过错。事实上，当今的剧作家往往难以采用以前戏剧中那种真相大白场景，因为人们普遍相信外部环境——至少在一定程度上——导致了不良行为的发生。

然而，1955 年米勒写出了《临桥望景》，故事中的主人公清楚地认识到将为自己带来灾难的错误（图 7.7）。如若没有这种预先的知晓，观众便无法分享人物的痛苦，也无法产生强烈的怜悯之情，从而无法获得情感的净化。

起初，中年码头工人埃迪·卡波恩与妻子和她的侄女凯瑟琳幸福地生活在一起。他对凯瑟琳表现出一种父亲般的关爱，保护欲极强（或许有点过了）。当埃迪帮助妻子的表兄弟马可和罗道尔佛偷渡到美国并把他们接回家时，麻烦就出现了。不久，凯瑟琳和有点娘娘腔的罗道尔佛开始约会，埃迪发现自己居然妒火中烧。他监视着这对小

图 7.7 阿瑟·米勒《临桥望景》中斯嘉丽·约翰逊和列维·施瑞博尔分别饰演凯瑟琳和她的叔叔埃迪·卡波恩 越来越多的好莱坞演员开始转向百老汇演出。斯嘉丽或者休·杰克曼等人的出演会对观众的观剧体验有什么影响？
Joan Marcus Photography

情侣的一举一动，每天晚上在家里来回踱步等待两人回家，甚至还热情地亲吻罗道尔佛，试图向凯瑟琳证明她的追求者实际上是同性恋。最后，被嫉妒吞噬的埃迪偷偷向移民局举报，于是两位偷渡的年轻人被逮捕。而已在意大利成家的马可被保释出来后，拿着一把刀向埃迪扑了过去，埃迪在搏斗中受了致命伤。弥留之际，埃迪为自己的行为感到羞耻，并承认了他的所作所为。

米勒认为自己创造出了现代悲剧的理想主人公。观众不仅可以认同一个努力工作、本质上诚实善良的人，而且也可以理解其在人性上的弱点。现代悲剧要想从古典传统中脱颖而出，必须具备两个因素。

- 首先，必须认识到错误本来是可以避免的。人们曾建议埃迪控制自己的情绪，温柔的妻子曾提醒过他，律师也曾警告过他（律师类似于希腊戏剧中的歌队，在剧中的主要功能是向主人公提出建议）。简言之，埃迪知道怎样做更好。
- 其次，未能避免的过错必定是由真实可信的性格缺陷造成的。埃迪一直在对抗自己的欲望，因为他深知这在道德上是完全不被接受的。因此，他把它埋在内心深处，而压抑只会让事情变得更糟。

西格蒙德·弗洛伊德的影响在许多现代悲剧中都显而易见。这位精神分析之父让剧作家洞悉了那些隐藏在焦虑和非理性行为背后的根源。得不到满足的欲望和渴望禁忌之爱所引发的无法消解的内疚感，可以合理地解释人物的行动和动机。埃迪对这个年轻移民的愤怒可能也暗示着他对同性之爱的好奇。归根结底，这部戏是一个正派人的悲剧，他拒绝面对自己不正派的一面，因此极力予以否认。对埃迪而言，攻击年轻人，实际上也就象征性地攻击了自己所不能接受的冲动和欲望。

情节剧与悲剧的比较

正如亚里士多德所指出的，悲剧中的主人公总体上是善良正直的，但也不是全然无辜。在19世纪的**情节剧**中，男主人公或者女主人公都是纯洁无邪的，问题的产生主要是外力的影响，从来没有招致灾祸的性格缺陷。情节剧不需要多高深的思想，尽管情节可能充满悬疑，但总有真相大白、水落石出的时候。这一体裁的很多元素延续至今，主要存在于电影或电视剧里。

如果亚里士多德生活在20世纪早期，看过《宝林历险记》和《暴风雨中的孤儿》这样的流行片，他一定不会认为这些电影是悲剧。悲剧不是无助的女主角被恶棍绑在铁轨上，也不是穷人在狂风暴雨中到处找寻栖身之地。情节剧中的人物很容易分为完全的好人和完全的坏人。当坏人不可避免地遭到惩罚时，观众会欢呼雀跃，因为"他罪有应得"。传统情节剧并不会（现在仍然没有）仔细研究人物的动机。19 世纪典型的坏人形象十分简单，就是纯粹的坏，他威胁纯洁善良的女主角，因为他原本就如此坏。当女主角被同样纯洁的男主角拯救时，也干干脆脆、简单明了。

情节剧是正义的胜利，那些一度强大的坏人终被打败。情节剧也可以带来很多乐趣：一个晚上，一桶爆米花，看完回家，没有困扰。

情节剧的一个元素源自古希腊的**机械降神**，并非所有的古典剧作家都创造出了像俄狄浦斯这样因悲剧性缺陷而最终落难的角色。有时他们想要一个更快乐的结局，所以会专门让一名演员扮演神，坐在一辆装有滑轮的车厢里，从舞台上方降下来解决一切问题。现在，机械降神这个说法被用来描述所有有悖人类行为常理的情节，既是作者引入的权宜之计，也是令人难以信服的解决办法，比如直接将恶人一击毙命的一道闪电。

观众已经习惯了这种充满悬疑的惊悚片，以至于他们不再关心这种人为划分好坏的做法是否妨碍了他们对现实的理解。情节剧会作为纯粹娱乐而继续存在，那些想要逃离现实苦难和压力的人也一直乐在其中。想想 20 世纪的肥皂剧和 21 世纪的真人秀：我们当中有多少人喜欢看到新泽西州那些好坏分明的家庭主妇遭遇的考验和苦难呢？

7.2 戏剧史中的喜剧

各种形式的喜剧，包括讽刺剧、性格喜剧、闹剧和戏仿剧之间有什么区别？

在戏剧的领域里，与悲剧截然相反的就是**喜剧**，它不鼓励观众与主人公产生认同——否则观众又如何嘲笑剧中人的愚蠢呢？观众不愚蠢，剧中人才愚蠢。观众必须与他们保持距离，才能欣赏他们身陷烦扰的情景，而这些烦扰多是微不足道且短暂的。

古希腊的剧场在一个下午要上演三部悲剧。为了让观众高高兴兴地回家，希腊人发明了剧末加演的短喜剧，在三部悲剧结束之后上演。尽管剧中包含诸如歌队服饰之类的神话元素，但故事多数与神话无关，主要是对雅典社会中的贪婪和腐败的嘲笑。一段时间后，它们变得极受欢迎，开怀大笑似乎成了观众去剧院的唯一目的。喜剧就这样诞生了，而且至今仍在蓬勃发展。

亚里士多德论喜剧的文章中流传下来的一句话是："悲剧是从近处看生活，喜剧是从远处看生活。"这句话至今仍然有效。如若观众真正目睹了人物的悲惨遭际、滑稽戏中的许多灾难——比如有人掉入下水道，有人侮辱主人公后转身从楼梯上跌落——可能会变得非常压抑；但是并未如此，所以观众才能置身事外，感到好笑，还会觉得自己的生活似乎不再那么糟糕了。

之于思考者，生活是喜剧；之于感受者，生活是悲剧。

——贺拉斯·沃波尔

　　喜剧所涉及的情境，往往是微不足道的错误导致的滑稽后果。比如，不顾一切地隐藏一个秘密；一对夫妇已经成婚，但双方父母毫不知情；双胞胎的身份混淆，等等。再比如，某个谎话连篇的人突然发誓要一周之内只说真话，然后肯定会因为坦诚失去许多朋友；某个整洁的人与一个懒汉成了同屋，他们之间肯定会有激烈的冲突；某家人邀贵客共进晚餐，然而客人却所来非时，正赶上这家人混乱一片。

　　喜剧已经衍生出各种形式，经久不衰，而且在同一出戏剧中也可能会存在不止一种喜剧。让我们从古希腊剧场中上演的喜剧开始，然后再如之前所做的那样，回顾喜剧发展的几个历史阶段。

讽刺剧

　　雅典剧作家在严肃剧结束后加演的短喜剧，被称为滑稽羊人剧（satyr play），因为演员们穿着有点像神话中半人半羊的戏服来进行表演。这些戏剧可能调侃刚刚上演过的悲剧，或者是剧作家认为荒唐可笑的社会事件和人物。**讽刺剧**已经变成了一种嘲笑各种社会问题（包括政府腐败、不平等、战争、不公正和虚伪等）的喜剧类型。讽刺剧剧作家通常既是喜剧家——能引观众开怀大笑，也是改革家——能致力于改善社会（也许21世纪初最出色的讽刺作家是乔恩·斯图尔特，他从1996年到2015年，在《每日秀》节目中对当今社会的弊病和丑恶进行了近20年的嘲讽）。对社会的严肃批评可以有其他的表达方式，比如报纸社论或宣讲布道，但人们更喜欢笑，而讽刺作家则以针砭时弊为己任。

阿里斯托芬，《吕西斯忒拉忒》　在古希腊剧作家阿里斯托芬（公元前445—前385）看来，舞台既是喜剧的展演地，又是改善人类境况的呼吁场。《吕西斯忒拉忒》是他经久不衰的作品之一，其中传达出的反战思想从未过时，戏剧情境也始终足够娱乐观众。

　　雅典和斯巴达之间那场不得人心的战争，一直从公元前431年持续到公元前404年。敌对双方的妇女们早已厌倦了无意义的冲突和伤亡，她们团结起来，在雅典的阿克罗波利斯山（雅典卫城）上建立了一个全部由女性组成的前哨阵地。她们不仅禁止男性入内，还在主要人物吕西斯忒拉忒的领导下奋起反抗。在战争停止之前，她们绝不和男人亲密来往。

　　在战争期间上演一部反战戏剧？对雅典人来说是不成问题的。尽管一些政治领袖认为此种不爱国的态度不合时宜，但大多数人都坚信能够表达观点比无意识地服从更重要。事实上，即便在今天，也有人会偶尔提出同样的建议，而且并不总是讽刺性的，妇女们应效仿吕西斯忒拉忒的做法，运用自己的特殊武器来对抗那些好战的势力。

剧作家持续创作着各种讽刺剧（而且讽刺剧在电视剧中占据着统治地位——想想约翰·奥利弗的《上周今夜秀》或《南方公园》），但是剧作的吸引力通常仅限于赞同作者观点的观众。一个关注票房收入的戏剧制作人可能会担心剧作家只是在"白费唇舌"。政治、宗教和那些巨富皆是易被嘲讽的对象，但他们的支持者可能无法从作品中感受到丝毫幽默。

性格喜剧

虽然亚里士多德将性格（character）置于仅次于情节的重要位置上，但他本人和希腊观众可能不会像今天这样思考性格。亚里士多德所说的性格，可能只是演员扮演的特征鲜明的角色。比如，俄狄浦斯就是这样一个角色——一位国王、一个手握大权而自矜傲慢的人、一个固执己见的人。

今天的作家深受心理学的影响，而心理学在亚里士多德时代尚不存在。一个当代的俄狄浦斯可能会被描绘得既偏执又心存戒备。人物内心的骚动可能至少要和故事的细节一样重要。欧里庇得斯可能是现代观众最容易接受的希腊悲剧作家了。在《美狄亚》中，他专注于描写主要人物的内心激情，把人物的性格视作戏剧的重要组成部分，因而在精神上更接近现代的性格概念。

"character"一词，既可以指一部戏中的人物，也可以指某个人身上的所有特点的组合。所有的戏剧都有第一种"character"（即人物），但并非所有的戏剧都有第二种"character"（即性格）。虽然心理学在莎士比亚时代尚未存在，但莎士比亚创造了许多空前绝后、令人难忘的人物性格。事实上，莎士比亚的许多作品之所以能持续占据舞台，与其说是因为情节，倒不如说是因为那些令人难忘的人物性格，尤其是喜剧作品中的典型人物。

> 喜剧是性格的冲突。从中剔除性格，喜剧就会沦为闹剧。
>
> ——威廉·巴特勒·叶芝

莎士比亚笔下的福斯塔夫

对福斯塔夫爵士的喜剧性描绘（图7.8）使整部历史剧《亨利四世》（上下篇）变得生动起来。福斯塔夫酗酒、善于撒谎，是一个大骗子，肆无忌惮地漠视礼节，深受即将成为亨利五世国王的哈尔王子的喜爱，总是陪在王子身边，怂恿王子尽情放荡。莎士比亚给福斯塔夫安排了许多鲜明的人性弱点，观众必定像王子一样喜欢他，与他一起嬉笑，而非嘲笑他。福斯塔夫不仅游手好闲，而且有一整套关于享乐和堕落的思想，完全就是狄奥尼索斯的化身。他夸张地赞美各种过分的罪行，颂扬那些人人都在做却又深

图7.8 2014年皇家莎士比亚剧团《亨利四世》中安东尼·舍尔扮演的福斯塔夫
你能想到某部电视剧、电影或者戏剧中的某个反面角色，虽然有很多缺点但很迷人吗？作者是怎样让这些人物引发观众的共情的？
Robbie Jack/Corbis
Entertainment/Corbis

以为耻的事情。对他来说，没有什么是值得忏悔的。在短暂的人生中，没有什么事情是值得严肃对待的。

福斯塔夫不仅暴饮暴食不问将来，还鼓动王子与他一起放纵。他既不诚实也不爱国，把为新兵定做制服的钱都花在自己身上。在战场上，当一名敌军士兵想要与他徒手决斗时，福斯塔夫放下他的剑，不仅没有决斗，反而发表了那段著名的关于荣誉是否真有价值的长篇大论。他认为，荣誉"不能治病"，不论活着的人或死去的人都无法感觉或听到它。他公款私用，着实不够诚实，但又真诚地承认自己不愿沦为战争的牺牲品。

他误以为自己与王子之间友谊深厚，得知真相后倍感辛酸。装死的福斯塔夫听到王子在致"悼词"时竟然刻意嘲讽他的五短身材。更糟糕的是，当王子荣登宝座之后，福斯塔夫试图凭借旧日友情得些好处，却遭到新国王的断然拒绝：

> 我不认识你，老头儿。跪下来向上天祈祷吧；
> 苍苍的白发罩在一个弄人小丑的头上，是多么不称它的庄严！
> 我长久梦见这样一个人，
> 这样肠肥脑满，这样年老而邪恶；
> 可是现在觉醒过来，我就憎恶我自己所做的梦。[13]

那么我们会站在新国王一边，拒绝福斯塔夫吗？文学学者哈罗德·布鲁姆毕生致力于莎士比亚的教学和研究，他说自己的一个学生曾公开抨击福斯塔夫，声称"哈尔王子转变为亨利五世国王堪称典范……哈尔代表着统治，福斯塔夫则代表着暴政"。而布鲁姆则"无法说服她，实际上福斯塔夫超越了她所说的范畴，因为他几乎超越了人类所有罪恶和错误的范畴"[14]。

　　布鲁姆教授对福斯塔夫的赞赏之情溢于言表，甚至短暂地离开教室，去扮演舞台剧中的角色了。他认为福斯塔夫很复杂，不仅仅是一个懦夫或小丑。在与国王的交往中，福斯塔夫是勇敢的，他意识到："哈尔的矛盾心理已经变成了一种有害的消极懈怠……时间可以湮灭莎士比亚笔下的其他主人公，但是无法湮灭福斯塔夫……"[15]

　　在分析中，布鲁姆不仅与他的学生，而且与其他批评家不断争论福斯塔夫和王子之间的关系。是否如一些人所说的那样，福斯塔夫是不合格的父亲的替身，抑或是一个备受羞辱的导师？有关福斯塔夫的争论仍在继续，就像莎士比亚笔下的其他角色一样。有些人觉得"这只是一部戏罢了"，很好奇为什么从未真实存在的角色能引发这么多争议。对此，戏剧爱好者明白，莎士比亚的角色，以及其他剧作家创造的许多角色，确确实实存在于这些戏剧观众和读者的头脑之中。

现代的性格喜剧　势利小人在喜剧中比比皆是，而且通常很可笑。更值得同情的是那些在20世纪的许多戏剧中奋力反抗中产阶级生活预期的人物。在乔治·西门·考夫曼和莫斯·哈特两人创作的《浮生若梦》（1936）中，性格迥异、不同寻常的一家人幸福地生活在一起。女儿是糟糕的芭蕾舞者，爷爷制作非法焰火，妈妈正在写一部永远不会结束的戏剧，因为她不知道如何把她的角色从修道院里弄出来。除了一个正常的女儿在工作之外，家里的其他人没有正常上班的。所以当这个唯一工作的女儿爱上银行家的儿子时，矛盾浮现了。两人想结婚，于是女孩邀请男孩全家共进晚餐。为了维护自己的体面，这家人决定隐藏各自的秉性癖好，但他们竟把日期搞混了。银行家和他的妻子在错误的时间来到家里。一晚上错漏百出，焰火的爆炸还让所有人都被捕了。不过，令人高兴的是，两家人的这场遭遇，反而让银行家和他的妻子对酒神般的生活有了更加宽容的态度。

　　秩序井然的日神精神和混乱不堪的酒神精神之间的冲突也出现在尼尔·西蒙的托尼奖获奖作品

图 7.9　沃尔特·马修扮演奥斯卡，阿特·卡尼扮演菲利克斯，在尼尔·西蒙《古怪的一对》的首演中，1965 年

这部剧被改编成一部电影和两部连续剧。两部连续剧中一部是在 20 世纪 70 年代，一部是在 2014 年。是什么让这种人物之间的矛盾主题变得如此永恒？

CSU Archives/Everett Collection Inc/Alamy

《古怪的一对》（1965）中（图 7.9）。无忧无虑、无法无天的体育记者奥斯卡·麦迪逊，同意刚离婚的朋友、生活考究的菲利克斯·昂格尔搬来和他一起住。两人对整洁有序有着截然不同的看法，两人之间爆发了各种滑稽冲突，其中有一个场景是奥斯卡因为菲利克斯整洁过度几近崩溃，把一大盘意大利面倒在自己头上。尽管大多数观众可能不会希望有奥斯卡这样的寄宿客，但他显然是这部作品中值得同情的焦点。这部作品经过多次重拍：被改编成一部非常受欢迎的电影、一部极长的电视连续剧和另一部近期不怎么受欢迎的电视剧。

闹　剧

闹剧是一种喜剧类型，它通过夸张的肢体动作和不可思议的混乱场景引人发笑。剧中多是扁平人物，很容易用一两个词来描述。他们非常肤浅，就像卡通片里的娃娃或动物一样。

许多闹剧源自**即兴喜剧**，后者起源于 16 世纪中期意大利街头的哑剧表演。剧本通常是演员根据情节大纲即兴创作的，每个演员都分派一个特定的角色，通常会终生出演。有些喜剧类型（或常见人物）十分普遍，至今仍然存在（比如，老态龙钟的老头笃信年轻漂亮的女孩爱的是自己，而不是自己的钱）。每个时代都有自己的闹剧类型：各种愚蠢的、不符合人之常理的人物形象。

在即兴喜剧中，一个比较重要的主题是两个年轻的恋人想在一起，但是遇到贪婪的父亲的阻挠，或另一个人物典型——自命不凡的粗人——说着冗长的话，并傲慢地认为自己才是女孩的良伴，故事中只有机智的仆人会帮助这对恋人。早期的喜剧演员会穿上戏服，戴上面具，因此观众对他们扮演的角色一目了然。观众喜欢反复观看那些熟悉的故事，或许其中只有一些细微的改编，但仍然喜欢看那些傻瓜被又打又摔、鼻青脸肿的故事。毕竟，这些傻瓜愚蠢至极，肆意嘲笑他们不存在任何危险。

从即兴喜剧中生发出的蠢人形象至今仍然存在，而且数量巨大。比如，富有但吝啬的老头；想娶年轻漂亮姑娘的老头；书呆子；吹牛皮的胆小鬼；偏执狂；笨拙而不善于攀附的人；乳臭未干的小子；自恋的演员（或选美皇后）；酗酒、不负责任的丈夫；（可以理解的）唠叨的妻子；天真的"土包子"或"乡巴佬"。近来出现的一些类型还有蠢笨的运动员、空想的摇滚乐手，以及那些痴迷于健康或食物的人。这样的人大概还能举出很多！

> 没有蠢人陪伴，一个幽默风趣的人常常会施展不开他的本领。
> ——拉罗什福科

莫里哀，《贵人迷》和《伪君子》　即兴喜剧对新古典主义喜剧家莫里哀的作品有着重要的影响。莫里哀本名叫让－巴蒂斯特·波克兰。茹尔丹先生是他最伟大的喜剧之一《贵人迷》的主人公。他很富有，但没有贵族头衔，也不擅长逢迎交际，无法融入路易十四国王的宫廷生活之中。他费尽力气，想扮得绅士一些，又是学击剑，又是学跳小步舞，是贵族观众眼中无比滑稽的嘲讽对象。他最初决然反对女儿的婚事，但这对恋人骗他说男方已经获得了贵族头衔，于是茹尔丹高高兴兴地为两人举办了婚礼。随着大幕徐徐落下，剧中人和观众都明白茹尔丹受骗了，除了他自己。

闹剧中没有真相大白的场景。想象一下，如果在幕布落下之前，愚蠢的茹尔丹先生意识到自己被骗了，自己的女儿刚刚嫁给与自己出身相似的男人，而不是有封号的贵族，观众可能会同情被愚弄的茹尔丹，再也笑不出来了。

莫里哀与悲剧作家拉辛同时代，也同为新古典主义剧作家。戏剧观众多是受过良好教育的贵族，热衷于嘲笑努力攀爬的茹尔丹和《伪君子》中的主人公达尔杜弗。《伪君子》嘲讽了宗教的伪善，在当时天主教信仰强盛的法国颇受争议。在图 7.10所示的场景中，为了骗取主人奥尔贡的钱财，达尔杜弗伪装成虔诚的信士，正在斥责女仆上身裸露太多。他递给女仆一块手帕让她遮住自己。当然，他的眼睛自然而然地看向她暴露出来的地方。

莫里哀坚持新古典主义风格，在剧作中使用了大量押韵对句。在《伪君子》的如下段落里，奥尔贡的内兄克莱昂特是戏剧中的理性之声，他试图表达自己对达尔杜弗的怀疑。

图 7.10 《伪君子》中的一个场景，1669 年

性暗示一直是喜剧中的主题之一（想想贾德·阿帕图的电影）。你认为为什么这种幽默类型会成为几百年来喜剧的主题呢？你被逗笑了吗？

KML Gallery of Fine Art

> 妹夫，我不是一位人人尊敬的博士，
> 知识也没有集于我一人之身。
> 不过简单说来，我的全部学问是
> 我知道真假的区别罢了。
> 就我看到的人物来说，
> 谁也比不上笃实的信士值得令人敬重，

世上也没有东西比真心信教的虔诚更高贵、更美好的了，

所以在我看来，也就没有比假意信教、貌似诚恳，

和那些大吹大擂的江湖郎中、自卖自夸的信士更可憎的了。

他们亵渎神明，假冒为善，欺骗众人，不但不受惩罚，

还能随意取笑人世最神圣的事物。[16]

奥斯卡·王尔德,《不可儿戏》　维多利亚时期的喜剧作家和同时代的非喜剧作家一样，常常着眼于现实问题，也在逼真（verisimilitude）的程式下进行创作，但真实的往往只是场景和服装，而不是人物的语言。奥斯卡·王尔德（1854—1900）戏剧中的对白机智而优雅，只可能出现在舞台上。在王尔德的戏剧中，对白是文明人应该如何交谈的理想化模板。它远非日常生活中的语言，当一部戏的语言同《不可儿戏》一样诙谐风趣时，观众应心怀感激。剧场以外的日常对话往往千篇一律。

经验是每个人为自己所犯的错误取的名字。
——奥斯卡·王尔德

王尔德的剧作《不可儿戏》自1895年以来就一直深得观众喜爱，它始于一个普通的故事：一位求婚者为赢得女友母亲的认可而做出的努力。在剧中，年轻人过着双重生活；他住在乡村庄园时被称为杰克·华兴，去伦敦追求关多琳·费尔法克斯小姐时是恩斯特·华兴，因为关多琳曾告诉他，她只会嫁给一个叫恩斯特的男人。因为华兴先生无法证明父母是谁，一直得不到关多琳母亲的认可。华兴是在维多利亚火车站行李间的手提袋里被捡到的。

故事围绕华兴的身份展开，同时他也要满足关多琳的母亲——令人敬畏的布拉克内尔夫人——的各种要求。当华兴向关多琳的母亲坦白自己的奇怪出身时，后者简短地回答说，她和她的丈夫都不会"让我们的独生女……嫁到行李间里去，跟一个包裹成亲"。无论是就其机智还是滑稽而言，《不可儿戏》都是有史以来用英语写成的最有趣的剧本之一。

在其中一个著名场景中，关多琳发现杰克其实并不叫恩斯特——这可是她答应嫁给他的主要原因，所以她解除了婚约。杰克的朋友亚吉能刚刚被自己的未婚妻抛弃，正在吃剩在茶桌上的松饼。

杰克：我们惹上了这么大的麻烦，你怎么还能坐在这儿心平气和地吃什么松饼，我实在不懂。你这个人好像全无良心。

亚吉能：哎呀，我总不能气急败坏地吃松饼呀。弄不好牛油就擦上了袖口。松饼嘛总应该心平气和地吃。这是唯一的吃法。

杰克：我是说在目前的情况下，你居然吃得下松饼，简直毫无良心。

亚吉能：每当我有了麻烦，唯一的安慰便是吃东西。其实，凡我的熟朋友都会告诉你，每当我碰上了天大的麻烦，我什么东西都不要，只要吃的跟喝的。

此刻我吃松饼，是因为我心情不好。何况，我本来就特别爱吃松饼。[17]

王尔德选择了喜剧的方式。别的剧作家可能会选用其他方式处理这种"恼人的麻烦"：让人物一直去思考如何解决这些麻烦；剧中的其他人物也可能给出自己的建议；那些遭到拒绝的求婚者可能会抒发感情充沛的长篇大论。与此不同，王尔德在戏里用的是松饼。因为这是一部喜剧，一系列难以置信的巧合让一切都变得恰到好处，大幕落下之时，情侣们正幸福地拥抱在一起。

这部戏也是一部闹剧，通过人物的机智风趣不断强化喜剧效果，让观众开怀大笑。比如布拉克内尔夫人在听到有关华兴的身份时说的那句话："失去父亲或母亲还可以说是不幸，双亲都失去就未免太大意了。"

戏仿剧

英国剧作家汤姆·斯托帕德（生于 1937 年）是当代的戏剧大师，擅长许多体裁，包括喜剧、严肃剧，甚至还有另一种喜剧体裁——戏仿剧。**戏仿剧**是对特定作品或体裁的戏弄嘲讽，多是作者深感某部电影、某首歌、某幅画或某条广告名不符实。戏仿剧的技巧在于，伪装成被嘲讽的对象，荒诞地夸大原作的基本元素，让观众（或读者）感到之前的信以为真是多么荒谬。

斯托帕德的《真警探霍恩德》（1968）嘲讽了 19 世纪以来流行的惊悚情节片，因为在斯托帕德看来，后者是荒唐可笑的。剧作中采用了一些类似的情节：偏远的英国乡村别墅里发生了多起谋杀案，外面风暴肆虐，一群可疑的人物，故事情节错综纠葛，让人难以理解。

不过，这部作品与一般的戏仿之作极为不同，因为斯托帕德借老套的形式表达了对现实本质的严肃思考。他用两位批评家的登场打破了固有的第四堵墙程式，这两位批评家原本坐在包厢里大声谴责这部戏，当舞台上的演员已经离场后，他们爬上了舞台。其中一位接起了演出中一直在响的电话，也成了惊悚故事的参与者。很快他也消失了，另一位批评家也被杀死了。与此同时，两个之前"被杀"的角色又到包厢里坐下，充当起评论家。由此，斯托帕德探究了幻觉与现实之间往往并不存在的差异。

戏仿剧往往只能引起短暂的兴趣，除非戏仿的对象一直有意义。只要人们仍会蜂拥去观看老旧的情节剧，《真警探霍恩德》就会很有趣。让它永葆活力的，更可能是其中对有关幻觉与现实之关系的严肃探讨。在观看一部戏仿作品时，一定要问一问，除了暂时的消遣，它是否还提供了别的东西。

7.3 19世纪：现代戏剧的起源

19世纪戏剧的主要发展是什么？

到了19世纪，剧院的物理形态和结构、剧场的舞台前部都发生了变化，催生出戏剧表演的新趋向。更有趣的是，所谓现代戏剧的发展是与心理学和心理治疗的发展齐头并进的，或许这并不奇怪。随着人们对内心世界的深入探索，戏剧变得越来越现实，越来越关注理念世界了。

现实主义的崛起

19世纪的英国处在强大的君主统治之下，西方常称此时代为维多利亚时代。这个时代的社会和戏剧都发生了变化。日益繁荣的中产阶级一跃成为剧场的主要观众，他们希望在戏剧中看到自己的生活和时代的本来面貌。他们想要的不再是古典神话，而是与他们类似的当代主题和人物。大西洋两岸皆是如此，因为美国中产阶级也热衷于模仿英国中产阶级的行为礼仪和语言表达。

在维多利亚时代的剧场里，观众坐在黑暗中，抬头看向明晃晃的舞台，舞台一开始是用煤气灯照明的，后又改用电灯。舞台上的演员移动着，彼此交谈着，不会注意到自己的言行正被大量"偷听偷窥者"倾听、观看。他们的任务就是假装观众不在场，而观众的任务就是假装自己没有看到演员只是在布景中走来走去，仿佛演员走上走下的是真楼梯，打开的是真实存在的门，从里面出来就真的到了户外，而演员不过只是去了后台。但这是一个追求**逼真**的时代，舞台上的一切看起来、听起来都要像真实的世界一样。

舞台的正面，或者说**前台**，应当是剧场里的第四堵墙。演员不应该"打破"这堵墙，即不能看向观众。这个程式或者说这些规则是非常明确的。一部戏的内容就是它本身，而且也只能是它本身。类似的程式至今仍然存在。尽管在过去的近百年里有过各种各样的实验，但迄今为止现实主义仍是戏剧的主导模式；演员也接受着现实主义表演技巧的训练。

逼真的局限　尽管如此，维多利亚时代也存在一些特例，现在也是如此。如果开放的前台是剧场的第四堵墙，为什么家具总是面对着这堵墙呢？既然要假装观众不在场，演员为什么在彼此对话时会经常无意地把脸转向这堵墙呢？他们的对话是观众真的能在剧院之外听到的吗？因为这个程式是一种"仿佛"（as if），借用莫斯科艺术剧院创始人康斯坦丁·斯坦尼斯拉夫斯基（1863—1938）的这个词来说，演员应该表现得"仿佛"他们真的处在那种情景下，他们的对话也"仿佛"是现实中人们说话那样。

　　然而，当我们阅读那个时代的戏剧时，我们常常会想，当时的观众究竟是如何相信剧中的对话是真实的。某种程度上，这些对话确实是真实的——至少在一段时间里，中产阶级遵循家庭和学校严格教授的雅语敬辞。在今天的戏剧、电影或电视上，我们仍然接受对话的"真实性"，只是现在许多演员经常用简短的，有时甚至是不完整的句子谈论食物、火车、金钱和性。多数时候，对话都不应比日常对话更有见地或更深刻。即使身处爱情之中或者遭受巨大损失的时候，演员也可以像普通人一样笨嘴拙舌，如同没有编剧为他们创作台词一般。有时候尽管没有台词，但是有各种咕哝声和叹息声。在某种程度上，这也是真实的。

　　在维多利亚时代的剧场中，演出的时间间隔都写在分发给观众的剧目说明上，现在也依然如此。此时已经可以用灯光来表示白天或夜晚了。随着20世纪80年代电灯的出现，人工照明也用到演员身上，舞台化妆既能凸显也能掩饰他们的特征。如果让年轻演员扮演中年人，人们就会尽力掩饰演员的年轻；但是，随着戏剧公司在大西洋两岸的不断壮大和扩张，人们开始按照身体和声音与角色的贴合程度来选择演员了。全能型的演员能扮演各种角色，薪资待遇也更高。英国戏剧界的演员坚持进行舞台训练，常常往返于舞台和银幕之间。然而，在今天的美国戏剧界，明星演员往往是那些在电影界声名鹊起，却时不时重回舞台的人，尽管舞台演出的收益远少于出演电影，但他们能在现场观众面前展现演技，展示出他们认为只属于舞台表演的真诚，这些都能给他们带来满足。

　　导演也变得重要了。以前的戏剧多是由演员编排的。通常，剧院经理会担任主角，而且知会剧组成员在任何时候都要把舞台的中心留给自己。然而，在追求逼真的剧场里，动作和对台词的诠释都是在导演的严格监督下进行的。

　　佳构剧　如果追求逼真的戏剧能够忠实于自身的主张，尽可能真诚地反映真实生活，那么戏剧故事的编排就不该如此紧凑，这就需要其他一些东西发挥作用，如此产生了所谓的**佳构剧**，它从19世纪早期的法国流行起来。在这一体裁中，第一幕中提到的物体和人物必须在后面起到重要的作用。提到枪支，就会有人被射杀；稍微咳嗽一下，就会被发现患有重疾；随便提到一封送错的信，就会出现由此引发的灾难后果。一切东西都能推进情节的发展，毫无赘余。甚至布景也必须遵守相关的程式规定。布景中的椅子都得被人坐；灯必须被点亮；门也必须被打开；楼梯也必须被用到。最后这种程式在当今的戏剧中仍然十分常见。

　　情节交代是指借对话来交代必要的背景信息，比如过去的故事和人物之间的关系等，它对佳构剧而言非常重要，甚至对所有的现实主义戏剧来说都至关重要，而且业已

如果第一幕里墙上挂了一管枪，那么在最后一幕里就得开枪。

——安东·契诃夫

成为现代剧作家必须面对的一大难题。不成熟的剧作家力求对话的现实主义风格，但在情节交代的处理上可能会显得稚嫩而愚蠢。因为现实生活中，家人和朋友在对话中无须再特意交代某人的身份。你早就知道自己最好的朋友有个弟弟叫埃迪，他在海外服役。因此，你不会想着去问："你那个服兵役的兄弟埃迪怎么样了？"剧作家在处理观众不熟悉的新角色时，必须做相应的交代又不能显得过于明显；而且他们还不能用叙述者、歌队或内心独白，只能用对话。

亨利克·易卜生（1828—1906）创作了大量的社会问题剧，彻底改变了追求逼真的现实主义戏剧。在佳构剧传统的影响下，易卜生能精练老道地处理情节交代，如在其1879年的作品《玩偶之家》中，用寥寥几句就交代出一对夫妻之间的关系，暴露了作家眼中维多利亚时代婚姻的虚伪性。

> 一个人为自由和真理出征时，绝不应穿上自己最好的衣裤。
>
> ——亨利克·易卜生

> **海尔茂**：(在书房里) 我的小鸟儿又唱起来了？
>
> **娜拉**：(忙着解包) 嗯。
>
> **海尔茂**：小松鼠儿又在淘气了？
>
> **娜拉**：嗯！
>
> **海尔茂**：小松鼠儿什么时候回来的？
>
> **娜拉**：刚回来。(把那袋杏仁饼干掖在衣服里，急忙擦擦嘴) 托伐，快出来瞧我买的东西。
>
> **海尔茂**：我还有事呢。(过了会儿，手里拿着笔，开门朝外望一望) 你又买东西了？什么！那一大堆都是刚买的？我的乱花钱的孩子又糟蹋钱了？
>
> **娜拉**：嗯，托伐，现在咱们花钱可以松点儿了。今年是咱们头一回过圣诞节不用打饥荒。
>
> **海尔茂**：不对，不对，咱们还不能乱花钱。
>
> **娜拉**：喔，托伐，现在咱们可以多花点儿了——只多花那么一丁点儿！你知道，不久你就要挣大堆的钱了。
>
> **海尔茂**：不错，从一月一号起。可是还有整整三个月才到我领薪水的日子。[18]

"小鸟""小松鼠""乱花钱的孩子""圣诞节"和忙碌的丈夫、三个月后收入的增加——我们在这几句情节交代中已经了解了很多信息。这里的交代也暗示了妻子即将的反抗。在一位优秀剧作家的手中，情节交代不仅能为观众提供背景信息，更重要的是，它能预示故事最终的走向。从某种意义上说，这部剧的大部分都是在交代情节。过去的一切一点一点地暴露出来，曾一度被视作完美的维多利亚婚姻的飘摇根基也渐渐浮出水面。

观念剧

观念剧与讽刺剧一样处理社会问题，总体上又遵循逼真的戏剧程式。这一点在维多利亚时代后期两位剧作家的作品中占据突出地位。他们二人致力于用舞台提升观众的意识水平。其中一位是挪威的亨利克·易卜生，上文在论及情节交代的老到处理时，已提到他的《玩偶之家》的开场。另一位是在爱尔兰出生的乔治·萧伯纳（1856—1950）。

易卜生，《玩偶之家》 起初，这位记者出身的剧作家揭露了当时主要制度（婚姻、商业、政府、教士和教育等）的虚伪，极大地刺痛了保守的挪威观众。虽然《玩偶之家》如今被视作整个西方戏剧史上划时代的作品，但在当时，它则被人们视作骇人听闻甚至下作可憎的。一位评论家曾评论道："没有一个有自尊心的男人会带他的妻子去看这部剧。"

《玩偶之家》中的这对夫妇，丈夫是新晋的银行经理海尔茂，妻子即是题目中的"玩偶"——娜拉。娜拉有一个不可告人的秘密：为把丈夫带到暖和的地方，助其恢复健康，她曾在期票上伪造签名向柯洛克斯泰借钱。持有字据的柯洛克斯泰是海尔茂所属银行的职员，他威胁娜拉如果不能说服海尔茂提拔自己的话，就会把她借钱的事情公之于众。

至此，柯洛克斯泰很符合观众在情节剧中经常看到的那种反派角色——典型的坏人总是穿着黑色的斗篷，在威胁无助的女主角时一边还要拨弄着自己的胡子，叫她"我的小美人"。易卜生所做的要隐晦得多，他笔下的反派非常复杂，需要爱，需要被接纳。海尔茂不顾娜拉的建议，最终解雇了柯洛克斯泰，致使后者写了揭发信。海尔茂并未急于为娜拉辩护，也没有挺身而出承担责任（娜拉以为他会这么做），而是不停地谴责她，说她不再适合做三个孩子的母亲了。然而，出于表面上的尊重，她还可以继续生活在家里（图 7.11）。

与此同时，原本的敲诈者却找到了一个愿意和他结婚并资助他的女人。他精神振奋，把那张字据还给愤怒至极的海尔茂。在一个引起巨大争议的时刻，海尔茂高兴地喊道："娜拉，我得救了！"在一段意味深长的沉默过后，娜拉平静地问道："那我呢？"海尔茂急于使婚姻回到从前的样子，于是试图解释社会的规则："男人不能为他爱的女人牺牲自己的名誉。"娜拉的回答震惊了当时的观众，直到现在仍然是现代戏剧中最激动人心的台词之一："千千万万的女人都为男人牺牲过名誉。"

她已经看清了事情的真相，看到了隐藏在文明社会背后的虚伪，因而拒绝回到过去的生活之中。她宣称自己再也不愿生活在谎言中。刚刚获得自由的娜拉不顾丈夫的辩解，也不再相信他的许诺，平静又坚决地告诉对方，她必须首先明白自己到底是谁。

图 7.11　吉莲·安德森扮演的娜拉，2009 年出品的易卜生的《玩偶之家》，多玛仓库剧院，伦敦

为什么 1879 年会出现这样一部原初的女性主义戏剧？它反映了怎样的文化运动？

Photo by Geraint Lewis/ Rex USA, Courtesy Everett Collection–(511463e)

她收拾好行李，归还了结婚戒指，然后离开，"砰"的一声关上门。

剧中关门的响声是西方戏剧史上最重要的声音之一。它引起了极大的公愤，以至出席上层社会晚宴的客人都不得提及。一名曾扮演娜拉的德国女演员甚至拒绝按剧本演出最后一个场景，所以易卜生另外写了一个结局，在其中，娜拉意识到母亲不应抛弃自己的孩子。

萧伯纳，《卖花女》　在大西洋两岸的许多地方，易卜生都遭到了抨击，这些地方的戏剧观众主要来自上流社会，他们坚决拥护绝对的道德标准，担心传统道德会日渐沦丧。但随着萧伯纳《易卜生主义精髓》的出版，易卜生获得了极大的声望。作者萧伯纳将易卜生视为同类，也渴望用戏剧推动社会变革。他的创作力图动摇观众的先入之见，但多数时候采用的是喜剧形式。

在《卖花女》（1912）中，他用一个好笑的故事抨击了英国严格的等级制度。故事是围绕一位伦敦腔浓重的卖花女展开的，她被改造为衣着考究、谈吐得体的贵族小姐，并获得了英国上流社会的认可。从表面上看，这是一个灰姑娘的故事：可怜的、不怎么会说"正经"英语的、脏兮兮的小姑娘最终成了出身高贵的女士，只因为她习得了纯正的发音。然而，在表面之下，该剧批评了英国人不惜一切代价强撑体面的行为。如果卖花女伊莉莎都能凭借教育而提升自己的社会地位，为什么那么多人被剥夺了这种权利呢？

伊莉莎的父亲嗜酒如命，不愿工作，终日游手好闲，却一夜暴富。他足够精明，知道即便金钱能决定一个人的社会地位，却无法代表一个人的道德水准。他还明白跻身上流社会会给自己带来一些烦人的义务，比如需要体面地成婚，这将剥夺他籍籍无名时的快乐。在艾伦·杰伊·勒纳与佛瑞德利克·娄合作的歌剧《窈窕淑女》（1956）中，伊莉莎的父亲有两首经典歌曲：《一点点幸运》，颂扬自己过着不用遵从中产阶级准则的生活；《让我按时去教堂》，歌中他祈求与自己的狐朋狗友在城里再待一晚，然后再去过体面枯燥的生活。

观念与宣传 萧伯纳和易卜生都没有在不同的剧作中反复抨击同一个社会问题，也没有在每场演出中都加入给观众传递明确信息的台词。只有被当作宣传工具的戏剧才会这样。宣传缺乏微妙性，对人物性格不感兴趣，只想引发行动：让人们去投票，去抗议，去反抗。

在对待他人时，切不可以己度人。人与人的品位可能并不相同。

——乔治·萧伯纳

在微妙隐晦的观念剧中，剧作家往往试图呈现出一个观点的各个方面。在"砰"的一声关上门之前，娜拉的最后一句话可能是（也早已被视为）女性主义的战斗口号，但易卜生真的认为放弃婚姻和孩子是唯一的办法吗？一些仔细研究过该剧的学者认为，它也可以代表另一种人的悲剧，他们深陷社会体系之中，对真相一无所知。

自然主义

在 19 世纪后半叶，易卜生、萧伯纳和他们的追随者强迫观众直面一度被掩盖的社会问题，而其他作家则在实验一种叫作**自然主义**的新体裁。顾名思义，自然主义戏剧是一种展现生活本来面目的尝试，剧作中没有矫揉造作的舞台对白，没有精心设计的戏剧结构，也不注重传达观念或改变社会（现在依然如此）。其前提是，生活本就如此，人性本就如此，一切皆是如此而已。

安东·契诃夫 自然主义戏剧的先驱是俄罗斯剧作家安东·契诃夫（1860—1904）。他曾是一名医生，在创作中放弃了单一的中心人物，转而描绘一群人，描绘他们的行为和他们之间的相互影响。在契诃夫的戏剧中，几乎每一个角色都在某种程度上是值得同情和理解的。这些戏剧没有通常意义上的情节，没有精心创作的情节交代，也没有推动高潮到来的持续驱动力。这些作品反映出职业医师观察并倾听病患的洞察力，也表明契诃夫不愿做出任何道德评判。

契诃夫的作品在 20 世纪第一个十年被发现，由康斯坦丁·斯坦尼斯拉夫斯基搬上莫斯科艺术剧院的舞台。斯坦尼斯拉夫斯基注意到，由于剧本缺乏主角与反派，因此不存在支持或谴责某个人物的问题。实际上，根本的问题是努力理解事情缘何发生。作者并没有向导演透露什么，他似乎只是塑造了一些人物，把他们放到某种情境中，并允许他们按照自身存在的神秘法则做出相应的行动。为了呈现这种新的戏剧形式，斯坦尼斯拉夫斯基重新创造了一套表演技法，而此种表演技法至今仍然流行。

斯坦尼斯拉夫斯基认识到，深入了解现实生活中的人是一切表演的出发点。演员必须明白，人们做事情时并不总是怀着明确的理由。现实生活中人们很少按某种预期行事，因为人们总是先入为主地去看待别人，不顾他们本来的样子。斯坦尼斯拉夫斯基渐渐发现，契诃夫是忠实于自己的观察和对人性的认识的，不会用那些能让观众极易理解的陈词滥调。如果在现实生活中看到一个男人在聚会中独自坐着，不和其他人说话，有人可能会说："他不爱交际。"其他人可能会说："这儿有个内向的人。"或者说："看到那个人了吗？他正对某事感到内疚呢。"斯坦尼斯拉夫斯基会说，人永远不能完全理解他人。人只能通过他人没有说出来的东西推断他人的内心世界。

在发展其表演方法的过程中，斯坦尼斯拉夫斯基要求他的演员运用自己的想象力，把他们所扮演的人物置于其他时间和地点，判断人物在不同的情况下会做什么或说什么。渐渐地，他发现演员会将自己套到所扮演的人物中，这是发现人物真实性的唯一途径；他们会对给定的情况做出反应，仿佛一切都是发生在自己身上一样。对演员的排练包括演员对自己的过去和现在的探索。确切地说，演员和剧作家是合作者，导演的职责是区分真实可信的和不真实可信的。于是就有了斯坦尼斯拉夫斯基对表演的著名定义——在假定情境中的真实。

契诃夫笔下的人物常常陷入自己的感情和欲望之中，而他的戏剧探讨的常常是人类欲望与现实之间的鸿沟。因此，他认为，尽管俄罗斯正在发生巨大的社会变革，但这些变革不会影响人们的行为，也不会影响他们对幸福的追求。但他仍对那些自欺欺人坚称社会在进步、坚信生活会更好的人怀有深切的同情。

契诃夫,《三姐妹》　《三姐妹》（1901）是契诃夫公认的杰作，也是他最复杂的一部作品（图7.12）。所有人物在舞台上是一个紧密的整体，彼此的言行都有赖于对方；而每个人物又是独立的，因此演员必须探索每个人物的内驱力，要完全相信自己扮演的人物是活生生的。《三姐妹》的表演次次不同，因为要出演契诃夫的戏，演员就必须在角色的内心生活中不断寻觅。

剧中的三姐妹是将军家的三个女儿，她们曾住在莫斯科，如今也渴望回到莫斯科，相信在莫斯科她们才能得到幸福。不幸的是，由于没有钱搬离乡下，她们必须忍受单调的日常生活，只有在想起莫斯科的时候才能找到片刻快乐。

大姐奥尔加是一名单身教师，负责管理家务。她经常因徒劳的工作感到头痛，疲惫不堪。最小的妹妹伊琳娜，不爱那两个追求她的男人，但知道自己必须嫁给其中的

图 7.12 2010 年上演的穿着
现代服装的契诃夫《三姐妹》
当戏剧的人物和背景都变成现
代的，人们的观看体验会发生
什么变化？
Drew Farrell / Lebrecht Music and
Arts Photo Library / Alamy

一个，并尽力谋一份工作。二姐玛莎嫁给了一个呆板而迂腐的拉丁语教师，后者可能
更适合奥尔加。她们曾一度指望哥哥能事业有成，结果他却娶了一位来自下层家庭的
年轻女子，过着铺张浪费、挥霍无度的生活。

一众士兵的到来给她们的生活带来短暂的兴奋，然后士兵们又离开了。其他的人
物来来往往，时不时地会爆发一场小危机：一场火灾、赌债，或是伊琳娜的一位追求者
在决斗中丧生了。哥哥挥霍无度的妻子开始掌管整个家庭。她解雇了受家人爱戴的家
仆，还与一位地方官员有染。她的丈夫和丈夫的妹妹们都不知道该如何应对她。她们
有着良好的教养，不知道该如何与人抗争。契诃夫也不觉得她们应该知道。她们做着
必须要做的事。事态总是超出她们的掌控。于是，她们去反应、去尝试、去应对。这
就是人所能做的。契诃夫曾在一封信中评论说，人们希望生活会发生改变，会变得更
好，这是美好的，但他深知这不可能，因为生活只会眨眼而过，人根本没有办法掌控
生活。

在浪漫主义剧作家的笔下，或许会有更加直白的戏剧，配以充满激情的爱情表白
或大声谴责。契诃夫一点也不浪漫，他把自己看到的现实如实地记录下来，从日常生
活中创作出引人入胜的戏剧。

7.4　一个不断变化的世纪

20 世纪和 21 世纪的戏剧有哪些新的方向和主题？

　　整个 20 世纪，世界都处在动荡之中，少有长时间的和平，而现在地球村的发展只是加剧了动荡不安。经济的起伏造成社会动荡。气候变化迅速而剧烈。对那些生活了大半个世纪的人而言，现在的世界变得越发陌生了。20 世纪前后了无休止的各种问题，都对戏剧产生了巨大影响。剧作家努力应对现实世界的挑战，将之浓缩到舞台上，用几个小时的时间来演绎，许多新流派也应运而生。其中许多人逐渐发现，19 世纪的现实主义戏剧有些过于狭隘了。此外，他们还得与新的娱乐形式——电影——相竞争，而电影是完全可以按照现实主义的方式讲故事的。

　　自然主义戏剧、观念剧以及古典和新古典主义戏剧仍然受到推崇，尤其是在保留剧目轮演剧团和大学剧社持续上演着。但是，观众已日渐习惯快速的变化，时时渴望新鲜的戏剧样式。此外，社会结构也逐渐发生变化，如少数族裔和女性开始要求平等，这一切很快就让维多利亚时代的作家关心的问题变得过时了。戏剧不得不反映新的现实。

现代流派与程式

　　维多利亚时代的戏剧情节精巧，故事多发生在布置考究的客厅里，这一切都必定会被年轻作家视作陈词滥调。现代剧作家想要突破以往戏剧的限制，突破你来我往的对话并假定观众不在场。

　　表现主义　20 世纪早期，德国戏剧界涌现了一种新的戏剧流派——**表现主义**，并产生广泛的影响。舞台布景不再追求真实，而是象征性的。美国话剧《加算机》(1923)中有一个巨大的老版计算器，主角零先生最终被钉死在上面。舞台布景的设计不是为了掩盖它们的不真实，而是为了传达一种隐喻，把社会比作动物园或监狱。即使在其他现实主义戏剧中，布景有时也包含着几个能被同时看见的房间和楼层。在日益复杂的灯光技术的影响下，如果场景发生在舞台的亮光区，观众开始相信，舞台的暗区是不存在的。

　　新的布景方式　圆形剧场使观众感觉自己离演员更近，也启发剧作家在创作时把观众的明显在场视为理所应当。即使在以前具备前台的剧场中，舞台也可以空无一物以便激发观众的想象，但许多人认为戏剧的这个要素在维多利亚时代已经消失了。

在桑顿·怀尔德（1897—1975）1938 年的作品《我们的小镇》中，叙述者走在空荡荡的舞台上，在观众的脑海中创造了一个新罕布什尔州的小村庄。像其他现代剧作家一样，怀尔德希望回到戏剧最初的规则：只要在开始时做了清楚的说明，观众就能欣然接受。

戏剧上的创新接连不断，有时在同一剧目中会出现不止一处创新。美国剧作家尤金·奥尼尔（1888—1953）创作了一部现代悲剧《榆树下的欲望》（1924），讲述了一个儿子和他的继母在楼上的卧室里发生的事情，而楼下的镇民们正在跳民俗舞。当戏剧临近高潮时，为了不干扰紧张的剧情，舞蹈演员们要"定格"，而观众则要想象舞蹈还在继续。在这个高潮场景中，继母谋杀了继子的孩子。虽然从某种意义上讲，这些"定格"的舞蹈演员在场，但这些静止的可见人物形成了一个讽刺性的对比：即便悲剧性的恋人正在犯下滔天大罪，正常的生活也仍在继续。

新的（和旧的）言语技巧 奥尼尔在《奇异的插曲》（1928）中还重新创造了莎士比亚式的独白。这是一部长达 6 小时的戏剧，它细致地剖析了人物的复杂思想。该剧融合了自然主义对白、现实主义布景和直接对观众说的大段独白。

剧作家想方设法要达到希腊剧作家和莎士比亚曾经的高度，甚至用上了韵文。除了少数几部作品，多数时候的现代诗剧都显得沉闷而造作。比如，马克斯韦尔·安德森的《温特塞特》（1935）讲述了一个被处决的移民之子爱上一个住在廉价公寓里的女孩的故事，两人都说着一些离奇的诗句。这位剧作家的历史剧更加出名，如《伊丽莎白女王》（1930）和《苏格兰的玛丽》（1933），剧中人物同样说着复杂的诗语，不过似乎更可信一些。

新程式的涌现并不意味着旧程式被弃之一边。布景、服装和化妆的逼真性仍然主导着专业戏剧。但是，随着作家和演员努力按照人们实际说话的方式来创作和表演，剧中人物的对话变得越来越自然。不过，由于严肃剧和喜剧都是对现实的强化，因此其中总会有一些人为的成分。毕竟，一出戏只是一出戏。它不是真实的生活。

戏剧是行动，先生，行动，而非讨人厌的哲学。
——路伊吉·皮兰德娄

片刻的沉默往往取代冗长的交谈。剧中人物不会告诉别人自己的感受，而是像大多数人一样不善言辞。因为各种原因，人在表达自己内心深处的想法和情感时总会受到一些限制，许多新生代的剧作家已经逐渐善于写出言不由衷的人物对白了。英国剧作家、诺贝尔文学奖获得者哈罗德·品特（1930—2008）是一位善于运用停顿和沉默的大师，他的作品经常会让观众感到困惑。不过，在他最优秀的作品中，品特是完全能够把人物的内心展现出来的。品特的观众可能在戏剧结束之后还在继续讨论剧作及其真正的主题，而其他戏剧的观众可能早已忘记自己看过什么了。

倒叙和闪回中的故事 故事可以用倒叙的方式讲述，而不必总是历时地讲述（就像哈罗德·品特 1978 年的《背叛》便是按照倒叙讲述了一段恋情）。故事讲述中更为常见的是闪回。在闪回的场景中，过去发生的事情会再次上演，而不是像佳构剧那样仅仅被提及。随着各种程式的出现，作家尽可以建构出一个类似真实的空间，但仍然缺乏足够真实的细节让剧中人物在时间中来回穿梭。阿瑟·米勒的《推销员之死》（1949）对闪回的运用可谓淋漓尽致。观众第一次看到推销员的儿子们是在现在的时间，他们尚未实现父亲寄托在他们身上的梦想。故事发展过程中频繁闪回到更早也更快乐的时光，今昔对比令人唏嘘不已，但这正是米勒的创作意图。

20 世纪的自然主义

契诃夫的自然主义影响了许多后世剧作家，特别是那些关注家庭内部紧张关系的人。承认此种影响的两位美国剧作家分别是田纳西·威廉斯（1911—1983）和尤金·奥尼尔。尽管威廉斯的戏剧带有神秘主义色彩，不能被称为严格的自然主义作品，但他深入探究了剧中人物的心理状况，人物对话也混用了鲜明的自然主义和诗体散文。奥尼尔则坚定地运用自然主义探索混乱的家庭关系。美国当代剧作家大卫·马梅（生于1947 年）也致力于探索人们在家庭和工作交往中产生的复杂心理。

> 远航吧！——去尝试！
> 除此以外别无选择。
> ——田纳西·威廉斯

田纳西·威廉斯,《玻璃动物园》　在成名作《玻璃动物园》（1945）的开头部分，叙述者汤姆不停地为即将展开的质朴叙述而道歉。他将之称为"回忆戏"，并承认在记忆中，事物看起来并不完全是本来的样子。这部戏的场景相对较少，其中大多数都与家庭冲突有关。整部作品并不是按照时间顺序展开的，但它确实再次提醒人们，能够分享他人感受是当今伟大的剧作家赠予观众的厚礼。它还能让人敏锐地认识到，家庭关系会阻碍人的幸福，而且几乎难以克服。这都是对契诃夫戏剧传统的适当延续。有关此类主题的好作品，永远不会有圆满清晰的结局。

家庭主题产生了一种高水准的悲剧，它与亚里士多德时代的悲剧极为不同，但情感的强烈程度却很相似。随着剧作家深入挖掘过去，深入挖掘吞噬并击败人物的那种黑暗，剧中父母与子女或兄弟姐妹之间经常发生的痛苦对抗会变得更加深刻而感人，由此也达到了更大的情感强度。

尤金·奥尼尔,《长夜漫漫路迢迢》　奥尼尔承认《长夜漫漫路迢迢》（1941）源自"旧时的心酸"，是私人的记录。这部作品讲述了一个家庭因母亲吸毒成瘾而四分五裂的故事。故事中的父亲曾是莎士比亚戏剧的著名演员，痛苦地回忆着自己的光辉岁月；哥哥因未能在表演上取得与父亲类似的成就而酗酒成性，自我麻痹；弟弟徒劳无功地想让家人明白自己身患肺病亟须医治。事实上，这部剧讲述的是彼此深爱的人们没有互相帮助，也无法互相帮助的故事。

虽然奥尼尔借身患肺病的埃德蒙·蒂龙的形象再现了自己痛苦的青年时代，但他并没有把自己塑造成戏剧的中心人物。在契诃夫式的风格中，蒂龙家的每个成员都是主角。在第四幕里，母亲躲在楼上的卧室吸食毒品，家人听到她在上面来回踱步。她最终会屈服于毒瘾，完全切断与现实的所有联系。

楼下的男人们相互对峙着，从始至终，十分激烈，让人无法忍受。父亲是一个吝啬鬼，现在已经烂醉如泥，坚持不让埃德蒙去费用高昂的疗养院。哥哥杰米也醉醺醺地回到家，他把所有的积蓄都用来嫖娼，但又痛恨自己颓废的生活，坦言自己非常嫉妒弟弟的天才，总是怀着一个恶毒的愿望——希望弟弟当不成作家。在一段充满力量的台词中，他向观众展示了爱与恨之间的紧密联系。

　　总是盼望你失败，老是嫉妒你。妈妈的宝贝……而且正是因为你的出生，妈妈才染上毒瘾的。我知道那不是你的错，可是尽管这样，他妈的，我还是恨你入骨……小弟，别误解了我的意思。我虽然恨你，但是我更爱你。……你还是我唯一留下来的亲人。[19]

随着早已迷失在幻觉中的母亲的突然出现，整部剧达到高潮。她穿着泛黄的婚纱，以为这一天是她的婚礼，那是她一生中最快乐的时光。三个男人带着无限的悲伤看着她，幕布在这个悲惨的四口之家面前缓缓落下。这部剧被誉为悲剧的巅峰之作，自希腊时代以降，尚无一部戏剧能如此深刻地影响观众。

大卫·马梅，《大亨游戏》 大卫·马梅是一位出生于芝加哥的剧作家，其作品中的对白十分独特，重音和停顿都不同寻常，与英国作家哈罗德·品特的手法非常相似。马梅早期的戏剧尤其暴力，又充满神秘色彩。他最著名的作品《大亨游戏》描写了一个声名狼藉的房地产销售团体的雇员，他们的主业就是把不好的房子卖给那些毫无戒心、生活拮据、没受过教育的人。这些雇员几乎愿意做任何事情——撒谎、偷窃——以掌握"好线索"，相信这会帮助他们完成实际销售。这出戏需要专业的团队表演，其中每个人物都不值得同情。

现代观念剧

早些时候，新一代的剧作家意识到，如果他们想把戏剧作为表达思想观念的平台，就不能再依赖易卜生和萧伯纳建立的已有传统。

贝尔托·布莱希特　贝尔托·布莱希特（1898—1956）是一位德国剧作家，他在20世纪20年代崭露头角，彼时德国的幻想已经破灭，在第一次世界大战中战败，陷入一片混乱。布莱希特有很多话要对观众讲，他认为德国的国家社会主义制度将给祖国带来安定，也深信戏剧可以成为社会变革的重要工具。然而，他也意识到，观众总会痴迷于眼前的故事，反而忽视了戏剧背后的思想观念。他解决这个问题的方法是创作**陌生化戏剧**，把思想融入一种特别醒目的、与音乐喜剧类似的戏剧结构中，而后者在大西洋两岸的观众中都非常受欢迎。他认为，借此就可以防止观众过于强烈地认同人物而忽略剧作真正要表达的思想。因此，剧本公然的不真实会让观众与故事之间产生"疏离感"，也就能够清楚地接收到剧作家要传达的信息了。

《高加索灰阑记》（1944）是布莱希特在美国创作的作品，当时他已经逃离残酷压迫人权的德国。在这部剧中，他创作了一个童话故事，在一个虚构的国度里，一个女仆在一场内乱中拯救并照料了总督之子。内乱结束后，孩子的生母归来，希望与孩子团聚。然而，女仆实际上已经成了孩子真正的母亲。为了解决这个问题，明智的法官在地上画了一个白色的圆圈，把孩子放在里面，然后告诉旁观者，哪个女人能够把孩子从圆圈中拉出来，那她就是孩子真正的母亲，能获得完全的监护权。两个女人各自抓住孩子的一只胳膊，开始用力拖拽，孩子痛苦不堪。女仆深爱着孩子，无法继续拖拽，让对方赢了。法官宣布失败的一方拥有合法的抚养权，并将孩子送给她，这一举动震惊了所有人。他说，法律对财产和血缘关系的规定不如对孩子的关心和爱更重要。

布莱希特认为，最大的乐趣在于"具有创造性的参与"，涉及观众能否积极主动地判断并将舞台上的所见所闻运用到剧场之外。为了让观众具有批判性，能够有创造性地观看，就必须让观众与戏剧中的事件"间离"。

——奥斯卡·G.布罗凯特

汤姆·斯托帕德　我们已经多次提到出生于捷克的英国剧作家汤姆·斯托帕德。他是戏仿剧和闹剧作家，同时在观念剧方面也做出了最持久的贡献。他的代表作《阿卡迪亚》（1993）包含了冗长（而且往往很有趣）的讨论，这些讨论让观众对时间在人类生活中的作用有了更深入的理解，也让观众失去了把握事物的能力。同时，还探索了数学和物理学中一些复杂又有趣的问题。今天的戏剧与19世纪早期的戏剧相比，不仅布景发生了巨大变化，时间线也有着极大的差异，但人们时常有意无意地将之混为一谈。斯托帕德的这部作品，既展现了不同时代作品中人物的相似之处，也展现了他们彼此之间交流理解的重重障碍。

《摇滚乐》（2006）是斯托帕德最具政治色彩的作品，讲述了捷克斯洛伐克天鹅绒革命发生之前，一名年轻的捷克学生在英国与他的导师——一位仍然相信斯大林式共产主义的英国教授——之间的观念冲突。

克利福德·奥德茨　剧作家克利福德·奥德茨名义上是观念剧作家中的一员，实则是一名宣传家。在极端情况下，宣传鼓动的剧作也能激起观众的狂热情绪，就像克利福德·奥德茨的《等待老左》（1935）谢幕时所发生的那样。这是一部关于纽约低薪出租车司机悲惨遭遇的戏剧。首演之夜，当演员们做出关键的"罢工"决定时，观众都站了起来，回应着台上演员的呐喊。他们情绪激动，竟然冲上舞台去拥抱演员。

种族主题

洛兰·汉斯贝里（1930—1965）的《日光下的葡萄干》（1959）是一部开创性的现实主义戏剧，围绕家庭冲突这一传统主题展开。杨格一家是生活在芝加哥的非裔家庭，父亲去世后，全家从一份人寿保险单中获得了一大笔赔偿金。母亲想在一个以前实施种族隔离的白人社区买一栋房子。儿子沃尔特想投资两个朋友提议的卖酒小店；女儿贝妮莎想用这笔钱或其中的一部分来付学费。最后，妈妈用首付款买下房子，给了贝妮莎一些钱，然后把剩下的钱给了沃尔特。沃尔特很快就把钱输给往日的朋友。母亲之所以选择这栋白人社区的房子，并非有什么政治期望，只是因为它便宜。她坚持己见，定要买下这所房子，对邻居代表的威逼利诱（沃尔特最初想接受钱款）置之不顾。尽管孩子们开始时反对母亲的决定，但最终还是团结到她的周围，举家搬到新房子，准备迎接来自新邻居的敌意。

《日光下的葡萄干》的主题是家庭和种族冲突，以及对美国梦的追求（这也是沃尔特的动机）。这些主题仍然在持续地引发人们的共鸣：2011 年，芝加哥剧作家布鲁斯·诺里斯的《克莱伯恩公园》讲述了杨格一家搬进白人新社区后的故事，探讨了这一举动在 50 年后的影响——这时全黑人的社区也开始了"中产化"，杨格一家再次面临搬迁的压力。《日光下的葡萄干》仍然充满生命力。除了 1961 年由西德尼·波蒂埃和鲁比·迪伊主演的电影版外，还有许多百老汇的新版演出：2004 年由吹牛老爹主演（后来在电视上播出）的版本、2014 年由丹泽尔·华盛顿主演的版本等。半个多世纪过去了，这部戏剧仍然是专攻非裔美国戏剧的学生剧社中最受欢迎的剧目之一。

阿索尔·富加德 1976 年，南非白人剧作家阿索尔·富加德（生于 1932 年）与南非黑人演员约翰·卡尼尔和温斯顿·恩乔纳合作完成了剧本《希兹尉·班西死了》，慷慨激昂地谴责了南非的非法种族隔离。剧中，一个文盲想找工作，却发现不能使用本镇发放的身份证，在朋友的劝说下用了某位死者身上发现的身份证。如果没有证件，他将被遣送回自己的部落。在一次激情澎湃的演说中，他强烈要求使用自己名字的权利（"我不是人吗？"）。但是，这种坚持自己身份的决心（这是个人尊严的标志）遭到了挫败。到了戏剧的结尾，他竟被迫接受了死者的名字，反而得到一份工作和一点能够寄给家里的钱款。如果他能继续对白人当局俯首帖耳，应该能活下去。富加德的剧作坚定地提醒人们种族偏见及其危害。富加德曾荣获托尼特别奖戏剧终身成就奖，他最近

种族主义的瘟疫总是悄然而至，不经意间潜入我们心中，就像空气中的微生物溜入我们体内，在我们的血液中寄生长存。

——玛雅·安吉洛

的一部戏是《左轮溪上的岩石画》（2015），讲述的是一个南非黑人艺术家的故事。

奥古斯特·威尔逊   《藩篱》（1987年首演，2010年重演）提出了一个关于非裔美国人身份的微妙问题，作者奥古斯特·威尔逊（1945—2005）凭借这部作品赢得普利策奖。这部复杂的作品涉及过去和现在的种族不平等问题，以及家庭中错综复杂的关系。威尔逊十分关注主人公的心理状况。主人公是前黑人棒球运动员，他错失了加入棒球职业总会的良机，成了跟不上社会变化的非裔美国人的象征。他终日经受轻视和冒犯，这是20世纪50年代美国社会中非裔居民的常态。他谋到一份建造藩篱的工作，临死前终于把藩篱建成了。藩篱既代表了为安全空间划出的界限——剧中人可以舒适地生活在其中而不受种族主义外部世界的干扰，也代表了一个抵御死亡的屏障。但藩篱也象征着人与人之间的隔阂，包括父子之间和夫妻之间的隔阂。这部戏回应了美国社会学家和活动家杜波依斯（1868—1963）提出的问题：成为一个问题是什么感觉？

《藩篱》是威尔逊10部关于家乡匹兹堡黑人生活的戏剧系列中的第六部，借此戏剧系列，威尔逊逐渐成为最受认可的美国黑人剧作家。

同性恋权利

只是到了最近，曾经只能充当边角料的内容一跃成了戏剧的主题。比如，过去的戏剧中，同性恋角色更多的是为了增添喜剧色彩，与公民权利问题着实无关。或者就像田纳西·威廉斯的《欲望号街车》（1947）和《热铁皮屋顶上的猫》（1955）一样，同性恋只是婚姻失败的隐因。只有在更加宽容的社会氛围下，在观众愿意面对之前的禁忌主题后，因社会强加给同性恋的痛苦而引发的同性恋悲剧才真正出现。

> 我不能、也不愿裁切自己的良心去迎合一时的风尚。
> ——莉莉安·海尔曼

较早处理这一主题的是1934年莉莉安·海尔曼（1905—1984）创作的《双姝怨》。故事中，女主角慢慢发现自己对一位女性友人有爱恋之情。观众竟接受了这个令人震惊的主题，可能是因为女性友人没有同样的感觉，因而这部戏把女主角的"问题"处理成一种病理性的悲剧。它没有呼吁人们接受同性恋的生活方式；相反，它展示了一个恶毒的学生故意散布谣言所造成的恶劣影响。女主角因故自杀了，而女性友人得到了一个圆满的结局，嫁给了自己深爱的男人。

最近，又出现了改编自艾莉森·贝克德尔（生于1960年）同名漫画小说的音乐剧《欢乐之家》（2014）。贝克德尔是开创性的同性恋连载漫画《小心这群女性》的创作者。剧作追踪了年轻女同性恋者在面对自己的同性恋身份并发现自己的父亲也是同性恋的一段痛苦经历。《欢乐之家》入围普利策奖，获得了12项托尼奖提名，并荣获了2015年托尼奖最佳音乐剧奖。

托尼·库什纳,《天使在美国》 托尼·库什纳的《天使在美国》无疑是新近的自由舞台上出现的最激动人心的作品之一。这部作品长达 7 小时,分上、下两部:1991 年的第一部《千禧年降临》和 1992 年的第二部《重建》。第一部甚至在纽约上演之前就荣获了普利策奖,后来,两部剧作皆获得托尼奖最佳剧本奖。

《天使在美国》风格恢宏、技巧华丽,是一部非常重要的戏剧作品。这部作品深受布莱希特戏剧的影响,情节紧凑、风格活泼,采用了流行音乐喜剧、音乐视频以及动作电影般的节奏,布景极简,完成度极高,绝不只是一场同性恋权利的宣言。作者当然触及了同性恋权利的问题,但同时也涉及了政治和宗教腐败、家庭衰落、环境恶化和真正的精神觉醒等问题。

尽管所涉主题颇为阴郁,但作品表达的态度并不悲观。正如剧名所暗示的那样,事情正在发生奇迹般的转变,这在第一部《千禧年降临》中就有预示:羽毛在最意想不到的时候从天而降。在戏剧结束时,承诺的天使终于出现了,她以光辉的形象降临,白色双翼覆盖了半个舞台,并宣称“大事开始了”。这是天使唯一的一句台词,但这也是现代戏剧史上最震撼的时刻之一。

理解经验:贝克特的《等待戈多》

有时候,像《天使在美国》这样与众不同的作品,会同时给观众和批评家带来巨大的挑战。《天使在美国》上演之初就广受赞誉,但在戏剧史上还有许多作品因为起初的误解而开局不利。斯坦尼斯拉夫斯基执导的契诃夫的《海鸥》的首演就是其中一例。另一例是 1956 年萨缪尔·贝克特的《等待戈多》在美国的首演。广告中宣称这部戏“融两大洲之幽默”,担纲主演的是两位著名的喜剧演员,分别是《七年之痒》中的汤姆·伊威尔和《绿野仙踪》里的伯特·拉尔。观众和批评家期待着度过一个欢乐之夜。但在首演的当晚,这部被誉为 20 世纪最伟大戏剧的《等待戈多》,令迈阿密的批评家和观看首演的观众困惑至极。此前,观众从未看到过这样一部表面上什么都没有发生的戏。

这部戏讲的是公园里的两个流浪汉,他们并不喜欢待在那里,但出于某种原因,他们不能离开,除非名叫戈多的神秘人出现。在美国第二次演出获得成功之后,一位批评家评论道,这部戏讲的是“等待的痛苦”,而事实上剧作本身就是等待。他们在等待。什么也没发生。其中一人决定上吊自杀,但手边可用的只有拴裤子的绳子。他一抽出绳子,裤子就会掉下来。这在多年以前的杂耍剧中十分常见,但在这部戏中,它是深刻的,并不滑稽。也许他们明天就可以上吊自杀,而戈多明天就会来。或许,如果他们最终见到了戈多,他们就会明白为什么他们一直在等待。也或许不会如此。又或许他们应该马上离开。故事的最后是,他们仍然待在那里,一动没动。

这部作品声誉日增，持续重演，且一直是演后谈的热门话题，有时甚至会引发激烈的辩论。它经常出现在大学课程中，在表演学校也很受欢迎。《等待戈多》与其他令观众困惑的剧作不同，因为它充满各种可能的意义，对意义的探索是其审美诉求的一部分。事实上，对意义的追寻也可以说是这部戏的真正主题。生活真的有意义吗？如果生活没有意义，人又该怎么办？就像剧中这对流浪汉一样，也许人们都是被抛于世界上的，希冀着某处有那么一个叫戈多的人。

戏剧是世界上最古老的艺术形式之一。本章对戏剧的介绍可能会激发你观赏戏剧的兴趣。百老汇并非唯一的选择。各类学校和高校的戏剧团体都会重演经典剧目，也会推出新剧，用创新的技法弥补资金的不足。许多重要的戏剧作品，比如开创性的《天使在美国》，已被录制成 DVD 和电视节目。如今，这些媒介几乎尽数收录了本章所讨论的戏剧风格和流派，从悲剧和喜剧到自然主义、观念剧以及《等待戈多》等先锋派经典。观赏也好，批评也罢，都很容易。

批评焦点　探究阿瑟·米勒《推销员之死》中的一个场景

1949 年，阿瑟·米勒的《推销员之死》上演之初便荣获了普利策奖，米勒也一跃成为美国最著名的剧作家。这部戏的主角是威利·洛曼，一位胸怀大志的推销员。故事发生在威利六十出头的时候，剧本经常进行时间的转换，闪现威利过往的生活情景。威利辗转于这些白日梦中，对现实的感知从一开始就飘忽不定，并随着戏剧的发展愈加减弱。通过多次闪回，观众了解到威利一直以来都把事业上的成功等同于人际上的受欢迎，而且总是把自己的追求强加到孩子身上（尤其是大儿子比夫）。比夫曾是一名高中时颇受欢迎的足球运动员。

这出戏的高潮出现在比夫和威利之间的一系列冲突中。比夫小时候就发现父亲有婚外情，之后就对父亲的成功幻想大失所望。父亲则不断虚伪地吹嘘比夫的成就，随着时间的推移，比夫的烦恼和挫败感日增。一次，比夫和哈皮与父亲共进晚餐，当比夫试图解释自己在商业上的失败时，威利打断他，告诉他们自己被解雇了。哈皮一直在照顾父亲威利，而且总是附和他不切实际的幻想，得知父亲的遭际后，他尽力想用比夫成功的希望来安慰父亲。三人回到家后，争执再次爆发。最终，比夫失声痛哭，而威利开车离去，自杀身亡，之后获得了两万美元的保险赔偿。比夫终会获得成功，这是他命中注定的。以下是戏剧最后一幕"安魂曲"中的几句台词。

查利：（制止了哈皮的动作和回答。对比夫）可不敢怪罪这个人。你不懂啊，威利一辈子都是推销员。对推销员来说，生活没有结结实实的根基。他不管拧螺丝，他不能告诉你法律是什么样，他也不管开药方。他得一个人出去闯荡，

图 7.13　达斯汀·霍夫曼扮演威利·洛曼，史蒂文·郎和约翰·马尔科维奇分别扮演他的儿子，《推销员之死》1984 年版
Everett Collection

靠的是脸上的笑容和皮鞋擦得倍儿亮。可是只要人们对他没有笑脸了——那就灾难临头了。等到他帽子上再沾上油泥，那就完蛋了。可不敢怪罪这个人。推销员就得靠做梦活着，孩子。干这一行就得这样。

　　比夫：查利，这个人始终没有明白自己是什么人！

　　哈皮：(愤然) 不许你这么说！

　　比夫：你何不跟我一块走呢，哈皮？

　　哈皮：叫我认输没那么容易！我要在这个城市待下去，我要在这场大骗局里压倒对手！(看着比夫，咬着牙) 洛曼兄弟！

　　比夫：可我认清了我自己是什么人！[20]

- 哈皮为什么如此迁怒于比夫？
- 威利是个悲剧人物吗？他的悲剧性性格缺陷是什么？它如何导致了威利的堕落？
- 《推销员之死》是否符合悲剧的传统定义？比较《推销员之死》与本章所描述的传统悲剧，前者如何扩展了悲剧的定义？
- 《推销员之死》经常被描述为对"美国梦"的批评。你认为米勒想说什么？你同意吗？为什么？

回顾

在这一章里：

- 我们将古希腊悲剧与伊丽莎白时代或莎士比亚的悲剧进行了比较，发现它们既有相同之处又有不同之处；

- 我们讨论了喜剧的各种类型；

- 我们探索了 19 世纪现代戏剧的起源，其中带有前台的舞台成了主流，心理主题变得日渐重要；

- 我们总结了 20 世纪和 21 世纪戏剧的主要运动。

主要术语

旁白（aside）：在伊丽莎白时代的戏剧中很流行，指一名演员对观众说的话，舞台上的其他演员要装作听不到。

先锋（avant-garde）：来源于法语，意思是先遣部队。在艺术上，指一场不断努力打破成规、试验新形式的运动。这里用来讨论戏剧，也适用于艺术、音乐和文学。

净化（catharsis）：根据亚里士多德的理论，通过观看悲剧时的情感反应来净化怜悯和恐惧等情感。

歌队（Chorus）：在希腊悲剧中，指一群戴着面具的演员，他们唱歌跳舞并评论戏剧的道德内涵；在当代许多戏剧中演变为不同的形式和功能。

喜剧（comedy）：希腊戏剧的两大类型之一。原本是悲剧三部曲之后增演的短剧，目的是舒缓观众的情绪。现在指各种本意上引人发笑的戏剧作品，包括闹剧、讽刺剧、戏仿剧和性格喜剧等类型。

即兴喜剧（commedia dell'arte）：文艺复兴伊始在意大利街头演出的专业表演及哑剧班子；以擅长滑稽风格而闻名，比如步履蹒跚的老人要追求年轻漂亮的姑娘。

程式（conventions）：规定特定戏剧风格的规范，如第四堵墙的逼真性或空无一物的舞台。这些规则不应该被违反，但是经常被违反，比如，当演员直接对观众说话时，就是"打破"了第四堵墙。

机械降神（deus ex machina）：在希腊戏剧中，演员扮演天神并通过吊线装置降临到舞台上，以解决情节上的问题，让观众满意。现在主要指在戏剧（或故事）后故意增加的结尾，目的是创造一个幸福或至少是令人满意的结局。

情节交代（exposition）：通过剧中对白展示出故事的背景和相关人物的过往经历；在追求逼真的戏剧中会引发一些问题，因为剧中人物应该像现实生活中的人一样说话；也就是说，不该有诸如"亲爱的，你知道，我们已经结婚 25 年了"这样的话。

表现主义（Expressionism）：20 世纪 20 年代德国先锋派戏剧发展出的戏剧形式，其中人物和场景往往具有象征性。美国表现主义的典型戏剧是《加算机》，剧作以一个巨大的计算器为布景，主角名为零先生。

闹剧（farce）：一种喜剧类型，其中往往有扁平人物、各种不可思议的情景、低俗的嬉闹以及奇异的复杂情节解决方式。

普通观众（groundlings）：指伊丽莎白时代爱看戏但相对贫穷的人，他们支付一便士就能购得站票入场看戏，极易遭受恶劣天气的影响。

傲慢（hubris）：希腊语，指"傲慢自负"，是希腊悲剧主人公的普遍悲剧性缺陷。

意象（image）：诗歌技巧，莎士比亚曾有效使用，在这种技巧中，原本需要大量解释的东西，被迅速转换为其他更容易理解、更加视觉化的东西。

情节剧（melodrama）：一种戏剧类型，类似于悲剧（但不是正统的悲剧），一般处理的是非善即恶的扁平人物之间的冲突。

自然主义（naturalism）：一种以模仿现实人物和生活对话为基础的表演和写作技巧；自然主义戏剧，如契诃夫的作品等，往往没有精妙的情节结构，因为现实生活中的事情并不会按某种结构来发生。

新古典主义（neoclassicism）：一种戏剧（以及艺术、音乐和建筑）风格，它重现了早期希腊和罗马艺术中纯粹的几何形式；盛行于 17 世纪。

戏仿剧（parody）：对某人（通常是公众人物或名人）或戏剧作品或文学作品的夸张滑稽模仿，戏仿作者通常会就某个对象是否值得嘲弄做出判断；而戏仿的背后往往蕴含着严肃的批评。

前台（proscenium）：指现代剧院中舞台的前部，通常有框架结构，有时还有可升降或拉开的幕布。

主人公（protagonist）：戏剧（或文学作品）中的中心人物，故事集中在他的命运和行动上；主人公与"英雄"不可混为一谈，后者通常没有缺点，总能大获全胜。

真相大白场景（recognition scene）：在悲剧中，尤其在古希腊和莎士比亚的悲剧中，命中注定的主人公明白自己该为灾难负责的时刻；在现代悲剧中通常没有。

讽刺剧（satire）：一种喜剧类型，嘲讽诸如战争、政治腐败和宗教虚伪之类的事情，往往没有戏仿剧那么夸张。

韵律分析（scanning）：阅读诗行，有意夸大韵律的效果，以确定文字是否遵循韵律又不被韵律所妨碍。当文字遵循严格的韵律，同时演员又能自由探索其中所蕴含的情感时，韵律分析可以有效地揭示作家的写作技巧。

独白（soliloquy）：伊丽莎白时代的一种戏剧程式，指演员独自在舞台上大声表达自己的内心想法。

陌生化戏剧（Theater of Alienation）：一种与贝尔托·布莱希特的作品有关的戏剧类型；其目的是突出戏剧的虚构性，以防止观众过度沉溺于故事和人物而不关注戏剧所要传达的思想。

悲剧（tragedy）：戏剧的两大主要类型之一，聚焦于主人公因严重性格缺陷而最终堕落。在古希腊和莎士比亚的悲剧中，主人公往往是地位较高的贵族，但在现代悲剧中则不然。

三一律（unities）：古典和新古典主义戏剧的程式，要求剧作家设置所有行动的场景相同，行动发生的时间与观众观演的时间相同，且所有行动围绕一个中心情节展开。

逼真（verisimilitude）：一种使场景和对话听起来像真实生活的技巧；在19世纪后期发展起来，在当今的戏剧中仍然广泛流行。

佳构剧（well-made play）：发展于19世纪，在场景和对话中运用逼真的手法，但情节结构紧凑精巧，与现实生活极为不同。

图 8.1　克里斯汀·肯诺恩斯和伊迪娜·门泽尔在 2003 年托尼奖颁奖典礼上

《魔法坏女巫》探讨了多萝西来到奥兹国之前格林达和邪恶女巫之间的友谊，其中涉及的主题包括歧视、撤凌以及与他人相异的权利。你认为为什么这部歌剧在 21 世纪会取得这么大的成功呢？

第八章

音乐舞台艺术：
歌剧、音乐剧、舞蹈

8.1 追溯歌剧的起源并解释为什么莫扎特、威尔第和瓦格纳的时代被视作歌剧的黄金时代。

8.2 描述轻歌剧和通唱剧在沟通歌剧和音乐剧之间发挥的纽带作用。

8.3 讨论百老汇音乐剧由音乐喜剧向至今更普遍的音乐奇观秀的演变。

8.4 分析芭蕾舞与现代舞的区别。

戏剧和音乐总是紧密相关的。很难说是否一者先于另一者出现，或者两者从一开始就密不可分。从本质上讲，音乐剧的历史可以追溯到早期文明中的仪式和典礼，其中融合了某种舞蹈形式和节奏类型。

文化人类学家把音乐仪式追溯到公元前3万年。洞穴壁画是人类参与狩猎的象征性重现，也有大量证据表明早期希腊的酒神仪式已经将音乐、歌曲和舞蹈结合在一起。在《理想国》一书中，柏拉图认可了激发城邦精神的音乐，但音乐的存在并不仅仅是为了激发情感。我们认为酒神仪式中的舞蹈不仅激起人们的情感，甚至可能使观众陷入狂热（简直可以说是一种古老的摇滚音乐会）！

莎士比亚时代（16世纪末至17世纪初）是英国戏剧的黄金时代。如果说这位吟游诗人没有写过真正的音乐剧，那么他肯定写过很多带有音乐的戏剧。罗密欧与朱丽叶在一场舞会上相遇，其中就有假面跳舞者在一众乐工的伴奏下跳舞。在令人难忘的《奥赛罗》最后一幕的开头，奥赛罗的妻子苔丝狄蒙娜——被奥赛罗怀疑与人通奸而被杀——在仆人帮她梳头时预见厄运将至，唱了一首悲伤忧郁的《杨柳歌》，其唱词和乐曲至今尚存。在威尔第的歌剧版《奥赛罗》中，这一场景更是配上了一曲恢宏的《万福玛利亚》。在这两个场景中，音乐都增强了戏剧效果。

莎士比亚的喜剧中充满欢笑、歌曲和舞蹈。特别是《第十二夜》（剧名意指圣诞季结束前的欢庆仪式）几乎接近于一部音乐剧了。其中的歌曲被反复重印，成为民歌歌手和歌剧名伶的保留曲目。《仲夏夜之梦》频频演出，就像芭蕾舞剧一样，费利克斯·门德尔松·巴托尔迪也曾专为该剧配乐。如果演出中没有音乐，莎士比亚戏剧的魅力将大大降低，尽管剧中的韵文经由最好的演员说出后可被称为无伴奏音乐。

2015年，一部非常独特的音乐剧《烂东西》在百老汇上演，广受欢迎。它讲述了两个兄弟的故事，二人是莎士比亚同时代的平庸剧作家，他们疯狂地创新，想取得莎士比亚般的巨大成功，最终竟创作了第一部音乐剧！

我们不知道音乐剧肇始于何时，因为我们不知道人类何时曾没有音乐剧。
——约翰·D.德拉蒙德

8.1 歌剧

歌剧是如何产生的？为什么莫扎特、威尔第和瓦格纳的时代被视作歌剧的黄金时代？

观众可能强烈呼吁要求剧场多增加些音乐。到 17 世纪末，歌剧已经在整个意大利发展起来；到了 18 世纪，意大利歌剧业已成为世界上最重要的艺术形式之一。倘若其他国族的作曲家想要把自己的歌剧搬上舞台，就得用意大利语进行创作。奥地利出生的作曲家沃尔夫冈·阿马德乌斯·莫扎特将这一艺术类型推向前所未有的高度，但在此之前，有许多重要的作曲家奠定了坚实的基础。

"歌剧"（opera）这个词是拉丁语"作品"（opus）的复数形式。在文艺复兴时期，该词特指一种全新的音乐艺术形式，由剧作家、作曲家、管弦乐队、歌唱家和舞蹈家协同创作。可以说，歌剧是文艺复兴时期重新发现古典文学和艺术的必然产物，也是当时人们渴望创作出足以匹敌古人的典雅高贵之作的必然结果。歌剧的诞生，正符合了时代的追求。

> 歌剧，是西方人最奇特的发明之一。任何逻辑进程都不曾预见。
> ——肯尼斯·克拉克爵士

文艺复兴时期的歌剧

文艺复兴时期的音乐取得了诸多成就，主要有和声和新乐器的发明，后者导致大量新声音的出现。歌剧的兴起源自当时的人们想重获古希腊悲剧的感染力和净化效果的不懈努力；许多意大利的音乐家、艺术家和诗人认为音乐便是地图上缺失的关键一角。但问题也很快出现：如何把音乐的大量使用与推动剧情发展的需要相协调。戏剧中的事件与旋律线不同，不会重复出现，而且人物会受经验的影响发生变化。如此一来，似乎唯一合理的方式就是让吟唱剧中的音乐也跟着剧情不断变化起来。

旋律重复与剧情变化之间的关系一直是我们想要探讨的问题，这也许可以解释为什么最受欢迎的歌剧往往是那些旋律线循环出现的歌剧，这些歌剧里有着令人难忘的动听独唱曲（咏叹调）和二重唱。比如，在乔治·比才的歌剧《卡门》中，悲剧命运总是借一首独特的旋律循环再现，一遍一遍地述说灾难，由此，整部戏剧也得到了升华。

克劳迪奥·蒙特威尔第，《奥菲欧》 17 世纪的歌剧找到一种方法，既能推动故事向前发展，又能维系观众对音乐的兴趣。克劳迪奥·蒙特威尔第奋勇当先，将令人难忘的咏叹调规律地穿插到旋律线中。他取得了许多成就，其中之一便是在独唱、二重唱、合唱与**宣叙调**之间取得平衡。前者有更强的音乐感染力；后者则是言说式的，少有节奏或旋律，但却能推动情节的发展。他的划时代之作《奥菲欧》于1607年面世，比雅各布·佩里改编自相同故事的《欧律狄刻》晚了七年。《欧律狄刻》是世人所公认的首部歌剧。

传说每当俄耳甫斯弹奏七弦琴时，听者皆会震惊不已。不论是人还是动物，都会在音乐声中喜极而泣，即便是没有生命的岩石和树也会乐在其中。俄耳甫斯可谓是诗人—音乐家的原型，逐渐成了美妙声音的象征、言语和音乐的完美结合。世界上首部重要歌剧以他的故事为基础，何其恰当！

俄耳甫斯爱上了欧律狄刻，随后两人成婚。欧律狄刻英年早逝，降入地府。形单影只的俄耳甫斯弹起七弦琴，奏出的音乐令人心碎，冥界之神普路托深受感动，泪流不止，终于允许俄耳甫斯带妻子同回人间，但也提出了一个条件：欧律狄刻会跟在他身后，而他绝不能回头看。若他回头，她将永不能回到人间。行至中途，俄耳甫斯还是忍不住回头，违背了诺言，欧律狄刻终被普路托召回冥府，消失不见了。

不过，蒙特威尔第的歌剧给出了一个大团圆的结局：欧律狄刻并未消失不见。俄耳甫斯的悲痛感动了阿波罗，他从天而降，承诺俄耳甫斯和妻子终将团聚并得永生，因为音乐不能消亡。

虽然蒙特威尔第在创作中很少使用重复的主题曲，但后世作曲家多会采用重复的方式来增强音乐的叙事性，用音乐代表特定的人物、思想或地方。这种重复的形式因理查德·瓦格纳而闻名。瓦格纳将这种重复的音乐观念称为**主导动机**（leit-motif），它能给观众提供便于记忆、乐于辨识的旋律；但由于主题曲总是与人物相关，而人物总是随着事件变化，所以主导动机在每次重复时既要保持一致又必须有所不同。

古典与巴洛克歌剧

音乐家必须创作音乐，画家必须绘画，诗人必须写诗，如此他才能安宁。一个人能成为什么，就必须成为什么。

——亚伯拉罕·马斯洛

到了18世纪，欧洲的作家、艺术家和作曲家开始背离文艺复兴的均衡性，奢华浮夸的巴洛克时代到来了。它显现在教堂建筑上，也体现在复音音乐和对位法中。欧洲社会进入一个举止文明、衣着考究的时代，过度表露情感往往被视作粗俗，难登大雅之堂。

蒙特威尔第《奥菲欧》的巴洛克音乐风格既彰显了人物的戏剧性，又努力保持音乐结构的一致性。其他巴洛克时期的作曲家——尤其是巴赫——的作品中则同时展现了酒神式的兴奋和日神式的结构。然而，18世纪早期的歌剧总体上更节制一些，被称作古典主义也是恰切的。

格鲁克，《奥菲欧与尤丽狄茜》　俄耳甫斯神话的另一部改编之作，可以说是古典主义歌剧的典型。它就是德国作曲家克里斯托弗·格鲁克（1714—1787）的《奥菲欧与尤丽狄茜》（1762）。剧作中，当尤丽狄茜死后进入冥界之时，奥菲欧悲痛欲绝。对一部歌剧中的咏叹调来说，还有什么比表现年轻人的丧妻之痛更适合的呢？奥菲欧以"对她的死我如此哀伤"开始的咏叹调，是歌剧史上最令人难忘的旋律之一，但它十分精确，节律严谨，几乎没有让人流泪心碎的余地。事实上，它几乎可以不加任何唱词，直接当作小舞步曲来演奏，但唱词传达出主角的伤心绝望。

在复仇女神（她们是希腊神话中的恶神，折磨着冥府罪恶的亡灵）所跳的芭蕾舞的激烈节奏中，也蕴含着巴洛克音乐的繁复性。但它直接与平和的《圣灵之舞》形成鲜明对比，随后又与两首咏叹调形成鲜明对比。这两首咏叹调十分舒缓，题名分别是《这大片的草地是极乐祥和之境》和《多么澄澈的天空装点着这地方》，是一种音乐性的描绘，暗示着基督教的天堂观念，也符合古典音乐的节制有度。

歌剧的黄金时代：莫扎特、威尔第和瓦格纳

多数学者和评论家都认为18、19世纪歌剧的盛行是空前绝后的。艺术家如亨德尔、格鲁克、罗西尼和多尼采蒂都创作出经典歌剧曲目，与此同时，还涌现出三位歌剧巨匠，分别是奥地利的莫扎特、意大利的威尔第和德国的瓦格纳。

沃尔夫冈·阿马德乌斯·莫扎特　在许多人看来，歌剧艺术在沃尔夫冈·阿马德乌斯·莫扎特这里得到了充分发展，且至今未被超越。莫扎特（图 8.2）被许多人认为是有史以来最具天赋的作曲家。在歌剧以及其他诸多令人惊叹的成就中，莫扎特代表了从古典主义风格向浪漫主义风格的重大转变。浪漫主义风格极富旋律性，多采用更大规模的管弦乐队和更长的音乐形式以满足情感表达的需要。然而，莫扎特少时所受的训练完全是古典主义的，常以德国音乐史上最伟大的纯古典主义者弗朗兹·约瑟夫·海顿为榜样；因此，我们应该将莫扎特的歌剧看作优美对称的咏叹调、间奏曲与浪漫动听声音的结合。

天才莫扎特在4岁时已经展现出自己的创作力。此时，歌剧业已成为欧洲最主要的艺术形式之一。伟大的意大利歌剧中心——罗马、佛罗伦萨、威尼斯、米兰、博洛尼亚——吸引了大批富有的游客和胸怀大志的作曲家。与此同时，伦敦、巴黎和维也纳等城市也在发展壮大着本地的演唱者和管弦乐队；其他地方的作曲家也渴望自己的作品能得到欣赏，但意大利语仍然是歌剧的主要语言。

莫扎特出生在萨尔茨堡，这个城市不仅有一座歌剧院，而且有良好的音乐环境。莫扎特的父亲是一位颇有成就的音乐家，他很快就发现了儿子惊人的天赋。13岁时，莫扎特成为萨尔茨堡大主教的首席小提琴手，由米兰的教皇亲自授予头衔。他6岁起就开始严肃创作，在14岁之前已经写出5首钢琴曲。所以当被邀请为米兰观众创作歌

莫扎特的音乐可慰平生。
——约翰·厄普代克

图 8.2　沃尔夫冈·阿马德乌斯·莫扎特

莫扎特去世时只有 35 岁。如果他能活得更久一些，那么他又会留下怎样的音乐遗产呢？

Photos 12/Hachedé/Alamy

剧时，他或许一点也不会感到惊讶。在 16 岁生日之前，他不仅创作而且执导了《本都国王米特拉达梯》。然而在接下来的九年里，他失去了富有贵族的支持，开始为赚钱谋生而苦苦挣扎。尽管如此，在如此短暂的时间里，他为世界带来了可以说有史以来由个人创作的最令人震惊的伟大作品。

歌剧要把如此多的元素融合起来形成一部完整的作品，这引起了他的兴趣。他掌握了复杂的管弦乐编曲方法，并发展出一种与众不同的风格，既是他的个人风格，也是他所属文化的特征。他的第一部重要歌剧《依多美尼欧》（1781）以意大利文写成；其次是《后宫诱逃》（1782），这是一部令人愉快的、复杂的喜剧歌剧，它不仅以轻快优美的音乐闻名，而且还有两个独特之处：

首先，《后宫诱逃》用宣叙调或朗诵调代替了意大利程式中交替出现的咏叹调和二重唱。莫扎特借鉴了一种特别的德国歌剧形式"**德国歌唱剧**"。在没有音乐的情况下（就像几个世纪后的传统音乐喜剧一样），演员只需说出他们的对白，而不用吟唱。其次，**唱本**（libretto，意大利语，意思是"小书"）大胆地用德语而不是用维也纳贵族观众所期待的意大利语写成，这足够让观众感到震惊。德国的歌剧——至少对富人而言——在 1782 年是革命性的。

1786 年，莫扎特遇到一位名叫洛伦佐·达·彭特的牧师，他同时也是诗人和剧作家。他们合作创作出三部世界公认的经典作品——《费加罗的婚礼》（1786）、《唐·璜》（1787）和《女人心》（1790）。两人合作创作这三部伟大的作品仅仅用了四年时间！

莫扎特，《费加罗的婚礼》　在莫扎特所有的歌剧中，《费加罗的婚礼》最受世界各国观众的欢迎，但这部作品在维也纳却受到冷遇，只在布拉格获得了成功。为什么它没有得到莫扎特家乡人民的欣赏？有以下几种可能的原因。

首先，有一种解释是，虽然歌剧是用意大利语演唱的，但作曲家出生于奥地利。宫廷御用作曲家是意大利人安东尼奥·萨列里。尽管根据传说，萨列里疯狂地嫉妒莫扎特，甚至可能下毒害死了他，但事实似乎并非如此。萨列里没有理由希望莫扎特死。因为在上等音乐圈，他比莫扎特更有名，更受人尊敬。维也纳人似乎更喜欢真正的意大利人，而不是一个简单地"借用"歌剧语言的本地男孩。

其次，在维也纳进行《费加罗的婚礼》的首演可能是个错误。剧中故事——两个卑微的仆人比他们的贵族主人还要机智——不可能取悦那些上层贵族观众。这位作曲家从当时那个不知名的小镇起步，已经有了不墨守成规的名声。事实上，莫扎特就是这样一个人。尽管如此，就像经常发生的那样，历史站在了莫扎特这边。

《费加罗的婚礼》的辉煌咏叹调使它成为世界上最受欢迎的歌剧之一。剧中，莫扎特理想化了人与人之间的交流。如果莎士比亚笔下的人物是用韵文对话，莫扎特作品中的人物则可以用音乐对话。所有的戏剧，无论是不是音乐剧，都依赖于表演者和观众之间的默契——对相关程式的接受。"我们要做这个。"表演者这样说。观众回答："只要你一直这样做，我们就会相信你。"在莫扎特的歌剧中，人物在咏叹调和二重唱之间唱出对话。

为了写唱本，彭特改编了一部法国滑稽剧。这部滑稽剧讲的是一位伯爵厌倦了他的妻子，开始寻找年轻新欢的故事。根据习俗，伯爵拥有初夜权——主人有权在女仆新婚之夜，在新郎与之同房前和她同房。这位年轻的准新娘是一位美丽的姑娘，她要嫁给仆人费加罗。厌倦了丈夫风流成性的伯爵夫人帮助这对不幸的夫妇瞒天过海，最后伯爵不得已废除了奴隶结婚时主人所享有的初夜权，于是出现了激动人心的欢乐结局。

这部歌剧是保留剧目，流行至今有许多原因。其一，彭特是个天才，他在保留原著中滑稽可笑的无意义情节的同时，将伯爵夫人塑造成一个有深度的角色：一个渴望重新拥有和丈夫昔日爱情的孤独的妻子。在闹剧传统中，丈夫出轨，妻子通常会被刻画成一个唠叨的泼妇，而出轨的丈夫则是一个迷人的恶棍。彭特几乎赋予伯爵夫人一种悲剧色彩，尽管首场演出中的贵族观众并没有大声支持她，但肯定有很多女性观众能够理解伯爵夫人的悲伤。

剧本前所未有地混合了生动的闹剧（伯爵耍的花招）、不幸的伯爵夫人、幸福的恋人以及麻烦不断的婚姻，这为年轻的莫扎特提供了发挥自己音乐才华的机会，谱写出一曲辉煌的配乐。宣叙调再长又有什么关系？紧随其后的总是让人惊叹的优雅咏叹调。很多歌剧都只有两三首著名的咏叹调，观众也会耐心地等待。在《费加罗的婚礼》中，咏叹调的魔力未曾断绝。

戏剧女高音会喜欢伯爵夫人这个角色，莫扎特为她创作了歌剧史上两首最伟大的咏叹调。在第一首《求爱神给我安慰》中，她请求曾使她的生活充满欢乐的爱情最后一次帮助她：找回丈夫的爱或帮她在死亡中得到安宁。在《美好时刻哪里去了》中，她问了一个人们已经问了几个世纪的问题：美好的时刻都逃到哪里去了？为什么幸福、爱情和青春在我们不知不觉中就消失了？为什么它们不能永存？

很多批评家将《费加罗的婚礼》的最后一幕誉为歌剧艺术的巅峰。剧本故事选取自法国剧本，总结起来就是一个荒诞的场景，包括伪装、错误的身份、躲在灌木丛后等。彭特忠实地重现了这个场景。一开始，一切似乎都很匆忙，仿佛艺术家迫不及待地想用一个圆满的结局来结束演出。但接下来，受伤的妻子原谅了她的丈夫。彭特的剧本忠实于闹剧精神，但莫扎特的音乐超越了它。玩弄女人的丈夫屈服了，仅仅唱道："请原谅我。"伯爵夫人回答道："我同意。"不管结局听起来如何不自然，音乐却能让人兴奋。

> 听着伯爵夫人甜美地唱着那些常令人愤愤不平的事，而后学着去原谅过去。……听着她痛饮"现实"的浊酒，并将之酿为玉液琼浆。
>
> ——韦恩·科斯滕鲍姆

莫扎特用高昂的乐章呈现这一片段，一个被忽视但从未失去爱和理解的女人灵魂深处近乎神圣的宽恕之举。激动人心的旋律通过伯爵夫人带领全员进行合唱不断重复，歌声越来越大，突然之间达到了一种在巨大的天主教堂里唱颂安魂曲般的雄伟壮丽，最终充满救赎的喜悦。

在1984年彼得·谢弗的戏剧《莫扎特传》的电影版中，萨列里疯狂嫉妒着莫扎特。当他看到《费加罗的婚礼》的最后一幕，听着伯爵夫人唱出她的宽恕，他的眼里充满了泪水，内心有个声音坦承道，如果上帝会唱歌，他就会创作出这样的音乐。

朱塞佩·威尔第　虽然莫扎特的歌剧具备古典风格的优雅和平衡，但他的大部分咏叹调和二重奏更符合新兴的浪漫主义精神，有着更为自由的情感表达。浪漫主义运动——政治、艺术、文学和音乐——抵制种种现存的限制：政治和社会对人类行为的限制，以及日神精神对诗人、剧作家和作曲家表达情感的限制。法国歌剧往往倾向忠实于其古典主义源头，而意大利和德国歌剧则欣然接受莫扎特作品中表达的情感自由。

朱塞佩·威尔第（1813—1901）的作品是浪漫主义风格的典型，充满华丽的、旋律优美的咏叹调，较少依赖朗诵调。他的两部歌剧——《弄臣》（1851）和《茶花女》（1853）——直到今天仍然是世界上最受欢迎的歌剧之一，几乎同时获得了世界级的成功。如果去掉音乐，威尔第的歌剧就是情节剧，充满心碎和形影自怜的场景。然而，当这些场景与优美的旋律结合在一起时，观众便被带入一个只有伟大艺术才能支撑起来的世界之中。

《弄臣》（图8.3）像莫扎特的《费加罗的婚礼》一样，包含许多熟悉的咏叹调，观众对它们的感觉就像是对自己的至亲好友一般。故事是19世纪情节剧的典型情节：一个宫廷小丑的女儿被父亲的主人引诱。愤怒的父亲渴望复仇，密谋杀死自己的主人。女儿无意中听到有人要被谋杀，于是故意走进陷阱，牺牲了自己。歌剧以悲痛的父亲抱着死去的女儿，唱着威尔第的著名咏叹调结束。

威尔第，《茶花女》　威尔第坚持选取那些可以充分融合情感和旋律的情节。在《茶花女》（字面意思是"堕落的女人"）中，他找到了完美的载体，一部超越当时情节剧的几乎可以作为悲剧的作品，再加上美妙的音乐，威尔第的

图8.3　威尔第的《弄臣》，2014年大都会歌剧院出品，背景设在拉斯维加斯

你认为这个关于复仇和堕落的故事适合这个新背景吗？

Mary Altaffer/AP Images

杰作就此诞生。

歌剧《茶花女》取材于著名的法国文学作品《茶花女》。小说《茶花女》讲述了一个名叫维奥莱塔的交际花的故事，女主角生活在有钱的情人为她提供的奢华之中。她的美貌吸引了一个名叫阿尔弗雷多的英俊年轻人。虽然她竭力防止自己坠入爱河，坚持过自由的生活（咏叹调《永远自由》中表达了这一点），但这位追求者攻克了她的抗拒之心，他们开始在乡下一起生活。

阿尔弗雷多的父亲拜访了这位高级妓女，乞求她与自己的儿子断绝关系，因为他担心儿子的恋情会损害家庭名誉，并且无法与豪门联姻。维奥莱塔含泪同意离开她的爱人；她给他写了一封信，告诉他自己要离开他，回到她之前在巴黎的生活。

最后一幕，阿尔弗雷多找到维奥莱塔，打算倾吐自己对她永远的爱，但他发现自己心爱的人死于肺病——这一系列情节使威尔第创作出最丰富、最令人难忘的音乐。维奥莱塔也是戏剧女高音喜欢的一个角色，不仅因为其高难度的编曲，还因为歌者要塑造女主角的复杂性。从某种意义上说，维奥莱塔为她的情人牺牲了自己，这是情节剧的一种套路，但与女儿在《弄臣》中的自我牺牲不同，她的牺牲是真正的激情驱动，是人物性格造成的结果。

理查德·瓦格纳　浪漫主义滋养了民族主义，特别是那些尚未在世界上占有一席之地的民族。19 世纪的德国正在感受着初获世界认可的兴奋。贝多芬、门德尔松、勃拉姆斯等人把德国音乐带到了最高水平。德国和意大利在歌剧上的竞争几乎是不可避免的。

莫扎特用德语写过歌剧，其中就包括《魔笛》，这是一部不那么名副其实的杰作。莫扎特的意大利语歌剧更出名，也更成功。与威尔第生于同一年的理查德·瓦格纳（1813—1883）担当起引领德国歌剧的重任。

瓦格纳的作品是宏伟的、史诗般的、英雄主义的，通常是崇高的、鼓舞人心的。瓦格纳（图 8.4）使德语在舞台上与意大利语获得了同样的地位，他的杰作《尼伯龙根的指环》取材自日耳曼神话故事，也是通过这部作品人们才了解了这些故事。《尼伯龙根的指环》包括四部规模宏大的歌剧，它使德国人感到无比自豪，因为人们发现了可以与古希腊和古罗马神话相媲美的神话遗产。

瓦格纳比荷马和维吉尔更进一步。他在神话中加入伟大的交响乐，需要全部管弦乐进行伴奏和有力量的声音进行演唱。时至今日，"瓦格纳歌手"，尤其是"瓦格纳女高音"的标签仍然富有声望且受人尊重，人们期待中的这种声音是强大的、宽广的、丰富的。瓦格纳增加了强有力的戏剧对抗和舞台效果，为**"乐剧"**（music-drama）正名。他令人难忘地运用主导动机，赋予所有主要人物——以及重要的对象和地点——以音乐主题，当它们在咏叹调或交响乐序曲中出现或以变奏曲的形式出现时，音乐就会响起。

希腊的艺术作品表达了一个伟大民族的精神，而未来的艺术作品则要表达一个无关国界的自由民族的精神。于它，民族元素不过是一种装饰，一种附加的个人魅力，而不是一个狭隘的边界。

——理查德·瓦格纳

图 8.4　理查德·瓦格纳
瓦格纳的音乐与德国的民族主义和纳粹有关。艺术作品只能用美学标准来衡量吗？我们是否应该考虑作品的政治语境？
Library of Congress

瓦格纳的主导动机贯穿四部歌剧，为原本可能杂乱无章甚至混乱不堪的音乐叙事增加了统一性。

瓦格纳不仅是一位作曲家，还是一个政治激进派，与 19 世纪笼罩着整个德国的各种革命意识形态都有关系。他参加集会和抗议游行，把他的自由理想放到音乐中。在《尼伯龙根的指环》中，全能而又暴虐的众神在最后一幕被消灭了。

瓦格纳想把歌剧从古典主义的限制和意大利情节剧中解放出来。他希望创造同索福克勒斯和莎士比亚的伟大作品齐名的、真正的音乐戏剧。

他想要的角色比生活更宏大：英雄的、崇高的角色，以勇气和荣誉感面对悲剧性的命运。一位歌剧史学者写道："瓦格纳的基本观点是，歌剧不应仅仅是娱乐，而（他借助希腊悲剧来论证这一点）从根本上应该具有教育意义，能够带来崇高的体验。"[1]

瓦格纳认为，意大利歌剧在审美上犯了一个错误——让戏剧从属于音乐，尽管创作出的音乐都很优美。他想要扭转局面，将戏剧提升到主导地位；否则，观众只是为了去听音乐会，而不是去欣赏他认为能够带来压倒一切的情感体验的歌剧。为了做到这一点，瓦格纳意识到作曲家也必须要创作唱本，保证整部作品的创作是一个整体。

瓦格纳首先描述了世界神话中的英雄人物，讲述他认为能够展现其巨大才华的故事（瓦格纳对自己的天才从不谦虚）。当他创作第一部歌剧《漂泊的荷兰人》（1843）时，他意识到自己面临着与古典时期的前辈和意大利同时代人同样的问题：如何在创作优美音乐的同时，防止故事变得乏味。在《唐豪瑟》（1845）和《罗恩格林》（1850）中，他找到了答案。如果戏剧情节是主导因素，那么支撑它的音乐也同样美好。他认为别无选择，只能把歌剧想象成一部巨大的交响乐，要为整个管弦乐队和声音充满力量的歌手创作，歌手的声音要在音乐上空翱翔。管弦乐队和歌手组成了一个前所未有的整体。

瓦格纳，《尼伯龙根的指环》　《唐豪瑟》和《罗恩格林》都取材于基督教和亚瑟王的传说。现在终于可以基于日耳曼神话来创作歌剧了。日耳曼神话与古老的挪威神话中的神和凡人有着亲缘关系。挪威神话中，众神之王是欧丁神，在德语中是沃坦神。《尼伯龙根的指环》中的英雄是齐格弗里德，他在挪威神话中的角色是西格德。瓦格纳将这些古老的神话改编成史诗故事，讲述了人们因为想要得到一个给人带来力量的魔戒而彼此斗争的故事。极富浪漫主义色彩的是故事的结局——爱情最终战胜了对权力的渴望。

尼伯龙根是矮人族，他们掌管着巨大的宝藏，其中包括一枚神奇的戒指，这枚戒指能够让佩戴者拥有成为宇宙最高统治者的力量——只要他保持贞洁。沃坦神不想让其他任何人拥有比他更大的力量，偷走了戒指，但是铸造这枚戒指的侏儒阿尔贝里奇在戒指上施了咒语，只有真爱的出现才能解除。灾难一个接一个发生，人们为了争夺戒指互相毁灭，阿尔贝里奇相信，这种可怕的灾难永远不会结束，因为真爱永远不会出现。

沃坦的女儿布里恩希尔德喜欢年轻的齐格弗里德，她骑马走进燃烧的火葬柴堆，而她心爱之人的尸体正在燃烧，此刻歌剧达到了高潮。壮观的火焰吞噬了神的宫殿瓦尔哈拉，与布里恩希尔德一起被烧毁。最后，莱茵河水漫过河岸熄灭了火焰，马拉松式的一系列歌剧以一曲抒情的旋律壮丽收场，代表着爱的回归和非人力量的终结。

魔戒的神话并不仅存于挪威和日耳曼的神话中，也不仅存于瓦格纳的叙述里。古各斯的戒指的故事最早出现在柏拉图的《理想国》中，这枚戒指也赋予佩戴者以魔力：佩戴者可以随时隐身，造成无尽伤害。当然，很多人会想到这个故事的现代版本，牛津大学教授 J. R. R. 托尔金的《魔戒》三部曲。在托尔金的故事中，魔戒就像古各斯偶然发现的戒指一样，能让佩戴者隐身，从而凌驾于所有人类法则之上。柏拉图、瓦格纳和托尔金的作品传递出同样的信息：权力使人腐化，只有无私的爱才能拯救世界。

瓦格纳的成就呈现出人文学有趣的一面。作家凯瑟琳·曼斯菲尔德曾经说过，一个伟大的诗人必须首先是一首伟大的诗，意思是艺术家的作品和艺术家的生活不应该有区别。然而，瓦格纳的作品却存在相当大的差异。他伟大的音乐作品以爱和救赎为主题，而他自己却是一个彻头彻尾的自我主义者。他强迫朋友读他冗长的新戏，借钱不还，还对妻子不忠。理论上讲，他的政治观点是自由主义的，但同时还强烈地反对犹太人。他就是自己宇宙的中心。天赋不会平均分配在一个人的身上，但它也不会因此就被忽略。

> 音乐的魔力十足，可以抚慰野蛮的心胸，也能让顽石软润，老树弯躬。
>
> ——威廉·康格里夫

8.2 从歌剧到音乐剧：轻歌剧与通唱剧

轻歌剧和通唱剧在沟通歌剧和音乐剧之间发挥了怎样的纽带作用？

像所有的音乐形式一样，现代歌剧有着自己的惯用语和目的。意大利语不再是必需的语言。作曲家可以自由选择语言进行创作。如果他们不像瓦格纳那样自己写唱本，也通常会和作者密切合作。瓦格纳理想中的歌剧——作为音乐和戏剧的统一体——仍然适用。到目前为止，戏剧台词已经完全占据主导地位，以至于观众有时甚至会渴望爆发性旋律的出现。越来越多的咏叹调被没有配乐的对话形式取代，以至于听众有时会疑惑："为什么这出戏也会被叫作音乐呢？"

歌剧是人文学的巨大成就之一，激励着现代作曲家不断向上攀登，就像现代剧作家试图写出可以与希腊人和莎士比亚的悲剧相媲美的悲剧作品一样。但是，音乐风格会受到时代的影响。很多年轻作曲家认为，过去的旋律过于过时、陈腐。我们现在已经很少听到像威尔第或瓦格纳这样的咏叹调了，要想听到这样的咏叹调，我们必须经常转向百老汇的音乐舞台。

百老汇音乐剧的前身是**轻歌剧**——19世纪欧洲的"发明"，被很多奥地利作曲家带向世界，小约翰·施特劳斯（1825—1899）就是其中之一。轻歌剧中，如德国歌唱剧（singspiel）一样，人物对话推动着剧情和行动向前发展，但会不停插入音乐，而这些音乐远比剧本重要。对很多作曲家而言，这种形式解决了如何在歌曲与歌曲之间持续吸引听众注意力的问题：它可以填补歌曲之间的空白。

轻歌剧包括如此多的歌曲，以至于观众没有太长时间去等待下一首歌曲。轻歌剧中，故事情节通常要么愚蠢、复杂、紧凑动人，要么充满催人泪下的伤感。在这两种情况下，人们并不需要多么认真地去倾听。轻歌剧中的人物往往是扁平的，人物的特点在整部作品中都保持不变。歌曲确实是基于场景创作的，但是如果两者没有紧密的联系，也没有人会抱怨。

<aside>看歌剧时，我会在门厅把票款连同理性和判断力一起留下，把自己全然托付给双眼和双耳。
——切斯特菲尔德勋爵</aside>

通唱剧：歌剧还是音乐剧

20世纪早期的音乐剧大部分都是通唱剧——即主要通过音乐而非对话来表演的音乐剧。这种形式开始关注人物的复杂性，创作者通常会提供或多或少的现实背景和故事情节，其中的一些作品已经成为经典，会在歌剧院和音乐剧场轮番上演。其中包括《演艺船》《波吉与贝丝》和《理发师陶德》。

科恩和汉姆斯特恩，《演艺船》　《演艺船》（1927）中，吉罗姆·科恩的谱曲和奥斯卡·汉姆斯特恩创作的唱词同样重要，很多歌曲流传至今（《老人之歌》《只有虚构的爱》《我为什么爱你》《禁不住地爱那个男人》等），因为它是第一部旨在将音乐和故事进行严肃统一的轻歌剧。部分研究音乐剧的历史学家将《演艺船》看作音乐剧的先驱、连接百老汇与歌剧的纽带。

《演艺船》的故事植根于19世纪的感伤剧。甜美的南方女孩马尼奥利亚疯狂地爱上密西西比河船上的赌徒盖洛德·拉维纳尔。拉维纳尔十分英俊、富有魅力、歌声动人，但是我们知道他沉迷于赌博是不好的。他们结婚、生子，为了赌博不停争吵，而后分居。最后，改过自新的拉维纳尔终于回归，在他那已经长大的女儿没有认出他的感人场景之后，他让马尼奥利亚相信他已经变好了。两人分离多年后的重聚是非常精彩的压轴戏。

不过，《演艺船》也有黑暗的意味。次情节中，冒充白人的混血歌手朱莉嫁给了白人史蒂夫。在异族通婚不仅违法而且危险的时代，他们二人被发现。当警长走上跳板逮捕他们的时候，史蒂夫割伤了朱莉的手，把血放到自己的嘴唇上；他现在可以宣称自己也有黑色血液了。这对夫妇因此逃脱了牢狱之灾，但是不能再继续演出，他们未来几年的生活充斥着酗酒和悲剧。

种族冲突的主题在一首令人难忘的歌曲中得到呼应。《老人之歌》的歌手是一位非裔美国码头工人，他除了无休止的劳作之外没有任何希望，为数不多的闲暇时间也充满危险："稍微醉一下，你就会进监狱。"他"厌倦了生活，但害怕死亡"。《演艺船》因为勇于面对美国的种族主义而轰动一时，它的成功使它提出的问题能够直面大部分——特别是白人——观众。

格什温，《波吉与贝丝》　乔治·格什温实现了许多美国作曲家的愿望，创作出大歌剧，得到了全世界的认可和赞誉。怎么可能不会呢？他有能力写出丰富的交响乐，而他的哥哥艾拉是一位杰出的作词家。他们需要的只是一个保持美国本土风格的主题，而且要用真正的美国音乐进行创作。他们在杜布斯·海沃德的小说《波吉》中找到了这样一个完美的主题。海沃德非常愿意为此创作剧本。《波吉与贝丝》（1935）就这样诞生了。起初，这部作品并没有得到评论界的青睐，直到后来才被誉为真正的美国歌剧的最高成就。为了吸引观众，《波吉与贝丝》最开始"伪装"成一部百老汇音乐剧，但最近已经在世界各大歌剧院上演。不幸的是，格什温在38岁就去世了，没能等到《波吉与贝丝》成为杰作的这一天。

小说和歌剧的背景都是查尔斯顿一条名为"鲶鱼街"的简陋街道（图8.5）。波吉是一个看似不可能会成为英雄的角色：瘸腿，坐着山羊车到处跑。他很穷，但他精神饱满、乐观向上。他的第一首咏叹调是欢快的《我一无所有》。贝丝，美得令人惊叹的女主角，因为道德败坏让街区居民唯恐避之不及。她和克朗生活在一起。克朗是一个暴力的违法者，虐待贝丝，但贝丝仍然为他着迷。

当克朗被迫逃走，贝丝发现自己被抛弃后，她接受了波吉为她提供的住处。虽然最开始贝丝只想在克朗回来之前利用波吉，但她后来发现这个驾着山羊车的男人全心全意地爱着自己。渐渐地，她对他的爱、深情和仁慈做出了回应。《贝丝，现在你是我的女人》是现代歌剧最精彩的二重唱之一，至今仍是歌手和观众最喜欢的一场。同样受欢迎的还有贝丝的咏叹调《我爱你，波吉》，贝丝在歌中与她的爱人一起祈祷不要让克朗再出现在自己的生活中。

但克朗真的回来了，波吉杀死了他。鲶鱼街的居民和观众都认为波吉的做法是正当的，剧情似乎在朝着一个愉快的结局前进。不过，按照《罗密欧与朱丽叶》和《茶花女》等伟大爱情故事的传统惯例，故事的结局必然要以悲剧收场。这部作品中的悲剧是由一个叫作斯波廷·赖夫的人造成的。他是一个赌徒、皮条客和毒贩，穿着华丽昂贵的衣服，身上散发着酒神的魅力，几乎赢得观众的心。但当他开始利用贝丝嗜毒的弱点

真正的音乐……必须反映其所属的人民和时代的思想和气息。我是美国人。我属于当代。

——乔治·格什温

图 8.5　男中音西蒙·艾斯特斯在 1985 年纽约大都会歌剧院出品的《波吉与贝丝》中扮演波吉

《波吉与贝丝》最初在百老汇上演，但是最近才开始出现在很多大剧院中。作品上演的剧院——比如百老汇和纽约大都会歌剧院——对观众的期待和体验有何影响？

Jacques M. Chenet/Historical/Corbis

时，其本性就暴露无遗了。他答应贝丝，只要跟他一起去纽约就养她一辈子。贝丝挣扎了一会儿，答应了他。波吉虽然被抛弃了，但仍然对找回失去的爱人抱有乐观态度。他不知道纽约在哪里，只知道"在那边"。歌剧结尾，波吉坐着他的山羊车出发了，他和合唱团共同演唱起激动人心又令人心碎的《我要踏上征途》。

桑德海姆，《理发师陶德》　斯蒂芬·桑德海姆（1930—2021）在为雷昂纳德·伯恩斯坦的《西区故事》作词的时候只有二十几岁。他的作品《玛利亚》《今夜》和《在某处》已经成为经典。桑德海姆很快获得了文学大师的声誉。20 世纪的最后二十五年中，他成为美国音乐剧的主导力量，同时创作音乐和唱词，并与他的唱词创作者密切合作，以确保作品的完整性。

大部分评论家都认为，他的代表作是一部几乎没有对白的作品、一部真正的歌剧——《理发师陶德》（1979），改编自 19 世纪一部古老的惊悚情节剧（图 8.6）。在桑德海姆和休·惠勒（创作了这部剧的台本）的手中，情节剧消失了，取而代之的是真正的悲剧，以大型交响乐作为配乐。

当我们第一次看到理发师陶德，他已经在监狱里待了很长一段时间，刚刚回到伦敦。一位法官因为觊觎陶德的妻子，不公平地将陶德判进监狱，并想除掉陶德。他还在陶德不在的时候强奸了他的妻子。一心想复仇的陶德从拉维特夫人那里租了一间楼上的房间。拉维特夫人是一个馅饼师，她的生意越来越差，因为就像歌里唱的那样，她做的是"伦敦最难吃的馅饼"。陶德开了一家理发店，当可恶的法官逃脱他的控制后，他陷入疯狂，开始大开杀戒。顾客坐下来刮胡子的时候，他就用剃刀割断他们的喉咙，把他们的尸体放进斜槽里，运给拉维特夫人。拉维特夫人用绞肉机把客人的身体搅碎，用他们的肉做成馅饼。人们非常喜欢馅饼的味道，拉维特夫人的生意也蒸蒸日上，因做出了伦敦最好吃的馅饼而闻名。而陶德，当然，依旧在等待恶毒法官的到来。

陶德从一个被冤枉的丈夫转变成冷血杀手的过程在作品中得以精确地呈现。作品最后一幕达到了悲剧的高度，疯狂的理发师谋杀了一个形容憔悴的乞丐女人，却发现她就是他认为已经死去的妻子。他那句令人毛骨悚然的"不！"伴随着管弦乐队的演奏，与观众看到悲剧发生时绝望的呼喊混杂在一起。

剧中有许多令人难忘、旋律优美的歌曲——尤其是《乔安娜》，讲述了陶德失去的女儿；拉维特夫人的年轻助手托拜厄斯唱给她的那首挥之不去的《有我来守护你》，承诺会永远保护她；还有严肃又滑稽的《小牧师派》，陶德和拉维特夫人在二重唱中唱出了被做成馅饼的人的各种职业——但重点总是放在戏剧的发展上。大部分对话都是用更新调整之后的 19 世纪中期歌剧的宣叙调来演唱的。

图 8.6　约翰尼·德普扮演的陶德，2007 年的电影《理发师陶德》，蒂姆·伯顿导演

虽然《理发师陶德》由歌剧公司出品，但是伯顿挑选了一些不是因唱歌而出名的演员担任主演（德普和海伦娜·博纳姆·卡特）。这会造成观众对人物的哪些不同理解？

Pictorial Press Ltd/Alamy

8.3 百老汇音乐剧

百老汇音乐剧由音乐喜剧演变为现今较为普遍的音乐奇观秀，发展过程中有何特点？

如果说雷格泰姆音乐、布鲁斯音乐和爵士乐是美国对人文学的贡献，那么 150 年之后仍然流行的百老汇音乐剧也是。直到今天它依然在主导着票房，或许在世界上比其他任何戏剧类型都要流行。当然，它在发展中也经历了很多变化。

美国音乐喜剧第一个全盛期始于第一次世界大战后，并一直持续到 20 世纪 50 年代早期。这种最初的音乐喜剧——几乎没有情节，演出人数众多，充满了漂亮的歌舞女郎——吸引着渴望忘记战争之苦的人们，后来也吸引了想要摆脱大萧条金融危机的人们以及那些经历了第二次世界大战的观众。

百老汇音乐剧的典型情节——如果存在的话——是老套的，人物是扁平的，对白也让人难以置信。重点是这些情节和人物的存在只是作为剧中活泼欢快歌曲的依托，观众会跟着伴奏移动自己的脚步。节奏时不时地会放慢，观众听到的是一些歌词简单易记的民谣。热门歌曲的活页乐谱通常会在大厅中售卖，这样这些歌就能在家中客厅的钢琴上演奏。如果人们无法弹出，还可以在自动钢琴中插入钢琴卷带，琴键就会像变魔术一样自动演奏。音乐喜剧中的热门歌曲与从文本中脱颖而出的咏叹调并驾齐驱，而且百老汇音乐剧从来不会出现诸如如何保持情节戏剧性的问题，也没有人会真正在乎。不过，这种情况在 19 世纪中叶开始变化了。

音乐剧

20 世纪 30 年代末，好莱坞通过放映探讨重大社会问题、有着更多深度和复杂性的角色的电影，吸引那些喜欢严肃思考的观众离开了剧院。较为肤浅的百老汇演出开始过时，而像《演艺船》《波吉与贝丝》等作品受到批评家和观众的一致好评。百老汇也注意到这一点。大型演出的作曲家和剧作者开始意识到，如果音乐剧要继续存在下去，就要创作更严肃的作品。

从我记事起，戏剧人就惯用一套把戏——公司的老员工吩咐轻信的新人找窗帘的钥匙。当然，可笑之处在于，根本没有这样一把钥匙……可我毕生都在寻找它。
——理查德·罗杰斯

罗杰斯与哈特，《酒绿花红》 《酒绿花红》（1940）是百老汇音乐剧的一部重要转型作品，由理查德·罗杰斯作曲，劳伦斯·哈特作词（图 8.7）。《酒绿花红》延续了音乐喜剧的传统，剧中依然有很多欢快的歌曲、踢踏舞和轻柔的民谣，同时增加了剧情的深度，可以看作音乐剧的先驱。**"音乐剧"**一词有时指剧中音乐要比典型的音乐喜剧更能充分融入故事的作品。它在传统音乐剧阳光明媚的舞台场景中投下一处阴影，塑造出一位非传统的英雄，他能唱能跳，但以自我为中心，终究不怎么讨人喜欢。

几位执笔的创作者是全剧的主力，有他们做招牌可以保证作品的成功，从而最大限度地减少投资者的风险。剧本则是由严肃小说作家奥哈拉创作的。

所有事情几乎都是偶然发生的。为了满足制片厂的要求，编剧奥哈拉不得不做出妥协。但他厌倦了这种妥协，于是决定只向《纽约客》杂志出售自己的小说，以此谋生。不幸的是，杂志的编辑对他的作品并不感兴趣，拒绝了他的新作，并说除非他能看懂这部作品，否则永远都不会出版这位作家的其他作品。奥哈拉开始酗酒买醉；他恢复过来后开始创作一个无情混蛋的故事，混迹于各种脏兮兮的夜店。剧中角色乔伊·埃文斯很符合奥哈拉阴郁的心情。起初，他不知道自己会写到哪里，但是"关于这个笨蛋我写得越多，我就越喜欢他"[2]。

图 8.7 法兰克·辛纳特拉和金·诺瓦克在 1957 年电影《酒绿花红》中
受欢迎的舞蹈家吉恩·凯利在这部讲述一个不道德的无赖的最初版音乐剧中扮演乔伊。凯利扮演的角色和不如他出名的辛纳特拉扮演的同一角色会给人何种不同的感受？一个演员的公共形象对于人们对剧中角色的看法有何影响？
Everett Collection

　　于是，一个故事变成了一连串的故事。奥哈拉的一个好朋友读了这些故事后，爱上了这个迷人的无赖，建议奥哈拉就此写一部戏。奥哈拉喜欢这个主意，但认为应该用一部音乐剧来呈现，因为故事有着夜店这一背景和乔伊主持人的职业。于是，一直在寻找挑战性题材的罗杰斯和哈特成了奥哈拉的合作者。

　　这部作品没有一夜之间就变成戏剧杰作。百老汇资深导演乔治·艾博特受雇担任该剧导演。他说剧本的初稿"杂乱无章"。艾博特还担心乔伊会使观众感到陌生。不过，虽然艾博特有很大顾虑，但这些合作者都坚持了下来。

　　罗杰斯和哈特保留了一些轻松愉悦的音乐。他们决定竭尽全力发掘夜店的舞台价值，推出了一个合唱队，队员都是瘦弱的、没有才华的歌手和舞蹈演员。根据诸多评论，这些歌手和舞蹈演员的演出引起了观众的骚动。罗杰斯和哈特还想塑造一个主要人物，一个被宠坏的社会名流，她冒险进入夜店，想要逃离枯燥无味的生活。虽然她一眼就看穿了乔伊，但她无法抗拒他的魅力和性感。罗杰斯和哈特围绕这个角色写出了他们最伟大的作品之一——《神魂颠倒》，这首歌变成了所有痴迷于错误爱人的圣歌。当然，这场爱情是一场灾难。乔伊永远不会改变，但她会永远爱他。奥哈拉拒绝为了观众能高高兴兴地回家而修改故事情节。

　　这部剧最大的成功之处是找到了扮演乔伊的合适人选。作为史上最伟大的舞者之一，后来成为好莱坞传奇人物的吉恩·凯利不仅能用他复杂的舞技征服观众，他那天鹅绒一般的嗓音还会使观众为他着迷。凯利性格开朗，充满魅力。如果没有他的魅力，这部剧就不可能如此成功。

观众源源不断地涌入剧院，票房的成功鼓励着那些努力想要探索音乐剧深度的人。某种程度上，罗杰斯、哈特和艾博特拒绝了奥哈拉的努力，想把这场戏限制在音乐喜剧的范围内，他们从《酒绿花红》开始的尝试已经无法停止。正如学者、批评家威廉·海兰所说：

> 尽管优秀的音乐……是戏剧精神不可或缺的一部分，人物、唱词和戏剧本身，都曾一度让罗杰斯黯然失色。但凭借其残酷、现实的故事和辛辣的唱词，这场演出成为一个里程碑……把音乐从20世纪二三十年代的陈旧形式中解放了出来。[3]

罗杰斯和汉默斯坦，《俄克拉荷马！》 势不可挡的潮流将百老汇音乐剧从轻浮转向严肃和具有深度，深深影响到理查德·罗杰斯。他想起自己在1933年看过的一场戏，认为这部戏会成为一部很棒的音乐剧。他把这部作品介绍给哈特。哈特读了剧本，认为不适合他那标志性的老练的唱词。不过，正在寻找更具挑战性素材的奥斯卡·汉默斯坦二世（《演艺船》的编剧）很喜欢这部戏。《演艺船》的剧本和唱词都表现了他作为诗人的能力和作为严肃剧作家的潜力。

《绽放的紫丁花》是一部讲述两个牛仔争夺一位可爱、天真、年轻女性的传统剧。一个牛仔英俊正直，而另一个牛仔是个恶棍。表面上看这是一个老掉牙的故事，让人想起19世纪的情节剧，但是它的民间特色和简单朴素吸引了罗杰斯。

合作者们认为，《绽放的紫丁花》不仅不同于百老汇以往的任何作品，而且可以满足观众逃避1943年战争阴影的需求。故事的背景是19世纪后期的美国中西部，那时，为争夺女子的野餐篮子，青年男子之间会发生激烈的竞争，拔得头筹者将有权与女子共度节日。

音乐剧的第一个版本在波士顿进行了试演（这是当时的惯例），名为《为子搬迁》，演出结束后受到了不温不火的批评。制片人担心他们筹不到足够的资金，无法把这部剧带到纽约。不过，他们最终还是找到了一个"天使"——有人愿意投资5万美元（最终赚回了数百万美元）。创作者们在波士顿酒店的房间里度过了一个个漫长的夜晚，反复研究每个场景，并努力保留作品原有的真诚朴素和简单。他们明白需要有一个伟大的开头和一个振奋人心的大合唱作为结尾——没有它们一场演出可能都无法存在。结尾的音乐必须在舞台上爆发出来，观众才能带着高昂的情绪回家。因为故事发生的背景是正式独立之前的俄克拉荷马领地，创作者意识到他们需要突出这一重大事件。还有比歌唱国家独立将带来更加美好的生活和世界更好的结尾吗？

罗杰斯和汉默斯坦把音乐和演出都命名为《俄克拉荷马！》，并且在纽约进行公演。

每隔一段时间，剧场观众就要看一场罗杰斯与汉默斯坦的音乐剧，或者重温一下世界的美好，或者让新人领略一番音乐剧之为何物。

——罗伊·伯科

节目引发热议，收获了截至当时最高的票房。票贩子每张票要卖到 50 美元，而当时管弦乐队演出的票价只需要 3.5 美元！一部电台情景喜剧中的角色承诺他的爱人，如果嫁给他，就送她《俄克拉荷马！》的门票！而她的回答是："你在哪儿能弄到？"

幕布拉开的时刻，观众看到了一部全新的作品。里面没有衣着暴露的漂亮女演员组成的合唱队，取而代之的是一个人物——一个年长的（穿戴整齐！）农妇在门廊处搅拌黄油，后面传来一个牛仔的歌声，开始并没有伴奏，"哦，多美好的一个早晨啊"。1943 年的观众一定很吃惊，因为他们已经习惯了前几十年那种华丽的音乐喜剧。

故事既甜蜜又有些可怕。牛仔走上舞台，结束演唱，告诉年长的女人他爱上了她的侄女。刚开始，农妇的侄女不仅对他不感兴趣，而且对他的殷勤感到恼怒，而他回应着她的嘲笑。不同于常见的一见钟情，他们要求对方不要在别人面前表现出爱意，因为"人们会说我们恋爱了"。

故事的所有安排都非常适合音乐剧的舞台表现。当地居民组成合唱团，野餐拍卖允许人们舞蹈。剧情的关键在于女主角劳瑞必须在英俊的克里和农场工查德之间做出选择。戏剧冲突借由一曲精彩的梦幻芭蕾《劳瑞下定决心》进行了戏剧化演绎。编舞家德米尔（1905—1993）专门挑选了一些训练有素的舞者，在充满弗洛伊德象征主义风格的超现实主义背景下进行表演。芭蕾舞的采用带来了后面持续几十年的流行趋势；自此之后，音乐剧经常将芭蕾舞与音乐剧舞蹈结合在一起。

直到今天，《俄克拉荷马！》依旧被认为开启了音乐剧的新走向，之后罗杰斯和汉默斯坦接连创作出一系列成功的作品：《旋转木马》（1945）、《南太平洋》（1949）、《国王与我》（1951），以及《音乐之声》（1959）等。1960 年汉默斯坦逝世，终结了音乐剧史上最高产、最富成效的合作。

伯恩斯坦和桑德海姆，《西区故事》《俄克拉荷马！》之后，音乐剧中的舞蹈元素越来越多，因此可以说 1957 年《西区故事》（图 8.8）的出现几乎不可避免。这部音乐剧以错综复杂的芭蕾舞、现代舞蹈和交响乐为主导（剧中的交响乐已成为大型管弦乐团的必备曲目）。作为《罗密欧与朱丽叶》的升级版，它同样描写了一场注定失败的爱情故事。因为前面有莎士比亚的铺垫，观众也能接受这个悲剧结局。

《西区故事》是一次"高级合作"的产物。杰罗姆·罗宾斯（1918—1998）是现代舞蹈和芭蕾舞界著名的编舞家，是他提出将莎士比亚的悲剧改编成一个现代版本的、一对陷入纽约街头帮派宿怨的恋人的故事。作曲家雷昂纳德·伯恩斯坦（1918—1990）曾在哈佛大学接受过古典音乐训练，注定要成为一名世界杰出的指挥家和作曲家。

1944 年，罗宾斯和伯恩斯坦合作创作了一部轻松愉快的音乐喜剧《都市掠影》。该剧主要以舞蹈的形式讲述了三名水手在 24 小时休假期间在纽约的冒险经历（该剧曾在 2015 年重新上演，并获得巨大成功）。新剧《西区故事》中包含了部分批评家笔下

曼哈顿的群众，连同他们的强动而有节奏的合唱啊！都给我吧，曼哈顿所有的面貌和眼睛。

——沃尔特·惠特曼

所谓的"舞蹈歌剧"，但剧本本身从未依附于剧中的其他元素——可能部分原因在于剧本是由著名的剧作家亚瑟·劳伦茨（1917—2011）创作的。作品中的元素丰富而又彼此独立，因而它们经常被分开表演：国际芭蕾舞团演出其中的舞蹈，交响乐团和独奏艺术家演奏其中的音乐。《西区故事》在百老汇和歌剧院多次上演，演艺剧团也排演过穿插着伯恩斯坦的歌曲（或咏叹调）的莎士比亚爱情场景。

这次伟大合作的第三位成员是一位年轻的作词家斯蒂芬·桑德海姆。他是奥斯卡·汉默斯坦的学生，后来作为作曲家被百老汇发掘。《西区故事》的唱词有一种桑德海姆后期作品中不太多见的简单质朴，但有时会展现出桑德海姆的智慧——唱词非常适合故事的悲剧性呈现。

《西区故事》中，"罗密欧"是托尼，一个波兰裔纽约少年，不情愿地加入一个叫作"喷射帮"的街头帮派。帮派成员尊重他的敏感和理想主义，但希望他能在需要的时候加入战斗。他们的主要竞争对手是"鲨鱼帮"——一群年轻的波多黎各人，他们争抢地盘，誓要驱逐非西班牙裔。最初公演的时候，帮派成员皆由经验丰富的芭蕾舞演员出演。

剧中的"朱丽叶"是玛利亚，"鲨鱼帮"头目贝尔纳多的妹妹，因此也是"喷射帮"不共戴天的敌人。她和托尼是在学校舞会上相识的（而罗密欧与朱丽叶是在化妆舞会上认识的）。莎士比亚作品中阳台上的著名一幕变成了二重唱《今夜》，由玛利亚在防火梯上演唱；而在下面巷子里演唱的是思念爱人的托尼。与此同时，"鲨鱼帮"邀请"喷射帮"进行决斗——一场全体帮派成员的街头斗殴。胜利者将拥有"领地"的所有权。托尼不愿意参加斗殴，因为他知道"鲨鱼帮"的头目是玛利亚的哥哥。但出于对帮派的忠诚，他还是参与其中。其间，贝尔纳多不断挑衅他，怂恿他出第一拳。托尼不断退缩，但当贝尔纳多用一把刀杀死了"喷射帮"的头目，也是托尼最好的朋友里夫时，这个痛苦的英雄为了报仇杀死了贝尔纳多，就像罗密欧在一场决斗中杀死朱丽叶的表弟提伯尔特一样。

莎士比亚的戏剧中，悲剧的高潮在于，被驱逐的罗密欧没有接到朱丽叶的来信，不知道朱丽叶仍然活着，仍在等着他。而在《西区故事》中，托尼被骗，以为玛利亚已经被她嫉妒的男友杀死了。失去了所有希望的他冲进黑暗的街道，恳求被枪毙。听到他的声音，玛利亚高兴地跑过去迎接他，但是她的男朋友在两人相见之前已经用枪杀死了托尼。

她把奄奄一息的情人抱在怀里，而远方传来了警笛声——悲剧的发生无法阻止。

　　《西区故事》中的许多咏叹调已成为经典。除了《今夜》还有爵士乐《喷射帮之歌》、令人难忘的民谣《玛利亚》，以及梦幻芭蕾舞的主题乐《梦想天地》（描绘了一片快乐的土地，那里有"一个属于我们的地方，一个只属于我们的地方"）。

摇滚音乐剧

　　摇滚音乐剧和摇滚歌剧自 20 世纪 60 年代首次在百老汇登台以来，已经越来越多地出现在百老汇的舞台上。著名的作品有《毛发》（有嬉皮和裸露的特点，但不是摇滚乐）和谁人乐队的伟大专辑《汤米》（最初是一张唱片专辑，后来开始出现在舞台和电影中）。近来，百老汇更是出现了许多所谓的"点唱机音乐剧"，它们以其他艺术家的音乐事业为基础，包括《追梦女郎》（粗略地讲述了至高无上合唱团的故事）、《泽西男孩》（回顾了弗兰基·瓦利和四季乐队的时代）以及托尼奖获奖作品《美丽》（讲述了卡罗尔·金的经历）等。

　　《春之觉醒》（2007，由邓肯·谢克作曲，斯蒂芬·萨特尔编剧）被音乐史学家看作一个将严肃戏剧甚至悲剧作品与摇滚乐结合在一起的完美典范（图 8.9）。它取材于弗兰克·魏德金（1864—1918）1906 年创作的一部德国黑色悲剧。剧作家、诗人魏德金在作品中充分暴露了中产阶级的道德僵化，正如易卜生在挪威所做的那样。《春之觉醒》与原作非常相近，故事情节几乎没有改变，也没有出现一个不可信的大团圆结局。事实上，这是一部悲剧音乐剧。一个刻意的大团圆结局会毁掉一部杰作。适应音乐剧舞台是有风险的，更不必说为其增加摇滚配乐了。该剧的故事发生在 1891 年，那么，摇滚乐在一所百年前的德国初等学校里能做什么呢？

　　与时代背景格格不入的摇滚乐是青少年学生对压抑情感的一种宣泄，尤其是性欲望的宣泄，他们不知道婴儿是怎么出生的，也没人让他们明白荷尔蒙的分泌是自然的、不可压抑的。因为在这样一个社会里，父母从来不会谈起性，无论他们赞成还是反对。这些青少年从小就沉迷于这个话题，接受的都是在同学中传来传去的

图 8.9　丽娅·米雪儿和乔纳森·格罗夫在百老汇音乐剧《春之觉醒》中，2006 年　剧中用 21 世纪的音乐表达 19 世纪青春期焦虑的内容，这会带来什么样的体验？
Joan Marcus Photography

错误信息。

主角梅尔基奥尔很有学术天赋，并决心探索生命的奥秘。他把禁书藏在床垫下面，晚上拿出来阅读。慢慢地，他将两性结合理解为一种自然的通过仪式，认为如果压抑就会变得危险（就像西格蒙德·弗洛伊德的理论也同样震惊了当时的社会）。他写了一篇详细解释性过程的文章，分发给学生们。他痛苦地发现自己的好朋友莫里茨一直沉迷于错误的性冲动中，无法学习导致考试不及格。莫里茨最终选择了自杀，而不是勇敢面对自己失败的家庭。

梅尔基奥尔的女朋友是天真的温德拉，起初对梅尔基奥尔那炽热的欲望是抵触的，也不相信梅尔基奥尔承诺的两性结合既自然又美好的话。温德拉是性禁忌的严重受害者，内心有挣脱道德枷锁的潜意识，除了单独和梅尔基奥尔在一起，她什么都不想。她最终允许这个年轻人进入她的身体。在一场温柔、美丽但同时充满不祥预示的场景中，他们演唱了作品中令人难忘的歌曲之一——缓慢的摇滚二重唱《身体在说话》。

他们的快乐并没有持续多长时间。当局发现了梅尔基奥尔的那篇令人震惊的文章。他被送入少年犯管教所进行单独拘禁，这场戏采用了19世纪早期德国表现主义的象征风格：梅尔基奥尔以一种十字架的造型被绑在后台的墙上。温德拉怀孕了，尽管她不知道自己的身体里面发生了什么。绝望的父母把她送到一个据说非常擅长处理类似敏感问题的医生那里；医生诊断怀孕是一种疾病，给她服用了过量的致命药物。

令人惊奇的是，摇滚乐平衡了剧中悲剧性的痛苦。当学生合唱团唱到对性吸引的肯定和对社会压抑的指责的时候，他们边唱歌边跳舞。像许多人文学的伟大作品一样，这部音乐剧不仅唤醒了春天，也引发人们的思考。

奇观秀

20世纪60年代不仅是摇滚音乐剧的时代，也是舞台奇观秀的时代：20世纪80年代开始繁荣的大制作演出（如《猫》《歌剧魅影》《悲惨世界》等）会应用电影般的特效（如《歌剧魅影》中坠落的枝形吊灯）和大布景（如《悲惨世界》中的街垒）。这种风格大概由英国作曲家安德鲁·劳埃德·韦伯（生于1948年）首创，他早期曾与作词家蒂姆·赖斯合作，创作了像《耶稣基督超级巨星》和《艾薇塔》等热门作品。他的《猫》把T. S.艾略特的诗歌放到配乐中，成为20世纪八九十年代百老汇上演时间最长的音乐剧。韦伯的成功带来了包括《悲惨世界》和《西贡小姐》等在内的大型音乐奇观秀，这些作品往往会受到评论家的批评，但深受观众喜爱。

近来，迪斯尼公司已经大规模占据百老汇的舞台，推出了一系列改编自经典动画影片的热门剧作，包括《狮子王》《美女与野兽》和《人猿泰山》等。其中，《狮子王》已是公认的杰作，它由朱丽·泰莫执导，创造了许多生动的巨大动画形象。随后，她在2011年开始执导另一部音乐奇观秀《蜘蛛侠：消灭黑暗》（由 U2 乐队的主唱博诺担任音乐制作），却遭遇了巨大的失败和连续不断的官司。

《魔法坏女巫》 2003 年，迄今为止最为流行的一部音乐剧开始在旧金山选角。它根据同名小说改编，于同年秋天在纽约举行第一次试演，横扫三项托尼奖，演出门票立刻销售一空，至今依然是百老汇最难买到门票的音乐剧。《魔法坏女巫》改编自一个熟悉的故事，但创造出新的面貌，既有趣又有新的发展。它主要描写了《绿野仙踪》中的两个女巫——善良女巫格林达和绿皮肤爱尔法巴（后来被称为西方坏女巫）的故事（图8.1）。两个女巫第一次登场的时候非常年轻，多萝西要很久之后才会出现。我们会看到两人之间友谊的发展和分崩离析，她们有着不同的性格，爱上了同一个王子，而且对大魔法师的幻想也都破灭了。这部作品将美国人熟悉的角色和故事进行改编，再配以百老汇资深作曲家斯蒂芬·施瓦茨（他还为《福音》《皮平》和《魔法奇缘》作曲）有力的配乐，最终取得了极大的成功。

8.4 舞蹈

芭蕾舞和现代舞的主要区别是什么？

钢琴家莱昂·弗莱舍曾对音乐的各种元素进行排序，把节奏放在首位，紧随其后的是和声，然后才是旋律。他认为，音乐可以在没有和声或旋律的情况下存在（在某种浪漫的意义上），但它必须有节奏的支撑，否则就会变成随机的声音。音乐史学者已经指出，节奏是最先出现的，可能最初是作为出生仪式、成年仪式、种植和收获、死亡和埋葬等活动的伴奏。这些仪式可以被看作舞蹈的早期形式，并追溯到三万年以前。

舞蹈的早期历史

众所周知，埃及人创造了高度复杂的舞蹈仪式模仿天体运动。法老们要求奴隶用不寻常的旋转舞蹈和杂技为他们提供娱乐。大约同一时期，《希伯来圣经》将舞蹈视为一种表达喜悦的方式，就像摩西和亚伦的姐姐米里亚姆跳舞庆祝在红海上摆脱埃及士兵那样。

在希腊，从公元前 6 世纪开始，舞蹈艺术变成了一种正规娱乐。舞蹈演员成为一

图 8.10 2014 年瑞典布莱金厄的仲夏庆典上，舞者们围着五朔节花柱跳舞
为什么像五朔节花柱祭祀舞这样的传统在很多文明中都存留了下来？
Piotr Wawrzyniuk/Shutterstock

种受人尊敬的职业，那些拥有力量和柔韧肢体的人从小接受训练。中世纪，教会禁止跳舞，认为舞蹈与异教仪式有关。然而，尽管被禁止，民间舞蹈依然存在，一部分甚至留存至今。

五朔节花柱祭祀舞（图 8.10）可能起源于古爱尔兰，至今在大西洋两岸仍然存在。人们围绕一根（通常）装饰着五颜六色绉纱的竿子，唱着"五朔节，五朔节，啦啦啦"之类的歌。舞者通常是年幼的孩子，但他们可能并不知道这些欢乐的舞步可以追溯到一年一度曾被禁止的春季求偶仪式：对年轻人来说，这是一种象征性的通过仪式。

1348 年"黑死病"暴发期间，受到惊吓的西欧人通过表演一种"死亡之舞"来宣泄内心的恐惧。这种舞蹈通常由一名扮成骷髅的舞者领舞。今天的孩子仍然在跳着这种舞蹈，边跳边唱：

> 玫瑰做的花环，
> 满满都是花束。
> 灰烬！灰烬！
> 我们都倒下！

今天的舞者可能不知道"玫瑰"的最初含义——指的是那些饱受瘟疫折磨的人皮肤上出现的黑红色疱疹（因此称为"黑死病"）。今天的年轻舞蹈演员们兴奋地咯咯笑着，趴到地上，并不知道他们重现的其实是一场灾难。

13 世纪，伊斯兰精神领袖莫拉维·鲁米创立梅夫拉维教团，教团成员的祈祷仪式至今依然存在，他们也被称为苦行僧。他们用越来越快的速度转圈，直至一种恍惚的状态，因为他们相信这种状态可以将他们的灵魂从尘世的束缚中解放出来，与真主安拉同在。

中世纪晚期，随着重要城市的规模日渐扩大、管理逐步完善，舞蹈变成了高度精致的艺术形式，只能服务于少数人。哑剧表演艺术家，或是意大利著名的即兴喜剧表演者，希望通过学习舞蹈赋予身体以灵活性，从而呈现出看似荒谬、无意义的动作，比如看似很疼，但实际上只是一种技巧熟练的"突然摔倒"。再比如，"坐跌"至今仍然是马戏团小丑的经典把戏。

18 世纪早期，卡塔克舞是印度北部宫廷娱乐不可或缺的环节。最初它是一种讲故事的程式化表演，旨在使听众了解自己民族的神话，后来发展成一种高度专业化的艺术形式，有着优雅的旋转动作、快速的脚尖旋转、短暂的造型、快速跺脚以及能够传递丰富情感的细微姿势。舞蹈一直是印度本土文化之一。

舞蹈满足了人们的普遍需求，无论是参与其中，还是坐着欣赏。欣赏舞蹈表演的观众会同舞台上的动作和节奏产生共鸣，因此在某种意义上，他们也是参与者。舞蹈唤醒了人们的酒神精神，即渴望自由的精神。

> 在非洲，舞蹈是宗教最主要的表达方式，涉及最为深刻的问题。
>
> ——琼·阿科切拉

芭 蕾

芭蕾舞被普遍认为是西方最重要的舞蹈艺术形式，从意大利街头哑剧发展成为贵族的宫廷娱乐。从根本上说，芭蕾舞是一系列可控的姿势和姿势的组合，需要经过很多年的艰苦训练才可能达到完美，但又必须让观众看起来毫不费力。芭蕾舞演员看似在舞台上如蜻蜓点水般自如，观众往往忽略了他们的动作是多么违反人体规律。芭蕾舞强迫身体完成一些不适合的动作。日常训练中（有时候晚上也需要训练！）的一个基本姿势是把脚向外转，两个脚跟接触，这一点大多数人都能做到。但随后舞者需要把每只脚水平地向相反方向转动，脚跟仍然要接触。你可以自己尝试一下。

女舞者必须长时间刻意踮着脚尖，而男舞者必须足够强壮能举起女舞者，然后用一只手抓住她。他们必须具有力量，同时又柔软灵活，他们的身体就像古典时期的雕像那样。

19 世纪的法国人和俄国人对芭蕾舞的规范化功不可没。早在 17 世纪，法国人就制定了严格的训练体系。芭蕾舞的很多姿势和动作至今仍用法语命名。**屈膝**指双脚如上所述向外翻转时躯体向下移动。**小跳**指跳跃，跳得很轻，落地时几乎没有声音（除非你坐在前排）。**脚尖旋转**指用一只脚的脚趾支撑站立，身体不停旋转，而且越转越快。古典芭蕾经常会讲述一个故事，但其实并不需要，因为观众并不是为了观看故事而来的。无论是故事还是其他，古典芭蕾舞遵循一种传统、固定的套路：有男女独舞者和男女群舞者。舞者们表演着二人一起完成的动作，随后芭蕾舞女演员踮起脚趾（**足尖舞**）表演一套复杂、高难度的动作，尤其是当她是主角的时候。当男主角领舞时，她在后台仍然会踮起脚尖旋转。男演员表演时会有脚尖旋转、跳跃、身体在空中旋转等一系列的动作。伟大的舞蹈家尼金斯基、努里耶夫和巴雷什尼科夫正因为能跳到惊人的高度而享誉世界。最后，芭蕾舞女演员回到舞台上，向男主角伸出手臂，两位舞蹈演员会在一曲缓慢悦耳的音乐伴奏下，表演一段优美的**双人舞**。

法国芭蕾：《吉赛尔》　由于芭蕾舞术语都是法语，所以我们知道这一艺术形式起源于法国也不足为奇。路易十四 13 岁时曾在舞蹈中扮演太阳神阿波罗的角色，获得了"太阳王"的绰号。17 世纪晚期的法国歌剧中一定会有芭蕾舞，不管是否与故事相关。到了 18 世纪，法国芭蕾已享誉国际。

19 世纪，浪漫主义精神以其不加克制的情感主义开始在法国流行。古典主义乐章与浪漫主义音乐的结合带来了芭蕾舞界长盛不衰的作品《吉赛尔》（1841），由阿道夫·亚当（1803—1856）作曲。这部作品有引人入胜的情节，还有传统的芭蕾舞元素，如踮着脚尖做高难度动作的双人舞和群舞（图 8.11）。

图 8.11　南非芭蕾舞剧团《吉赛尔》排练现场，约翰内斯堡，南非，2012 年
在当今嘻哈文化流行的时代，你认为芭蕾仍然是一种重要的艺术形式吗？为什么？
Gallo Images/City Press/Alamy

故事围绕一名年轻少女对贵族青年阿尔布雷特的爱情展开。阿尔布雷特扮成与她来自同一阶级的模样向她求爱。最终，承受不了被欺骗的打击，吉赛尔死掉了，加入了维丽丝幽灵的队伍——这是一群生前被抛弃的年轻女子的灵魂，她们的任务是折磨负心汉。阿尔布雷特在吉赛尔的坟前悼念，维丽丝幽灵找到他，想强迫他跳舞直至死去，以此作为对他的惩罚。不过，故事以一种真正浪漫主义的方式结束：吉赛尔对阿尔布雷特的爱战胜了幽灵的力量，她和阿尔布雷特一起跳了最后一段双人舞。人们知道，他们的爱将获得永恒。

俄罗斯芭蕾：柴可夫斯基和佳吉列夫

自 19 世纪以来，出于很多众所周知的原因，俄罗斯一直宣称自己是芭蕾舞界的主力。第一个原因就是彼得·伊里奇·柴可夫斯基创作出很多伟大的芭蕾舞配乐——《天鹅湖》（1877）、《睡美人》（1890）和《胡桃夹子》（1892）。

《天鹅湖》中，王子被迫从父母认可的年轻女子中挑选一位新娘。他感到很伤心，于是出去狩猎天鹅。正当他准备射杀一只天鹅时，天鹅王后出现了。王后告诉他，这些天鹅都是被恶毒的巫师变形的女子。王子爱上了天鹅王后，承诺娶她为妻。在宫里的舞会上，巫师带着美丽的女儿走来，巫师的女儿看起来与天鹅女王几乎一模一样。王子宣布她将成为自己的新娘，但在窗外看到了真正王后的影子。他冲向湖边，天鹅王后悲伤地死在他的怀里。故事情节是 19 世纪多愁善感的情节剧的典型，它与精彩的配乐和舞蹈相比黯然失色，这种情况在很多大制作中非常明显。

《睡美人》改编自流行童话故事，讲述了一个被邪恶女巫诅咒的女孩的故事，女巫因为没有被小公主邀请参加自己的洗礼仪式而愤怒不已，决定复仇，诅咒她在 16 岁时死去。预言马上要实现的时候，丁香仙子改变了诅咒，使这个小公主和她的王国一起沉睡一百年。后来，一位英俊的王子听说了她的故事，来到城堡，爱上了她，并亲吻了公主的双唇。亲吻打破了魔咒，王子与公主从此开始了幸福的生活。

每逢节日期间便会在数百家剧院上演的《胡桃夹子》通常是孩子与芭蕾舞的第一次接触；成年人或许在童年时也有着同样的体验，但还会年年观看它的演出。一个小女孩收到了很多昂贵的节日礼物，但她最喜欢的却是一个胡桃夹子娃娃。深夜，当她偷偷溜进客厅玩洋娃娃时，突然受到一群凶狠老鼠的攻击。在玩具士兵的帮助下，胡桃夹子苏醒过来，与老鼠们决斗。鼠王把胡桃夹子逼到绝境，正要杀死他的时候，小女孩及时救了他。胡桃夹子杀死鼠王，打破了另一个魔咒，变成了英俊的王子。他变成女孩的向导，让她看到了世界各地各种各样的舞蹈。第二天她醒来后以为一切只是个美妙的梦。

俄罗斯芭蕾舞创造了包括上述作品在内的很多世界闻名的芭蕾舞作品，其编舞和演员也因此闻名于世。俄罗斯芭蕾舞团是一家总部设在巴黎的巡回演出公司，尽管

我把舞蹈放在第一位，在友情、爱情甚至婚姻之前，也在家庭之前。要成为一名芭蕾舞演员，可能只需要把自己的一半或者一多半献给艺术，剩下的留给舞台之外的生活。但对我来说不是这样。我把自己的全部都献给了艺术，艺术也如数馈还。

——亚历桑德拉·达妮洛娃

名字叫俄罗斯芭蕾舞团，但实际上从未在俄罗斯演出过。该公司1909年由佳吉列夫（1872—1929）创立。佳吉列夫是一位才华横溢的编舞家，但在芭蕾舞中，他遇到了前所未有的挑战，因为芭蕾舞需要将舞蹈、戏剧、视觉艺术和交响乐结合在一起。

佳吉列夫几乎可以被称为世界一流芭蕾舞团的经理人，因培养出瓦斯拉夫·尼金斯基（1889—1950）而闻名。尼金斯基是一位革命性舞者，他那极具创造性的想象力和敏捷的动作不断影响着后世的男性舞蹈演员。在很多人眼中，尼金斯基是有史以来最伟大的男舞蹈家。1913年，尼金斯基同时担任《春之祭》的编舞和主演，这部作品使那些习惯于古典主义华丽舞蹈的观众时而迷惑、时而震惊。

尼金斯基的编舞生动呈现了祭祀仪式，配以斯特拉文斯基那不和谐的配乐，的确改变了音乐和舞蹈的方向。然而，这种转变需要一段时间，尤其在舞蹈领域。为了模仿尼金斯基的高空跳跃和旋转动作，舞者必须经过多年的训练。鲁道夫·努里耶夫（1938—1993）基本达到了尼金斯基的要求，他是英国皇家芭蕾舞团的著名舞蹈演员。

我要的，不是想跳舞的人，而是必须跳舞的人。
——乔治·巴兰钦

将俄罗斯芭蕾舞带到西方的人是乔治·巴兰钦（1904—1983）。1934年，他联合创立了美国芭蕾舞学院，致力于训练美国舞蹈演员，如此舞蹈公司就不必从俄罗斯引进舞蹈演员了；1948年，他又联合创立了美国纽约城市芭蕾舞团。巴兰钦结过五次婚，历任妻子都是自己旗下的顶尖芭蕾舞演员，包括出生于俄克拉荷马州生态保留区的玛利亚·托契夫和塔纳基尔·勒克莱尔（她感染了脊髓灰质炎，后半生是坐在轮椅上度过的）。

巴兰钦放弃了俄罗斯芭蕾舞团情节驱动的情节剧模式，编排出很多令人惊叹的纯粹动作系列舞蹈。他将美国爵士乐融入舞蹈中，还与罗杰斯和哈特合作了音乐剧《保持警惕》，专门为此创作了芭蕾舞《第十大街上的屠杀》，用复杂的高强度舞蹈动作讲述了曼哈顿酒吧里的激情和谋杀故事。

现代舞

现代舞之所以被称为现代舞，并不仅仅因为它诞生于现代世界。现代舞是一种公认的、严肃的舞蹈风格，打破了舞蹈的古典主义传统，现在是舞蹈学校的必修课之一。它有着严格的训练方法，其前身是尼金斯基的《春之祭》的编舞（它赋予舞者动作和身体的自由）。

训练从古典姿势和动作组合开始，逐渐增加复杂的变化：跳跃、抛接、落地、滚动，看似毫不费力地跳起、同其他舞者的身体接触。一名男性舞蹈演员可能会举起一名女性芭蕾舞演员，用一只手举起，然后突然放手，使观众倒吸一口气，女舞者落下，环绕他的身体到达地面，用一条腿来接触他的脖子，这一系列的高难度动作是多年艰苦训练的成果。

男性必须进行举重和其他高强度练习才能完成尼金斯基和努里耶夫的舞蹈动作。爱德华·魏耶拉（生于 1936 年）是巴兰钦舞团的明星演员之一，他最初跳古典芭蕾，后来得益于自己早年做拳击手的经历，将自己肌肉发达的身体和令人眼花缭乱的舞步融入现代舞中。

另一位擅长古典舞和现代舞的舞蹈演员是米凯亚·巴瑞辛尼科夫，1948 年生于拉脱维亚。他的运动能力和超强的身体素质使他在年轻时就成为基洛夫芭蕾舞团的明星舞者。因为不满足局限于芭蕾舞剧的标准剧目，巴瑞辛尼科夫跑到美国，吸引了大批芭蕾舞和现代舞的粉丝。观众潮水般涌入剧院，专为看他那惊人的飞跃，有时甚至超过了尼金斯基的高度。据报道称，他至今仍然保持着时间最长的空中旋转纪录。旋转时他会重回动作优雅的跳跃，然后开始脚尖旋转，旋转速度如此之快，以至于他仿佛隐身一般。

图 8.12　玛莎·葛兰姆舞团在德国科隆演出，2006 年
你觉得为什么玛莎·葛兰姆对舞蹈的创新仍然在影响着其他的舞蹈演员？
Brill / Ullstein bild / Getty Images

玛莎·葛兰姆　玛莎·葛兰姆（1894—1991）是现代舞的先驱，八十多岁还在不断地创作新作品。葛兰姆生于美国，她在叙事舞蹈中加入了快速运动和伸展动作。在古典芭蕾舞中，舞者的身体长时间处于坚硬状态，而葛兰姆训练她的舞蹈演员动作要灵活、松散，身体内部和外部都能够自如收缩（图 8.12）。葛兰姆的舞蹈中有很多抬肩和转动肩膀的动作，也有很多地板动作。她的风格要求舞者用身体表达情感，因此他们的身体必须看起来尽可能自由。

葛兰姆深深扎根于美国的文化传统之中。她学习了各种各样的民间舞蹈，并将它们放到《阿帕拉契亚之春》（1944）中，阿隆·科普兰为其创作了精彩的交响乐。这些程式化的民间舞蹈节奏复杂，有的又出人意料地缓慢。葛兰姆并没有要求舞者要随着音乐的拍子去跳舞，而是让音乐和故事来确定应该用什么样的节拍。观看她的舞蹈，你不会注意到那些潜在节奏和戏剧性时刻，音乐和舞者的动作完全融合在一起。

摩斯·肯宁汉和荷西·李蒙等编舞家和舞蹈演员多年来进行了越来越具有挑战性的创新。某种程度上，他们的很多作品都以玛莎·葛兰姆的作品为基础。

阿尔文·艾利　同样做出重要贡献的还有阿尔文·艾利（1931—1989），一家舞蹈

剧团的创始人，剧团至今仍然以他的名字命名，且一直保持创新活力。他十几岁时就开始对舞蹈感兴趣，但是，尽管曾跟着著名编舞家列斯特·何顿学习，但他仍然认为自己的职业发展将受到限制，因为他是非裔美国人。当时，大部分芭蕾舞剧团都不会招收混血演员。然而，1953 年，艾利在何顿剧团的首演获得了巨大成功；1958 年，何顿去世后，受到玛莎·葛兰姆和多丽丝·韩福瑞的鼓舞，艾利创办了阿尔文·艾利舞蹈剧团。

艾利把令人眼花缭乱的动作和自己对贫困南部地区的现实主义视角加入现代舞中。他也受过很多古典训练，舞蹈中除了民间舞和爵士舞，还有传统的男女搭档舞蹈。他的剧团最受观众喜爱的作品之一是《启示录》（图 8.13）。伴随着福音音乐和灵歌，作品描绘了星期日礼拜、洗礼仪式、安静独奏中个人与上帝的结合，以及激动人心的终曲中舞蹈演员欢快地庆祝友好与和睦。那些来自不同种族的观众不停地拍手叫好，有些人甚至会在过道上跳舞。

1963 年，艾利整合了剧团，加入日本及美国本土舞蹈传统的风格和技巧。他那国际化的舞蹈作品引来了苏联政府的邀请；艾利舞蹈剧团是半个世纪以来第一个做巡回演出的美国剧团。

特怀拉·萨普　特怀拉·萨普（生于 1941 年）把古典舞蹈和现代舞与爵士乐和流行音乐结合在一起。与玛莎·葛兰姆的舞蹈演员一样，她那四肢柔软灵活的舞蹈演员们展现出了经过多年训练后自由的身体，他们能很快适应各种不同的音乐，尤其是那些曾被认为不适合严肃舞蹈的音乐。例如，萨普创作了一部名为《伴我飞翔》（2010）的作品，配乐为法兰克·辛纳特拉的音乐。她谨慎地选择那些关于两性斗争的作品。她选取古典双人舞，把它变成男舞者和女舞者之间的激烈"角力"。

和阿尔文·艾利一样，萨普从严格的古典舞蹈训练中脱颖而出，形成了自己独特的风格，结合芭蕾、现代舞、爵士舞和踢踏舞等各种舞蹈形式，同时伴之以极为丰富的音乐。1973 年，她的芭蕾舞剧《双人座车》将古典动作组合与海滩男孩（Beach Boys）的音乐结合在一起。《危急关头》（1976）是专门为舞蹈家巴雷什尼科夫创作的，把莫扎特的风格、乔普林的雷格泰姆与幽默混合在一起。

今天，一个舞蹈剧团在任何一个夜晚都可以同时表演古典芭蕾和各种不同风格的现代舞，原因是电子音响技术可以替代现场管弦乐队，从而使许多地方剧团演出的节目与大都市舞蹈剧团的节目同样丰富而激动人心。无论你是住在大城市还是住在大城市周边，在你家附近很可能就有一家舞团，你完全可以享受这些完美的动作和表演带来的乐趣。

> 艺术是足不出户却避世离俗的唯一方式。
> ——特怀拉·萨普

民间舞蹈

民间舞蹈植根于历史悠久的风俗习惯和特定文化的价值观中，有时与正规的舞蹈有很大区别，只需要很少的训练，或者根本不需要训练。但就像弗拉门戈一样，有时它也是一种高度规范化的艺术形式，需要像芭蕾舞一样经过多年的严格训练。

美洲本土传统舞蹈 美洲本土舞蹈在不同部落民族中有不同的形式。部落成员几乎从小就学跳适合不同场合表演的舞蹈（图 6.2）。例如，在加拿大和阿拉斯加，人们戴着面具，穿着精心制作的服装，用舞蹈纪念死者。游客从世界各地赶来观看这一盛况，他们通常还会收到礼物。

在西北部，美洲本土的传统**"波特拉齐"**是部落成员齐聚一堂跳舞庆祝的一个重大节日，比如庆祝一场婚礼或一个婴儿的诞生。年轻人会在某个时刻承续并创造自己的舞步，以展示人类绵延不绝和不断进化的本质。

美洲原住民与地球保持着永续的紧密联系，他们的舞蹈通常表达对供养者大自然的依赖和赞美。由美国远西部和中西部民族表演的熊舞是对古老仪式的重现——对人们通过狩猎收集充足的食物来度过漫长冬天的仪式化表演。人们有时会将这场象征性的狩猎仪式与三万年前的水牛舞联系在一起。

在大平原地区，**帕瓦舞**的传统十分强盛，是部落凝聚力的一部分，同时也是民间舞蹈如何发展出一种艺术形式的范例。在整个发展历程中，帕瓦舞逐渐发展出高度规范化的系列动作。开场是盛大的壮观场面，老老少少按照鼓点节奏行进，随后大家齐唱部落圣歌，接着就是一系列庆祝播种、收获、求爱和婚姻的舞蹈。经常来这里参观游览的外地人也会被邀请参加舞会，但前提是他们必须遵守严格的动作要求。

弗拉门戈舞　弗拉门戈舞起源于多种文化的民间传统，现在被认为是西班牙的标志，或者更准确地说，是安达卢西亚省的标志。然而，它最初从吉卜赛歌曲发展而来。人们认为吉卜赛歌曲产生于印度、希伯来咒语、摩尔人（阿拉伯）旋律和安达卢西亚民间音乐。所有民间艺术中，弗拉门戈舞有着最严格的规则，包括吉他演奏、歌唱、强有力的脚踏节奏和拍手（这已成为一种艺术形式，必须经过严格的练习后才能在公众场所表演）。

它的首场专业演出是在1842年的安达卢西亚咖啡馆。不到20年的时间里，弗拉门戈舞就传到了马德里和西班牙的其他地方。一场典型的弗拉门戈表演包括四名女舞者和两名男舞者、两名吉他手、两名歌手。随着这一舞蹈的流行，吉他也成为西班牙的主要乐器。今天，我们可以在世界各地的音乐厅听到弗拉门戈吉他独奏。

墨西哥民俗芭蕾　与弗拉门戈舞相似，墨西哥民俗芭蕾舞团也起源于民间传统（图8.14）。它已成为一个世界著名的舞蹈机构，旗下拥有很多舞团，每年会在世界各地

图 8.14　墨西哥民俗芭蕾舞团的一场表演
很多国家都以自己的传统舞团为豪。它们的存在是怎样反映一国人口的多样性和同质性的？
Luis Castañeda / Age fotostck / Alamy

演出。墨西哥的重要城市大部分都拥有自己的民俗芭蕾舞团，这些舞团有着同样的舞蹈风格和表演节目；各个舞团演出时也会增加一些关于当地神话传说的元素。所有舞蹈演员与世界一流的专业舞团一样训练有素。

在阿马莉亚·赫尔南德兹的指导下，民俗芭蕾舞团 1952 年诞生于墨西哥城，至今它仍然是当地最重要和最受欢迎的舞团。整个团队以保护传统文化为使命，因为舞蹈能体现出丰富的传统文化，同时也向外国人传播墨西哥的文化遗产。不同地区的经济状况不同，因此既有服饰和舞台布景十分精致的表演，也有服饰或布景简陋，但艺术性不减的表演。

表演有很多固定的套路。例如，《鹿舞》就是一部传统作品，戴着鹿头的男舞者被猎人追逐，他机敏地躲避猎人，直到被猎人的箭射中。还有一些歌颂爱情、婚姻和生命轮回的固定模式，充满了他们对所拥有的艺术财富的欢欣和自豪。

民俗芭蕾舞团在墨西哥城成立了舞蹈学校，并在墨西哥和美国各地建立了很多舞蹈课堂。达特茅斯大学和普林斯顿大学等许多学校都有民俗芭蕾舞训练，民俗技巧研究也被列入很多高中课程中。

各个舞团会定期做巡回演出，不仅在演奏大厅，也会在学校演出，这也是它们的文化使命的一部分，并在继续扩大着自己的影响范围。人文学是友好亲善和文化交流的使者，墨西哥民俗芭蕾舞团就是其中的典范。

亚洲舞蹈 西藏和尼泊尔古代佛教舞蹈的表演者也致力于文化艺术的保护。藏传佛教训练僧侣的内容包括在宗教典礼上表演传统舞蹈；舞者都是僧侣，观众仅限于信众。没人考虑赢得外界的赞誉。

在一场舞蹈表演里，舞者戴上装饰着孔雀翎羽的黑色金属帽，庄严地列队入场。伴随着低沉的音乐，他们做着缓慢、优雅的手势。他们有意让动作单一，目的是平静情绪，使人安静地接受自我的存在，而不会产生幻觉。在世界上所有的舞蹈中，佛教舞蹈最不容易引起人们的兴奋。

在另一支舞蹈表演中，舞者穿着五彩绸衣，也许是因为藏传佛教认为，人们只能短暂地、偶然地体验到色彩的存在（日本禅宗最推崇黑色，认为色彩只能引起"世界真实不虚，万物皆有意义"的谬想）。

在本章中，我们探索了人类经验中的诸多舞蹈类型。伴着节奏运动，无论是对舞者而言，还是对观众而言，都是一种普遍需要。大部分舞蹈都能激发观众的情绪，产生净化的效果，这正是亚里士多德悲剧理论的核心。舞蹈还可以像佛教舞蹈一样，帮助人们从内心的情绪压力中恢复平静。实际上，所有舞蹈都有着相同的目的，对我们的生命而言至关重要。

身体动作和言辞一样雄辩动人。

——伊莎多拉·邓肯

批评焦点   探讨《波西米亚人》和《吉屋出租》

　　《蝴蝶夫人》被改编成一部现代音乐剧《西贡小姐》，并大致形成了1988年舞台剧《蝴蝶君》的基础。这并不是贾科莫·普契尼（1858—1924）唯一在现代语境下被完全改写的作品。其中一部流传最久的歌剧作品是《波西米亚人》。自1896年首演以来，它已经在世界各地上演了数千次。观众似乎永远不会厌倦剧中华丽浪漫的配乐和诗人鲁道夫与女裁缝咪咪之间的爱情悲剧。剧中，两个人和一群朋友（大部分是艺术家）住在贫穷的波西米亚街区。他们穷困潦倒，总是怀着能卖掉一首诗或一幅画的希望。故事捕捉到各个时代那些住在阁楼里食不果腹的艺术家的生活；故事的主人公像罗密欧与朱丽叶一样，注定要分开。最后一幕，身患肺病的咪咪死在寒冷刺骨的阁楼里。看到这里，那些最为冷静克制的日神式观众都会忍不住噙满泪水。

　　1996年，一部低调的、低成本的摇滚音乐剧《吉屋出租》在百老汇的一家小剧院上演，重述了《波西米亚人》的故事。为了容纳更多的人，演出搬到了百老汇的一家大剧院，随后又改编成一部成功的电影。它那极富感染力和持续不断的摇滚节拍以及21世纪的角色设置会让那些普契尼原作品的观众感到困惑不已。在现代版本中，鲁道夫变成了罗杰——一个患有艾滋病的摇滚歌手，决心在死前创作出一首伟大的歌曲。咪咪保留了原有的名字，但她在现代版本中是一个瘾君子，也是艾滋病患者。他们的朋友包括一对男同性恋、一对女同性恋和一个异装癖。就像普契尼笔下的波西米亚人那样，乔纳森·拉尔森笔下的人物也在快乐地生活着。虽然生活困顿，死亡的阴影慢慢笼罩，但他们仍然唱着欢快的歌曲，对未来充满希望。

　　分析下面的图片和文字，发掘《波西米亚人》和《吉屋出租》之间的异同。

图8.15　安娜·奈瑞贝科和皮奥特·贝扎拉，《波西米亚人》，2010年
Frank Franklin II/AP Images

图8.16　凡妮莎·哈金斯和艾伦·特维特，《吉屋出租》，2010年
London Entertainment/Splash/Newscom

- 你认为故事的哪些方面以及我们的文化的哪些元素使《波西米亚人》的故事可以改编成 21 世纪的版本？
- 思考本章对 19 世纪德国戏剧进化到音乐剧《春之觉醒》的探讨。一般而言，你认为一部作品必须具备什么样的特征才能使它在完全不同的历史时期依然具有重要意义？
- 如果你正在买下周六晚的戏剧票，两家剧院中的一家要演出《波西米亚人》，另一家要演出《吉屋出租》。你对哪个更感兴趣？为什么？
- 思考你在本章读到的哪些作品适合进行现代改编？你会把它们放在什么样的背景下？为什么？

回顾

在这一章里：

- 我们简要探讨了歌剧的起源，讨论了三位作曲家的贡献：莫扎特、威尔第和瓦格纳；
- 我们追溯了轻歌剧和"流行"歌剧或通唱剧的发展；

- 我们了解了百老汇音乐剧发展的重要阶段；
- 我们探讨了舞蹈的主要元素，包括芭蕾舞和现代舞，并简要介绍了舞蹈在文化和艺术上的重要性。

主要术语

足尖舞（en pointe）：芭蕾舞术语，踮起脚尖跳舞。

弗拉门戈舞（flamenco）：源于安达卢西亚的一种舞蹈风格，包括精确的脚步和拍打动作，由吉他伴奏。

小跳（jeté）：芭蕾舞术语，跳跃。

主导动机（leit-motif）：与瓦格纳歌剧相关，指某个人物或某种力量，如命运或诅咒，在作品中反复出现。

唱本（libretto）：歌剧的唱词，或音乐剧的台本和唱词。

乐剧（music-drama）：瓦格纳赋予自己作品的称呼。

音乐喜剧（musical comedy）：一种音乐剧类型，流行于 20 世纪三四十年代，剧中歌曲与情节等往往没什么关系。

音乐剧（musical play）：一种流派，可追溯到 1940 年的《酒绿花红》和 1943 年的《俄克拉荷马！》；有着鲜明的情节、大量的对话、丰满的人物以及配合故事情节的音乐。

歌剧（opera）：拉丁语工作（opus）的复数，一种类型，几乎全部或大部分对白都用歌唱的形式表达，其间

穿插着旋律优美的咏叹调、二重唱以及合唱。

轻歌剧（operetta）：题材较为轻松的歌剧，以旋律优美的咏叹调和二重唱为特色，通常与场景关系不大；剧本只是为音乐的出现做铺垫。

双人舞（pas de deux）：法语短语，意思是"两人跳舞"，通常指伴随着悦耳伴奏的、缓慢的双人舞。

脚尖旋转（pirouette）：舞者用一只脚完成的旋转动作。

屈膝（plié）：法语芭蕾舞术语，一种基本姿势，指舞蹈演员蹲下来，同时保持双脚水平伸展，脚跟互相接触。

波特拉齐（potlatch）：美洲本土居民聚在一起庆祝结婚或出生等重要的生活时刻。

帕瓦（powwow）：大平原的美洲原住民的一种舞蹈，是维持族群联合统一的一种方式。

宣叙调（recitative）：歌剧中用歌唱的形式进行的对话。

德国歌唱剧（singspiel）：德语词，指说出对白、无须吟唱对白的歌剧形式。

图 9.1 奥逊·威尔斯在其 1941 年导演的电影《公民凯恩》中扮演查尔斯·凯恩

在这部名作中，威尔斯使用了诸多新电影技术和一种碎片化的叙事结构。使用新技术和讲故事，对影片能否成为经典佳作而言，哪方面更为重要呢？

AF archive/Alamy

第九章

电影与电视

学习目标

9.1　辨识并认识电影制作的主要程式。

9.2　讨论电影史早期的一些里程碑式作品的重要性。

9.3　辨识主要电影类型的特征。

9.4　解释两部经典影片《公民凯恩》和《卡萨布兰卡》持续流行的原因。

9.5　界定与电影制作相关的"作者"一词，并简单讨论一些知名导演的事迹。

9.6　解释 21 世纪初被视为电视"新黄金时代"的原因。

9.7　解释批判性思考在评价电影和电视时的重要作用。

　　像其他人文学科一样，电影、电视和视频是创造性表达的承载，也许是其中最富集体创作力的一种了。（想一想那些片尾字幕中长长的名单！）它们也是最有商业价值、最流行的创作产品。每周我们都能看到正在上映的电影的票房排名和电视节目的收视率，但却从未看到艺术画廊的开幕式或新歌剧的首演有类似的数据统计。我们甚至会（虽然有时不那么耐心）观看奥斯卡金像奖评选编剧、音效师、化妆师和其他电影幕后工作者的单元。我们知道，银幕作品不只是面孔熟悉的演员的功劳，他们当然很重要，但同时也是作家、导演、制作人和摄影师的创作。

　　我们生在这样一个时代，银幕演出的接受程度前所未有。从卡带到 DVD，再到电视、电脑、平板和智能手机，观看的可能性几乎是无限的。本章简要地探究电影制作的早期历史、影片的主要类型、几位知名电影作者的事迹以及电视和网上流媒体作为引人注意的新戏剧形式的来源。我们将从电影制作的一些基本程式出发，最后会给出一些批判性评估影视作品的参考。

9.1 动态影像的程式

电影制作的主要程式有哪些？

成为艺术家意味着绝不能转移目光。

——黑泽明

　　在电影和视频中，正如在舞台上一样，程式是那些能让观众所信以为真的技术和条件。开始时，读者学习印刷的规则——从左到右、从上到下，以及大写字母、句号等。类似地，对电影制作程式的认识，也有助于观众批判性地观看。

声　音

在 1927 年声音被引入电影之前（这可能是最为重要的程式革命了），默片需要使用印刷好的卡片插入相应位置来展现对话或信息。尽管我们认为默片早就过时了，但事实上巴斯特·基顿、麦克·塞纳和查理·卓别林等著名表演者早已将哑剧演出发展成一门艺术。起初伴奏音乐是在剧场由钢琴家直接演奏的，后来加入电影中，引领了有声电影的到来。

电影中的声音被分成两个类型：一类是源自银幕可见的动作的声音，比如对话和声效（所谓**剧情声**）；另一类是从外部加入的声音，如配乐和旁白（所谓**非剧情声**）。声音可以用来制造悬念、触发情绪，将我们的注意力引向特定的角色或行动，而沉默无声也可以唤起感情，尤其是在这个无时无刻不被声音包围的世界之中。

音乐在电影中几乎无处不在——很少有电影没有音乐配音，而我们总是忘记在现实生活中音乐不会无缘无故地响起。有时，激烈的音乐会配合暴力行为，但一些富有想象力的导演通常用音乐作为对画面内容的反讽。比如，在奥利弗·斯通 1986 年拍摄的反战电影《野战排》中，对应暴力死亡场景的是塞缪尔·巴伯舒缓优美的《弦乐柔板》，而在斯坦利·库布里克 1971 年的经典之作《发条橙》中，伴随骇人的强奸场景播放的则是略显诡谲的《雨中曲》。

摄影机

通常，观众是不会察觉到摄影机的位置和用法的，但导演和摄影师的选择能在视觉体验上起到根本性的作用。带有批判性的观众通常不循规蹈矩，十分注意摄影机的动向。

摄影机的位置、镜头和角度　当代电影导演可资利用的资源越来越多，标准的镜头——远景镜头、中景镜头、特写镜头、横摇镜头、变焦镜头、推轨镜头——让导演能够营造语境，把观众的注意力集中在单一的角色或对象上，或者在蔓延的风景中跟随角色的进程或动作。手持镜头和摄影机稳定器给人一种写实的暗示、一种**纪录片**的感觉。近年来，电脑合成的视频已经显示出几乎无尽的可能性。墨西哥导演阿方索·卡隆 2013 年的电影《地心引力》，用了将近五年时间来发展新的电脑技术，借此创造出女主角（由桑德拉·布洛克扮演）在太空中自由飘浮的幻觉。而在 2015 年西恩·贝克用一部 iphone 6 手机拍摄完成的电影《橘色》，也获得了高度评价。

图9.2 《乱世佳人》中的反向推轨镜头

在这个镜头中，当斯嘉丽艰难前行时，摄影机拉到远处，显现出数以百计的尸体。与直接的远景镜头相比，这个镜头实现了什么效果呢？

AF archive/Alamy

视角是指摄影机的位置安排，以便清晰地表明角色及其心灵的行动。比如，在播放时间长达20年的电视连续剧《法律与秩序》（1990—2010）中，每个镜头要么是探长的视角，要么是律师的视角；主要角色看不到的东西，也不会容许观众看到。导演也可能会选择那些反映外部视角的镜头和角度，当然他们也会用一些特定的镜头语言来激发观众的独特反应——参与感、同情或恐惧。

有些镜头尤其有用。**特写镜头**让导演能够把观众的注意力集中到一个手势、一个泄露出内心秘密的眼神、一封留在桌子上的信，表示它在后面的剧情中会很关键。在电影发展早期，摄影机还没有如今这样精良，导演能摆弄的只有一两台设备，一部电影往往是对一个演出的拍摄，还没有什么特写镜头。如今，一位导演如果不使用特写镜头，只使用长镜头或中镜头来完成整部影片的拍摄，则会被视作非常具有实验性。

推轨镜头允许导演在场景中跟随人物，移向或离开某个动作。一些推轨镜头提供了强大的情感冲击，如1939年经典影片《乱世佳人》中的一个镜头：斯嘉丽·奥哈拉为了寻找医生，疯狂地冲入亚特兰大街，慌乱中撞入一片伤兵和死尸之中（图9.2）。当斯嘉丽慢慢发觉她所看到的景象时，镜头从她恐惧的脸上移开，场景扩大，数以百计的尸体呈现出来。有时，推轨镜头又是一种颇为精巧的技术，它可以分散观众的注意力，让他们忽略即将发生的动作。比如，在2007年的影片《赎罪》中，表现敦刻尔克大撤退的长达五分钟的推轨镜头，其精细程度会让观众好奇它是怎么实现的，而不是被影片里的真实体验所吸引。

场景和场面调度　在摄影师和其他专业人士的合作下，导演就摄影机的位置、镜头和角度等做出选择。同时，导演也会就怎样塑造场景——场景就像是短篇小说中的段落一样——做出选择，来展开一个动作或想法。我们在每一个场景中切实看到的，包括道具、服装、布景、灯光、演员所处的具体环境等，即是所谓的**场面调度**，这个法语词的字面意思是"舞台布置"。

场景可能由某个单一镜头构成，也可能由许多镜头构成，如迪斯尼影片《小飞象》中搭帐篷的场景用了近六十次镜头切换。阿尔弗雷德·希区柯克的《夺魂索》(1948)和阿加多·冈萨雷斯·伊纳里多的《鸟人》(2014)都做了精心剪辑，仿佛两者都是一镜到底的影片。

摄影是真实。电影则是每秒 24 帧的真实。
　　——让－吕克·戈达尔

色　彩

色彩或者色彩的缺失，是**摄影术**中的重要元素。一些最优秀的影片（如《公民凯恩》《卡萨布兰卡》、20 世纪 40 年代的"黑色电影"、巴斯特·基顿和卓别林的喜剧等），通过黑白电影可以实现的明暗对比产生了极大的力量。当代的一些电影人会认可黑白电影的优势，但很少再用这种方式，除非用来重构过去，像 2011 年奥斯卡最佳影片《艺术家》中用来重构默片时代。对经典电影如《卡萨布兰卡》的再上色，曾被视作巨大的创新，但后来被叫停了，因为许多影迷和电影学者强烈抗议，视之为对原作的损害。

时　长

时长方面是灵活的，可以由导演选择。凭借摄影机聚焦到不同的对象和人，在他们之间来回切换，一个本来持续一分钟的动作可以在银幕上被延长到几分钟。对时长的精巧掌控，始于像大卫·格里菲斯和谢尔盖·爱森斯坦这样的先驱。

有意慢放镜头，可能是表达一种抒情的、梦幻般的场景，也可能是一段美妙的回忆或幻想。完全把画面停下来，形成一系列静物照或**定格**，弗朗索瓦·特吕弗曾在《朱尔与吉姆》(1961)中开始使用这一技术，后来马丁·斯科塞斯在他的黑帮片《好家伙》(1990)中也使用了。

有意快放镜头，会让人物显得滑稽（如马克·塞内特 20 世纪 20 年代的系列默片喜剧《启斯东警察》）或离奇而呆板（如《发条橙》中恶霸少年以快速、不稳定的方式打斗，配合罗西尼序曲的节奏）。不自然的速度会制造出一种机械般的感觉，没有比卡通片中的暴力镜头更适合这种效果的了。

叙 事

是什么把我们吸引到了影视娱乐当中？通常情况下，吸引我们的不是摄影机或导演的技术，而是故事——自始至终吸引我们的叙事弧。许多影片和电视剧都遵循相对标准的三幕结构——难题在第一幕出现，在第二幕发展，在第三幕得以解决。通过视觉和声音把故事讲好的能力，可能是好莱坞（包括后来的电视）得以发展的最重要的技术原因。

电影编剧面临一个独特的挑战：要吸引观众一个半到两小时。对电视编剧来说，挑战是不一样的。直到最近，电视剧的写作都遵循严格的时间限制——半小时的节目控制在 22 分钟，一小时的节目控制在 45 分钟（要给商业广告预留一部分时间），每一季 26 集。直到《希尔街的布鲁斯》在 20 世纪 80 年代出现，这一模式才被打破。剧中许多叙事线索交织在一起，有些叙事线索甚至在不同的剧集中延续，其中每一集自成一体，结构完整，有开端、中段和结尾。而且由于制作团队并不知道自己的电视剧会不会一年接着一年播出，所以人物角色每年都基本保持一致。

20 世纪 90 年代末到 21 世纪初，随着有线电视台的出现和广播网的衰落，事情变得更加不固定了。对故事的需求开始日益决定节目的结构。每一季可能是 6 集、9 集或 12 集，故事线可以在任何地方开始，也可以在任何地方结束。一集的时长可以是一小时之内，也可以大大超过一小时，这取决于特定故事的需要。而且，制作团队偶尔也可以从一开始就宣布全剧的长度，比如某一部电视剧将播出六季，那么就以六季告终。

挑战程式

当弗雷德·阿斯泰尔在《王室的婚礼》（1951）中扮演的角色公然违背重力在天花板上跳舞时，没有人会介意。要是追问他是如何办到的，会很扫兴。面对新科技带来的这些不真实的东西，我们也会做出类似的反应。我们真的在乎特效师是如何给金刚狼的拳头加上金刚爪的吗？又或者我们会在乎《权力的游戏》中龙母丹妮莉丝的龙是怎么喷火的吗？我们所知道的是我们乐在其中。凭借如此众多的科技，导演持续地创造"新的"传统，制作 3D 电影，把电脑动画和真人结合起来。进入 21 世纪以来，电影院放映的电影日益被特效和漫威英雄占领。与此同时，我们所谓的严肃地讲故事——真人在真情景中——已经找到一个更加合适的归宿，那就是电视机和电脑的小屏幕上，如《黑道家族》《绝命毒师》《火线》和《真探》等。现在就连视频游戏也在讲故事了。

9.2 早期电影的里程碑

电影史早期的一些里程碑作品有何重要性？

电影史学家将电影发展的动力追溯至 1824 年，亦即英国著名百科全书作者彼得·马克·罗杰发表论文《关于移动物体的视觉暂留现象》的那一年。文章解释了我们虽然眨眼但仍能持续看到物体的原因。从这一有关视觉持续的理论（即眼睛在看不到的一刹那仍可以保留影像的能力）中发展出来一种理论，视觉事实上是由一系列的画面构成的，它们组合成了一个流畅的动作。此后又发展出翻页动画书——快速翻看就能产生动态形象的连续动作的图画集；最后出现了立体感幻灯机——一种用来观看按照故事顺序展示幻灯片或照片的机器。自此，电影呼之欲出。

电影摄影机和放映机是托马斯·爱迪生（1847—1931）的发明，他在 1891 年取得活动电影放映机（也叫"西洋镜"）的专利。这台带有观看槽和可以翻动内部图片的手摇曲柄的机器是当时非常流行的娱乐消遣设备。在随后的十多年时间里，技术发展缓慢，电影几乎无一例外都是单镜头的，最长的也不过几分钟。其中著名的多是法国导演乔治·梅里爱的作品。梅里爱在 1897 年建起带玻璃顶棚的工作室，制作了五百多部短片。其中片长 18 分钟的经典影片《月球旅行记》（1902）被普遍视为电影史上最重要的作品之一，影片采用了多镜头和科幻场景，同时还展现了月球人眼中火箭从地球发射的标志性时刻（有关梅里爱的生平和作品被马丁·斯科塞斯纳入其 2011 年的精彩 3D 影片《雨果》中）。

先驱：格里菲斯和爱森斯坦

早期电影是新鲜事物，常常在现场歌舞表演的幕间放映。在 19 世纪和 20 世纪之交，技术越发精良，人们有能力制作更长的电影了。原本倾向于表现单一动作的"追逐片"被更加复杂的叙事片所代替。大型场馆被建起来，用于放映这些新影片。从 19 世纪 90 年代到 20 世纪 20 年代，托马斯·爱迪生的工作室制作了将近 1200 部电影，这些电影多数都被遗忘了，但两位早期的电影巨擘出现了，一个在美国，一个在俄国。

大卫·格里菲斯 1915 年，当宏伟考究的斯特兰德剧院在百老汇开张时，大卫·格里菲斯（1875—1948）用一部长达三小时的《一个国家的诞生》震惊了公众。这部内容涉及南北战争及战后南方重建的影片直接确立了电影的大众媒体地位。批评家不仅肯定了影片的摄影技巧，同时还惊叹于它的时长和史诗般的广度，进而将格里菲斯誉为

格里菲斯之所以被称为电影之父，是因为他整合并拓展了前人发明的许多技术，且前所未有地摆脱奇技淫巧的陈规，跨入了艺术的殿堂。

——路易斯·詹内蒂

电影这一新艺术形式的首位天才。不过，影片的内容备受争议。不可否认，格里菲斯把自己的观点强加到历史事实之上，这些观点如今看来是令人生厌的（有些甚至在当时就遭到唾弃）。影片对三 K 党人攻击牟利的北方政治家和"提包客"（一群在战后带着重建家园和城市的空头许诺来到南方的骗子）的行径抱有同情，意图为这些攻击正名，却对三 K 党人滥杀无辜的罪行置之不理。

《一个国家的诞生》是首部明确展现导演风格的影片。在故事的高潮，格里菲斯采用特写镜头，随后又将镜头剪接至另一个节奏不同的场景。正因为影片的**剪辑**不只是为了讲故事，同时也控制着观众接受故事的整个节奏，这部作品才被称为带节奏的电影。

影片采用了格里菲斯标志性的**滞留镜头**，其中有一个著名的瞬间，一名年轻的南方联盟军士兵在穿过战场时看到一具尸体后停了下来。他认出这名战死的联邦军队士兵是他的挚友。他还来不及难过，就被子弹击中，倒下了。格里菲斯并未即刻转换场景，而是让镜头在这一刻滞留。这对挚友就在这里一同离世了，两个年轻的生命再也无法施展他们的潜能。批评家、电影史学家格兰德·马斯特曾这样评价格里菲斯在电影史上的贡献："这部电影作为人间戏剧和电影作品是切实有力的，作为社会理论则尽显单薄。"[1]

图 9.3　爱森斯坦《战舰波将金号》（1925）中著名的敖德萨阶梯场景

倾斜的婴儿车对我们观看这个场景的方式有什么影响？

World History Archive / Alamy Stock Photo

谢尔盖·爱森斯坦　1925 年，苏联电影导演谢尔盖·爱森斯坦（1898—1948）贡献了一种迥异于格里菲斯但同样新颖的风格。他的影片《战舰波将金号》讲述了波将金号战舰水兵反抗沙皇专制起义的故事，其中的重头戏是一个还原骇人屠杀场景的片段。在这个片段中，沙皇军警在敖德萨阶梯（图 9.3）上屠杀了数以百计的无辜市民。这场屠杀在历史上并未真实发生，但这个片段却异常有力。整部影片的剪辑极富艺术特色，至今仍是电影院校的必看影片之一。

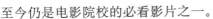

爱森斯坦为什么要虚构一场屠杀呢？1905 年布尔什维克的反沙皇起义失败了，但 1917 年的革命却取得了成功。苏联的第一位领导人弗拉基米尔·列宁认识到电影具有强大的宣传说服力，故而选用爱森斯坦执导影片以纪念 1905 年的武装起义。作为一名忠诚的共产党员，爱森斯坦采用大屠杀片段来描绘沙皇专制及其军警的残暴，但爱森斯坦同时也是一位艺术家，他在电影中的创新已经完全超越纯粹的宣传。

这个时长六分半钟的片段，由 157 个镜头组接而成。前 57 个快剪镜头表现了阶梯广场上各色快乐无忧的市民。慢慢地，爱森斯坦将镜头对准一些关键人物，在暴行实施的过程中，镜头又时常返回这些人身上。其中最重要的一个就是推着婴儿车的年轻母亲。

随后，骑兵们肆意击杀，迅速冲至阶梯的最高处。一名小男孩失去了母亲的庇护，被四散的人群冲撞致死。母亲找到男孩的尸体后，将尸体举起来向士兵控诉，结果却被士兵击倒。此时，焦点再次回转到推婴儿车的母亲身上，她正遭受士兵的刺杀。一个特写镜头给到正在阶梯边缘前后摇晃的婴儿车后，又拉回到流血不止的母亲，她斜靠着婴儿车，不知不觉将车子挤下了台阶。婴儿车顺着阶梯颠簸而下，穿行在数以百计的尸体之间，这时特写镜头又转到车内的无辜婴儿。

在整个片段中，另一个反复出现的人物是一位戴着破损眼镜、似乎颇有文化的妇女。她身上的血迹越来越多，最终，我们看到一名骑兵挥刀砍掉了什么东西之后，镜头又迅速转至这位妇女的脸上，她的眼睛受到了致命的击打。我们并未真正看到她被士兵攻击的画面，相反，爱森斯坦给出的是一个跌落在地的破损眼镜的特写。

或许可以说，爱森斯坦是被某种内在的力量引向了艺术的领域。《战舰波将金号》是一部政治宣传片，但不可否认，它也是一部艺术作品。

9.3 主要的电影类型

主要的电影类型各有什么特征？

电影从短小的片段发展到开始讲故事时，电影**类型**——不论是喜剧还是悲情情节剧——几乎就同时诞生了。到了 20 世纪 20 年代中期，制片公司已经掌握了观影人群的品位和偏好，总能投其所好，简单快速地制作出一些故事性强的喜剧、西部片和黑帮片，还有一些语言色彩鲜明的关于富人婚姻或悲情背叛故事的戏剧影片。

滑稽喜剧片：塞纳、卓别林和基顿

麦克·塞纳（1880—1960）是滑稽喜剧之父，**滑稽片**指的是那种动作速度快、带有一些暴力色彩的滑稽剧，其中的人物或是脸埋入馅饼里，或是被水浇。塞纳的电影世界里一片混乱，一群愚蠢、笨拙、无能的启斯东警察是其中的罪魁祸首。

如今我们往往把塞纳电影中加速的、急促的动作视作早期技术的偶然效果。这完全是有悖事实的，塞纳是后来才变得对滑稽动作异常着迷，且醉心于用电影去展现它们。毕竟，导演是能够控制银幕上动作的速度的，以平均十帧每秒的速度拍摄动作，以平均十八帧每秒的速度播放，银幕上的动作比实际在影棚中发生的动作快了近一倍。这样一来，角色的人性色彩被削弱，塞纳惯用的暴力灾难也就变得不那么严肃了。

查理·卓别林　一名年轻上进的喜剧演员可能是想引起塞纳的注意，在塞纳拍摄一个人群场景时，穿着一整套滑稽服装出现了，他就是查理·卓别林（1889—1977）。这套服装——宽松裤子、大号皮鞋——成了卓别林的标志，而卓别林塑造的"流浪汉"角色，也成了社会另类的原型（图9.4）。渐渐地，卓别林的兴趣从滑稽动作转向人物本身，认为后者才是喜剧最主要的素材。由此，他离开塞纳，开始了独立创作，结果卓别林成了第一个真正的国际巨星。被压迫者的胜利贯穿卓别林作品的始终，这种虚构是人们普遍喜欢的。

在整个20世纪60年代，卓别林仍旧在持续创作影片，但他早期的默片才是公认的杰作。即使后来声音被引入电影中，其影片仍旧依赖于他凭借肢体动作讲述故事的

图9.4　查理·卓别林身着流浪汉服装

在许多影片中，卓别林虽扮演不同的角色，却穿着同样的服装。服装的一致如何影响了观众？

Moviestore Collection/Alamy

能力。《淘金记》（1925）中有几个标志性的片段：饥不择食的流浪汉煮了自己的一只鞋来吃，用叉子卷起鞋带，还要动手擦去嘴边根本就没有的肉汁，以及在暴风雪中从悬崖边摇摇欲坠的小屋逃出来的惊险场面。

卓别林，《摩登时代》　在众所周知的杰作《摩登时代》中，卓别林讲述了在大萧条的社会背景下，多数人的工作都被机器代替了，那些有幸谋到工作的人也被当作动物一般对待。电影以一群朝着相同方向行进的绵羊开篇，紧接着就是一群从地铁站涌出来的人，其中的用意不言自明。

卓别林出演的是一名工厂流水线上的工人，他的工作就是拧紧流水线加速传送来的产品上的螺丝（你或许曾在经典情景喜剧《我爱露西》中看到过类似的情节，露西和她的朋友埃塞尔想尽力跟上巧克力糖果传送带的节奏）。在另一个片段中，为了让工人更高效地吃午饭，工厂老板启用了一台自动喂饭机，可以在工人工作的同时给工人喂饭。与其他影片类似，这部影片中也有一个女孩深爱着卓别林，也有一个关于生活本该充满美好、人们彼此互爱互敬的美梦。卓别林也像在其他影片中一样，身着干净但极不合体的衣服，神气活现，对女朋友体贴又殷勤。

　　20世纪40年代，一桩桩接踵而来的控诉中断了卓别林的电影事业。时任美国联邦调查局局长的埃德加·胡佛指控卓别林亲共，而后又遭到了一位前女友的一系列法律起诉。1952年，卓别林去他的出生地伦敦出席电影《舞台生涯》的首映式，之后被禁止入境，从此无法返回美国。伟大的卓别林只得在瑞士度过余生，唯有一次，1972年，也就是去世的五年前，他重回美国，领取了奥斯卡金像奖最佳导演奖。

流浪汉形象，无论是流浪汉还是绅士，无论是诗人、梦想家还是孤独者，都希冀着浪漫和奇遇。
　　——查理·卓别林

　　巴斯特·基顿　　另一位早期喜剧电影的天才是巴斯特·基顿（1895—1966）。与卓别林不同的是，基顿在影片中总是面无表情。相同之处则是，基顿也经营着自己的制作公司，自己编剧，自己导演。出生于演员家庭的基顿自小被虐待，却有着惊人的杂技天赋，可以做出任何当代演员都无法想象的形体表演，比如，在《福尔摩斯二世》（1924）的经典片段中，他从行驶中的火车爬到文具厂的水塔上，掉落后直接摔折了脖子（脊椎一处破裂），却又继续站起来完成了整个场景。基顿最著名的绝技出现在1928年的影片《小比尔号汽船》中，片中他扮演了粗鲁的汽船船长穿着讲究的儿子。影片中有许多事情发生，比如基顿站在一幢房子前，房子前立面倒塌，他侥幸未受伤，还有他被鼓风机吹倒在街上。影评人罗杰·艾伯特曾如此评价基顿：

　　　　巴斯特·基顿是默片之王，不只是因为他所完成的创作，更是因为他独特的创作方法。哈罗德·劳埃德让我们笑，查理·卓别林让我们深受感动，但没有人比巴斯特更让我们勇气倍增了。我像海明威那样理解勇气："重压之下的优雅风度。"在这些喜剧和超凡肢体动作相结合的影片中，巴斯特·基顿扮演一个勇敢的灵魂，他遵循世界的节奏，从不退让。[2]

基顿不只是特技大师，还在拍摄中使用了许多前所未见的技术，包括双重曝光、过度曝光、多重画面、分屏等。当时，基顿最伟大的作品《将军号》（1926）超出了预算，也不怎么受观众欢迎，因此在下一部影片《摄影师》（1928）完成之后，他所签约的美高梅电影制片公司直接免去了他的创作权，他的创作和生活同时陷入困境。幸亏他早期作品的拷贝还保留着，到了20世纪中期，他才逐渐得到认可，进入美国最伟大的电影人的行列。

闹剧：马克斯兄弟

　　马克斯三兄弟——格劳乔、契科和哈波，主导了20世纪30年代到40年代早期的喜剧电影。他们通常处在相关规定和条例的对立面，但从未因此被捕，因而仍旧可以

图9.5　马克斯三兄弟主演的《歌声俪影》的客舱场景

这个场景会让你发笑吗？该谐有趣的事情会随着时间的推移而变化吗？抑或有些事情无论何时何地都会很有趣？

Everett Collection

娱乐那些同情受压迫者的观众。不论是住不起酒店还是跨洋偷渡，他们从来都不求安稳，不守规矩。不过，观众知道，他们打破的，或是不公平的规则，或是那些自以为是的上层人士所尊奉的行为准则。

他们的代表作《歌声俪影》（1935）是最令人难忘的喜剧片之一。影片开始时，格劳乔扮演的狡猾骗子与契科扮演的看似笨拙实则颇为聪明的经纪人，正在商定一名男高音演员的雇佣合同。这一幕是对法律术语的滑稽讽刺，因为两人在逐一撕掉无法理解的部分之后，合同竟然只字不剩。

最有名的一幕发生在渡轮的客舱里。包厢原本是供三兄弟和一名男高音演员住的（图9.5），但房间越来越满，修理工、服务员、乘务员和游客挤在一起，脚下还放着几个大旅行箱。最后，当门再次打开的时候，人们滚落到走廊中。

杰作的特别之处在于，灵感一来就势不可挡。《歌声俪影》的情节高潮是整部影片中最令人捧腹的部分。在威尔第的歌剧《游吟诗人》的表演中，三兄弟为了破坏演出，故意不让男高音和他心仪的女高音出演。哑剧演员哈波（他从未在三兄弟的影片中说过话）把《带我去球赛》的乐谱偷偷插入演奏乐谱中，还被乐队演奏出来。当警察和探长搜查后台时，哈波爬上撤换背景幕的拉绳才逃过一劫。恶毒的男高音一号继续在台上独唱时，身后的纽约街道小贩和中央车站时隐时现。当哈波在后台被打晕后，善良的男高音和女高音急忙结束了整个演出，最后影片以闹剧常用的大团圆结局收尾。

闹剧仍旧活跃在大银幕上。英国的《僵尸肖恩》（2004），2000年以来由贾德·阿帕图编剧、导演和制作的许多影片，还有威尔·法瑞尔的作品，以及《超级坏》《前往希腊剧院》和大热门《伴娘》在内的众多电影都可以称为闹剧。

黑色电影

在20世纪20年代，美国国会通过了禁止买卖酒类和其他非法饮品的法案，之后所谓的"地下酒吧"大量出现，随之而来的是一种新的电影类型，反英雄黑帮片。

冷酷的私家侦探，有的为赚取佣金，有的甚至就是前黑帮成员，都很吸引人。他们了解城市每一个黑暗的角落、每一件潜藏在暗处的凶杀案。他们像罪犯一样开枪射击，从不犹豫。他们不遵守法律，但总会得到观众的谅解甚至推崇，因为他们都是有道德原则的人，他们有自己的原则，从不因钱财或私人原因滥杀无辜。搜寻、解决坏人很容易引起观众的共鸣，哪怕他们采用一些非法的手段。

像许多黑道中人一样，这些反英雄对腐败堕落的世界怀着深深的不满。他们都知道，残酷无情是生存所必需的。这类人物为一种新的电影类型——**黑色电影**——的出现打下了基础。黑色电影，按照法国电影批评家的描述："有着黑暗、严肃的色调，愤世嫉俗、悲观厌世的氛围……创造这个说法，是为了描述那些20世纪40年代到50年代早期的好莱坞影片。这些影片描绘了一幅幅犯罪和腐败的地下王国阴暗、沉郁的画面，其中的正反两派多数都是愤世嫉俗、不抱幻想、缺乏安全感的失败者……影片中充斥着夜景……让人联想起肮脏现实的外景和特殊灯光制造出的深重阴影和宿命论氛围。"[3]

约翰·休斯顿,《马耳他之鹰》　私家侦探是黑色电影中最合适的主角形象。他通常独自工作，偶尔有一个搭档，没有家庭的牵绊，而且因为整日游走在社会边缘，熟悉黑帮，能随意冒充黑帮成员，行动起来得心应手。约翰·休斯顿于1941年导演的《马耳他之鹰》位居这类影片的前列。著名演员亨弗莱·鲍嘉（1899—1957）在《马耳他之鹰》中塑造了一个极富力量的银幕**角色**。此前，他总是扮演残酷无情的黑帮分子，但在《马耳他之鹰》里，除了一贯的坚强冷酷，他还给人物加上一丝正义感，这也增加了这一经典银幕角色的深度。

片中鲍嘉扮演的角色是萨姆·斯佩德，他对整个世界不抱期望，对人也不抱幻想，但他有着自己的原则和道德信条。搭档的死让他身陷充满阴谋、凶杀和诳骗的迷局之中，在他努力追查案情时，他说："当你的搭档被害时，你就不能袖手旁观。"

影片中，斯佩德不得不同时应对警方和骗子，这些骗子为了寻找神秘而又价值连城的马耳他之鹰雕像干尽了坏事。斯佩德就像一个古代的战士，尽管遭遇威胁、欺骗和偷袭，仍旧无往不胜。但他也有弱点，他迷恋上自己的雇主，一个极有魅力、或许值得信任又或许靠不住的女人。尽管怀揣着爱情，但他从不让感情凌驾于自己的理智或道德，从始至终都十分务实，坚持自己的原则。他似乎在说，在这样一个世界里，人只能如此生存。

在黑色电影里，女性角色几乎没有这样坚持原则的，反派角色认为他们的所作所为都是必要的，也不会戴上道德的面具。这种类型的电影完全没有真诚的微笑和敞开心扉的长谈，而且通常都采用第一人称视角，以迫使观众认同主角黑暗的世界观。

"黑色电影"这个术语有时也被用来描述当代的一些电影，这些电影渗透着与20世纪40年代电影类似的黑暗色彩，其中包括马丁·斯科塞斯的《无间行者》（2006）和《禁闭岛》（2010），前者讲的是波士顿警匪的故事，后者讲的是一个癫狂的前联邦侦探

黑色电影用黑暗阴郁的镜头营造出一个凶险骇人的世界，在其中没有什么像表面那么美好。

——杰夫·安德鲁

那绝不是不道德……而是侦探的荣誉。要找到杀害同伴的真凶，即便自己会伤心欲绝。萨姆·斯佩德并没有做错，最终却变得那么悲观愤世。

——A.M. 斯佩伯和埃里克·拉克斯

的故事。甚至《蝙蝠侠》系列中的一些电影，尤其是蒂姆·波顿执导的那部影片和2008年的《黑暗骑士》，两部影片中都有阴暗的哥谭市、独行英雄布鲁斯·韦恩和坚持原则的探长戈登，似乎都可以归入黑色电影的类型。而近年来的电视剧也接受了黑色电影类型，出现了《真探》（第一季播放于2014年）等作品。

西部片

讲述正邪故事的西部片，是与好莱坞历史关系最为密切的电影类型。就像在黑帮片和侦探片中一样，西部片通常也是一个坚持原则的好人对抗一群横行小镇的恶棍。小镇往往是制片厂的同一块外景场地，有几匹马和一辆马车、一座监狱、一间杂货铺、一间酒吧、一条尘土飞扬的主街和大量的枪战场面。

弗莱德·齐纳曼，《正午》 弗莱德·齐纳曼的经典西部片《正午》（1952）极大地提升了电影艺术的水准。加里·库珀饰演的威尔·凯恩是一名退休警长，计划和他的妻子艾米（格蕾丝·凯利饰演）离开镇子。凯恩是贵格派信徒，反对使用火枪。但当他准备离开的时候，镇子却遭到了威胁，一名刚刚从监狱释放出来的杀人犯和他的兄弟们，为了向凯恩报仇，出现在镇子里。影片探讨了一个合理的道德困境：凯恩必须决定，到底是留下来保护自己和镇子里的守法公民，还是带着妻子离开镇子，躲避暴力，去过安稳的生活。

时针飞转，正午将近。凯恩想寻求其他镇民的帮助，他们对坏人大加谴责，却不愿意出手相助。根据他们的推测，凯恩才是坏人们唯一的目标，跟他们没有什么关系。凯恩的妻子反对暴力，让凯恩做出最后的决定——和她一起走，或者她自己走。一边是对妻子的爱，一边是作为警长的职责，凯恩左右为难，必须做出决定，是拼死一搏还是逃走。他知道，即使他真的逃走了，也不会受到任何谴责。

在影片高潮部分的经典枪战片段中，凯恩一连击杀三人，但那个杀人犯还活着。当杀人犯手持空枪，站在街上正要朝凯恩开枪时，突然一声枪响，原来是反对暴力的贵格派信徒艾米拿起手枪击倒了杀人犯。

《正午》恰好上映于朝鲜战争伊始，关于这一点的讨论非常多。这部影片是反对和平主义的吗？就艺术本身而言，《正午》倾向于保持一种模棱两可的态度，更像是提出了一些难以回答的问题。但就故事来说，它确实告诉我们，当人们需要英雄时，英雄就会出现，因为必须有人挺身而出。但它也不保证有人一定会不求回报地挺身而出。在影片的最后一幕，当镇民们突然出现，祝贺凯恩大获全胜时，凯恩一把扯下自己的警徽，把它丢在了地上。

> 我们很容易理解美国总统为什么会如此喜欢《正午》。一个手握核武器、自诩每每要迎难而上、挺身而出的人，也乐于把自己想象成加里·库珀。
>
> ——保罗·布勒和大卫·瓦格纳

经历了 20 世纪 60 年代的文化混乱之后，西部片失去了观众的宠爱，但由乔治·罗伊·希尔执导的影片《虎豹小霸王》(1969) 广受欢迎。影片推出了另一类型的西部英雄——独具魅力的侠盗。当时最耀眼的两位明星保罗·纽曼和罗伯特·雷德福扮演了影片中的两位劫匪——布奇和他的搭档圣丹斯。他们四处作案，接连抢劫银行，却像罗宾汉一样，似乎站在人民的一边。比起那些追捕他们的一本正经的警察，这对聪明帅气又放荡不羁的二人组，更容易引起观众的共鸣。整部影片中幽默无处不在，即使当布奇和圣丹斯最终身陷玻利维亚警察的重重包围时，两人还在肆无忌惮地讨论要逃到澳大利亚去。影片以两人试图突出重围的定格画面告终，他们慷慨赴死，没有一丝懊悔和自怜。

西部片的风格在早期的电视剧中也找到了一席之地，在诸如《荒野大镖客》(1955—1975)、《伯南扎的牛仔》(1959—1973)、《维吉尼亚人》(1962—1971) 等长篇连续剧中持续多年，还把《皮鞭》的主演克林特·伊斯特伍德和《生死追缉》的主演史蒂夫·麦奎因推到观众面前。近年来，随着有线电视网络的发展，对电视剧语言和暴力镜头的管控渐松，出现了主角在道德上十分复杂的大尺度剧集《朽木》(2004—2006) 和 2010 年在免费频道首播的当代西部片《火线警探》等电视剧。

尽管进入 21 世纪后，传统的西部片越发稀少，但可以确定的是，西部片的神话已经演变成另一类影视热门——漫画英雄。尽管相较于以前的牛仔，漫画英雄们很少展现自己的弱点或魅力，但疯狂的麦克斯、钢铁侠、加里·库珀和约翰·韦恩扮演的独行侠（至少开始的时候是单打独斗的），还有那些像复仇者联盟和 X 战警的"好人帮"，都像以前的牛仔一样保护世界的安危，对抗各种邪恶势力，即便如今的坏人不再是头顶黑帽的恶棍而是电脑合成、戴着不锈钢面具的家伙。

浪漫喜剧片

电影院过去曾是周末约会的理想地点，上演浪漫故事的绝佳场所，银幕内外皆是如此。一对对身在暗处的情侣能安心地观看银幕上的情侣故事，因为在大多数电影里，无论发生什么让两人分离的事情，有情人总会终成眷属。

20 世纪三四十年代，银幕上的情侣总是比观影的情侣更富裕，长得更好看，穿着打扮也更好。尤其对大萧条时期的观众来说，观看影片中的奢华能够提供一些宽慰，哪怕只是暂时的。这些电影的外景总是采用真正的装饰艺术，演员的服装也是世界知名的设计品牌。甚至到了今天，浪漫喜剧中的人物也同样养尊处优、长相出众、衣着得体。

这类影片中的人物通常有着"美丽的邂逅"，在尴尬或诙谐的情景中彼此相遇，进而陷入一系列荒唐可笑的情境之中，而多数时候两人总能化险为夷，美满收场。毕竟，如果只是简单的男女相遇相爱的故事，持续不了几分钟。相反，男人总会因为各种误

一旦遵守了所有的规则，就会错失一切的乐趣。
——凯瑟琳·赫本

解，或者妄自揣测，不了解真相而失去女人。通常都是说俏皮话者多，坦白心曲者少，不到最后时刻，真爱绝不告白。观众知道故事会如何发展，即使在现实生活中并不必然如此。然而，又有谁需要被别人提醒现实生活是什么样的呢？

弗兰克·卡普拉，《一夜风流》　在弗兰克·卡普拉的《一夜风流》中，克劳黛·考尔白饰演的年轻富家女经历坎坷，她逃离父亲的豪华游艇，想去与觊觎她家财富的花花公子成婚。众所周知，她追求的对象是错的，而且不久之后，那个对的人——克拉克·盖博饰演的记者——就出现了。盖博得知考尔白的身世之后，出于私心答应会为她保守秘密，而且还提议陪她共赴北方，寻找她的未婚夫。

影片的女主角是一个娇生惯养的富家女，初看起来似乎缺乏基本的生存技能。她时常需要别人的帮助，而男主角恰好也乐于出手。可事实上，她并不是一无是处，在一个著名的片段中，当两人身无分文时，她施展魅力，让两人顺利搭上过路的车。尽管在影片的开始部分，富家女似乎非常靠不住，急需一位男子汉的帮助，但渐渐地，她证明了自己与男人不相上下（图 9.6）。男主角最后确认自己已深深爱上富家女，为了保护她的声誉，他放弃了把这段经历写成一篇新闻稿赚取丰厚稿酬的计划，而是把女孩送回到她父亲那里。在故事的结尾，将要结婚的新娘又一次逃走，她逃离花花公子，投入那位坚持原则、值得托付的记者的怀抱。

20 世纪三四十年代的浪漫喜剧有一个特点，影片中的女性总是处处可与男性匹敌。无论是斯宾塞·屈塞和凯瑟琳·赫本在真实生活中上演的两性之争的喜剧，还是诸如《育婴奇谭》《女友礼拜五》和《淑女伊芙》这类快语喜剧，都让包括赫本、罗萨琳·拉塞尔和芭芭拉·斯坦威克等女演员占据了银幕。这些电影在欢声笑语中把女性从早期的刻板形象中解放出来。

现代浪漫喜剧　20 世纪的后半程中出现的许多伟大的浪漫喜剧，如伍迪·艾伦的《安妮·霍尔》（1977）、罗伯·莱纳的《当哈利遇到莎莉》（1989）、诺拉·艾芙隆的《西雅图夜未眠》（1993）和《电子情书》（1998）等，都是由汤姆·汉克斯和梅格·瑞恩主演的。但进入 21 世纪后，男女强弱不相上下的浪漫喜剧越发少了，其中更没有令人印象深刻的佳作。在许

图 9.6　弗兰克·卡普拉《一夜风流》（1934）中的克拉克·盖博和克劳黛·考尔白

像这样 20 世纪三四十年代的喜剧片中，经常有一些在智力和体力上不逊于男性的女性角色。在今天的电影里也是这样吗？为什么？

Pictorial Press Ltd/Alamy

多影片中，男性被刻画为不幸的、不成熟的角色，常常需要女性的指引；而女性角色要么身材出众、令人称羡，要么虽然不怎么受欢迎但在故事中只此一位。在《纽约客》的一篇文章中，影评人大卫·邓比引用 2007 年的影片《一夜大肚》来分析银幕中性别关系的转变：

> 过去几年主流浪漫喜剧中青年男女关系的发展趋势可以概括为颓废散漫的男人和循规蹈矩的女人。这些电影形成了一种类型，即懒散人——奋斗者的浪漫故事……在近十年里，好莱坞已经把说笑和浪漫从幼稚男性与有志女性之间的斗争中合盘撤出了。[4]

歌舞片

从 20 世纪 30 年代到 50 年代，歌舞片都十分流行。歌舞片中的故事与当时浪漫喜剧中的故事很像：除了一起唱歌跳舞的片段，恋人总是两相分隔，直到故事最后才能紧紧相拥。这种程式就是弗雷德·阿斯泰尔和金格尔·罗杰斯的法宝，他们在不同的影片中扮演不同的人物，但人物身上总有着相同的本质。服装和场景都极度奢华，弗雷德头戴礼帽，身着燕尾服，几乎完美；金格尔则身穿缎面礼服，点缀着各种亮片和羽毛。两人在楼梯间、桌子上，甚至在干净得有些过分的舞池里跳着精心编排的舞，尽管故事中的他们才刚刚相识。不论是多么微乎其微的误解让两人分开，只要乐队开始演奏，叙事逻辑就会在他们的节拍、华尔兹和旋转等令人惊叹的舞姿中消失殆尽。

20 世纪 30 年代好莱坞歌舞片的舞蹈编导大师是巴斯比·伯克利（1895—1976），他精心设计舞蹈动作，安排站位，让摄影机捕捉到女演员的美。观众喜欢欣赏群舞（无线电城音乐厅跳康康舞的长腿火箭女郎至今还吸引着观众），伯克利就编排出复杂的形态，然后从上面俯拍，用灯光和精细的动作设定呈现出千变万化的样式。

由斯坦利·多南和吉恩·凯利联合执导的《雨中曲》（1952），是公认的好莱坞歌舞片经典。该片的情节比多数歌舞片都更现实，展现了从默片到有声电影的转型时期。吉恩·凯利既是影片的舞蹈编导、联合导演，又是主演，他在各种地方尽情地跳舞，甚至在雨水浸透的街上。在主题曲段落中，凯利绕着路灯杆旋转，水花四溅，他手持雨伞，在积水中边走边跳边唱，表现出恋爱的喜悦。这是一个可以与故事分隔开来的场景，也可以被欣然视作一种纯粹的快乐的表达。《雨中曲》既是极佳的公众消遣之作，又保持了情节和人物塑造的完整性。

在经历了 20 世纪四五十年代的光辉岁月后，歌舞片失去了观众的喜爱，但有一部偶然出现的影片大获成功——罗伯·马歇尔的《芝加哥》（2002）。为了让该片与之前

我只是抬起双脚，肆意摆动。

——弗雷德·阿斯泰尔

图9.7　艾伦·特维特和埃迪·雷德梅恩在《悲惨世界》中饰演街垒上的青年英雄

为什么音乐电影的流行时断时续？什么会促使你去剧院看一部音乐剧？

Pictorial Press Ltd/Alamy

的歌舞片不同，马歇尔采用了快速剪辑、画中画、特效等所有为人所知的电影技术。影片不仅荣获第75届奥斯卡最佳影片奖，还获得了极好的票房成绩。同样，2012年热门百老汇音乐剧《悲惨世界》的电影版也备受观众喜爱，部分原因是参演的明星阵容（休·杰克曼、罗素·克劳和安妮·海瑟薇）和他们在镜头前的"现场"演唱（而不是把录好的歌曲加录到成片上）。（图9.7）不过，在当代电影中，音乐能发挥最大作用的电影类型是动画片。《冰雪奇缘》不仅打破了2014年的票房纪录，还让主题曲"Let It Go"成了当年最受欢迎的歌曲之一。

科幻片

　　尽管有人把第一部"真正的"电影——乔治·梅里爱的《月球旅行记》——视作建造和发射火箭飞艇的科幻片，但在电影史的大部分时期，科幻片都只是低成本B级片的代名词。观众喜欢《地球争霸战》（1953）和《变形怪体》（1958）这样的恐怖片，后者直接开启了史蒂夫·麦奎因的电影演艺生涯，但真正精巧的科幻片寥寥无几。弗里茨·朗执导的《大都会》（1927）巧妙地描绘了一个人类被分为两个阶层的世界，工人们在地下工厂的庞大机器上劳累，而统治者则生活在摩天大厦之内。影片独具风格的未来主义式样直到今天仍旧让人印象深刻。《天外魔花》（1956）则给出了对从众心态的严肃警示。然而，总体上，科幻片直到 20 世纪 70 年代才迎来春天。

乔治·卢卡斯，《星球大战》 1977 年 5 月 25 日，观众坐在阴暗的电影院中，伴随着影片开场激动人心的交响曲，一行行巨大的文字在银幕上滚动："在很久很久以前，遥远的银河系……"观众即刻便知，事情开始变化了。一些电影学者和批评家声称，一切都变了（也许是变得更坏了），自卢卡斯的《星球大战》第一部上映后电影就截然不同了。确实，《星球大战》开启了高端特效、系列制作的新时代，同时也让科幻和奇幻题材进入电影世界的中心。

但如果只是特效，不管多先进，都不会直接导致《星球大战》系列电影的颠覆效应。那么如何解释这种效应呢？让我们看看该系列电影的一些元素。故事的主角是出身高贵的卢克·天行者，他不知道自己的身世，四处探险，途中遭遇一系列阻碍——各种诱惑和挑战。在他受挫迷失的时候，得到了大师的指点，开始相信自己身上的特殊能力。最终，他完成使命，通过与父亲的决斗击败了"黑暗面"（有点俄狄浦斯的色彩）。旅途中穿插着机器人助手 R2D2 和 C3PO 的喜剧片段，还有一位等待解救的公主。卢克和起初并不愿意帮忙的汉·索洛（有些《卡萨布兰卡》中里克·布莱恩的感觉），都摆脱了开始时的自私自利，懂得了为大我奋斗的价值。整个故事是否有一些神话学的色彩？答案是肯定的。

《星球大战》在特效上直接启发了《雷神》《钢铁侠》和《复仇者联盟》等影片，同时也把心理和神话的因素引入科幻电影。它影响了《指环王》，而《指环王》又影响了《权力的游戏》。对观众而言，大银幕与小荧屏上神话题材的涌现都应归功于它。

超级英雄和"漫画电影"

20 世纪七八十年代，大银幕上还出现了漫画英雄的身影。从诸如《飞侠哥顿》《超人》《美国队长》和《巴克·罗杰斯》等周播剧集开始，很长一段时间以来，漫画为电影和早期电视剧提供了许多灵感。在 20 世纪三四十年代，这些剧集总是在周六午后场放映，把大量儿童观众带入电影院。但直到《星球大战》证明观众愿意蜂拥观看科幻片和特效之后，类似题材的影片才迅猛发展起来。随后出现了克里斯托弗·里夫主演的《超人》三部曲（1978，1980，1983），蒂姆·波顿执导、迈克尔·基顿担任主演的黑色电影《蝙蝠侠》（1989）以及《机器战警》（该片表明精美特效比演员知名度更重要）。进入 21 世纪后，《X 战警》《钢铁侠》《复仇者联盟》及其派生作品大获成功，似乎要席卷整个电影院线。《X 战警》系列 (图 9.8) 如今已衍生出许多作品，包括三部续集、两部前传和一部休·杰克曼主演的金刚狼外传，还有早已进入筹划阶段的四部作品。

社会话题片

　　在电影发展初期，一些导演已经认识到电影作为社会批评媒介的力量。这类作品往往关注机构和经济政策，认为它们是造成社会问题的根本原因。1909 年，一部长度约 15 分钟的默片《小麦的囤积》呈现了一个股票市场和人类贪欲导致的悲惨故事。像许多早期电影一样，该片手法夸张：在一个场景中，新晋的百万富翁高举玻璃奖杯额手称庆，而镜头快速切换到正在排队领取救济的悲惨大众。类似地，弗里茨·朗的《大都会》也直观生动地展现了有产者和无产者之间的天壤之别。

　　浪漫喜剧片的大师弗兰克·卡普拉也创作了一些有关盲从盲信、政治腐败和工人权利遭受侵害的影片，突出描绘了一些颇具魅力、朴素直率的主人公。卡普拉本就是移民，父亲是一名采摘工人，他对贫穷有着直接的感受，但也对美国这片充满机遇的土地充满深深的敬意。他的多数影片都有一个乐观的结局，时常用简单天真的方式化解那些根本无解的问题，但每每票房奇佳。在《迪兹先生进城》（1936）、《史密斯先生到华盛顿》（1939）和《风云人物》（1946）等影片中，由加里·库珀和詹姆斯·斯图尔特饰演的小镇青年全力对抗腐败伪善的周遭世界。这类电影传递出的信息是，人的价值要用他们的善行来衡量，而且每个个体都很重要。个体也因此被提升到近乎神话的位置。

　　1958 年的黑白电影《逃狱惊魂》集中探讨了美国黑人民权运动中的种族歧视问题。

自《迪兹先生进城》——
影片中的小镇青年加里·库珀
战胜了大城市里的精明人——
之后，弗兰克·卡普拉的作品
往往凸显小人物所具有的常识
性技能和领导品质。
　　——罗伯特·斯克拉

主演托尼·柯蒂斯和美国第一位黑人影星西德尼·波蒂埃扮演了一对逃犯，他们被铁链锁在一起，最后发现只有两人齐心协力方可无所不能。当然，近来诸如《被解救的姜戈》(2012)、《为奴十二年》(2013) 和《塞尔玛》(2015) 等电影，也在直面美国历史上长期存在的种族歧视和奴隶制度。

斯派克·李 生于 1957 年的美国黑人导演斯派克·李曾创作了包括《局内人》(2006) 在内的许多纯正商业电影，但他也惯于在创作中直面社会问题，甚至是在一些极为轻松的影片中。1983 年，他完成了一部十分钟的短片，这是他在纽约大学电影学院的第一份作业，影片反其道而行之，讽刺了诸如《一个国家的诞生》等影片中对黑人的固有成见。这也是首部被收入纽约林肯中心久负盛名的新导演系列中的学生作品。

斯派克·李一直热衷于动摇人们的固有成见，持续涉及包括种族歧视、跨种族爱情和带有种族偏见的警察等主题。他拍摄的传记片《马尔科姆·X》由丹泽尔·华盛顿出演，被许多批评家视作他至今为止最好的作品。为了获得该片的拍摄权，李不得不付出极大的努力，辩称只有黑人导演才能理解整个故事的含义，终于改变了制片公司原本要让白人导演执导的决定。但当一家主流片商邀请他执导时，他又拒绝了，因为觉得预算太低。最后，他主动退出，自筹资金完成了拍摄。

李的《为所应为》(1989) 打破电影常规，在银幕上复现了古希腊歌队的形式——让一群坐在房前的人品评街区里发生的一切，因而受到批评家的高度赞扬。故事讲述了纽约布鲁克林黑人街区一家匹萨店里的种族冲突，李本人扮演该店的服务员（图 9.9）。尽管《为所应为》十分卖座，但李却极度失望，因为人们更关注同期上映的《为黛西小姐开车》，后者对种族关系的讲述更加深情且传统，还荣获了第 62 届美国奥斯卡金像奖最佳影片奖。

近年来，李开始交替拍摄纪录片（如 1997 年的《四个小女孩》，有关一起发生于 1963 年阿巴拉马州伯明翰教堂的爆炸案；以及有关卡特里娜飓风灾难的《决堤之时》等）和商业电影。

动画片

20 世纪 30 年代早期，"去看电影"一般意味着观众要坐在影院里看整个下午或晚上的电影——两部长片（一部主片和一部稍短一些的"B 级片"，后者多

图 9.9　在斯派克·李的《为所应为》中，斯派克·李、丹尼·爱罗、理查德·埃德森和约翰·特托罗在布鲁克林的萨尔披萨店外对抗一众暴徒　电影能够影响社会政策吗？你是否曾经因某部电影的影响改变自己的想法？
Moviestore collection Ltd/Alamy

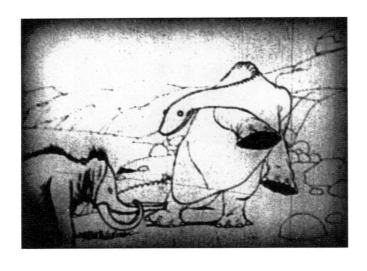

是科幻片、恐怖片或黑帮片）、一部新闻片、一部类似游记的短片，当然还有必不可少的动画片（图9.10），一般都是5～7分钟的米老鼠、兔八哥或唐老鸭。1937年，迪斯尼推出了首部不太一样的动画片——彩色动画长片《白雪公主和七个小矮人》，它极富艺术创新性，音效也让人难忘，即刻就进入经典之列。

华特·迪斯尼和迪斯尼公司　华特·迪斯尼（1901—1966）于20世纪20年代开始在堪萨斯城制作动画短片。当他创作的幸运兔子奥斯华的版权被环球影视公司拿走后，他照着一只宠物鼠创

图 9.10　温瑟·麦凯导演的12 分钟动画短片《恐龙葛蒂》剧照

这是现存最早的动画电影之一。在真人电影和动画之间的界限似乎越来越模糊的时代，怎么解释动画电影的持续流行呢？

Ronald Grant Archive / Alamy

造出一个新的人物，取名米奇，并于1928年推出第一部米老鼠动画片《汽船威利号》，迪斯尼自此非常注意保护版权（尽管后来他不再亲手绘图，但一直到1947年仍坚持给米老鼠配音）。迪斯尼憧憬用动画人物创造长片故事，遭到好莱坞同行的轻蔑，甚至有人认为迪斯尼公司行将倒闭。可情况恰恰相反，《白雪公主和七个小矮人》成了1938年的年度票房冠军。

随着技术进步和动画师水平的提高，迪斯尼出产的影片变得越来越精致。公认的杰作《木偶奇遇记》（1940）和《小飞象》（1941）是电影课堂上的常用素材，而集动画技术之大成的《幻想曲》（1940）至今仍是行业内的标杆。

到了20世纪50年代，尽管华特·迪斯尼本人把工作重心转向主题公园的建设上，迪斯尼公司仍持续不断地打造动画电影，随后推出真人和动画结合的影片《欢乐满人间》。1966年华特去世后，公司又推出了众多受观众欢迎的影片，包括《小美人鱼》《美女与野兽》《阿拉丁》和《狮子王》等。2013年上映的《冰雪奇缘》取得了迪斯尼电影史上最高的票房收入。进入21世纪后，迪斯尼开始把成功的影片引入百老汇的舞台，创作了大量真人剧。

皮克斯　迪斯尼在动画电影界单打独斗的局面一直持续到20世纪80年代后期。随后，皮克斯工作室闯入动画界，开始用电脑创作精良新颖的动画影片。皮克斯动画工作室的前身是乔治·卢卡斯的卢卡斯电影公司子公司工业光魔下属的特效部，后被苹果联合创办人史蒂夫·乔布斯收购。皮克斯工作室以电脑软件公司起家，开发特效和动画软件，主要为迪斯尼提供服务。后来工作室决定自行制作电影，与迪斯尼合作发行。皮克斯工作室的首部影片《玩具总动员》（1995）同时获得了市场和批评界的高度认可，随后推出的《海底总动员》《赛车总动员》《机器人总动员》《飞屋环游记》和《头

脑特工队》等影片也都大获成功。

如今动画技术高度发达，首部动画片《白雪公主和七个小矮人》中质朴的技术似乎显得过时了，它的故事当然散发着持续的魅力，孩童总是乐在其中，成人也能借之重温自己的童年，但影片中对话和歌唱的声音与人物的口型始终没有同步。不过，正是因为动画技术的成熟，动画与真人之间的界限也越加模糊。如《复仇者联盟》里的绿巨人，他的真身布鲁斯·班纳博士是由真人饰演的，显然是真人，但当他变身成一个 50 英尺高的绿色怪物时，不是动画又是什么呢？就此而言，蜘蛛侠什么时候是真人，什么时候又是动画呢？那些大银幕上如今常见的高科技角色又当如何呢？

纪录片

那些用单一镜头拍摄真实事件的早期影片，如记录火车进站或医疗过程的作品，就是纪录片。纪录片记录真实的事件，并不企图讲故事，单是观看影片中的事件就足够新奇了。但是如今观众的需求变得更高了，对事件的简单记录已显不足。影片必须要有一个故事，或至少有一些具有吸引力的人物：阿尔伯特·梅索斯和大卫·梅索斯执导的《灰色花园》（1975）中有一对母女，她们是杰奎琳·肯尼迪的远亲，性格乖张，养了许多猫，深居在长岛的一座脏乱的独立别墅里；D. A. 彭尼贝克执导的《别回头》（1968）中，鲍勃·迪伦成名不久，正在举办首次巡回演唱；甚至在由安德鲁·杰瑞克奇拍摄、于 2015 年在 HBO 电视台播放的《纽约灾星》里，巨富同时也是多起谋杀案的嫌疑犯罗伯特·杜斯特在镜头之外低声忏悔。究竟是什么让我们对真实如此迷恋？而真实又是什么呢？非虚构影片，或者说**纪录片**对真实性的努力追求得到了广泛尊重，但与此同时，那些所谓的纪录片又适得其反，为了让影片更真实、更刺激，真实本身有可能早已被篡改了。

电影是凝固了的思想之泉。

——让·科克托

弗雷德里克·怀斯曼　生于 1930 年的弗雷德里克·怀斯曼是纪录片类型中首屈一指的代表，擅长以独特的方式拍摄各种习以为常的机构。他拍摄了《医院》《福利》《跑马场》《商店》《高中》《肉类》《家庭暴力》等众多影片，这些影片的片名也显示出影片的内容。许多纪录片导演总是把辛辣的社会或政治评论加到作品里，怀斯曼则与众不同，刻意避免此类评论或访谈在影片中的出现。他的作品中没有叙事，坚持让被拍摄的对象自行展示。正如他在 2002 年的一次访谈中所说：

在开始剪辑之前，我根本不知道影片会是什么主题，会有什么样的观点。我不会提前预设好故事，也不会为了某一个主题而拍摄。当我把影片放在一起，开始编辑那些片段、研究那些素材时，我自然就会发现其中的主题了。[5]

怀斯曼最著名的作品《提提卡失序记事》（1967）揭露了一群被贴上精神病罪名的人在马萨诸塞州一家精神医院的残酷遭遇，也因此直到最近才在该州解禁。他最近的作品《国家美术馆》（2014）则深入伦敦国家美术馆，在影片中，当修复专家正在画作前做修复工作时，管理人员和工作人员从后面一边看一边谈论他们所负责的作品，而怀斯曼只是在卡拉瓦乔、达·芬奇、透纳、维米尔等大师的作品前放置了镜头——像是人文学中的一个学科在描绘另一个学科。

迈克尔·摩尔　迈克尔·摩尔（生于1954年）的纪录片总是把导演个人的态度表露无遗。他的第一部作品《罗杰和我》（1989）记录了通用汽车公司工厂搬迁后密歇根州原工业区弗林特城的衰败。片名中的"罗杰"指的是通用汽车的总裁罗杰·史密斯。整部影片中，摩尔都在努力追访罗杰，追问通用公司相关决定的缘由。当采访罗杰的请求一再被拒绝后，摩尔转而开始拍摄下岗工人和他们的家人，并精心策划了一场与通用总部保安的正面冲突。

《科伦拜恩的保龄》（2002）涉及的是1999年两名科罗拉多高中学生持枪袭击校园事件，摩尔借此呼吁制定严格的枪支管制法律，并凭借此片获得第75届奥斯卡最佳纪录片奖。《华氏9/11》（2004）荣获了当年戛纳电影节金棕榈大奖，影片中摩尔收集了大量的真实镜头，来揭露他认为的政府在"9·11"事件中的失职，同时还展现了阿富汗战争的真实情况。《医疗内幕》（2007）则调查了美国存在的医疗问题，尤其是卫生保健体制和医药行业。该片影响极大，以至于几大主要医药公司明令禁止员工接受摩尔的采访。

《懒鬼起义》（2008）和《资本主义：一个爱情故事》（2009）分别揭露了年轻选民和资本主义经济的冷漠。在所有的电影中，摩尔用他独特的旁白引导观众做出具体的反应和结论。

许多批评者认为摩尔拍摄的影片不是纪录片，而是宣传片，这些影片肆意操控现实，左翼倾向严重，几乎没有任何反驳的余地。但是没有人否认这些电影强大的影响力，尽管它们都根植于导演自身的感受。纵观历史，人文学中哪些有力的声音没有引起过争议呢？

当代纪录片　当今可能正是纪录片的黄金时代。尽管纪录片大师们从未离场，但现在几乎每天都会出现一些新的、广受赞誉的"讲述真相的电影"，而这些电影得到的关注也远超以往。也许是对于表达现实的影视作品的某种瘾，让我们更渴望那种严肃影片中真真切切的真实；又或许是因为社会日益加剧的两极分化为我们提供了机会，让我们"多此一举"地探索政治社会问题。无论如何，如此众多的电影人投身到纪录片当中，这是前所未有的。

如自然纪录片《企鹅大游行》(2005)、气候变化宣传片《难以忽视的真相》(2006) 和爱德华·斯诺登出镜的《第四公民》(2014) 等影片的成功，展示了纪录片强大的影响力。

9.4 两部美国经典电影

为什么《公民凯恩》和《卡萨布兰卡》被视作经典？

在几乎所有人的美国经典电影名单上，都有两部杰作——《公民凯恩》(1941) 和《卡萨布兰卡》(1942)。它们在一年之内出现，可能不完全是巧合，人文学的历史中这样的情况不胜枚举。杰作，以及创作它们的艺术家，都有一种在同一时段集中出现的习惯。也许创造力具有高度传染性。请记住，历史上最伟大的三位艺术家——达·芬奇、米开朗基罗和拉斐尔——都同时生活和工作在佛罗伦萨。

《公民凯恩》

这是一部相对低成本的电影，由令人惊叹的导演奥逊·威尔斯在 26 岁时完成。几年前，威尔斯根据赫伯特·乔治·威尔斯的《地球争霸战》改编了一部电台剧，这部电台剧在美国各地引发了恐慌。奥逊·威尔斯由此收获的是漫天的公愤和随之而来的恶名，其后，好莱坞允许他在合适的预算范围内自由发挥，结果拍出的电影《公民凯恩》票房奇差。影片采用的技术在当时还很陌生，但随着时间的流逝，它作为有史以来最佳影片的声誉稳步增长。

影片中的人物凯恩是美国梦的代表，他野心勃勃、精力充沛，作为报业帝国大亨积累了许多财富，他影响公众舆论，搜集了许多珍宝，但最后得偿所愿、无憾而终了吗？他的名声是如此之大，以至于新闻记者都在试图解开他临终遗言"玫瑰花蕾"的秘密。

剧情就是围绕一位记者试图解开这个秘密展开的，影片采用了在当时极具革新意义的技术手法，而这也是它备受好评的原因之一。故事从几个角度分别展开叙述，其中之一是导演对事实的客观呈现，比如在影片的开始部分，多年来备受公众关注的查尔斯·福士特·凯恩临终之际躺在豪宅的床上。我们听到镜头外的主人公在低声嘟囔着，然后看到他的手松开了，原本握着的水晶球滚落到地上摔碎了。

我的意思不是我们都应该不守规矩，而是我们要表现得像是可以不守规矩。
——奥逊·威尔斯

《公民凯恩》的故事　对凯恩生平的回顾始于一名记者的旁白叙述，他正在调查"玫瑰花蕾"这个词的含义。由于摄影机不能拍摄到人体的内部，而观众只能凭空猜测，因此威尔斯让调查记者——而不是黑色电影中的侦探——成为主角。摄影机变成了他（和我们）的眼睛。

记者采访了所有认识凯恩的人，搜集到各种说法。在公共图书馆阴暗的地下室中，他翻检旧报纸，试图重现这位知名大亨生前的每一件事——他也有着无忧无虑的童年，后来继承了一大笔遗产，再后来他不得不离家去赚钱。

调查集中围绕各种文献记录和相关人的证言展开，这对揭开谜底非常有帮助。其中有一个片段是从凯恩儿时玩伴的角度讲述的，有一个片段是从凯恩生意上长期合作伙伴的角度讲述的，有一个片段则来自他的生前密友（他对凯恩的不道德行为非常失望），最后还有一个片段是围绕没什么天赋的歌手苏珊展开的，她是凯恩的情妇，后来成了他的第二任妻子。有些事件不止一次出现，但是在不同的人那里，同一件事情也各有不同的表述。

随着记者把碎片拼凑起来，凯恩的一生也慢慢呈现出来：在报纸行业的首次成功、庞大报业集团的发展、日益浮华的生活和狂妄自大——一个无所不有但仍不满足的自大狂。他想成为州长，然后或许再当上总统，似乎只要有足够的金钱和权力，任谁都可以成王成侯（图 9.1）。他的政治生涯终止于一桩丑闻——他被曝出与年轻的苏珊有染。在与第一任妻子离婚后，他与苏珊结婚，婚后试图一手推动苏珊歌唱事业的成功，却并未遂愿。最终，这对夫妇只得隐居在一座藏满各种雕像和其他艺术品的豪宅里。苏珊终日无所事事，靠拼图游戏打发日子，对他充满抱怨，随后弃他而去。凯恩则孤独地死去。

在那个著名的片末特写镜头中，呈现了凯恩在冰雪覆盖的科罗拉多州度过的看似微不足道的童年时光，而观众则借此最终理解了"玫瑰花蕾"秘密（你能弄清楚"玫瑰花蕾"是什么意思吗？）。即便如此，无论是观众还是银幕上的记者，都永远无法了解这个人的全部真相。这部电影捕捉到人性中的模糊之处，展开对权欲的深刻剖析，在好莱坞电影史上前无古人。

《公民凯恩》的结构　威尔斯的声誉源自两方面：一是他的叙事手法，二是他对电影技术的创新运用（包括深焦镜头、重叠对话、蒙太奇等）。《公民凯恩》中的单个场景和整体的叙事结构一样引人注目。在一个片段中，威尔斯用一段早餐场景的快速蒙太奇展现了凯恩第一次婚姻的破裂，这对夫妇一开始坐在一起，然后坐得越来越远，直到几秒之后，妻子出现在长桌的另一端，读着凯恩的竞争对手出版的报纸。

在另一个场景中，凯恩的第二任妻子、妄想成为歌剧明星的苏珊正在舞台上表演，为一小群凯恩的朋友和雇员高声唱着咏叹调。当女士以平淡无奇的节奏一遍又一遍地唱歌时，镜头慢慢地从舞台升起，穿过巨大的背景幕升降支架，最终停留在离下面颇为骇人的演出场面几百英尺高的滑轨上。这时，一个舞台工作人员正饶有兴致地看着，另一个则用两个手指捏住鼻子，表示对演出的不屑。

影片展示了一种被称为深焦镜头的创新技术，这种技术是由威尔斯御用摄影师格雷格·托兰创造的，托兰后来在自己的领域中也逐渐脱颖而出。在一个场景中，凯恩的朋友、凯恩报业的音乐评论家杰德正坐在打字机前撰写严厉批评苏珊"表演"的评论文字。当凯恩走进宽敞的房间，站在背景中时，托兰被置于镜头的前景中。空间关系暗示了两人之间明显的裂痕。凯恩一直处于背景中，所以我们只能猜测他的所思所想。

人们普遍认为《公民凯恩》是以现实生活中的威廉·鲁道夫·赫斯特为原型的，他是一位臭名昭著的报纸出版商，擅长操纵新闻，能让原本稍纵即逝的事件引起轰动。赫斯特最初的确曾试图阻止制片公司宣传发行这部电影。然而，与凯恩不同的是，赫斯特婚姻幸福，在他位于加利福尼亚海岸、充满艺术气息的圣西米恩豪宅过着奢华的生活，与电影中出现的那个孤独隐居者着实相去甚远。但对威尔斯来说，现实并不能激起他什么兴趣，真正吸引他的是创造一部恢宏而隐秘、至今仍充满魅力的复杂电影的时机。《公民凯恩》既不是对历史事实的故意歪曲，也不是对伟大的文学作品的好莱坞式毁灭，这是一部完全独立存在的伟大的电影作品。

《卡萨布兰卡》

1942 年的《卡萨布兰卡》几乎是不由自主地就成了经典（图 9.11）。影片最初的设想是一部相当普通的动作冒险电影，并委托可靠的动作导演迈克尔·柯蒂斯负责。剧本每天都进行修改，并于当日晚上重新交到演员手中，而演员们经常性地取笑整个故事，几乎成了习惯。似乎没有人知道这部电影该如何结束，而且几乎每个人都认为它注定失败。美国刚刚加入第二次世界大战，其结果尚无法确定。战争影片在好莱坞随处可见，到处都是炮火、轰炸、地雷爆炸以及盟军在战场上取得胜利的场景。《卡萨布兰卡》尽管有着战时背景，却丝毫没有这些元素。但不知为何，在一次又一次的修订之后，它发展成一个引人入胜的好故事，关乎一个人的道德困境及其身上复杂冲突的道德观念。

《卡萨布兰卡》的吸引力持续至今，一方面无疑是因为它的明星阵容——借《马耳他之鹰》崭露头角的亨弗莱·鲍嘉和刚刚出道不久的瑞典丽人英格丽·褒曼。在这部电影中，鲍嘉超越了他在黑色电影中塑造的完美而刻板的形象，成为一个立体而真实的人。鲍嘉身着白色晚礼服，一手端着酒杯、一手拿着香烟的样子被不断重复，而他对褒曼说的那句话——"永志不忘"——也紧随罗密欧对朱丽叶的情话一起成为浪漫史上的经典。

世界上最受欢迎的好莱坞爱情故事之所以更显浪漫，恰因为它并没有颂扬所有人的浪漫爱情。

——斯蒂芬·格雷丹斯

图 9.11 《卡萨布兰卡》中的亨弗莱·鲍嘉和英格丽·褒曼
你觉得这部电影为什么这么受欢迎——它的演员阵容、故事、摄影，还是几者兼而有之？"受欢迎的"就是"好的"吗？
AF archive/Alamy

　　制片公司认为鲍嘉是出演《卡萨布兰卡》中里克·布莱恩的最佳人选。作为一名旅居海外的美国人，里克在法属摩洛哥首都经营着一家小咖啡吧，还做着一点非法赌博的买卖。第二次世界大战期间，摩洛哥是一个中立区，也是饱受战争之苦的欧洲难民伺机逃往美国的中转站。名义上处于法国控制下的这座城市，实际上存在法国警察和德国士兵两股势力，他们极力盘查那些想要购买出境通行证的人。里克外表冷峻，但内心善良，以赌博掩护他们，帮他们摆脱排查，而法国警察局长路易斯也故意假装不知。不过，以防万一，里克的口袋里总装着一把枪。情节剧的各种元素都有，这些元素必须有，否则这部电影就永远拍不出来了。

　　《卡萨布兰卡》的故事　这部电影遵循好莱坞最好的叙事传统。影片开头约 20 分钟的时间塑造了里克的性格和戏剧性的情节，观众了解到里克实际上是被他在巴黎深爱着的一个女孩抛弃了，这就是他一个人来到卡萨布兰卡的原因。然后情况突变，弃他而去的伊莉莎来到卡萨布兰卡，但陪在她身旁的是她的丈夫——抵抗运动的领导人维克多·拉兹洛，里克从来不知道这个人的存在。到了影片的第二幕，里克就要应对伊莉莎的突然到来所引发的冲突和障碍了，他决心做他必须做的事情。第三幕给观众呈现了一个出乎意料的解决方案，但似乎观众又始终知道事情会如此发展。

　　这样一个完整的故事并不是从编剧的头脑中涌现出来的，而是诞生于不断地重写。在据说几无休止的重写中，主人公里克的复杂性逐渐成为故事的中心。里克开始时冷酷无情,非常现实,尽管心系难民安危,但并不想与他们有所牵涉。他在巴黎时受到深深的伤害,如今已无力再投入感情了。他也拒绝参与到战争中,从不与人谈起自己的个人生活。当警察局长路易斯盘问他为何来卡萨布兰卡时,里克不动声色地说他是为水而来。路易斯紧接着说,这里不过是一片沙漠,根本看不到水,里克平静地回答:"我是被误导了。"

然而,慢慢地,编剧开始展示他性格中柔软的一面。一位倍感绝望的年轻女子向他求助。路易斯提出要给她足够的钱让她和她的丈夫出境,条件是她要以身相许。她不想对自己的丈夫不忠,但她又问里克接受这个条件是不是不对。里克建议她在轮盘赌上赌一把,然后暗地里让赌台管理员输给了她。路易斯对事情的内情一目了然,笑着指责里克骨子里是一个"多情子"。

里克的盔甲被不可避免地刺穿了。他曾经的爱人伊莉莎并不知道他在卡萨布兰卡,她和维克多来到咖啡吧,想要寻到出境的通行证。维克多是德国人在卡萨布兰卡最想抓到的目标,把他交给德国人可能会让里克大赚一笔,但是我们知道这绝不会发生。

后来,当咖啡吧里的人都散去后,导演用倒叙向我们展示了里克深受伤害的那段巴黎恋情。伊莉莎已经答应要和他一起坐最后一班火车离开巴黎,以躲避德国军队的进攻,但是他在火车站的等待却是徒劳的,她并没有出现。愤怒之下,他独自离开了。直到伊莉莎重新回到他的生活中,他才知道了她的秘密:她一直都是维克多的妻子。但在巴黎的时候,她以为自己的丈夫已经死了,因而热切地爱着里克。但当她在最后一刻发现维克多还活着的真相时,她没有和里克一起离开巴黎,而是回到丈夫的身边。

道德选择的出现 第二天晚上,在咖啡馆里,伊莉莎的丈夫要求咖啡馆管弦乐队演奏《马赛曲》,以压过旁边纳粹士兵的歌声。乐队指挥向里克寻求许可,他点了点头。那个简单的点头向我们所有人发出信号,里克已经渡过了难关;也许是怀揣着过往的美好记忆,他将开始做出正确的、有原则的决定。观众一直都知道会如此,但直到此时终于松了一口气。当难民们站起来,和乐队一起唱着《马赛曲》时,里克没有去阻止他们。从那时起,他就不能再置身事外了。

纳粹似乎要准备逮捕维克多了,而他和伊莉莎都知道,只有里克手里的两张通行证能够救他们。伊莉莎用枪对着里克,向他索要通行证。里克再次向她吐露心曲,并声称只要她留下来,就能给维克多一张通行证。伊莉莎内心挣扎,不想背叛维克多,但又深爱着里克,最终决定不再抛弃里克,答应了里克的要求。他们向机场进发,那里一架飞机正在等待,要带着维克多和伊莉莎飞往自由世界。

传说直到拍摄的前一天晚上,编剧才明确这个场景该如何进行。在神秘莫测、常常混乱不堪的迷宫般的创作过程之后,他们的困境突然变成了里克著名的道德选择困境。那个选择的场景已载入电影史。

《卡萨布兰卡》在 1942 年 12 月首映，正好是日本袭击珍珠港把美国带入第二次世界大战的第二年。这部电影将一个冷酷无情的英雄融入极其感人的浪漫爱情情节中，同时也成功地反映了当时观众最关心的问题。里克最终摒弃冷漠自私的个性，加入正义的一方。他与"好人"结盟投身抗战，而在那时，尚没有人能够确定战争的结局。

讲一个好故事

《公民凯恩》和《卡萨布兰卡》有很多共同点，两者都是由新闻开始的。两者都有节制地使用对话，没有一个主要人物是通过他所说的话来表现自己的人物性格的。两者都在银幕上创造出复杂的、必须去深入理解的现实，而没有简单直接地描述。

两者之间也有很大的区别。《公民凯恩》被有意识地设计成一部"品质"之作，由一位独立的年轻导演完成，采用了许多创新技术，与好莱坞没有任何瓜葛。而《卡萨布兰卡》是制片公司推出的作品，高薪聘请明星，导演则选择了主攻动作冒险电影而非艺术片的好手。

> 要写你的真实所感，不妄自揣度观众的需求。
> ——斯蒂芬·桑德海姆

这两部电影最明显的共同点可能也是它们最重要的元素：它们都讲了一个好故事。它们在具有挑战性的场景中塑造出迷人的角色；它们用障碍和选择使叙述变得复杂；它们又解决了每一个问题，让观众心满意足。《卡萨布兰卡》以单一的全知视角直截了当地讲故事，演员成熟又充满魅力，镜头也很简单；而《公民凯恩》在不同的视角之间快速切换，采用了许多新的拍摄技术和剪辑方式，演员多是不太知名的新人。

但是这两个故事的叙述都是引人注目的——角色都很有趣，人物关系在持续变化，有戏剧性，有幽默感。两部片子的制作团队都深知如何利用电影的程式将一个好故事搬上银幕。两条看似相反的道路通向了同一个目的地——经典电影的宝座。

9.5 电影作者

作者指称电影创作者的意义是什么？为什么有些导演会有资格成为作者？

法语单词"作者"已经被用来指称那些最重要的导演，他们有着特殊的风格和主题，作品极具识别度。"一部由某某人创作的电影"通常说的是导演而不是编剧（尽管他们可能是同一个人）。电影作者的作品常带有个人技巧的明显痕迹，就像作家独特的语言使用习惯或艺术家独特的笔触。完全可以从镜头角度、对白、镜头变换和对现实的态度等方面辨认出这种个人风格。近年来，这些独具风格、容易被识别出来的摄影师、剪辑师甚至服装设计师有时候也被称作作者。

在电视剧行业里，作者这个说法可能更加流行。过去十到十五年里，几乎每一部同时受观众和批评家欢迎的电视剧背后都有一个"主脑"，他一个人构思、写剧本，同时往往也承担着**执行制片人**的工作，至少在一部电视剧的头几季里总是如此。近年来的网络电视剧中，情况也是这样，比如艾伦·索金的《白宫风云》（讲述自由主义者杰德·巴特利特担任总统的故事）、珊达·瑞姆斯（他还创作了《格氏解剖学》）的《丑闻》（讲述华盛顿的美女危机专家的故事）、达蒙·林德洛夫的《迷失》（讲述坠机幸存者在神秘孤岛上的奇幻冒险故事）。对众多开创性的剧集而言更是如此，比如大卫·切斯的《黑道家族》、文斯·吉里根的《绝命毒师》和《绝命律师》、马修·维纳的《广告狂人》、艾伦·鲍尔的《真爱如血》和《六尺之下》，以及杰姬·科恩的《女子监狱》，等等。

费德里科·费里尼 青年时期费德里科·费里尼（1920—1993）的电影技法是从意大利新现实主义导演那里学来的。那时第二次世界大战刚刚结束，像维多里奥·狄西嘉和罗伯托·罗塞里尼等导演资金有限，常常启用未经训练的演员来讲述战后废墟街道和建筑物中普通民众的故事。然而，费里尼并不满足于仅仅拍摄外部现实，他看到了摄影机的其他可能性。他想要揭示摄影机的真正潜力，拍摄出能够让人难以忘怀的画面。他力图把现实主义与诗结合起来。

费里尼,《大路》 在《大路》（1954）中，费里尼讲述了杰尔索米娜的故事，她由费里尼的妻子茱莉艾塔·玛西娜扮演，是一个心思单纯的年轻女子，也是嘉年华巡演中号称世界上最强壮的男人藏巴诺的助演。杰尔索米娜暗恋着藏巴诺，无形中却沦为他的奴隶（图 9.12）。藏巴诺生性粗暴，对待杰尔索米娜也很残忍：苛责她的每一个小错误，最终完全抛弃了她，让她身无分文地生活在一个她永远也无法理解的世界里。只有一位音乐家对她表现出些许温柔善意，但他本人也是藏巴诺粗暴性情的受害者，只教会她用小号吹奏一首简单的曲子。在影片的最后一幕，藏巴诺从内心深处意识到，尽管自

图 9.12 **费里尼《大路》中的茱莉艾塔·玛西娜**
你看过非母语的电影吗？有字幕吗？它对你的观影有什么影响？
Moviestore Collection Ltd/Alamy

己力大无穷，却什么也不是，他回忆起杰尔索米娜温暖的微笑和歌声，不禁失声抽泣。

　　《大路》留下了一条模糊不清的信息：爱就是问题的答案吗？问题又是什么？女孩对藏巴诺的爱毫无结果，强壮的藏巴诺最后也是形影相吊，无人爱他。爱，是否只是另一个神话，它甜蜜而诗意，但又可悲地并不存在？

　　随着费里尼继续进行实验，他的作品变得越来越复杂。他开始向内转，关注起艺术家的创造力衰退时会发生什么——也许是担心这种情况会在自己身上发生。在公认的代表作《八部半》（1963）中，主角就像费里尼一样是一位导演，业已完成了八部电影，现在正努力完成第九部。但是，早期的商业成功、名声、永无休止的性欲，以及受好莱坞影响的电影公司高管们不断施加的压力，所有这一切都阻碍了他把注意力集中在自己的目标上。

　　在令人难忘的开场镜头中，主人公坐在一辆汽车里，车流缓慢，车窗紧闭，隔绝人声，他是如此孤独，远离人群。然而，即使在安静的车里他也没有得到一丝安慰，心中涌起的是更多的困惑不安。仅用几秒钟，费里尼就概括了艺术家存在于世的困境，令人叹为观止。影片的最后一幕是一个幻想中的场景，各色艺术家围成大圈跳舞，给人们带来希望——无论如何创造性的想象将幸存下来，但这也可能意味着，真正的艺术只是在自己的圈子里循环往复，永远无法触及观众。

法国电影作者：戈达尔、特吕弗、雷奈

　　20世纪中叶的法国电影人创建了一个流派，即"新浪潮"。新浪潮导演，特别是那些与电影评论的标志性杂志《电影手册》有关的导演，把风格看得高于一切。像费里尼一样，他们尝试摄影机的各种可能性。他们对令人吃惊的、象征性的图像不感兴趣，而对用来剪辑和控制观众体验故事节奏的各种新技术更感兴趣。许多新浪潮电影的节奏很快，导致观众的理解常常滞后于人物动作，结果就是观众必须放下手中的爆米花，完全集中注意力。而另外一些人，尤其是阿兰·雷奈，他与《电影手册》的导演不同，总是放慢影片节奏，让每一分钟都持续很长的时间。

　　让－吕克·戈达尔　戈达尔（1930—2022）凭借其改编自传统美国黑帮电影的作品一举成名。如果没有20世纪三四十年代的B级黑帮片，《精疲力尽》（1960）就不可能出现。在《精疲力尽》中，引人注目的不是结果，而是可以被称为"暴力之诗意"的东西，它摆脱了美国动作电影制作规范的束缚，后者为电影树立了"道德"标准。在影片中，戈达尔利用谋杀和故意伤害作为激发银幕情绪的手段。他的快速剪辑风格对后世导演有着持续性的影响，包括奥利弗·斯通的《天生杀人狂》（1994）、昆汀·塔伦蒂

诺的《落水狗》(1992)和《低俗小说》(1994)、保罗·格林格拉斯的"谍影"系列电影(2002 年的《谍影重重》、2004 年的《谍影重重 2》、2007 年的《谍影重重 3》等)。

弗朗索瓦·特吕弗 弗朗索瓦·特吕弗(1932—1984)最初是一名电影评论家,这种职业选择可能让他以为自己可以比某些被他批评过的导演做得更好。观看了众多电影后,他了解了电影的风格和技巧,能够从优借鉴,进而创造出自己的个人风格。这种风格就是所谓的兼收并蓄,意思是说它完全是原创的,但又博采众长。

特吕弗是一位真正的作者,因为就像费里尼一样,他的主要题材就是他自己,自己的哲学、情感和恐惧。他的第一部主要作品是《四百击》(1959),讲述了一个问题男孩与校方和母亲争吵的故事。特吕弗的童年也充满烦恼,这部令人难以忘怀的电影显然是他摆脱困境的一种方式。虽然在意象方面不如费里尼出名,但特吕弗仍然创造出属于自己的视觉诗。在《四百击》的最后时刻,一直逃跑的主人公来到海边。他再也跑不动了,于是转过身来,面对着摄影机。这是一个充满绝望和困惑的特写镜头,几乎完全概括出某些青少年的内心体验,胜过万语千言。

《朱尔和吉姆》(1962)的故事则稍显传统。这是一个三角恋的故事,涉及两个亲密的朋友和他们都爱慕的一位古怪女人。这个故事之所以成立,不只是因为故事本身,而且还因为讲述故事的画面,甚至背景音乐(轻松的曲调配合爱情背叛的悲剧故事)。在令人难忘的表演中,珍妮·莫罗饰演的凯瑟琳创造了有别于传统社会的新女性原型:一个自由的灵魂,她的肆意反常极富感染力,她的另类特出激起了男人们热切的渴望。正直的德国男人朱尔深爱着她,她尽力不想爱上朱尔的挚友吉姆,但并未成功。凯瑟琳既焦躁不安又漂浮无根,不能保持忠诚,她在此世永远找不到自我,也永远找不到归宿。除了自杀,她别无选择。在影片的最后时刻,她驾车冲下桥梁,带着吉姆一同上路。这部电影完美地表达了战后欧洲人的绝望情绪。这是一部完整的作品,有开始,有中段,还有一个不可避免的悲剧结局。

阿兰·雷奈 阿兰·雷奈(1922—2014)是特吕弗和戈达尔的同时代人,但他并不属于那个团结紧密的《电影手册》圈子,而是政治性更强的电影团体"左岸派"的松散一员。尽管《精疲力尽》和《朱尔和吉姆》需要观众全神贯注,但它们的情节多多少少与现实世界有着某种显而易见的联系。阿兰·雷奈的《去年在马里昂巴德》(1961)则完全不同。在《去年在马里昂巴德》中没有传统的时间和空间处理方式。我们永远不知道自己究竟身在何处;过去、现在和未来交织在一起,没有逻辑顺序。例如,人们打开一扇门,似乎是从外面进入里面,却发现自己又身处另一个外面,甚至是另一个时代。雷奈向观众传达的信息似乎是,只要电影本身是一种感官体验,它就不需要有意义。和戈达尔一样,雷奈也反对阐释。他觉得如果一部电影确实对你做了什么,那就不需要再问什么了。

对那些宣称电影会给年轻人洗脑的人,我想唯一的答复就是:电影只是初稿,它只提出问题,激发学生们去寻找。

——奥利弗·斯通

阿尔弗雷德·希区柯克

当年美国电影大师奥逊·威尔斯来到好莱坞，是为了创造电影艺术，与之不同，生于英国的阿尔弗雷德·希区柯克（1899—1980）被引进到好莱坞，最初只是为了拍摄恐怖情节剧，后来才逐渐获得批评界的好评。希区柯克最初因制作关于间谍和谋杀的惊悚片而闻名，在20世纪30年代末被称为"悬疑大师"。他电影中的情节总是充满意想不到的转折，总是以新奇而巧妙的危险呈现出惊人的结局。希区柯克影片中的主人公都是典型的普通人，正派得体——尽管常常有缺陷，而当我们开始了解并喜欢上他们后，他们的生活就会被突如其来的不幸搅扰。

希区柯克会在拍摄前把每一个分镜头都在故事板上勾勒出来，并因此而闻名。他是一位技术大师，在拍摄中很少偏离自己最初的计划。他巧妙地运用电影制作的技术工具——声音、镜头、场面调度、色彩——让观众心跳加速。《惊魂记》（1960）中珍妮特·利扮演的玛莉莲在浴室被谋杀的场景，可能是希区柯克拍摄过的最著名的场景（也是电影史上最著名的场景之一）。据称为了达到效果，该场景使用了超过75个摄影角度，超过50个分剪以及极度刺耳的小提琴配乐。

这位导演暗自认为，我们生活在一个完全不道德的世界。在这个世界里，正义的胜利只能是偶然的，尽管我们披着文明的外衣，但混乱才是自然的法则。在《群鸟》（1963）中，这种混乱令人恐惧地出现在加利福尼亚平静的北部村庄里，涌入人们的日常生活中。在没有任何警告也不知道原因为何的情况下，一大群黑鸟占领了这个村子，居民尽数死伤。

其中最令人难忘的场景是经典的希区柯克式场景——危险与正常活动并存。一个女人在一所小学外面驻足，完全没有注意到身后发生的骇人场景——数以百计的黑鸟聚集在校园里。从校舍里传来年轻人欢快的歌声，突然间，宁静被打破，接下来的场景让人想起爱森斯坦《战舰波将金号》敖德萨阶梯片段中的**延长瞬间**。这个女人与孩子和老师从一座陡峭的山上跑下来，举起双臂保护自己免受群鸟的攻击。希区柯克让镜头从一个逃亡者快速转到另一个逃亡者，快速的蒙太奇让观众实际上只能零星看到灾难的发生，但又认为自己目睹了一切。

阿尔弗雷德·希区柯克，《惊魂记》　希区柯克早在《惊魂记》（1960）中已经使用过这种快速蒙太奇手法，许多评论家将其视为希区柯克的杰作。该片很可能是有史以来最恐怖的电影。其中，恶人是一个害羞又孤独的年轻人，名叫诺曼·贝茨（由安东尼·帕金斯饰演），他在亚利桑那州经营着一家偏僻的汽车旅馆。

在《惊魂记》中，希区柯克的世界观得到完全的展现。像往常一样，他把普通人带

戏剧是涤除了所有枯燥沉闷之后的生活。
　　——阿尔弗雷德·希区柯克

进一个邪恶而扭曲的世界。迷人的年轻女子玛莉莲（珍妮特·利饰演）为了和男友私奔，盗用凤凰城老板的 4 万美元公款。显然，玛莉莲并不是完全无辜的，但我们仍然理解并同情她。深夜开车逃跑时，她遇到一场大暴风雨，走错了路，只好到贝茨的汽车旅馆避雨，成了旅馆里唯一的客人。她愉快地接受了贝茨送来的三明治，贝茨看起来待人友善、乐于助人。玛莉莲听到贝茨与他的母亲大声争吵之后感到吃惊。简单进食之后，她走进自己房间的浴室，不久之后就开始后悔自己的所作所为，并决定明天早上带着钱返回凤凰城。

至少在《惊魂记》之前，我们不会幻想可怕的事情发生在浴室里。还有什么环境比浴室更日常，更不像恐怖电影里的场景呢？当玛莉莲享受着温暖的水流，罪恶感渐渐消失时，一个人影突然出现在浴帘上——看起来像是一个手持匕首的女人。伴随着小提琴刺耳的恐怖配音，这个身影不断地刺向玛莉莲。观众以为自己看到她遭受谋杀的全部，但事实上，剪辑非常专业又极其迅速，以至于我们实际上看到的只是一组镜头的拼贴：水、淋浴喷头、女人的手和脸、流入下水道的血。最后只剩下一片寂静和一张死者脸庞的特写，她的眼睛还因为恐惧而大睁着。观众并没有看到凶手，也没有看到匕首刺入身体，尽管他们以为自己看到了。这个场景持续了 45 秒，花了 7 天的时间才拍摄完成，让整整一代人在进入浴室前都心怀惊惧、犹豫不决。

黑泽明

日本电影《罗生门》（1950）从多个角度呈现同一个事件，借此黑泽明（1910—1998）一跃成为国际知名导演，并让观众开始欣赏非西方电影。

尽管非常仔细地研究过西方的技术，学习摄影机的技法，但黑泽明还是热衷于再现日本的过去，并把它带到全世界观众的眼前。他的代表作《七武士》（1954）向观众介绍了日本封建武士阶级的准则，他们的高贵、荣誉感和正直，以及他们随时准备为之献身的武士道精神（图 9.13）。从某种意义上说，武士相当于亚瑟王的圆桌骑士。

《七武士》巩固了黑泽明日益增长的声誉，也引起好莱坞的注意，好莱坞总是急于跟随新潮流。1960 年，导演约翰·斯特奇斯完成《豪勇七蛟龙》，一部翻拍自《七武士》的西部片。影片讲述了一群流浪枪手与恐吓墨西哥一个村庄中无辜村民的强盗作战的故事。惊险刺激的枪战不再是之前西部片中无法无天的混战，而是带上了正义的色彩。这部电影被评论家称赞为具有纯正价值观的伦理西部片。

黑泽明的电影视觉效果都很好，经常使用长镜头和强烈的色彩来达到效果。他还以一丝不苟的工作方法而闻名，如果片场有什么不对劲的地方，他经常会暂停拍摄。在拍摄《七武士》期间，他坚持要求完全拆除并重建一座耗资一百多万美元、煞费苦心

黑泽明是一位横贯各种类型和时期的导演，能在作品中勾连起传统与现代、新与旧、东方文化和西方文化。

——以法莲·卡兹

图 9.13　黑泽明《七武士》中的场景
电影讲述了七位武士为保护村子安全合力对抗山贼的故事，曾被改编为英语片《豪勇七蛟龙》。该故事有何魅力呢？
World History Archive / Alamy

才建成的仿 16 世纪建筑，原因竟是木匠在建造过程中使用了当时尚不存在的钢钉。有人提出反对意见："谁会知道里面有钢钉？"他回答："我知道。"

斯坦利·库布里克

斯坦利·库布里克（1928—1999）是一位美国导演，他的电影很有趣，即使电影的主题是死亡或地球与宇宙的毁灭。他继承了最好的讽刺传统，大力抨击自我欺骗和虚伪。他总是做一些出人意料的事情，拒绝迎合畅销片市场（即使他最受欢迎的电影之一——1960 年的《斯巴达克斯》确实极为畅销）。他一生只创作了 16 部电影，但几乎所有的电影都获得过奖项，其中 4 部荣获奥斯卡最佳影片提名。

库布里克对整整一代电影导演的影响显而易见，诸多风格各异的导演都对他钦佩不已，如史蒂文·斯皮尔伯格、伍迪·艾伦、马丁·斯科塞斯、特里·吉列姆和乔治·罗梅罗等。他很早就开始使用摄影机稳定器（在 1980 年的《闪灵》中）、反向推轨镜头和广角全景镜头（在《斯巴达克斯》中），以及全新的色彩和光线用法（特别是在他 1968 年的杰作《2001 太空漫游》中）。他对音乐的运用也被广泛模仿。在这个冒险成本高且不一定受人钦佩的行业，他做了太多的冒险和尝试。库布里克继承了好莱坞早期坏小

我确信那些不注重用双眼去观看的人面临着一个基本问题。他们一直在听，但所获寥寥……
——斯坦利·库布里克

子奥逊·威尔斯的传统，作为一名真正的电影作者获得了全世界的认可。

斯坦利·库布里克，《奇爱博士》《奇爱博士》(1964)继续了库布里克对反战、反伪善主题的兴趣，但这次他采取的是一种昭然若揭的讽刺风格。这部电影讲述的是一位名叫杰克·瑞朋的将军命令美国飞行员向苏联投放原子弹从而挑起战争的故事。当消息传到五角大楼，总统及其幕僚撤销了命令，但一架轰炸机仍在向苏联飞去。库布里克戏仿有关第二次世界大战的电影，让轰炸机机组人员成为地理和种族背景的典型横截面。当轰炸机飞越苏联领土时，背景音乐是美国内战时期的歌曲《当约翰尼迈步回家时》。头戴一顶宽边高顶帽的飞行员发现炸弹舱门无法开启，于是毫不畏惧地爬上炸弹，兴高采烈地说了一句"呀呼"，和炸弹一起飞出，把自己和下面成千上万的平民都炸死了。

美国总统致电苏联领导人，为了公平起见，他建议说，既然一架美国飞机轰炸了苏联的领土，也许苏联领导人可以轰炸美国的一个地方作为报复。但是随后他便明白，这个解决方案根本不可能：一个由苏联人设计的、在接下来的 99 年里能毁灭地球上所有生命的末日机器早已开始启动倒计时，没有什么能阻止它。随着双方的政治家和军事战略家准备深入地下避难（带着孕育后代的年轻女性一起），他们期待有朝一日地球再次拥有可供呼吸的空气，他们的后代就能够继续彼此对抗了。影片的最后一个场景是伴着背景音乐《我们将再次相遇》，一架飞机正在半空中给另一架飞机加油。

9.6 "小银幕"：电视

为什么 21 世纪初被称为电视的"新黄金时代"？

尽管电视技术在某种程度上与电影技术同步发展，但电视直到 20 世纪 40 年代和 50 年代才真正成为现实，那时电视机开始在美国各地的家庭中出现。许多发明家在不同的国家申请了早期电视机的专利；被广泛承认的历史性突破是 1927 年 9 月 7 日，当时美国费罗·法恩斯沃斯协会传输了第一个电子图像。在接下来的 20 年里，这一过程得到了进一步完善，"硬件"——真正的电视机——也进入平常人家。

在电视发展史的大部分时间里，人们并不认为它有什么技术含量。事实上，1962 年，联邦通信委员会主席牛顿·米诺创造了历史，他把电视称为"一片广袤的荒原"。

> 电视好的时候，没有什么——戏剧、杂志、报纸——比它更好。但是，当电视坏的时候，没有什么比它更糟。我请你们每个人在自己的电视台播出节目时坐在电视机前，在那里待上一天，没有书籍，没有杂志，没有报纸，没有损益

表或评分表来分散你们的注意力。让你的眼睛一直盯着电视，直到电视台停止
播放为止。我可以向你们保证，你们将看到一片广袤的荒原。[6]

看看这段评论中的第一句话："电视好的时候，没有什么比它更好。"事实上，电视
已经经历了几个极具创造性的黄金时代。第一次是在20世纪50年代，此时这个小屏
幕被视作高雅文化的宝库，比如，哥伦比亚广播公司《剧院90》中播放的阿瑟·米勒和
威廉·英格等人创作的原创剧、美国广播公司有关自然与科学的专题节目，以及雷昂纳
德·伯恩斯坦为年轻人举办的音乐会。为了迎合大众口味，阿尔弗雷德·希区柯克制作
了每周一期的悬疑剧，罗德·瑟林创作了经典科幻电视剧《迷离时空》，当然还有喜剧
经典《我爱露西》和《蜜月期》等。

20世纪60年代，电视节目明显表现出电影类型片的直接影响：西部片、侦探片和
警匪片成了主流。各种各样的节目中的表演者，不论是歌剧男高音还是杂技演员，模
仿的不再是电影，而是一种更古老的形式——杂耍。一部长达半小时的**情景喜剧**常常
聚焦于一个家庭的冒险和不幸，堪称情景喜剧的经典套路。早期情景喜剧通常是和谐
的：父亲懂事、孩子聪明、母亲照料家务。后来，像《全家福》和《莫德》这样具有开创
意义的电视连续剧在家庭喜剧的大框架内涉及种族冲突、堕胎、强奸和同性恋等社会
问题，一定程度上在全美范围内广泛传播了自由观念。

新黄金时代：当代电视剧

既然严肃剧已经被《雷神》和《钢铁侠》这样的电影赶出了电影院，当我们再次追
问严肃剧的去向时，答案就很简单了：它走进了电视中。当深思熟虑、充满远见的剧作
家如今再寻找归宿的时候，他们往往把目光投向了小屏幕——尽管现如今的小屏幕似
乎有的越变越大（壁挂电视如今达到了90英寸甚至102英寸），有的又越来越小（平板
电脑和手机屏幕）。

事实上，电视的新黄金时代正在到来。由于HBO和娱乐时间等收费有线电视分销
渠道的兴起，加上网飞和亚马逊等新的流媒体显示出的可能性，再加上FX和AMC等
以收费广告为主的频道广受欢迎，21世纪初制作的电视剧开始摆脱有线电视长期以来
的限制，包括语言、暴力和性内容方面的限制，以及时间和节目安排方面的限制。

第一部突破性的剧集是HBO的《黑道家族》（1999—2007），讲述了一个不安的新
泽西黑帮老大的故事。他被恐惧和噩梦侵袭，只得接受治疗，但似乎并没有阻止他再
犯罪。除了偶然遭遇的敌人之外，他还杀害了更多的人。这就是托尼·瑟普拉诺，一个
罪犯，一个并不特别讨人喜欢的人，然而他又十分复杂，足以让我们觉得他有趣，甚至

大可不必相信恶有某
种超自然的本源；人本身
就能做一切恶。
——约瑟夫·康拉德

同情他。他有着和我们一样的烦恼（叛逆的正处在青春期的孩子、难以相处的母亲、一个觉得被冷落的只得从教区牧师那里寻求安慰的妻子），还有一些我们没有的烦恼（如何处理尸体等）。

继《黑道家族》之后，出现了一系列引人入胜的电视剧，其中的主人公都十分复杂且真实。如《绝命毒师》中由温文尔雅的化学老师变身毒枭的沃尔特·怀特、《女子监狱》中的女犯人们、《广告狂人》中英俊神秘又离经叛道的唐·德雷珀等。节目安排方面有了极大的自由，剧集不再控制在 22 分钟或 44 分钟之内，不再是固定的一季 26 集，这让像文斯·吉里根（《绝命毒师》）和马修·维纳（《广告狂人》）这样有创造力的人能够自由地探索、尽情地发挥。即使是像珊达·瑞姆斯（《实习医生格蕾》和《丑闻》的制作人）这样的联播剧集制作人也已经开始效仿他们，打破了选角和叙事结构的惯例。目前还不清楚这些系列中的哪一部（如果有的话）会成为经典，甚至成为杰作而流芳百世，只有时间会告诉我们答案。

大卫·西蒙，《火线》　许多评论家认为 HBO 的《火线》（2002—2008）是当代最好的电视剧之一，该剧由前《巴尔的摩太阳报》记者大卫·西蒙创作，是一部探索巴尔的摩市的五季剧集。《火线》每季都会深入挖掘巴尔的摩各社区之间的关系网，有些是极度隐秘的关系，比如儿童和一个非裔美国人住房项目构成的毒品交易网络和巴尔的摩港口码头工人之间的关系；还有一些是表面上的关系，比如市政府、学校和主要报纸之间的关系。在一季中处于中心地位的角色在下一季中可能会变得无足轻重，随着故事在城市的社区和机构中来回切换，这些角色又可能会重新出现。

《火线》中上演的很多故事看起来都有些陌生，一些观众甚至用隐藏式字幕来理解对话。但总体而言，它是对资本主义和民主制度的控诉：教育体系、政治体系、经济体系的失败，它们并不能覆盖到所有人，也不能增加所有人的财富。每季都会出现一类角色——一小队警察，其中绝大多数人都很可靠，但即便如此，当他们感觉自己受到攻击时，也会习惯性地表现出一些坏毛病。

《火线》之所以引人注目，是因其场景设置和人物设置的真实性：它几乎完全是在巴尔的摩市的街道上拍摄的，很多人物都是由经验丰富的特色演员扮演的，甚至还有一些本地的普通人。这些人大多不讨人喜欢，但他们是真实的，我们越是深入了解他们，就越能接受他们的所作所为。

"新"电视和视频不仅成为高品质情节剧（和喜剧）的归宿，而且还改变了我们观看电视的方式。现在节目可以全部制作完成后同时发行，如果我们觉得故事和人物足够引人入胜的话，尽可以彻夜狂看。没有什么能够取代志趣相投的观众在大银幕上观看电影的体验，但我们现在也可以说，一部长篇电视剧所能达到的亲切程度和深度，是一部两小时的电影难以相提并论的。

9.7 略说批判性观看

为什么批判性思考对于观看和评价电影或视频很重要？

　　在本书中，我们强调了批判性思考在生活中的重要性，以及人文学在提升人的批判思考能力上的作用。批判性地观看电影是一种让看电影变得更有乐趣、更高级的方式。认识到电影导演和制作人所做的选择，就好像学习了一首诗或一幅画的创作技巧。银幕上的表演有各种各样的主题和风格，在评估一部电影或电视剧的价值时，可以提出以下几个问题。

- **影片采用的艺术风格是否独一无二？** 没有其他媒介可以如此巧妙地使用快速剪辑、交叠对话和全面的视觉效果来讲故事。《谍影重重》系列电影使用快速剪辑技术让我们紧张不安；《权力的游戏》的制作团队在遥远的地方拍摄以便还原他们要描绘的充满异国情调的世界。你正在观看的节目是否巧妙地运用了现有的技术？

- **人物的内心世界是否复杂？** 优秀的电影和电视剧，就像优秀的小说和戏剧一样，需要观众仔细聆听、集中精力、全神贯注。《卡萨布兰卡》中的里克·布莱恩既是一个黑色电影中常见的冷酷无情的现实主义者，又是一个希望世界更美好的温柔的浪漫主义者；《广告狂人》中的唐·德雷珀则被一个充满暴力的混乱童年所困扰。你正在观看的影视作品中的人物是真实的吗？他们有复杂的历史和幻想吗？

- **银幕上的行动是否与时代相关？** 无论是纪录片还是虚构的影视作品，有时都是对需要改革的社会境况的回应。卓别林的《摩登时代》阐述了大萧条时期工人阶级的非人处境；《火线》探索了当代社会群体的功能失调。你正在观看的作品和时代有关系吗？它让你感动吗？

- **观众被真正地尊重吗？** 那些表现严肃问题的电影应该尊重它们的观众，不要提供让人难以置信的解决方案。托尼·瑟普拉诺不可能自此以后过上幸福的生活；《教父》里一开始并不想接手父亲"事业"的迈克·柯里昂，必须屈服于家族的引力。你观看的作品是否尊重观众的理解力？

- **在设定的情境中，人物的行动是否可能？** 传记电影经常歪曲人物生活中的事件以达到某种戏剧效果，这一点是可以接受的。但是由此引发的结果应该是合理的，电影的结局也应该与整个情境相一致，即使是《权力的游戏》也必须遵守它所设定的规则。长久以来，观众总是期待故事的圆满结局，好莱坞也几乎总是尽力满足这一期待。但随着 1968 年罗曼·波兰斯基的电影《罗斯玛丽的婴儿》的上映，情况发生了巨大的变化。影片执意让我们同情一位日渐惊惧不安的女主角，她深陷困局，怀上了恶魔之子。当孩子出生时，我们期待她（最终）能战胜黑暗魔力，结果却骇人听闻，她竟展现出了母性本能。所谓的"大团圆结局"是她同意照顾恶魔之子，这一转折是观众在此前的好莱坞电影中不会料到的，虽然自此之后，这样的意外已经变得司空见惯。

- **对不同性别的人物的描写是否真实，人物之间是否平等？**漫画家艾莉森·贝克德尔在其连载漫画《小心这群女性》的"规则"部分中提出了一个如今被广泛引用的电影"性别测试"："其一，一部电影中必须至少有两个女人；其二，两个女人必须有对话；其三，对话内容与男人无关。"[7] 下次你看电影或电视剧的时候可以用它来做判断。

这一章讨论了许多大银幕和小屏幕上的作品。如果你已经看过了我们提到的这些作品，可能会不同意我们做出的评价。批判性思考者之间常就作品的艺术性展开严肃的探讨和争论，这真正契合于人文学的精神，而通常情况下，争论本身比作品还要重要。

批评焦点 探讨托尼·瑟普拉诺与奥马·利特

电视剧《绝命毒师》（AMC 电视台，2008—2013）的主创文斯·吉里根曾说，他写这部电视剧的主人公沃尔特·怀特就是为了让观众同情一个因命运安排而被迫做坏事的"好人"，然后当观众逐渐发现他骨子里就是一个恶魔，自始至终绝非善良之辈后，看看这种同情还会持续多久。类似地，娱乐时间电视网推出了《嗜血法医》，剧中的德克斯特既是连环杀手又是血迹专家，作为一个邪恶的人，时刻都要对抗内心深处的黑暗。

下图分别是《黑道家族》（1999—2007）中的托尼·瑟普拉诺和《火线》中的奥马·利特。前者由詹姆斯·甘多菲尼饰演，在与女儿游学的同时还能谋杀宿敌（图 9.14），后者由迈克·肯尼斯·威廉姆斯饰演，正在悲伤地凝视着远方（图 9.15）。这两个人都是罪犯，都不止一次行凶杀人，但两人又非常不同：托尼是一个中年男人，十分顾家，又是黑帮老大，身边有众多的帮手（包括一个心理治疗师！）；奥马刚刚 20 岁出头，是个有点像罗宾汉一样形单影只的强人，几乎茕茕孑立。然而，两人都深受人们的爱戴，不只在他们身处的社区里，他们甚至受到我们这些观众的钦慕。这是怎么发生的？我

图 9.14　詹姆斯·甘多菲尼饰演《黑道家族》中的托尼·瑟普拉诺

Pictorial Press Ltd/Alamy

图 9.15　迈克·肯尼斯·威廉姆斯饰演《火线》中的奥马·利特

Nicole Rivelli/HBO/Everett Collection

们怎么可能同情类似托尼和奥马这样的人呢？两部电视剧的主创——《黑道家族》的大卫·切斯和《火线》的大卫·西蒙——是如何让我们全身心地进入这些人物的生活中的？

- 电影人和电视人能用什么策略让观众对那些行恶之人产生同情？
- 他们又是如何使用摄影机或者视觉效果手段来调节故事情节中的犯罪行为甚至恶行的？
- 人物角色需要很复杂才能博得我们的同情吗？我们承认某种共同的人性是引发感情的关键吗？

回顾

在这一章里：

- 我们辨识了一些关键的电影程式；
- 我们讨论了电影史上一些重要的早期里程碑式作品；
- 我们明确了主要电影类型的特点；
- 我们仔细审视了两部经典电影《公民凯恩》和《卡萨布兰卡》；

- 我们讨论了电影作者的特点以及20世纪一些重要作者的作品；
- 我们也解释了为什么21世纪是电视剧的"新黄金时代"；
- 我们还强调了批判性思考在评价电影和电视剧时的重要性。

主要术语

作者（auteur）：法语词，指作家，被电影历史学家用来指称一些导演，这些导演被视作严肃的艺术家，他们的拍摄风格、节奏、主题和符号都有极强的辨识度，因此个人印记几乎遍布他们的每一部电影。

摄影术（cinematography）：用摄影机讲故事的方式。

特写镜头（close-up）：在电影中，摄影机放大银幕上一个角色的影像。

程式（conventions）：观众往往易忽视的电影制作元素，如摄影机的存在及其各种镜头。

停拍/剪辑（cut）：导演暂停某一场景拍摄的口令；同时也指摄影机在人物或者场景之间转换。

剧情声（diegetic sound）：影片剧情中的各种声音（人物的语言、各种声效）。

叠化（dissolve）：一个场景淡出，另一个场景淡入；或者摄影机不再从一个场景切换到另一个场景，而是直接将下一个场景叠加到当前场景上，然后当前场景逐渐淡出。

纪录片（documentary）：非虚构电影，通常有一个叙述者，但没有结构化的故事情节。

延长瞬间（elongated moment）：这种技术与爱森斯坦有关，指原本短暂的动作可以被分解成许多细节，因此在银幕上持续了更长的时间。

黑色电影（film noir）：法语词，指黑暗背景、犬儒主义和强调人性阴暗面的电影类型；故事通常围绕城市中某个离群索居的硬汉主角所调查的犯罪活动展开。

定格（freeze-frame）：某个场景的拍摄中摄影机突然暂停，图像变成了一张照片。

类型（genre）：电影的分类，如浪漫喜剧片、西部片或黑色电影；认识类型可以帮助影迷提前预判一些电影的风格和内容。

滞留镜头（lingering take）：该技术与格里菲斯有关，指摄影机滞留在一张脸或对象上，以增强某个戏剧性的效果或某个重要时刻。

场面调度（mise-en-scene）：场景的整体视觉效果，包括演员和道具在空间中的位置以及灯光、服装和背景等。

非剧情声（non-diegetic sound）：影片剧情以外的各种声音（配乐、旁白）。

横摇镜头（pan）：镜头不在任何其他人或事物上停留，直接从一个角色转到另一个角色，从房间中的一个物体移动到另一个物体，以此类推。

角色（persona）：与某个演员相一致的角色，如亨弗莱·鲍嘉，这种一致性往往很强，以至于观众开始相信演员和角色就是同一个人。

视角（point of view）：摄影机拍摄一个场景的角度，借此观众就能够知道这个场景是在角色的主观意识里还是保持着导演的某种客观性。

执行制片人（showrunner）：负责电视剧日常运作的人，通常也是电视剧的主创，有时甚至是电视剧的主要编剧。

情景喜剧（sit com）：situation comedy（情景喜剧）的缩写，指一类按时播出的电视剧，内容主要是一群朋友、一些同事或一些家庭成员的滑稽冒险故事。

滑稽片（slapstick）：一种经久不衰的肢体喜剧风格，其中的人物往往遭受着虚假的暴力；这个术语来自早期电影，在其中多用两根棍子的敲击来充当拳打脚踢的声音。

推轨镜头（tracking shot）：摄影机在滚轴或铁轨上移动，拉近以便拍摄特写或推远以便展示更广阔的区域，如《乱世佳人》中火车站场景中数百名死伤士兵的逐渐呈现。

第三部分

人文学主题

图 10.1　印度神湿婆的青铜像，印度，约公元 16 世纪

如这尊湿婆像和大多数的基督教艺术一样，多数主要宗教长期影响着艺术创作，但伊斯兰教却禁止为诸如先知穆罕默德等神圣造像。那么，在宗教团体中，艺术起着何种作用呢？

宗 教

第十章

10.1　解释宗教对人文学研究的重要性。

10.2　辨识主要的多神教并描述其主要特点。

10.3　辨识主要的泛神论信仰体系并描述其主要特点。

10.4　辨识主要的一神教并描述其主要特点。

10.5　解释善恶问题为何是宗教思想家必须面对的挑战。

10.6　辨识并描述不可知论和无神论的主要特点。

10.7　讨论宗教在人文学中发挥作用的一些案例。

> 宗教是某种无限简单、无限单纯的东西。它不是知识，不是情感的内涵。它不是义务也非出离，亦不是限制；在宇宙那完满的旷远里，它是一种心之方向。
>
> ——赖内·马利亚·里尔克

对全球数十亿人而言，宗教是他们日常生活的必要组成部分。他们阅读圣典，穿戴某种神圣符号的服饰，在节日仪式上进食或禁食；他们的出生、嫁娶和下葬都要根据某种既定信仰的要求。宗教是如此普遍，宗教主题又是如此频繁地出现在各种艺术、哲学和文学中，因此要学习人文学，就不可避免地要认识这一强大力量的巨大影响。

在本章中，我们将考察宗教对我们和人文学的诸多影响。在此，宗教指的是在各种文化和时代都存在的一种现象，它是对信仰更高秩序的需要的承认，它是对死亡和无法回答的各种问题（诸如仁慈的天父创造出的世界为何存在恶）的回应，也是对通往神性的诸种途径的探究。

我们首先来简单概览一下历史上宗教在文学、艺术和其他人文学内发挥的作用。之后，我们把下面的章节分为几个部分，信奉超过一位真神的多神教，把神视作普遍的精神秩序而非具体人格的泛神论，以及那些信奉唯一神的一神教。最后，我们以人文学中的一些宗教主题作为案例来进行阐释。

10.1　宗教在人文学中的重要性

为什么宗教对人文学研究来说如此重要？

世界上许多宗教都以圣典为基础，这些圣典记录了世界和宗教自身的起源故事，回应着对死亡和灾祸的疑惧，指导着信徒的俗世生活。通常，这些圣典不仅仅是宗教文献，而且是伟大的文学作品，其中有些散文或诗歌的片段不亚于那些不朽的篇章。在众多的存世圣典中，有《旧约圣经》《新约圣经》《古兰经》《吠陀经》，以及大量佛经和《道德经》等，这些经典既有对过去的解释，也有对当下生活的指导。

　　除此之外，宗教早已引起艺术家、雕塑家、作家和音乐家的关注。数千年来，人类中极富创造力的人们已经描摹过诸神或单一的神、或好或坏的来世，以及邪恶的或天使般的无数超自然的存在。宗教和宗教问题构成了诸多伟大文学作品的基础：但丁的《神曲》（1302—1321）描写了地狱、炼狱和天堂；弥尔顿的《失乐园》演绎了亚当和夏娃的故事，为长久以来的难题——罪恶问题——提出了自己的解释；圣奥古斯丁的《忏悔录》往往被视为第一部自传作品，记录了奥古斯丁本人如何从罪恶中皈依天主教的过程。信仰也是许多伟大的现代作品的基础，包括弗兰纳里·奥康纳和托马斯·曼的许多小说以及 C. S. 刘易斯的《纳尼亚传奇》系列。

　　质疑传统信仰也是许多文学巨著的主要母题。陀思妥耶夫斯基（1821—1881）几乎所有的小说都描述了信仰的挣扎（尽管在深切的自我反思中他最终认定基督教是俗世纷扰的唯一答案）。麦尔维尔（1819—1891）《白鲸》中的传奇船长亚哈暗指《圣经》中"行耶和华眼中看为恶的事"（《列王记》16：30）的亚哈，他在向白鲸复仇的同时也向上帝伸出了拳头。而托马斯·哈代（1840—1928）的《德伯家的苔丝》的最后一句则意味着对冷漠上帝的极度失望，在女主人公被处死之后，叙述者评论道："那众神的主宰也停止了对苔丝的戏弄。"

　　围绕宗教展开了大量讨论，而且如我们所知，有时候讨论甚至演变成灾难性的战争。对一些人来说，信仰的激情是最重要的。那些信奉圣典字面的人、那些将圣典视作寓言和隐喻因而不固守字面的人、那些认为信仰是灵活的因而愿意探索和讨论的人，他们之间持续产生激烈的争论。当宗教压倒有关公开祈祷、避孕、流产或对某个家庭成员的结婚对象的私下讨论，进而成为全民讨论的核心时，甚至那些中间派，那些生活于宗教团体外围的人也难逃其中。

10.2　多神教的信仰
主要的多神教有哪些？它们分别有何特点？

　　早期宗教秉持**多神教**，祭祀各种不同的神，这些神通常代表自然世界、冥界和来世的各个方面。众多神话都是围绕早期宗教的诸神创作的。其中一些，比如挪威神话中的雷神索尔，暴躁而令人生畏，拥有高于人类的巨大力量。相反，希腊的女神阿芙洛狄忒把爱带到整个世界，而阿波罗带给世界的则是教化。

埃　及

至少 7000 年以前，宗教和日常生活在埃及就密不可分。法老作为太阳神拉（Re）之子君临天下，人们也会把他和荷鲁斯神、天空之神或其他神祇联系起来。法老被认为是埃及人和诸神之间的中介，许多伟大的城市和纪念碑都是为他们而建的。普通人被神王的纪念物所包围。这种世俗宗教培育出一种独特的早期文明。之所以有各种巨大的雕像、石像、珍贵金属制成的头像、精致石刻装饰的神庙、为法老的奢华来世修建的金字塔和坟墓，是因为国王即是神的信条需要这些东西。这些城市能留存下来的非常少，但那些巨大的坟墓，它们几乎立于时间之外，其中保存着非常多的艺术品和工艺品，借此我们才能拼合出一点古埃及的样貌。

坟墓的墙壁上铭刻着象形文字——一些代表字词和观念的图形和符号，就我们所知，是埃及语的字母表。通过解读它们，我们得以了解埃及人认为生命是由神王交替统治的一个连续的、顺次的过程，神性在国王身上代代相传。某一个家族掌权的一整段时期就是一个王朝。

埃及艺术的历史可以划分为不同的王朝。每一个王朝都有独特的艺术风格，尽管数千年来法老都被以相似的方式描述为人的理想化身，有着高贵的外表。传统埃及艺术可能影响了希腊和罗马艺术家创造自己的神像的方式。由于法老是能在坟墓中永生的神，他们的石像或金属像就不可能仅仅是人。

有关埃及的一神教　公元前 14 世纪晚期发生了一个巨大的转变。法老阿蒙霍特普四世（公元前 1400—前 1334）宣称世界只由至高无上的太阳神阿托恩统治，并显现为日轮。他把自己的名字改为阿克那顿，即阿托恩之子。他声称法老是阿托恩神的世俗代表，即使不再被视为神，他们也掌控着对神的崇拜和敬奉。待他们死后，就享受永生的快乐，他们的墓要像生前一样被建造和装饰。阿克那顿的一神教对太阳神的崇拜，在彼时的埃及充满争议，它只在极短的时间内取代了传统的多神教。随着阿克那顿的离世，一神教也就终结了。

然而，正如图 10.2 这幅**浅浮雕**的照片所表明的，埃及艺术的风格在阿克那顿统治时期有所改变。人物肖像的下巴突出，几乎像是讽刺画，远非理想化的完美人像。

阿克那顿的继任者是他的女婿图坦卡蒙（约

图 10.2　阿克那顿国王（左）和奈费尔提蒂王后（右）的浮雕头像，可能用作雕塑模型，约公元前 1352—前 1336 年

你了解埃及宗教或艺术在当代文化中的影响吗？

Ancient Art & Architecture Collection Ltd/Alamy Stock Photo

公元前 1341—前 1323）。尽管他 18 岁就去世了，但他业已推翻前任国王的激进一神教。他就是众所周知的图坦王，像之前的法老一样，他葬身巨大的财富之中。他的墓保存完整，于 1922 年被发现时，出土了许多世界上最珍贵的宝物。20 世纪 70 年代在伦敦、芝加哥和纽约举办的墓葬品展吸引了上百万的参观者，他们惊叹于华美的陶器、珍宝、绚丽的雕刻和刻有图特王交叉双臂手持权杖雕像的纯金棺椁。

埃及艺术的非凡之处主要源自权贵被供奉和崇拜的需求，而这种需求又源自一种将神性不断赋予一代代神王的宗教。

希腊和罗马宗教

古希腊宗教中没有某种单一的信仰形式，总体上集中于对十二位主神的崇拜上，这些神祇源于早期神话，为首的是宙斯。这些居住在奥林匹斯山上的诸神并不完美，他们像人类一样遵循命运的突变，也时常与人交往，生出半神的英雄。人们认为神祇控制着自然和生命的某个方面，比如，宙斯能够制造雷霆和闪电，波塞冬能产生出海上的风暴，但他们并非全能。如果奥德修斯的命运是返回家乡，那么没有哪个神能阻止他；他们只能让旅途更加漫长、更加艰难。

早期希腊信仰逐渐被与其交战或交往的各个地区所影响，埃及的伊西斯女神曾被崇拜过一段时间，而希腊的万神殿又深刻影响了罗马。亚历山大大帝（公元前 356—前 323）引入埃及人视国王为神的信仰，把帝王加入万神殿中。希腊的哲人们也向宗教信仰发起挑战。比如，柏拉图摒弃多神的观念，宣称一种单一的普遍精神，即至善；而柏拉图的学生亚里士多德则设想出存在的唯一创造者——原动者。

长期以来，希腊和罗马的诸神都激发着西方艺术家和作家的兴趣，从波提切利到拉斐尔前派，从彼特拉克到莎士比亚再到詹姆斯·乔伊斯。当代的电影制作人也曾借鉴赫拉克勒斯的传奇（迪斯尼制作了一部关于他的动画片），而《波西·杰克逊》系列电影中则直接征用了奥林匹斯山众神的故事。

在《俄狄浦斯在科罗诺斯》中，年迈的俄狄浦斯王仍在流放中……但他的命运早已经让他摆脱了悲剧，他的死变得神圣而奇妙。我们关于神圣正义的问题并没有得到回答，但它们都沉默了……在绝对者面前，骄傲、权力和美德同样无益。

——彼得·阿诺特

印度教

印度教是绝大多数印度和尼泊尔地区的主要信仰体系，它是世界第三大宗教，仅次于基督教和伊斯兰教。印度教不同于其他宗教信仰的地方在于，它并未发展出一个单一的诸如穆罕默德或基督的历史人物。相反，印度教是层累地发展的，汇聚了许多不同的传统习俗和信仰。同时，如宗教学者温蒂·多尼格所言，它以一种"复杂的、有机的、多层次的，有时甚至是内在的矛盾性"[1]向许多不同的信仰保持开放。学者们已经确定公元前1500年为印度悠久宗教传统的起点，因为正是在此时，雅利安人（这个词意味着"高贵"）掌权，带来梵文字母表，并确立了国教。

雅利安人的生主（Diyaus Pita）相当于希腊人的宙斯，颇哩提毗（Prithivi）是地母；因陀罗（Indra）主管雷雨和战争，天空之神伐楼那（Varuna）掌管宇宙秩序。一条主要的仪轨是献祭仪式（或许早期是献祭活人），因为几乎所有早期宗教的信仰都认为诸神需要不断地被安抚平息，而且会下凡帮助那些献祭的人。

> 彼是无识者，常不制
> 其意，诸根如恶马，不服
> 御者辔。
> ——《羯陀奥义书》

印度教的圣典　印度教的圣典是《吠陀经》，其中《梨俱吠陀》是最重要的一部，里面有仪轨中所用的祷文和赞美诗，以及所祭祀的众神的名字。《吠陀经》是直接给予凡人的圣言和启示，就此而言，它们类似于希伯来和基督教的《圣经》以及伊斯兰的《古兰经》。《奥义书》与《吠陀经》密切相关，其中记载的不是宗教性的真理，而是圣人与学徒之间的哲思对话。《奥义书》中有对生活的严格规定，因此也被视作圣典。圣典中最受欢迎的文本之一是史诗《薄伽梵歌》，它广为流传，和《奥义书》一样，记载了有关人和神的哲思。

除了这些著作之外，印度教还有许多描述先民英雄事迹的文学作品，以及更多关于生命意义和人类对众神的责任的哲学论证。其中最早的是《摩诃婆罗多》。婆罗多是一个雅利安部族，这部伟大的婆罗多族史诗是历史上最长的一部，长达10万多诗节。《摩诃婆罗多》和罗马诗人维吉尔的史诗《埃涅阿斯纪》一样，为后代子孙记录了一段光荣历史。其中的主要人物有奎师那，一个可以化身凡人维护正义的神。

《罗摩衍那》也同样重要，它描述了毗湿奴神的化身罗摩的英雄事迹。除了这些英雄事迹之外，诗中还包含许多给凡人的教诲，告诉人们如何在悲苦的尘世中过上幸福的生活。这部史诗一直备受推崇，虔诚的印度教徒至今仍恪守其中的教义。

婆罗门、湿婆和毗湿奴的出现　随着时间的推移和不同文化族群的往来，印度的宗教传统也发生了许多变化，三位天神出现并移到神坛之前：**梵天**，可见宇宙中一切存在的创造之神；**湿婆**，毁灭之神，预示着万物的灭亡和重生；**毗湿奴**，平衡创造和毁灭的力量，以确保存在的延续。

随着时代的变迁，湿婆和毗湿奴在众神中的地位愈加重要，作为稳定之守护神的毗湿奴尤为重要。在印度人的生活观中，个体会在日复一日中体验到持续的变化，但这些变化只不过是一种幻觉。众生之苦的根源就在于看不到存在的永恒本质。湿婆（图10.1）是变化之神，在印度的雕像和绘画中，祂常被塑造为多腿多臂的舞神。舞蹈代表了可见世界的持续运动和不断变化，学会接受变化而不为之所困是印度教思想的基本目标之一。

　　超越得失的日常生命之舞，超越贫富、辛劳和爱憎，超越痛苦和死亡……在所有这一切之上的是普遍而永恒的梵，众生万物都只是它的组成部分。三位主神梵天、毗湿奴和湿婆是梵的神圣化身，彰显其运转方式：创造、毁灭和稳定。梵在众神之上，但只有借众神才能为人所知。

本土宗教

　　本土宗教通常指那些在本地人口中发展起来的宗教，一般都局限于相对紧凑的地理区域。虽然"本土"（indigenous）这个词也可能适用于世界上的主要宗教，如印度教和佛教，但它通常被用来指那些美洲原住民或非洲部落社会等族群的信仰体系。

　　美洲原住民的宗教　　与世界上任何其他地方类似，美洲原住民的文化及其中的各种宗教都非常丰富多样。一些人类学家认为，北美族群可能是一万多年前由北亚迁徙而来的，那时候从西伯利亚到阿拉斯加应尚可徒步通行。但一些美洲本土部落坚持认为，他们的文化一直存在于美洲，而据相关的起源或创世神话，他们的文化最初源自地下。

　　不论起源究竟如何，美洲原住民在很久以前就已经在美洲大陆上迁徙，在定居的地方建立起早期文明，发展出自己的语言，实践着自己的宗教。文化人类学家在仔细研究许多族群后发现了他们的信仰和价值观之间的异同。

　　他们信仰的往往是多神，然而，像希腊人和罗马人一样，不同的族群都倾向于认为诸神及其世界是此世的延伸。对于美国西南部的霍皮人而言，太阳神或创世神塔娲通过蜘蛛女与子民进行沟通，而蜘蛛女则引领子民从此世到彼世。对于傍海而生的阿拉斯加州因纽特人来说，最重要的神祇是塞德娜女神，她是半人半鱼，生活在水下，一直守护着人们的日常生活，保佑捕捞者尽可能得偿所愿。

　　像印度教一样，美洲原住民的信仰也遍布于日常生活中。事实上，有些人认为这些系统根本不是宗教，而只是一些生存规则。在几乎所有的美国原住民共同体中，人们都信仰大地，推崇它的神圣本质和至高无上的慷慨，而现实的精神世界只是它的恩赐。

　　大约在 16 世纪，基督教的到来给美洲原住民的信仰、生活方式和宗教实践带来巨大的变化。在许多情况下，新来的信仰和旧有的宗教混杂在一起。基督教的上帝成为掌控整个世界的圣灵，同时又有许多辅助的神祇负责监管狩猎、耕种和收获。这些转变并非一蹴而就。新来的基督教定居者和美洲原住民之间经常发生可怕的冲突，包括屠杀和绑架等。这些暴力事件进一步强化了欧洲人将美洲原住民视为"野蛮人"的观念。尽管如此，许多北美的部落仍然保留着他们的舞蹈、节庆和祭祖活动，这些活动有时对

我们彼此相连。
——拉科塔烟斗仪式结束语

外开放，但多数时候活动期间都要封村封路。

非洲宗教　和美洲原住民的宗教一样，大多数非洲族群或部落信仰的核心也是人与自然和精神世界和谐相处。另一个共同之处是，大多数非洲宗教都有关于创世、造人和构筑精神世界的纷繁传说。然而，非洲本土的宗教可能不太属于多神教，因为大多数宗教都有一个唯一的至上存在和一系列次级的辅助神，这些次级的神灵类似于希腊人和罗马人的半神。祖先崇拜、家族内轮回转世的信仰也相对普遍。

正如美洲的情况一样，基督教和伊斯兰教已经传遍了整个非洲大陆。这引发了一个所谓的**类并**过程，即传统信仰与新宗教信仰的融合。因此，尽管基督教和伊斯兰教现在是非洲的主要宗教，但据有关学者的统计，超过 43 个国家的 1 亿多非洲人继续以某种形式践行着传统的信仰体系。此外，流散的非裔还在拉丁美洲和加勒比地区，为传统的非洲宗教建立新的阵地。

10.3　对无定形的或普遍的神的信仰

什么是主要的泛神论信仰体系？它们的主要特点是什么？

超灵居于每一颗心灵中，发挥着主导作用，按其意愿指导人的行为。然而，人却忘记了自己该做什么。起初他决定以某种方式去做，而后又在反复挣扎中渐行渐远，到头来所获只有失望。

——斯瓦米·帕布帕德

有些信仰体系并不认为存在一个神或多个神，而是如柏拉图所断言的那样，认为存在着一个与自然或宇宙本身同义的、包罗一切的精神或灵魂。例如，随着印度教的发展和梵教义的出现，对普遍灵魂的信仰成为整个体系的中心原则。**印度教**中并没有一个承诺让人免受痛苦的神。确实，梵是普遍灵魂之名，但它不是一个有意识的存在，它是普遍秩序。当信徒说"天在下雨"时，这个"天"就是梵。雨蕴藏于事物之本质中，梵则是事物之本质。

苦和痛也是本质的一部分吗？或者它们如万般变化一样只是一种幻觉？在印度，虔诚的信徒认为，如果苦不是某个神有意强加的，那么它必定是世界秩序的一部分。无论如何，苦一定有其因缘，人们也想要忍受它。《奥义书》提出的问题是此生是否值得，答案是肯定的，这意味着人最终将从痛苦中获得解脱。

解脱和涅槃的概念：达至极乐

这种与万物合一进而从苦中解脱的状态，在印度教中被称为**解脱**，后来在佛教中又被称为**涅槃**。要达到解脱或涅槃，人就必须受苦。没有痛苦，就不会有极乐——因为如果极乐是不经过努力就获得的，人们又怎么能真正认识到它呢？

对于大多数人来说，达到解脱是极其困难的。我们对生活的磨难感到愤怒或沮丧，所以我们行恶——撒谎、欺骗、抢劫，甚至谋杀，试图让自己的生活变得更好。但是这些恶行必然导致更多的不幸，因为对不道德行为的惩罚就蕴于事物的本质之中。因此，克服私欲——谋求更多东西，为了更好的生活——必须成为人类的首要目标，即使对那些穷人来说也是如此。但是，摆脱欲望也并非一日之功。

业力是指诸行之所积的道德后果。善业是善行之所积，恶业是恶行之所积。生命临终之际，也是业力总扩之时。行恶者重生到更苦的一道中，并再次于各种苦中求善。行善者轮回到更高的生命处境，乐而少苦。

尽管如此，此世之诱惑极大，所以生死轮回也将长久持续下去。然而，最终也许经过数千年之后，个体终将获得解脱，从痛苦中永久解脱出来——获得终极的安宁。在此种状态下，人能体悟到宇宙的本来秩序，进而达到**无上正等正觉**，真我、灵魂、梵与普遍灵魂合而为一，轮回也随之终止。

据经典记载，只有极少数的人能够过上完美的一生进而达到无上正等正觉，不必经历轮回。这个人就是**佛陀**，或"开悟者"。佛陀可能每 25000 年出现一次。

佛 教

尽管"佛陀"一词也散落在印度教的典籍中，但直到公元前 5 世纪左右，因为一个人的出现，它才与一个单独的宗教联系起来。这个被称为佛陀的人，自此以往就成了万千佛教徒心中的真神至圣，尽管他自己可能不会如此认为。佛陀一开始并未受到太多的瞩目，但后来则备受追随者的赞颂，如同耶稣备受基督徒的崇拜那样。乔达摩·悉达多（约公元前 564—前 483）是古印度一王国的王子，锦衣玉食，有妻有子，住在从父亲那里继承来的华丽宫殿里。如此生活，无人不称羡。然而，他逐渐变得焦躁不安，毫不快乐。某种东西不停地告诉他，他不属于此处，不应沉溺于根本毫无意义的感官快乐之中。他担心自己虚度此生，终将老去，身后空无一物。

据说，一日，悉达多在村中散步，偶遇三事，皆是他此前所不知。其一是贫穷。他所到之处，皆有乞丐伸出瘦骨嶙峋的双手乞讨。其二是疾病。他看到疾病缠身之人无力起身乞讨，只得终日卧躺，备受疾病折磨，日渐消瘦。其三是死亡。一名壮年男子刚刚去世，家人正在街上准备火化他的遗体。悉达多备受震惊，对于那些生活在自己宫殿之外的穷人来说，所谓生活，不过是在绝望中求生，而挣扎的"回报"不过就是死亡和重生，进入传统观念认为更加悲惨的生活中。

图 10.3　释迦牟尼苦行像，日本某佛寺

三大宗教——基督教、伊斯兰教和佛教——的核心人物都曾历经苦行。这对于他们被推崇、膜拜有什么作用？

悉达多皈依　悉达多突然就皈依了，就像塔尔苏斯的保罗、君士坦丁大帝和其后的穆罕默德。就在当日，他返回家中，脱去华服，穿上旧衣，告别妻儿，永远放弃了宫殿里的舒适生活，开始寻找另一种生活方式。

像他曾遇到的乞丐一样，他一贫如洗。有故事记载，他长期禁食，每日只吃一粒芝麻，结果变得极其虚弱，濒临死亡却仍未发现真正有意义、有价值的生活的秘密（图10.3）。他沉迷于寻找一种与以前相反的生活，曾尝试自杀。有一天他说："如果绳子太紧，就会断掉。"

最后，在几乎完全筋疲力尽的状态下，他发现了一棵巨大的菩提树，然后奋力来到树下。他盘腿坐在那里，不靠树干，因为他发现只要完全坐直，背部挺直，就能保持完全清醒。在这种状态下，悉达多突然前所未有地开始清晰地看待周围的一切和每一个人了。悉达多以冥想静修达到忘我之境，这与当今的佛教几乎等同。

佛经记载，悉达多坐于树下四十个日夜，其间有暴风雨咆哮、河水泛滥，他岿然不动。那些聚在周围的人惊奇地发现他从来没有动过，也没有以任何方式做出反应。魔障纷扰，甚至幻化为送食物的美丽妇人，但悉达多不为所动。终于，暴风雨退去，魔障消失，四方皆得安宁，荷花绽放、金莲丛生，整个世界"变得相当安宁，仿佛臻至完满"[2]。

悉达多达至觉悟，此为通往涅槃之路上的重要一步。在西方，启蒙意味着认知理解；在佛教中，开悟者破去我执，远离生命之流，能全然客观地看待一切事物，理解众生的想法、动机、悲喜。因能破去我执，是故无上正等正觉是通往涅槃之门径。涅槃者，不是死亡，而是无尽的安宁。

悉达多弘法　经过四十个日夜的冥想，悉达多终于从冥想静修中醒来，并开始了自认为比独享正觉极乐状态更重要的使命。他首先教诲那些愿意倾听的人，希望他们在彻底自我否定（就像他放弃食物和财富一样）和完全否定生活这两个极端之间找到一条中间道路。他教导说，修行若弹琴调弦，不急不缓，方适得其中。

他行遍印度的村庄，与愿意倾听的人交谈。渐渐地，他吸引了一些信徒，他们艰难地跟随着他。有时，悉达多会停下来与他们分享那些不断涌入脑海的洞见。长期的冥想静修让他智慧倍增。最终，他明白了人生的四谛——人生皆苦，苦随欲来，有法能断苦，唯守八正道。

悉达多的八正道已成为佛教徒安宁和谐生活的指南。人在临终之际也可以愉快地回忆起此生，因他深知自己给世界带来了善。八正道是围绕"正"的概念建立起来的。所谓"正"，是指按照事物本来的样子行动、反应和思考，而不是按照我们希望它们成为或假装它们所是的样子。它意味着在一种持续的觉悟状态中行进，远离私欲，行止得当。八正道是：

- 正见——如其所是地认识事物。
- 正思维——据正见而行的决定。
- 正语——出语恰切，以免激怒他人、遭人抵御，但不可避险妄语。
- 正业——行事、与人交皆持正见，不可臆断。
- 正命——谋财为谋生，为己亦为人，不可为财而谋，为物所困。
- 正精进——勉力修行，不谋事业或声望。
- 正念——始终持守静坐冥想之态度，无论群处还是独处。
- 正定——专注现实，不可有我，不可心生动摇。

悉达多的佛教从来就不企图成为一种宗教，其中种种修行实践都极具个人色彩，往往并非诫命，而是引人向善的建议。时移世易，信者众多，佛教也发展出许多不同宗派。

禅宗　禅宗发展于中国（在中国被称为"**禅**"，随后在西方被称为"Zen"），并传播到韩国和日本。禅宗是一种严肃的修行哲学，需要多年的超然修炼和持续的长期禅修，而且通常需要一位经验丰富的禅师指导。禅可能反映了自印度传入的佛教对中国传统宗教尤其是道教和儒家的影响。

悉达多成佛数千年后，一位名叫菩提达摩的印度僧人怀着热忱来到中国宣讲佛法，吸纳信徒皈依佛门。如今，无论在西方还是在亚洲社会，都强调自我观察、有意识呼

禅是究竟解脱之道，
无关好坏利弊，只涉真如。
——艾伦·瓦茨

图 10.4 《菩提达摩像》，日本，1836 年
静坐冥想对你有吸引力吗？像瑜伽、静坐冥想等
起源于佛教和印度教的各种修行实践，为什么在
当今世界会很有吸引力呢？

Gift of Leslie Prince Salzman / LACMA

吸和正念等严格的冥想练习。禅宗大师经常与学徒问答对话，对话中的问题都无法通过逻辑反思来回答。学徒起初倍感困惑，但逐渐变得善于直观地以"非心"回答。

最著名的禅宗问题是："两掌相拍有声，如何是只手之声？"这个问题可以追溯到 18 世纪一位名叫白隐慧鹤（1686—1769）的日本禅僧，他也是一位艺术家。这类问答训练的目的是去除个人心中的传统推理过程，盖因这种推理把个人与现实割裂了。禅宗认为，真实无言，因此无法理性地理解。打坐冥想的目的是直面真实之空，从而破除我执及妄念。

禅宗艺术有很多方面，从长时间静坐冥想后草就的笔墨画，到复杂精妙的肖像画，比如图 10.4 中菩提达摩的肖像。画中菩提达摩双目圆睁，暗指其清醒彻悟，这也是禅宗的追求；而画中人眼皮的缺失则源于菩提达摩为保持清醒将眼皮摘下的传说。

虽然佛教宗派林立，各有不同，但总体上都信赖宇宙普遍的运转活动。正如"天"知道何时下雨、何时生长、何时产出、何时收获，人们必须学会与"天"协调一致。如此正行待人，他人亦正行待己，才能彼此平和安宁。印度教、佛教和中国的道教信仰体系一样，都有一种对核心智慧的信仰：在印度教中称为梵，在佛教中称为**法**，在道教里称为**道**，通常则将之定义为"大道"。与大道一致的行为即是道德上正确的。遵从大道之人，才能与社会和周遭环境和谐共处。

道　教

道教起源于中国，可追溯到老子的著作。一般认为老子生活于公元前 6 世纪，但此外所知甚少。老子这个名字仅仅意味着"一位老人"，其著作《道德经》可能是由一些人共同完成的。这本薄薄的短诗集晦涩异常，看似简单实则极其深刻。其中主要包含这样一种观点，即大道是一种统治普遍宇宙的非人格的神圣秩序。道教之所以是一种宗教，仅仅是因为信徒有义务按照这种秩序来生活，主要表现是修身养气、协调心性、通达人情、敬老好客等。

道教产生时，中华文明正飞速发展，都市文化勃兴。大约在同一时期，印度正处于悉达多的时代，贫富差距极大。悉达多王子认为奢华不可取，于是抛离此世，出家而去。相反，道教则宣扬所有人都是此世的一部分，不论心怀偏见还是两面三刀，都要在此世中体面道德地行事。

道教的基本信念是，大道是通过持续不断地相互作用而运作的：悲喜、生死、阴阳、昼夜、寒暑、福祸，等等。没有为死亡做好准备，就不能拥抱生命。对死亡的恐惧——或者说，对与人所珍视的东西相反的任何东西的恐惧——都会导致痛苦。如果说年轻、精力充沛和漂亮长相是重要的，那么人们必须知道它们不会持久，因此不应为年龄的增长而感到痛苦。福祸皆蕴于大道之中，今日之祸有可能即是明日之福。

宇宙蕴含着最基本的对立——阴阳（图 10.5）。在中国艺术中，阴阳被直观地表现为一个圆，一边白中有黑，一边黑中有白。白色一边即**阳**，指太阳，所有生命的源泉和阳刚之气；黑色的一边即**阴**，指月亮，阴柔之所。阴阳相济，运化大千世界。

图 10.5　太极图
在道教思想中，太极生阴阳两仪。你怎么理解图中阴阳彼此包含呢？
Borislav Marinic / Getty Images

　　无为　　**无为**是道教教义的核心概念，很难准确地翻译为英文。也许最接近的定义是无为而无不为——允许道自行运转、不予干涉。如果人能够无为而为，就能紧随本性，无所不为。

无为是否意味着消极被动，听凭他人摆布？是否意味着对苦痛不公坐视不理，袖手旁观？不。道教教导人们必须在必要和可能的时候采取适当的行动。道就是万物之德，人之本性也在其中。如知道朋友有过，你不应转身离开或说"与我无关"，你必须采取行动防止过错的发生；如已经酿成过错，则要告知对方。人的本性总是习惯把友谊置于道德责任之上，但这些本性来自漫长历史中复杂社会生活及其价值观的影响，只是对大道的歪曲罢了。

一些西方科学家认为道家哲学意义深远，几乎不局限于中国文化。例如，1976 年卡普拉出版了《物理学之"道"》一书，在书中展示了道家的阴阳观念与自然界中相反相成的基本力量之间的相似之处，如将质子和电子束缚在一起形成原子核的磁力。

苏格拉底与柏拉图

公元前 5 世纪，伟大的雅典文明见证了包括苏格拉底和柏拉图在内的哲学浪潮，但这并没有促进希腊多神教的产生。苏格拉底（公元前 469—前 399）专门研究**辩证法**，一种分析性思维方法。他不仅仅表达某一理念，而是运用反证法推导之。虽然没有本人的著作流传后世，但他的后继者柏拉图（公元前 427—前 347）留下了一些伟大的著作，大部分是苏格拉底与他的学生就哲学问题进行辩论的对话性著作。其中之一的《理想国》，提出了有关理想社会的深切愿景和良善灵魂的重要意义。

苏格拉底被捕的罪名是宣扬无神论和败坏雅典的青年。然而，哲学史学家认为，让苏格拉底入狱受刑的真正"罪行"，是他教导青年追随者们要自己思考，这种目标会令许多政府感到不安。苏格拉底甚至自豪地称自己为"城邦的牛虻"。

按照柏拉图的说法，苏格拉底既使用"诸神"，也使用"一神"这样的术语，并不清楚其中是否有所隐喻。柏拉图的《申辩篇》中记录了苏格拉底在城邦公民大会前的著名申辩。他声称自己对城邦无害，也不应得到他们的怜悯。相反，他们应该：

> 对死抱着乐观的希望，并切记这个道理：好人无论生前死后都不至于受亏，诸神总是关怀他，不会对他的命运无动于衷，他的死也不会无端发生。[3]

在柏拉图所记录的苏格拉底思想中，多神论的说法非常有限，此处苏格拉底提及诸神，可能仅仅是为了向公民表明他自己上承神命，并未在审判中落败。而这神命可能就是他自己在理性原则的指引下所具备的美德。苏格拉底总结说：

> 离别的时候到了，我们各走各的路——我去死，你们去活，谁的路更好，唯有神知道。[4]

这里单数的"神"不应该被看作某种正在出现的一神论的标志。苏格拉底和柏拉图的思想中透露出来的，只有对普遍的固有理性和个体思考意志的信仰，没有其他。理性对他们来说是神圣的。在《理想国》中，他们创造了一个理想中的国家，它由一位哲学王统治，而不是像埃及的神王。

亚里士多德的"不动的动者"

柏拉图开创了西方的第一所正式学校——阿卡德米学园（以苏格拉底和他的追随者漫步其中的阿卡德米橄榄林命名）。亚里士多德（公元前384—前322）曾在此求学，后来也开办了自己的吕克昂学园。亚里士多德把逻辑形式化为一种思维方法。在《形而上学》中，他思考了宇宙的起源问题。他的结论接近于犹太教的一神论，基督教后来接受了他，把他作为基督教教义的异教先驱。

我认为宇宙宗教感情是科学研究的最强有力、最高尚的动机。
　　——阿尔伯特·爱因斯坦

亚里士多德认为，宇宙是一个由太阳和行星组成的有序系统，它一直存在着，但在最初，它是冰冷的、无生命的、静止的。从定义上来说，运动总是有原因的。逻辑促使亚里士多德得出这样的结论：整个系统的运转一定早在过去就已经开始了，它必定是由某种本身不动的东西推动的。果若如此，我们就必须确定其运动的原因，依此类推，以致无穷。

推理的结果就是"**不动的动者**"原理。不动的动者导致了运动，但它并非一般的原因。这个区别非常重要。原因可以变成个别的，这正是后来发生的事情。对亚里士多德来说，冰冷的、死气沉沉的宇宙不是被创造出来的，它就那样存在着。但他的思想体系需要一个推动力来充当运动的根源——始终存在的运动的潜能。他无法理解为什么存在的东西，包括运动原理，可能永远都不存在。

> 因为如果它曾经存在过，我们就必须假定一个原始的构成要素"已经存在"，以便它能从中产生。但是，"一个已经存在的主体作为变化的基础"的这种特性正是我们刚刚探寻过的东西；因此，如果变化本身是变化的，那么它必须在它自己出现之前存在。[5]

主宰西方世界和中东世界的三大宗教都把创造者（上帝）和被创造者（宇宙）分开。由于缺乏上帝作为创造者的理论，亚里士多德不得不解释什么是不动的动者，以及它处于何处。

他把宇宙设想为一个球体，外缘有两个，一个是太阳和行星的环，还有一个他称为第一推动者之环。在这个球体之外，是九天穹，不动的动者正处其中。不管有意无意，亚里士多德正在接近某种一神论，或者至少可以说，他在接近某种支持一神论的哲学基础。

10.4 对一神的信仰

主要的一神教有什么？它们的主要特征是什么？

一神论宗教是一个极有影响的宗教概念，对当今世界犹太教、基督教和伊斯兰教三大宗教都至关重要。一神教的第一次出现可以追溯到 3000 多年前埃及法老阿克那顿短暂的统治时期，但他对一神的推崇并未击退早期文化中势不可挡的多神教。最终支配西方宗教思想的一神教尚有许多障碍有待克服。

犹太教

犹太教是早期闪米特人的宗教，他们崇拜祖先亚伯拉罕。犹太教引入第一个全能的神，这种对神的想象后来被基督教和伊斯兰教所分享。在最初的 12 个希伯来部落中，雅各之子犹大的部落脱颖而出，占据主流，犹太教的名字正来源于犹大。

《希伯来圣经》 《希伯来圣经》（基督徒称为《旧约》）被认为是在公元前13世纪希伯来奴隶出埃及之后，经过几个世纪由多人合作完成的。后来人们认为是希伯来学者组织撰写的犹太教圣典的早期版本，这些人希望收集犹太人民的历史和文学。长期以来，《希伯来圣经》受到了许多的审查和解释，几乎任何有关证据或意义的说法都可能引起争论。

关于这本书有许多争议：作者们是否真的记下了上帝之言，某些词语应该如何翻译，以及这本书到底应该被当作历史、传说还是文学来阅读。其中的一个极端是原教旨主义者，他们不断寻找《圣经》真理的证据，比如诺亚方舟上的碎木。其他人则从《圣经》故事和人物中汲取经验教训，将之用于当今世界。还有一些人更喜欢用人类学的方式来审视《圣经》的变化，由此揭示出神性之本质的演变。对许多人来说，不管他们对神的信仰如何，《希伯来圣经》，如基督教《圣经》和《古兰经》一样，都是人生之安慰和智慧之来源。

该本《圣经》的前五卷，传统上认为由摩西所作，称为**《托拉》**或《摩西五经》，《托拉》之首是《创世记》。《创世记》是人文学历史上最非凡的文献之一，它用优雅、紧凑的散文描述了宇宙的创造、亚当和夏娃因不服从被逐出伊甸园以及上帝与亚伯拉罕之间订立契约的故事。在契约中，应许之地是顺服上帝的奖赏。《创世记》本身就是一部史诗，可以与《伊利亚特》和《埃涅阿斯纪》相媲美，历代无数的艺术家和作家都从中获得了无限的灵感。

《托拉》的第二卷是《出埃及记》，讲述了希伯来奴隶在摩西的领导下从埃及逃到沙漠进而在西奈山接受上帝十诫的故事。最后三本书没那么有诗意，但仍然意义重大：《利未记》解释了祭司法关于庙宇仪式的规定；《民数记》包含了对希伯来人口的普查以及一起针对摩西的叛乱故事；《申命记》叙述了摩西的最后训示，他在到达应许之地之前就离世了。

《希伯来圣经》的其他部分，讲述了国王、将军、审判官和先知的故事，包括战争、背叛、家庭纷争以及和解。其中的核心人物都是普通人，他们都有人的弱点和缺陷，也都尽力去了解上帝、护卫族群。

大约从公元前10世纪开始，《圣经》的文本显示出在上帝之本质的认识上的变化。上帝不仅被视为最高的统治者，而且还是一个父亲、一个圣灵。大卫是以色列的第二任国王，他在公元前1000年继承了扫罗的王位。由他写作的《诗篇》中，包含着截然不同的神性观：有些诗篇是祈求上帝打倒仇敌，有些诗篇则反映了一个温柔慈爱、关心子民或"羊群"的上帝，比如著名的第二十三篇。

在公元前6或前7世纪，希伯来先知的时代开始了。某些先知书也随之被添加到《圣经》之中。其中一些作品与实际事件相符，如耶路撒冷的陷落；另一些则是带有哲学和道德目的的故事。在此期间，犹太教经历了深刻的变化，变得更加复杂，更关注鳏寡孤独、穷困无依之人的正义。后来的篇章也开始质疑早期篇章中所阐述的希伯来法律的智慧。

后来添加入《圣经》的篇章，揭示了一个既慈爱又易怒的上帝。他为人类的行为制定了绝对的法律，并且严厉地惩罚那些违反法律的人。他是一个照看子民灵魂的牧羊人，也掌握着所有的自然力量，可以将之施于人类。上帝的这种双重性引发了一个著名的问题，时至今日，神学家、信徒和教派仍旧对此争论不休："如果上帝是善，为什么世界上又有这么多的恶？"恶是上帝之惩罚的答案并不能使每个人都满意。

《约伯记》　关于上帝真实本性的难题在《约伯记》中得到了考察，许多人认为这是后期添入《圣经》的杰作，也是《希伯来圣经》中唯一出现撒旦的文本。这部作品堪比希腊悲剧史上的杰作，由一位思想深奥而才华横溢的作家完成，它解决了一神论中也许最重要的问题：为什么好人必须受苦？

约伯的确遭受了痛苦：他的孩子、仆人和牲畜都死了，财物尽毁，身染重疾。他并不知道这一切都是撒旦向上帝挑战的结果（撒旦是希伯来语"原告"的意思）。当上帝声言约伯是虔诚善良的典范时，撒旦认为约伯的虔诚仅仅是因为上帝从未让不好的事情发生在他身上。撒旦向上帝挑战说："你且伸手毁他一切所有的，他必当面弃掉你。"（《约伯记》1：11）上帝做出了回应，同意撒旦考验虔诚之人的信仰。

起初约伯是坚决的，当他的牲畜、仆人和孩子死亡的消息相继传来时，他认为，他所拥有的一切都来自上帝，因此上帝有权将之夺走。当上帝允许撒旦让约伯身负毒疮时（图10.6），约伯的妻子怂恿他去诅咒上帝。但约伯拒绝了，不过他开口诅咒了自己的生日。他为他的儿子们悲伤，想知道为什么他心有智慧却深受问题的折磨："人的道路既然遮隐，神又把他四面围困，为何有光赐给他呢？"（《约伯记》3：23）

约伯和他的朋友们展开了一场著名的辩论，让人想起苏格拉底和他的追随者们之间的对话。朋友们质疑一切，约伯却拒绝放弃他的信仰，尽管坚持信仰变得愈加困难。最后，一股强大的旋风向他们袭来，上帝从旋风中对约伯说话，奖励他的耐心、虔信和坚韧。除了许多牲畜，约伯还重建了新家（七个儿子和三个女儿），长寿（活到140岁）又富足。

对于一些学者来说，与撒旦的赌注和约伯被

多听增智慧，多言生后悔。
——古犹太谚语

图10.6　弗朗西斯科·迪·安东尼奥·德尔·基耶里科，《约伯》，约1475年
在这个泥金装饰手抄本中，约伯身上长满了毒疮。你能理解约伯面对这些考验时的坚韧吗？你能解释一下他为什么一直坚信不疑吗？
Digital image courtesy of the Getty's Open Content Program

"补偿"了一个新家似乎都是幼稚的，与故事的主体部分极为不同。拉比约瑟夫·特卢什金评论道：

> 撒旦在《希伯来圣经》中的出现只此一次，上帝在此被塑造成一个道德上有些可疑的角色，他对约伯的生活大肆破坏，只是为了向撒旦炫耀。

但是，他补充说，这个故事的结尾并没有掩盖这部作品作为"有关上帝与恶之问题"[6]的伟大寓言的思想高度。

《希伯来圣经》的影响　历史上没有一部作品像《旧约》一样对艺术、文学、思想、戏剧，特别是对通行俗语产生如此大的影响。大部分西方的道德智慧都来源于《旧约》。只要看看一系列小说、电影和诗歌的标题，就可以大概感受到《旧约》的重要性：《失乐园》《愤怒的葡萄》《亚当的肋骨》《伊甸园之东》等。对于艺术爱好者来说，不论其信仰如何，了解《圣经》人物故事都有极大作用，可以增加欣赏伦勃朗的绘画或米开朗基罗的雕塑以及其他无数杰作的乐趣。

从古到今的作曲家都受到《圣经》主题的启发。门德尔松19世纪的清唱剧《以利亚》就是一个极好的例子，以及雷昂纳德·伯恩斯坦20世纪的《耶利米哀歌》。《耶利米哀歌》反映了耶路撒冷因"罪孽深重"陷入敌手之后耶利米的深切绝望。在这里，上帝被视为宇宙之主、万物的创造者，他会惩罚违反戒律的人。

> 耶和华成就了他所定的、应验了他古时所命定的、他倾覆了、并不顾惜……
>
> 《耶利米哀歌》(2：17)

几千年来，《希伯来圣经》中的故事和人物为诗人、哲学家和艺术家提供了各种主题、情节和疑难问题，而且如上所示，它的深刻影响持续至今。

基督教

正如悉达多的追随者相信他是佛经中应许的佛陀，耶稣的信众也相信他是先知以赛亚在《希伯来圣经》中所预言的弥赛亚："因此，主自己要给你们一个兆头，必有童女怀孕生子，给他起名叫以马内利。"（《以赛亚书》7：14）

历史上，耶稣生活在犹太人被罗马帝国占领时期，极受争议。有人把他誉为弥赛亚、先知口中的救世主、结束世间压迫给世界带来和平的哲人。其他人则拒绝接受他或他的教诲。这种差异导致犹太教和基督教的分离，后者是塔尔苏斯的保罗根据耶稣的教义以及坚信耶稣是上帝派来的救世主的信仰而传播开来的宗教。不接受耶稣之神性的犹太人以及视之为狂热分子和闹事者的罗马人，都与他敌对。根据基督教的信仰，耶稣接受了罗马朱迪亚的总督彼拉多主持的审判，被钉在十字架上，然后他又复活，升入天堂。

核心信仰和实践 大多数对耶稣的认识都来源于四部福音书，基督教《新约》的前四卷。福音书的作者是基督的四个追随者：马太、马可、路加和约翰。这四部福音书叙述耶稣和他周遭事件的方式各不相同，《圣经》学者们就其中的异同进行了长期的讨论。例如，著名的耶稣诞生故事只出现在《路加福音》中，而《马太福音》中的"登山宝训"在《路加福音》中则是完全不同的"平原宝训"。这些差异表明福音书并不是目击者的陈述，而是像《希伯来圣经》一样，由其他人在事后撰写，而且他们的影响不容忽视。

福音书都承认耶稣是上帝之子。基督徒强调预言中"儿子"这个词，但"儿子"这个词也被称为"永远的父"。最终，基督教教会接受了耶稣既是父亲又是儿子，同时又是一个精神存在（即圣灵）的信念。"三位一体"成为基督徒必须接受的教义。对基督教信仰和实践至关重要的是两条教义：一条来自《希伯来圣经》，另一条来自《新约·马太福音》。首先的一条是"除我以外，你不可有别的神"（《出埃及记》20：3），它表明了崇拜唯一的上帝的要求。第二条是"你们愿意人怎样待你们，你们也要怎样待人"（《马太福音》7：12），它出现在"登山宝训"的最后。第二条往往被称为黄金法则——对待他人就像你希望他们对待你一样，它几乎在每一种主要宗教中都会出现，而且常常是否定的表达。例如，在佛经中的"伤人者皆自伤"，《古兰经》中的"除非待人如待己，否则不是真信"。耶稣可能是第一个从正面说出这一法则的人。

质疑信仰 罗马帝国在公元5世纪灭亡之后，基督教席卷西方世界，到现在成了超过30%的世界人口的信仰体系。基督教最初要求信徒绝对接受其教义，并对质疑者施以严厉惩罚。然而，早期的基督教哲学家努力调和基督教神秘主义与人类的普遍逻辑。比如《创世记》中的创世模型（基督教和《希伯来圣经》的其他部分都采用了这个模型）困扰了一些人：

> 起初，神创造天地。地是空虚混沌，渊面黑暗；神的灵运行在水面上。神说："要有光。"就有了光。
>
> 《创世记》(1：1—3)

这段话暗示上帝先于世界而存在，并且从无中造出了这个世界，**"从无中造"**这个概念即是人们已经很熟悉的拉丁短语 creatio ex nihilo。柏拉图告诉我们知识先于创世，而亚里士多德则说，为了推动事物（已经存在的事物），不动的动者就必须先已存在。虚无的概念常常使古典思想家们倍感不安。比如希腊人不承认零是一个数字。然而现在，对于信徒来说，相信从无中造是义不容辞的。上帝创造了万物，只有上帝先于万物而存在。

创世说和其他许多一神论观念一样，引起了许多争议。对这些观念的接受，都需要依赖信仰而非理性。但是基督教哲学家很难放弃质疑的权利，特别是在官方教义出现之前的数百年里。他们所纠结的许多问题仍在困扰当今的基督徒。以下是他们曾遭遇的一些问题。

- 此世是上帝的创造吗？如果说从无中造的能力是上帝与生俱来的，那么上帝是否只创造了这个世界？其他地方有生命吗？
- 上帝为何创世？上帝若是全能，又如何会限于某个目的呢？目的意味着需要，上帝又会有什么需要呢？
- 上帝会思考吗？这个问题争论了数百年。如若人类思考是为了了解其所不知，那么完满的上帝会有所不知吗？
- 上帝有感觉吗？基督教、犹太教和伊斯兰教都坚持认为人类的罪恶冒犯了上帝。《希伯来圣经》中上帝之怒的故事，比如诺亚方舟和大洪水或者所多玛与蛾摩拉的毁灭，暗示上帝是有情绪的。但情绪是对无法掌控的事物的反应，有上帝不能掌控的事情吗？
- 如果上帝没有思想、没有感觉，他如何回应人类的需要？向一个既没有思想也没有感觉的上帝祈祷有什么用呢？难道相信上帝会干涉人类的事情不是徒劳的吗？

时间流逝，这类问题也越来越多。任何人都不难意识到，这个世界充满了腐败、堕落和残忍。如果上帝事先知道这些事情会发生，为什么他不阻止呢？他为什么不阻止海难或火山爆发呢？如果上帝在灾难发生之前就知道，那么不阻止灾难的发生是否意味着漠不关心或麻木不仁？

奥古斯丁　中世纪早期主要的基督教哲学家圣奥古斯丁（354—430）最终得出结论，终结了这些扰乱基督教信仰的质疑和分析。分析只会导致信仰的削弱，甚至无神论，这对基督徒来说是不可想象的。但是在他找到满意的答案之前，他不得不与自己的疑虑做斗争。

像几百年前塔尔苏斯的保罗一样，奥古斯丁也是成年之后才改宗基督教的。年轻时的奥古斯丁没有信仰，专注享乐。身为基督徒的母亲倍感绝望，不断地敦促他改过自新，寻找上帝。奥古斯丁最终放弃了他的罪恶生活，加入基督教的阵营，但这一切并没有那么容易做到。

奥古斯丁的《忏悔录》是哲学家创作的最私人、最坦诚的著作之一，讲述了他改宗基督教后所面临的困难。他最先关心的问题之一是理性本身。为什么它是上帝给予我们的，而在我们试图理解上帝或宇宙时毫无用处？从无中造的创世论也让他迷惑不解。在这段话中，他直接问上帝：

> 你也不在宇宙之中创造宇宙，因为在造成宇宙之前，还没有创造宇宙的场所。你也不是手中拿着什么工具来创造天地，因为这种不由你创造而你借以创造其他的工具又从哪里得来的呢？哪一样存在的东西，不是凭借你的实在而存在。因此，你一言而万物资始，你是用你的"道"——言语——创造万有。[7]

宗教改革　基督教在中世纪广泛传播，赢得了数百万信众，逐渐变成天主教（Catholicism，这个词原本意味着"普遍的"）。它形成了一个强大的帝国，命令信徒们要远离罪恶，或者直面地狱之火。诸罪之中，最大的罪恶就是**异端**——以言语或行为来反对基督教。在中世纪晚期，出现了教会要员组成的**宗教裁判所**——一个审判异端的高级宗教法庭，如果有人有罪，将被判入狱甚至被活活烧死。

不满的声音此起彼伏。反对的一方私下经常抱怨教会财富的增长以及大多数信众的赤贫。他们还反对教会的教义，认为即使没有牧师的干预救赎也是可能的。他们相信上帝会倾听他的每一个子民，他们可以直接与上帝交流。他们把这个信条称为"信徒皆祭司"。他们还谴责宏伟奢靡、金银满室的大教堂（如巴黎圣母院）。这种以宗教名义进行的奢靡展示等同于盲目崇拜，让他们感到恐惧。

最终，这种默默无闻的质疑发展成马丁·路德（1483—1546）领导的公开反抗，他在 1517 年列出了《九十五条论纲》，并将其钉在维滕贝格教堂的大门上。其结果是，基督教中的抗议者（后来被称为新教徒）与天主教徒之间产生了巨大分歧，前者希望简化宗教崇拜，并削弱其官僚主义和世俗权力；后者坚定地相信教皇是上帝在世间的唯一代表，牧师是上帝与人民之间的中保。因此，路德教是第一个新教派，但新教最终会引发进一步的争端，并导致其他教派的形成。

> 必须提醒教会，它不是国家的主人或仆从，而是国家的良知。
>
> ——马丁·路德·金

伊斯兰教

世界上第二大而且增长最快的宗教是伊斯兰教。伊斯兰教由先知穆罕默德（570—632）创立，穆斯林认为穆罕默德是包括亚伯拉罕、摩西和耶稣在内的众先知中的最后一位。穆罕默德是一位受人尊敬的领袖、丈夫和父亲，在各方面都取得了成功。真主安拉（"唯一的神"）的使者、天使加百列拜访了穆罕默德，当时穆罕默德正在麦加城（位于今天的沙特阿拉伯）。加百列命令穆罕默德将真主的话和法律传给世界，因为真主之前的信息——比如传给摩西的十诫——都被曲解了。

先知穆罕默德　穆罕默德开始以为自己一定是疯了。他告诉了妻子，妻子建议他去拜访一位睿智的亲戚，问问他的意见。这个人向穆罕默德保证，他受到了真主的祝福，被选中重申真主的法律。一个神圣的声音让穆罕默德确信亲戚的说法是正确的。这个声音告诉他，他必须献身于教学。他的教义被汇编成《古兰经》——伊斯兰教的《圣经》和伊斯兰信仰的核心组成部分。

随着穆罕默德年龄的增长，他想要做的不仅仅是宣扬真主的话语。他希望根据安拉的律法帮助人们建立起一个以兄弟情谊、和平和道德交往为基础的社会。他成为一名政治顾问和社会改革的代理人，这与悉达多非常不同。悉达多教授八正道，相信随着越来越多的信众注意到他的教义并将之融入日常生活后，改革会自然而然地到来。而穆罕默德对理想世界的愿景仍然以伊斯兰国家政权为基础，也就是说，政府的职能是执行真主的法律。历史上，对于这些法律应该如何解释一直存在分歧。

穆罕默德死后，伊斯兰教出现了相当大的分裂，一些人拥护穆罕默德的密友艾布·伯克尔，一些人则拥护穆罕默德的堂弟和女婿阿里。双方长期相持，最终艾布·伯克尔取得了胜利，但阿里的追随者坚持认为控制权是被非法夺走的。最后，那些忠于艾布·伯克尔的人成为逊尼派穆斯林，而那些忠于阿里的人成为什叶派。如今生活在伊拉克、伊朗、印度和巴基斯坦等地的双方，仍然相信伊斯兰教的控制权理所当然属于自己一方。

核心信仰和实践　伊斯兰教的核心是过一种为安拉服务的生活（"伊斯兰"这个词源于"服从"一词）。穆斯林真主总是亲力亲为，在个人需要帮助时就会显灵；没有作为中保的神职人员，尽管祈祷时会有伊玛目（imam）。伊玛目指的是祭拜时的领袖，也指信教的学者和智者。伊玛目不仅是领拜人，也是族群的领袖，当伊斯兰政权建立时，他们还是国家元首。

伊斯兰教的主要习俗包括对教义或《古兰经》的绝对信仰（念功），每天五次的礼拜（礼功），慈善或施舍（课功），在斋月期间斋戒（斋功），一生中至少一次到麦加去朝觐（朝功），因为在那里天使加百列拜访过穆罕默德。真主的存在是天赐的，不可怀疑，尽管有些人可能会因为诱惑而背弃真主。正如宗教学者凯伦·阿姆斯特朗所言：

> 真主的存在是毋庸置疑的……在《古兰经》里，一个不信教者……不是我们所理解的那种无神论者——不信神的人，而是一个对真主忘恩负义的人，他能够非常清楚地看到真主的付出，但却不知感恩，拒绝尊奉真主。[8]

因为个人和真主之间没有中保，所以忏悔不是像天主教那样向牧师进行的，而是直接向真主做"讨白"。穆斯林有时单独进行日常礼拜，但尽可能多地以群体的形式进行，这反映了穆罕默德对团结的坚持。按照穆罕默德的教导，斋戒是建立纪律、抵制世间诱惑所必需的。在神圣的斋月，穆斯林被要求每日禁食，从日出到日落禁止一切性活动。斋月是为了纪念真主将《古兰经》传给穆罕默德而设，它定在回历的第九个月，并根据西历每年提前十天。

与其他主要宗教不同，伊斯兰教被认为既是精神之路，也是政治之路，它包括法律体系和经济制度，主要源自先知穆罕默德的言行录，这是对《古兰经》的说明和补充。伊斯兰教的两大派——逊尼派和什叶派——各自采信自己信赖的记录者的记述。

伊斯兰教与基督教的异同　正如大多数宗教一样，伊斯兰教中也有原教旨主义者和其他一些更灵活的信徒，前者严格恪守圣律的字词。几个世纪以来，这种区别愈演愈烈。一开始，精神领袖穆罕默德允许生活在伊斯兰地区的基督徒和犹太人公开信奉自己的信仰，并命令信徒不得迫害基督徒或让他们改宗本教。他告诉人们，阿拉伯人、犹太人和基督徒都向唯一的真神祈祷，他们有权遵从自己圣典中的圣言。

《古兰经》与其他圣典有着惊人的相似之处。真主给穆罕默德的戒律与他给摩西并由耶稣修改后接受的戒律非常相似。事实上，摩西和耶稣被穆罕默德授予了很高的荣誉，穆罕默德宣称他们是虔诚而可敬的人，深受真主的眷顾，都听闻过真主之道。然而，穆罕默德认为，几个世纪以来，真主传递给之前先知的信息早已被歪曲了，《古兰经》代表了对真主之道的真实诠释。

就像基督教一样，伊斯兰教相信世界将最终灭亡，随之而来的是审判日，在这个日子里，好人会在天堂里得到永生，坏人则会遭受地狱的折磨。《古兰经》生动地描述了天堂和地狱。

严格的伊斯兰教律始终禁止赌博和饮酒，不强调救赎和对原罪的宽恕，而是谋求信众道德上的完善，因此救赎并不必要。

伊斯兰教和神秘主义　就像犹太教和基督教一样，伊斯兰教也备受质疑。其中有一位是受过法律和神学训练的安萨里（1058—1111），他在巴格达的德拉萨宗教学校任教，最终困于世俗事务和严格的穆斯林教规之间，两面受敌。

彼时的阿拉伯世界正成为文化和知识的中心，可与巴黎、博洛尼亚等西方大城市相媲美。其中有很多的诱惑，很容易让一个人放弃每天的祈祷或斋戒。安萨里意识到他必须做出选择：要么完全沉浸在物质世界的追求中，要么完全服从安拉的意志。

他还发现，伊斯兰传统对信众的要求太高，太过强调纪律，却又与真主太过疏远。他四处所见，皆有违反《古兰经》教律的人。他随即意识到，如若他要全然服从教义，则几乎不可能，而且过不好世俗生活。然后他发现了苏菲派，一群伊斯兰神秘主义者，他们努力练习冥想以达到与真主的完全统一。在这一点上，他们类似于某些基督教支派和犹太教的哈西德派，一些教派成员为了超越冰冷的理性而自由地歌舞。在他转信苏菲派之后，他重新开始自己的教学工作，但这一次他告诉他的学生，真主必须是他们生活中的一股积极力量，而不是那个让他们终日无动于衷的杳渺形象。

本章所讨论的所有宗教，至今仍与我们息息相关。有些宗教戒律严格，持续约束着信众；有些则鼓励信徒自行探索接近上帝之路。后者往往认为，从长期来看，最重要的是发展个人的道德。

10.5 理解善与恶：信仰问题
善恶问题为何是宗教思想家必须面对的挑战？

对朋友友善是易事。但对那些视你为仇敌的人友善，才是宗教的真义。前者不过是责任。
——甘地

无论古代哲学还是现代哲学，都把善作为一个主要的关注对象。古希腊的快乐主义者把善定义为尽享各种快乐的生活。苏格拉底和柏拉图在伦理意义上使用善，指的是出于理性的公平正义而非私利的行为。恶在古代思想中是指痛苦和苦难，它们是生活的一部分，经常由神或命运撒落在人们身上。苏格拉底曾说："好人不会遭遇厄运。"如上所述，他在雅典公民大会的申辩中指出了这一点。他此处所说的恶是指公民陪审团如果做出有罪判决，他将承受死亡之痛。换句话说，恶是灾难的同义词，是大多数人认为的灾难，它并不意味着恶意。

潘多拉的神话是对恶如何产生的一种解释。被锁在潘多拉宝盒里的是战争、瘟疫以及所有自然灾害，比如火灾和水灾。在这个神话中，没有说人生来就是恶的。恶只是发生在他们身上的事情。即使是《伊利亚特》中描述的阿喀琉斯残杀赫克托耳的故事，也不是真正的恶行，而是英雄必须履行的一种义务——在战场上彰显自身优势。

《希伯来圣经》清楚地解释了善与恶。在《创世记》中，上帝用亚当的肋骨创造了夏娃，并且对两个清白无辜之人心满意足，把他们放在伊甸园里，使他们生养众多，并且治理大地。他还警告他们不可偷食知识树上的果实，一旦偷食，他们将学会分辨善恶，但他们还是吃了。于是被上帝逐出伊甸园。

因此，亚当和夏娃并非生来即恶。他们生来是善的，也就是说，没有原罪，没有违背上帝的倾向。是什么改变了他们？一条会说话的蛇诱惑他们偷食禁果（图10.7）。起初他们很害怕，因为上帝告诉他们，如果他们不听从上帝的话，就一定会死。蛇告诉他们这是一个谎言，并给出了这个诫命的真正原因：

图 10.7　伊甸园与夏娃的诱惑，英属维尔京群岛当地壁画家创作，时间不详
几个世纪以来，数以百计的艺术家都曾描绘过这个场景。你觉得是什么让它有这么大的影响力，能如此吸引艺术家呢？
John Ferro Sims / Alamy

> 因为神知道，你们吃的日子眼睛就明亮了，你们便如神能知道善恶。
>
> 《创世记》（3：5）

基督教中的善与恶

早期基督教接受《希伯来圣经》对人之起源的描述，但修改和扩大了十诫的范围。基督教还把蛇的形象改为恶魔，一个纯粹的恶的化身。基督教把上帝和恶魔对立起来，进而采用至善和至恶之间永恒冲突的概念，而这个概念又引出早期基督教哲学家和奥古斯丁等人提出的一个疑难：如果上帝是至善而又全能的，恶如何会存在？

在《创世记》中，上帝震怒于亚当和夏娃的罪，人们认为这对上帝而言是恰当的。上帝诅咒他们，让他们遭生死之苦。而且上帝之怒愈演愈烈，到了诺亚的时候，他如此厌恶自己的创造物，竟使洪水泛滥，冲毁一切——除了善人诺亚，因诺亚虔诚，常用燔祭取悦上帝：

> 耶和华闻那馨香之气，就心里说："我不再因人的缘故咒诅地（人从小时心里怀着恶念），也不再按着我才行的，灭各种的活物了。"
>
> 《创世记》（8：21）

如此，上帝成为一个至高无上的存在和一位愤怒的父亲，他顷刻间就因人的罪恶而恼怒，但又会因人的虔诚和善良而喜悦。

然而，到了早期基督教哲学家的时代，那些富有怀疑精神的人很难满足于彼此抵牾的观点，即恶是人所固有，善是人之选择，要免受诱惑，择善而行，不可违背上帝。

可难道不是上帝创造了蛇吗？难道他是故意把诱惑强加给他的子民吗？上帝为什么要做这样的事？为什么不创造一个完美的种族，为什么不能不创造蛇？

伊斯兰教中的善与恶

善与恶的概念在伊斯兰教中也十分关键。对穆斯林来说，恶源自撒旦的干预，他诱使个人弃善从恶。有德性的穆斯林必须用天生的自由意志来抵制此种诱惑。

在某种程度上，伊斯兰教与犹太教和基督教分享着同一个人类起源的故事：有一个最初的天堂，安拉在其中创造了亚当和夏娃。然而在《古兰经》中亚当不是首先被创造出来的，真主"从一个人创造你们，他把那个人的配偶造成与他同类的，并且从他们俩创造许多男人和女人"（《古兰经》4：1）。同样，夏娃也不再是原罪的唯一原因，相反，《古兰经》说亚当和夏娃都吃了禁果。

创造人类之后，真主命所有的天使和镇尼（jinn，精灵）向亚当叩拜，一个名叫易卜劣斯的镇尼（即撒旦）拒绝了。真主将易卜劣斯逐出天园，直到清算日的到来。易卜劣斯愤而赌咒，要用恶诱惑人类，让他们远离真主。

因为个人有自由意志，可以做出选择，撒旦有时能成功地诱人作恶。伊斯兰教的真主并没有把道德品质强加给任何人；相反，自由意志是每个穆斯林所面临的持续考验的基础。通过遵循伊斯兰教的做法——祷告、施舍、禁食，穆斯林会被引导（而不是被迫）做出正确的选择，择善弃恶。对于那些犯错的人，如果他真心忏悔，会得到真主的宽宥。真主最伟大的美德就是宽恕。

> 谁曾经做过微尘重的善事，他会看见它；谁曾经做过微尘重的坏事，他也会看见它。
>
> ——《古兰经》

自由意志的概念

到了奥古斯丁时代，恶的问题已为人们所熟知并得到广泛的讨论。对于哲学家来说，它就像创世的概念一样令人费解；对于一个有思想的人来说，似乎很明显，尽管有上帝，但恶也会发生。传统的基督教信仰认为宇宙分为两种截然不同的形态：一种是物质，另一种是非物质。对奥古斯丁来说，恶在非物质世界中存在是不可想象的，但是上帝也是物质世界的创造者，不是吗？如此一来，物质世界是恶之所。可如果一个人否认上帝对恶负有责任，但是他却对物质世界负有责任，接下来的事实就是恶既不是物质的也不是非物质的。那么，恶就不可能存在了！

奥古斯丁推断，我们所说的恶必定是善的缺失，就像疾病是健康的缺失一样。因此，恶是道德上的疾病。当一个人犯了罪，道德上的完美就消失了。这个世界就像人类的身体一样，在被创造出来的时候是完美的，在疾病消失的时候又回归完美。

然而，人为什么有罪呢？如果他们被创造得很完美，道德疾病从何而来？在这里，奥古斯丁进一步发展了自由意志的概念，这个概念是大多数主要信仰体系的一部分，不仅在宗教领域，而且在哲学和心理学领域都一直伴随着我们。奥古斯丁的结论是，人们之所以犯罪，是因为上帝允许他们在善行和恶行之间做出选择。他知道情况必定如此，因为上帝惩罚的是罪人和那些不肯悔改的人。伊甸园中的知识树是对人的试探，这样一来选择的自由就完全讲得通了。

确实如此吗？上帝本性的问题在奥古斯丁的脑海里闪过。一个无所不知的上帝一定事先知道我们的选择是什么。在我们受到诱惑，想把遗失在餐桌上的钱收入囊中之前，难道上帝不知道我们会不会接受吗？在上帝的眼里，一切都早已发生了。那么，选择又存在于哪里呢？没有选择，又谈何责任？

奥古斯丁提出了一种**预定论**。他认为，在出生之前，人类的生命进程已经被预先决定了。他坚信，全知全能的上帝使预定性成为凡人所接受的必然。上帝对人类的选择有先见之明，这是毫无争议的；与此同时，人类也不能免除罪责，认为上帝应该为人类的罪恶负责是不可思议的。否则，人有什么行善的动机呢？又怎么去赢得上帝的认可呢？

自由意志提供了一个使两种信念相容的方式。一个全能的上帝可以选择赐予人类自由；一个全知的上帝可以告诉人们在没有任何意愿的情况下人的选择会是什么。因此，在人的层面上，自由是真的；在神的层面上，预定论也是真的。

如果理性之力并不足以得出这些结论，那么信仰之力就应比理性更强大。人类怎么能妄想理解上帝呢？理性可以让我们接受命运和自由意志的悖论，但信仰，正如《约伯记》所给出的答案，才真正使接受这种悖论成为可能。但是，争论并没有就此结束，一些宗教思想家对奥古斯丁关于信仰就是一切的结论并不满意。如果我们不应该使用理性，为什么我们还会拥有理性？他们最终声言，理性是可以导向对上帝的理解的，尽管宗教逻辑的批评者经常指出，这一切只能表明为什么一个上帝必须存在，并不能表明存在的究竟是何种上帝。

对上帝之存在的证明

如上所述，早期哲学家对他们被要求接受的教义有许多担忧。在《约伯记》中，约伯被来自旋风的声音告知，宇宙的运行与人无关。对上帝的信仰必须让我们相信上帝对万事万物都有其理由。在公元 12 世纪，出现了一位犹太拉比，一位深刻的哲学家和学者，他会进一步证明逻辑和信仰是如何不可调和的。

摩西·迈蒙尼德　迈蒙尼德（1135—1204）是生于西班牙的犹太人。因受迫害，他移居埃及，并成为埃及苏丹萨拉丁的私人医生。他受过医学训练，认为哲学和神学与医学一样重要。此外，在犹太学者和穆斯林学者的世界里，如果一个人要被认可，他就必须具有广博的学识。

切勿以为性格生而既定。人被赋予了自由意志……要自行决定是让自己有知还是无知，宽仁还是残忍，慷慨还是吝啬。
——摩西·迈蒙尼德

起初，迈蒙尼德对穆斯林哲学中的唯物主义思想感到震惊，它远早于苏格拉底和柏拉图，坚持认为只有物质存在，所谓的精神体验只存在于头脑中。作为一个虔诚的犹太教徒，他坚持认为物质世界是上帝从无中创造出来的，但他也是一个彻头彻尾的亚里士多德式的人，他认为自己必须使用逻辑来捍卫他的信仰，虽然许多与他同时代的犹太人满足于视《圣经》为神秘启示。迈蒙尼德也是一位穆斯林中的科学家，他继承并进一步发展了古典世界的逻辑和数学理论。他完全熟悉亚里士多德、欧几里得和印度数学家的工作。他的使命是向他的同时代人表明，信仰上帝不仅是可取的，而且在逻辑上是必然的。

因为他熟悉亚里士多德的"不动的动者"理论，所以他认为万物的运动皆由他物引起，但是因果关系不能无限地追溯下去，迟早会有一个本身静止不动的动因。迈蒙尼德所做的就是把上帝的名字赋予这个不动的动者。上帝的完美使不动的动者变得可信。上帝就这样被定义为不能被引发的存在。如果他的存在取决于先前的某个原因，那么将使上帝不完美。一个完美的存在是不能有所依赖的。如果有一个先决原因创造了上帝，那么这个原因才是上帝。不管如何追溯，总会推导出一个最初的上帝。

一些希伯来学者和神学家谴责迈蒙尼德的著作，理由是他所谓的逻辑建立在对上帝的强烈信仰基础之上，因此是不必要的，不仅没有必要，而且是对坚信启示的前辈传统的冒犯。难道上帝没有告诉约伯，人不能理解或质疑上帝的本质和方式吗？如果需要证明，那就不是真正的信仰。

托马斯·阿奎那　基督教的思想世界同时也受到了数学、科学和亚里士多德作品的影响。托马斯·阿奎那（1225—1274）从未怀疑过自己的信仰，但他充满探索精神，这种精神在中世纪后期广泛传播。在本笃会僧侣的教育下，他成为一名多明我修士，搬到当时的知识中心巴黎，那里学风浓厚，氛围宽松，师生相宜，甚至连神职人员也敢于质疑既定的信仰。

正是在巴黎，阿奎那开始接触亚里士多德的逻辑学，并创造出一个思想体系，旨在向非信众证明上帝的存在。一经引介，他的理论就逐渐进入基督教的传统之中。托马斯借以证明上帝之存在的逻辑方法被称为托马斯主义，即使在今天，天主教神学院的学生仍然需要接受托马斯主义的严格训练。

就像迈蒙尼德一样，阿奎那也根据亚里士多德的"不动的动者"理论，给出了上帝存在的"五路证明"。第一，不动的推动者之论证。第二，最终因的论证。第三，自身必然性的论证，也被许多哲学家认为是最具说服力的论证。下面是对该论点的大概阐述：

> 尽管我们只需要环顾四周就能看到事物的存在，但是我们确实可以想象它们不存在。另一方面，尽管可以想象无物存在，但很明显情况并非如此。因此必须有一个必然存在的原则，这个原则不能被想象为不存在。而只有上帝才能被如此想象。

第四，事物等级的论证，断言无论何处，都有或大或小的数量和质量。例如，我们不能想象"更善"，除非我们也能想象"至善"，因为理所当然，我们不能无限地寻找"更善"。最终必须有一个"至善"，超过这个"至善"，意识就无法想象。因此，上帝是"至善"的最充分的体现。

第五，目的因论证，这可能是最著名也是最受争议的论证。阿奎那声称，由于宇宙运行中明显存在着秩序，它就不可能是偶然被放置在那里的。如果有一个目的，那紧接着就有一个目的因。这个论点被无数人继续使用。另有一些人则认为，一个由经过实验验证的定律支配的宇宙并不能等同于目的。双方就此尚未达成普遍的共识。

10.6　怀疑

不可知论和无神论的主要特征是什么？

有许多不信教者和敢于质疑宗教的人士曾被监禁、折磨或处决。世界上仍有一些地方对那些生活方式和着装方式偏离主流宗教要求的人处以最严厉的惩罚。严格执行宗教戒律与质疑或公开否认上帝存在的普遍哲学立场背道而驰。哲学是一种逻辑工具，它一直并仍旧被用来证明上帝之存在，同时它也可以被用于相反的目的。

> 智慧始于怀疑。
> ——苏格拉底

不可知论

"Agnostic"这个词源自希腊语，意思是"未知的"或"不可知的"。一位**不可知论**者，是不会公然质疑上帝的人，但他也不认为有关上帝的一切，包括其存在是确定无疑的。不可知论者有时被忠实的信徒指责为宗教上的懒人，他们时常被要求给出上帝不能被证明的证明。

然而，不可知论是一个非常有效的哲学立场，往往是深刻反省的结果。威廉·詹姆斯是一位 19 世纪末的哲学家，对他的讨论将留待本书的最后一章。他是一位不可知论者，同情那些依靠宗教度过困难时期的人们。詹姆斯有时被称为现代心理学之父，他曾向无数惨遭生活之痛、拼命找寻原因、试图理解生活的人给出忠告。他建议道，如果宗教对幸福至关重要，谁又能否定一个人的信仰的权利呢？现代科学家卡尔·萨根曾经说过："缺乏证据并不意味着不存在。"

在艺术中，你会发现许多人"迷恋上帝"，他们十分愤怒，因为理性阻止他们信仰上帝，却未能提供任何东西取代上帝的位置。美国诗人埃德温·阿林顿·罗宾逊（1869—1935）在其伟大作品《天边人影》的末尾，用下面的几行诗句批判了否定信仰的理性。

> 如果毕竟我们生活和思考过，
>
> 一切都会归零——
>
> 如果此后一无所有，
>
> 无论我们身为何物，
>
> 我们都知道，为什么要活着？
>
> 弱者确实只能徒然受苦
>
> 身处地牢之中，门洞
>
> 大开于永恒寒冷之滨
>
> 陡然下临
>
> 黑暗死寂的虚无之洪
>
> 能将一切有知之人淹没。[9]

对于坚定的不可知论者而言，不截断去路，不冒险被罗宾逊的"虚无之洪"淹没，是有道理的。

无神论

与不可知论者不同，**无神论**者采取了大胆的否定立场。他们从不摇头说"我不知道"，而是直接挑战信徒，尤其是那些使用逻辑证明上帝之存在的人。他们有时就是用相同的逻辑来证明上帝不存在在逻辑上是必然的，但有时一些自称无神论者的人也没有什么逻辑上的根据。

有一种所谓的"非形式逻辑"方法，直接指出"上帝存在吗？"这个问题毫无意义，因为其中的主词上帝尚未被证明有效。因此，对这个问题的所有答案都必须置之不理。无神论者喜欢刘易斯·卡罗尔（成名作是《爱丽丝漫游奇境记》）的一首名为《猎鲨记》

的诗，这首诗讲的是一次巡捕鲨鱼的海上冒险，而此前从未有人见过蛇鲨。冒险者已被警告过多次，必须小心行事，因为有传言说蛇鲨可能真的是一只怪兽。在故事的结尾（可能是对《白鲸》的戏仿），冒险者终于遭遇蛇鲨，船毁人亡，余下的只有悲凉的最后一句话："蛇鲨毕竟是只怪兽。"

查尔斯·皮尔士　查尔斯·桑德斯·皮尔士（1839—1914）是美国无神论的主将，他深深地卷入一场名为**实用主义**的哲学运动。根据实用主义的观点，如果哲学问题对生活的实际行为没有影响，那么它就不重要。像威廉·詹姆斯一样，皮尔士意识到宗教确实对很多人产生了巨大的影响。在一篇名为《如何把我们的想法变得清晰》的重要文章中，他从三个方面对"信仰"这个概念进行了彻底的分析：

> 首先，它是我们意识到的东西；其次，它平息了疑虑；其三，它涉及我们本性上行动规则的确立，或者简而言之，它涉及一种习惯。[10]

皮尔士认为，信仰的一个困难在于，人们可能会抓住任何能够平息疑虑的东西，然后把它当作信仰。人们不能忍受无知或无法解释，而且对于大多数人来说，重要的是一种信仰是善好的，究竟真不真实并不那么重要。在他看来，宗教信仰在平息人们的疑虑方面是极其成功的。事实上，也正是因此，人们才如此坚持信仰，无论各种信仰背后有何种逻辑必然性。信仰很难脱离人们的生活习惯，因为即使信仰无法被证实，信徒也会坚信它们不能被证伪。

> 因此，如果死亡就是毁灭，那么，那些相信自己死后定会径直升天堂的人，只要在此生中有些许作为，就会有一种易得的快乐，而不会沾染丝毫的失望。[11]

这个段落非常有名，不仅是因为文采睿智。皮尔士是在下战书，他说："如果你不相信我，那就证明人还有来世。"这样的推理运用了反证法的哲学技巧，用归谬法来证明自己的观点。以"没有来世"这句话为例，说"有来世"这样一种东西是毫无意义的，与"没有来世"相反的是"有来世"，但是后一种说法不可能有效，因为从来没有人经验过来世并返回此世来讲述它。所以，人可以说"我相信有来世"，但这已经不合逻辑了。

皮尔士的哲学坚定地植根于科学，任何不能被观察到的、不能被实验验证的，都是不真实的。在另一篇著名的文章中，他抨击了天主教的圣餐化质说。这种说法认为，通过神秘的力量注入牧师的弥撒中，圣餐饼实际上变成了耶稣的肉，圣餐酒变成了耶稣的血。皮尔士指出：

> ……因此，我们所说的酒，除了对我们的感官有一定影响之外，别无其他含义；谈论某种东西具有酒的所有感觉特征，但实际上是血的东西，是毫无道理的废话。[12]

是否接受这个逻辑论证，完全取决于个人。但是，无论如何，它清楚地表明了一个事实，即科学和宗教观念志趣各异。无神论者更接近科学，而虔诚的信徒必须愿意接纳信仰甚至奇迹。另一位美国无神论者 H. L. 门肯将信仰定义为"对不可能事件的不合逻辑的坚信"。

我是有良知的。它并不取决于宗教。
——艾萨克·阿西莫夫

哲学和艺术中的无神论　许多带有无神论色彩的哲学已经变得非常流行。德国哲学家弗里德里希·尼采曾断言"上帝之死"，也就是说，上帝是否存在的问题已经不再重要。这暗示宗教过往的辉煌到了尼采所处的 19 世纪末已行将终了。

同一时期，面对维多利亚晚期毫无缘由的乐观倾向，尤其是利用宗教为财富的持续积累辩护的风气，一些作家和诗人表达了强烈的幻灭感。约翰·戴维森·洛克菲勒，世界上最富有的人之一，曾在他的自传中写到，他的财富表明他受到上帝的眷顾。

作家斯蒂芬·克莱恩（1871—1900）的《红色英勇勋章》是一部辛辣的反战小说。克莱恩也是一位诗人，总是左右摇摆，一面极其悲观地认为上帝已经缺席，一面又相信人性会以某种方式从混乱的黑暗深渊中崛起（《红色英勇勋章》以他的短诗《我曾见过追逐地平线的人》收尾）。在下面这首诗中，克莱恩悲观的一面突然变成了某种冷酷的幽默。

> 上帝小心翼翼地创造了世界之舟，
> 凭着一个全能者的无穷技艺，他制造了船体和帆，
> 把住舵，准备调整。
> 他昂首挺立，骄傲地审视着自己的作品，
> 然后，在决定命运的时刻，错误发出了呼喊，
> 上帝转过身来，听从了他的话。
> 而船，趁此机会，悄然溜走了，
> 顺流而下，悄然无声。
> 就这样，它永失方向，
> 漂洋过海，
> 四处航行，
> 进展惊人。
> 转向时目标明确，

即使遭遇恼人的风。

竟有一众身居上苍者

都在嘲笑它。[13]

10.7 宗教与艺术

宗教在人文学中发挥作用的案例有哪些？

鉴于宗教对世界各地的文化、社会和个人的影响长达数百年之久，宗教信仰和宗教故事在各人文学科中发挥重要作用也就不足为奇了。

作曲家、舞蹈家、艺术家、作家、哲学家——所有这些人都认为宗教为他们的作品提供了丰富的内容。在历史的某些时期以及世界的某些地方，宗教一直是绝大多数艺术作品的核心。从伊朗古都伊斯法罕伊玛目清真寺内壁上的镶嵌画到法国和英国哥特式教堂高耸的扶壁，从缅甸和日本的巨大石佛到苏格兰僧侣精心制作的泥金装饰手抄本，从米开朗基罗的《圣母怜子像》到穆斯林艺术家精致的书画作品，如果不是因为这些宗教信仰的产物，全世界的文化将会贫瘠不少。想象一下，如果没有《创世记》壁画，没有《最后的晚餐》或者如图 10.8 所示的清真寺内壁，世界将会如何？

文学与哲学中的宗教

宇宙背后隐含着某种统一的精神，长期以来，西方哲学家和作家一直受到这一来自印度的观念的影响，并赋予其各种名称。德国诗人约翰·沃尔夫冈·冯·歌德（1749—1832）称之为"世界之灵"。美国哲学家拉尔夫·沃尔多·爱默生则称之为"超灵"，并就此写了一篇著名文章。在约翰·斯坦贝克的小说《愤怒的葡萄》中，主人公汤姆·乔德向他的母亲解释说，他不能只是为了家人的生存而工作，眼睁睁看着其他那么多人忍饥挨饿、无家可归。他相信所有的人都是"一个整体灵魂"的一部分，进而牺牲了自己的安全和未来。

图 10.8 伊斯法罕伊玛目清真寺的内壁，伊斯法罕，伊朗，1629 年
因为伊斯兰教禁止对神圣存在如穆罕默德和真主本身的描绘，多数伊斯兰艺术是书画拼贴和精致的建筑作品。图中这座建筑物及其装饰是否令人敬畏？建造者和艺术家是采取何种手段来营造这种感觉的呢？

Robert Harding World Imagery / Alamy Stock Photo

西方文学的一些伟大作品是对宗教教义的重申，如但丁的《神曲》和弥尔顿的《失乐园》（1667）都是为了"证明上帝的待人之道"。这两部作品都极大地影响了艺术家、作家以及数百万信徒对上帝和精神世界的看法。

但是，作家常常与宗教有着独特的关系，能给读者带来另类但同样令人振奋的感觉。约翰·多恩的十四行诗《击碎我心》以高度感性的语言传递出顺从上帝意志的观念，让人印象深刻。

沃尔特·惠特曼   美国诗人沃尔特·惠特曼也深受印度宗教思想的影响，其代表作是《草叶集》。草，像梵一样，是一个总体，只有借助它的各个独立的叶子才能存在。如果你拥有一片草叶，你就拥有了草。如果你拥有一滴水，你就拥有了水。如果地球上只剩下一个人，人性仍旧存在。任何一个人都和其他人一样重要，也没有一个人比其他人更重要。惠特曼著名的开场白不应被理解为某种自负：

> 我赞美我自己，歌唱我自己，
>
> 我所讲的一切，将对你们也一样适合，
>
> 因为属于我的每一个原子，也同样属于你。[14]

反过来也是如此，一片孤独的叶子将从宇宙中消失，一个孤独的个体将脱离人类的大家庭。惠特曼的民主思想及其有关个体公民与全体人民之间关系的思考，是一种古老宗教哲学的政治延伸。

浪漫主义   在18世纪末19世纪上半叶的浪漫主义运动中，西方艺术家和作家遇到了一种建立在自然和所有人的自然权利基础上的新的宗教观念。

浪漫主义的主要人物是威廉·华兹华斯（1770—1850），其杰作之一是《丁登寺旁》。下文是这首诗中的著名诗节。这首诗确实具有宗教性，但并非传统意义上的宗教性。对华兹华斯来说，上帝是自然的灵魂，这种信仰使他更接近印度教。

> 我感到
>
> 有物令我惊起，它带来了
>
> 崇高思想的欢乐，一种超脱之感，
>
> 像是有高度融合的东西
>
> 来自落日的余晖，
>
> 来自大洋和清新的空气，
>
> 来自蓝天和人的心灵，

一种动力，一种精神，推动

一切有思想的东西，一切思想的对象，

穿过一切东西而运行。

（王佐良译）

视觉艺术中的宗教

　　倘若没有宗教信仰，视觉艺术的历史会大大缩短。艺术和宗教从一开始就保持着密切的关系。埃及人认为绘画和雕像是一种让生命不朽的手段。多神教导致希腊人和罗马人建造了许多艺术和建筑杰作。希腊戏剧与酒神崇拜和酒神节的逐年举行有密切关系。除了不同宗教倾向的大多数社会皆作为基础的道德准则之外，犹太教还向世界提供了许多文学、诗歌和哲学杰作。中世纪的教会为整个世界带来无数有关神和《圣经》事件的绘画、雕塑和壁画作品。西方世界的戏剧起源于中世纪弥撒。伊斯兰教禁止造像，但如我们所见，许多伊斯兰建筑仍然异常宏伟，堪称典范。

　　伊斯兰教对西方文明中的艺术影响很大，主要是因为摩尔人的艺术倾向。摩尔人属于穆斯林，主要生活在非洲西北部，于公元 8 世纪入侵西班牙。在占领西班牙大部分地区的几个世纪里，他们承担了许多西班牙建筑的设计，如阿尔罕布拉宫（图 10.9）。

每种宗教都是正确的。这个正确要隐喻地理解。一旦某种宗教执着于自己的隐喻，将之解释为事实时，就成问题了。

——约瑟夫·坎贝尔

图 10.9　阿尔罕布拉宫，格拉纳达，西班牙，1338—1390 年摩尔人曾于此时统治西班牙。这座建筑从哪些方面反映了伊斯兰教的影响？
Shaun Egan / Digital Vision / Getty Images

阿尔罕布拉宫位于格拉纳达城外，曾在十三四世纪被用作摩尔国王的王宫。阿尔罕布拉宫被视作摩尔人艺术的缩影，拥有精妙地支撑复杂拱门的细长门柱以及五彩缤纷的灰泥和镶嵌瓷砖，包含无数的图案和设计。来到宫殿的游客可能会有一种身处《一千零一夜》中的错觉。虽然这是一座世俗建筑，但其整个造型设计和装饰风格都源自清真寺，而清真寺就像基督教的大教堂一样，是为了让礼拜者与彼世更加接近。

梵蒂冈的伟大艺术作品，包括圣彼得大教堂和西斯廷教堂，是精心设计的不朽之作，旨在遮蔽和取代曾经遍布罗马的多神教艺术。达·芬奇、米开朗基罗、拉斐尔和其他许多人的艺术作品用生动的视觉效果还原了百姓熟知的众多宗教故事：亚当和夏娃的故事、约瑟夫和波提乏之妻的故事，以及摩西、大卫、浪子、圣女与圣婴、圣母领报、耶稣受难、耶稣复活、审判日等。

在 15 世纪后期开始的宗教改革运动中，教堂建筑逐渐简化，但是这种变化间接导致了 17 世纪巴洛克艺术和建筑的繁荣。巴洛克风格的教堂被精心装饰，这可能是为了重新吸引那些深感宗教已荣耀尽失的信徒。音乐家巴赫复杂的对位作品是巴洛克时期的另一大杰作。

宗教不可能在一本书的一个章节中得到详尽的论述。我们介绍了世界主要宗教的概况以及与宗教针锋相对的主要哲学观念，也考察了宗教在人文学中所起的作用。和以往一样，这样做的目的是激发你的思考，鼓励你思考自己在这些问题上的立场。

当把宗教作为一种人文现象来分析时，许多人会感到不舒服，好像如此讨论宗教会威胁到真诚持守的信仰。讨论不应该产生这种效果。如果以开放的心态明智地参与宗教讨论，实则可以加强你的信仰。认识信仰之所以然，比不知不觉地忠诚于信仰要好得多。在业已信奉之后，充分意识到自己的承诺和责任，是非常重要的。

回顾

在这一章里：

- 我们解释了为什么宗教对人文学研究很重要；
- 我们探讨了主要的多神教，包括埃及、希腊和罗马的宗教，印度教，本土宗教及其关键特征；
- 我们讨论了佛教、道教等泛神论信仰体系的产生，以及柏拉图、苏格拉底、亚里士多德关于神之本质的信仰；

- 我们探讨了主要的一神论宗教，包括犹太教、基督教和伊斯兰教，并描述了它们的关键特征；
- 我们讨论了为什么善恶问题长期以来困扰着宗教思想家；
- 我们描述了不可知论者和无神论者的思想；
- 我们讨论了历史上宗教在人文学中发挥的重要作用。

主要术语

不可知论（agnosticism）：相信一个人不可能确切地知道上帝是否存在。

无神论（atheism）：相信上帝不能合乎逻辑地存在。

浅浮雕（bas relief）：许多古墓中发现的石墙雕刻。

梵天（Brahma）：印度教的宇宙创造之神。

梵（Brahman）：在印度教中，指的是主宰宇宙的精神力量，宇宙的灵魂。

佛陀（Buddha）：梵文术语，意为"觉悟者"，在印度预言中，佛陀每 25000 年出现一次，不必经历轮回重生即可得无上正等正觉；也特指佛祖乔达摩·悉达多，他认为凡人皆可成佛。

佛教（Buddhism）：以乔达摩的教义为基础产生的生活方式、冥想修行和宗教。

从无中造（creatio ex nihilo）：拉丁短语，在犹太教、基督教和伊斯兰教中用来描述上帝创造的宇宙。

法（dharma）：在印度教中指作为存在之基础的道德结构；在佛教中指法，相当于道教中的道。

辩证法（dialectic）：苏格拉底使用的问答式哲学方法。

无上正等正觉（enlightenment）：在佛教中，指乔达摩所达到的完全超脱于自我的状态，在这种状态下，人能够看到事物的本来面目。

异端（heresy）：在此指的是挑战中世纪基督教教义的信仰或声明。

印度教（Hinduism）：各类印度宗教的总称，可以追溯到公元前 1500 年，尊崇众神，信仰转世。

宗教裁判所（Inquisition）：从 13 世纪开始召集的高级基督教法庭，主要审理判决异端分子。

业力（karma）：在印度教中指个人行为的道德总扩，它决定了一个人在轮回中会生于哪一道。

唯物主义（materialism）：一种哲学观念，认为只有物质才是真实的。

冥想（meditation）：在佛教中指打坐修行，个体借此达到忘我的状态。

解脱（moksha）：印度教梵文术语，指经由多次轮回之后达到的极乐境界。

一神教（monotheism）：信奉一个至高无上的神的宗教。

涅槃（nirvana）：佛教中指全身心投入冥想、放下我执后达到的极乐状态；在英语中指一种彻底放松、毫无压力的状态。

泛神论（pantheism）：相信宇宙或自然之中包含神性，而不信奉某个或某些人格化或拟人化的神。

多神教（polytheism）：信奉不止一个神的宗教。

实用主义（pragmatism）：源自美国的哲学思想，认为某一观念的真伪是可以通过实验和实践结果来衡量的。

预定论（predestination）：奥古斯丁主张的信仰，指人的一生（包括所有道德或不道德的选择）在其出生之前就已被预先决定了；在加尔文主义中，则指一个人生来要么是为了得救，要么是为了受诅咒。

斋月（Ramadan）：回历九月，被视为神圣之月，因人们相信正是在这个月，真主在麦加城将《古兰经》传给穆罕默德。

湿婆（Shiva）：印度教中的变化之神、毁灭之神，破旧迎新，是印度教三主神中的第二位。

类并（syncretism）：传统信仰与新宗教信仰的融合。

塔木德（Talmud）：解释《托拉》和《圣经》律令的犹太法典。

道（Tao）：中文"道"的英译，指统治宇宙的道德秩序。

《托拉》（Torah）：《希伯来圣经》的前五卷，包括《创世记》《出埃及记》《利未记》《民数记》和《申命记》，相传作者是摩西。

不动的动者（Unmoved Mover）：亚里士多德所认为的始终存在的力量，它是使整个宇宙运动起来的最初推动者，但它本身并不是由任何东西推动的。

毗湿奴（Vishnu）：印度教的主神之一，具有平衡创造和毁灭的力量。

无为（wu wei）：道教术语"无为"的英译，意指与宇宙协调一致就可以无为而无不为。

阳（yang）：道教中指存在的积极主动成分，常表现为太极图中内含黑色小圆的半圆形白色。两个小圆象征主被动成分之间的消息协作。

阴（yin）：道教中指存在的消极被动成分，常表现为太极图中内含白色小圆的半圆形黑色。

禅（Zen）：佛教中苦行修炼的一种形式，讲求高度的自律和长时间的冥想；来自中文的"禅"，意指"冥想"。

图 11.1　正义女神，圣维尔大教堂，克恩顿州，奥地利，16 世纪

正义女神往往被描绘为蒙眼的样子，意味着法律面前人人平等，真理最重要。你相信这种说法吗？有何理由？

Fiore/TopFoto/The Image Works

第十一章

道 德

11.1 辨识道德哲学的主要问题。

11.2 讨论利己主义道德观的关键论据。

11.3 辨识并讨论功利主义、康德的绝对律令和利他主义中存在的主要论点。

11.4 解释宗教与道德的关系。

11.5 讨论艺术与道德之间的相互影响。

11.6 分析道德相对主义的主张及其中所隐含的危险。

大多数婴儿最先学会的两个词是"好"和"坏"，不管他们用微笑还是用颤抖的手指来表达，对于完整地理解这个世界来说，两者都是不可或缺的。随着孩子的成长，这些词成为认同他人行为的基础。这两个词——好和坏——伴随着人的一生，尽管它们在许多方面都有不同的用法。

因为**道德的**问题每天都在我们的生活中出现，而艺术家和哲学家总是关心对与错的问题，道德便成了艺术的一大主题。当然，它更是宗教思想、哲学和法律的核心议题（图11.1）。

道德高于人类生活中的其他东西，无论在何处都备受推崇，因为它缓解了人对权力、财富、快乐等不可抑制的欲望。

——杰克·迈尔斯

在这一章中，我们将探讨道德是如何在历史中被定义的，特别是那些专门研究道德的哲学家是如何定义道德的。我们将研究各种道德体系，尤其是那些关注自利和行为功利主义的体系，以及康德提出的绝对律令道德体系。我们也会简单论述道德与艺术、道德与宗教的关系。也许对我们这个时代来说，道德研究中最重要的进展是道德相对主义：我们认识到，构成道德行为的东西可能是不固定的，并不是一成不变的。

11.1 道德的定义

道德哲学的主要问题是什么？

当我们做出重大选择时，**道德**是区分行为的"好"或"对"、"坏"或"错"的基础。如果我们只是在选某种口味的冰淇淋，道德并不发挥作用，但如果我们正在决定一种影响我们生活或他人生活的行为，道德就会发挥作用。不道德是道德的对立面，经常（但明显不准确）被定义为他人所做的错事恶行。这个定义并不全面，而且事实上把道德行为归结到他人所做的选择之上也失之偏颇。这一章所涉及的是关乎所有人的道德问题，历时历代有思想的人都牵涉其中。

19 世纪小说家塞缪尔·巴特勒把道德定义为"一个人所在国家的风俗习惯以及同时代人的当前感受"。但是哪种风俗？哪个国家？国家的哪个地区？哪些同时代人呢？在过去的几个世纪里，如果一个人根据公认的行为准则在决斗中杀死另一个人，没有人会说这是谋杀，尽管今天肯定会这么说。如果一个有社会地位的适龄少女与一名男子独处，她的行为就会被认为是不道德的，她的名誉也会受损，但现在不一样了。我们很难接受这样的事实：仅仅在几百年前，完全占有他人还是道德的。大的社会文化环境驱使着道德，道德问题是由那些掌握权威的人（通常是男人、神职人员或政府）决定的，并被不容置疑地接受。

今天，我们对道德和不道德的定义仍然是建立在社会文化环境之上的。明星违背婚姻誓言的行为往往并无大碍，但政治官员若有类似行为，就会被谴责为道德沦丧。如今我们沉溺于一种"彼此相对"的文化中，忠于不同的体育运动队、政党或宗教，于是产生分歧，指认彼此的行为是不道德的或错误的，但在历史的早先时候，这些则并不重要。家庭传统、教育和公认的社会规范都影响着我们对道德的定义，童话、文学、戏剧、电影和电视也是如此。

道德与哲学

如果道德可以被定义为做出重大选择的基础，那么，多年来哲学家一直在为这些选择可能是什么而争论不休。在道德研究中，某些问题反复出现。以下是许多伟大的思想家试图回应的一些棘手问题：

1. 为达目的可以不择手段吗？换句话说，如果总目标被认为是有益的，那么为达到目标所做的任何事情，包括某些本身会被视为错误、犯罪甚至罪恶的行为，在道德上正确吗？文艺复兴时期的哲学家马基雅维利给出了肯定的答案。另一些人则认为，任何道德上的越轨行为，甚至撒谎，在任何情况下都是错误的。

2. 难道只有惩罚和对惩罚畏惧才能阻止我们做错事吗？在柏拉图的《理想国》中，格劳孔和苏格拉底之间那场著名论辩的核心问题是，当人能够侥幸逃脱法律的制裁时，是否还应该遵守法律？

3. 社会的需求是否大于个人的需求？一些哲学家认为，个人的需求应该始终优先于社会的需求，这是最自然的。利他主义则认为我们应该更关心他人而不是自己。

4. 经济资源应该由个人还是集体控制？一些政治和经济领导人为亚当·斯密定义的自由市场辩护，而另一些领导人则坚称，自由市场体系并不像斯密所描述的那样发挥作用。还有一些人说，自由企业的道德与否完全取决于社会的经济状况。

5. 结果是最重要的吗？还是说意图也很重要？杰里米·边沁认为，道德判断的依据应该是结果而非动机。

各种道德体系

道德选择所依据的一系列相关价值观被称为**道德体系**。大多数宗教都相信，无论神是否干涉个人欲望，他们都会制定某些必须遵守的规则。这些规则通常可以在一本圣典中找到。因此，接受这些规则意味着既信仰神性的存在，也相信圣典是由那些能准确记录圣言的人所写的。

另外的一些道德体系则以理性而非信仰为基础：一个人做正确之事，是因为理性决定其正确，因而做错事就是非理性的。然而，我们可以说，这种观点事实上也基于一种信仰，信仰理性对一切都能做出正确决策。

当面临艰难抉择时，那些难以下定决心的人可能希望咨询一位道德权威，如某位知名而值得信赖的哲学家、宗教人士，甚至是某位行止明智的密友。然而，这里不可避免地会出现一个问题：如果被咨询者提供了截然相反的观点，我们应该听信何人？我们要凭自己的直觉吗？我们最终的决定会取决于自身利益吗？或者我们会对自己的推理缺乏信心，觉得遵循道德权威更容易（前提是我们不会在两种对立的权威观点之间左右为难）？如果我们做出了选择，我们怎么知道我们做出了正确的选择？如此一来，对错的问题就时刻存在着，而且会把我们引入似乎永不休止的旋涡之中。

"应该"与"不应该"这样的术语经常出现，尤其是在宗教道德权威那里。军队、家庭、学校、体育运动和游戏的各种规则中也充斥着这些词。

那些对"应该"这个词感到不适的人，往往会以道德相对主义的名义拒绝接受："谁能决定什么是对的呢？""人们彼此不同，对一个人有益的东西对另一个人可能不一定有益。""时代已经变了，没有那么多的共性了。"如今流行的说法是："只要不伤害任何人，只要开心，就去做吧！"

生活把我们推入如此多的困境，以至于在任何情况下做正确的事情都是极其困难的。这就是为什么人文学如此敏感于道德困境所造成的痛苦和自以为正确的抉择所引发的悲剧性结果。

道德情操的涓滴……
足以抵得上汪洋大海。
——拉尔夫·沃尔多·爱默生

11.2　利己主义的道德观

坚持道德总是基于自利这一观点的关键论据是什么？

当孩子们为某物争吵不休时，父母会提醒他们不要争吵，而是要彼此分享。在学校里，学生们被教导要遵守规则，不要自私自利，要与他人合作。对慈善事业的高举时刻提醒我们，慈善是好的，自利行为是错误的（当然，除非自利让捐赠者积累了以供捐赠的大量财富）。然而，自由社会也遵从自由企业原则，企业首先惠及企业家本人（经营企业的人），同时也帮助员工及其家庭。出人头地是一个公认的目标，其隐含的必然结果是一些人必须赢，而另一些人必须输。

因利己而采取行动是坏的吗？无私必然是好的吗？如果每个人的行为都出于自身利益，那么是否会培养出一种对整个社会更有利的自力更生精神呢？在 19 世纪，利己作为一个人最理想的品质而崭露头角。在此之前，这个词经常和形容词"开明的"一起使用，意指那些自力更生、完全自我实现的人对整个社会有益无害。然而，其他理论也认为，在个人利益和公共利益之间抉择，个人利益必须永远优先考虑。

在当今世界，这个问题比以往任何时候都更令人信服。如今，收入不平等的增长速度远超 50 年前的想象，美国最富有的百分之一的人口几乎控制着全国一半的财富，远远超过底层百分之九十人口所拥有的财富总和。我们获得和分配财富的方式——资本主义制度——可能是 21 世纪最重要的道德困境了，而这并不新鲜。

格劳孔与苏格拉底

早在柏拉图的《理想国》中就有这样的争论了。《理想国》记录了苏格拉底与他的学生之间的一系列哲学对话。其中，苏格拉底总是站在理性一边，而格劳孔（柏拉图的兄长）则是柏拉图笔下"最好斗的人"。格劳孔坚信，每个人都会做出正确的事，其动机与理性或善无关。为了证明自己的观点，他讲述了牧羊人古各斯的故事，他发现自己从一具尸体上取下的戒指具有隐身的能力，就开始充分利用起这一力量。格劳孔讲述道：

> 他想方设法谋到一个职位，当上国王的使臣。到了国王身边，他就勾引王后，跟她同谋，杀掉国王，夺取了王位。

然后就发生了争论，一个根本上可敬和正直的人是否也会做同样的事情。格劳孔继续说道：

> 假定有两只这样的戒指，正义的人和不正义的人各戴一只，在这种情况
> 下，可以想象，没有一个人能坚定不移，继续做正义的事，也不会有一个人能
> 克制住不拿别人的财物，如果他能在市场里不用害怕，要什么就随便拿什么，
> 能随意穿门越户，能随意调戏妇女，能随意杀人劫狱，总之能像全能的神一样，
> 随心所欲行动的话。[1]

苏格拉底回答说，如果这个正义的人决定不用这枚戒指，他就会平静地死去，对自己一生的善行心满意足。格劳孔很快做出反击，要求在座的人假设正义之人以某种方式获得了不义的名声，而不正义之人则享有正义的名声。正义的人会不会觉得他只有犯傻才不会使用戒指？如果不被人知道，那么做正义之事的满足感从何而来呢？此外，如果他因不义的名声而遭到极度的折磨呢？当然，苏格拉底以好人不会遭遇厄运的主张而闻名。格劳孔总结说，用不了多久正义之人就会意识到，表面的正义才是最重要的。做正义之事如果无人知晓，则是徒劳的。

根据格劳孔的说法，有着正义之名的不义之人，会继续享受社会认可带来的所有好处。

> 他由于有正义之名，首先要做官，要统治国家；其次他要同他所看中的世
> 家之女结婚，又要让子女同他所中意的任何世家联姻；他还想要同任何合适的
> 人合伙经商，并且在所有这些事情中，捞取种种好处，因为他没有怕人家说他
> 不正义的顾忌。[2]

按照格劳孔的看法，社会所预期的美德只是一种表象，是施加在每个人身上的压力的结果，而非人类通过理性确定对错的能力的产物。

> 真理本身并没有任何
> 特殊时刻。真理之时就是
> 现在——总是如此。
> ——阿尔贝特·施韦泽

苏格拉底的反驳　然而，理性正是苏格拉底所依赖的，他的反驳激起的争议和格劳孔所引发的争议一样多：他坚持道德行为是自为的。理性的人依法律生活，即使法律对他有害。伯里克利的民主或者说城邦公民的直接统治仍然是新生事物，许多人怀疑普通公民是否有足够的理智不趁机谋私。苏格拉底坚信，公民的理性会产生公平、公正、品质端正的法律。柏拉图借苏格拉底之口说出了所有哲学中最响亮（同时也是最有争议）的宣言之一：知善即是行善。

苏格拉底的意思乍一看似乎很幼稚，实则极其简单且难以反驳。他说的是，人们不能说自己是在知道何为正确的情况下故意做错事。如果你做错了事，那么这就是你所知的。行是知的一部分。换句话说，任何人都可以假装自己有所知，但能证明其所知的只有其所行。如果所行出错，那就无法证明所知是对的。有人可能不同意，但苏

图 11.2 雅克－路易·大卫，《苏格拉底之死》，约 1787 年 苏格拉底宁愿选择死，也不愿被迫放弃追求真理。有没有一些道德抉择在你看来是"生死攸关"的呢？

The Metropolitan Museum of Art.
Image source: Art Resource, NY

格拉底的论述是有效的。

对理性的信仰让苏格拉底付出了生命的代价（图 11.2）。他被控犯了败坏雅典青年和宣扬无神论的罪，之后被投入监狱，并要遭到处决。如果他同意永远不再教授任何知识，就可获减刑，但他拒绝了。因为如此就意味着他不再追求真理，而倘若不掌握真理，他就会沦为格劳孔所列举的牧羊人一般。

苏格拉底的确认为别人的意见很重要，但仅限于那些有知的好人。为什么要在乎无知的坏人是怎么想的？如果一个人的生活是为了赢得好人的尊敬，那么很明显，他就是在过一种良善的生活。他在临死前说出了最后的教诲："最重要者，不是生命，而是良善之生活。"

格劳孔、苏格拉底之争与 21 世纪的关联 幸运的是，从日常生活的角度看，我们大多数人做出的选择都比格劳孔和苏格拉底所争论的选择次要得多，而且我们更不会因为做出自认为正确的选择而面对一杯毒芹汁。当然，即使没有古各斯的隐身戒指，我们也常会有隐身的、不被人所见的时候。考虑一下，在如下一些情况里，你会如何做出正确的选择。

- 当你深夜开车，周围又没有警察时，你会在红绿灯前停车吗？如果是停车牌呢？
- 在健身时，你是否会遵守相关规则，将用完的健身器材擦拭干净，或者进入泳池前洗澡呢？如果周围没有其他人，你又会怎么做呢？

- 离开商店后，有多少顾客会因为少付了钱再去找店员呢？

作为"隐身"的公民，在没有他人在场的时候，所有人都可以理性地疏忽一二。然后告诉自己，这只是一个小错误，这次少收的钱正好弥补了之前产品不好、服务不到位甚或多付的钱。忙于兼职的学生可能会说，为了与那些学习时间充裕的同学竞争，他们只得不择手段，提前拿到考试题或者花钱在网上买一篇论文。每一种情况下的选择都不是生死攸关的，但古各斯的隐身戒仍然存在。

如今，人们很容易发现，即使没有这枚戒指，亿万富翁们也能通过追求个人利益而获得成功。他们为慈善事业贡献了巨额资金，因此受到广泛尊敬，但是他们真正付给企业员工的报酬却很少。他们的成功相当于格劳孔所说的博取正义之名。还有一些人也站在格劳孔一边，他们满心羡慕地引用棒球经理里奥·迪罗谢那句玩世不恭的格言：人善被人欺。

是什么引导雅典人投票赞成判处苏格拉底死刑呢？判定苏格拉底死罪的不只是陪审团，还有公民大会上每一个符合条件的男性公民。说到底，理性可能并非他们的指导原则，其中似乎还牵涉一些政治因素。众所周知，苏格拉底对一些所谓的城邦之敌很友好，而且他的诸多教义还经常针对城邦。难道在男性公民（仅占总人口的5%）的关注下，国家的自身利益最终获胜了吗？一个管理机构能够仅仅以理性的名义存活下来吗？

哲学王　随后，在《理想国》中，柏拉图承认，大多数人——包括统治者和被统治者——一般都会受到自身利益的驱使，除非有一位最高统治者来制约。这个人从不为己，在任何情况下都只受理性驱使，他清楚地知道正义至上的国家应该如何做。他就是一个像苏格拉底那样的人，柏拉图称之为哲学王。这样一种人是否存在过或能否存在，是一个长久以来争论不休的问题。过往的许多统治者总是声称自己智慧过人，坚信自己是对国家而言最好的选择，但历史总是将这些说法戳穿。

> 人们总是把告诉他们
> 真相的人视作仇敌。
> ——柏拉图

柏拉图的计划有许多问题。第一个问题是，谁来评判某个人是否有资格担任哲学王。理性告诉我们，只有最具智慧的人方才有资格做此评判。根据定义，社会上应该只有一个"最具智慧的人"，选择他（柏拉图没有说是她）似乎是不可能的。只有最具智慧的人才能做到这一点，于是我们又回到了起点。格劳孔可能会说，这个统治权的斗争会导致野心勃勃的人为了赢得这个位置而不择手段，行骗甚至杀人。

政府与利己

政府的道德角色是什么？没有柏拉图的哲学王，很难知道政府应该做什么，不应该做什么。事实上，这也是今天正在辩论的核心问题之一。政府是否应该扮演尽可能小的角色，允许个人（和企业）自由地寻找自己的道路，遵循自己的道德标准，并假设个人（和企业）的自利是正确的选择，而且（如果我们关心的话）最终将使所有人受益？或者，政府是否应该通过限制个人积累财富等方式，为那些正在遭受痛苦或挣扎的公民提供支持？政府是否应该为了整个社会的利益而限制武器的所有权？政府是否应当管制药品？限制堕胎？政府的道德角色起于何处，又止于哪里呢？

从历史上看，许多重大的道德变化，都是公民在面对道德不平等的情况下推动政府采取行动的结果。比如，美国南方的静坐示威为这个国家的民权运动奠定了基础，迫使政府最终立法结束了法律上的种族隔离（尽管我们几乎每天仍旧能看到种族冲突）。想想圣雄甘地和纳尔逊·曼德拉在各自祖国的巨大动荡中扮演的角色，两者都推动了公民权的扩大。想想美国的选举权运动，它为妇女赢得了选举权。这些初看起来对全社会有益的运动，本质上难道不都是源自个人的自身利益吗？不都是出于个人对平等、投票权、更好待遇的渴望吗？你对此做何感想？

公民不服从：亨利·戴维·梭罗　　亨利·戴维·梭罗（1817—1862）在著名文章《论公民不服从的义务》（1849）的开篇写道：

> 我由衷地接受这样一句格言——"最好的政府是管得最少的政府"，而且希望看到它更迅速、更系统地得到实施。我也坚信，实施之后，其最终结果将是——"一事不管的政府才是最好的政府……"[3]

他反对美国针对墨西哥的战争，因而拒缴人头税，以此践行上述信念。然后他宣布脱离联邦，搬到一个林地小屋，远离文明。在《瓦尔登湖》一书中，梭罗讲述了他在小木屋里的生活（他在那里住了大约两年）。他说，他的一间屋子里有三把椅子，且坚持只此三把：独处用一把，交友用两把，社交则用三把。

梭罗的这种不服从的个人主义，实际受到了朋友拉尔夫·沃尔多·爱默生（1803—1882）的启发，后者还影响了后世的无数读者。在文章《论自立》中，爱默生呐喊出了个人主义的宣言。他建议人们做自己，永远不要模仿他人，永远不要随大流，永远不要做违背自己意愿的事（"真正的人，一定是不循规蹈矩的"），永远不要害怕行为的变化（"盲目追求始终如一就是没头脑的表现，让人讨厌，而这却为小政客、名不见经传的哲学家以及牧师们所推崇"）。他最极端的表达之一是："倘若我是魔鬼的孩子，那么我将按照魔鬼的指导来生活。"

　　除了拒缴人头税之外，梭罗和爱默生两人都没有其他抵抗政府的行为。他们强烈的个人主义只限于纸上。这些作品表明，他们内在于一场席卷整个19世纪的运动。在此运动中，利己作为个人最可取的品质脱颖而出。但这两位在论述个人于世间谋求立足时，从未透露出任何认同贪婪和毁灭他人的主张。

经济学与利己

　　除了政府，另一个道德频繁出现的领域是经济学。至少近三个世纪以来，经济学思想家们一直试图找寻一种囊括财富积累的道德体系。如今已进入21世纪，社会上出现了近百年来最严重的财富分配不均。当涉及金钱有关的选择时，什么行为是道德的？什么制度是最公平的？

图 11.3　列奥纳多·迪卡普里奥在马丁·斯科塞斯的《华尔街之狼》(2013) 中饰演乔丹·贝尔福特
"华尔街"经常被用来隐喻人的贪婪。你同意贪婪是自然人性这种说法吗？人的贪婪有可能造福社会吗？
Mary Cybulski/Paramount Pictures/Everett Collection

　　亚当·斯密　苏格兰经济哲学家亚当·斯密（1723—1790）认为，一个完美的社会是在其中人人皆可自由追逐自身利益的社会。像后来的卡尔·马克思一样，斯密观察到经济福利是人类生活的指导性力量。人们热衷于赚钱，热衷于出人头地，热衷于为自己和家人提供最舒适的生活水平。贪婪本身并不一定是坏的，只要一个人在积累财富的过程中没有违反法律或伤害他人。贪婪绝非不道德，而是人性的自然状态（图 11.3）。

　　斯密有关人能自由追逐财富的理论，是当今资本主义制度的基础。有人反对说，无限的经济自由将导致社会内的持续冲突和有害竞争。斯密对此的回答是：倘若没有

这种自由，那就只有当权者才能享受本应属于每个人的快乐。

　　斯密的政策被称为**自由放任**，其基本原则是企业可根据公众的反应自行为商品和服务定价，政府不应干预。斯密理想中的社会有一个内在的制衡系统，可以防止财富在少数几个公司内大量积累。

　　根据斯密的说法，制造商和其他企业家在谋私利的同时，也是在为公众服务。支付给员工的工资增加了货币供应量，维持着经济循环，同时增加了个人的就业机会。斯密说，在毫不知情的情况下，所有人已经生活在一个自由市场体系中了，被一

只"看不见的手"联系在一起。因此，生产人们真正需要的产品完全符合企业家的最大利益，而持续生产人们不需要的产品就会导致企业破产（一旦汽车取代了马和马车作为主要的交通工具，谁还想买马鞭呢？）。

当企业家变得过于贪婪时，问题就出现了，尽管贪婪仍然是自由市场经济的驱动力。如果一个产品极受欢迎，供不应求，价格就会上涨。当价格过高时，购买力下降，供大于求，价格就会下跌。供求规律始终适用并调节着经济。当产品足够便宜时，人们开始再次购买，价格再次上涨。这种循环似乎是无限的，但确实如此吗？

供给和需求：新的现实　在现实世界中，如我们所知，供需规律可能会失效。我们的需求似乎永不满足，但有些资源其实是有限的，比如原油就是不可再生的。事实证明，开采石油并将其投放市场已变得越来越困难，因为供应不足，开采转向越来越具挑战性的地区（如战乱国或成本高且极其危险的海上开采）。最近发展起来的"水力压裂技术"为开采石油提供了新来源，但极有可能造成水污染或化学污染。在此，"好的"道德选择是什么？是只管开采所需的石油，还是关注开采过程可能产生的不良影响？谁来决定？

专家预测，下一次危机的爆发将集中在珍贵的水资源上。随着气候变暖（正如大多数科学家所认同的），预计世界大部分地区都将出现干旱。水对生命本身是必要的。对于那些仍然拥有充足水源的国家或地区来说，什么是道德选择？它们应该为自己的公民守护水吗？是高价出售，还是不计损失地分享？

斯密不可能预测到今天的全球经济形势，在当今的经济形势中，各国已形成相互依赖的网络，牵一发而动全身。如果一个曾经强大、吸引大量外资的国家突然发生银行倒闭或信贷紧缩，可能会引发全球范围内的混乱。经济学家一致认为，理想的自我调节市场是不存在的，因此，斯密关于利己符合人类最大利益的理论如今备受争议。

大多数生活在自由社会的人仍然（或多或少）依赖自由市场，并（或多或少）相信斯密的理论。然而，我们必须承认，它带来的问题可能永远无法解决。

艾茵·兰德　对小说家艾茵·兰德（1905—1982）来说，**资本主义**本质上是一种宗教。她鼓吹完全依靠自由市场，因为自由市场能让强者和自力更生者的才能充分发挥出来，不用费时帮助别人，而那些受助的人只会变得更弱，逐渐失去自力更生的能力。兰德出生于革命前的俄罗斯，十几岁的时候，她目睹了无产阶级革命及其承诺的无阶级社会的来临。

此后兰德投奔西方，并开始写作。在她的著名文章《自私的美德》中，兰德说有远见的人应该有无限的机会去遵循他们自己的法则。在她的哲学中，特立独行者确实于他人有益，但他并非出于荣誉或道德才牺牲自己来成全他人。他人之所以能从中获益，

亚当·斯密所言甚是，我们的晚餐不是得自屠夫、酿酒商人或面包师傅的仁慈之心，而是为了他们的自利。

——唐纳德·利文斯顿

人们总是心生怀疑，只因他们害怕直面。你所要做的就是直面，看清要走的路，一旦看清，不要凝眸坐视——要举步向前。

——艾茵·兰德

图11.4　加里·库珀在影片《源泉》中扮演霍华德·罗克（右）

你认为所有人都能从追逐个人利益中获益吗？就像兰德所说的那样。

Everett Collection

是因为像霍华德·罗克（兰德的小说《源泉》的主人公）这样特立独行的人凭天赋创造出伟大的城市，让世界变得更好（图11.4）。他不带丝毫感情，骄傲地宣称："没有人值得我浪费五分钟。"但兰德认为，他的傲慢和自信只是进一步增加了他对其他人的价值。

开明利己

虽然人文主义历来反对把利己作为一种生活方式，但一些自认为是人文主义者的哲学家却信奉这样一种理论，即利己不仅合理，而且还符合社会的最大利益。

马基雅维利，《君主论》　《君主论》（1513年第一次发行，1532年出版）是文艺复兴时期佛罗伦萨著名哲学家尼可罗·马基雅维利（1469—1527）的伟大著作。这本书是献给洛伦佐·德·美第奇的。洛伦佐是当时美第奇家族的首脑，拥有极大的财富和权势，是许多艺术家的赞助人，受人爱戴也让人敬畏。可以想见，洛伦佐有许多敌人和批评者。拥有此等权力和影响力的人通常如此。

然而，马基雅维利发誓坚定地效忠洛伦佐。为此，他创作了《君主论》，给所有有政治抱负的统治者提出了许多建议。他声称，真正的君主绝不相信众人会不顾烦扰追求正义。因此，他得出结论，对于一个真正的君主来说，最明智的做法就是让人产生敬畏，以此抑制民众的利己行为。君主必须穿着奢华，威严有度，让民众望而生畏。他们应该彰显权势，乘坐豪车，政府机要和一众保安常随身边。现代国家的元首们都遵从了这一建议，他们乘坐巨大的专机从一国飞到另一国，然后乘坐加长轿车，在警察、车队和一众保镖的护卫下抵达目的地。

马基雅维利的政治哲学是对早期思想的延续，就像柏拉图和亚里士多德一样，他们不相信普通公民有足够的理性做出明智的决定。他们提倡自上而下的强力统治，以保证稳定和正义。柏拉图推崇哲学王，而亚里士多德认为理想的政府有三个主要组成部分：国王、贵族和一群以智慧和公平交易而闻名的杰出公民。

这三位哲学家都反对残酷无情、自私自利的独裁统治，反对那些用财富换取权力的荒谬统治。三者都关心整个社会的福利，但他们并不主张民众的直接统治。相反，他们认为，睿智的统治者能秉持开明利己的政治哲学思想，在统治中兼顾个人利益和国家利益。而所谓政治哲学上的**开明利己**，指的是君主为了服务自己而建立起一个有效政府，同时也服务了民众。

不幸的是，"马基雅维利式的"这个词已经成了贬义，指那些先己后人、蔑视民众、肆意向民众施加权力的人。文学作品中的许多人物被评论家贴上马基雅维利式的负面标签，这些角色通常是专以无辜良善为食的坏蛋。

马基雅维利主义是随着文艺复兴时期个人主义的兴起而出现的。在某种意义上，马基雅维利心中理想的君主代表了新时代的到来，因为这样的君主并没有受到中世纪时期对基督一般的君主的严苛（但未必会达到的）要求。

> 只要目的正确，可以不择手段。
>
> ——列昂·托洛茨基

托马斯·霍布斯,《利维坦》 托马斯·霍布斯（1588—1679），英国政治哲学家，认为严格的专制控制是必要的，因为人天生邪恶，只为自己。他认为利己主义是人性的自然状态，否定了所谓崇高目的的存在。带着这种对人的悲观看法，霍布斯写下了他最著名的作品《利维坦》（1651），申明了一种基于绝对君主制的政治制度。他使用"国家"（commonwealth）一词来描述这个理想国，在这个国家中，每个主体都自愿将自己的部分权利让渡给君主，以便彼此保全。他建议道：

> 人人都向每一个其他的人说：我承认这个人或这个集体，并放弃我管理自己的权利，把它授与这人或这个集体，但条件是你也把自己的权利拿出来授与他，并以同样的方式承认他的一切行为。[4]

虽然这听起来像是一个民主的社会契约，每个公民都愿意为了所有人的利益放弃个人权利，但霍布斯并未提及民主，因为根据定义，让渡给君主的权利不会再遭到人民的挑战。若非如此，君主将不受人敬畏；如果君主不受人敬畏，那么秩序将随即瓦解。

掌握军队的君主将保护臣民免受彼此的侵害，免遭他国的攻击。因此才有了"利维坦"这个词，对霍布斯来说，它是"活的上帝，凡人的神，我们在不朽的上帝之下所获得的和平和安全保障就是从它那里得来的"。这样，国家就繁荣和平。如果允许每个公民自由思考和行动，则国家的和平繁荣就不会成为可能。没有利维坦，人们彼此都不信任，结果就是没有任何人、任何财产是安全的。霍布斯在《利维坦》中说，没有君主的绝对力量时，"每一个人对每一种事物都有权利，甚至对彼此的身体也是这样。因此，当每一个人对每一事物的这种自然权利继续存在时，任何人都不可能获得保障"。

可见，马基雅维利和霍布斯都主张非民主的政府，认为这是防止利己主义破坏社会的唯一途径。霍布斯受到 17 世纪理性哲学的深刻影响。理性哲学是对中世纪来世观念的反动，它不相信人性本身固有的善，认为只有理性本身才能确保人们生活在和平与和谐之中。霍布斯坚持认为，如果人类要在残酷的本能下保全，利维坦是唯一合理的出路。

反讽与利己主义道德

毫不奇怪，各种宗教的神职人员都会警告教众不要过分强调自我。一位名叫乔纳森·斯威夫特（1667—1745）的牧师，是都柏林圣帕特里克大教堂的教长，同时也是一位反讽作家，在他的幽默文字下隐含着一点玩世不恭。1729 年，他匿名发表了一篇题为《一个小小的建议》的著名文章，专论利己主义的残酷无情。文中他假定自己是一位受过良好教育的英国绅士，似乎对爱尔兰的贫困问题，尤其是忍饥挨饿无以为生的爱尔兰婴儿，给出了一个完美的解决方案。什么方案呢？就是把孩子处理掉，供富人当作餐桌佳肴，以此来提高贫困家庭的经济水平。

> 我从伦敦一位来自美洲的见多识广的朋友处获悉，营养充足的健康婴儿，在周岁之际，无论用于烧、烤、煎、煮都是一种味道极佳、营养极高并极有益健康的食物；而且我毫不怀疑，把它用来做炖肉丁或炖肉片也同样合适。[5]

讲述者在文中预言了功利主义哲学家杰里米·边沁若干年后严肃地提出的观点，做出了冷静异常的计算：保存两万名儿童用于繁殖人口，其中四分之一需是男性，"这已超出我们给牛羊猪豕之类留种的比例"。一个婴儿"可做两道菜，来款待朋友；而一家人独自享用，仅一块连身前肢或后肢就可各做一道好菜……用胡椒和盐略加腌制"。

紧接着，他列举了采取这一措施会产生的包括减轻父母负担在内的一系列效果：酒馆会有一道新菜，而"熟练的厨师更会设法满足对美味的奢侈欲望"；极大地巩固婚姻，母亲也会得到更加体贴的对待，因为她们将为市场提供最肥美的儿童。他补充说，他的提议绝对不是贪图私利："我本人不能从中取得分文，因为我最小的孩子已经九岁，而老妻也早过生育之年了。"

可以想见，《一个小小的建议》激起了极大的愤慨。一些人没有理解斯威夫特的深层意思，单从字面上来理解，痛斥其"野蛮不堪"，却没有认识到他真正想要刺痛的，是那些全然利己之徒。

11.3　利己主义道德的几个替代方案

功利主义、康德的绝对律令和利他主义的主要论点是什么？

很难否认，利己有时是必要的。但是，在某种程度上，大多数人都会对全然利己的生活观念有所顾忌——即使它自称为"开明利己"。几个世纪以来，人们提出了哪些替代方案？主要有三种：由英国哲学家杰里米·边沁和约翰·斯图尔特·密尔发展出来的功利主义；由历史上最重要的道德思想家伊曼努尔·康德提出的绝对律令；信仰公益重于私利，并于 21 世纪再度受到关注（尤其是在哲学家彼得·辛格的著作中）的利他主义。

功利主义

杰里米·边沁（1748—1832）不愿承认利己是错误的，尽管利己的追求违背了他儿时所受到的严格的道德教育。为什么道德法则对真正的人性如此视而不见？他提出了这样一个理论：既然每个人都天然地追求自己的快乐，那每个人都应该有一样的机会得到这种快乐。他开始反对由宗教和传统哲学制定的道德准则，以及那些笼罩在所有人之上的法律准则。他追问道：到底是什么让人有权告诉别人哪些快乐应该享受，哪些又应该避免呢？但是，难道不应该有某些准则吗？当然，如果对别人如何追求快乐提出某些要求，那么自己也就不能随心所欲地行事了。对边沁而言，没有限制的利己是毫无意义的。

最大多数人的最大幸福是道德和立法的基础。
——杰里米·边沁

身为哲学家的边沁沉醉于科学和数学，因为这些领域提供了获得确定性的方法。因此，数学成为边沁道德体系的基础，这个体系对个人利益既给予保护又提出限制。他称之为**功利主义**。

边沁的道德数学　边沁宣称数字是道德确定性的关键：一个公式将决定每个瞬间行

为的正确方向。他的目标是建立一个最大多数人能够获得最大幸福的社会。他否认道德绝对主义的有效性，并将他对道德行为的著名定义阐述为"最大多数人的最大幸福"。

在边沁的道德体系中，在选择之前，个人会对行为结果给大多数人造成的影响程度预估一个正负数值。让我们举一个身边的例子来说明。事情涉及是否允许在湖边建造一个巨大的度假综合设施。承包商、建筑商、建筑工人和服务人员都给出了正值，因为他们都能从设施中获利。对他们来说，设施提供了实际的幸福。度假者也给出了正值，因为他们将获得一个放松和缓解压力的地方。环境保护主义者和当地居民给出了负值，前者担心设施必然会造成污染和鱼类、水禽的灭绝，后者认为度假村会破坏周边环境、降低房产的转售价值。计算器（边沁会喜欢这个发明的）给出了答案。受益者加分，不受益者减分。个人只需确定自己的立场，做简单的算术，然后就能得出道德判断。

边沁的**道德数学**也会根据"强度"和"持续时间"来增加或减少相应的数值。在修建度假设施的例子中，我们必须考虑修建公路带来的噪音和空气污染，更不用说，一旦度假设施修好了就会长期存在。可以严格按照涉及人数的多寡来决定最终的数值吗？如果是这样，持反对意见的居民可能远多于业主和承包商。但如果建筑商坚持认为度假者的数量不可估计，而且可能对该地区的经济起到极大的推动作用，那会怎么样呢？

动机和结果   对边沁来说，可衡量的结果就是一切，动机则完全可以忽略。很难想象度假设施的业主会只关心当地居民的经济福利。尽管如此，如果他们"赢"了这场数字游戏，这个度假设施在道德上就是正确的。但是边沁的道德批评者看到了其中的许多问题。

假设拟建度假设施的建筑商与环境委员会主席长期不和，而且这种不和与商业或污染无关。如果愤怒和报复才是建筑商的真正动机呢？他提出整个计划只是为了羞辱环境委员会主席。边沁的计算只能得出外部结果，却不关注动机，除非动机一经发现就可能会给很多人带来痛苦——在这个例子里这种情况不太可能发生。

另一个只看数字不问动机的例子：是全心全意地捐出 10 美元，还是为了登报得到关注而捐出 1 万美元，这两者哪个更好呢？对于边沁（可能也包括募捐人）而言，更高的金额将更为可取，也更有道德。

边沁会如何计算有关堕胎的决定呢？又会如何计算同性恋者结婚的权利？堕胎的对错可能取决于国家所需的人口数量。至于同性恋能否结婚，则取决于它是否会影响整体的人口。例如，如果人们相信，在一个允许同性婚姻的社会中，由于两个男性婚后无法生育，出生的婴儿将会减少，那会怎么样？当然，这种观点忽略了收养或替代生育的可能性，以及女同性恋关系中的一方或双方成为母亲的能力。尽管边沁本质上是一个政治激进分子，但为了保持一贯的立场，倘若某一社会中最大多数人认为同性恋行为会减少人口，那他就不得不同意禁止同性恋，从而剥夺了许多艺术家、慈善家、科学家和医生的希望。在这样一个社会中，根据数学计算，同性恋是不道德的；然而在另一个社会里，道德却高度重视人权。

边沁认为，根据特定的环境，善有不同的定义。比如湖畔度假设施可能会给这个小镇带来财富，但也会把游客从 20 英里外的另一个度假设施吸引过来。如果计算结果不一致（而且往往如此）的话，会发生什么？换句话说，我的快乐是你的痛苦，反之亦然。

边沁指出，此时就需要政府介入来为最大多数人的最大利益负责。他甚至组织了一个名为"哲学激进派"的政党，试图以他的数学体系为基础推动道德改革。这个政党的名字最终被改成功利主义政党，它表明了此种道德哲学的实践立场，一种基本上民主的道德，因为它承认所有个人在决策问题上是平等的，坚持多数裁定原则。然而，一个同样希望进行道德改革的乡下人却不像边沁这样包容。

改良的功利主义：约翰·斯图尔特·密尔 晚于边沁半个世纪出现的约翰·斯图尔特·密尔（1806—1873）也是一位功利主义哲学家。他的父亲詹姆斯·密尔曾协助边沁发展他的政党。在教育儿子方面，詹姆斯·密尔坚持精英主义的态度。作为孩子的约翰只能和父亲认可其智力的朋友交往，但他还学到了一种苏格拉底式的理性自由主义——对于那些有足够责任的人来说，他们几乎拥有无限的自由，可以将其用于除满足性欲之外的一切其他目的。

密尔逐渐成长为作家和哲学家，他赞同边沁对政府的看法，认为政府有责任保护公民的权利，但他并不认为多数裁定原则一定是有效的。边沁的数学暗示道德决策要根据数量而变化，但是涉及品位问题又如何呢？密尔的后继者仍在继续质疑多数裁定原则的明智性。举例来说，如果就建一座新的博物馆或歌剧院还是体育场的提议进行普选会怎样？大多数人可能会选择体育场，从而剥夺了歌剧观众所追求的快乐。对于密尔来说，不顾个人喜好对每个人强加"低俗艺术"是不道德的，这就像强加绝对标准一样不道德。那么，多数裁定原则（其本身就是绝对的）难道不是剥夺了歌剧爱好者的道德权利吗？

当今社会对优胜者的关注——电影大片、体育排名、畅销书、各种奖项和记分——会让不少评论家感到遗憾，他们担心过分强调数字会造成对质量的忽视。但强调质量标准而非流行程度的声音，又会被指责为一种潜在的精英主义。

政府在功利主义中的作用 密尔认识到，为了抵消大众在选择上的不负责任，就需要政府。然而，这并不意味着政府有权根据少数人的道德来立法。在捍卫开明公民的权利时，密尔表明自己比边沁走得更远。

在密尔的著作《论自由》（1859）中有一章题为"多数人的暴政"，他在文中申明，多数裁定原则与过去几个世纪的君主专制统治一样糟糕。在谈到他的目的时，密尔说：

……力主一条极其简单的原则，使凡属社会以强制和控制方式对付个人之事，不论所用手段是法律惩罚方式下的武力或者是公众意见下的道德压力，都要绝对以它为准绳。这条原则就是：人类之所以有理有权可以个别地或者集体地对其中任何分子的行动自由进行干涉，唯一的目的只是自我防卫。这就是说，对于文明群体中的任一成员，之所以能够施用一种权力以及意志而不失为正当，唯一的目的只是防止对他人的危害。若说为了那人自己的好处，不论是物质上的或者是精神上的，都不成为充分的理由。[6]

图 11.5　威廉·霍加斯，《愤怒的音乐家》，1741 年

霍加斯是一位讽刺艺术家，画中展示了一位小提琴家对于低阶级艺术家在他的窗外制造混乱的愤怒。当多数人的行为与受教育程度更高、更富裕的个人相冲突时，多数裁定原则是否还可以通行？

Library of Congress Prints and Photographs Division [LC–USZ62–78249]

英国艺术家威廉·霍加斯（1697—1764）以绘画和版画闻名于世，擅长取笑英国社会各阶层的人。他创作了《愤怒的音乐家》（图 11.5），展示彼此冲突的双方。画中的音乐家坐在窗前演奏，却被一群极其嘈杂的人群干扰。我们可以问：如果这个音乐家因为他的隐私权被侵犯而报警会怎样？这个案子倘若到了法庭上会如何判决？法官是否会裁定，只要没有人受到身体伤害，人群就有权随心所欲地欢呼雀跃？或者说音乐家有权反对人群，因为他的艺术作品比他们的乐趣更重要？你觉得密尔会怎么说？

绝对律令：伊曼努尔·康德

德国哲学家伊曼努尔·康德（1724—1804）与边沁一样，深感于科学能够达到的确定性。作为哥尼斯堡大学的一名教师，他学识丰厚、博览群书，开设了数学、物理学、人类学、逻辑学、形而上学和伦理学等各种课程。如此庞大的知识积累使康德能游刃于科学和哲学，并将两者融合为有史以来最具影响力的思想体系之一。

康德的哲学思想以真理源自经验的科学信念为中心向各方延伸开来，然而，他不同于那些老派的哲学家，后者总是极端地认为经验严格来说就是感官传达给人的东西。

康德认为，感官吸收的东西必须被人的先天理性能力理解后才会构成经验。他认为，人们天生就具有精神**范畴**，感官材料会被录入其中——就像邮递员收到一大堆随机邮件，然后把每封信投进合适的邮箱一样。比如我们知道椅子就在桌子旁边，因为我们完全理解"旁边"。如果我们不理解什么是旁边，空间关系将毫无意义，这时如果有人要求我们去拿桌子旁边的椅子，我们将一脸茫然。

康德也把目光投向道德领域。他强调是非观也是人与生俱来的。的确，个人从父母那里听闻"是"和"不是"，但是，除非他能够把赞同和不赞同与具体的行为联系起来，进而与正确和错误的抽象概念联系起来，否则他就不可能有所认识。对康德来说，普通人就可以理解这些抽象概念，因为先天的道德意识会在人的心中逐渐展开，就像花蕾逐渐开出花朵一样。他把这种天生的能力称为**绝对律令**或者"责任感"：一种对行为和选择在道德上是否能够接受的直观分类。经验会教会人哪些具体的行为是正确的，但首先人必须知道正确本身和错误本身——这是无法教授的。它就存在于人之中。

道德律令　正是在康德所谓的道德律令的要求下，人们才根据内在的是非观采取各种行动。康德认为这个道德律令是完全基于理性的（后来的许多思想家，特别是宗教思想家，把道德律令归于良心或灵魂，并将之视作神的启示）。

康德坚决反对奴隶制。他认为，无论有多少人因各种原因（包括宗教原因）而拥有奴隶并为自己的行为辩护，事实仍然是奴隶制在道德上（因此普遍地）是错误的。奴隶主不得不寻找正当理由，这反过来表明他们的所作所为应受到谴责。苏格拉底相信那些知善者会行善，康德不相信这个说法。每个人都天生知善，但有些人后来会因其不便而忽视这一点。他承认，在多数情况下，利己往往都凌驾于道德律令之上。

康德的道德哲学是一种十分有效的方式，借此可以预知拟采取的行动在道德上是否正确。它不依赖于结果，也不会随环境而变。人们只需要在行动前犹豫一下，然后扪心自问：这么做对其他人都合适吗？如果这听起来很熟悉，那可能是因为它类似于几乎所有宗教教义中的黄金原则：对待他人就像你希望他们对待你一样。

> 善者，吾善之；不善者，吾亦善之，德善。
>
> ——老子

绝对律令的运转　某个时运不济的人看到一个醉汉在街上摇摇晃晃地走来，钱包不知不觉掉到地上，他未曾察觉，继续往前走了。这个时运不济的人马上捡起钱包，看到里面有一大笔钱。但是，那个醉汉走得不是很快，所以很容易追上他，然后把钱包还给他。

捡到钱包的人就像格劳孔所说的牧羊人。就钱包的主人而言，他是隐形的。他受到了极大的诱惑——等到醉汉走远后，带着钱默默离开。为什么不呢？在这种情况下，谁会归还这些钱？假设现在捡到钱包的人相信自己受到社会的不公正对待，如今的一切都是他应得的。这是一个人吃人的世界，不是吗？

面对此情此景，康德肯定不会认为拾到钱包的人会归还钱包，即使他深知留下钱包是错的。如果他留下钱包，他实际上是在两个选项之间做出了明确的选择；他是在故意选择不道德的那个选项。

但是，问题是如何能确定它是不道德的呢？仅仅因为家庭和教会曾教导说拿了别人的东西就是偷吗？假设他不接受这种观点，他已经说服自己，这个世界是不道德的，什么都可以做，所以钱包没有归还，也没有人会介意。

然而，故事并没有就此结束。在决定花一些钱吃点好的、住个舒服的地方后，这个男人走在一条四下无人的街道上，突然路遇一贼，后者挥舞着武器，要他交出钱包。他交出钱包，盗贼携款而逃，只剩下他再次无家可归，饥肠辘辘。他会感到痛苦吗？他会谴责这个盗贼吗？或者他会对自己说，"你真是活该"？

用康德的话来说，后一种反应是可能的，但不大可信。捡钱包的人很有可能对盗贼的所作所为大发感慨。用哲学术语来说，实际上他可能会对自己说："我留着钱包是对的，但盗贼抢我的钱包就是不对的。我跟他不一样。"如果捡到钱包不还就是偷窃，那么第一次偷和第二次偷有什么区别？答案是没有任何区别。第一个小偷的推理让人倍感荒谬。康德告诉我们，在我们实施一个行为之前，我们需要自问，这样做是否会被所有人普遍接受。如果有人认为自己是道德法则的例外，它适用于除自己之外的所有人，那么他就会被卷入非逻辑的旋涡之中。

我们必须承认，康德的理论是有独创性的。很可能没有一个人过着全然道德的生活，但我们仍然希望自己的所作所为是可以被普遍接受的。要真正做到这一点非常困难。

利他主义

利他主义或无私，是利己的反义词，由法国哲学家奥古斯特·孔德（1798—1857）创造，源自拉丁语 alter，意思是"他者"。这种毫不利己专门利人的行为原则古已有之，大多数宗教信仰体系中都有类似的说法。虽然我们很少在日常对话中用这个词，但它长期以来一直被视为一个崇高的理想——如果不是妄想的话。

利他主义在世界上能有一席之地吗？有些人认为这种东西根本不存在，因为人的本性与之相悖。他们认为，即使理性要求我们优先考虑别人，但每一个行为都是自私的，因为那些看起来似乎是利他或无私的行为，实际上都源于隐秘的自私动机。

毫无疑问，我们经常看到利他行为的例子，而且不必质疑其背后的动机，如消防员为冒险营救献出生命，或某所学校的教师为保护学生被枪击致死。在这种情况下，再愤世嫉俗的人也会沉默下来，也许他们后来会注意到，愿意为他人而死的人的数量其实微乎其微。然而，在 2001 年的"9·11"灾难中，343 名消防员和 71 名警察献出了生命，这可能会改变许多愤世嫉俗者的态度。我们无法知道这些牺牲者的动机，但他们的利他主义几乎不容置疑。

在日常生活中，利他主义确实存在：人们捐献器官来拯救陌生人的生命；人们潜

> 瞎子背瘸子，一同朝前走。
> ——瑞典谚语

人深海试图拯救遇难者。在苏丹持续不断的叛乱中，数百万无辜的妇女、男人和儿童在"种族清洗"的行动中被屠杀；在2014年西非埃博拉疫情期间，无国界医生人道主义医疗成员不知疲倦地努力挽救尽可能多的生命，即使他们面临被射杀或感染疾病的危险。

在当今的企业界，有人可能知道一些内幕信息，比如有缺陷的汽车零部件、不卫生的食品制作过程，或者某些产品对健康的危害等，因而有许多为公众利益检举揭发的事情发生。有人发现同事劳累过度或者报酬过低，就冒着失业的风险搞示威，要求增加工资、规范工时。根本不存在轻而易举的道德胜利。人们能从这些人身上学到的，不只是做正确的事情需要勇气，而且要有孤立无援的觉悟。

理想地看，所有人都是彼此联系的，且不仅仅是生理遗传层面的。约翰·多恩的《沉思集》第十七首（1623）中激动人心的一段话，可以说是理想主义者的绝佳图示：

> 谁都不是一座孤岛，自成一体；
> 每个人都是一个碎片，那广袤大陆的一部分。
> 如果海浪冲掉一块土地，欧洲就小了一点，
> 如果一座海岬，……
> 任何人的死亡都使我受到损失，
> 因为我包孕在人类之中。
> 所以不必打听丧钟为谁而鸣，
> 丧钟为你而鸣。[7]

有效利他主义：彼得·辛格　澳大利亚道德哲学家彼得·辛格（生于1946年）也许是当今极力为利他主义声辩的第一人。在1975年出版的《动物解放》一书中，辛格谴责了人们根据自己的喜好肆意对待动物的偏见。因为事实上，比起牡蛎，大型猿类在各方面都与人更为接近。但辛格在他的著作《实践伦理学》（1979）和《你能做的最好的事情：有效利他主义如何改变伦理生活的观念》（2015）中走得更远。他清晰地阐明了所谓的"有效利他主义"，一种真正有助于改变世界而又不会严重损害施与者的行为方式。他建议将我们收入的一半或更多给予有需要的人，或者匿名捐献器官。辛格的立场基于边沁的功利主义（善越多越好），同时也以科学和数据为基础。功利主义和利他主义总是在确定什么是"好的"方面遇到问题。例如，是给博物馆捐赠10万元（根据数据计算，这可能在50年内提高10万人的审美生活水平），还是用同样的钱来治疗100位盲人，两者哪个更有益？辛格会毫不犹豫地选择后者，但其他人可能会做出不同的选择。

11.4 道德与宗教

宗教与道德的关系是什么？

伊曼努尔·康德的父母笃信宗教，他们告诉康德，道德法则是由上帝制定的，不可改变。随着康德的成长，他了解了科学和哲学的新理论，开始用理性而不是宗教来证明道德原则。然而，对许多人来说，宗教仍然是一股强大的道德力量。虽然有些人可能会时不时地想起其他道德方案，但当他要对具体的行为做出道德判断时，却总会听到那些儿时的谆谆教诲在耳边回荡。

世界上的主要宗教，包括印度教、佛教、犹太教、基督教和伊斯兰教在内，为世界70% 以上的人口提供了道德信仰。这些道德信仰在许多方面有所不同，但又秉持着一些共同的准则：

- 各教的信众都相信，世界之被创造，并非为了让人随心所欲。
- 各教的信众都相信，无论是对人格化的上帝，还是对统治宇宙的道德秩序，人都负有义务。
- 各教的信众都相信，人的所作所为，都要对自己（因为人不是由自己创造出来的）、对他人、对地球（地球也不是由人创造的）负责。

《圣经》的道德准则

大多数西方社会的基本道德准则全部或部分来源于十诫，当摩西带领他的人民逃脱埃及人的奴役时，上帝将此十诫传给摩西，后来记录在《希伯来圣经》中。十诫包括：

- 第一诫　不可拜耶和华以外的神。
- 第二诫　不可制造偶像与拜偶像。
- 第三诫　不可妄称耶和华的名字。
- 第四诫　当纪念安息日，守为圣日。
- 第五诫　应孝敬父母。
- 第六诫　不可杀人。
- 第七诫　不可奸淫。
- 第八诫　不可偷盗。
- 第九诫　不可作假见证。
- 第十诫　不可贪心。

各种法律条文中都没有前四诫（尽管美国的一些地区有所谓的蓝色法规，要求企业在周日关闭，或禁止在应该做晨拜的时候出售啤酒和烈性酒）。对于第五诫孝敬父母，也没有什么通行的准则。

然而，其他几诫则与世界上大多数道德准则极为相似。禁止奸淫的戒律通常也是法律的规定，有时甚至可以对之判处死刑。禁止杀人和偷盗的戒律几乎出现在所有的刑法法律中。人们理所当然地认为，人之所以撒谎是有原因的，但很难想象一个撒谎本身不会受到谴责的社会。

从一开始，希伯来的道德戒律就提醒掌权者，他们不能免于服从上帝的诫令。不管犯罪之人地位多高，《圣经》中的先知们都毫不畏惧、勇于谴责。比如，先知拿单谴责了大卫王为娶拔示巴为妻谋害其夫乌利亚的恶行。圣经学家休斯顿·史密斯描述了十诫的民主化效应：

> 政治稳定的前提是社会公正……从神学的角度来看，这一点是指上帝有极高的要求和标准。神性不会永远忍受剥削、败坏和平庸……对所有先知来说，有一点是相同的，那就是坚信人之为人，皆是上帝的子民，因此都拥有连国王也必须尊重的各种权利。[8]

希伯来的道德戒律主要是关于基本的行为原则的。比如它对受害方可能提出的报复要求设置了限制。"以眼还眼，以牙还牙"的原则有时被认为是对犯罪的残酷回应，但事实上却能防止赔偿超过最初犯罪所造成的损失。这条原则不是希伯来律法的原创，它最早出现在《汉谟拉比法典》（约公元前1734年），一整套由巴比伦国王制定的法律，也是已知最早的法律文献。

基督教接受了希伯来律法，并增加对恶意的限制，非但不能行恶事，而且不能对他人怀有恶意。"登山宝训"中说：

> 你们听见有话说："以眼还眼，以牙还牙。"只是我告诉你们：不要与恶人作对。有人打你的右脸，连左脸也转过来由他打。
>
> 《马太福音》（5：38—39）

转脸迎恶的戒律在佛教《法句经》中也有所提及："'彼骂我打我，败我劫夺我'，若人舍此念，怨恨自平息。于此世界中，从非怨止怨，唯以忍止怨；此古（圣常）法。"[9]

一般来说，伊斯兰教要求其信徒遵守《圣经》的律法，因为穆罕默德宣称摩西和耶稣都是真正的先知。他还特别强调兄弟情谊，要求信众把别人的利益放在自己的利益之上。他也警告上帝的敌人不要攻击或迫害虔诚的信徒。

惩罚和回报　因违反圣律而施行的惩罚，多因宗教不同而不同。同样，对善良生活的回报也不尽相同。希伯来人的道德观强调家庭和族群，违背圣律的人可能会被驱逐，而行止典范会让人内心平和、备受尊重。死后，好人会在朋友和家人的记忆中，甚至在来世里继续存活。

伊斯兰教宣扬这样一种信念，善良的人在死后会升到天堂与安拉同在，这种信念与基督教的观念有些类似。基督教有关福者升天堂、被诅咒者下地狱的观念也在缓慢发展。《路加福音》中记载了耶稣和同被钉上十字架的强盗之间的对话。小偷提到耶稣死后要去的"国度"，然后"就说：'耶稣啊，你得国降临的时候，求你纪念我！'耶稣对他说：'我实在告诉你，今日你要同我在乐园里了。'"（《路加福音》23：42—43）

对乐园的解释五花八门，它是否意味着一种从痛苦中解脱的状态，类似于印度教的解脱和佛教的涅槃？然而，小偷将与耶稣同在，可能暗指的是两人在某个确定的地方继续生活。

宗教所提出的道德是极其复杂的，并且总是可供讨论和争辩的，尽管如此，它仍然是一股强大的力量，帮助许多人理解当今世界上各种令人苦恼的问题。

11.5　道德与艺术
艺术与道德信仰之间有什么相互影响？

毫不奇怪，许多重要的道德问题一直都是西方文学和艺术的核心，更令人惊讶的是，艺术在影响过去和现在的道德态度和思想方面起到巨大作用。

但丁、弥尔顿对西方道德的影响

随着基督教的发展和传播，善人升天堂、受诅咒者入地狱的思想在西方信众的心中日渐根深蒂固。但丁在《神曲》中细致地描绘了天堂和地狱，影响十分深广，甚至至今还影响着人们对善与报、罪与罚的看法（题目中的"Comedy"一词，指的是"非悲剧性"的；因为作品有一个喜悦的结局——作为叙述者的诗人最终见到了上帝）。同样，约翰·弥尔顿的《失乐园》和《复乐园》也对我们理解道德的模糊性起到很大的作用。

但丁，《神曲》　意大利诗人但丁（1265—1321）在他创作于1307年至1321年的杰作《神曲》中，描绘了骇人的地狱场景。那是一个深渊，根据生前罪行的严重程度，罪人的灵魂在其中相应地忍受着无尽的痛苦。地狱有七层，每层的残酷程度不同。尽管人们普遍会把地狱与无尽的火焰联系在一起，但实际上，在但丁的描述中，地狱的最底层，这个撒旦的家园、最骇人的地方，是一个厚厚的冰湖，既没有丝毫感情也没有点滴之爱。

炼狱是一座山，那些罪孽较轻的罪人居于其中，这些人最终将升入天堂，去到上帝、天使和善人的灵魂的居所。天堂有九层，幸福程度逐层递增——从普通的好人到殉道者再到圣人。上帝的居所是第十层（人们把十视作完美），只有诗人隐隐地瞥见了，却无法将其所见细致地描述出来。

显然，这部关于罪、罚和救赎的作品几个世纪以来一直激发着作家、艺术家和哲学家。一想到地狱的折磨就会引发愤怒和恐惧，而且永远会引出一个古老的问题：为什么人类必须为早已注定的原罪受到惩罚呢？此外，罪人，对于作家来说，似乎是比好人更持久、更值得挖掘的形象，甚至在流行的娱乐节目中，坏人往往也比好人更有趣。

弥尔顿，《失乐园》　道德模糊性的经典例子是约翰·弥尔顿的史诗《失乐园》（1667）中对撒旦（诗中称为路西法）的描写。弥尔顿（1608—1674）一开始就宣称，他写这首长诗的目的是"向人们证明上帝待人之道的合理性"。就像后世的纳撒尼尔·霍桑一样，弥尔顿生长于严格的清教信仰环境中，这种信仰构想了一个对有罪子民永远愤怒的上帝形象，而且还要求子民相信他们的罪是原罪，是注定的。诗中的三个主要角色分别是亚当、夏娃和路西法（图11.6）。如我们所知，在创世之前，路西法是与上帝最亲近的天使之一，他嫉妒上帝的力量，组织了一次叛乱，但失败了。他和他的同谋被上帝逐出天堂，从此只能居于万魔殿。路西法成了万魔殿的领袖，时刻炫耀自己的权威，同时也散发着反抗者特有的魅力。他向天堂挥舞着拳头，大声喊出他宁愿"在地狱为主，也不愿在天堂为仆"。就路西法是否才是史诗的主角问题，许多人文学的学者和史家至今仍争论不休。

有人认为弥尔顿是有意把路西法描写得卑鄙可憎，但这种说法难以服众，即使这条伊甸园中的大蛇最终气概尽失。也有人认为，诗中所说的上帝让路西法自由接近人类是为了诱人犯罪，

图 11.6　威廉·布莱克，《撒旦窥视亚当夏娃的缠绵》，约 1816—1825 年

在布莱克的这张《失乐园》插画中，路西法（撒旦）正在窥视受诱惑之前的亚当和夏娃的纯情缠绵。你会像康德那样，相信人是天生知对错的吗？

Huntington Library/SuperStock

这就是弥尔顿本人的观点，但这种说法也不能让人完全信服。弥尔顿写到，上帝为了不让天堂里再有叛乱，才创造了这些既能作恶又能行善的凡人。这样看来，只有好人才能永远与上帝同在。弥尔顿形容人类的堕落是"幸运的"，正因为人违背了神律，才需要耶稣牺牲自己。换句话说，如果没有原罪，通往救赎的道路永远不会敞开。

审查制度的问题：对错由谁决定？

列夫·托尔斯泰伯爵坚信艺术应该是真诚的，并具有激发道德感的"传染性"，是故他反对把艺术仅仅当作娱乐。他写道：

> 从前，人们担心艺术作品中偶然会有一些使人腐化的东西，就索性禁止一切作品。可是现在人们只因为怕失去艺术给予人们的某种快乐，就袒护一切艺术。我认为后一种错误比前一种错误严重得多，危险也大得多。[10]

马奈的《奥林匹亚》（图 11.7）曾被视作有伤风化的作品之一。作品中画着一个斜躺着的裸体女人。她明显是一位风尘女子，不但如此，她还大胆地、"不知廉耻地"凝视着观众。1868 年在巴黎展出时，《奥林匹亚》受到一位批评家的严重抨击，他在文章中写到，马奈已经沦落到如此地步，他那幅丑陋的令人生厌的妓女肖像画简直无耻至极，是

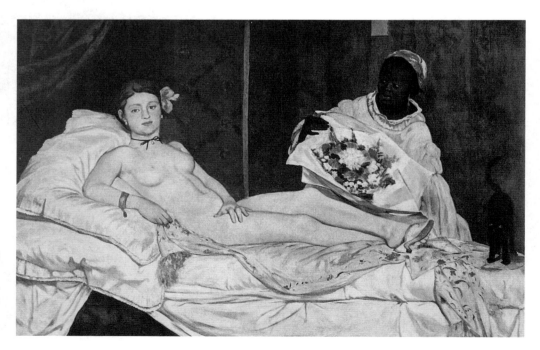

图 11.7　爱德华·马奈，《奥林匹亚》，1863 年
裸体常常在艺术中出现。你认为这幅裸体画在第一次展出时，会被视作有伤风化吗？
The Protected Art Archive/Alamy

对所有思想正派之人的恶意冒犯。

纳撒尼尔·霍桑,《红字》 霍桑的小说《红字》表明,公民个人不必完全受限于社会道德规范。女主人公海丝特·白兰生活在一个宗教保守主义盛行的社区,和丈夫组建了家庭,但两人之间没有爱情可言。当丈夫齐灵渥斯不在时,她投入一个英俊男青年的怀抱,感受到从未有过的温柔。后来海丝特生下一个孩子,却拒绝说出父亲的名字,在牧师带领的愤怒民众的强迫下,她戴上了那个耻辱的红字 A(代表通奸),并忍受着他们的肆意嘲笑。虽然霍桑本人生长于清教环境,但他的自由主义思想日益增长,逐渐认为僵化的道德准则比通奸更为罪恶,毕竟通奸关系是由真挚的爱情发展而来的。尽管《红字》写于一个半世纪以前,但是挚爱是否可以取代社会道德价值的问题仍然存在,尤其是当这种越轨行为发生在我们身边的时候。

詹姆斯·乔伊斯,《尤利西斯》 爱尔兰小说家詹姆斯·乔伊斯(1882—1941)创作的小说备受争议,因为他在创作中试图如实地反映包括性爱在内的人类心灵的独特运转方式(图 11.8)。《尤利西斯》(1922)最终被一批文学评论家视作 20 世纪最伟大的小说,但最初在英国被禁了 14 年,在美国被禁了 11 年。它也引发了一场著名的庭审案。1933 年,一位名叫约翰·伍尔西的美国法官受理了书商的起诉,要对《尤利西斯》中露骨的性语言是否有违道德因而是否应查禁的问题做出判决。

在仔细阅读了两遍之后,伍尔西法官认为,这本书很难,但并不色情;相反,作者

图 11.8　詹姆斯·乔伊斯(右)和巴黎出版商西维亚·贝琪,约 1922 年
乔伊斯的小说《尤利西斯》曾被禁多年,但如今却被视为文学杰作。一部作品到底是伟大非凡还是不道德,究竟是由谁决定的?在评判艺术作品的时候,有什么可资利用的标准?
Lebrecht Music and Arts Photo Library / Alamy Stock Photo

让一个最令人反感的角色表达了自身的感受，而这些感受是故事中这位女性人物所特有的，并无不妥。她就是莫莉·布鲁姆，乔伊斯笔下的现代版佩内洛普——荷马史诗《奥德赛》中尤利西斯的妻子。像佩内洛普一样，莫莉也在等待丈夫从漂泊中归家。乔伊斯彻底改变了小说，他把读者带进莫莉的大脑，看到脑子里发生的一切。借此，他震惊了许多读者，也震惊了那些尚未读过小说就开始大肆道德声讨的人。

在长达40页没有任何标点的意识流的最后一部分，夹杂着一些语言和意象，许多读者会觉得作者如此描写一位女性的所思所想是不合适的。没有人说乔伊斯的这些描写有悖人性，只是觉得这样真实的东西不该在虚构的小说中出现。伍尔西法官解除了联邦禁令，那些坚持艺术以改善社会为目的的人遭到回击，但这场斗争远未结束。

对道德错误的愤慨

人文学科提供了强有力的工具，能向人们揭示出错误的道德选择的可怕之处。巴勃罗·毕加索的《格尔尼卡》(图 5.34) 仍然是对袭击敌方城市和杀害包括妇女和儿童在内的数百名无辜平民的恐怖行径所做的最有力的声讨之一。最近，在基督教和穆斯林国家，伊拉克和阿富汗战争的反对者也发出了同样的愤慨。1986 年奥利弗·斯通的电影《野战排》展示了一个被烧毁的越南村庄，背景音乐是塞缪尔·巴伯的《弦乐柔板》。同样，2008 年奥斯卡最佳影片《拆弹部队》，展现了一位身着防护服的士兵在孩童嬉闹的伊拉克街头拆弹的场景。导演凯瑟琳·毕格罗用沉默来强调场景的混乱。这些暴力冲突的支持者经常争辩说正义的事业可能导致可怕的灾难，但反对者对此表示质疑——是否可以借正义之名行不人道之事。

在一定程度上，贝多芬后期的创作是对不公命运偏要夺人听觉的挥拳谴责，而他终其一生都致力于创造绝妙的音乐篇章。他在 1802 年的《海利根施塔特遗嘱》中表达了自己的愤怒，他说："站在一个人旁边，他……能听到牧羊人的歌唱……而我却什么都听不到，这多让人羞耻啊。"他一生都是个人权利的捍卫者。虽身处绝望，但还是创作出《第九交响曲》，高扬创作之乐趣和生活之乐趣，可能是因为发泄感情的需求促使他听到了前所未闻的声音。交响曲的第四乐章用宏大交响乐的形式演绎了弗里德里希·席勒的诗作《欢乐颂》，暗示着这样一种主张：所有人都应自由地体验这种欢乐。

作曲家莫里斯·拉威尔 (1875—1937) 的交响乐作品《圆舞曲》写于 1919 年至 1920 年，被视作对第一次世界大战后欧洲混乱局面的音乐图解。这部作品一开始是规律节制的华尔兹舞曲，然后逐渐发展为嘈杂的不和谐音和激动人心的节奏，映射着越来越多的混乱。这部作品可以说是一位艺术家写给一个即将逝去的时代的挽歌，那时，道德价值清晰明确，音乐创作也严格有度。

借幽默表达的愤慨　道德问题也可以幽默地对待。一幅《纽约客》的漫画（1988年 7 月 18 日，伯纳德·肖恩鲍姆创作）展示了一个囚犯向他的狱友解释道："一直以来，我都认为我们的败坏是符合社会标准的。"当今诸多罪孽深重的商业巨头通常自以为没有违反任何道德原则，难道不是如此吗？

但是，自以为是的幽默也可能造成严重的不良后果。2015 年 1 月，法国幽默杂志《查理周刊》的 12 名工作人员被穆斯林原教旨主义者枪杀，原因是他们刊登了一系列描绘先知穆罕默德的漫画，这是伊斯兰教严厉禁止的行为。我们决不能宽恕谋杀，但是，言论自由的权利有没有限度？创造冲动有没有道德限度？故意冒犯他人的宗教原则是不是一种道德行为？这些问题都很难回答。

11.6　道德相对主义

支持道德相对主义的主要论据是什么？相对主义隐含着何种危险？

如果相对的对立面是绝对，那么很容易就可以理解前者的诉求了。前者强调灵活性和宽容性，而后者则意味着严格的确定性和对不信守者的审判。道德相对主义者指出，监狱、酷刑甚至种族灭绝都是由那些确信只有唯一一个真理的人造成的，而且他们（通常只有他们自己）知道真理是什么。它拒斥那些对人们施加严格限制的理论，因此对人极有吸引力。道德相对主义者认为，对是非的信念没有普遍意义。因此，有可能提出（且听到）以下这些主张：

> 那么，谁有权利对别人指手画脚呢？许多麻烦都是由那些确信自己有此权利的人造成的。
>
> 道德选择完全取决于选择时所处的形势、文化和时代。

上文提及的许多道德哲学家都力图确立某种绝对主义的道德。苏格拉底相信对与错在每个人身上都是通行的，康德相信一种与生俱来的道德律令，甚至边沁的道德数学也无关乎少数人的愿望，因为在重要决策面前，他们不属于最大多数。与此相反，道德相对主义者则认为，对与错必须在既定的情境下来界定，其中可能包括也可能不包括最大多数。

这种情境可能是工作场所、社区、家庭、教育机构或个人所属的宗教团体与族群。各个情境可能都有对个人行为的强制标准，但这些标准并不总是彼此相容的。当两种绝对主义，比如宗教戒律和整个社会的法律彼此针锋相对时，就会导致激烈的冲突。

> 我还从未听到过任何男性就如何兼顾婚姻与事业寻求建议。
>
> ——格洛丽亚·斯泰纳姆

全球视野：文化冲突

道德相对主义崛起的一个主要因素是社会的全球化。通信技术的发展使得世界的联系日加密切，人们暴露在不同的文化习俗和价值观前，道德问题也随即增多。现在许多文化观察家认为，苏格拉底和康德等人对绝对理性的诉求是狭隘的西方观念。这并不意味着其他文化是非理性的，而是人们日渐认识到，虽然理性本身可能是普遍共享的，但是理性所产生的思想和价值观也受到文化、传统和环境的多方影响。

尽管如此，一些人仍然认为，比如对土著人而言，要改善生活，取得成功，就应了解主流文化，学习其行为方式，遵循其行为准则。另一方面，相对主义者指出，主流文化价值观的强加，会导致个人和家庭的崩溃。1959 年，美国小说家詹姆斯·米切纳创作了小说《夏威夷》。当年来自美国的传教士告诉当地的波利尼西亚人，他们的性道德是文明人根本无法接受的，这时发生了一系列事件。小说就是在此基础上展开的虚构。传教士谴责当地人衣着不端、婚前性行为和乱伦，而且宣称这些"有罪之人"将永被诅咒（其中一个"有罪"之人羞愧异常，于是结束了自己的生命）。

再举一例。在世界的另一个地方，一名克里人将一所加拿大政府资助的教会寄宿学校告上法庭，声称该校存在文化虐待行为："学校把我们从父母身边带走，告诉我们，我们原本的生活方式是可耻和错误的。"她认为，迫使土著人融入加拿大白人文化的做法是错误的，人们被迫学习英语、接受基督教教义、习得"合适的"工作技能，所有这些都导致她严重酗酒和家庭不和，而且丢掉了母语和文化传统。

这个问题并不简单。人们在儿时习得的一些行为原则总是根深蒂固的，往往会贯穿他们的一生，在与不同社会文化的人遭遇时，发生各种冲突。一位旅居日本的美国人曾为她 5 岁的儿子举办生日派对，许多日本小孩应邀出席。在一场抢椅子的游戏中，这位美国父亲注意到，当音乐停止时，一个日本小女孩站在一把空椅子旁边，但没有坐下。

> 于是，格雷戈里爬上她的座位，小女孩千岁高兴得露出得意的笑容。然后我走过去告诉她，她刚刚输了，得坐到旁边去。她抬头看着我，明亮的眸子里满是不解和震惊，就像是小鹿斑比听到有人在讨论鹿肉汉堡。"你是说我因为礼让输了？"千岁的眼睛似乎在问："你是说游戏的意义在于粗鲁？"现在我再细想，似乎发现了问题的根源。美国孩子被教导要成为赢家，要抓住机会，而日本孩子都被教导要成为好公民，成为团队的一员，要遵守规则，做大厦的一块砖。[11]

在另一个涉及不同文化之间道德鸿沟的真实事件中，一名 16 岁的亚裔美术生的母亲禁止孩子参加学校开设的人体素描课，因为充当模特的是一位裸体女性。院系负责人后来表示，他试图与这名固执己见的母亲"讲道理"，坚称她如此强制孩子，是有违道德的。鉴于学校发出最后通牒，孩子要么选课，要么退学，这位母亲最终让男孩退学了，随即又把他送到一所没有艺术课的社区学校。在道德相对主义者看来，这是不是意味着艺术界可能因此失掉了一个潜在的天才。

另一个引发争议的情形是，有的学校禁止学生佩戴表明宗教身份的头饰。为了凝聚学生，一些欧洲国家的学校官员禁止学生佩戴独特的伊斯兰头巾，但是对于其他首饰性的宗教标志却视而不见。放弃公立学校转学到宗教学校的移民学生，很可能在一套不同的历史教育中进一步脱离东道国的主导文化。在许多情况下，客观性确实是一个难以实现的目标。

文化传统和代际差异也不能和谐并存：一个"被同化"的孩子对祖父母的老式烹饪不耐烦；年轻人不愿接受传统的相亲；信教的少年与坚持不可知论的父母总会发生冲突。相对论者宣称普遍的对与错早已过时，但这种立场是否可以解决所有冲突呢？有些道德问题是否只是品位不同，就像不同的人喜欢吃不同的冰淇淋？

对相信宽容和避免过度权威的人来说，道德相对主义极有吸引力。他们可以根据自己的标准来评判外国的习俗和宗教。如今，旅行者和互联网用户几乎可以深入世界的每一个角落，不同文化之间日益加深的交流，可能会让人们进一步放弃一个群体只有唯一一种道德的主张。比如，如果对克里人的习俗保持宽容，本可以防止上述冲突的发生。

滑坡效应

文化相对论有一个分支，从过去尊重他人价值转而强调根本没有绝对价值观，没有可以被全世界接受的真理。在个人生活中，随着年龄的增长，人们对事情的看法也会不同。孩子惧怕的事情对成年人来说似乎并无大碍，正如以前的某些丑闻在后来似乎根本无害一样。如果多数道德观是必然会发生变化的，那么人们是否应完全放弃普适价值的观念？那些坚信自己已经找到唯一不变的真理的人又当如何呢？对他们而言，尊重彼此不同的信仰的说法根本是异端邪说，还是说，"民主社会"就意味着必须为截然对立的不同信仰分别找到归宿？

游客可能会乐于看到与自己国家不同的文化，否则为什么还要去旅游呢？果无其他，这些奇风异俗至少能给旅行者提供一些归家后的谈资。让他感兴趣的，可能是出人意料的热情款待，或是集市上商人大方赠予的礼物，或是一个妻妾成群的男人。相反，暴行和虐待就不那么让人感兴趣了，无论相关的风俗有多么悠久。未成年妓女、身体伤害、家庭肆意弃子等都是让观察家不寒而栗的现象，此时，他们似乎突然不愿再当道德的相对主义者了。

好法律会使人制定出更好的法律；坏法律则会导致更坏的法律。

——让－雅克·卢梭

在希拉里·曼特尔的获奖小说《狼厅》(2009)和《提堂》(2012)中有道德相对主义的典型。两部小说都被改编成电视连续剧和百老汇戏剧，讲述的是托马斯·克伦威尔(1485—1540)的生平故事。克伦威尔出身贫困，后来成为英国国王亨利八世的左膀右臂。克伦威尔是一个"善于解决问题的人"，极富生存智慧；他为亨利所有想做的事给出明确的道德借口——与第一任妻子离婚，杀掉第二任妻子，将备受世人爱戴的牧师托马斯·莫尔爵士处死。克伦威尔想方设法把所有这些行为纳入不断变化的道德体系之中，直到他最终失算并因此丧命。

当然，道德相对主义也有自身的一些绝对性。社会上的辩护律师制度是建立在人人都应得到公正审判的假设之上的，律师关于当事人有罪或无罪的个人意见并不重要。也许，一个不相信对与错的相对性的人是无法承担起这样的角色的，而这对于律师来说就是尚可接受的绝对。

性别与道德相对主义

多少个世纪以来，女性都被当成一面镜子，一面带着绝妙魔力的镜子。男人的影子映在里面，便能辉映出双倍的伟岸。
——弗吉尼亚·伍尔芙

在过去的四十年里，世界各地的哲学家和文化史学家提出了一种不同的道德相对主义。他们指出，文化、宗教和文学传统——无论是表达绝对主义还是相对主义的价值观——都被男性的观点所支配。在某些情况下，这与女性的观点一致，但往往两者并不一致。这种不一致在妇女地位低下的地区尤为明显。尽管许多文化中的旧规则正在逐渐消失，但对穿着、教育、旅行甚至个人情感表达的限制仍然广泛存在。

我们从一开始就说过，人之成为人是一门艺术，这个假设在道德问题上最为重要。人可以认为，真正的自我实现是从生活中得到自己所能得到的一切，不顾及对别人的影响。人也可以认为，真正的自我实现是坚持道德操守，行正确之事，不求回报。当然，这其中都存在风险。与他人道德准则相冲突的风险、被某些权威所强制的风险一直存在着。但在人文学中，一个响亮的宣言是，道德操守是值得人们为之承担风险的。把希望寄托在正直操守之上，可能是人之境况得以闪光的基础。

回顾

在这一章里：

- 我们定义了"道德"，确定了道德哲学的主要问题；
- 我们讨论了道德自利的概念，探讨了利己主义道德观的关键论点；
- 我们探索了非利己的几种道德观，包括功利主

义、康德的绝对律令和利他主义；
- 我们讨论了宗教和道德的关系；
- 我们研究了艺术与道德之间的相互影响，分析了道德相对主义的主张及其中所隐含的危险。

主要术语

利他主义（altruism）：为了关心他人利益而非自身利益采取相应行动的品质。

资本主义（capitalism）：一种经济体系，以亚当·斯密的如下哲学为基础，认为如果人们被允许尽可能地多赚钱，其他人也会从中受益。

范畴（categories）：在康德这里，指人与生俱来的精神"划分"使人能够理解感官所提供的材料；也指人与生俱来的理性使人有可能理解空间关系以及行为的道德或不道德。

绝对律令（categorical imperative）：在康德哲学中，指理解某些概念的与生俱来的能力，包括面对道德抉择时有关对与错的区别。

自由放任（laissez-faire）：法语词组，意思是"允许做"；亚当·斯密哲学的基本经济政策，允许企业在很少或没有政府控制的情况下自行经营。

马基雅维利主义（Machiavellian）：如今成了一个贬义词，指通过口是心非来操纵他人；源自马基雅维利的政府理论，即为了确保社会秩序，倡导一个几乎拥有无限权力的君主。

道德的（moral）：形容词，形容根据从阅读、家教、教育、宗教或法律中获得的原则，在重要的选择之间做出选择。

道德律令（moral imperative）：一种强制个人行动的内在原则，其基础是对是非的绝对理解。根据康德的说法，这种理解仅受理性支配，尽管后世思想家认为它起源于良心，也可能源自神启。

道德数学（moral mathematics）：一个有关道德选择的科学系统，由边沁提出，基于可量化的正负值结果。

道德相对主义（moral relativism）：认为道德标准不是普遍的，而是取决于时间、文化和具体情境。

道德体系（moral system）：一整套道德信仰系统，是道德选择的基础，如宗教、法律或苏格拉底式的推理。

道德（morality）：做重大选择所依赖的体系，通常也指个人所理解的正确行为，因此某人可以被称为道德的或不道德的。

功利主义（utilitarianism）：一种道德哲学，其核心或是最大多数人的最大利益，或是理性人的最理性判断（不管他们是否构成大多数）。

图 12.1 卡拉瓦乔,《作为酒神巴克斯的自画像》, 1593 年

巴克斯是狄奥尼索斯的别名, 希腊神话中的酒神、欢乐之神、生育之神、迷狂之神等。除了传统的狄奥尼索斯之乐, 还有什么能让我们快乐? 什么是幸福?

Artepics / Alamy

第十二章

幸　福

12.1 解释快乐主义并讨论其关键假设。

12.2 解释伊壁鸠鲁主义并讨论其关键假设。

12.3 解释斯多葛主义并讨论其关键假设。

12.4 概述亚里士多德的幸福论。

12.5 解释为何某些悲剧性的生活也可以被视为幸福的。

12.6 讨论佛教的幸福之路及其对当代生活的启示。

12.7 通过例证辨识并描述一些艺术作品中所描绘的幸福和不幸。

　　对幸福的追求在人文学科的主题清单上位居前列，但其中没有多少作品是有关人们对自己的生活感到心满意足的。大多数的文学、戏剧和电影作品都是关于不幸的人的，有时是悲剧性结尾，所有的幸福都被否定；有时是有意为之的大团圆结局，这样观众或读者就尽可沉醉于自己的幻想中，不必再次面对现实。其中有些富人令人难忘，即便他们富可敌国，也可能抱憾终身，因为遗失了那些原本不以为然实则至关重要的东西或人。

　　道德哲学除了区分行为的好坏之外，还详尽分析什么能让生活变好，什么能让生活幸福。对大多数人来说，有些分析似乎无关紧要。难道不是每个人都想要幸福吗？然而，获得幸福有多容易呢？如果它迎面而来，人们会认出它吗？幸福到底是什么？

　　"幸福"这个词可以追溯到每个人最早的记忆。蛋糕上、新年前夜的喊叫声中、婚礼的宴席上都有它的身影。当朋友做出我们不以为意的决定，比如取消婚礼或者辍学时，我们还会用到"幸福"这个词，可它用在这里是对的吗？我们说，"哦，好吧，只要你幸福就好"，好像这就是这个词的全部意涵。

　　通往幸福的最佳途径是什么？是快乐让生活变得美好吗（图12.1）？或者，美好的生活是建立在遵守原则的基础上的，即使这样做意味着失去快乐？当我们被别人表扬时，或者当我们嫉妒的人突然陷入困境时，我们会更快乐吗？快乐和幸福是一样的吗？我们可以幸福而不快乐吗？还是为了幸福必须感受快乐？面对这些问题，人文学提供了许多选择。

　　幸福啊！我们人类的目标！乐、善、厌、安，管它什么名号；但仍有某种物激起哀鸣，我们却为着它敢死愿生。

　　——亚历山大·蒲柏

12.1 快乐主义：幸福就是快乐

什么是快乐主义，它关于幸福的主要假设是什么？

希腊哲学家阿里斯提波（公元前 435—前 356）宣称幸福是人一生中所经历的所有快乐的总和。他用纯粹的生理术语思考快乐：味觉、性兴奋、触觉，等等。他承认，知识也会带来一定程度的满足，比如，一个国家经济状况良好，但没有与物质富足相应的精神满足。身体上的痛苦比精神上的痛苦更糟糕，因此身体上的快乐比精神上的快乐更好。他说，人本质上是自私的动物，只关心自己的舒适。他提出了一个经久难解的问题：还有什么比幸福更重要的吗？他认为答案是否定的，并补充说，如果幸福不是快乐，那么一个人声称自己幸福就没有任何意义。

阿里斯提波的著作没有保存下来，但是一位生活于公元 3 世纪的名叫第欧根尼·拉尔修的历史学家记录了阿里斯提波快乐哲学的主要内容。他指出了阿里斯提波的论证过程。阿里斯提波强调，从人们能够开始在现有的条件中做出选择的那一刻起，人们总是选择那些能够带来最大快乐和最少痛苦的选项。家庭和社会也许会试图教人们不要那么自私，但最终还是人的本能占了上风。

因此，如果阿里斯提波是对的，那么，人们原本不愿工作，但他们又不得不工作，因为工作中赚取的东西可以给他们带来快乐。工作本身没有任何满足感。事实上，阿里斯提波认为，即使是对快乐的回忆或期待，也不能带来任何满足感。除了当下的体验，没有什么是重要的。

快乐主义（Hedonism，源自希腊语的"喜悦"一词）是一种哲学思想，它认为幸福等同于身体上的快乐，也等同于拥有能给我们带来快乐的东西。快乐主义已经存在了几千年，从一开始就基本上没有改变。

艺术家迭戈·委拉斯贵支（1599—1660）的《饮酒者》（图 12.2）是快乐主义最生动的视觉表现之一。画面左侧笑着的是酒神巴克斯，他的同伴正在给跪着的人戴上葡萄叶编成的圆环。这件作品似乎是在戏仿前人为英雄佩戴月桂花冠的传统。即便如此，观者也可以根据画面做出自己的解释。对于那些专注于享乐的人来说，画中人所明显表现出来的

图 12.2 迭戈·委拉斯贵支，《饮酒者》，1629 年

这幅作品似乎暗示了快乐即是幸福。为什么这种类似的幸福观对艺术家充满吸引力呢？

Interfoto/Fine Arts/Alamy

快乐可能就意味着最强烈的幸福。

阿里斯提波所生活的希腊社会，既孕育了苏格拉底、柏拉图和亚里士多德这些终其一生都在不停思考的人，也极度包容那些秉持快乐乃人性之根本的观念的人。事实上，柏拉图和亚里士多德都讨论过这个问题，他们不同意阿里斯提波的观点，但承认他的思想具有普遍的吸引力。在柏拉图对于爱情的著名分析中，他并没有贬低性的乐趣，而是将非肉体的爱提升到一个更重要的位置。阿里斯提波排除了智性之乐，而柏拉图和亚里士多德认为，智性之乐是良善生活的决定性因素之一。亚里士多德进而发展出一套完全不同于阿里斯提波的幸福哲学。

文学中的快乐主义

在简朴的中世纪和刚毅好战的清教徒时代之间（这两个时期都有严格的道德规范），有许多诗人，包括莎士比亚在内，都颂扬快乐主义者的"吃喝玩乐"生活。最著名的宣言之一，是罗伯特·赫里克（1591—1674）的诗歌《致妙龄少女，莫负青春》中广受欢迎的诗句：

> 有花折时直须折，时光飞驰不可追。
> 今日融融花语笑，明日寂寂残红坠。

难道我十岁时只有一个夏天吗？那个夏天必定无比漫长。
——梅·斯文森

快乐主义的别名是**及时行乐**。尽管这个说法源于阿里斯提波，但历史上有很多人都曾采用过。对于一些人来说，它意味着尽最大努力发挥自己的潜能，也就是要志存高远。对于另一些人而言，比如《鲁拜集》的作者奥马尔·海亚姆和"骑士派"诗人罗伯特·赫里克，它的意思则是生命短暂，努力拥有一切。

赫里克的同时代诗人安德鲁·马维尔（1621—1678）在一首名为《致他的娇羞的女友》的诗中曾写道：

> 我们如有足够的天地和时间，
> 你这娇羞，小姐，就算不得什么罪愆。
> 我们可以坐下来，考虑向哪方
> 去散步，消磨这漫长的恋爱时光。

这位诗人补充说，如果他有足够的时间去追求她的话，他会花上一百年的时间赞美她的眼睛，两百年的时间赞美她的酥胸，而用"三万年的时间赞美余下的部分"。

但是自我的背后我总听到

时间的战车插翅飞奔，逼近了；

而在那前方，在我们的前面，却展现

一片永恒的沙漠，辽阔，无限。

在那里，再也找不到你的美，

在你的汉白玉的寝宫里再也不会

回荡着我的歌声，蛆虫们将要

染指于你长期保存的贞操，

你那古怪的荣誉将化作尘埃，

而我的情欲也将变成一堆灰。

坟墓固然是很隐蔽的去处，也很好，

但是我看谁也没有在那儿拥抱。

(杨周翰译)

许多人自豪地称自己为快乐主义者，吹嘘自己的收入和财产。他们断言，人只有一生，不应自我限制，而应努力拥有一切。某张保险杠贴纸上写着："得玩具最多者才是人生赢家。"还有一张则写道："我们正在花费我们孙辈的遗产。"及时行乐化身为一个流行的说法："人生不是彩排，只此一次！"

快乐主义的几个假设

对于一个快乐主义者来说，生活中的快乐时刻再多也不够，似乎总是有那么多本不该有的痛苦。"为什么是我？"这个问题经常被大声或默默地提出。"我什么时候才有机会幸福？"

所以快乐主义者的第一个假设是，每个人都应该尽可能得到应有的快乐。这种假设的一种变体是，人们从来没有真正得到他们应得的那么多快乐。其他人似乎总是得到的更多。那些被认为拥有更多快乐的人可能会说出（甚至夸大）他们的快乐，尤其是那些突如其来的快乐，并借此表明这些都是应得的。那些没有得此意外之乐的人，则更加觉得生活不公。

第二个假设与第一个假设密切相关，即快乐自然而然是善的。在经济不景气时，有些人勉强维持生计，那些想吃什么就能吃什么的人无疑会遭到嫉妒。没有人会同情那些可能暴饮暴食的富人！

快乐主义者发现，人们并不能每时每刻都享受快乐，但他们仍然坚持认为人本应该时刻都享受快乐。因此，第三个假设是，无论有多少快乐，都不算多。在一家自助餐

好事多多益善。

——梅·韦斯特

厅狼吞虎咽地吃东西，或者在别人家一杯接一杯地喝酒，可能会让人产生一种隐约的罪恶感，但快乐主义者的典型反应是，"以后有的是时间减肥，现在不要烦我"。此外，据说充足地享受此刻的满足可以弥补过去的失望。

第四个快乐主义的假设是，快乐的缺乏是一种不幸，应该得到补偿。许多企图抢劫的人觉得自己只是想得到社会的补偿，那些在生活中持快乐主义观点的人发现自己在不断地谋划："等我占了上风再说吧！"因为厌弃毫不快乐的时刻，他们就幻想自己最终获得"应得"的快乐的时刻，并借此自娱自乐。

这种特殊的心态源于一种**预期获益理论**。"获益"指的是一个人在提供某些服务或完成某些事情后应得的快乐。许多快乐主义者的心中都有一笔账，严格记录着他们应得的快乐，这笔欠账可能会越积越多。除非发生什么事改变了他们对幸福的看法，这些快乐主义者可能会沉迷于这些应得的快乐。如果他们的预期得到兑现，生活就是美好的；如果没有，生活就是糟糕的。生活本身是严格按照收益总额来评估的，卓越的生活就是所有预期获益都得到兑现的生活。

重审快乐主义

在当今的文化中，快乐主义仍大行其道，比如在电影《华尔街之狼》和电视剧《与卡戴珊一家同行》和《真实主妇》中。但最后，仍可以提出这样的问题：难道这就是全部吗？

快乐主义持续受到哲学家和文化历史学家的批判。他们争论的核心在于快乐主义者对快乐的定义是否过于狭隘。基本的快乐主义立场是明确的：快乐需要通过感官来体验。那些耗神思考的人正在否定自己的快乐，因此，也就否定了自己的幸福。那些毕生在文明世界之外的某个小诊所工作的医生，那些每天冒着生命危险却没有得到外界认可的人，他们的所作所为应该是毫无快乐可言的。但是，又怎么能假设这些人是有意违背自己的本性，才去响应号召为他人谋福利的呢？这些不信奉快乐主义的人，他们的幸福是什么？难道他们只是在浪费生命，或者被他们暗自渴望的快乐欺骗了？

神秘主义者和宗教信徒每日用数小时来祈祷或冥想，试图切断与自我的联系，这是快乐主义者永远无法理解的。他们是在剥夺自己天性所渴望的快乐吗？难道说独身生活就像很多人争论的那样，必然是正常性激情的升华吗？抑或人性本就不能被狭隘地限定？也许感官上的愉悦对某些人来说是完全满足的，而对另一些人来说则不那么令人满足？

如果像一些存在主义者认为的那样，所谓人的本性根本不存在，人类根本上是一个自我解放、自我决定的物种，那么或许就有足够的空间来容纳各种不同的对快乐的定义了。这样一来，有些人就可以自由地把快乐放到更低的位置上，而不再被贴上"不自然"的标签。

12.2 伊壁鸠鲁主义：幸福是适度地生活并避免痛苦

什么是伊壁鸠鲁主义，它对幸福的主要假设是什么？

在几年前的一部音乐剧中，女主角试图通过歌曲向观众解释她为什么崇拜男主角，将她的爱和一些日常熟悉的快乐相比较，包括烤面包的味道和不再牙痛时的感觉。在前一种比较中，她是一个快乐主义者，强调直接的感官体验。然而，在第二种比较中，她就转向了一种不同的幸福哲学——**伊壁鸠鲁主义**。根据这种哲学，突然不再牙痛带来的快乐就是没有痛苦的快乐。

伊壁鸠鲁主义是以希腊思想家伊壁鸠鲁（约公元前341—前270）命名的，他提出了这一主义的基本准则（图12.3）。伊壁鸠鲁十分了解阿里斯提波的主张，高度批判其思想的弱逻辑性，更重要的是指出其思想的不切实际。

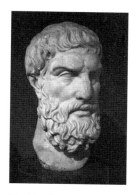

图12.3 伊壁鸠鲁半身像，公元前3世纪
你是否体验过痛苦消失后的那种感觉？你会把它称作幸福吗？
Sam Spiro/Fotolia

伊壁鸠鲁主义的假设

伊壁鸠鲁接受了快乐主义的大前提——快乐是重要的善，但他补充说，快乐并非唯一的善。他不接受快乐主义者快乐越多越幸福的说法。"因为快乐对我们来说是首善而自然的，所以我们不会选择每一种快乐，但有时我们会忽略许多快乐，因为它们会给我们带来更大的不适。"[1]

伊壁鸠鲁尤其批评那些过度提倡快乐的人，因为他知道，这些人总是会遭受身体和精神上的痛苦。"因为所有其他美德都源于审慎，它教导我们，不谨慎、不体面、不公正地生活，就不可能过得快乐。"[2]

对伊壁鸠鲁来说，快乐主义是一种时间意识明确、充满死亡气息的哲学。如果幸福感随着身体愉悦感的增加而增加，那么从逻辑上说，没有任何生命能够活到足够长。的确，人生活于世的时间并不确定，但所有人都会步入老年且病痛随之而来——有些人甚至尚未年老就已经把自己弄得疲惫不堪了。因此，快乐主义者从根本上讲既没有安全感也不快乐，无法逃避年龄和死亡的必然性，总是担心快乐的丧失。因此，伊壁鸠鲁主义的主要假设是世事无常，而且人必须愉快地接受这一事实。如果要给美好的生活下定义，更明智的做法是不要相信它只包含快乐。

伊壁鸠鲁主义的另一个假设是，没有人能长时间地享受快乐。我们不能总是狼吞虎咽地吃美味的食物、沉溺于性爱中，或者一直喝得酩酊大醉。既然如此，为什么人要从一开始就给自己套上如此有限的生活哲学呢？由于追求享乐的本能永远无法满足，人只能做次好的事情：寻找物质财富或名望，这两者都象征着幸福，但不会真正带来幸福。快乐主义者的思想中不断地存在着金钱和名声，它们是人必有一死的补偿，是成功生活的唯一具体体现。当日益增加的年龄使身体上的快乐变得不易获得时，人们就会转向财富的积累。但是伊壁鸠鲁也认识到追求财富只会弄巧成拙，到头来只是徒劳。追求名声也是如此，富人或名人缺乏安全感和信赖感，总觉得别人会嫉妒且颇多算计。

幸福生活的要求　伊壁鸠鲁问道："为什么要把一种充满挫败、失望和痛苦的哲学加到自己身上呢？为什么不改变幸福生活的要求呢？"伊壁鸠鲁认为，有理性的人有自由意志，能够控制他们对快乐的欲望，因此能够减少总是伴随快乐的痛苦。完全的幸福是一种适度的、没有痛苦的快乐。这对大多数人来说是不太可能的，但是当人努力避免痛苦的时候，可能会达到这一点。伊壁鸠鲁回答道："如果对痛苦的期待是强烈的，那就会减少快乐。"

伊壁鸠鲁主义也承认快乐在生活中的重要性，据此看来，伊壁鸠鲁主义与其说是对快乐主义的全力攻击，不如说是对它的修正。伊壁鸠鲁主义者承认不快乐是生活的一部分，采取的策略是尽可能避免不快乐，而不是盲目地希望一切都会好。当人们预料到病痛可能袭来时，最糟糕的事情就是病痛竟如期而至。但是很明显，在生活中的痛苦发生之前，如果人能认真对待，还是有机会去做一些事情的。

伊壁鸠鲁主义者注重控制，适度享受快乐，与快乐主义者一样喜欢美味的食物，但深知过度放纵的痛苦，故而会在达到极限之前停下来。他们也会喝酒，但从不会到醉酒的程度，而且如果确信自己的健康会受到酒的影响，就选择滴酒不沾。

欧内斯特·海明威的小说《在异乡》中有一个人物完全呈现了伊壁鸠鲁主义的观点。在上战场之前，这名意大利军队的少校娶了一位比他年轻得多的美女。他发现在他外出征战时，她有所不忠。如今他受了伤，被送到医院里，得知自己的妻子死于肺炎。"她只病了几天，没有人想到她会死。"他从这场悲剧中得到的教训是如何更好地生活。他解释说，男人，就不应该结婚。

> "他不能结婚，他不能结婚。"他愤怒地说："如果他将失去一切，他不应该让自己处于失去一切的境地。他不应该把自己置于一个可能失去一切的处境。他应该找到一些他不会失去的东西。"[3]

坚定的伊壁鸠鲁主义者避免放纵无度，寻求许多肉体之外的快乐。他们是艺术、戏剧、书籍和音乐的爱好者，也许他们意识到人文学代表着一种"不会失去"的珍宝。毕竟，智力和审美上的愉悦不会导致任何痛苦。伊壁鸠鲁学派通常清癯匀称，他们锻炼身体以保持最佳体型。他们思维敏捷，能够意识到许多领域的最新发展。他们是优秀的员工，倘若找到志同道合的伴侣，他们很可能会建立一段相当幸福的婚姻。

然而，纯粹的快乐主义者向伊壁鸠鲁主义者发出警告，认为后者待价而沽的时间太

幸福的真正障碍是期待过多的幸福。

——丰特奈尔

短，太容易知足，而他们所满足的往往少于生活能给予的。快乐主义者坚持认为，除非你积极地努力让自己快乐，否则你就是轻易放弃，浪费太多时间逃避可能并不存在的痛苦。为什么不放手一搏，抓住机会呢？然而，纯粹的伊壁鸠鲁主义者，很可能会用一首古老的法国歌谣来回答这个问题："爱的欢乐只有一瞬，而爱的痛苦却会持续永久。"

重审伊壁鸠鲁主义

针对伊壁鸠鲁主义的一个反对意见是，它和快乐主义一样都是从利己出发的。有人甚至指责它只是一种经过伪装的快乐主义。在寻求避免痛苦时，它可能是间接地在强调快乐才是真正的目标。它仅仅是重新定义了快乐吗？除了从没有痛苦中获得的快乐，与书籍和艺术共度一生的快乐难道根本上不是自私的吗？

因此，另一种反对意见是，伊壁鸠鲁主义者更感兴趣的是自己内心的平静，而不是帮助他人。如果不想失去意味着尽可能地把自己从生活中分离出来，那么任何形式的行动主义都是禁止的。世界上所有主要宗教都强调对邻人的关心，但传统的伊壁鸠鲁主义观普遍缺乏这种关心。可以肯定的是，阿里斯提波和伊壁鸠鲁属于古典世界，大多数古典的幸福理论关注的是个人，好像幸福只是有关个人的生活如何进行的问题。

我们不能排除这样一种可能性，即幸福只能通过努力战胜任何可能出现的痛苦来实现，而有时这场战斗本身又会给人带来痛苦，可谓代价不小。毕竟，历史书上很少提及的一些人，他们自愿献身，奔赴各地去照顾被瘟疫蹂躏的病人，比如 2014 年的埃博拉疫情期间以及 2015 年尼泊尔发生地震的时候。也许新的伊壁鸠鲁主义不仅寻求避免自己痛苦，而且竭尽全力帮助他人避免痛苦。

2001 年 9 月 11 日发生在纽约和华盛顿特区的灾难性事件夺走了三千多条生命，其影响与恐怖分子最初的策划可能完全不同。数百名警察和消防队员没有四处逃命，而是放弃自己的生命，试图营救尽可能多的受害者。在世贸双子塔倒塌之前，人们通过手机与挚爱的亲人通话，可以清楚地看到，那些原本能逃出去的人又留下来帮助其他人并为此付出了生命的代价。有进一步的迹象表明，93 号航班在宾夕法尼亚州的一片草地上坠毁，一些乘客制服劫机者，放弃自己的生命，制止了恐怖袭击，拯救了成千上万的人。谁能说坚持伊壁鸠鲁学说的人不会在极端危急时刻放弃所有利己的想法呢？如果一个人没有尽力去救别人，而是保全自己的性命，那么他会从此之后过上平静满足的生活吗？

相信人皆自私的人可能会说，社会意识只不过是伊壁鸠鲁原则的某种延伸罢了。伊壁鸠鲁认为正义的人享有最平和的心灵。也就是说，幸福是一种不受干扰的良心，如果人想要宁静，就必须时不时地为他人的利益而辛劳。

12.3　斯多葛主义：幸福就是活着

什么是斯多葛主义，它对幸福的主要假设是什么？

一张著名的海报展示了一只猫紧紧抓住绳子的末端，四周空空荡荡。说明文字如下：当你滑到绳子的尽头时，打个结再坚持下去。这就是精简的**斯多葛主义**的哲学。与伊壁鸠鲁主义相比，它对生活的幻想更少。它告诉人们，既不要为无限快乐的生活而计划，也不要期望通过自律和节制来避免痛苦。斯多葛主义断言痛苦才是生活的本质。最好的方法就是做最坏的打算，并且学会应对它。伊壁鸠鲁主义避免痛苦，而斯多葛主义则应对痛苦。

斯多葛主义诞生于两千多年前，和快乐主义及其衍生的伊壁鸠鲁主义一样，它也是希腊智慧的产物。它强调人类理性，相信人类是动物生命的高级形式。季蒂昂的芝诺（公元前335—前264）在精神上非常接近于柏拉图和亚里士多德，是斯多葛主义的首倡者。由芝诺创办的学园坐落于一个被称为"斯多亚"（stoa，柱廊）的地方，该派哲学也因此得名。

斯多葛主义的假设

斯多葛主义认为意志是每个人对外部事件做出反应的手段。尽管灾难可能降临在人身上，但斯多葛主义仍旧相信人的理性。他们认为，人理应知道灾难——自然的、社会的、个人的——是必然会发生的。生活就是这样。人们制订计划，但不能把快乐囊括在这些计划中。正如有人曾经说过："生活就是我们在制订其他计划时发生的事情。"我们也不应该相信宇宙中一切都是混沌的。如果人的头脑中存在秩序，那么宇宙中也可能存在秩序，而不可预知的事情的发生，也很可能就是这秩序的一部分。认识到这一点，就能发现，意志是与所发生的事件协调一致的。有时会令人深感绝望的问题——"可怕的事情怎么会成为秩序的一部分？"——也许是无关紧要的。斯多葛主义认为，人也可以不带丝毫感情地接受灾难。

斯多葛主义的核心是相信真正的幸福不在于环境、好运或者发生在人身上的事情，而在于人如何应对发生的事情。快乐和悲伤一样，只是一种想法、一种态度，而不是一件物品或一件事。如果没有人喜迎春日的第一天，怎么能说春天是一个充满希望和欢乐的季节？如果在某个远离文明社会的偏僻角落中存在着一种不同寻常的风俗习惯，人们将孩子的出生视作骇人的诅咒，那么无法生育后代可能就是幸事了。

积极地回应痛苦　要找到不幸的根源，人必须向内观。除了思考事物的方式之外，

明智在于能预料结果。
——诺曼·考辛斯

没有什么是人可以控制的。自然灾害、社会动荡、战争、革命、疾病暴发、犯罪率上升，所有这些都是由偶然或高度复杂的原因造成的。人的幸福不应该取决于它们不发生，人无法改变外部环境，但可以决定不去消极地看待它们。

最著名的斯多葛派导师是一个名叫爱比克泰德（50—130）的希腊人，他曾被罗马人俘虏并沦为奴隶。但他的才华最终被认可，也被允许开设课程。在此之前，爱比克泰德在被俘期间受到诸多的折磨和压迫，甚至有一次，主人一时心血来潮，致使他摔断了腿。在此痛苦之际，爱比克泰德面临着选择——是向绝望屈服，还是找到某种忍受痛苦的方法。他选择了后者，进而认识到只要人愿意，没有什么是不能忍受的，即便是折磨。获得自由后，他致力于传播斯多葛派学说，因而长期以来精神状态良好。

斯多葛主义后来被罗马人接受，成为一种非正式的国家哲学。它强调理性和控制负面情绪，这与罗马文化对完人的理想追求是一致的。罗马文明意图建立帝国，需要训练有素的军事机器来完成对其他国家的征服。因此，它发现了斯多葛学说的用武之地：严格的军事训练和艰苦的战争本身绝不会压抑人的精神；优秀的士兵都能很好地控制感情，变得对自己的痛苦无动于衷。

斯多葛主义与基督教　当基督教开始在整个罗马帝国传播时，许多皈依者早已接触过斯多葛主义。彼时这一古老而高尚的哲学与基督徒的观点和需求是相吻合的，基督徒必须面对难以言喻的苦难，包括不断的迫害、逃亡、饥饿以及与亲人的分离。强调内在控制的斯多葛主义与基督教关于身体和灵魂之间相互联系的信仰完美地融合在一起。一个人可以忍受各种各样的痛苦而仍然保持平静。

基督教的殉难精神深深扎根于斯多葛主义的原则中，尤其是那些爱自己的敌人、甘受污辱等信条。一个著名的殉难者是坎特伯雷大主教托马斯·贝克特（1118—1170），他是教皇在英格兰的代言人，宣誓要执行教皇的命令，维护基督教教义。然而，到了12世纪，英格兰国力跃居世界前列，君主制权威日隆，甚至滋长到宗教领域。国王亨利二世，也是贝克特的密友，通过了有违教会准则的法律。教皇很不高兴，当然，贝克特选择站在教皇一边，这就造成了君主和主教之间的嫌隙。1170年年底，贝克特敦促教皇解除几位拥护亨利二世的主教的职权。亨利二世随即派遣四名骑士前往坎特伯雷，带着国王的命令，要给被废黜的主教复职，但是贝克特拒绝了。贝克特知道自己难逃一死，于是他走进大教堂去祈祷。

当他祈祷时，骑士返回，带着一众士兵。随从看到之后，把沉重的大门关上，正要上锁，这时贝克特大声喊道："上帝的殿堂不对任何人上锁。"士兵就这样毫无阻碍地冲向祭坛，贝克特则发出了响亮的斯多葛主义式的宣言："为了耶稣的名誉，为了保卫教会，我已经准备好拥抱死亡。"士兵手起剑落，他随即命丧祭坛（图12.4）。这个场景在美国诗人 T. S. 艾略特的诗剧《大教堂里的谋杀案》（1935）和法国剧作家让·阿努伊的

图 12.4 贝克特殉难画，日期未知

托马斯·贝克特坚忍地接受了他的死亡，而不是关上教堂的大门将士兵拒之门外。你认为自己在面对痛苦时是个坚忍的人吗？如果是的话，什么东西会让你坚忍地面对死亡？

Mary Evans Picture Library/Alamy

《贝克特》（1959）中都有令人难忘的记录，后者于1964 年被改编成电影。

不管是否以宗教为导向，斯多葛主义仍然像以前一样普遍，并真正替代了人们原本信守的快乐主义。在这样一个变化迅速、人人惧怕暴力横行、深知繁荣不会永远持续的时代里，无怪乎许多人要求的不是快乐，而是内心的平静。尽管人们仍旧每周都会去敲开心理咨询师的门，但斯多葛主义的一些原则可能也在发挥作用。毕竟，自我认识对心理分析也至关重要。

心理咨询师认为，一旦人们明白是什么使他们不高兴或工作效率低下，他们就能够超越这些负面情绪。这可能等同于说，幸福就蕴藏在人创造和保存的能力之内。当然，并不是所有人都同意这一点。

重审斯多葛主义

对于倡导者来说，现代版的斯多葛主义仍然是一种可行的幸福理论。它的基本假设一如既往：宁静无价。斯多葛主义给长期贫穷和自卑到不相信自己会交好运的人提供了一些安慰。即使是最热心的社会工作者也可能会同意，在某些情况下，斯多葛主义的态度要远好于对美好明天的虚假希望。

然而，斯多葛主义的一个消极方面是它的便利性。如果你落魄潦倒，被家人和朋友抛弃，没有希望扭转局面，为什么不成为一个斯多葛派？当然，从"形势相当严峻"到"没有理由相信情况会有所不同"之间的距离是很短的。这种观点是否意味着只是一味承受却不做任何努力？电视剧《火线》中的许多角色似乎有些斯多葛主义的色彩，他们接受自己无法提升社会地位的事实；事实上，一个努力向上爬的人物——毒贩斯特林格·贝尔——很快就意识到这样的努力只会导致更多的失望。

在幸运面前的斯多葛主义 假设有这样一个人，他身陷绝望，无奈之中选择了斯多葛主义，但突然发了一笔横财，比如说，中了 500 万美元的彩票大奖，或者稍微保守一点，找到了一份高薪的工作。或者，假设有这样一对夫妇，他们原本无家可归，但在一部关于纽约无家可归者的新闻采访上偶然曝光，然后金钱、工作、收容所的关注甚至电影合同都蜂拥而来！那么，此时的斯多葛学说会怎样呢？人们能上一秒还拥抱斯多葛主义，下一秒又抛弃它吗？

　　有些人可能会回答说："为什么不呢？"如果说人们之所以能忍受逆境是因为他们能理性地控制情绪，那么在不需要的时候放弃斯多葛主义也未必是不合理的。其他人可能会反对这种想法，他们声称，是理性让人在艰难时选择了斯多葛主义，它也同样会让人相信好运可能不是永恒的。

　　有一则古老的寓言，讲的是一个暴君发现自己深受厄运之苦，不断要求各种智者给予他希望的理由。如果他们做不到，他们就会被砍头。最后，一位聪明的智者给了他一块匾额，挂在他卧室的墙上。匾额上写着"一切都会过去"。国王从这块匾上得到了许多安慰，对这位圣人大加奖赏，直到国王的命运好转。这句曾让他精神振奋的格言现在激怒了他，于是他下令将这位一度受他喜爱的哲学家斩首。

　　针对斯多葛主义的一个反对意见会经常出现，那就是斯多葛主义的拥护者暗地里希望每个人都像他们一样痛苦，但他们自己却没有意识到这一点。当你周围没有一个人有好运时，逆境是否会变得更加能够忍受？喜欢与悲惨的人相伴，可能是人的一个基本特征。爱听别人的悲惨故事，可能与暗地里憎恨挚友的成功一样普遍。德语单词 schadenfreude（幸灾乐祸）描述的就是从他人的不幸中得到的快乐。电台和电视台的节目主持人认为，愿意听好消息的听众少，而愿意听他人遭遇恐怖谋杀或自然灾害的听众则不在少数。

　　然而，另一种反对意见是，斯多葛主义中被当作理性的东西实际上应该被称为理性化，一种让人获得满足感的过程，而非让人相信某事的逻辑理性。斯多葛派所谓的控制，很有可能实际上只是对思想的蛊惑操纵，借此让现实变得可以忍受。当爱人不再来电，我们是否会假装他们的移情别恋或者不再对我们感兴趣，是因为其他这样那样的原因，进而以此来忍受他们的消失呢？还是我们更愿意选择相信别的解释？我们总是选择接受某种让人更舒服的现实。批评者说，就此而言，所谓斯多葛式的忍受，不过是一种伪装，是人能够直面现实的假象。人所能接受的，总是其想接受的，同时拒绝其他。他们警告说，问题在于，被拒绝的现实随时可能反击，给人带来毁灭性的打击。

"接受命运"是否等同于被动？　古典的斯多葛主义产生于希腊和罗马两种文化，这两种文化中都有对命运的深切信仰。宇宙由无所不能的神灵统治，他们随时都可以干预人类的事务。众神反复无常、捉摸不定，但是人的理性可以通过预料坏事的发生来抵御上天的反复无常。换句话说，宇宙中注定充满了灾难（这或许可以解释为什么罗马人强烈要求建立一个秩序井然的国家）。斯多葛主义的批评者说，宇宙并没有蕴藏那么多深意。也许灾难和持续的成功一样确定无疑。他们认为，不确定性势必会削弱被动性，而对失败的预期使许多潜在的赢家甚至无法开始行动。

还有一种幸运者的消极被动，特别是当他们回避世界各地的人们正在遭受痛苦和他们有能力提供帮助这一事实时。"我是一名斯多葛主义者，我相信那些遭受贫困或战争蹂躏的人倘若能以我为榜样，就会更加幸福。"这可能是一个绝佳的借口，让人心安理得地享受自己的舒适生活。

比切·斯托夫人的小说《汤姆叔叔的小屋》（1852）把奴隶们毫无希望、贫困潦倒的悲惨处境暴露在许多人眼前。然而，小说的同名主人公采取了斯多葛式的接受命运的态度，从那以后，他的名字就成了不抵抗的代名词。倘若在时隔一个半世纪之后的如今再去看这部小说，读者很可能会满心愤慨，因为无法忍受书中那种强迫毫无希望的奴隶去拥抱斯多葛主义的状况。相比之下，其中一个女性角色，同样身为奴隶的伊莱莎，则不顾一切地冒着生命危险要逃离种植园。现代读者有时倾向于批评汤姆的被动，赞扬伊莱莎的勇气。

12.4 亚里士多德论幸福
亚里士多德的幸福论是什么？

对于柏拉图的学生、吕克昂学园（人文学院的早期形态）的创办人亚里士多德来说，幸福是我们生活的目的。在分析这个最复杂的现象时，亚里士多德得出结论，幸福不是一种对事物的瞬间快乐体验，而是一种描述个人如何生活的方式。幸福就是活着，过着良善的生活。它不是以快乐的短暂爆发来衡量的，完满的幸福是个人生活的最后总结。如果人们一直过着良善的生活，就知道自己走在正确的道路上。然后亚里士多德继续进一步指出，究竟是什么使得生活一直是良善的。

在有关如何生活的经典著作《尼各马可伦理学》（以亚里士多德的儿子尼各马可命名）中，亚里士多德列出了使生活良善的事物，其中包括最高的可能的善——至善本身，人一旦达到（或如果达到）此种境地，就不会再希冀其他。

在广受好评的电视剧《广告狂人》的最后一季中，主角唐·德雷珀问身边的人未来的目标是什么。他的同事们一个接一个地告诉他，他们希望得到一个大的广告客户，或者想出一个能吸引公众注意力的广告口号。当他继续问到"还有什么"时，一群人要么表示不解，要么恼羞成怒。他们只是没有思考——或者不想被迫思考——什么才能让生活幸福这个大问题。就像经常会发生的那样，留给唐的是一个伤感的问题：难道这就是全部吗？

当人们被问到什么会让他们幸福时，标准答案包括爱情、家庭、健康、金钱以及一份好工作。有时候还包括和平或者正义。亚里士多德总结说，我们之所以想要金钱、健康、爱情以及其他值得努力争取的东西，是因为它们提供了幸福。因此，它们中没有一个能单独成为幸福。那个给你送信的人不是信本身。换句话说，这些个别的善只是达到目的的手段，但没有一样东西可以成为目的本身，尽管有些人常常会有错误的认识。比如一个穷人可能梦想有一天从远亲那里继承一大笔财富。"如果我有那么多钱，我就什么也不要了。"可真的如此吗？

在把幸福与任何特定的状态或占有联系起来的时候，人总能想到一些更好的东西，也因此会觉得生活到那时才会更幸福。可能正如爱因斯坦所说的，只有当物体以光速运动时时间才会停止，因此也可以说，只有在完全幸福的状态下，欲望和需求才会停止，但也只有在那时。

因此，亚里士多德将幸福定义为最高的或最终的善。由于所有人都在不断地追求比此时所拥有的更多的善，因此达到最终的善便是人生的唯一目标。也可以说，每时每刻给人带来快乐或喜悦的东西，都不可能等同于幸福，因为每时每刻人都可能想得到更好的。在奥运会上赢得金牌让运动员们非常高兴，然而两枚金牌比一枚好，三枚更好。迈克尔·菲尔普斯可能是奥运会有史以来最伟大的游泳运动员，但他也绝不会满足于只获得一两枚金牌。

成功是得偿所愿；幸福是尽享所有。

——佚名

理性与德性

亚里士多德的理论对人如何更好地生活有着巨大的影响。它向人保证，即便没有自己想要的一切，生活也可以是良善的。每隔一段时间，人们就会停下来盘点一下，然后决定自己的生活将如何发展，以及最后的总结可能是什么。它是在朝着一个可以归纳为"是的，到目前为止生活是良善的"方向前进吗？

更进一步说，人所希冀的东西，是不是反而使幸福更难实现呢？根据亚里士多德的说法，答案就在眼前。如果幸福和良善生活是一样的，为什么不直接过上良善的生活，进而确保最后的总结是好的呢？他相信有一种善是最突出的，比其他所有促进幸福的东西都好，那就是理性。如果人们让理性成为自己做所有决定的向导，那人将永远正确无误。不做最有利可图或最能带来快乐的事情，而是做正确的事，借此，人才能保证生活以良善而告终。

亚里士多德把理性等同于德性。道德所追求的也是某种特定行为的完善。出于自身利益而忽视别人的人，永远不可能是卓越的。若有太多的人被某一利己的行为伤害，那逃避自己之罪责就意味着撒谎。撒谎对什么行为而言是完美的呢？不被人发现的谎言是完美的吗？还是告诉自己没有人受到伤害？这是如何知道的呢？而且即使人可以确信某次撒谎无害，是不是也不应一再撒谎，甚至次次撒谎？建立在谎言之上的生活，注定要像纸牌搭成的房子一样崩塌。

亚里士多德认为，通往幸福的道路是与理性和德性相一致的生活。这里所说的不是那种仅仅获得某些善好的生活。比如，只有名声没有爱，只有金钱没有健康，或者只有健康。能在所有行动和决定中都表现出理性和德性的生活，可能是一种免于忧虑、没有罪责、不会奢求更多的生活。然而，在今天这个颠倒的世界里，这样的状态可能会被视为过分消极被动。

一个过着完全道德的生活的人，最终可能会悔恨自己一生毫无建树：没能得到加薪，没有写出小说，没有达到和谐。但是这种悔恨并不意味着生活不幸福，这是至关重要的。换句话说，根据亚里士多德的理论，生活可以是良善的，因而也是幸福的，即使你并不总会意识到这一点，你仍然会经常问自己："我怎么做才能让生活变得美好？"而不是问："我生活中缺失了什么？"如果所缺失的也是可以实现的，那么你就是故意封上了通往幸福的道路。有人需要你的帮助吗？你能帮忙吗？即使现在的情况让人沮丧，这也并不意味着人不在朝着最终的、积极的人生结局而前进。

快乐是一张爱的大网，可以接救灵魂。

——特蕾莎修女

幸福：政府的责任？

亚里士多德提出，政府的目的是确保公民的幸福。这位哲学家推论出生活的目的就是实现幸福生活，他认为任何事物都不应阻碍对幸福生活的追求。社会制度的存在是为了促进所有人的幸福，因此也是实现幸福的手段。

美国《独立宣言》的起草者显然同意亚里士多德的观点。从约翰·洛克认为政治社会的目的是保护"生命、自由和财产"的观点出发，杰斐逊和他的同伴将其修正为"生命、自由和对幸福的追求"。这个简单的更动构成了现在所谓的"美国优越主义"的基础——对美国梦的追求，人人都有"幸福"的权利。然而，美国的政治社会——不仅是政府，还有其所维护的经济制度——经常与此背道而驰。

亚里士多德认为，城邦要正常运转，法律和秩序是必需的；否则，所有人的幸福就不能得到保证。必须保护人们不受自身基本天性的侵害，也不受那些希望伤害他们的人的侵害。对于这一理论的许多批评者来说，问题依然存在：在国家违背其公开宣称的促进所有人幸福的目的之前，应该给予它多少权利？如此难道不会对无辜者造成伤害吗？在这个基因检测盛行的时代，许多曾长期服刑的囚犯被证明无罪并被释放出来，他们曾受了多年的冤屈，浪费了自己三四十年的生命。一些人为此辩解说，这个系统总体上还是有效的，无辜者的冤屈只是惩罚、控制更多罪犯而付出的小小代价。对那些相信所有人的幸福和权利都应放在首位的人而言，这种辩解是无力的。他们会问，当人的自由都被剥夺了，幸福又是如何被保障的呢？

政府与理性 亚里士多德坚信，通往幸福的道路是运用理性和德性，而政府不能阻碍理性。政府本身应该是理性的典范（唉！这种情况真的会发生吗？在这个国会混乱失调的时代，要相信这种说法真的很难）。这里就存在着一个严重的困境：如果政府有时使用不合理的手段，它又如何能够合理地保护国家呢？

关于这个问题，赫尔曼·麦尔维尔的《水手比利·巴德》就是一个很好的文学范例。年轻天真的水手比利在不知不觉中与军队主管克拉加特发生对抗，克拉加特（也许是嫉妒比利的声誉）指责他灌输暴动思想。在由船长监督的听证会上，克拉加特陈述了不真实和不公平的指控，而严重口吃的比利无法回答。受挫后，他袭击克拉加特并杀死了他。尽管船上的每个人，包括维尔上尉，都知道比利的行为只是一个无心为之的事故，但维尔仍然坚持遵守法律规定，而按照规定击杀上级官员是死罪一条。比利被绞死了，周围的人都在哀悼他。

还有一个更严重的困境。当政府的幸福观与大多数人不同时会发生什么？在《理想国》一书中，柏拉图写了一场著名的辩论：政府的最佳利益是否能与被统治者的最佳利益相一致？苏格拉底相信，每一个决定，只有一个合理的方向，如果政府真的遵守理性，那么它就会自动为人民的利益服务。这种信念是苏格拉底决定不从监狱逃走的基础，尽管他质疑把他关入监狱的"正义"。他没有质疑法律本身的逻辑。无论是否公正，他都已被判有罪，因此要按法律规定受刑，喝毒芹汁。他争辩说，认为任何遭受冤屈的人都有权逃狱是不合理的。亚里士多德则不那么相信一般公民的理性能力，但这只让他坚持认为，统治者本身必须一直保持理性。这种情况是否曾经发生或尚有可能发生，都没有定论。

重审亚里士多德

幸福总是有限度的。数百万人别无选择，只能等待并希冀陡然转运：那些遭无良政府压迫的人，那些时逢天灾食不果腹、备受瘟疫侵袭的人，那些从始至终身无长物的人。要告诉这些人他们身处幸福而不自知，几乎是无稽之谈。亚里士多德很可能连想都没想过。意识到自己什么时候比其他人更幸运，可能会严重限制自己追求幸福生活的进展。帮助那些需要帮助的人可能是重新找到幸福之路的唯一途径。直到重新找到幸福之路，直到没有人再需要帮助（这是一个不可思议的条件），完全的幸福才会到来。

大萧条时期的经济灾难被富兰克林·德拉诺·罗斯福政府解决了，他们在 1933 年开启了所谓的"新政"。根据英国经济学家约翰·梅纳德·凯恩斯的经济理论，新政的目的是刺激经济增长。在美国政府的资助下，工程进度管理局（WPA）和平民保育团

(CCC)让失业者转而投身基础设施的建设和重建工作中。新政宣称政府的责任是关心所有公民的福利。至少在理论上，每个有工作能力的人都会得到一份工作。在此，劳有所得、食可果腹就等同于幸福。

今天，随着美国收入差距的大幅扩大，工人重新面临艰难的环境。在过去的20年里，大多数人的工资增长有限，甚至有所下降；长期以来保护工人阶级的工会已经被系统地解散了。一些州政府尝试提高法定最低工资，工人也开始组织起来游行示威，争取更公平的待遇，但是联邦政府在此问题上似乎一如往常那样无能为力。与少数人的财富相比，多数人的幸福似乎是一个难以实现的目标。

亚里士多德认为，在一个社会中，如若政府只关注公民福祉，那么这个社会将迈向幸福。自那时以降，很明显，所有的社会都变得愈加复杂，政府行为也深陷繁文缛节之中。不论在哪个社会，人能够仅仅依赖政府提供幸福吗？在一个专制的政府下，有幸福可言吗？在严格的亚里士多德理论中，幸福真的可能吗？

12.5　幸福生活的典范
为何某些悲剧性的生活也可被视作幸福的？

小时候……我以为成功意味着幸福。我错了，幸福就像蝴蝶，翩翩而至，带给我们片刻欢欣，而后又飘然飞去。

——安娜·巴甫洛娃

有人可能会问，在一个不断面临不幸的世界里，怎样才能获得真正的幸福。然而，有些人尽管面临种种挑战，还是能过上好日子，或者可以说是幸福的生活。事实上，良善的生活有时就是直接、深思熟虑和乐观地面对挑战的结果。

在历史上，有许多良善生活克服可怕障碍的例子。奥地利精神病学家维克多·弗兰克尔曾被纳粹关入集中营。在以下这段文字中，他声言即使在死亡的阴影下，生活也是良善的：

> 人遭受痛苦的程度一定是相对而言的……一件微不足道的小事也能带来最大的快乐——我们曾从奥斯威辛集中营到达豪某个集中营，在旅途中发生了一件事。我们都担心火车会开往毛特豪森集中营。当我们越来越接近多瑙河上的某座桥时，我们变得越发紧张，这是火车驶往毛特豪森的必经之路……那些从来没有见过类似事情的人不可能想象到，当看到火车没有过桥，"只是"朝着达豪开去的时候，人们竟然高兴地在车厢里起舞。[4]

这个故事蕴含着一种亚里士多德式的幸福观，尽管是被送往集中营，但人们经由理性看到了两条命运之路——毛特豪森或达豪——必死无疑或有机会活命。人们并没有祈求好运，而是在事先就知道这两种可能性后，理性地做好了准备。如果自由是他们唯一向往的东西，那么火车没有穿过多瑙河的事实就不足以让他们感到快乐。相反，他们给自己营造出某种"好运"。

安妮·弗兰克

在纳粹入侵期间，一位年轻的犹太女孩安妮·弗兰克（1929—1945）和她的父母以及其他人一起，躲在阿姆斯特丹一栋办公楼的阁楼里。事情发生的几周前，她刚过 13 岁生日，还收到了一个日记本。她把自己在阁楼里度过的岁月以及产生的想法和感受都记录到日记本中。后来，这本日记被发现，出版之后被广泛阅读。

安妮·弗兰克不是舞台、电影和电视上天真无邪的理想主义者，她是一个心智成熟的女孩，知道自己每时每刻在做什么。在 1944 年的日记中，她写道："我现在下定决心过一种不同于其他女孩的，以后也不同于普通家庭主妇的生活。""不同的生活"是平静、沉思的写作者的生活。"如果我写作，我可以摆脱一切，我的悲伤会消失，我的勇气会重生。"战争结束后，她希望写一部有重大意义的作品，但如果这个目标没有实现，"我至少还有这本日记"[5]。

为了克服对自己、家人和朋友安危的忧虑，安妮找到了更宏观的视角，想起那些已经被抓住并送往集中营的人。"荷兰的情况和这里一样糟糕，人们被送到遥远的蛮荒之地，又会怎么样呢？可能他们中的大多数都已丧命。英国电台说他们被毒气毒死了，也许这是最快的死法。"[6]

安妮充满了力量，这一方面是因为她知道自己是无辜的，没有任何过错；一方面也因为她已经接受了藏身阁楼的生活处境。她成了这群人的定心丸。在光明节的时候，她用在阁楼里找到的旧材料为每个人做了礼物。

> 幸福的人也会让别人幸福。
>
> ——安妮·弗兰克

她的文字始终表现出一个坚定的人，一个情绪总体上处于控制之中的人，就像斯多葛主义者一样，一个精神永不崩溃的人。她承认自己害怕死亡，但这可以说是不理智的吗？与此同时，她并没有被恐惧所困扰。"今天早上我坐在窗前时，突然意识到我们得到了很多很多的补偿。我的意思是内在的补偿。"[7]

她自豪地承认自己的信仰——没有人是十恶不赦的，尽管她和她的家人已经被迫承受了太多痛苦，而且还有可能更糟。在她短暂而集中的理性生活中，她的宽恕姿态更像是一个幸福之人的胜利（在亚里士多德的意义上），而不是一个年轻浪漫主义者的多愁善感。像她这样的观察并不是一时冲动的结果，也不是突如其来的喜悦的结果，它们贯穿日记的始终，表现出一颗成熟的心智，深知亚里士多德在千年前就做出的推断——生活对善者而言才是善的。尽管安妮·弗兰克最终被俘并死在集中营，但我们可以用亚里士多德的话来说，她的一生尽管短暂，但她的生活是幸福的。

图12.5　马丁·路德·金，1963年在华盛顿广场上的演讲

按照亚里士多德的标准，幸福的生活是在死亡面前也不愿放弃理性和德性。你怎么看待这种说法？你认为马丁·路德·金的一生是幸福的吗？

Anonymous/AP Images

马丁·路德·金

1964年诺贝尔和平奖获得者马丁·路德·金（1929—1968），把自己短暂的一生献给了对种族主义的非暴力抗议和对非裔美国人公民权的争取。作为一名浸礼会牧师，马丁·路德·金经常出现在暴力场合中，敦促受害者保持冷静，面对暴力不能忍气吞声。许多人把他看作自亚伯拉罕·林肯以来最伟大的美国演说家，他用激动人心的演说给数百万穷人和受压迫者带来希望。他做了许多令人难忘的演讲，但最令人难忘的是他1963年8月28日在华盛顿广场上对数千人发表的演说《我有一个梦想》（图12.5）。

演讲的视频可以在许多网站上找到。在这次演讲中，马丁·路德·金直面不公正、歧视、种族隔离以及普遍失业等残酷现实。他没有提出什么空洞的抗议，而是给出希望之所以还存在的理由，而且，他一直在强调非暴力。

马丁·路德·金不可能不知道自己面临的危险，当他坚持毫不妥协的原则，在美国种族隔离最严重的地区尽情演讲的时候，他知道，有无数的敌人在埋伏等待。在《我有一个梦想》演讲后的第五年，他被人谋杀，凶手被终身监禁，但从未承认有罪或表现出任何悔意。

圣雄甘地

不，不，我们决不满意，直至公正似水奔流，正义如泉喷涌。

——马丁·路德·金

甘地（1869—1948）的一生是印度文化中获得幸福（得解脱）的典范。甘地也将自己的一生奉献给了非暴力事业（图12.6）。他拥有大量的追随者，他们授予他**圣雄**的头衔，意思是"智慧出众、品德高尚的人"。

像悉达多（见第10章）一样，甘地想要做的不仅仅是超凡脱俗、自我拯救。他想救世，于是勉力劝服所有愿意倾听的人，让他们相信只有通过非暴力和爱，才能获得平静和幸福的生活。

印度教教义认为，神灵居于每个人的内心深处，每个人的灵魂都是宇宙精神梵的一部分，因此从根本上来说每个人都是善的。不幸的是，这个世界充满奢华财富，让富人沉迷其中，而英俊和美丽的人又激起人的渴望。想要同时占有财富（包括土地）和他人的欲望会导致人的沮丧和绝望，正如伊壁鸠鲁主义者所知道的那样，如果快乐是人生的唯一目的，人就永远不会知足。熊熊燃烧的欲望让人们变得暴力，不惜以任何手段谋求他们想要的。

甘地认识到，当受压迫的土地上的全体人民或被强权征服的少数族群感到越来越多的挫折时，革命起义是不可避免的。暴力、战争和死亡（通常是最无辜者的死亡）之间了无休止的循环让生活苦不堪言。他知道，对于许多人来说，获得宁静的唯一方法就是放弃，什么也不做。但是对他自己来说，在一个被仇恨充斥的世界里，不可能有幸福，更不可能有平静。因此，像马丁·路德·金一样，他变成一个积极的行动者，决心使非暴力成为一股强有力的反抗力量。

向权力说真话 作为土生土长的印度人，甘地生活在英国殖民统治下，饱受歧视之苦。他公开反对英帝国主义，并因此声名狼藉，经常在教堂和会堂受到谴责。他来到南非，在那里他发现了类似的歧视和对改变的抗拒。他常常多日绝食抗议，因此身体憔悴多病，但仍坚持劝服那些聚在他身边聆听讲演的人，只有一法可让人生活幸福：放下屠刀，彼此对话。他认为，只有彼此对话，人们才能发现人性中最为基本的同一性。人怎么可能会憎恨跟自己一样的人呢？

甘地痛苦地意识到，印度地区的和平所面临的最大威胁，并非英国殖民政府，而是印度教徒和穆斯林信众之间不可调和的分歧。他们信仰不同的宗教：印度教徒信仰非人格的宇宙精神梵，穆斯林则信仰真主安拉。对穆斯林来说，印度教徒是无神论的异教徒，但往往印度教徒占据上风。

图 12.6　圣雄甘地，约 20 世纪 40 年代
甘地是专业律师，但放弃了轻松的职业生涯，转而向印度的统治权威发起抵抗——"向权力说真话"。这个短语出现在 20 世纪 50 年代贵格会的教义册子上，主张以此代替暴力运动。向权力说真话能够带来幸福吗？
Bettmann/Corbis

甘地陷入激烈冲突的旋涡中，试图说服双方可以和平共处，接受彼此的分歧，尊重彼此的信仰。1947 年，印度终于成为一个独立的国家，实行自治，向前迈出了一大步，甘地功不可没。然而他并不满足，国家内部的冲突必须解决。

甘地的梦想就像马丁·路德·金的梦想一样，至今仍然没有彻底实现。1948 年 1 月 30 日，当他准备进入一座寺庙禅坐时，被一名印度教原教旨主义者枪杀，这名原教旨主义者显然憎恨穆斯林，不能接受两教和平共处的思想。

事实再一次表明，如果完美的幸福不只是短暂的快乐，那么它就是一个遥远的目标，也许永远都达不到，但却可以通过不懈的努力去接近。有人可能会得出这样的结论：甘地是一个真正幸福的人，他可能都没有花时间去思考幸福这件事情。如果亚里士多德的灵魂守护在甘地周围，他可能会觉得甘地才是幸福生活的光辉榜样。他既没有健康也没有财富，但他真正拥有理性和德性。

12.6　佛教的幸福之路

佛教追求的幸福之路是什么？它对当代生活有什么启示？

幸福源自对存在的觉知。
——释一行禅师

对佛教徒来说，极乐，或涅槃，是一体两面。佛教历史学家解释说，几个世纪以来，这种宗教修行分成了两派，但最终都走向涅槃。其中之一是**小乘佛教**，意思是"小渡船"。它最先发展起来，其目的是将悉达多的教义转化为四谛的修行体系——苦集灭道。

苦谛——人世间一切皆苦
集谛——欲之所集使人生多苦
灭谛——断灭一切苦
道谛——持守八正道

道谛关系到人如何思考、说话，如何对待他人，最重要的是关系到人如何通过冥想得到清净（图 12.7）。

图 12.7　僧人在柬埔寨吴哥窟前禅坐，2004 年
你以为禅坐能带来幸福吗？或者说，幸福源自入世的行动，还是两者兼而有之？

Heritage Image Partnership Ltd/E&E Image Library/Alamy

虽然小乘佛教也有道德指向（依四谛逐步修行之必然），但在悉达多后世的人看来，它仍旧太过狭隘、太过有限。它虽能引人自救，摆脱苦厄，但无法帮助那些迷途之人。

渐渐地，借助更加宽泛、更加宏达的极乐概念，**大乘佛教**发展起来。藏传佛教属大乘佛教，继承了释迦牟尼的遗产，主张无上正等正觉者可于此世中得涅槃成佛，断俗世之乐，于世间行一切善。所谓行善，十分简单，如为受天灾者筹募衣食用品，如与志愿者一道助人重建家园。成名之后向诸众传达和平宽容之旨，也是行善。在佛教中，这两种行善的方式同样重要。

大乘佛教中无丝毫自满自喜。信徒不会因行善或做出巨大牺牲而自满自得。大乘佛教徒说，这是修行的必然结果。这种观点认为，经过多年的禅坐冥想，人已开悟，只能重返世间与他人一道生活，就像释迦牟尼一样，在菩提树下禅定多日终于开悟，却未止于涅槃，而是重返世间与他人共享极乐，教世人清净之法（图 12.8）。

释迦牟尼的时代，世间也是纷扰不断，但尚没有今天这样的全球性状况，没有持续不断的恐怖主义爆发，没有惶惶终日担心灾难随时随地发生。如果现在还活着，他很有可能在 2001 年 9 月 11 日身处世贸中心，为人们提供一切帮助。对于大多数人来说，做必要的事情可能有一个更狭隘的定义：对家庭、朋友和工作负责。

多数人都得接送孩子上下学，照顾年迈的父母或其他亲人，完成诸如攻读学位、掌握新技能、养家糊口等许多事情。既无法成佛，也不能像释迦牟尼那样生活：四海为家、风餐露宿、不顾个人需求。然而，大乘佛教并没有这么高的期望。无论你在佛法正道上能走多远，迈出第一步就是好的。这就是佛教关于幸福的观点。

无论是我们所说的极乐、解脱或涅槃，还是像快乐主义者那样坚持认为尽享生活之乐——大量的金钱、性、跑车、家庭，良善生活的本质仍然有待讨论。这一章并没有给出一个简单的解决方案、一个简洁的总结。幸福不过是我们涂抹在"人"之画布上的颜色之一。

"成功者"和"失败者"这两个词，在日常词汇中很常见。它们常常把我们引向一种非此即彼的生活方式。我们轻率地将某人描述为失败者，并下定决心追求成功。但是如果一个失败者是一个在任何事情上都失败的人，那么成功者必是截然相反的吗？人能够一直不断地成功吗？成功到底意味着什么？什么又是失败？没有金钱、健康、爱情就是失败吗？这些东西会一直都没有吗？

我们不希望给读者留下这样的印象：阿里斯提波、伊壁鸠鲁、亚里士多德或者悉达多发现了通往幸福的最佳而唯一的路。我们的建议是仔细地规划你对良善生活的要求，同时牢记本章中讨论的一些选择。一旦你认识到你可以掌控幸福的定义，并且可以让幸福对你来说是可能的，而不是永远无法实现的，那么你可能会体验到一种满足感。

图 12.8　佛陀涅槃图，西藏地区，19 世纪末至 20 世纪初
有纯粹的幸福吗？
John Bigelow Taylor / Art Resource, NY

12.7　幸福（不幸）与艺术
艺术是如何描绘幸福和不幸的？

人们往往倾向于认为幸福是喜剧，不幸是悲剧。从希腊人到莎士比亚，甚至直到今天，喜剧的标准母题是从混乱到有序的运动——从不匹配的情人、被误解的意图、错误的身份认同到肆意起舞或步入婚姻的"大团圆"。莎士比亚是这方面的大师。他的《仲夏夜之梦》中，一系列滑稽谬误最终得解，使每个角色都找到合适的伴侣，是喜剧表演的先驱。这种混乱最终得解的模式也是大多数当代情景剧以及热映的喜剧电影《伴娘》(2011) 等所采用的模式。

那么，幸福就是恢复秩序吗？如果是这样的话，这是否意味着幸福在本质上总是一种否认——逃离黑暗真相的混乱，逃离死亡本身？当然，这是许多伟大文学作品的主题。比如，麦尔维尔的《白鲸》让我们看到了两个人物：一个是"幸福的"水手以实玛利，他是故事的观察者和评论人，也是最终的幸存者；一个是"不幸的"悲剧人物亚哈船长，他沉迷于寻找白鲸。亚哈既在寻找幸福，也在拒绝幸福，他认为捕杀白鲸会给他带来幸福，但又觉得这样必然会诱他偏离自己的追求。

塞万提斯在《堂吉诃德》中提供了另一种幸福模式。这部小说也许是文学作品中第一次以喜剧的方式呈现真实人类的弱点和缺陷。《堂吉诃德》引人达到一种对人之本意的共同理解：在一个疯癫之人和他忠实的朋友的喜剧探索中，人性的黑暗和光明一同呈现在读者眼前。继塞万提斯之后，18世纪的英国小说家创作了一系列喜剧小说，小说中的主人公大都经历了由失序到幸福的过程，其中包括亨利·菲尔丁《汤姆·琼斯》(1749)和丹尼尔·笛福的《摩尔·弗兰德斯》(1722)等。

悲剧也可以教给人们关于幸福的知识，尽管有时候其中的教训让人难以接受。阿瑟·米勒的经典戏剧《推销员之死》(1949)生动地向我们展示了美国梦——对幸福的追求——带来的悲剧。故事的主角——推销员威利·洛曼将幸福与事业成功混为一谈。他很少关心自己的家庭——妻子和两个问题重重的儿子，但用尽全力也难以在公司中站稳脚跟。当他失败时，读者能感受到他的失败，而这种失败之所以更加悲惨，是因为它早已隐藏在威利对成功和幸福的梦想中了。

从不幸到幸福的过程，或者更准确地说，从幸福到不幸的过程，像托尔斯泰的经典作品《安娜·卡列尼娜》(1877)一样，在文学作品或戏剧中被描绘得最为淋漓尽致。但其他艺术往往扮演另一个角色：将幸福，甚至纯粹的快乐，带给听众或观众。比如，亨利·马蒂斯奇妙的剪纸画或者克里斯托和珍妮－克劳德的当代作品（图5.43）。如果你走入纽约中央公园，穿梭在绵延数公里的《橙色门廊》中时，你会看到其他人的脸上只有微笑。或者再找来阿尔文·艾利的《启示录》舞蹈视频看看（图8.13）。很难否认，这样的作品能够激发幸福。

描绘不幸

当然，任何关于幸福的理论最终都只是理论而已。那些生活环境恶劣，生活在恐惧、饥饿和疾病中的人，寿命往往比预期的要短得多。他们可以合理地说自己从未伤害过任何人却遭受了痛苦，他们觉得自己应该有更好的命运，这也是理所应当的。不幸的是，不幸本身是生活所固有的。对许多人来说，世上无数的苦难都是通往幸福生活的永恒障碍。

学会冷静，你会永远幸福。
——帕拉宏撒·尤迦南达

人文学并没有对人类的苦难充耳不闻。摆脱贫困的努力有时徒劳无功，这是许多伟大艺术和文学作品的主题。比如,维克多·雨果的《悲惨世界》(1862)就强烈呼吁人们关注法国穷人的困境。英雄冉阿让偷了一条面包给他饥饿的家人,被送进监狱,出狱后又再次陷入麻烦,直到被感化,开始行善。他受到警察沙威无情的追捕,后者不顾一切执意要惩罚任何违法者。追捕行动持续了几百页,最后以沙威的自杀告终,因为他无法将自己的法律责任与冉阿让对他的仁慈相调和,冉阿让则在临死之前终于与养女团聚。所有这一切都是因为一块面包!

当今世界的状况并没有给文学艺术的生活描写带来更加乐观的态度。近年来很受欢迎的一部埃及小说——亚拉·阿斯万尼的《亚库班公寓》(2002),讲述了开罗一栋公寓住户的故事。在某种程度上,他们都渴望幸福。中心人物是塔哈,大楼看门人的儿子,渴望成为一名警察,然后与他爱的女人结婚。尽管在高考中得了高分,但他还是被警察学院拒之门外。在大学里,他受到更富有、穿着更讲究的学生的冷落,但也受到像他一样的穷人的欢迎。他们把塔哈介绍给一位魅力超凡、承诺要带来改变的领袖,而他所谓实现改变的方法是策划炸弹袭击来打破现状。小说最突出的地方在于,塔哈的过激行为并未被描述为不幸,而只是现代世界的一个悲惨注脚。

回顾

在这一章里:

- 我们讨论了快乐主义及其关于幸福的关键假设;
- 我们探索了伊壁鸠鲁主义追求幸福的方法及其关键假设;
- 我们研究了芝诺的教义和斯多葛主义的关键假设;
- 我们总结了亚里士多德的幸福论,包括政府和法律在创造更大的善时的作用;

- 我们提供了一些良善生活的典范,解释了为什么悲剧结局并不一定意味着生活不幸;
- 我们讨论了佛教的追求幸福之路,以及相关教义在当代生活中的应用;
- 我们讨论了幸福和不幸在人文学中被描述的方式,也讨论了人文学激发幸福和不幸的方式。

主要术语

预期获益理论(big earnings theory):源自快乐主义的观点,认为努力工作或为他人做出牺牲的人应该得到物质回报。

及时行乐(carpe diem):拉丁语,意思是"抓住时机";快乐论者的主要信条之一,建议人活在当下,尽享一切快乐。

伊壁鸠鲁主义(epicureanism):以伊壁鸠鲁的学说为基础,相信幸福就是避免痛苦。

快乐主义(hedonism):源于希腊语"喜悦",相信幸福是人所能体验到的所有快乐的总和。

小乘佛教(Hinayana):佛教一派,梵语原意是"小渡船",意指通过禅坐获得清净,达到个人幸福的法门。

圣雄(Mahatma):源于梵语,意思是"伟大的灵魂",对智慧出众、品德高尚之人的敬称;用来形容甘地。

大乘佛教(Mahayana):佛教一派,梵语原意是"大渡船",意指通过度化他人而实现更大幸福的法门。

斯多葛主义(stoicism):相信幸福源于理性地应对各种不幸。

图 13.1　巴勃罗·毕加索,《恋人》, 1923 年

你如何定义爱?

第十三章

爱

13.1　讨论爱欲的历史，并举例说明其含义。

13.2　讨论灵爱的历史，并举例说明其含义。

13.3　分析在家庭和友谊的语境中爱的含义。

13.4　描述浪漫爱情的历史。

13.5　在历史和当今世界的婚姻语境中解释爱。

13.6　描述爱的观念在 20 世纪和 21 世纪是如何发生变化的。

爱至关重要，无论在过去还是在当今，无论在生活中、在世界上，还是在人文学中。世界上最美丽的建筑之一，位于阿格拉的泰姬陵，就是沙·贾汗对泰姬之爱的明证。没有爱的主题，所有的艺术都会消失。有些人不停地离婚再结婚，这也表明了人是如此信仰爱情以至于一直在追寻它。而且，不管人取得了其他什么成就，他可能都会觉得找到爱情才是生活的意义之所在。在无数的诗歌、小说、歌剧、电影和戏剧中，爱情往往同时被表现为快乐和痛苦之源。

欲望的激情将会得到满足；它要求，它挑衅，它暴虐。

——萨德侯爵

科学证据表明，人们称为"爱"的东西，是人体内不断释放的化学物质的结果：首先是含有睾酮和雌激素的性激素，然后是肾上腺素、多巴胺和血清素（让人精力充沛、失眠、辗转反侧），最后是被称为"拥抱"荷尔蒙的催产素以及随之而来的加压素（让人保持长期的依恋）。尽管如此，人们仍旧无法真正地解释爱。正如罗杰斯和汉默斯坦的音乐剧《南太平洋》中的男主人公在一曲《被施了魔法的夜晚》中所唱的那样，傻瓜会做出解释，但智者从不如此。

然而，本章将分析不同文化和不同时代的爱的神话或奥秘是如何对人产生影响的。值得注意的是，艺术家对爱的描述并不一致：有人赞美爱；有人强调爱之痛苦；有人甚至试图想象一个严禁爱情的社会。认识到对爱的痴迷及其对信仰的可能影响，对人之成为人至关重要。

13.1　爱欲

"爱欲"这个词有怎样的历史？历史上有哪些例子可以说明它的意义？

爱也有自己的历史。几个世纪以来，人类对爱的认知发生了巨大的变化。爱的定义也因文化的不同而不同。文化人类学家曾经发现，生活在非洲某个偏远地区的人们没有可以被翻译为"爱"的词。毫无疑问，那里的父母通过教导孩子如何在敌对的环境中生存来表达对孩子的感情，因而他们的语言中充斥着与生存策略相关的词，这些词都有明确的内涵。然而，他们似乎不需要表明紧密的家庭关系的词，也不需要表明成年人之间浪漫关系的词。

想象一下，在文化背景完全不同的两类人之间开展一场关于爱情的深入讨论是多么困难，他们的文化传统可能正好处于两个极端：一种在自由的伴侣选择中期盼浪漫和激情，另一种则秉承父母之命准备与某个陌生人成婚。

无论是在人类学研究中，还是在艺术领域，爱情的一个反复出现的方面，就是身体的激情。从古代世界到 21 世纪，几乎每一种文化中，肉体的快乐都备受推崇（想想《五十度灰》的流行）。例如，《希伯来圣经》里的《雅歌》，虽有各种各样的解释，但似乎是对身体之爱的抒发。希伯来人将其写入《圣经》之中，表明激情之爱是一种荣耀的体验，与上帝之爱并不矛盾。其中，情人之间的对话用了许多感官性的词汇。爱人的身体之美让他充满欢欣，他把她的胸部比作果实，把她的气息比作美酒。

在希腊和罗马的古典世界里，"爱"这个字可以在诗歌、哲学和神话中找到。希腊人区分了**爱欲**（身体之欲）和**灵爱**（比身体之爱更加重要的精神和智性之爱）。尽管罗马人以饮酒狂欢而闻名，但他们也承认两者之间的区别，而这种区别至今仍然存在。

古典神话中的爱欲

在古典时代，激情是危险的，爱可能导致无尽的痛苦。罗马作家佩特罗尼乌斯·盖厄斯（约公元 100 年）曾作诗一首，提出对爱欲的警告和对更好之物的赞美。

> 爱让时间流逝。时间让爱消逝。
> ——法国谚语

> 爱欲之乐，粗俗又短暂；
> 一旦满足便即刻厌恶；
> 所以万不可心急如兽，
> 盲目地只想得手。
> 因为爱会衰减，欲终退潮，
> 所以，要尽量拖后，以待来日；
> 此刻只须躺着，只管接吻，
> 不用辛劳，也不必羞耻，
> 此中之乐，足以愉人；
> 且它永不消退，总是新鲜如初。[1]

肉体欲望产生的影响往往是毁灭性、悲剧性的。它是古典神话中一些经久不衰的故事的来源。典型的例子是某个人——不管是人还是神——陷入了无法控制的激情之

中。在罗马神话中，丘比特常常是一个恶作剧者，因为他总是把箭对准一个个不再能理性思考的不幸的人。

维纳斯和阿多尼斯的故事　丘比特的受害者之一是其生母——爱神维纳斯。维纳斯被丘比特之箭射中后，被凡人阿多尼斯所吸引。在一阵激情之后，阿多尼斯声称想去狩猎。维纳斯恳求他不要做危险之事，但这明显有违罗马精神，故而一定会被阿多尼斯无视。结果阿多尼斯出发后即被一头野猪抵撞而死。为了纪念他，维纳斯将他的血变成一朵暗红色的花，叫作银莲花。但就像激情本身一样，银莲花的花期也极为短暂。刚一盛开，花瓣即片片凋零。

维纳斯和阿多尼斯的故事进入许多著名的文学和艺术作品中。许多艺术家，特别是佛兰德的画家彼得·保罗·鲁本斯（1577—1640），都曾受此爱情神话的启发（图 13.2）。这是凡人与不朽女神之间不可能的爱，表达了肉体之欲的短暂无常，同时也表达了死亡的重要性——只有死亡才能确保人类所梦想和颂扬的永不休止的爱。

在莎士比亚的叙事长诗《维纳斯和阿多尼斯》中，维纳斯被明确描述为阿多尼斯的主动追求者和引诱人：

你的美胜过我三倍，她说，

好一朵芬芳的鲜花，人间少见；

嬉水的仙女，见了你也自惭形秽；

你比鸽子白，比起那玫瑰，更鲜艳。

大自然孕育你，就在跟自己拼命，

说是你死了，世界跟你同归于尽。[2]

根据莎士比亚的著作，在这个年轻人死后，女神诅咒了爱情。从此以后，爱情永远不会使任何人幸福。爱是无法实现因而苦涩不堪的激情。更重要的是，它将引发战争和悲惨的事件。父子之间会为了争夺同一个女人互相争斗。如果有恋人足够幸运，能保持激情永不衰退，那么这种激情仍然会让他们感到痛苦。

阿多尼斯并不是唯一一个因爱欲的不幸而彻底改变了形态的人。神话中还有一些人，他们也引起了奥林匹亚众神的注意，最后不是丧命就是变成某种植物或某颗星星。在另一个希腊神话中，一位女子因为神之爱而备受痛苦，她就是大地之母得墨忒尔的女儿珀尔塞福涅。珀尔塞福涅十分美丽，冥王哈迪斯渴望得到她，于是将她俘虏并带回冥府。得墨忒尔因失掉女儿悲痛万分，引得众神之王宙斯同情，于是宙斯允诺为她夺回女儿，让珀尔塞福涅每年都重返人间。在珀尔塞福涅不在的那几个月里，大地之母悲痛欲绝，于是冬天降临；而当珀尔塞福涅回来的时候，人间就进入了春天。

在古典神话中，人无须为自己的悲剧激情负责。外在的力量、被拟人化的神，为了娱乐或者满足自己的生理需要而玩弄人。偶尔，苦难的人会因成为某位神渴求的目标而得到回报，但通常都是在经历了肉体和精神的折磨之后。

有的人被爱神用箭射中，有的人却自己跳进网罗。

——威廉·莎士比亚

中世纪的爱欲

在中世纪晚期，虽然欧洲的基督教盛行，但世俗和情欲主题开始渗透到诗歌中，这些诗歌通常是由那些准备成为神职人员的年轻人写的。

如果他们没有背离信仰，他们可能仍然会对性快感不屑一顾，或者至少不会捍卫性快感。一群被称为**放纵派**的叛逆神职学徒经常在休息时去酒馆里歌颂世俗生活。其中最著名的是《何不纵情欢乐》，这首歌至今仍在无数的大学毕业典礼上演奏，只是没有原本那些鼓励人们在不可避免的事情发生之前吃喝玩乐的歌词。许多放纵派的歌曲以及其他歌曲在过去的一个世纪中被发现，包括《我心彷徨》。这首歌和其他歌曲一起，被作曲家卡尔·奥尔夫改编成现代版本，并被包括莎拉·布莱曼和芭芭拉·史翠珊在内的无数艺术家翻唱。这首诗的叙述者很可能是一位见习修女，她即将期满宣誓，但自己又并不希望如此。

　　14 世纪最著名的世俗作家是杰弗里·乔叟，他喜欢创作能震惊教会权威的色情小说和人物。在他的杰作《坎特伯雷故事集》中，他揭示了普通人和牧师身上的弱点。在那些被欲望驱使的男女中，有一个最令人难忘的角色，年迈的巴斯妇，她结过五次婚（但总是出现"在教堂门口"），是文学作品中常见的那种精力充沛的女人。她对青春和美妙的性爱大唱赞歌，最后却以一种模糊的认知告终：随着年龄的增长，人越来越没有吸引力，不得不挥别那些让生活变得丰富和幸福的快乐。

> 耶稣基督啊，可是每当我想起
> 年轻时我那些寻欢作乐的事
> 这回忆就强烈撩拨我的心弦——
> 直到今天都让我有一种快感，
> 因为年轻时品尝过人世欢情。[3]

　　尽管《坎特伯雷故事集》中描写了许多发生在回廊、修道院和神父寓所中的轻率行为，但中世纪的著作通常都避开"性"这一主题。然而，随着中世纪的衰落，文艺复兴开始在西欧大部分地区蔓延，重新带回古典世界的荣耀，古老的爱欲主题再次唤醒作家们的共鸣。有些人把它视为人性的悲剧，而另一些人，比如写作十四行诗的莎士比亚，则热切地希望他们的女性朋友能够多一点温存体贴。

莎士比亚戏剧中的爱欲

　　《罗密欧与朱丽叶》可能是有史以来最受欢迎的爱情故事，极其清楚地表明了身体之欲对一对恋人最初的吸引力。这种欲望使朱丽叶感到害怕。在让罗密欧起誓之前，她警告说，这样的感情"正像一闪电光"，因为"等不及人家开一声口，已经消隐了下去"。他们彼此的吸引使他们忘记了家庭的责任，忘记了朱丽叶已经许配他人的事实——简而言之，他们要全心全意地委身彼此。尽管他们的爱充满着甜言蜜语，但终究难逃维纳斯的诅咒。

　　调皮的丘比特之箭是一种常见的情节手段，不管是出于恶意还是善意；甚至不管他出不出现，我们仍然会听到这样的故事：人们被突如其来的、令人眩目的激情击中，就好像他们胸口中了箭一样。莎士比亚在喜剧《仲夏夜之梦》（1594）中也看到了爱情让人备受折磨的一面。仙后泰坦妮娅发现自己不可抗拒地爱上了一个男人，如果她心智正常的话，绝不会多看这个男人一眼。但是她心智失常了，因为有人给她注射了一种神奇的爱情药剂，让她对她看到的第一个男人产生了欲望。在剧中，这个男人是一个装模作样的乡村演员，戴着驴头，用典型的驴叫来回应女王充满激情的爱；这叫声竟让她神魂颠倒（图13.3）。这个场景是莎士比亚"爱情主题"硬币的喜剧性一面。不管是哭还是笑，激情都不会带来太多好运。

　　尽管如此，莎士比亚的时代还是以激情为中心的。在此时的英国，前一章讨论的快乐主义哲学得到广泛的认可。它鼓励人们，就像中世纪放纵派歌曲中所唱的那样，尽情享受生活，因为谁也不知道死后会如何。持续到 17 世纪初的伊丽莎白一世时期，是颂扬肉体之乐的全盛期，但这通常也暗示着死亡随时可能降临。希腊哲学家伊壁鸠鲁公开谴责快乐主义，就是因为它隐含的对死亡的迷恋足以抵消爱情中稍纵即逝的快乐。

中东文化中的爱欲

　　《一千零一夜》通常被不准确地简称为《天方夜谭》。然而，事实上，这部 400 多个故事的大集合，纵跨 9 世纪至 13 世纪，收录了来自印度、波斯以及阿拉伯等地的许多故事，因此可以说是不同文化相互融合的代表。在 19 世纪 80 年代，这些故事最终被作家和探险家理查德·弗朗西斯·伯顿爵士（1821—1890）译成英文，至今仍被视作经典。

　　故事的中心人物谢赫拉莎德，是娶妻无数、视女人为玩物的苏丹国王的新婚妻子。苏丹国王大权在握，肆意霸占女人为妻，一过新婚之夜就将新娘处决。谢赫拉莎德也面临危险，除非她能找到一种不同于一般夫妻之事的方法取悦苏丹，否则在劫难逃。

　　足智多谋的女主角决定开始讲故事，这些故事极其引人入胜，苏丹国王在听了 1001 个夜晚的故事后，开始将她视为一个人，而不再是一个临时的床伴。这本厚厚的书在维多利亚时代的读者中十分流行，但很难确定究竟是因为故事的结局符合当时的道德标准，还是因为那些闺房秘事充满了异国情调。也许是因为它引人进入一片幻想之地——灿烂的色彩、芬芳的香料、美味的饮食和疯狂的夜事。俄罗斯作曲家尼古拉·里姆斯基－柯萨科夫（1844—1908）的交响曲《天方夜谭组曲》一直是各大乐团演

图 13.3　马克·夏加尔，《仲夏夜之梦》，1939 年
在爱情中，身体的吸引有什么样的作用？你会爱上一个对你没有吸引力的人吗？爱和身体吸引是不同的吗？还是一个整体的两个方面？
Scala/Art Resource, NY, Marc Chagall/Artists Rights Society (ARS), New York/ADAGP, Paris

奏的经典曲目之一，乐曲中充满感官刺激的旋律令听众陶醉。

《鲁拜集》（*The Rubáiyát*，在波斯语中是四行诗的意思）是由英国学者爱德华·菲茨杰拉德（1809—1883）翻译的。这部诗集出自波斯诗人、哲学家、生活在1100年前后的奥马尔·海亚姆之手（海亚姆意为"天幕制造者"）。诗集尽情歌颂生命的荣耀和短暂的快乐，尤其是那些肉体之爱。这些诗歌宣称，正是这种爱使生活充满激情，但又因其无法持久，终使生活变得悲哀、徒劳。

> 爱人哪！要是你我他同心协力，
> 把握这全部事理的可悲设计，
> 我们就不用先把它砸个粉碎，
> 再按自己的心意拼它在一起！[4]

尽管身为哲学家，但奥马尔似乎已经放弃理性的生活而选择感性的生活。身体之乐和饮酒远比夜夜不眠试图理解存在更令人满意。

> 朋友，在我第二次成亲的新房，
> 你知道，那婚宴有多热闹堂皇；
> 衰老不孕的理性我把她休去，
> 迎来葡萄的女儿做我的新娘。[5]

12世纪的苏菲派诗人鲁米虽然承认和赞美肉体的愉悦，但却更微妙而克制：

> 当我和你一起时，我们整夜醒着。
> 当你不在这里时，我无法入睡。
> 为这两种失眠感谢主吧！
> 也为它们之间的不同。[6]

不 忠

18世纪，英吉利海峡两岸的社会都讲求文雅。礼仪非常重要，但是在表面的礼仪之下，爱欲生活仍在继续。一位历史学家注意到，尽管客厅在各方面都很优雅得体，但在镀金的卧室门后面，行为准则已荡然无存，不忠行为泛滥成灾。每一个有教养、有钱的绅士都应该至少有一个情妇。尽管宗教一直在谴责公然的不道德行为，但虔诚的教徒视而不见、不以为然。

尽管这些时代可能已经过去，但事实上，男性为主而女性作为玩物（爱欲之仆）的主题从未完全退场。两部以风流恋情为主题的莫扎特歌剧至今仍广受欢迎。在 1786 年的《费加罗的婚礼》中，伯爵夫人一直忍受着丈夫的风流不忠，后者声称掌握着女仆的初夜权。然而，伯爵夫人的忍耐得到了回报，她唱着美妙的哀歌，并得到丈夫不再不忠的承诺，至少在剧中如此。

莫扎特的《唐·乔瓦尼》（1787）实际上歌颂的是有史以来最著名的花花公子唐·璜。泽林娜是受他引诱的对象之一，前者早已订婚，但这对唐大概无关紧要，似乎对观众来说也是如此。虽然主人公最终死去，下了地狱，但我们仍旧难以理解莫扎特和词作者洛伦佐·达·彭特反对男性风流失德的意图。

在美国，婚外情一度是离婚的主要原因，但随着"无过错"离婚成为常态，这个问题就越发不重要了。在今天的许多圈子里，两性关系被视作暂时的，因而伴侣众多似乎也成了公认的常规行为。然而，这种自由的伴侣关系并不意味着感情结束时不再有痛苦。流行歌手泰勒·斯威夫特早期的歌曲几乎都是关于分手的，本质上是对她的一系列名人男友的公开报复。我们很容易得出这样的结论：在 18 世纪和 19 世纪，婚外情的故事之所以流行，是因为严格的道德规范盛行。如今，尽管道德准则放松了，但身体上的激情和失恋的痛苦仍然是扣人心弦的主题。

> 如果爱情往往是残忍的，有害的，那原因并不在爱情本身，而要归咎于人与人之间的不平等。
>
> ——安东·契诃夫

13.2 灵爱

"灵爱"这个词有怎样的历史？有哪些例子可以说明它的意义？

人文学中的爱欲并不总是意味着无法控制的激情，让人沦为可悲的受害者或傻瓜。事实上，它的对立面灵爱，才是希腊语中表示"爱"的词。可以说，在古典世界里，爱所指的根本就不是爱欲或性欲，而是其他。

关于这个主题最著名的论述来自柏拉图，因此灵爱常被称为**柏拉图式的爱**。在通常的用法中，"柏拉图式的"这个词不仅指欲望的对立面，而且指一种完全非肉体的关系。但事实上，真正的柏拉图式的友谊所包含的，远超过一般所理解的同窗之谊。

柏拉图的理念

事实上，柏拉图所理解的爱，可能确实包括肉体的结合，但他也认为肉体的快乐永远不可能是至善的。没有理由认为柏拉图反对肉体之乐，但他将这些快乐视作通向理念之路的第一级阶梯。

在柏拉图哲学中，每个人生来就有灵魂，一种理解所有永恒真理的理性能力。灵魂最终发现它被囚禁在一个会衰败、有痛苦、可死的身体里。然而，灵魂是不朽的，并且在当前的身体死后会找到一个新的归宿。因此，灵魂不断地渴望逃离肉体。

在 1629 年的戏剧《新客栈》中，本·琼森（1572—1637）将柏拉图式的爱定义为"两个灵魂的精神结合 / 远优于身体的结合"。对于柏拉图来说，人与人之间身体的吸引至少是朝着正确方向迈出的一步，因为它代表了一种对自我（自我只是灵魂的临时居所，并不重要）以外的事物的专注。此外，身体的彼此吸引是为了繁衍后代，造就另一个生命。相较于日常生活中的琐碎自我，这种生命的延续更接近于永生。造就另一个生命让人能瞥见永恒之光，因为此时新鲜、年轻的生命取代了衰败、老旧的生命。柏拉图认为，当肉体之爱表明的是与他人接触的需要时，可以将之解释为一种善。当肉体的吸引沦为拥有、占有、使他人成为自己的一部分的需要时，它就不再是善的了。

不久之后，灵魂把目光投向了更高处。它渴望与其他的心灵、与思想和艺术接触。因此，在柏拉图看来，人可以爱上他人的心灵，也可以爱上一幅画、一件雕塑、一部交响乐。人也可以爱上另一个人的脸，因为它代表一种完美的安排。简言之，人可以爱上任何东西，只要它能提供审美的愉悦，只要是为了审美的需要，而不是为了占有。

人可以被博物馆里某幅画吸引，久久徘徊，不肯离去；人也可能在某个时刻为另一个人的身体而激动不已，不肯放弃。两者有何区别？为什么说一种比另一种更善？答案是因为那幅画将永远在那里。一幅画是一扇窗户，人可以透过它窥见永恒。有了这幅画，灵魂得以重回远在物质现实之上的精神之所，与纯粹的、永不凋谢的美同在。柏拉图式的爱是一架阶梯，它引领肉体之乐升向对纯粹的美的体验，这种体验不可言传，只能通过灵魂来感受。

> 这是一条正确的途径，可以自己遵循着它去爱，也可以由别人领着去爱，先从这个个别的美的东西开始，一步一步地不断上升，达到那统一的美，好像爬阶梯，从一个到两个，再从两个到一切美的形体，更从美的形体到那些美的行动，从美的行动到美的知识，最后从各种知识终于达到那种无非是关于美本身的知识，于是人终于认识了那个本身就是美的东西。[7]

对柏拉图来说，爱的最高形式是对美的爱：在心灵中，在艺术中，在生活本身之中。

中世纪的基督教徒更偏爱柏拉图而不是亚里士多德，主要是因为前者的灵爱论。基督徒认为，柏拉图所谓从物质欲望上升到理念的阶梯，实际上就是通往上帝的阶梯。因此，柏拉图式的爱成为上帝对人的爱，反过来也指人与激情无关的精神之爱或圣爱。

爱情既是一盏明灯，
也是一团烈火。
——亨利·戴维·梭罗

无论与基督教有没有关系，这个观点都持续影响了许多人，并为避免性接触的柏拉图式爱情观的流行奠定了基础。

重审柏拉图式的爱

爱情超越激情的理想主义几乎对我们每个人都有影响。在长期的两地分隔中，情侣们可能会想象彼此曾经的样子，但在多年后重逢时，他们可能会面临失望。想想柏拉图的主要理念——善、真、美；再想想肉体世界是如何谋求对抗的。活着，成为人，就是改变，最终与以前不同，就像一朵花只是短暂地发挥它的潜能。照片中某个漂亮的面带微笑的孩子就是这个时代的孩子应该是什么样子的缩影。看到这一点的部分乐趣在于，人们知道孩子有潜能成为另一种人——更大、更聪明、更灵活、更不一样。两地分隔的恋人可能会拿现实和旧照片做比较，悲伤地注意到现实中的人不再是理想中的那个人了。

柏拉图主义承载着一种值得为之奋斗，然而却从根本上令人失望甚至令人厌恶生活的理想。一个例子是 1965 年《堂吉诃德》音乐版《梦幻骑士》中的著名歌曲《不可能的梦想》，在这首歌中，高尚的骑士宣布，他将全身心地投入纯洁和美丽的事业。但是我们注意到，即使他自己，也承认他的梦想是"不可能的"。

对于坚定的柏拉图主义者来说，试图生活在一个高于物质界的世界中必须付出代价。在约翰·济慈的《希腊古瓮颂》（1820）中，诗人羡慕绘于古瓮上的恋人，因为他们不会遭受衰老和死亡的痛苦："这超脱一切的情感！不落俗于炽热的前额，焦渴的口唇。"画中的情人将永远不变："你能永远地爱下去，她也永远貌美如花。"这首诗只是许许多多柏拉图式作品中的一首，这些作品宣称艺术比生活更美好，因为它不会改变，故而许多作品都把对艺术的爱视为爱的最高形式之一。

柏拉图的观点认为，爱的最高形式将人带入纯粹美的境界——柏拉图理念论的至高境界，这鼓舞了许多恋人和描绘他们的艺术家，但他们也将迅速意识到，少有人能真正经得起攀登的艰辛。

在短篇小说《胎记》中，纳撒尼尔·霍桑认识到达到纯粹的完美、体验理想的美是不可能的。故事中的丈夫经常说他的妻子是美丽的，几乎完美，除了她脸颊上的小胎记。他觉得自己有办法去掉胎记，但可能会有危险。妻子恳求他试一下。她想在爱人面前完美动人。在助手的帮助下，丈夫做了一个实验手术，并设法去掉了胎记。但胎记一消失，妻子也随即丧命。霍桑说，人不能期望这个世界是完美的。人生来就有缺陷，永远无法达到理想的境界（在此境界中，爱纯洁无染，美也是永恒的）。但是柏拉图主义者在追求这种境界的时候一定会受挫吗？

13.3 家庭与友谊

在家庭和友谊的语境里，爱意味着什么？

大多数人认为有兄弟姐妹、亲戚家人是理所当然的。这些人是至亲，在家庭聚会上彼此拥抱接吻，彼此"带着爱"写信、寄卡片、发电子邮件，同时也期待着彼此的忠诚和帮助，却从不追问原因。大多数人都有一群密友，帮着搬家，接送机，倾听彼此的心声。所有这些行为，都是在"爱"这个词的笼罩下进行的。

家庭之爱

只有在家人的爱中，我们才能体会到由衷的幸福。
——托马斯·杰斐逊

日历上布满的记号彰显着那些所谓"团聚"的家庭之爱。广告鼓励人们要用精美的礼物和贺卡来"表达爱意"。超市喜欢展示一大家人其乐融融聚在餐桌前的场景，似乎在暗示，只要在食品店买了东西，家庭关系将恢复如前，嫌疚、不快都将一扫而光。

当然，实际情况很少如此。法国讽刺作家和社会改革家伏尔泰（本名弗朗索瓦－马利·阿鲁埃，1694—1778），曾将家庭定义为"一群不能忍受彼此的目光却被迫生活在同一屋檐下的人"。美国诗人罗伯特·弗罗斯特（1874—1963）在其叙事诗《雇工之死》中借人物之口说道：

> 家是那个在你想回的时候，
> 必须让你进去的地方。[8]

当然，诗中还有许多有关这一主题的句子，但是这两句已经非常有名，还时常被引用，好像它们确实表达了作者的思想似的。有时候，人们只是借这两句以自况罢了！

血缘关系有多重要？随着时间的推移，家庭之爱的概念发生了变化。曾经一度电视上出现的都是小家庭——上班的父亲、居家的母亲和两三个小孩，比如《父亲最了解》或者《奥兹与哈里特》。然后又出现了《已婚有小孩》或者《人人都爱雷蒙德》（还有目前周期最长的《辛普森一家》）之类的节目。在这些节目中，爸爸往往是一个装模作样的白痴，妈妈解决所有问题，孩子们则是叛逆的自以为是的小鬼。还有最近广受欢迎的电视剧《摩登家庭》，聚焦于一个大家庭的三个支系：年长的父亲娶了年轻火辣的妻子（事实证明妻子的才智远胜于他）、同性恋夫妇领养了一个亚裔女儿、笨手笨脚的父母带着三个孩子，稍能解决问题的往往是最后这个传统一些的家庭（图 13.4）。

美国人口普查局的一份报告显示，在 2012 年，美国只有大约 20% 的家庭是已婚夫妇带着孩子的家庭。大约 18% 的有孩子的家庭有如下情况：单亲家庭、未婚父母或伴

图 13.4 2013 年 9 月《摩登家庭》的演员获得艾美奖最佳喜剧类剧集奖

是什么定义了一个家庭？

Elizabeth Goodenough/Everett Collection

侣、祖父母抚养孩子。根据这些数据，几乎不可能继续将家庭定义为一个母亲、一个父亲再加上一些孩子。事实上，如今的儿童早已习惯复杂的家庭关系，包括继父母、祖父母、同性伴侣和配偶、收养和代孕出生的孩子，以及一系列其他家庭成员。

即使在当今不稳定的婚姻和家庭状态之前，人文学也仍旧广泛地关注家庭之爱及对它的不满，可能只是因为人们喜欢阅读或观看那些不幸的、不正常的家庭故事。一位教授剧本写作的大学老师曾在课堂上说："如果你来自一个幸福的家庭，你可能永远也写不出一部戏剧。"

家庭冲突

想想文学和戏剧中那些不幸福的孩子，他们渴望逃离不疼爱自己的父母或虐待自己的继父母。许多童话故事是人们从小就熟悉的，包括灰姑娘、白雪公主和糖果屋等，都是关于邪恶的继母和不正常的家庭的（事实上，白雪公主自己创造了一个新的家庭结构，作为一个"家庭"中明智的母亲，家里有七个肮脏、难缠的侏儒孩子）。类似地，很多浪漫爱情小说都是关于一对对不幸的恋人的，他们因各种原因被迫暂时分开，但最终注定要在一起。

通俗小说往往有一个快乐圆满的结局。离家出走的孩子返家了，夫妻回到彼此的怀抱。然而，在更严肃的作品中，尤其是在舞台上，圆满结局则极为罕见。戏剧和文学描写了许多失望的丈夫、妻子、父亲、母亲和子女，他们从未真正找到自我，也很难彼此和解。即使最终彼此和解了，就像吉莉安·弗琳的畅销小说以及大卫·芬奇由此改编的热门电影《消失的爱人》（2012）中所发生的那样，幸福也仍然难以保证。在将绑架事件嫁祸给丈夫（并残忍地杀害了一位保护她的朋友）之后，这位冷酷而精于算计的妻子回到家中，而有着深深缺陷的丈夫也接受了她。两人都意识到自己是受过伤害的人，应该彼此好好相待。

人文学中充满了史诗般的家庭斗争，有的为了财富，有的是因为兄弟间的不和。家庭团聚之后故事逐渐展开的描写也层出不穷，尤其在电影（如 1995 年的《家庭度假》和 2008 年的《四喜临门》）和戏剧（由崔西·莱茨创作的 2008 年普利策奖获奖戏剧《八月：奥色治郡》，2014 年又被改编为电影，由梅丽尔·斯特里普主演）中。尽管电视广告上仍然有奶奶在全家的掌声中端上一大盘火鸡的场景，但如今仍这样团聚的家庭实属罕见。

不幸之家在艺术作品中随处可见。从阿瑟·米勒的美国经典戏剧作品《推销员之死》到田纳西·威廉斯的《玻璃动物园》，再到《哈利·波特》中的麻瓜一家。或许是因为这些缺爱的家庭能为读者和观众带来一丝安慰，又或许只是因为人所共享的家庭形式是讲述悲喜剧故事的最佳背景。

宗教中的家庭

古代的希伯来人可能是世界上首先提出家庭概念的，这个概念至今已经存在了许多个世纪。犹太教在发展上帝与人之间的父子关系的同时，也创造出世俗生活的典范。首先出现的是部落，这个更大的群体由相互关联的家族组成，由一位族长统治，这位年长的、可能更有智慧的人拥有对所有成员进行裁决的权力。著名的《圣经》中的族长亚伯拉罕和摩西就是一个典型的例子。这种结构在逻辑上类似于上帝对人子的父权。家庭至关重要，逐渐变得神圣起来，因为它是保护更大的部落的必要手段。反对崇拜伪神或与部落之外的人通婚的相关规定，有助于保持部落的一致性和统一性。

对上帝的爱，包括恐惧和尊敬，也是对世俗家庭的父亲之爱的要求。没有顺服就没有秩序，而没有恐惧、敬畏和尊敬就没有顺服。恐惧是族长之子，也是人子或上帝之子表达爱的方式。有时，两位父亲的愤怒、施加的管教和惩罚（以及意外的宽恕）都是他们表达爱的方式。

然而，《圣经》中的两个女人——路得和拿俄米，改变了传统的家庭观念。在丈夫死后，路得并未选择回到本族，而是留在丈夫的母亲拿俄米的身边，从而组成了一个新的家庭。

路得却坚持说："不要催我，也不要逼我离开你。你往哪里去，我也要往哪里去；你住在哪里，我也要住在哪里；你的国就是我的国，你的上帝就是我的上帝。"

《路得记》（1：16）

尽管摩西被授十诫是希伯来历史的关键，但它们没有停留在亚伯拉罕和摩西的族群中，而是凭借对人的约束力散播到全球。其中一条戒律——孝敬父母——是对早期部落相关要求的重新阐述和扩展，但无论如何，它已经被全世界普遍接受了。

女家长和男家长

费德里科·加西亚·洛尔迦（1898—1936）的两部戏剧表现了家长强势控制所造成的悲剧后果。在这两部戏剧中，母亲都声称自己有权掌控女儿的命运，有权决定她们的婚姻大事。在《血的婚礼》（1933）中，新娘被许配给一个她不爱的男人，然后和人私奔了。这种事情在洛尔卡这里定不会圆满收场，因为他所描写的是极度压抑的传统西班牙社会。《贝纳尔达·阿尔瓦之家》（1936）讲述了另一个强势女家长控制下女儿们的悲剧故事，她们被迫不停地哀悼、被迫保持贞洁，痛苦地等待自己配偶的出现。

与此类似，在劳拉·埃斯基维尔1989年的小说《巧克力情人》（1992年被拍成电影）中，一位专横的母亲不让女儿嫁人，以便继续做饭或照顾家庭，而女儿唯一希冀的就是等待母亲的衰老。

约翰·斯坦贝克的《愤怒的葡萄》给世界留下了一幅令人难忘的女家长乔德妈的肖像。在大萧条期间，乔德妈以一己之力保全了全家（图13.5）。20世纪30年代，乔德一家在俄克拉荷马州的农场被银行强行赎买，他们与数百个流离失所的家庭一起被轻蔑地称为"俄克佬"，开始了前往加利福尼亚州的艰苦迁徙之旅，最终却发现原本承诺的工作和工资不过是一个骗局。这群无路可走的"俄克佬"被迫终日从事采摘工作，换来的却是微不足道的工资。乔德家的四个男人每天的工作总共可以赚取一美元。乔德妈从公司经营的商店买来一美元的汉堡，看着她的儿子们狼吞虎咽那仅有的几块肉。当其中一个儿子问还有没有吃的时，她用一种尽量听起来愉快且充满希望的声音说："没有，孩子，没有啦。"他们赚一美元就吃一美元能买到的肉。没有人注意到乔德妈什么都没吃。小说已经进入经典之列，而乔德妈也成了伟大的家庭守护者的原型之一，一位名副其实的女主角。

亨利·詹姆斯,《华盛顿广场》　美国文学作品中所有坚强的父母都不会像乔德妈那样牺牲自我。相反，亨利·詹姆斯（1843—1916）的中篇小说《华盛顿广场》（1880）中

孩子最初爱父母，等长大一些会评判父母。真正能原谅父母的寥寥无几。
——奥斯卡·王尔德

图 13.5　在 1940 年的电影
《愤怒的葡萄》中，简·达威
尔饰乔德妈，亨利·方达饰
汤姆·乔德，拉塞尔·辛普
森饰演乔德爸
乔德妈是坚强女家长的原型。
有些社会是母系社会，其中的
孩子按母系计算世系血统。有
什么论据支持这种观点？
Bettmann/Corbis

塑造了一个霸道的父亲形象。这部作品启发了 20 世纪 40 年代的两部同样名为《女继承人》的戏剧和电影。小说中的父亲几乎不掩饰对女儿的失望，不停地提醒她在各方面都不如她死于难产的母亲。在父亲看来，女儿缺乏优雅和魅力，缺乏调情和闲聊的女性能力。在那样一个时代，对医生之女来说，唯一的未来就是一个合适的婚姻，但父亲提醒她根本就没有希望。

终于，出现了一个求婚者，一个英俊迷人的年轻男子，他唯唯诺诺地向她求婚，请求她嫁给自己。在见过这个男人并估量了他的收入和职业抱负（或者没有抱负）后，父亲认为这个追求者只不过是为了钱。不然这么英俊的人怎么会对自己的女儿感兴趣呢？他宣布，如果他们结婚，他将把所有的钱捐给慈善机构。女儿相信追求者无论如何都会娶她，并计划与之私奔，但最后却心碎欲绝，因为那个声称爱她的男人并未现身。

多年以后，那个求婚者又带着无比的歉意和爱的宣言出现了。她再次同意与他私奔，但这一次她却把他留在门外，任凭他敲门、道歉，乞求她的原谅（电影版与原著稍微不同）。他的叫声在空荡荡的街道上回响，而她却打开台灯，上楼睡觉去了。当姨妈问她怎么能如此残忍时，这位女继承人面无表情地回答说："我受过大师们的教导。"

孔子与家庭　对于中国先哲孔子来说，孝敬父母是最基本的价值观。孔子就生活的各个方面都提供了具体的指导，其中最详细的莫过于尊重夫妻双方父母的方面。假设大多数家庭都有好几代人，孔子教导晚辈要在长辈进食之后再进食。子女必须嘘寒问暖，关注父母的身体。早晚按时拜视，不违父母之命。

> 在父母舅姑之所，有命之，应唯敬对。进退周旋慎齐，升降出入揖游，不敢哕噫、嚏咳、欠伸、跛倚、睇视，不敢唾洟；寒不敢袭，痒不敢搔；不有敬事，不敢袒裼，不涉不撅，亵衣衾不见里。[9]
>
> （《礼记·内则》）

孔子制定的规则，对于那些在以孩子为中心、强调个人幸福的家庭中长大的人来说，可能听起来有些古怪。当孝顺（因此受到压抑）的年轻人离开家，远离族群的限制和规则去寻找财富时，观众和读者会欢呼雀跃。尽管如此，在世界各地和各种文化中，仍然保留着对家长的智慧的尊重。

1964 年的音乐剧《屋顶上的提琴手》长演不衰，其中一个原因就是它的主题——家庭团结一致的力量及其抗打击的能力。这个主题吸引了众多观众，他们多数都身处脆弱的家庭关系中，暗自怀着改善的希望。

友谊与爱情

与柏拉图不同，亚里士多德不谈论爱，但他坚信友谊。他把友谊列为幸福生活的最高品质之一。对他来说，友谊是分享共同利益和道德价值观的个人之间强有力的纽带，因此它可能类似于柏拉图理想的、完美的非肉体关系，除了柏拉图式的爱还有一些非人的对象，比如一件艺术品。

爱情是盲目失察；友谊则闭目如盲。

——古谚

如果"亲属"（kinfolk）一词传统上是用来形容人们之间的血缘关系的，那么取代血缘关系的友谊就可以有一个类似的词——"超亲属"，或者是"自行选择的亲属"。《毛发》（1967）是一部划时代的舞台剧，其副标题为"美国部落式爱摇滚音乐剧"。这部舞台剧开创了一个全新的家庭时代，这里的家庭不是由血缘维系的，而是一群青年男女因厌恶越南战争自发聚集起来的。这个家庭也积极关注环境，高声警告观众，倘若再不采取积极行动，地球将毁灭在即。在 1976 年地球日当天于芝加哥进行的演出中，原本通常在谢幕时要跟演员一起跳舞的观众，被演出所鼓舞，转而涌上街头和演员一同捡起了垃圾。穿着考究的观众被拍到俯身屈膝捡糖纸和烟头。这个活动在街上持续了几个小时，堵塞了交通，引来了警察，这些人为着一个共同的目标加入一个临时组建的家庭中。

电视情景喜剧曾经是家庭故事的主要领域，到了 20 世纪 70 年代，也为所谓的"人工制造"的家庭腾出了空间。职场喜剧如《玛丽·泰勒·摩尔秀》(1970—1977)、《陆军野战医院》(1972—1983)和《干杯酒吧》(1982—1993)，以及朋友喜剧如《宋飞正传》(1989—1998)、《老友记》(1994—2004)和《老爸老妈浪漫史》(2005—2014)等，年复一年吸引着数百万的观众。显然，这些剧集受到观众的喜爱，也许是因为一定程度上消除了人们对**核心家庭**逐渐消失而感到的不安。

曾经被视作社会基础的核心家庭（包括父母、孩子，往往还有一对或两对祖父母）已经被大家庭所取代。这个大家庭可能包括有血缘关系的亲戚，如姨姑、表亲和继父母，也可能包括终身的朋友，甚至新近才认识但已经有所牵绊的人。《干杯酒吧》《老友记》和《老爸老妈浪漫史》等电视剧代表了血缘关系已无关紧要的自行选择的亲属关系（即使是《老友记》中的两兄妹罗斯和莫妮卡，也很少强调这种关系）。也许，这些以非血缘关系为基础的家庭故事大受欢迎，恰恰表明了美国人对迅速变化的社会可能导致人与人之间的孤立的恐惧。

在过去的时代里，友谊也许并不像现在这样令人向往。例如，在《哈姆雷特》中，波洛涅斯向即将成人的儿子雷欧提斯提出了一些忠告："别借债也莫放债；放债失钱又失友……"这是个很现实的建议，不是吗？这意味着友谊经不起财物的考验。如果这笔欠债不还，朋友之间很可能形同路人。

更讽刺的是亨利·菲尔丁(1707—1754)在小说《汤姆·琼斯》中给出的建议："当你在朋友的帮助下发了财，你就应该尽快抛弃他。"换句话说，如果朋友不能帮你改善生活，那朋友又算是什么？真希望这种定义朋友的方式已是过去时了！

友谊若久持，须在同侪间。
——塞缪尔·约翰逊

挚友　在精神上接近于超亲属的关系就是密友关系，这种关系在塞万提斯的《堂吉诃德》和马克·吐温的《哈克贝利·费恩历险记》中得到了彰显。在这两个故事中，两位作者都在两个男性角色之间建立了紧密的、似乎牢不可破的联系。

在《堂吉诃德》中，两位密友是堂吉诃德和他忠实的仆人桑丘·潘沙，后者深知主人的行为并不恰当，但又深切地爱护着其所怀有的理想主义。如果爱有时被定义为更关心他人而不是自己，那么桑丘将自己的整个生命都献给了一个已经失去所有现实意识的人，在粗俗世界的嘲笑声中陪伴并保护他，可以说是名副其实的无私奉献的象征。在现实世界中，朋友之间是否存在这种联系，读者可自行判断。当然，在堂吉诃德和周围人的眼中，桑丘只是一个仆人。但正因为主人的昏然不知，仆人对主人的爱才更令人钦佩，也可能正因为主人已经体弱至极，仆人才更容易把自己的全部奉献给主人。

在1988年阿尔弗雷德·乌里荣获普利策奖的作品《为戴西小姐开车》和改编后荣获奥斯卡最佳影片奖的同名电影中，就有一种类似堂吉诃德和桑丘的密友关系。故事中的主人是一位活跃的老妇人，亚特兰大的有钱阶层。仆人则是她的非裔司机。司机理解并接受他们之间的种族隔阂，但就像桑丘一样，他对这位老妇人有着深切的忠诚和真挚的爱。他竭尽全力保护她，不让她觉得自己老之将至，难以自理。两部作品备受欢迎，可能也表现了观众对已经消失的过去的怀念。在过去，死心塌地的忠诚可能是存在的。然而，一些人认为，这个故事反映了对现实世界中黑人与白人关系极其悲观的看法。

《哈克贝利·费恩历险记》的开篇延续了《汤姆·索亚》中哈克和汤姆这对好兄弟的历险故事，但作者肯定已经意识到汤姆太中产阶级，太墨守成规，不能完全理解反叛的哈克，或者也不能完全吸引他的读者。于是，两人的友谊被哈克和逃奴吉姆之间发展起来的更为复杂的关系取代了。社会地位和伦理上的差异再次出现。哈克是一个衣衫褴褛、未受过教育的白人男孩，他的父亲是一个一事无成的酒鬼，但仍旧显得比黑人吉姆更优越。吉姆则更强大一些，教会了哈克如何在密西西比河的艰苦环境中谋生。小说中最重要的时刻是，当哈克正准备写信给吉姆的主人报告其逃跑一事时，哈克放下所有先前的社会偏见，把信撕得粉碎。如果平等对待黑人并将之当作朋友意味着哈克注定要下地狱，那么，"好吧，那我就下地狱"。这就是友谊，而且也是爱。

13.4 浪漫的爱

浪漫的爱是什么意思？历史上它曾有什么意义？

初见这一章的标题时，最有可能首先想到的是一种特殊的、尚未展开讨论的**爱——浪漫的爱**（图 13.1）。对许多人来说，爱和浪漫是同义词。也许我们喜欢认为这种爱的需求是与生俱来的。当朋友说这个求婚的人并不适合你时，言下之意就是一定有一个对的人，而且他最终肯定会出现。有多少人因为"对的人"从未出现而深深惋惜？

"对的人"有文化中的神话原型，但不一定是普遍的。不可否认的是，浪漫爱情的原型是在世界上持续上演的莎士比亚的《罗密欧与朱丽叶》。如果让人们说出一个伟大的爱情故事，那么这部作品必定会第一个浮现在脑海中。

然而，正如我们所指出的，这对命运多舛的恋人也深陷传统意义上的肉欲激情之中。在阳台那一幕快结束的时候，朱丽叶告诉罗密欧她现在必须进去了，罗密欧痛苦地喊道："啊！你就这样离我而去，不给我一点满足吗？"他的意思十分清楚。朱丽叶回答说："你今夜还要什么满足呢？"其中的关键词是今夜。

值得注意的还有更多。莎士比亚创作此剧的时候，女性，至少是上流社会的女性，已不再仅仅是商品。确实，朱丽叶注定要接受一场包办婚姻，而这场婚姻的目的是经济保障和显赫家族联姻所获得的社会地位。但是，罗密欧仍旧愿意娶朱丽叶，哪怕因

为结婚而失掉生活来源，身无分文。因此朱丽叶在罗密欧眼中不是财产。这出戏告诉观众，有一种东西比经济保障或社会地位更重要。这就是所谓的浪漫的爱，或者说真爱。对后世而言，这对恋人所说的话就是浪漫的语言，尽管其中也充斥着爱欲的表达。没有人说浪漫是一种完全脱离性激情的体验，但大多数人都会同意这样的说法：浪漫所包含的远远超过对性的痴迷。莎士比亚笔下的恋人似乎确实如此认为，而且愿意为此放弃生命（图 13.6）。

爱情与欲望：浪漫的语言

　　犬儒主义者认为浪漫的语言只是表面，其下涌动的是无尽的欲望。然而，浪漫的爱的理想仍然对人的生活产生强烈的影响，因而当我们视之为谎言或错觉时，务必要谨慎。为什么浪漫小说会形成一个价值过亿的产业？倘若没有这些只愿彼此相伴的痴男怨女，读者会感到怅然若失，这又是为什么？诗歌和歌曲中充斥着"浪漫"这个词所蕴含的各种感情，赢得芳心、失去芳心、芳心已碎、芳心已死。在科尔·波特的经典作品《这所谓的爱是什么？》中，绝望的恋人呼喊："你夺去了我的心，又把它扔到一边。"这里的心并非身体器官，而是浪漫感觉之所在。

　　浪漫不断被谈论、书写或歌唱，而且总是对所有的身体欲望避而不谈。恋人们渴望彼此的一瞥，渴望手的触碰，渴望飞向天堂。罗密欧与朱丽叶借诗歌升华他们的激情。《西区故事》中的恋人则借歌曲《玛利亚》和《今夜》来刺激观众。即使如今的流行音乐大多是关于失去真爱后的痛苦，即使浪漫总被视作一种悲剧状态，它仍然是数百万人希望和梦想的基础，是最值得为之奋斗的东西。因此，它必须是真正有力的。而且，如果它来自人文学，不恰好能够表明神话、艺术和文学的力量吗？如果没有它们，人又将会怎样？

浪漫的语言正是我们在希腊和罗马哲学家的著作中未曾发现的。除柏拉图以外，他们大多数都是世俗中人，将爱视作痛苦甚至可怕的，让人深陷欲望的无名火中。爱情可能会有短暂的快乐，但是除非人愿意忍受之后的痛苦，否则没有它会更好。柏拉图用通向理念的阶梯，为理念之爱超越肉体的信念铺平了道路。

超越欲望、跨越时间的爱，也许曾被柏拉图瞥见过，但它却在中世纪扎下了根。如下几个方面可大致表明其变化、传播及其对人的感情的持续影响：

- 围绕赞颂圣母玛利亚荣耀的诗人和艺术家而发展起来的圣母崇拜。
- 罗曼司，一种复杂的文学体裁，讲述的是（通常出身高贵）不允许身体结合的爱情故事，其中一方可能已婚，或者有固执的父母。
- 骑士精神，骑士为了向女士致敬而采取的一系列高贵行为，包括在竞技场上献出生命，及其衍生出的典雅爱情游戏。

圣母崇拜

基督教《圣经》中并没有多少关于玛利亚的内容，但是随着宗教信仰的传播和基督教传统在中世纪的发展，"耶稣的生母"这个主题变得越来越吸引人。圣母与圣子是中世纪及其后的文艺复兴艺术家和雕塑家最喜爱的主题。诗人盛赞玛利亚为完美的女人，尤其尽情赞美她的贞洁。虽然处女生子颇让人费解，但没有人怀疑圣母玛利亚的纯洁。而且，因为圣母玛利亚是凡人，不是神，她的纯洁和荣耀也激发起对其他女人的崇敬，女人被视作优于男人的人，真正在男人之上，就好像她们身处基座之上，举手投足之间就能给下面的男人带来灵感。当然，这种地位让妇女无法参与到严肃的工作或政治领域中。

圣母崇拜引发无数的艺术表现形式，并一直延续到世俗文学中。作家经常借用童贞女主角的概念，崇拜她的纯洁，就像诗人崇拜玛利亚一样。世俗之爱就这样以属灵的形式呈现出来，即使其中也隐藏着深切的欲望。

同一时期，人们又燃起对柏拉图的爱情理论的兴趣。它现在被简单地理解为对理想爱情的追求，这种爱纯粹、纯洁、真实，不受欲望的玷污，即使在坟墓里也不能被摧毁。这种理想一直影响着男女关系，直到今天。

心病还需心药医。
——中国谚语

身着亮甲的骑士

　　罗曼司是产生于 11、12 世纪的一种文学体裁。这个词本身来源于法语罗曼（roman），指长篇虚构故事。如今这个词被直接翻译为"小说"。早期的罗曼司是口头传播的，而不是书面。当时还没有印刷机，讲故事早已成为一种艺术形式。尽管这些故事通常围绕男女关系展开，但它们并不总是关乎爱情，而可能包括为了寻找圣杯之类的宝藏而前往遥远国度的探险之旅。有些故事从基督教的观点来讲述，经常讲到高贵骑士与异教徒之间的战斗。这一时期许多流行的罗曼司都是关于亚瑟王、兰斯洛特、桂妮维亚、卡米洛特和圆桌骑士的故事。这些亚瑟王的故事被托马斯·马洛礼搜集编纂为单独的一卷，并于 1485 年首次出版，题名《亚瑟王之死》。自此之后，它们为后世的许多作家提供了灵感，如维多利亚时代的诗人阿尔弗雷德·丁尼生勋爵于 1859 年和 1885 年出版的《国王的叙事诗》、T. H. 怀特于 1958 年出版的《曾经与未来之王》，等等。

　　骑士精神的准则　"骑士"这个词也起源于法国，来自法语的"马"（cheval）。潇洒的骑士有许多令人钦佩的品质，包括愿意以女士的名义战斗到底。而女士需要做的，就是允许他冒生命危险，也许还要他戴上她送的象征荣誉的围巾。于是就诞生了这样一种传统，即崇拜女士而不求任何回报。骑士精神、骑士的行为准则，是当今许多礼仪的始祖，比如为女士开门、拉椅子，还有一般情况下的女士优先（走在外侧的做法是骑士精神的现代翻版，原本是为了保护女士不被飞驰而过的马车溅上泥）。

　　在许多故事中，即使女士愿意把自己献给英勇的骑士，他们也无法做到长久的结合，因为他们中的一个已经结婚了。通常情况下，这样的婚姻是由更看重财产和经济利益而非子女幸福的家长包办的。也许这对爱侣能在私下里享受片刻的身体欢愉，但首要的假设是，这种被否定的爱情远比没有爱情的婚姻更加高贵。

　　第二个假设是，真爱是天造地设的，因此超越了诸如肉体的快乐、婚姻及其所带来的财富等所有世俗之念。上天注定每个人都有另一半，而这另一半就是那个唯一对的人，这种信念已经持续了几个世纪。即使两个对的人没有结合，这种注定的"对"也会永远存在。

典雅爱情

　　在 12 世纪，阿基坦的埃莉诺王后，即法兰西国王路易七世的妻子、后来英格兰国王亨利二世和狮心王理查一世的母亲，开创了一种娱乐形式。这种娱乐形式最终传播到其他皇家宫廷，成为众所周知的**典雅爱情**游戏。为了自娱自乐，埃莉诺和她的贵族朋友们会举行模拟审判。在审判中，被告是一位青年男子，他宣称对一位年轻女子充满激情，需要经过一系列艰巨的考验以赢得女子的认可。"陪审团"将听取案件被告的陈述，即年轻男子为赢得女士的好感所做的一切，然后决定他是否能获得女士的芳心。在大多数情况下，男子的忠诚将得到相应的回报。

典雅爱情逐渐变成一整套恰切的求爱规则，基础是埃莉诺及其同伴为这种"无害"消遣所设定的规范。在罗曼司的爱情故事中，隐含这样一种观点：有教养的女士生来就是被宠爱的，而男人则是她的奴仆。因此当典雅爱情的相关规则被制定出来的时候，男性方面几乎没有反对意见。

在《堂吉诃德》中，塞万提斯自创了一种典雅爱情。疯狂的男主人公把自己想象成骑士，把邻村的农家女阿尔东沙幻想为女士杜尔西内娅。在他的妄想中，阿尔东沙纯洁而遥不可及。堂吉诃德甘愿做她的奴仆，要向她献出一切，甚至生命。

1507 年，巴尔达萨雷·卡斯蒂廖内（1478—1529）的一本名为《朝臣》的书，改变了典雅爱情原本存在已久的规则。其中隐含着文艺复兴的影响。这时的女士仍旧占主导地位，但不那么冷酷无情了；相反，她受过良好的教育，有魅力，机智又成熟，需要一个与自己匹敌（或者尽量匹配）的追求者。无论她暗地里多么仰慕追求者，她仍然不能失掉控制权；而当追求者提出身体方面的要求时，她总是不予同意。不过，规则已经发生了变化，委身于追求者会让原本文明的关系变得粗俗不堪。这类女士表面上嗤笑不允，暗地里芳心早许，几乎是莎士比亚作品中那类机智独立的女主人公的前身。

罗曼司与爱情游戏

罗马诗人奥维德（公元前 43—公元 18）专写爱情主题，并将之定义为"诱惑的游戏"。尽管我们无法确定 16 世纪巴尔达萨雷·卡斯蒂廖内的读者是否同意且暗自享受卧室门后的身体接触。但到了 17 世纪，在出身名门的贵族中间，增添闺中乐趣的诱惑的游戏变得相当流行。求爱始于有教养的女子与机智的男伴之间的口头对答，经过一些必要的时髦玩闹之后，最后以身体上或者身心的结合而告终。爱情游戏提供了一些文学作品中最令人难忘的对白和人物角色（情况是否会继续，完全取决于作者、剧作家和编剧是否愿意创造出机智的对话，以及观众和读者是否有耐心聆听）。

在英格兰，尤其是在所谓的复辟时期（从 1660 年开始，君主制在为期 20 年的失败民主制之后得以恢复），男女平等达到甚至超过中世纪晚期的水平。查理二世崇拜女性，并鼓励她们展示自己的力量。在这一时期，女性向前迈出了两大步——又在 19 世纪之前倒退了三步。

康格里夫,《如此世道》　18 世纪英国的戏剧舞台上，关于诱惑的游戏的作品大放异彩。其中最耀眼的一对璧人，莫过于威廉·康格里夫（1670—1729）《如此世道》（1700）中的米拉贝尔和米勒曼特。就像莎士比亚戏剧《无事生非》中的培尼狄克和贝特丽丝一样，这对情侣为了掩饰对彼此的强烈感情，几乎极尽语言之能事。

这对情侣都要遵循"游戏规则"，公然藐视情感和真诚的誓言。他们之间的对话很简洁，并且不断地互相挑衅，以便让观众如坠雾里，不知二人的把戏。米勒曼特表现得十分冷酷，嘲笑爱人的严肃，还说要拿他的书信卷头发。她不会接受求婚，尽管她心底里渴求婚姻。相反，按照当时的风尚，她宣布她不会放弃那珍贵的孤独。

米拉贝尔也不是圣人。他花心多情，极有可能已成人父。在未经米勒曼特姨妈和监护人许可的情况下，他没有一时冲动与米勒曼特私奔，因为米勒曼特的身家都掌握在监护人手里。相反，他很好地运用自己的智谋，既让监护人难堪，又获得了她的认可和米勒曼特的财富。不管是米勒曼特还是观众都不会苛责米拉贝尔的道德。在这个复杂的社会里，坚韧是生存所必需的，而真爱只是一场高风险游戏的一部分。

《如此世道》中的这对情侣最终走到了一起，他们签署了一份类似现在婚前协议的协定书，列出他们预期的行为（他要礼貌地向她请求性事，而她必须少喝酒）。三个世纪过去了，米勒曼特和米拉贝尔仍然是世人的标杆，精于世故的人能坚持不被内心情感所左右，同时也没有放弃爱情的快乐。

屈塞和赫本　在 20 世纪 40 年代晚期，新的爱情游戏在一系列经典电影中流行起来，这些电影由斯宾塞·屈塞和凯瑟琳·赫本主演，他们两人是生活中的恋人，塑造了许多经典的无可匹敌的银幕情侣形象。其中之一是 1949 年的《亚当的肋骨》（图 13.7）。影片中的两人扮演一对成功的律师夫妇，一人是检察官，一人是辩护律师。在审判一名射伤不忠丈夫的女子时，两人站在对立的立场上。屈塞坚持认为，尽管女子坚称自己的所作所为是为了保护家庭，但没人有权利违反法律，因此她必须被送进监狱。这对律师夫妇在法庭上争吵不休（但在一个场景中，他们在桌子下互相招手）。最后赫本赢了，屈塞表面上对她感到非常愤怒，但暗地里，他们就是现代版的米拉贝尔和米勒曼特，是私底下的浪漫爱人。

图 13.7　斯宾塞·屈塞和凯瑟琳·赫本在《亚当的肋骨》中罗曼司可以通过相互竞争来加强吗？性别平等对爱情有多重要？
Digital Press Photos/Newscom

渴求不可企及的：《神曲》与崔斯坦和伊索德的故事

诗人但丁和他称为贝阿特丽丝的女人之间的关系，是中世纪持久的浪漫而未能终成眷属的关系之一。但丁第一次见到贝阿特丽丝是在9岁的时候，后来才把她写入《神曲》中。

> 说真的，在那一瞬间，潜藏在我内心深处的生命的精灵开始激烈地震颤，连身上最小的脉管也可怕地悸动起来，她抖抖索索地说了这些话："比我更强有力的神前来主宰我了。"……因而在我的童年时代，我曾多次奔走，把她寻访；我看到她的举止如此高雅，如此令人赞美，诗人荷马的这句话她确实受之无愧："伊似非人之女，而系神之女。"[10]

但丁说，贝阿特丽丝对自己有无限的吸引力，是《神曲》近百个**篇章**背后的灵感。作为诗中的叙述者，他之所以愿意在到达天堂之前经历地狱和炼狱的艰苦旅程，也是因为他的爱。这意味着他将永远不能以任何凡人的方式享受贝阿特丽丝的爱。

在《地狱篇》第五章中，但丁降到了地狱的第二层，这里关着那些肉体上的罪人，他们必须为自己罪恶的欲望受永恒的惩罚。因为不正当的激情席卷他们，如今他们已没有休息的希望。尽管如此，面对保罗和弗朗西斯卡这对命中注定的情人，诗人并未为他们的罪行辩护，但是对他们表示了极大的同情。事实上，他并没有让两人身处地狱第一层，这是因为两人虽误入歧途，但至少他们曾相爱过。地狱的第一层是为撒旦保留的，代表着爱的完全缺失。

在父母的安排下，保罗的兄长与弗朗西斯卡成婚，保罗则充当父母的信使，去通知弗朗西斯卡。然而，有一天，当两人为消遣读到亚瑟王骑士的故事时，彼此都受到了极大的影响，在无法抑制的强烈的身体冲动中，投入彼此的怀抱。弗朗西斯卡向诗人说道：

> 我们只有两人，没有什么猜疑。
> 有几次这阅读使我们眼光相遇，
> 又使我们的脸孔变了颜色；
> 但把我们征服的却仅仅是一瞬间。
> 当我们读到那么样的一个情人
> 怎样地和那亲切的微笑着的嘴接吻时，
> 那从此再不会和我分开的他
> 全身发抖地亲了我的嘴。[11]

图 13.8 《崔斯坦与伊索德》中的插图，由斯特拉斯堡的戈弗雷多创作，公元 13 世纪。马克国王放逐崔斯坦和伊索德（上图）；随后发现二人死于洞中（下图）

你认为"禁忌"之爱是不是比一般的爱情更加强烈？为什么？

DEA Picture Library／De Agostini Picture Library／Getty images

崔斯坦和伊索德　对遥不可企及的爱人的渴望，是浪漫爱情的一个常见特征。家庭生活则不是。浪漫爱情故事往往不以结婚纪念日或父母子女的来访为主题，而是以一个或一对情人的死亡为主题。音乐爱好者从这类情人的悲剧爱情中收获良多，如在乐曲《爱之死》（"Liebestod"）中。充满情欲和精神色彩的《爱之死》是歌剧《崔斯坦与伊索德》的终曲，由理查德·瓦格纳于 1857 年至 1859 年创作完成，抒发了瓦格纳本人对一位已婚女士的爱。在类似于保罗和弗朗西斯卡的故事中，女主角伊索德被许配给马克国王，并由国王的侄子崔斯坦护送到婚礼现场（图 13.8）。在行船上，两人在不知不觉中喝下爱情魔药，彼此之间产生了难以抗拒的强烈感情。

像许多浪漫艺术一样，这部歌剧传达了这样的信息：不正当的爱情是短暂的，但足以让人为之付出生命。遵守规则的普通人过着安全而乏味的生活。因此，真爱往往与死亡为伍。在最后一幕中，伊索德跪在情人的身旁，唱出了也许是有史以来最露骨的爱欲之歌、最热情的浪漫之乐。它用上升的旋律和渐强音、铿锵有力的和弦，造成了某种类似于爱欲行为的效果（根据许多解释），逐渐达到狂喜般的高音，随后又趋于宁静。

这宁静带给伊索德的是平静，也是最后的死亡——她躺在爱人的尸体上离世了。

如果，正如一些愤世嫉俗者喜欢说的那样，浪漫的爱纯粹是子虚乌有，那么，人就更应该为这一如此卓绝地颂扬它并将之实现的传统感到骄傲。

13.5　爱情与婚姻
婚姻中的爱情观念是如何演变的？

读者可能已经注意到了，到目前为止，本章还尚未太多涉及婚姻问题。婚姻应该单独予以讨论，因为有时候婚姻中的利害关系或预先安排要远重于爱情；有时候，浪漫爱情一开始就存在，但随着时间的推移会逐渐消失；而且，通常情况下，关于**性别角色**的不同看法会干扰真爱的发展方向。当然，真爱也可以毕生拥有。显然，没有其他机制能如此复杂，尤其是在现代社会中。

> 爱情不过是一种疯狂。
> ——威廉·莎士比亚

维多利亚模式

在维多利亚女王统治期间（1837—1901），大西洋两岸都出现了一种严格的道德准则。维多利亚时代是中上层阶级的全盛时期，他们决定忘记卑微的过去，承袭古代贵族的生活方式，开始"正确"地生活。于是，一整套有史以来最严格的行为准则应运而生。

在维多利亚时代，婚姻不仅是生活的目标，也是男女共同的责任，被视作真正幸福的唯一源泉。在婚姻中，两性有着各自的性别角色。丈夫负责挣钱养家，因此，男子的地位得到提高。妇女的重要性则随之降低，即使在某些家庭中妻子的遗产是家庭收入的主要来源。比如在热播的英剧《唐顿庄园》（从2011年至2016年在美国播出）中，格兰瑟姆伯爵向美国女继承人科拉求婚，正是因为其财产，尽管两人之间最终产生了爱情。

> 无论何时再次相逢，在我们各自的眉梢都不应留存一点当初的爱怜。
> ——迈克尔·德莱顿

尽管维多利亚时代的英格兰由女王统治，但丈夫显然是家庭中的主导者，他决定了家庭的住房、子女的教育和婚姻。女孩可能会被许配给有前途的男性，而男孩通常会被安排与嫁妆丰厚的女性结婚。

妻子的职责是安心打理家务。她终日与仆人周旋，安排饮食（尽量满足丈夫的口味），并在适当的场合炫耀丈夫的资产。1901年，经济学家托斯丹·凡勃伦提出了至今仍然流行的**炫耀性消费概念**，用来描述这个金钱意识浓厚的社会的消费习惯，彼时往

图 13.9 乔治·修拉,《大碗岛的星期天下午》
这幅画如何反映了维多利亚时代的社会风俗？
Erich Lessing / Art Resource, NY

往以妻子的昂贵服装和奢华珠宝来证明丈夫的成功。

对维多利亚时代中产阶级最直观的描绘，可以在乔治·修拉（1859—1891）的名作《大碗岛的星期天下午》（1884）中找到。这幅画风格独特，极富创新性，被视作点彩画派的典型（图 13.9）。在绘画时，修拉并没有采用笔触，而是用卷得很紧的画笔尖蘸上他想要的颜色，在画布上轻轻地擦拭。这种效果赋予这个场景一种近乎神秘的外表，暗示着在僵化的、缺乏实质内容的社会中，适当的规矩就是一切。

双重标准

维多利亚时代的社会出现了一种**双重标准**，多年来持续困扰着性别关系。这一标准是，人们通常希望女性在婚前保持处女之身。不管新郎过去（或现在）有什么劣迹，他都有权迎娶未被别的男人占有过的新娘。妻子如有婚外情就会被上流社会永远排斥，而丈夫若被怀疑有婚外情，通常只会与其他男人彼此嬉笑一番，妻子都不应提及这个话题。维多利亚时代无数的小说和戏剧所描写的，都是发生在违背道德准则的女性身上的灾难。

双重标准的遗毒持续至今，不但继续发挥影响，有时还备受推崇。这些人大多重视传统制度，认为性别分工能够明确家庭成员的义务。当然，不应将这种习俗上的双重标准与宗教禁忌混为一谈，尽管后者也对性别角色设定了明确的规则。在当今的一些社会中，父系制度依然存在：包办婚姻盛行，女孩几无受教育的机会，妇女不得在公共场合露面，在监护权纠纷中孩子总是被判给父亲，等等。

当今的婚姻

美国人口普查统计数据表明，育有子女的已婚夫妇数量正在稳步减少，单人家庭和非婚家庭的数量正在稳步增长。那么，婚姻在当今还重要吗？有人可能会说，它不如以前那么重要了。但是，为什么又有那么多大规模的政治和社会运动要推动同性伴侣享有法律规定的婚姻权呢？婚姻制度中发生了什么变化？在包括美国在内的许多国家，现在所有夫妻不分性别都可以结婚。以前的婚姻规范是如何反映在 21 世纪的婚姻中的呢？

当然，大多数人拥有了前所未有的选择自由，可以选择与不同民族、种族、社会阶层的人结合，也可以选择与同性结合，当然也可以坚持独身。许多人在婚前已经一起生活了多年，还有许多人结过许多次婚，还有一些人结婚太早并急于摆脱婚姻。传统婚姻繁衍后代的目的早就被一些人抛诸脑后。许多明星在各种婚姻关系中生养了许多孩子，也有许多人坚持不要孩子（根据美国人口普查局的数据，这一比例在全美呈上升趋势）。如今，在美国和全球范围内，发生了许多变化，其中有些也改变了人们对爱的看法。

13.6　爱的变奏

在 20 世纪和 21 世纪，爱的观念发生了怎样的变化？

尽管传统的家庭生活遭到诸多怀疑，但上文所讨论的对爱的各种不同态度，甚至包括维多利亚模式，都在持续影响着人们的希望和期待。许多人仍然在等待那位骑士爱情故事中的"身披亮甲的骑士"，也有人在期待着一位维多利亚模式所规定的处女妻子。双重标准仍然适用：到处拈花惹草的男人被人称羡，而轮到女人身上则不然。我们似乎仍在寻找激情（爱欲），即使我们承认深厚的友谊（灵爱）可能是保持长期关系的关键。

但是，巨大的社会变迁也极大地影响了人们看待爱情本身的方式。其中包括 20 世纪中叶的女性主义运动、20 世纪末的同性恋权利运动（特别是近年来为使同性婚姻合法化所做的努力），以及人口老龄化所引发的担忧。

女性主义

　　20 世纪 60 年代，女性主义运动的领袖们呼吁废除婚姻制度，她们认为这种制度是性别不平等的帮凶。当时一些业已成年的女性不愿结婚，更多的女性虽然结婚但在婚姻中保留了自己的名字和身份。尽管有人如今不愿意给自己贴上女性主义者的标签，但她们仍然在继续提倡婚姻中的性别平等。比如，Facebook 首席运营官雪莉·桑德伯格在 2013 年出版了《向前一步》一书，宣称女性应在商界更加积极主动。

　　女性主义者认为，在亲密关系问题上没有理由不开诚布公，即便这意味着生活中只有爱是不足够的。温迪·瓦瑟斯坦荣获普利策奖的《海蒂编年史》(1988) 中的女主角，被《广告狂人》中的主演伊丽莎白·莫斯重新搬到银幕上。海蒂认为，爱情不一定是每个人生命中的关键。在经历了几段令人失望的恋情，包括一段和同性医生的恋情之后，海蒂完全解脱了，觉得自己可以自由地生活，不再需要对任何人做出长期的承诺，除了那个她决定自己养育的孩子。

　　女性主义者发现最难撼动的神话也许就是灰姑娘的幻想——某个女孩在等待王子的到来。灰姑娘的幻想让许多女人等待完美的男人，而这个男人很可能并不存在。洛莉·戈特利布于 2011 年出版的《嫁给他：选择足够好先生的理由》一书，激起了一场如何选择理想男人的持续讨论。

没有婚姻的爱情有时会让双方颇感不便；没有爱情的婚姻则会让婚姻制度让人难以忍受。

——凯瑟琳·安妮·波特

　　多年来，最具影响力的灰姑娘神话的传播者可能就是迪斯尼工作室了。在创造了诸多等待王子的公主形象之后，迪斯尼在 1991 年发行了《美女与野兽》，讲述的是一个思想自由的年轻女子拒绝某位追求者之后最终找到了真爱的故事，但她对生活的定义并不限于爱情。后来迪斯尼的一些电影继续聚焦勇敢独立的女主角（1995 年的《风中奇缘》、1998 年的《花木兰》、2012 年的《勇敢传说》、2013 年的《冰雪奇缘》）。尽管她们都自力更生，但在早期影片中，她们大都在最后投入男人的怀抱，找到了一个值得托付的男人。在《勇敢传说》和《冰雪奇缘》中，迪斯尼终于不再执着，呈现出几位没有实现浪漫梦想的女主角。

同性之爱

　　21 世纪发展最快的民权运动是同性的婚姻平等运动。事实上，就在我们完成本书的修订时，美国最高法院裁定，宪法保障同性婚姻的权利，给所有 50 个州带来婚姻平等。纵观全球，从阿根廷和巴西到爱尔兰、以色列和南非，大约有 20 个国家允许或承认同性婚姻。这表明了什么呢？表明了婚姻制度的灵活性——它允许变革，而且大多数人仍旧认为婚姻是一项基本人权，应该向所有人开放。

同性之爱古已有之。人文学对此也有或明或暗的涉及。虽然荷马没有直接说过，但是后来的作家很快就指出，英雄阿喀琉斯和他的战友帕特洛克罗斯之间的关系远不止于亲密友谊。传说哈德良皇帝（76—138）与他年轻俊秀的希腊宠臣安提诺斯有同性关系，而尼禄皇帝（37—68）当然也有同性爱人。在 19 世纪，沃尔特·惠特曼的《草叶集》（1855）对性大肆赞颂，尤其是大肆高举"同志之间的男性之爱"，引起读者反感，做出烧书之举。在等待登上捕鲸船之前，《白鲸》中的以实玛利发现自己和即将成为船友的魁魁格分享了所谓的"婚床"，而到了第二天早上，当他们醒来时，以实玛利发现自己被魁魁格以"最充满爱意和深情的方式"搂住了，"几乎被魁魁格当作妻子"。

艾滋病时代的爱情　爱情和疾病的结合在人文学中有着悠久的历史，尤其在歌剧中，如威尔第的《茶花女》和普契尼的《波西米亚人》等。20 世纪 80 年代，随着艾滋病的流行，两者的结合又走到台前。艾滋病对娱乐界产生了巨大的影响，许多演员包括舞蹈演员因之丧命，而彼时的医疗水平也大不如今。创作者创作出大量的戏剧和电影，讲述死亡笼罩下强大又深刻的爱情，垂死之人得到对方无微不至的关怀，等等。

拉里·克莱默的戏剧《平常的心》（1985）于 2011 年重现舞台，2014 年又被改编为电视剧。其中有一个极为震撼又令人心碎的场景。男子照料着身患艾滋濒临死亡的伴侣，一日，他带着食物回到家中，想让伴侣吃点东西，却发现对方躺在地上，高烧不退，浑身发抖。男子悲从中来，淤积的愤怒完全爆发，既因为死亡，因为情人的离世，也因为社会对此类疾病的视而不见。盛怒之下，他把食物砸向地板上的可怜人，所有的咒骂都化作涕泪横流。同样令人难忘的场景也出现在克莱格·卢卡斯的《爱是生死相许》（1989）中，一个男人把他垂死的情人抱在怀里，允许他"放手"，即使这意味着生死相隔。

晚年之恋

如果说成千上万的年轻人死于艾滋病，那么成千上万的老年人则发现他们的寿命随着曾经不可获得的药物和治疗的出现而大大延长了。除了出乎意料的长寿和持续的健康之外，许多老年人现在面临另一个问题：如何克服社会（以及他们自己）对于 60 岁以上的人该如何行为所做的预设，比如该不该再约会，等等。

生于哥伦比亚的诺贝尔文学奖得主加夫列尔·加西亚·马尔克斯（1928—2014）说，一个人永远不会因为年纪太大而不能去爱和被爱。他出版于 1985 年的小说《霍乱时期的爱情》（2007 年被改编成同名电影）讲述了一个有关疾病和衰老的故事。在故事的开始，笨拙丑陋的年轻人弗洛伦蒂诺·阿里萨迷恋上了费尔米纳·达萨。然而，费尔米纳·达萨最后选择嫁给一位医生，部分是因为她觉得不懈追求她的弗洛伦蒂诺有些奇怪，甚至让人厌恶。尽管如此，这位热情的追求者始终未婚，50多年来一直忠于他所爱的人。在费尔米纳的丈夫去世后，弗洛伦蒂诺又重新开始追求费尔米纳，虽然此时的他们都已经失掉了吸引力。

尽管如此，费尔米纳还是同意与他结婚，可能只是因为厌倦了弗洛伦蒂诺如此长期的不懈追求。起初，当他们为了躲避肆虐全国的霍乱疫情而远航时，她无意以身相许。然而，某个晚上，费尔米纳还是屈从了：

> 他瞥了她一眼，看见她赤裸的上身，跟想象中的一模一样。她的肩膀布满皱纹，乳房耷拉着，肋骨被包在一层青蛙皮似的苍白而冰凉的皮肤里。她用刚刚脱下来的衬衫挡在胸前，关掉了灯。这时，他坐起身来，在黑暗中脱下衣服，每脱一件就扔到她身上，而她又把它们扔回去，笑得前仰后合。[12]

> 我并不拥有我所爱的一切，只是我所有的一切都是我所爱的。
>
> ——列夫·托尔斯泰

那么在这种情况下，爱是什么呢？我们不能说这个词是不恰当的或者没有性的含义，因为这对老夫妻在洞房之后就沉迷于激情的身体之乐。这是他们的救命稻草。他们的爱情不是柏拉图式的，因为两人已经有半个多世纪没有联系，对彼此的心灵几乎一无所知。但他们所拥有的无疑是好的，并且似乎是作者对爱情问题给出的神秘答复。

爱肯定战胜了仇恨，不是吗？

想象一个没有爱的世界

有三部小说明确提出了对性爱分离的警告，它们都是反乌托邦主义的。**乌托邦主义**相信有理想的方法来计划和管理社会，其源头可以追溯到柏拉图的《理想国》。在《理想国》中，柏拉图描述了城邦代父母照管孩子的社会，这样就可以把孩子培养成理性的人，摆脱情感的束缚，明白婚姻只是为了繁衍。

在奥尔德斯·赫胥黎的小说《美丽新世界》（1932）中，任何情感上的烦恼都可以通过服用一种叫作"唆麻"的药物来解决。性只是为了快乐而存在的，不存在任何负罪感和责任。一对男女可以短暂地聚在一起，享受快乐，然后去寻找其他的伴侣。这种行为不仅不会被追责，而且是国家所要求的。技术高超的科学家通过体外人工受精来保证繁殖。孩子就这样在实验室里被孕育出来，与父母没有任何联系，只有国家是他们的监护人。这些孩子是国家的未来，接受着细致的调控和监视。

新世界中唯一的禁忌是对他人的爱，换句话说，性可以，爱不可以。在这个为效率而精心设计的世界里，爱情只会成为绊脚石。然而，赫胥黎笔下的主人公本能地觉得生活中还有更重要的东西，而这些东西他从未拥有过。他设法逃离这个乌托邦，去到很远的地方，在那里他发现并加入了一群像核心家庭一样生活在一起的人。他生平第一次感到幸福。

在乔治·奥威尔写于 1949 年的小说《1984》中，爱同样是禁忌，因为它违背了国家的利益。这个国家被看不见的老大哥统治着，他一直监视着每一个人。这部小说创造出一句不朽的名言："老大哥在看着你。"这句话如今多被用来描述公共建筑中的监视技术、对抗议游行的监视以及窃听设备的泛滥。其中两位公民冲破所有的规则，坠入爱河，沉溺于爱欲之中，直到他们亲昵的行径和对话被发现并曝光。他们受到惩罚，被送到所谓的"仁爱部"接受洗脑和康复治疗。奥威尔写作此书时，第二次世界大战刚刚结束，苏联共产主义被西方视为新的敌人。这本书仍然是一个有力的反乌托邦宣言，但更重要的是，它发出了对政府侵犯个人隐私权的有力警告。

在玛格丽特·阿特伍德的小说《使女的故事》(1985) 中，女性被剥夺所有的权利。她们不能受教育，不能选择职业，不能凭个人好恶选择伴侣。标题所指的使女，名为奥弗雷德 (Offred)，意思是归弗雷德 (Fred) 所有。她必须时刻穿着标识身份的服装。当使女到了生育期，女主人会要求她与男主人发生关系，而且会全程在场监督。如此生出来的孩子将属于主人。阿特伍德指出，即使在民主国家，国家权力也可以充当压迫工具，施于那些被认定的不良分子。

贯穿这三部小说的主题是，爱是一种自然的本能，不能被外界的力量所否定或控制。有些人可能会认为这种爱最终只是建立在性冲动上，或者并不止于此？

选择的自由

人文学提供的主要观念之一，是所有人都有选择的自由，其中包括定义爱的自由。骑士精神会成为爱情生活的重要组成部分吗？还是某类婚恋交友网站上的视频？爱是回归稳定而牢不可破的家庭关系吗？还是一个不会长久的游戏？

人可以选择保持单身，与终身伴侣一同去旅行或参加社会活动也不再是必需。按传统规则行事可能会让人心安，因为传统规则要求人与相同背景的人结合，而且要彼此承担各自的性别角色。当然，人们也可以定下自己的规则，不管收入、不问年龄，甚至不顾将来。

或者，有人可能认为，爱不应该被定义，而应该被体验，就像诗人汉娜·卡恩所说的那样。

签　名

如果我歌唱那是因为我

由音符般的泥尘构成，

而我哭是因为需要

由浸湿的种子构成，

我像一棵扭曲的树一样生长

既不对称

也没有组织能避免

挥下的斧头，轻微的伤口，

但有一件事我敢肯定

它还带着我的签名

它来时我懂得了爱

并以此唤它的名。[13]

回顾

在这一章里：

- 我们讨论了爱欲的历史，并举例说明其含义；
- 我们也对灵爱做了同样的讨论；
- 我们在家庭和友谊语境中审视了爱；
- 我们探索了浪漫的爱（包括骑士精神、典雅爱情、爱情游戏）的悠久历史；
- 我们在婚姻的语境中检视了爱；
- 我们讨论了21世纪一些改变爱之观念的主要社会变革运动。

主要术语

灵爱（agape）：希腊词，指精神或灵魂行为（在智力或美学意义上），包括对他人心灵的爱；在基督教中，指对上帝和自己的同类的爱；通常被理解为性爱的反面。

篇章（canto）：如《神曲》等长诗中各部分的划分，类似于书的章节。

炫耀性消费（conspicuous consumption）：托斯丹·凡勃伦提出的概念，指维多利亚时代中产阶级和上层阶级公开炫耀财富的经济行为习惯。

典雅爱情（courtly love）：在中世纪晚期和文艺复兴时期，一系列支配上层阶级婚配行为的人为的、成文的规则；其中最主要的是女士有权提出任何要求来试炼追求者的忠诚和奉献。

双重标准（double standard）：最初是指丈夫（而非妻子）在婚前或婚姻关系中能够与人发生性关系的权利。

爱欲（eros）：希腊词，灵爱的反义词，指激情和身体的欲望。

性别角色（gender role）：社会界定男女性别，尤其在婚姻关系中的权利和责任的方式。

放纵派（goliard）：中世纪的一群流浪诗人，通常指一群准备成为神职人员的年轻人，他们歌颂快乐主义的生活，并鼓励他人在进入严肃的神圣领域之前享受生活。

圣母崇拜（Mariolatry）：中世纪晚期诗人和画家对理想化的圣母玛利亚的崇拜；这种崇拜不仅使耶稣生母变得崇高，而且还导致上层妇女和神职人员中女性地位的提高。

核心家庭（nuclear family）：由父亲、母亲和孩子组成的传统家庭单位；曾经也包括祖父母，但现在已不太可能。

柏拉图式的爱（Platonic love）：最初指两个兼容的心灵之间的一种理想关系，可能开始于身体上的激情，但后来转向更高的智性和美的层面；它也可以指人对思想或艺术作品的爱，或对身体之美的纯粹的爱；在通常的用法中，它只意味着一种没有性的恋爱关系。

罗曼司（romance）：起源于中世纪的一种小说类型，描写勇敢骑士的英勇事迹及其愿为某位女士献身的纯洁之爱，通常故事中的骑士确会丧命。

浪漫的爱（romantic love）：有性或无性的爱；最重要的是温存的感觉和厮守的愿望，而不是为了满足个人的欲望。

乌托邦主义（utopianism）：相信理想的社会能够被规划和理性地管理。

图 14.1 　新奥尔良某地葬礼上的哀悼者，充满活力的音乐常常成为这种葬礼的关键部分

死亡是值得悲伤或庆贺的吗？这个问题的答案可能取决于什么？

Philip Gould / Corbis / Documentary Value / Corbis

生之肯定

第十四章

14.1 描述人们想象死亡和颂扬死亡的方式。

14.2 讨论通俗艺术中描绘死亡的方式，并解释这类描绘吸引受众的原因。

14.3 解释人们用来肯定生命和应对死亡恐惧的各种策略。

14.4 描述文学、音乐和哲学帮助人类理解死亡、肯定生命的方式。

14.5 分析生之肯定的各种模式。

> 只有通过谈论世界和我们自身中正在发生的事情，我们才能把它们人性化，同时，也正是在谈论它们的过程中我们学会了成为人。
>
> ——汉娜·阿伦特

许多人试图在艺术中确认"生活是美好的"。即便故事中充斥着吸血鬼和恶棍，读者也必定会根据自己的期许来设定主人公的结局。毕竟，为什么要阅读、观看或收听那些令人沮丧的东西呢？不过，也有一些人认为艺术就应当揭示人类经验的真相，有时候是对生之肯定，有时候则不然。他们坚信，逃避人终有一死的真相是于己有害的。因为拒绝承认必死性而强调无止境的乐观，可能会给人带来暂时的安慰，但终究不能长久。

在本章中，我们将探讨历代艺术作品对死亡或直接或象征性的描绘，各种由人所创造的死后故事，艺术是如何利用人对死亡的恐惧和迷恋的，以及人应对这些恐惧和迷恋的策略。

14.1 身为凡人：我们如何描绘和颂扬死亡

死亡是如何被想象的，又是如何被颂扬的？

艺术将死亡和对生命的肯定作为主题，这于人有何益处？至少有两个方面的益处：第一，对人来说，这些集中的艺术创造就是对生命的肯定；第二，这些作品提醒人在生活的过程中总会面临各种问题，忽略这些问题是对生命本身的否定。一旦人认识并接受自己的必死性，对死亡的恐惧就会少一些。

不一致的信仰会让人虽生犹死。有些信仰是彼此矛盾的，如来世幸福的信仰与现世快乐的信仰。许多人自不量力，贪图两者，既想拥有名利双收的生活，又想得到身后的永恒幸福。

轻视有关生命终结的思想的原因之一是对自我的重视。似乎不可能有那样一个自我都不存在的时刻。对一些人来说，想象自己的葬礼是一件乐事，可能仅次于长生不死。在幻想的葬礼上，他们实际上是在场的，倾听着别人对自己的评价。人不过是世间过客，要接受这样的想法，起初可能很困难，但只要习惯了，就会越来越容易。

然而，人生短暂的想法也可能是另一种形式的自我关注。当被问及是否会因为衰老而烦恼时，有人说："我一想到世界上将发生的那些可怕的事情，就不再介意变老和死亡了。"这种情绪也可以这样表达："死亡也有好处，让人不必再面对可怕的未来。把问题留给活着的人吧。"这种说法中没有一丝直面生活的勇气。这不过是一个终日笼罩在死亡阴影之下的人在自我宽慰，为了逃避恐惧，他坚信生比死还要糟糕。

希望人文学中这些对死亡的思考，能让人在生死相关的思考和行为方面重新确定自己的处境。死亡可能并不总是只发生一次。可不幸的是，许多人毫无必要地一再死亡。

我不怕死，只是当它来临时，我不想在场。

——伍迪·艾伦

死亡的形象

有各种想象死亡的方式。它可能是置人于死地的仇敌、确保人人平等的一种力量、一个虔诚而勇敢的生命的光荣结局，也可能是每个人注定的结局（对那些"气数已尽"的人来说），是伸出双臂邀人进入平静欢乐之所的接引人，甚或是宇宙循环中的一个自然事件。

死亡常常被描绘为幽暗的坟墓、头骨、蒙面杀手以及身披黑袍手持长镰的死神（图 14.2）。这些形象衍生到许多行业，并形成一种认识：人们喜欢安全地被惊吓，不然他们就不会去看这些形象，更不会参加到处都是恐怖装扮的万圣节派对。对死亡的想象会让某些人兴奋不已，他们喜欢在坐过山车时放开双手，喜欢乘船穿过隧道时突然冒出的骷髅或者从棺材里冒出的尸体。

图 14.2　奥伯利·比亚兹莱，《瘟疫》，约 19 世纪 90 年代
维多利亚时代比亚兹莱的这幅画，展示了黑暗从人物的脚下蔓延开来的景象。你是把死亡想象成一个有形的东西，就像这幅图中的人物，还是一个抽象的概念？
Aubrey Beardsley

死亡的仪式

有时候，为了纪念逝者，人们以一种肯定生命的方式来颂扬死亡。在墨西哥和波多黎各，亡灵节（Día de los Muertos）是一年一度的盛事（图 14.3）。这个节日最初是阿兹特克人的习俗，在每年较早的时候举行，后来改为 11 月初，以便与天主教的万圣节相统一。如今，亡灵节更多地流行于乡村而非大城市。但是不管在哪里举行庆典，人们都会去扫墓，并把亲人的坟墓装饰起来，之后的活动中会有大量的食物，包括骨架形的蛋糕和糖果。

图14.3　在亡灵节的祭坛上，用豆子和金盏花拼成的骷髅。圣米格尔德阿连德，墨西哥

像亡灵节这样的庆典活动能为在世的人带来什么呢？

John & Lisa Merrill/Photodisc/Getty Images

　　在莎士比亚的历史剧《亨利五世》中，亨利五世采取了另一种方式。在对军队的演讲中，他颂扬英雄主义式的死亡，主张在战场上英勇牺牲，以此激励数倍于敌军的英国士兵。有人抱怨法国军队兵力强大，对此他不屑一顾：

> ……对于这次战争没有胃口的人，
> 尽可离去……
> 怕和我们共死的人，
> 我们也不愿和他同死……
> 我们这几个人，我们这幸运的几个人，我们这一群弟兄；
> 因为凡是今天和我一起流血的
> 就是我的弟兄；不管他出身多么低微，
> 今天这一天就要使他变为绅士；
> 现在在英格兰睡觉的绅士们
> 会以为今天没来此地乃是倒霉的事，
> 每逢曾经在圣克利斯品日和我们一同作战的人开口说话，
> 他们就要自惭形秽。[1]

《亨利五世》（第四幕，第三场，35—39；60—67）

　　但是诗人威尔弗雷德·欧文（1893—1918）对军事牺牲的描述远没有这么光彩夺目。在一首著名的关于战争的诗中，欧文详细描述了他在第一次世界大战战场上目睹的痛苦，并以罗马诗人贺拉斯的一句诗作结。贺拉斯的这句诗是：Dulce et decorum est pro patria mori（为国捐躯，甜蜜荣光），欧文称之为"古老的谎言"。

为国捐躯，甜蜜荣光

弯下身，像背着麻袋的老乞丐

屈起膝，像老妪一样咳嗽，我们在污泥里诅咒，

直到搅扰不休的照明弹闪现，我们才背转身

朝着我方远处的休整地缓步跋涉。

人们麻木地行进。很多人早已丢了鞋

踉跄着，满脚血污。所有人都跛着；双眼无神；

疲倦不堪，甚至对掉落身后的陈旧五九炮弹的呼啸声

也充耳不闻。

氯气！氯气！快，弟兄们！——一阵胡抓乱找的慌神，

及时戴上了笨重的防护头盔；

但还是有人嘶喊起来，跌跌撞撞，

翻滚挣扎着，像大火或石灰里的人……

昏暗，透过模糊的护目玻璃和浓厚的绿光，

如同在一片绿海之下，我目睹了他的淹溺。

在我所有的梦中，在我无能为力的眼前，

他扑向我，颤抖着，窒息着，淹溺着。

如果在某些令人窒息的梦里，你也能跟在

我们扔他上去的那辆车后，

看着翻白的双眼震颤在他的脸上，

他的苍白的脸，像深染原罪的恶魔；

如果你能听到，每一次颠簸时，血液

从毒气侵蚀的肺部涌出，

不堪如癌症，苦涩如倒流的秽物，

无辜的舌头上无法愈合的伤口，

我的朋友，你就不会如此热忱地，

向那些殷切渴望荣耀的孩子们讲述

那古老的谎言：为国捐躯，

甜蜜荣光。

14.2   通俗艺术中的死亡

通俗艺术中是如何描绘死亡的？为什么这些描绘会如此吸引受众？

死亡主题充溢于人类最辉煌的成就之中：视觉艺术、音乐、戏剧和文学作品。原因何在？因为无所不在的死亡，甚至是最悲惨的死亡，可以提升人对生存的理解。死亡和生之肯定常常是互补的。通俗艺术和娱乐中对待死亡的方式（包括所有的暴力行为、谋杀、自杀和其他各种自我毁灭），可能隐含着对生的肯定。排队购买恐怖电影、谋杀悬疑片甚至赛车比赛票的公众，可能并不确信这些是对生命的肯定，但事实上它们确实是，部分是因为它们把死亡变成了不真实的。

在 19 世纪，通俗艺术包括杂志、低俗小说、舞台情节剧，以及诸如马戏团和狂野西部秀之类的篷内演出。发行量巨大的月刊都有恐怖故事连载。大多数情节剧都是以儿童和体弱少女之死为重点的感伤戏（观众还被建议多备手帕）。低俗小说或所谓的"廉价血腥小说"（在英国）、"一角钱小说"（在美国），讲述的往往是恐怖、犯罪和邪恶故事。这类故事多发生于闹鬼的房子、阴森的城堡、城市的肮脏地带或偏僻的客栈。门上挂满了蜘蛛网，壁橱里横陈着尸身，空气中回荡着骇人的尖叫，暴风雨在屋外肆虐。少女们无一不深陷困境，等待解救。

作家、电影和视频创作者持续刻画死亡，读者和观众也一直乐在其中。或许是因为这样的刻画描写让人与死亡之间拉开了距离，而人似乎总是急于体验死亡或死亡的迫近，无论是在银幕上，还是在诸如赛车场的实际场景中。这样的体验可能会让人最终松一口气，发出类似于"死的可能是我，但幸亏不是"的感叹。

> 老朽、绝症和垂危并不被视作生命过程的一部分，而是被视为生命的终极溃败。
>
> ——斯坦尼斯拉夫·格罗夫

美化不死族：吸血鬼与僵尸

布拉姆·斯托克的《德拉库拉》（1897）牢牢把持着公众的想象力，且这类主题从未退场。行尸走肉围困活人的故事仍旧吸引着人们。安妮·赖斯（1941—2021）的许多吸血鬼小说，包括《夜访吸血鬼》（1976）等，都是围绕长生不死的吸血鬼莱斯特展开的，极受市场欢迎。主人公莱斯特极度嗜血，难以满足，甚至去到迈阿密海滩，潜伏在黑暗的小巷中，弑杀了许多无辜老人。有人会觉得这样的主题太过恐怖，不会受到读者的喜欢。最近，观众又沉浸在许多同类主题的电视连续剧中，比如改编自莎莲·哈里斯的《南方吸血鬼谜案》的《真爱如血》（2008—2014）和改编自斯蒂芬妮·梅尔青少年小说的《暮光之城》系列电影等。后者满足了每个女孩的浪漫幻想：被面色苍白又性感迷人的吸血鬼追求，还有狼人从旁大献殷勤。

人们为什么会被吸血鬼所吸引？因为他们总是被描绘得聪明老练、衣着优雅，但更重要的是他们的手段。他们并不取人性命，只在人的脖子上咬一口，用这种极其情色的方式把受害者带入黑暗世界。难怪人们会被他们吸引。

在我们的流行文化中，吸血鬼不是唯一的"不死族"。事实上，在《行尸走肉》（首播于2010年）、乔治·罗梅罗的系列电影（《活死人之夜》《活死人黎明》《活死人之日》）以及《僵尸世界大战》（2013）等影视作品中，僵尸都是不亚于吸血鬼的头号威胁。电影《僵尸之地》（2009）因为其中掺杂了一点幽默元素而大受欢迎。僵尸与吸血鬼不同，通常既不吸引人也不性感（图14.4），几乎所向披靡。那么，它们应该也能满足我们的某些心理需求。实际上，每每在文化和政治动荡或对未来充满恐惧的时代，僵尸就会在通俗文化中出现。它们在当下如此流行，或许也正是因为如此。批评家常常认为，那些可怕的、成群结队的僵尸代表着无法控制的真正的恶，比如瘟疫（埃博拉病毒或艾滋病）或恐怖主义。

图 14.4　2015年电视连续剧《行尸走肉》第五季中的一个场景

为什么僵尸成了现在流行的文化形象？

Gene Page / AMC / Everett Collection

远距离观察危险：现实景观

不可否认，无论是在家里的沙发上还是在黑暗的电影院里，人们都喜欢观看银幕上的恐怖，甚至死亡。但许多人也喜欢出门去参加现实活动，这些活动似乎会（有时也确实能）威胁到人身安全。马戏团、牛仔竞技表演和类似的表演仍然吸引着观众，至少部分是因为表演者所面临的危险。从哈里·胡迪尼到大卫·布莱恩，所有的魔术师都冒着健康甚至生命的巨大风险来娱乐观众。

赛车比赛也同样受欢迎。比赛中，车手们置生死于一线，危险异常。观众看着赛车手们一个个加速行进，等待着事故的发生。甚至当赛车起火赛车手被困时，观众也远远观望，与实际的恐怖景象保持距离。

在安全距离内面对死亡，无论是在赛车现场还是在电影院，都能让人感到自己足够坚强，能够承受真正的死亡。尽管如此，人们往往倾向于美化死亡，赋予其原本没有的恐惧，以便给自己一种曾勇敢地直面死亡的幻觉。

直面灾难

有些通俗小说喜欢讲述世界将毁、好人得救的故事。这些故事是对图书和电影中那些天降陨石世界尽毁的故事的补充和平衡。两类故事有着相同的起点：确信死亡可以被克服。要么是因为死亡发生在银幕上而非现实生活中，要么是因为那些或多或少纯洁的心灵很可能在最后一刻获得拯救。

此外，还有一类小说、电影和电视节目也非常受欢迎。这些节目讲述全球变暖和气候变化所导致的灾难故事。奥地利恐怖电影《血冰河》（2013）讲述了一个冰川融化的故事。一块消融的冰川威胁着一群科学家，威胁也可能扩展至全世界。不久后，很有可能还会出现一系列类似的故事：海平面急速上升，人们聚在岸边，等待被巨大的海浪吞没。

为什么力避恐惧的人们会沉浸在那些生命脆弱易逝的故事中呢？答案是，在那些有关全球性灾难的故事和电影里，丧命的通常都是无关紧要的人。在早期的灾难片《地震》（1974）中，一条街道突然开裂，吞噬了数百人（包括一对同性恋伴侣），只有男女主人公幸免。

末世幻想　乔治·雷蒙德·理查德·马丁的奇幻经典《冰与火之歌》广受读者欢迎，被改编成电视剧《权力的游戏》（于2011年首播）后也备受观众追捧。作者构想了一个几大家族彼此冲突、战争不断的世界，一个充斥着政治阴谋、谋杀、暗算、乱伦和巨龙的王国（图14.5）。原本照耀全境的太阳正在消逝，漫漫长冬即将降临。观众津津有味地欣赏着长冬前的巨大混乱，包括原本被当作主角的奈德·史塔克在很早的时候就被突然斩首。《权力的游戏》所描绘的末日幻想，可以被称为成人幻想故事。

有关世界末日的警告并不新鲜。大多数主要宗教都预言过审判日的到来，到那时，世界尽毁，善恶各有所终。其中有些对末日的描述非常恐怖，有些就稍微好一点。但是，人们总是被这种世界终结的观念所吸引。它可能是由气候变化引发的（比如在2004年的电影《后天》中），可能是由陨石或小行星引发的（比如在1998年的电影《天地大冲撞》和《绝世天劫》中），也可能是因为疾病的入侵（比如在2013年的电子游戏《最后生还者》和2011年的电影《传染病》中），也很有可能是因为其他物种或外星人的占领（前者如《人猿星球》的各种翻拍片，后者更是不胜枚举）。

各个时代的灾难片似乎都有一个共同点：死亡并不是随机的。气候变化惊悚小说给出了"令人安慰"的信息——理性的人仍然可以做些事情来避免影片中灾难的真实发生。而在各种灾难中，善良的主角总能幸存下来。甚至，一个熟练的电子游戏玩家就可以完全避免"死亡"。

是时候说再见了。我将与你看到的这些人一起去一个很远的地方……到艾维里翁的一座岛屿上的山谷里去；在那里没有疾雨，没有飘雪，没有冰雹，风也永远不会吹得如此猛烈；那里有的只是肥沃的草原，新鲜的果林，到处充满欢乐美好的气息，夏日海洋下面是阴凉的防空洞，我可以在那里乘凉疗伤。

——阿尔弗雷德·丁尼生

图 14.5　彼得·丁拉基饰演《权力的游戏》中的提利昂·兰尼斯特
为什么人们会喜欢观看或阅读有关世界末日的虚构作品？
Macall B. Polay/HBO/Everett Collection

　　潜在的恐惧和突然降临的死亡有着永恒的吸引力，人们确信死亡不是随机的，也不会针对个人。因此人们才能够面对死亡，并心满意足地击败它。但是这种体验并不足以彻底增强人的能力，让人完全地直面现实。如果想要变得强大且灵巧，就必须探索更加有效的方式来肯定生命，而不是试图逃避真相。

14.3　应对死亡的策略

人们用来肯定生命和应对死亡恐惧的各种策略是什么？

　　如何应对人总有一死的事实？人们已经找到了各种各样的方法：信仰来世否认死亡、接受死亡是命定的、避免谈论死亡、嘲笑死亡，或者把死亡看作一个客观事件。根据畅销书《我们如何死去》（1993）的作者舍温·努兰医生的说法：

> 　　死亡不是对抗，它只是自然的连续规律变化中的一个事件。死亡不是真正的敌人，疾病才是。疾病才是需要对抗的有害力量。当这场耗人心力的对抗失败时，死亡才会降临。[2]

　　许多艺术家，尤其是作家，为世人带来了许多临死时的描述。视频网站上兰迪·鲍什的"最后一课"就属于此类。鲍什（1960—2008）是卡内基梅隆大学计算机系的教授，他知道自己将死于胰腺癌。在视频中他做了一些单臂俯卧撑，并宣称自己可能比大多数观众做得更好。他的眼睛里闪烁着光芒，传递出来的信息是"坚持再坚持"。他直面死亡的方法似乎帮助了无数面临相似命运的人。

克里斯托弗·希钦斯（1949—2011）是一位著名的政治作家，62岁时死于癌症。他给世人传递的是一个非常不同的信息。他关于自己疾病的作品《人之将死》比早期的作品获得了更多的关注，但最终他认为，面临死亡的体验并没有什么可供人吸取的教训。

> 当然，我得到最坏消息的那天，正巧是我的书登上畅销书排行榜的那天。而我作为一个健康的人（在芝加哥图书博览会的大批观众面前）所乘坐的最后一次航班，就是让我在美联航获得百万英里积分、可以终身免费升舱的那一趟。我一生以讽刺为业，到如今却不知讽刺为何物了。如果我患上癌症的时候，正好是回忆录上榜的那一天，或者从飞机上被赶下来扔在停机坪上的那一天，是不是能少一点痛苦？对"为什么是我"这样一个愚蠢至极的问题，宇宙几乎懒得回答："为什么不是你呢？"[3]

神经外科医生兼作家阿图·葛文德在他的著作《最好的告别》（2014）中探讨了美国人如何应对衰老和死亡，并建议每个人都应该进行"一场对话"——思考一下面对死亡或时日无多时如何做出取舍。葛文德写到，自己的父亲在面临多种疾病时说，只要能吃巧克力冰激凌、看足球比赛的电视转播，他就想活下去；当他不能再享受这两种快乐时，他就会迎接死亡。对于葛文德和他的兄弟姐妹来说，这成为照顾父亲的指导原则。你取舍的标准是什么？什么能让你积极地生活？

对死后之生的信仰

生者必定死去，死者必定再生，对不可避免的事，你不应该忧伤。
——《薄伽梵歌》

当然，应对死亡最普遍的策略是相信死亡并不真正存在，亦即相信生命在入土之后还会继续。一些宗教提供了死后之生的概念：一个死者可以保留俗世身份的地方，并将终有一天能与所爱的人团聚。永生不朽对不同的人也有不同的含义，有些人把永生定义为活在家人和朋友的记忆中，也有人认为可以通过留下的作品获得永生。

有人反对生命于死后继续的信仰，认为这种信仰会妨碍人在只此一次的生命中全力以赴。也有人觉得，对来世的信仰只不过是一个蹩脚的借口，让人尽量轻描淡写今生的失败。

基督教的死后之生　基督教认为天堂是对美德的回报，地狱是对罪恶的惩罚，但是基督教的死后之生观念总是有些模糊。它是一个真实存在的地理位置吗？还是说在但丁《神曲》中栩栩如生的地狱和天堂只是纯粹的文学创作？《圣经》中并没有死后之生的确切定义，但是有许多相关的暗示。在十字架上，耶稣向其中一个盗贼承诺他会和自己一同在天堂，但天堂可以有很多含义，比如从痛苦中解脱出来，而不是特指某个永生之地。许多人相信耶稣在复活后曾向门徒显身。这个故事也许可以部分解释为什么肉体身份在死后还能存在。这种想法还得到了一些报告的支持，在这些报告中，一些参加降神会的人声称自己确实看见了已逝的爱人。20 世纪 30 年代电影中的流行元素是死者死后的样子，他们看起来和生前一样，只是变得透明了。

　　基督教的死后之生观念中常常伴随着忧虑和恐惧。《启示录》中有对世界末日生动甚至可怕的想象，其中有对反基督者的暴力战争，还有对罪人的可怕审判。地狱，尤其是但丁所描述的地狱，牢牢地占据着人们的想象力。如果身体在天堂的永存不朽常常模糊不清，那么但丁对肉体遭受地狱之火折磨的描述则是极其精确详尽的。在早期新英格兰清教牧师的布道中，也充满了对即将到来的痛苦的细致警告。

伊斯兰教的死后之生　《古兰经》经常谈到死后之生。灵魂在死后继续存在，到末日审判时，所有活着和死去的人都将复活并接受审判，一些人进天园或花园（janna），一些人下火狱（jahannam）。大多数穆斯林并不打算直接前往其中任何一个目的地，而是宁愿在自己的坟墓中安息直到末日审判的到来。只有那些在捍卫信仰的行动中牺牲的战士才会被直接引领到真主的面前。在伊斯兰教中，火狱有七重（图 14.6）。无论在天园还是在火狱，真主都能教导人们如何变得更好：那些在火狱的人最终会离开火狱，而那些在天园的人将前往知识和信仰的更高境界。

印度教的死后之生　在印度教的信仰中，不仅有解脱，还有天堂。前者是超脱轮回业报之后的极乐境界，后者指仍要经历轮回但因善业暂时升入天堂。善人再历轮回之前，可以在天堂稍作停留。及至超于轮回业报，入完美之境，人便不再入天堂，而是梵我合一，了无所限。

　　一幅 18 世纪来自印度的插画描绘了奎师那神的凡人形象。奎师那如今在世界各地仍然有许多信众，他

图 14.6　火狱一景，出自阿拉伯手稿《鲁格曼的传说》，1583 年

有可能存在的死后之生能帮助我们克服对死亡的恐惧吗？

Dea / G. Dagli Orti / De Agostini Picture Library / Getty Images

们对他的看法与基督徒对耶稣的看法大致相同：把他视作主神毗湿奴的化身。奎师那是印度史诗《摩诃婆罗多》中的英雄。在许多插画中，毗湿奴都身处极乐之地，在三个年轻女子的伴奏下翩翩起舞。佛教中则没有肉体的来世观念。

犹太教的死后之生　犹太教的死后之生，传统上指对好人的记忆，这些人的生命在善行中得以延续，或直接进入祖先之列，它也指美满一生所产生的广泛影响。古代希伯来人非常务实，勉力谋生。《希伯来圣经》中表达的多是希望人能在此世活得更好，不受迫害、不遭绝望。迦南，上帝的应许之地，是没有斗争、土地肥沃的实地。它是干旱荒漠的反面，可能已经影响了人们对来世之农业的想象。而作为牧羊人的上帝为羊群提供绿色牧场的描述，更强化了这一想象。

人文学中死后之生的想象　人们需要相信生命以某种方式（如果不是在某处）在死后可以继续，这在人类传统中根深蒂固。在各个时期的人文学中都有由爱而存活的主题。如果两人亲近至极，彼此为整一，那么死亡就不能带走这整一。两人之中谁死谁活并不重要，只要一人存活，也就保证了另一人的存活。

约翰·多恩（1572—1631）终其一生都心系死亡，而且这种对死亡的意识随着对妻子与日俱增的爱而变得日益强烈。一想到这段完美的感情可能结束，他就无法忍受。1612年，他被迫陪同资助人罗伯特·德鲁里爵士前往欧洲大陆，妻子曾强烈反对，担心在他离开期间会有不幸发生。妻子的预感很准，在多恩远赴他乡时，她产下一个死婴。为了在出发前安慰妻子，多恩写了他最重要的诗作之一——《别离辞·节哀》，赠给后世一个惊人的死后之生的隐喻。

> 两个灵魂打成了一片，
> 虽说我得走，却并不变成
> 破裂，而只是向外伸延，
> 像金子打到薄薄的一层。
>
> 就还算两个吧，两个却这样
> 和一副两脚规情况相同；
> 你的灵魂是定脚，并不像
> 移动，另一脚一移，它也动。
>
> （卞之琳译）

还有一些艺术家发现，艺术本身就是通向不朽的大门。约翰·济慈（1795—1821）和多恩一样，一生都心系死亡。他的生命短暂异常，终日疾病缠身，因此热切地希望死亡不会是终点。在一首十四行诗中，他把死亡（可能是他自己的？）与春日的再生联系起来，用惊人而不朽的词结束了全诗。

漫长的冬季

漫长的冬季才尽，当浓雾
　　不再低压着我们的平原，
　　从温煦的南方就送来晴天，
给病恹的天空除尽了斑污。
这解除了痛苦的日子，急于
　　享受权利，已披上五月的感觉，
　　而眼睑却还有寒气在跳跃，
像是玫瑰叶上滴溅的夏雨。
最恬静的思绪浮荡在心上，
　　使人想起嫩叶、静静成熟的
果实、屋檐上向晚的秋阳、
　　莎弗的面颊、睡婴的呼吸、
沙漏中逐渐滴下的沙子、
　　森林里的小河、诗人的死。

（查良铮译）

对命运的信仰

宿命论相信所有的事件都是注定的，包括人的死亡以及死亡的时间和地点。宿命论贯穿了历史、宗教和文学。这是一种通行的思考和接受不幸与死亡的方式，也是希腊神话的基础。在希腊神话中，伟大而强盛的家族注定要遭遇无法控制的事件。如果没有这个概念，古代雅典就不会有那么多悲剧在舞台上演了。

希腊神话把命运看作一种神秘而普遍的力量，它出现在诸神诞生之前，先于创世。有时命运被描绘成纺织、测量、切断生命之线的三位女神。她们对生命之线的剪切显得随意而无常。另一方面，随着城市社群的出现和法律的确立，人们（甚至包括希腊人）开始要为自己的行为负责，无论他们再怎么坚称自己的行为是早已注定的。

数千年来，命运和自由意志的对抗一直是混乱的根源。如今法庭上的宿命论表现为一种被告被迫犯罪的申辩，坚称被告之所以犯罪，是因为糟糕的家庭背景、社区环境或者暂时的精神错乱剥夺了他们的自由意志。宿命论也牵涉那些强调上帝全能的宗教，

> 告诉他，我们会把所有他的记忆珍藏心中。告诉他，他只是先行了一步，一如在其他方面一样，而我们，也正紧随而来。
> ——利·亨特（悼济慈）

可以帮助人解决一些难题：神预知事情的发生意味着事情一定要发生吗？那么，上帝是有意让它发生的吗？

对一些人来说，相信上帝无所不能，就必然会导出宿命论。但有信仰的人对宿命论也有着不同的态度：

1. 消沉，因为灾难注定会发生，人根本无能为力。
2. 愿意接受不可避免的事实，无论它多么令人不安。因为如果事情必然发生，那就不是任何人的错，对吗？没有什么能够改变事情的结果。

接受命运　然而，对于某些人来说，要平静地接受可怕的灾难，尤其是英年早逝，是十分困难甚至不太可能的。拉比哈罗德·库什纳在其畅销书《当好人遭难时》中曾就此做过讨论。其中一个个人原因是他自己曾中年丧子。在寻找答案的过程中，他审视了人们将问题归于上帝的思考方式中可能存在的错误。也许宿命论只是一种人类建构，与上帝没有任何关系。库什纳建议不要问："为什么是我？"而是应该问："为什么不是我？"借此，他回应了《约伯记》中古老的说法：上主赏赐的，上主又收回，人只能欣然接受。

一种广受欢迎的宿命论是，根据情况来接受或拒绝命运。坚信自由意志的人也可以用命运来解释某人的突然死亡（"他的时候到了"）。有些人可能会说他们不介意坐飞机，因为"如果在劫难逃，谁也无能为力"。（对此可能的回答是："假如是飞行员命该如此，而不是你呢？"）然而，同样一个经不起考验的宿命论者，可能会避免冒不必要的风险，比如因为生还的几率不够大而拒绝做有一半存活率的手术。

伊斯兰教传统上坚信安拉的意志，能够平静地接受所有发生的事情。亚洲文化中有自己独特的宿命论。印度教徒相信业力决定了生命转世之后的处境，但他们也相信个体有责任过上更好的生活，也有责任证明自己值得拥有一个更好的未来。这种观点肯定意味着意志可以自行积累善恶业力，但是，人一旦做出选择，就无法逃避其后果了。

对佛教和道教来说，法或道是一种控制力量，可以通过人们的选择来发挥作用。没有神意在安排未来。宇宙秩序是一种动态的、流动的力量，会随着人的变化而变化。任何人的死亡都是宇宙自然之道的一部分，应该被心平气和地接受。

避免谈论死亡

对于大多数人来说，进行一场阿图·葛文德在《最好的告别》中所建议的对话几乎是不可能的。除了诸如"尴尬死了"这类夸张说法之外，人们不惜一切代价避免使用

来自大地，我为它们歌唱。一个马的国度，我为它们歌唱。来自大地，我为它们歌唱。动物们，我为它们唱歌。

——提顿苏族歌谣

"死亡"这个词。直接面对有关死亡的概念都被认为是"可怕的"。人寿保险推销员会用各种委婉的说法,比如"万一你发生了什么事情"。已婚夫妇在生子之后就急于立下遗嘱,但律师总是说这些没什么用处。"死亡"和"死"这两个词本身若出现在谈话中,一定会被视作趣味低劣。相反,人们习惯用的是"去世"或其他说法。

在那些避免谈论死亡的人当中,有些人认为"认真"对待死亡的时候还早。观众吃着爆米花,沉浸于银幕中的鲜血四溅,津津有味地期待着形单影只的无辜者身上即将发生的恐怖事件。就像吸血鬼藏在门口一样,他们在内心深处一定隐藏着对死亡的恐惧,但这种恐惧总是等上一段时间之后才真正现身。观众越年轻,恐惧就越不真实。这就是为什么年轻人被送去打仗,他们心中那种永生不死的感觉尚未经过现实生活的考验。那些稍微年长一些因而显得离死亡更近的人,可能会喜欢暴力死亡的场面,或者那些关于绝症的电影和电视节目,因为灾难正发生在其他人身上。

通过幽默来肯定生命

想从事殡葬服务的人为了获得执业许可证,会参加州政府组织的进修。这些人通常对自己的职业怀着一种幽默。

> 一位女高尔夫球手被问到为什么她的丈夫那天没有和她一起打球。
>
> "他死了,"她回答说。
>
> "哦,真是抱歉。葬礼是什么时候?"
>
> 这个女人抬头看着一个车队驶过。
>
> "现在就是了。"
>
> 一个儿子问他垂死的父亲:"爸爸,我能为你做什么?你有什么需要的吗?"
>
> "是的,"父亲回答,"我想吃一块你母亲做的苹果馅饼,我能够闻到它的味道。"
>
> 儿子离开房间,空手而归。
>
> "妈妈说这是给葬礼后准备的。"

1971年的经典影片《哈洛与慕德》描述了一个认为不值得活下去、一次次试图自杀的年轻人。他遇到一位79岁的老太太,后者不仅着迷于生活,而且还对生活充满热情。她说服哈洛放弃自杀,教会他充分利用每一天,最终两人成为一对旷世恋人。电影《伯尼》(2011)是根据一个真实的故事改编的,片中杰克·布莱克饰演一位天真而富有同情心的得克萨斯州殡葬人员,他和莎莉·麦克琳扮演的富有又古怪的寡妇长期交好。多年来，伯尼忍受着她的虐待，最终他崩溃了：他开枪打死她，藏起她的尸体，然后开始用她的钱资助全镇的慈善项目。当罪行最终被揭穿后，伯尼被捕入狱，但他备受市民（其中一些人还接受了采访）爱戴，没有人愿意担任陪审团成员，审判不得不移交给另一个城镇。

以幽默的方式面对死亡，是否比充满压抑或者对死亡避而不谈更好呢？越是压抑，死亡就会越被放大，对死亡的预期就会越可怕。大笑（当然是在适当的时候）可能比沉迷于那些实际上否认死亡真相的谋杀故事要好得多，尽管有关尸体和无辜者殒命的事情仍在与日俱增。

放大和美化死亡

大多数人都希望得到认可，取得特殊的成就，在世界上留下自己的印记。人们总是觉得英年早逝是悲剧性的，意味着生命的不完满。而且，很少有人能把死亡视作偶然发生的自然事件，无论它于何时发生。把死亡放大——把它标记为只有在一个人获得很高地位之后才会发生的特殊事件——就是人们为自己编造的一个神话。

人们重视名人的死亡，以此掩盖自己对死亡的恐惧。也许许多人都有意或无意地认同名人葬礼上的盛况和威严。美国总统约翰·肯尼迪和英国威尔士王妃戴安娜的国葬把世界各地的人们吸引到电视机前。成千上万的人观看了火车将亚伯拉罕·林肯的棺椁从华盛顿运往他的家乡伊利诺伊州。著名人士、受人尊敬的作家和国家元首都对逝者的终身成就表达了强烈的敬意。人们深受感动。悼词往往是人生价值的最后总结，至少在一段时间内可以消除人们内心深处的不安和对自身价值的怀疑。

在放大死亡的同时，人们也会意识到死亡的痛苦，所以需要运用策略保护自己。对于一个刚刚去世的人，人们能说出的最好的话就是他死得很安详或者他是在沉睡中离世的，而这些恰恰代表了每个人最美好的希望。

美丽地死　希腊神话提供了两种死亡的结局：一个是去众所周知的由冥王哈迪斯统治的黑暗之地；另一个是去希腊人自己的天堂——至福乐土（the Elysian Fields）——一个阳光灿烂、永远幸福的地方。在这里，那些在战斗中殒命的英雄可以免受死亡的痛苦（巴黎人想让他们的干道看起来像是一个充满欢乐的地方，所以把它命名为香榭丽舍大街；但值得注意的是，这条大街的尽头是无名战士之墓）。

神话中英雄的逝去不同于其他凡人。通常情况下，英雄不会遭受身体上的痛苦，而是完美地进入一个神秘的、没有任何威胁的境界。在 J. R. R. 托尔金广受欢迎的《指环王》三部曲中，霍比特英雄佛罗多曾冒着巨大的危险去拯救他人，当任务完成后，他会回到故乡夏尔，在家里待上几年，然后，当他准备离开的时候，他就备好小船，启程驶向灰港。

当然，没有什么比歌剧更能美化死亡了。在普契尼的歌剧《波西米亚人》中，受观众喜爱的女主角咪咪伴随着华美动听的乐章安详地死去。在威尔第改编自小仲马的同名歌剧《茶花女》中，垂死的女主人公高贵地向情人承诺说，有一天他会和别人结婚，而她会在天堂远远地望着他们、祝福他们。此时，音乐又一次舒缓了悲情。

但问题依然存在：即使放大或美化死亡有助于暂时消除人对死亡的恐惧，是否最好还是把死当作自然而然的终结来面对，而不是用神话来掩盖它？

试图保持年轻

许多人努力保持年轻，在健身房锻炼，跑步，合理饮食，甚至沉迷于整形手术以除纹抗皱。20 世纪杰出的喜剧演员杰克·本尼一直坚持说自己是 39 岁，甚至到 70 岁去世时也是如此。他的年龄，或者更确切地说，他对年龄的否认，是他表演的一部分。已故喜剧演员琼·里弗斯更为极端，她在整形手术上倾注了大量的金钱和精力，想保持 39 岁的相貌。像本尼一样，她的努力也成了她的噱头，成为她喜剧角色的一部分。

奥斯卡·王尔德创作于 1891 年的小说《道林·葛雷的画像》，用文学的方式处理了人们想要保持年轻的强烈需求。小说的男主角是一个身材苗条、英俊潇洒的年轻贵族，过着风流倜傥、悠闲奢华的生活。在故事的开始，他正在欣赏彼时一位重要画家刚刚为自己完成的肖像画：

> 太可悲了！……太可悲了！我会变得又老又丑，可是这幅画像却能永葆青春。它永远不会比这六月的一天年龄稍大……要是倒过来该多好！如果我能够永葆青春，而让这幅画像去变老，要什么我都给！是的，任何代价我都愿意付！我愿意拿我的灵魂换青春！[4]

就像曾经出卖灵魂的浮士德一样，道林·葛雷通过一种神秘的力量实现了他的愿望。因此，当画像中的男人变老时，他仍然保持年轻，但他失掉了纯真。他变得冷酷而残忍，沉迷于每一种能想到的快乐，深知不能伤害自己的身体，最终甚至犯下谋杀罪。拥有永恒的青春意味着他必须是不朽的，或许法律也无法触及。然而，在故事的恐怖结局中，男主人公对自己已经变成的样子感到厌恶，十分鄙视这幅记录他每一项罪恶的干瘪画像，于是他抓起一把刀刺入画中人的心脏。仆人发现此时的他"面容憔悴，满脸皱纹，令人厌恶"。他已经变成了自己原本最害怕的样子，而墙上的肖像又恢复原本

死亡，只是发生在我们这些凡人身上的插曲，并不那么重要……我一直都很幸福，是你让我懂得了，女性的心灵可以多么高尚。如果还有别的什么地方，我会去到那里守望你。

——温斯顿·丘吉尔
（与妻子遗书）

的样貌，展现着他的青春和美。不朽存在于艺术中，但不在生活中。

对于那些还没有学会如何生活的年轻人来说，他们每天都在努力为自己寻找一个安全的地方，每天都会收获新的知识以及随之而来的紧张和困惑。老年人借已经过去的一切来获得智慧。既然如此，是什么让道林·葛雷觉得自己不会死呢？悲剧恰恰源自对本不可能的事情的坚持。

医学化死亡

医学界已经把征服死亡作为首要任务。医学研究致力于寻找治愈癌症、糖尿病和其他尚未克服的病痛的方法，而且已经在延长生命和尽可能消除痛苦方面取得了很大进展。因此，当有病人离世时，大多数医生不仅感到悲伤，而且会感到愤怒。医生相信他们有义务不惜一切代价拯救生命，甚至当医疗手段已无济于事或者死亡可能更优于接受治疗时，这种责任感却依然存在。

自电视媒介出现以来，医疗剧几乎一直流行。早期的医疗剧中有基尔代尔医生、吉莱斯皮医生和韦尔比医生这样的角色，他们时刻准备放下个人生活，来到病人和垂死者的床边。死亡的形象有很多，但通常都很温和，很少能在这些剧中看到真正的死亡。

最近的医疗剧已经不那么浪漫了。《急诊室的故事》（1994—2009）是近年来持续时间最长的电视剧之一，剧中有一群医生，他们承受着巨大的压力，偶尔犯错并因此备受打击，还会为了合适的医疗程序而彼此冲突，所有这一切都是为了让故事更真实，不那么煽情。很多情节都是围绕医生所经受的折磨和内疚感展开的，他们并不总是能战胜死亡。尽管如此，整个剧集的目的是让人安心，而不是让人沮丧。

另一类医疗剧如《豪斯医生》（2004—2012）在艺术上的成功表明，一个反英雄式的医生的时代已经到来了。一位电视评论家将豪斯描述为：

> 一个几乎反社会的天才，总是抱怨"人性被高估了"。他的生活混乱不堪，公开蔑视一切，滥用维柯丁来缓解腿部"肌肉死亡"的疼痛。然而，他是一位才华横溢的诊断专家，是一些已被放弃治疗的病人的最后希望。[5]

从某种意义上说，豪斯是一个医疗侦探，他也很像黑色电影里愤世嫉俗的反英雄，一个讲求实际、执着冷酷的人。但这部黑色电视剧的许多粉丝宁愿得一场大病，然后接受这样一位医生的治疗。这样的医生可能很不礼貌，但却能够找到医治的方案，无论多么困难。这种肯定生命的方式代价很高，但也许是值得的。

　　然而，一些评论家指出，像《急诊室的故事》（去除医疗剧中浪漫色彩的先驱）和更加理性的《豪斯医生》这样的电视剧似乎很真实，但其实并不如此。情况经常是一位著名演员在剧中扮演濒死的病人，但观众知道他或她还会在其他的电视剧里出现。看这类电视剧时，比较明智的做法是牢记故事是假的，但主题是真的，借这些虚构故事来"磨炼"自己，为真实做准备。

14.4　人文学中的生之肯定
文学、音乐和哲学如何帮助人类理解死亡并肯定生命？

　　正如我们所看到的，当各种死亡的意象出现在通俗艺术中时，只有人类才会被它们所吸引。死亡也占据一些更严肃的艺术作品的中心，这些作品能让人超越恐惧。在文学作品中，无论是儿童文学还是成年人的文学，都有对儿童遭遇死亡的可怕描写。音乐常常与丧葬仪式有关，但音乐也支撑着人的信念——人类所取得的伟大成就证明了生命是有价值的。最后，像苏格拉底这样的哲学家的著作，帮助人们理解并超越对死亡的恐惧。

为众神所爱者易早夭。
——乔治·戈登·拜伦

文学：孩童与死亡

　　死亡一般来说更容易呈现在纸上，因为它既不需要演技高超的演员，也不需要真实的场景。然而，一些对死亡之意义的最深切的洞察也来自小说家和诗人。相关的文学作品瀚如烟海，若要准确把握，必然卷帙浩繁。这里只取其中一点略作铺陈：死亡与孩童。

　　詹姆斯·艾吉，《家中丧事》　美国经典作品《家中丧事》（1957）的作者是诗人兼小说家詹姆斯·艾吉（1909—1955）。任何关心死亡如何影响孩童的人都应该读一读这本书，尤其是在如今死亡已经几乎完全从家里转移到医院的时代。几年前，人们总是在起居室里瞻仰遗体（或守灵），邻居和朋友都会过来表示敬意和支持。因此，即使是最小的家庭成员，也不可避免地会看到死亡的景象。这本书向我们展示了在死亡真正降临时一个孩子是如何接近死亡的。

　　小说的主人公是小鲁弗斯，在父亲因车祸丧生时，还没有人向他解释过什么是死亡。艾吉分析了鲁弗斯思想、感情和困惑的每一个细节。在某一点上，鲁弗斯实际上是有自豪感和成就感的，因为他正在经历一些特殊的、其他孩子都未曾经历的事情。

小说中有一段令人难忘的文字，讲述了鲁弗斯在祖父母起居室中第一次看到棺材中的父亲的情景。

> 鲁弗斯从来没有见到过这样的平静……鲁弗斯从来没有见过（他的父亲）这样的冷漠；在他看到父亲的那一刻，他知道父亲永远不会回看自己……这种冷漠会把他们分开……在这种任何东西都不会干扰的自我实现中，还有一些别的东西，他生出了别的感觉，甚至都不能称之为感觉，因为他从来没有体验过这种感觉；这里有过一种完全的美。头，手，都是完整的，不可改变的，不可毁灭的，静止的。[6]

可以说，一个成熟作家对死亡的感觉并不是一个真正的小男孩会有的感觉。但我们可以相信诗人的直觉和共情，相信他给出的承诺：孩童能够以自己的方式应对幼年时发生的悲剧，而这种经历只会让他们更加坚强地面对成年后失去亲人的痛苦。

凯瑟琳·佩特森，《通向特拉比西亚的桥》　凯瑟琳·佩特森创作的《通向特拉比西亚的桥》（1977）是一本极有影响且广受欢迎的儿童读物，描写了一个小女孩莱斯利和稍显古怪的弃儿杰斯之间的深厚友谊。

两人在家附近的森林小溪旁建立了一个神秘的特拉比西亚王国。当杰斯在未征得莱斯利同意的情况下答应与一位心爱老师的外出约会后，莱斯利独自一人来到他们的秘密王国，在高高的秋千上荡来荡去，最后不幸摔死了。杰斯满怀内疚和失落，必须想清楚自己该如何继续生活。这本书常被学校图书馆归入禁书一列，但它也是许多孩子的最爱。为什么会这样？

苏珊·柯林斯，《饥饿游戏》　在最畅销的青少年小说《饥饿游戏》系列（2008年的《饥饿游戏》、2009年的《燃烧的女孩》和2010年的《嘲笑鸟》）中，作者苏珊·柯林斯把死亡推向前台。在这个反乌托邦的世界里，曾经的北美洲被划分为12个辖区，由坐落于落基山脉某处的首都凯匹特所统治。在一年一度的电视比赛中，每个辖区都要随机选出一个男孩和一个女孩，让他们在专供比赛的游戏环境中进行殊死搏斗。读者（还有该系列电影的观众）既害怕又十分投入，欣赏着这些青少年为了生存而互相追杀。凯匹特把这项比赛视作保持辖区协调统一的方式。当然，女主人公凯特尼斯·伊夫狄恩不仅从比赛中幸存下来，还激起一场最终摧毁凯匹特的反抗运动。但无论如何，孩童杀害孩童的场景仍然令人毛骨悚然。

其他一些既面向儿童（比如莫里斯·桑达克的《野兽国》）也面向成人（比如狄更斯的《雾都孤儿》）的书，都展示了孩童在面对死亡威胁时的恐惧和体验。当遇到孩子何时能做好准备了解死亡的问题时，心理学家通常会建议说，当孩子完全理解时间的概念时，他们就能够应对失去了。这里所说的理解时间不是学会报时，而是认识到时间是永不停息的变化。孩童可能比人们想象的更复杂，即使他们可能没有足够的语言来表达他们的认识。

音乐：仪式与超越

某些音乐是与生命的最后时刻以及随之而来的仪式相关的：管风琴缓缓演奏的赞美诗、节奏悠长而沉郁的进行曲、抚慰哀悼者悲思的独唱。音乐的效果各不相同，有些会令人沮丧，有些则会振奋人心。

有时，音乐似乎是我们内心所感的精确转译；有时，它似乎又向人强加了其自身所包含的情绪。在新奥尔良地区的葬礼上，仍然有爵士乐的演奏，而且演奏往往有两种风格（图 14.1）。在前往墓地的路上，送葬者走在棺材后面，伴着一段缓慢而悲伤的进行曲；但是回程绝对会消除人们满怀的悲伤。音乐家们脱下悲伤的外衣，跳进欢乐的爵士乐中，并以此表明逝者死后的幸福生活，摆脱了痛苦、烦恼、债务、牵绊以及生者的琐碎和虚伪。这样的一场爵士葬礼与弥尔顿《力士参孙》中的名言遥相呼应："不必流泪。"

伟大的作曲家通过音乐探索各种矛盾情感的纠缠，这些情感必须在临死前才能体验到。到那时，自己即将消散于无尽之中的恐惧裹挟着人，除了超越这种恐惧，人根本就无路可逃。

理查·施特劳斯,《死与净化》　理查·施特劳斯（1864—1949）是推动歌剧从浪漫主义到现代转向的领军人物之一，他也是把交响诗体裁推向新高度的知名作曲家。交响诗或音诗是一种通过声音讲述故事的复杂作品，从属于**标题音乐**（在标题音乐中，作曲家在创作时往往遵循确定的情节）。就像在瓦格纳的歌剧中那样，作品中重复的旋律代表主要的人物和事件。在 26 岁时，施特劳斯创作出经典曲目《死与净化》，表现出他对人死后会发生什么的过早的关心。

在第一乐章中，柔和弦乐的律动让人联想到时钟的嘀嗒声，就像一个病人奄奄一息。长笛的声音让人联想到蜡烛的摇曳，琴弦的声音又像是柔和的呻吟。一段简短的双簧管旋律表现出一种意识的骚动，或许还有对童年幸福的回忆。到了第二乐章，垂死之人开始反抗死亡的到来，并表达出活下去的意愿。两条旋律——一条代表死亡的强烈诉求，另一条代表对生命的渴望——以庞大而富于质感的管弦乐编曲相互抗衡，从中生发出以大提琴、长号和号角演奏的净化主题曲。

人的生命只有一次，
且往往不能度尽一生。
——迈克尔·奥多诺霍

当这些片段开始汇聚起来时，主角平静地进入昏迷状态，在昏迷中他回到自己的童年，然后回到青年时期，回顾他在成长过程中经历的考验，失去爱的痛苦，一个接一个的危机侵袭他时所引发的愤怒，并最终导致最糟糕的致命疾病的袭来。死神的身影终于出现了，琴弦颤抖着，慢慢地消失了，随后一阵锣声突然响起。

净化的主题现在开始了，从寂静中涌现出一个宏伟的音乐宣言，人的灵魂终于摆脱肉体的痛苦和世界的苦难，上升到未知的领域。但是乐曲又给听众献上重礼，让他们听到那未知，还伴着脑海中涌现的各种视觉影像。如果对死亡的恐惧确实存在于大多数人的潜意识中，那么，人文学的那些伟大作品，比如书中提到的这些，一定可以给人以支撑和安慰。

哲学：无私的概念

像施特劳斯的音诗一样，那些现实生活中的人应对死亡的情景，也是对生命的极大肯定。典范的生活和艺术作品一样，都是人文学的一部分。它们实际上是活生生的艺术作品，即使在死亡临近的时候。人文学中有许多这样闪闪发光的形象，他们忍受着不断出没的死亡，克服了不惜代价保全自己的自然本能。这些人的共同点就是能够承受自己终将不存在的事实。全神贯注于个体生命的丧失，必定会滋生出对死亡的恐惧。一首古老的民歌表达了许多人的共同态度：

> 我来之前此处一无所有，
> 　如今此处的一切皆以我的名字命名。

我掩面而泣，不是为了他，而是深感自己的不幸，竟不得不与这样一位朋友诀别。
——柏拉图
（关于苏格拉底之死）

苏格拉底提供了一种超越死亡恐惧的哲学方法。他也许没有忘我，但并不自私。在柏拉图所有有关苏格拉底的描述中，苏格拉底似乎与他自己脱节了。他选择了饮毒而死，而不是逃亡在外无法教导人们，这意味着思考和交流理性思想的自由对他来说比苟活着更重要。在柏拉图对其临终时日的记述中，苏格拉底被呈现为一个真正热衷于寻求智慧的人，完全不在乎人们的遗憾和担心。在崇敬他、为他哭泣的年轻学生的陪伴下，他依法喝下毒芹汁，但并没有表现出丝毫的自我意识。

当学生斐多看到老师"愉快"地喝下毒汁时，读者就应该相信，苏格拉底并非要竭力在年轻朋友的面前表现得勇敢。接下来是一段最有说服力的话：

> 在这以前，我们中间多数人还能控制自己，忍住自己的泪水；等到目击他举杯的举止，看到他服尽毒药，我们就沉不住气了；为了不让自己泪如泉涌，我用大氅遮着脸暗自饮泣；这并不是为他而泣，而是因为我不幸失掉了这样一位朋友。[7]

这段话提醒我们，痛失所爱之人的情绪中也沾染着自私的色彩。斐多没有从老师无私的行为中学到任何东西。

痛失所爱之人与自私很难分开的一个原因是，只有异常坚强的人才不需要别人来强化自己的身份。人可以想念那些逝者，但仍应该能够在没有他们的情况下生存。缺乏安全感的恋人之间有时会彼此问一些问题，比如："如果我死了，你会原谅我吗？"而像"你肯定希望我再找到其他人，然后幸福地生活"这样的回答是不会被接受的，否则就不会有这样的问题了。

14.5 生之肯定的模式
什么样的模式被创造出来帮助人肯定生命？

艺术可以做的是帮助人们深刻领悟到，每个人都可能拥有多产的、激动人心的生活。斯多葛派的芝诺会很快发出提醒，人掌握着自己的态度。**生之肯定**不仅意味着认识到生命是有价值的，而且意味着真正的死亡只会发生一次。在某种意义上，可以说死亡根本不会发生在人身上。在本章的最后一部分，我们将探讨一些如何不让死亡的阴影遮蔽生命之光的方法。

图 14.7　凤凰，重生的象征
你认为人可以像凤凰一样重塑自己吗？
Christos Georghiou / Shutterstock

凤　凰

凤凰是生之肯定的古老象征，它是神话中的鸟，拥有罕见奇异的羽毛和超自然的力量（图 14.7）。希腊历史学家希罗多德曾写到，凤凰确实存在过，据说每五百年就会到访埃及一次。罗马人相信，每一个时代都会有一只凤凰诞生，它会存活很长一段时间，而且在死亡的那一刻，它会生出一只小虫，这只小虫会成为下一个时代的凤凰。不过，传说还有另一个版本：凤凰是一种来自印度的鸟，它存活五百年，然后飞到一个秘密的寺庙，在那里被烧成灰烬放在祭坛上，三天后再从灰烬中重生，生机勃勃，光彩照人。

在民间传说、诗歌和歌曲中，在文学和戏剧中，凤凰一直被视作重生、新生、再生和救赎的象征，经久不衰。在 J. K. 罗琳的《哈利·波特》系列小说中，凤凰福克斯是霍格沃茨魔法学校校长阿不思·邓布利多的宠物。福克斯曾帮助哈利摆脱许多不幸，而当邓布利多去世时，福克斯为他献上一首哀伤的挽歌。许多宗教中也有类似的象征：一些神会死亡或下入冥界，在那里停留一段时间，然后重生。

凤凰模式指的是一种文学结构，主人公死后获得象征性的或真正的重生。这种模式是许多杰作的基础，包括但丁的《神曲》。《神曲》中的诗人想入天堂见上帝，就必须穿越地狱的最深处，然后才能实现他的愿望。凤凰模式已经成了许多人思考事情的方式。因此，"我已经历过地狱"这句话通常意味着事情要朝更快乐的方向转折了，或者至少会让听者产生这样的期待。

图 14.8　一幅刻画浮士德和梅非斯特的广告招贴，约 19 世纪

浮士德与魔鬼讨价还价，以换取充满永恒快乐的生活。你认为他做的是一笔好买卖吗？

Lebrecht Music and Arts Photo Library / Alamy

歌德，《浮士德》　德国诗人约翰·沃尔夫冈·冯·歌德（1749—1832）的史诗《浮士德》（自 1790 年开始逐部出版）以一种激动人心的方式运用了凤凰神话。浮士德的传说可以追溯到基督教中世纪：炼金术士浮士德用自己的灵魂换取发现世界所有秘密的能力。歌德把这个故事改编成风格独特的凤凰神话，回应了 19 世纪德国浪漫主义及其对个人有能力重塑自我的坚定信仰。

歌德的杰作有两个截然不同的部分，但只有第一部分被广泛阅读。在这一部分中，主人公已经厌倦了自己为探索生命奥秘所做的枯燥努力，他愿意舍弃自己的灵魂，以换取不用思考而沉醉于无限感官享受的一生（图 14.8）。他与魔鬼梅非斯特讨价还价，后者承诺满足他的所有愿望，但有一个条件：他绝不能因完全满足于某个瞬间，而想让时间停下来。他必须以一种疯狂的节奏度过每一天，永不能回头看，永不能想着去抓住任何事或任何人。

诗人去世后出版的第二部分的戏剧性就不那么强了，它需要长时间的阅读和分析，但最终会让耐心的读者感受到整部作品的真正意义：不是魔鬼的胜利，而是人性的胜利。从整体来看，歌德的《浮士德》遵循着完美的凤凰模式，在生命最残酷的现实面前吹响了对生命的最大肯定。

在第一部分中，浮士德欣然同意梅非斯特提出的条件。他已经断定，除了享受每时每刻之外，生命没有任何意义。没有真理，只有不断的变化。为什么会有人想要紧紧抓住某一刻呢？

在第二部分中，主人公年纪大了，厌倦了除各种感官体验外一无所有的生活，开始渴望获得成就，渴望展示自己的生活经历。他也厌倦了只为自己而活。他成为一个海边小村庄的村长，这个村庄的地势很低，经常受到海浪的侵袭。作为村长，他计划建造一座海堤，但是每次海堤稍有延长，海水就会侵蚀已经建成的部分。于是他意识到，这个计划根本不可能完成，这堵海堤永远不会完工。

然而，这种认识只是点燃了他的激情，他要向大海发起挑战。他将持续不断地建造，不断修复以前建成的部分。他会一直坚持下去，因为他知道海堤每建造一天，就会让村民的生活多延续几天。即使海浪最终来临，人们也已经有了吃食，或许还会逐年增多。

不管努力是否成功，人类都需要勇气来接受不断的变化，迎接正面的挑战；而即使个人一生的努力都无法完成，行动也仍然值得继续。这样的想法像闪电一样冲击着浮士德。即使他不能最终获胜，他也不会彻底失败。

> 要每天争取自由和生存的人，
> 才有享受两者的权利。
> 因此在这里，幼者壮者和老者
> 都在危险中度过有为的岁月。
> 我愿看到这样的人群，
> 在自由的土地上跟自由的人民结邻！
> 那时，让我对那一瞬间开口：
> 停一停吧，你真美丽！[8]

但是，"停一停吧……"这些话恰是梅非斯特在最初与浮士德签订契约时禁止浮士德说出来的话。浮士德要求时间停下来，以便可以享受他领悟到的美，于是他在整个交易中落败了。梅非斯特将他带走，但是上帝介入了：天使把浮士德从梅非斯特那里解放出来，把他带到天堂。

最终，所有人都会耗尽时间，生命结束。然而，只要知道每天都在重新征服自由和存在，人就有能力相信自己没有失去任何东西。浮士德之所以做出最初的承诺，是因为他想要拥有一切，想要体验生活中的每一种感官享受。他的胜利在于认识到在每一个瞬间所完全存在的"一切"远远超过了感官的愉悦。借此人得以认识到自己已经迎接了每一个挑战，并且尽了一切可能，因此没有浪费宝贵的任何一秒钟。浮士德知道他为人民的利益奉献了一切，而人所奉献的就是人所拥有的。不给生活任何东西，就无法从生活中得到任何东西。

过去和现在凋谢了——
我曾经使它们饱满，又曾经使它们空虚，还要接下去装满那在身后还将继续下去的生命。
——沃尔特·惠特曼

思考时间：接受只有现在

已故女演员兼教师乌塔·哈根曾为几个年轻有抱负的演员举办工作坊。她让一个女孩扮演50岁的女人。到了约定的时间，这个女孩坐着轮椅进来，声音听起来很像《白雪公主》里的女巫。

"你到底在干什么？"哈根问道。

"我想把角色的年龄在身体上呈现出来。"女孩答道。

"你觉得自己是50岁吗？"哈根问道。

哈根让她像扮演16岁的角色那样扮演50岁，因为除非命中注定的不幸事件发生，否则当她真的50岁的时候，她的内心也不会有什么不同，所以在那时没有理由沉溺于衰老的外在和虚假的迹象中。

在当代科学界，时间是有形的。它构成了爱因斯坦所说的第四维，是可以测量的。对人来说，时间是一种习惯、一种社会建构，是钟表上的数字或指针。就实际经验而言，时间是什么？人能体验昨天吗？在记忆里当然可以，但人也可以选择不去记忆。人能体验明天吗？只有在想象中可以，但人也可以不去想象。人真正无法控制的，是当下时刻的存在。但令人遗憾的是，人常常过于忙碌，要么忙于任务，要么忙于内心想法，以至于失去了对当下时刻的感觉。实际的体验越多，时间的神话就越不重要。有人曾经说过，"只有当人身处监狱中，计时才是重要的"，但即使是囚犯，也可以选择不去计算时日。

思考时间的方式完全在人的能力范围之内。诗人威廉·华兹华斯给后人留下了一个活在永恒之现在的最权威的声明：

在隆冬，我终于知道，我身上有一个不可战胜的夏天。

——阿尔贝·加缪

无　题

我一见彩虹高悬天上，

心儿便跳荡不止；

从前小时候就是这样；

如今长大了还是这样；

以后我老了也要这样，

否则，不如死！

儿童乃是成人的父亲；

我可以指望：我一世光阴

自始至终贯穿着对自然的虔敬。[9]

你有没有想过生活可以按照完全相反的方式进行？你可以越活越小，童年就是你的未来，而未来还从未开始，而且你可以选择永远不让它开始。就像 2008 年由布拉德·皮特主演的电影《本杰明·巴顿奇事》中的主角一样，你可以倒退着生活，随着年龄的增长而变得年轻。伟大的毕加索敦促我们要像孩子一样保持童心，内心充满天真的好奇。

内在的意象可以调整。为了打破时间匆匆流逝、衰老和死亡不可避免的错觉，我们可以用循环代替金字塔。在金字塔的意象中，我们想象自己在各个阶层（学校、体育运动、工作）中不断上升，达到顶峰或巅峰（"啊！我终于成功了！"或者，消极地，"我已尽力走到这里了！"），然后感觉我们已经"开始走下坡路了"。在循环意象中，生活就像一个摩天轮，上升，登顶，下降，然后重新开始。这是一个特别有效的意象，因为摩天轮的乘客知道，四处移动比卡在顶部更好。

爱因斯坦与时间 爱因斯坦指出，时间只有相对于匀速运动的物体才是绝对的。如果甲和乙在相邻的火车上，两列火车有相同的速度并排行驶，那么甲和乙就可以随时相互挥手；对于两人来说，旅程的长度都是相同的。相对论也证明，当一个人运动速度越来越快的时候，时间就会变慢。如果宇航员能够以光速旅行，他们就永远不会变老。尽管相对论的这一部分不太可能在短时间内得到验证，但它确实提醒我们，时间——绝对时间——是一个变量，即使在科学界也是如此。

一种解释相对论的方法是想象一对双胞胎，其中一个乘坐宇宙飞船以光速（约每秒 30 万千米）飞行，而另一个留在地球上。这个任务持续了地球上的 20 年。当太空上的孪生兄弟回来的时候，他会发现他的兄弟比他大 20 岁，而他自己看起来和任务开始的时候一样。人是有可能像在光速运动中那样生活的，因为，除非他自己想要感觉内心老去，否则他只需要意识到自己现在在哪里，正在做什么。

法国作家马塞尔·普鲁斯特（1871—1922）最著名的作品《追忆似水年华》，如按照惯例译成英语，标题将变成《追忆过去的事情》，但直译的话其实是《追寻过去的时光》。在某个下雨的午后，回忆是愉快的消遣，但实际上是希望自己能够回到过去（尽管时间旅行还是神话），并不是对生命的肯定。

> 救赎的奥秘就在于纪念。
> ——古犹太谚语

亚洲的时间概念 在亚洲人的思想中，心智或意识是无尽的。意识总是伴随着人的，甚至对过去事件的记忆也在人内心深处永远活跃着。人承载着时间，没有过去这样的东西，因此更没有理由去哀叹它的消逝。那些试图抓住时间的人是最痛苦的，因为他们认识到逝者如斯。那些不试图去抓住时间的人反而生机勃勃地活在当下。

亚洲的一些哲学家指出，随着时间的流逝，人会感到沮丧，这是因为人幻想出开端和结局，从出生的那一刻到死亡的那一刻。书有结局，电影有结尾，宴席也有结束，它们都有着同样的模式，因此，结局在人的心中根深蒂固。生活在 2000 多年前的中国古代哲学家庄子，擅长用绚丽的语言传达深刻的思想：

> ……*有未始有始也者，有未始有夫未始有始也者。有有也者，有无也者，*
> *有未始有无也者……*[10]

开始如何开始呢？在开始之前是什么？如果开始不能开始，那么它也不能结束。在这种哲学中，所有人都生活在两极之间，但究竟在何处又是不能被精确界定的，不是吗？

重塑自我

欢乐总是如带翼的美梦般易逝；那么，悲伤为什么会延续不减呢？既然悲伤只会加重你的不幸，就不要再为过去了的悲伤。

——佚名

说记忆会让人困于时间之中是很容易的，但抹去记忆就不那么容易了。记忆是人类与众不同的特征。它可以照亮最黑暗的日子，给人提供慰藉，把人与过去联系起来，这样人就不会有漫无目的地漂泊一生的感觉了。但是记忆也会对人产生巨大的影响，触发消极情绪。有太多的人积累了过去的恶业，还拒绝放手，因此看不到任何改变的可能。真正应该做的，是学会恰当地看待记忆，认识到过去的所作所为可能与现在有关，但现在并非过去的原样重现。当人在现在的行动和反应还像在过去那样，人就是在伤害自己。

然而，也有一些人背负昨天的痛苦走在今天的路上，最终决定结束自己的生命。即使是象征性的自杀，其本身也是对存在的抹杀和终结。心理学家在治疗有自杀倾向的病人时，通常会先尝试说服他们重新肯定生活，想一想生活中好的方面。有时这样的心理咨询并不成功。在回顾这些失败时，其中的一些人曾说，自杀可能是一种高度理性的行为，是一种有意义的同时也有些阴暗的重塑自己的方式，这不是一种值得推荐的方式，但偶尔也应该被理解。

希腊人和罗马人普遍认为，自杀有四个目的：彰显丧亲之痛、维护荣誉、避免痛苦、为国效力。苏格拉底不同意这种说法，他警告说，人类并不能创造自己，因此就不能自由地按自己的意愿处理自己的身体。大多数反对自杀的宗教都给出了类似的理由。

犹太人的法律禁止自杀，但事实上有许多犹太人为避免被罗马人俘虏而自杀。早期的基督徒也受到罗马人的压迫，经常自杀，似乎也不怕上帝的惩罚。基督教现在明确禁止自杀行为，但几个世纪以来，基督徒都接受以身殉教（这在本质上也是自杀）。以身殉教的人包括坎特伯雷大主教托马斯·贝克特、圣女贞德和圣女贝尔纳黛特。贝克特因拒绝承认王权大于教权，被杀死在祭坛上；圣女贞德因拒绝在公开弃绝书上签字而被烧死在火刑柱上；圣女贝尔纳黛特凭偶然发现的神泉救治了无数病患，但直到泉水失效她都只字未提自己的绝症，而且坚称上天不准她以泉水自救。

无力重塑生活：艺术家与自杀　令人难过的是，艺术家有时会过早地结束生命，而忽略了一个重要的事实。那就是，在所有人中，他们原本最具重塑自己的创造力。可悲的是，有时候恰是过人的天赋导致他们的死亡。在强烈的创作冲动中，梵·高画出了一幅又一幅作品。这些作品如今是公认的旷世杰作，但在当时则不被认可，他本人也备受打击，竟深觉自己的作品本该默默无闻。在他短暂一生的早期，还能够大胆地告诉自己，无论别人怎么想，他都要按照自己的喜好来画画。这种态度就是自我重塑，但梵·高最终失去了这种能力。

女诗人西尔维亚·普拉斯（1932—1963）有两个孩子，丈夫是同为诗人的泰德·休斯，后者也有自己的创作和情感需求。许多这样的文学家庭都充满紧张的气氛，普拉斯本人也曾有过情感的崩溃。在她快 30 岁时，她开始担心自己再也不能写作了，无力承受的她最后选择了死亡。

我们只能悲伤地看着，当有创造力的人放弃生活后，无法估量世界会有什么损失。涅槃摇滚乐队的主唱科特·科本（1967—1994）在成名后忍受着身体和精神上的双重痛苦，终于开枪自杀，结束了自己短暂的一生。广受赞誉的作家大卫·福斯特·华莱士（1962—2008）为自己的死做了充分的准备：在上吊自杀之前，他留下一张便条，写明自己对最后一部小说如何编辑和出版的希望。华莱士有长期的抑郁症病史，一生的大部分时间里都在断断续续地接受药物治疗。艾米·怀恩豪斯（1983—2011）是一位才华横溢的英国蓝调和灵魂歌手，她选择了另一条路——年仅 27 岁就因酒精中毒身亡。这在摇滚乐的编年史上并不罕见。在 20 世纪 60 年代，摇滚乐将兴之时，许多年轻人在 27 岁时英年早逝：大门乐队的主唱吉姆·莫里森、詹尼斯·乔普林、吉米·亨德里克斯。虽然他们并非死于自杀，但所有这些死亡都是由鲁莽的选择引起的——大量吸毒、大肆喝酒。选择过一种无节制的生活无疑就是选择了一种死亡的方式，或许，这就是浮士德式的交易。

易卜生的《玩偶之家》是一部关于女人的戏剧。剧中的主角娜拉意识到她并不了解生活的真相，因此不适合做母亲和妻子。她最终决定离开丈夫和孩子，"砰"的一声关上了身后的门。这个关门的声效震惊了许多观看首演的观众。可以说，她选择将过去的生活抛诸脑后，就是典型的重塑自我。

宽宥尚可；
遗忘最佳！
以忧而活；
向死乃生。
——罗伯特·布朗宁

内疚和宽恕

也许宽恕是对生命的最大肯定——不仅宽恕别人，也要宽恕自己。几乎所有人都曾对某些事情感到内疚：孩子觉得父母离婚的责任在自己身上；大孩子会因为欺负过小孩子感到内疚；学生会对考试作弊或抄袭论文感到内疚；办公室职员会因为工作时间玩电子游戏感到内疚；单身母亲会因为不能给孩子更好的生活感到内疚；一个酗酒者或吸毒者会为因为他伤害过的所有人感到内疚。

存在主义者建议说，人可以自由地决定自己的命运，但人却时常找不到那把能打开过去生活的枷锁的钥匙。

那些负担得起的人，可能会经年累月地去看精神病医生，想要通过治疗克服内疚感，但内疚感却不断重生，于是只能不断地接受治疗。如此循环，甚至会在原本的内疚之上又增添许多新的内疚。"我终究不是好人，所有的坏事都是我的错。"人最后一定会变得精神失常。那些负担不起或不相信治疗的人，可能会试图自我安抚，或者在朋友、老师和牧师的帮助下试着解决问题。因此，本章最后要讨论的肯定生命的模式就是找到一种宽恕自己的方式，然后继续生活。

幸存者的内疚　从纳粹集中营中死里逃生的幸存者的证词表明，他们的痛苦并没有因为他们得以生还而停止。正相反，大多数人因为自己的幸存反而遭受巨大的痛苦和内疚。威廉·斯泰伦写于 1979 年的经典小说《苏菲的选择》讲述了一个波兰集中营中的幸存者的故事。她已被安置到纽约，但每天都在挣扎，不仅因为自己还活着，还因为她曾在集中营中被迫做过的选择——决定两个孩子中的哪一个该死。很难想象还有什么比这更恐怖的了。苏菲本可与那位深爱她的青年重新开始生活，但她最终还是做出了另一个选择：她根本无法原谅自己，最后自杀了。

地震、泥石流、森林大火、海啸和龙卷风等自然灾害频繁发生，导致成千上万人的损失和死亡。痛苦的幸存者茫然地走在废墟中，泪流满面，找寻不见的妻子、丈夫和孩子。这些受害者中有多少人会暗自觉得灾难可能是对自己过去所犯罪恶的惩罚？又有多少人会在庆幸"多亏上帝开恩"之后即刻又感到内疚？妄想凭借一句"生活还要继续"就能解决问题，既是不切现实的，也是极其残忍的。

凡人皆舛误，唯神能见宥。
——亚历山大·蒲柏

寻求宽恕　然而，无论如何，人们确实需要继续生活下去，这就包括宽恕自己真正的和想象中的过错。由匿名戒酒协会发起的十二步戒酒法给人们提供了减轻内疚感的方法。它建议人们列出曾经伤害过的人的清单，逐一道歉以寻求原谅，并在后续的生活中继续开列清单，在犯错时承认自己的过错，并及时予以纠正。

另一个可能有所帮助的方法是参加告别内疚派对或其他宽恕仪式，比如在朋友和家人面前说出自己深感后悔的事情，然后把它们放在一边；再比如在纸上写下自认为做过的最糟的事情，然后把纸揉成一团，扔进火里或者埋入地下。宽恕仪式可以是计划好的，也可以是自发的，但它们都应该有一定的效果，能让人在做完之后心满意足地松一口气。

几个世纪以来，希伯来传统一直主张一种宽恕仪式。

名为"抛弃"（tashlikh，希伯来语）的犹太习俗源自《弥迦书》中的句子："你（上帝）必再怜悯我们，将我们的罪孽丢在脚下践踏，把我们的过犯投进深海。"（7：19）以先知的话为基础，犹太人在中世纪发展出一个习俗。在犹太新年的第一天……犹太人会去到河边，象征性地将他们的罪恶投入水中。在许多地方，人们还会掏出他们的口袋，抖一抖，清空它们所包含的一切罪恶。[11]

或者，人们也可以创造一种私人仪式，比如安静地坐在某个角落，专注于不愿分享的罪恶，将它们收集起来，聚成一个球，然后冷静而谨慎地，想象自己把球直接扔向天空。明白了吗？就是这样。罪恶之球突然变成一只鸟，在云端飞翔，消失在无限的蔚蓝之中，再也不会出现了。

死亡本身，或者说生物学意义上的死亡，是每个人都会经历的，该来时终究会来。在本章中，我们并没有真正讨论这种死亡。我们一直都在讨论的，是人文学中的思想资源能如何帮助人肯定生命的价值，即便人面临着无法抗拒的灾难或巨大的内疚感。

否认死亡的文化中最可悲的就是自己（或者让别人）心如死灰，即在心理上体验自我价值的消亡，体验重塑自我的能力的丧失。我们或许会对电影或电视中那些充满内疚和焦虑的精神病患者开怀大笑，但他们也可以被看作如何浪费生命的不幸范例。

然而，还是要以积极的调子来结束本章。人文学提供了各种肯定生命的模式，包括凤凰的神话、重塑自我的可能等，只要新的生命持续出生，人就有能力去使用它们。

> 我推迟死亡
> 通过生活，
> 通过痛苦，
> 通过犯错，
> 通过冒险，
> 通过给予，
> 通过失去。
>
> ——阿娜伊斯·宁

回顾

在这一章里：

- 我们描述了想象和颂扬死亡的方式；
- 我们讨论了死亡在流行文化中是如何被描绘的，以及为什么这些描绘对大多数人如此有吸引力；
- 我们讨论了人们用来肯定生命和应对死亡恐惧的各种策略，包括相信死后之生、避免谈论死亡、运用幽默消解死亡以及美化死亡；
- 我们探讨了文学、音乐、哲学等人文学帮助人理解死亡、肯定生命的方式；
- 我们分析了肯定生命的各种模式，包括凤凰重生的故事，人在一定程度上控制时间和记忆的能力，重塑自我的能力，以及认识内疚、拥抱宽恕的需要。

主要术语

宿命论（fatalism）：相信所有的事情都是注定的，包括死亡的方式、时间和地点。

生之肯定（life-affirmation）：相信生命本质上是美好的，是值得过的；相信自己有能力摆脱不必要的负罪感、自卑以及对衰老和最终必将死亡的恐惧，进而认识到死亡只有一次，并非每天都会发生。

标题音乐（program music）：一种音乐类型，作曲家根据某些叙事或情节的构想创作的交响诗，同时也深知如何取悦听众。

图 15.1　坎伯格自然保护区中的布希曼人的岩画，南非

人类会在自然中留下印记，有时是有意的，有时是无意的。这是对自然的改善还是亵渎？
还是两者兼而有之？

Anthony Bannister / Gallo Images / Documentary Value / Corbis

第十五章

自然

学习目标

15.1 讨论从《圣经》时代到中世纪再到莎士比亚时代通过艺术表达的自然观念的变化。

15.2 区分浪漫主义中各种对自然的看法，包括如画、优美和崇高，提供一些文学和音乐上的例子。

15.3 比较亚洲人和西方艺术家对自然看法的异同。

15.4 讨论城市生活的兴起对人文学的影响，特别是在美国。

15.5 描述什么是所谓的自然力量，特别是参考麦尔维尔的《白鲸》和玛丽·雪莱的《弗兰肯斯坦》。

15.6 比较和对比自然在美国本土艺术、特定场域艺术和环境艺术中的使用方式。

15.7 讨论过去百年来人类对自然的漠视可能会对未来造成的影响。

如今，"自然"这个词有很多含义。天然食品应该不含化学成分和实验室的相关成分（尽管很难判断取代这些东西的是什么）。那些反对同性恋权利的人将同性恋和跨性别主义定性为"不自然的"。那些认为商业利益优先于环境保护的人说，自然知道自己在做什么，所以不要干扰它。然而，环保主义者却急切地说，自然已经被无情地干扰了，可能很快就会到达极限。

总体来说，人文学一直对**自然**很友好，尽管一些艺术家和哲学家对自然世界漠不关心：公元前6世纪希腊文化爆发期的代表性人物主要关注的是心灵及其力量，他们身处其中的是城邦社会。罗马人也是如此，他们认为强盛的城市才是衡量人类的真正尺度。

早在这两种文明出现之前，亚洲的哲学家就对统治宇宙的力量极其敬畏。后来被西方称作自然的这种力量，在印度哲学里称作梵，在中国哲学中称作道，在佛教中则称为法。在亚洲和西方，这种力量都有着外在表现（山川树木等），也具有一种内在的灵魂或理性，根据既定不变或被神创造的法则运转着。在当今时代，全球的科学家仍坚信这种内在理性的存在，继续探索着自然界的奥秘。

本章将纵览自然在人文学中发挥的作用，以及人文学在当今的自然中正在发挥的作用。

15.1 早期的自然观

从《圣经》时代到中世纪再到莎士比亚时代，通过艺术所表达的自然观是如何变化的？

尽管罗马诗人卢克莱修（约公元前 99—前 55）身处的社会环境更注重城市，但他还是写出了一部题为《物性论》的长诗。他在诗中把自然界的起源归于原子的强烈碰撞，并预言最终原始的原子能将重现，而世界将在猛烈的爆炸中终结。这个预言不是环保主义性质的，但他的确主张人要尊重自然，不是把它作为一个永远陪伴在身边的慈爱善良的母亲，而是作为一种令人敬畏的、不可轻视的力量。

早在罗马帝国建立之前，人们就开始关注自然与人的关系问题了。有些人在指责地球上的一切资源皆应由人掌控这种想法时，会引用《创世记》中的一段话：

> 神就照着自己的形象造人，乃是照着他的形象造男造女。神就赐福给他们，又对他们说："要生养众多，遍满地面，治理这地；也要管理海里的鱼、空中的鸟，和地上各样行动的活物。"
>
> 《圣经·创世记》（1：27—28）

但是其他人，尤其是那些奉行**环境保护主义**的人，都赶紧补充说，这段经文并不意味着人类有权利毁坏地球。也许把上帝理解为无私的创造者会导致一些人认为自己是所有者。就像在房东不在的时候代为管理大楼的人一样，可能会逐渐变得自以为是，开始觉得这座楼本就归他所有。但是人们更应该记住《创世记》后面的一句话："耶和华神将那人安置在伊甸园，使他修理看守。"（《创世记》2：15）这说明人事实上只是地球的管理员，并非所有者。伊斯兰的《古兰经》中有着类似的观念。

中世纪

在中世纪早期（6 世纪到 11 世纪），有很大一部分自然处于原始状态，没有遭到破坏。而且在多数情况下，彼时的人们可能不太愿意冒险离开自己的村庄、堡垒或修道院。中世纪的自然似乎被认为是某种"外在的东西"，与人类几乎没有直接的关系。宗教的强力把个人引到别处：要终其一生准备在来世被救赎，故而此世的一切都不重要，那为什么还要浪费时间去看云朵和花朵呢？

然而，在 11 世纪和 12 世纪，一种新的文学出现了，它是由一群准备成为神职人员的叛逆的年轻人创作的。他们反对严格的苦行训练，厌弃长老们超脱世俗的倾向。这

大地获得母亲这个称号，是完全恰当的。因为一切东西都从大地产生出来。

——卢克莱修

些年轻叛逆者的诗歌鼓励他们的同学去发现外面的自然世界。

> 抛开枯燥的书本和思想，
> 愚蠢才甜蜜，玩闹最有趣；
> 春日送来的快乐须尽享
> 在青春这了无穷尽的假期！
> 只有到了暮年才应该沉思
> 那些严肃的问题，满怀着忧心，
> 娇嫩的青春则可自在飘零，
> 纵情嬉戏，轻盈如风。[1]

这首诗开启的主题，至今仍能引起人们的共鸣：将未遭破坏的自然等同于青春、欢乐和一切美好的事物。

当高墙四绕的堡垒变为城墙环绕的城邑时，当瘟疫和贫穷暗中潜入时，城邑在许多人眼中就成了死亡、朽坏和邪恶之地，道德败坏、罪行猖獗。农村反而成了幸福的避风港。当然，并非所有人都这样认为。对于信教的传统人士来说，人不必在春日的微风中嬉戏就能找到上帝，但几个世纪后的哲学家斯宾诺莎（1632—1677）则声称，上帝和自然是一体的。

> 要想人不是自然的一部分，不遵循自然的共同秩序乃是不可能之事。
> ——斯宾诺莎

亚登森林

和其他文艺复兴时期的诗人一样，青年莎士比亚也描写了想象中未遭破坏的乡村，那里充满了爱的欢欣。等他于16世纪末来到伦敦时，伦敦早已成了肮脏、贫穷和罪犯的聚集地。资助诗人的贵族们对城市的真实情况置若罔闻。既然无能为力，又何必去操心那些悲惨地蜗居某处的穷人呢？很多艺术的赞助人住在自己宽敞舒适的家里借文学逃避现实，慷慨地补贴那些能满足自己品位的人。

远离现实的乡村，成了文学作品理想的故事背景，因而大肆流行。受其影响，莎士比亚也开始采用这种逃避现实的形式。《仲夏夜之梦》（1594）的故事发生在一个迪斯尼式的森林里，其中有迷人的精灵和永葆青春的恋人。莎翁的最后一部戏剧《暴风雨》（1611）则将人们带到一个遥远的荒岛，一个远离城市现实的"美丽新世界"，一个名叫普洛斯彼罗的魔法师掌控着岛上的一切（图15.2）。

莎士比亚,《皆大欢喜》《皆大欢喜》（约1599年）是莎士比亚最经典的喜剧之一。其中明显包含某种早期的环保主义思想。一位长公爵被他邪恶的兄弟放逐，和一小群从臣搬到亚登森林（可以说是莎士比亚版的伊甸园），在那里过上质朴的生活，摆脱了宫廷的腐败堕落。

> 逆境厄运也有它的好处，
>
> 就像丑陋而有毒的蟾蜍，
>
> 它的头上却顶着一颗珍贵的宝石。
>
> 我们的这种生活，虽然远离尘嚣，
>
> 却可以聆听树木的谈话，
>
> 溪中的流水便是大好的文章，
>
> 顽石里面也有着谆谆古训。
>
> 每一件事物中，都可以找到些益处。[2]

图 15.2　海伦·米伦在朱莉·泰莫执导的电影《暴风雨》(2010) 中饰演女爵普洛斯彼罗
英国作家奥尔德斯·赫胥黎的小说曾以"美丽新世界"为题，描绘了一个未来的机械化社会。是什么使 20 世纪的作家钟情于莎士比亚的这个短语呢？
Newscom

莎士比亚认为人们从自然中得到的教育要远优于从图书馆中得到的。而且，这种主张在后面还屡屡出现过。

然而，长公爵的一众从臣都是城里人，习惯了城里人的饮食。他们没有像原来那样离开森林，而是开始猎杀野鹿，这让忧郁的从臣杰奎斯非常伤心。长公爵得知，杰奎斯曾"发誓说在这件事情上与那篡位的兄弟相比，有过之而无不及"[3]事实上，杰奎斯愤怒地谴责了他们对自然的所作所为，坚持认为这比当初把他们放逐的宫廷之争还要糟。有一次，杰奎斯看到一头受伤的牡鹿经历了极其痛苦的死亡：

> "可怜的鹿，"他说，"你就像世人立遗嘱一样，
>
> 把你所有的一切
>
> 给了那些已经有得太多的人。"[4]

然后，他还向一群活着的鹿喊道，它们应该藏好了，不能让暴君在它们"天然的居处"掠杀自己。

在莎士比亚时代，人们并未将自然和人视作一体。因此，自然宇宙中的一切都有其恰当的位置和功能，人类不应试图干涉。杰奎斯的悲剧在于，他感受到动物灭绝的痛苦，却无能为力。他唯一能做的就是"对着那只啜泣的鹿，一面伤心落泪，一面大发议论"。森林中的灾难加剧了他的愤懑，几乎使他发疯。尽管他无能为力，但他却幻想自己可以改变世界。

> 给我穿一件彩衣，准许我

说我心里的话；我一定会痛痛快快地
把这染上了疾病的世界的丑恶身体清洗个干净，
假如他们肯耐心接受我的药方。[5]

他绝不可能如愿以偿。在戏剧的结尾，被放逐的长公爵和篡位的兄弟和好了，两对年轻的恋人结了婚，杰奎斯祝福所有人，然后宣布自己不会留在他们中间，因为"跳舞可不是我的份"。当其他人邀他一同回到城市文明时，他拒绝了。"我不想看你们作乐；你们要有什么见教，我就在被你们遗弃的山窟中恭候。"

15.2 自然与浪漫

浪漫主义运动所说的如画、优美和崇高是什么意思？这些概念在这一时期的文学和音乐作品中是如何表现的？

在 18 世纪末和 19 世纪初，大西洋两岸的人文学都被一场所谓的浪漫主义运动占据了。这场运动波及艺术、文学、音乐和哲学等各领域。浪漫主义强调艺术作品中的强烈情感，声称很长一段时间以来（有人甚至认为早在文艺复兴之前）的艺术作品中总是缺乏情感。这是他们对 18 世纪启蒙时代过分强调理性和智性的回应，所以他们的作品总是强调感情高于智性，心灵高于头脑。但浪漫主义者所寻求的情感并不一定是舒适的，他们也接受恐惧和敬畏等情感，特别是被自然的力量所激发的敬畏之情，就像约瑟·马洛德·威廉·透纳（1775—1851）经常描绘的波涛汹涌的大海（图 15.3）。

尽管浪漫主义运动是在独立战争之后才开始的，但其基本观念无疑影响了那些美国建国者的思想。他们把"自然"和"自由"等同起来，自然权利仍然是民主制度的基石。在文明出现之前，生活在自然中的人们可以自由漫游，随意定居，创造一种适合他们需要的社会秩序。美国的《独立宣言》中隐含着人权和自然权利的等同。

图 15.3　约瑟·马洛德·威廉·透纳，《鹿特丹渡轮》，1833 年
透纳描绘的景象能传达出自然的力量吗？为了传达自然之力，透纳采用了什么技法？
Courtesy of National Gallery of Art/Ailsa Mellon Bruce Collection

浪漫主义的词汇

对于浪漫主义来说，最重要的是优美、崇高和如画这三个互补的概念。这三个概念都是为了阐明自然和人之间的关系。其中，优美和崇高是由哲学家埃德蒙·伯克在1757 年的著作《论崇高与优美概念起源的哲学探究》中确立的。而如画的概念则是随着风景画逐渐成为 19 世纪艺术的关键组成部分而加入相关的讨论中。评论家和学者通常将优美定义为对自然的平衡、宁静和让人赏心悦目的描绘；如画指的是那种边缘更加粗糙、背景更加质朴的对自然的描绘；而崇高则描绘出自然令人敬畏（有时甚至令人恐惧）的力量，比如高山、洪水、陡峭起伏的深谷等。

绘画并不是 19 世纪唯一一种表现时代对自然普遍关注的艺术形式。19 世纪还出现了早期城市规划的雏形。随着城市变得日渐肮脏黑暗，政府开始意识到需要给市民提供一些绿色空间。一些颇有远见的规划设计师（如弗雷德里克·劳·奥姆斯特德、卡尔文·沃克斯、丹尼尔·彭汉和约翰·纳什）在纽约、芝加哥、伦敦等地创造出许多至今仍备受珍视的公园。这些公园的设计都蕴含着浪漫主义有关自然的三大概念：赏心悦目的绿地、质朴的林间小路，还有为了让人产生敬畏感从各地运来的巨石。

> 背离自然也即背离幸福。
> ——塞缪尔·约翰逊

文学中的浪漫主义与自然主义

浪漫主义也是 19 世纪早期文学的主导力量，其中的主将是威廉·华兹华斯（1770—1850）。他最著名的作品是《水仙》（1807），以下摘录的这段，仍能够激发人们面对自然时的喜悦。

> 我独自漫游，像山谷上空
> 　　悠悠飘过的一朵云霓，
> 蓦然举目，我望见一丛
> 　　金黄的水仙，缤纷茂密；
> 在湖水之滨，树荫之下，
> 　　正随风摇曳，舞姿潇洒。
>
> 连绵密布，似繁星万点
> 　　在银河上下闪烁明灭，
> 这一片水仙，沿着湖湾
> 　　排成延续无尽的行列；

一眼便瞥见万朵千株，

摇颤着花冠，轻盈飘舞。[6]

1836 年，美国**超验主义**者拉尔夫·沃尔多·爱默生（1803—1882）完成了一篇题为《论自然》的长文。文中的字句仍然能打动那些曾站在山上满心敬畏地环视周遭的人。

自然，从常识角度看，它是指人类未曾改变的事物本质，诸如空间、空气、河流、树叶之类……假如这些星星每隔一千年才出现一次的话，人们将会怎样地崇敬信仰它们，并且会怎样地为后代保存这一上苍显灵的记忆啊！然而，这些美的使者每个晚上都会出现，用它们那带有训诫意味的微笑照亮整个大地。

星星在我们心中唤起某种崇敬之情。因为它们尽管时常露面，却是不可企及的。但是当心灵向所有的自然物体敞开之后，它们给人的印象却是息息相关、彼此沟通的。[7]

爱默生宣称，所有人都应该在自己身上寻找自然（一种传统的亚洲哲学），应该感到自己和"它"同为一个整体。爱自己就是爱这个包围着自己的世界。认为人有权将自己的意志强加于自然，会导致自然与人的分离，而这可能正是目前环境危机的根本原因。

沃尔特·惠特曼和赫尔曼·麦尔维尔　19 世纪的美国文学提供了关于自然和人的两部典范：一部是沃尔特·惠特曼的《草叶集》（曾多次出版，但首次问世是在 1855 年）中的《我自己的歌》；另一部是赫尔曼·麦尔维尔的《白鲸》（1851）。在后者中，作者用白鲸莫比迪克和充满磨难的海洋象征了必定会战胜人类的自然。

惠特曼的《我自己的歌》中的第六章描绘了诗人在草叶上沉思的情景，最后得出人和自然是一体的结论：

我不是不爱人类，而是更爱大自然。
——拜伦

一个孩子说"这草是什么？"两手满满捧着它递给我看；

我哪能回答孩子呢？我和他一样，并不知道。

我猜它定是我性格的旗帜，是充满希望的绿色物质织成的。

我猜它或者是上帝的手帕，

是有意抛下的一件带有香味的礼物和纪念品，

四角附有物主的名字，是为了让我们看见又注意到，并且说，"是谁的？"

我猜想这草本身就是个孩子，是植物界生下的婴儿。[8]

文学作品中对自然最引人注目的描写之一就是麦尔维尔的《白鲸》的第 87 章《大舰

队》。由亚哈担任船长的裴廓德号捕鲸船，"随着一阵畅快的疾风"，载着叙述者以实玛利驶入爪哇岛和苏门答腊岛之间狭窄的巽他海峡。这里是主要的捕鲸场，人们很快就发现了鲸鱼，不是一条也不是几条，而是数以百计的鲸鱼，"形成一个大半圆形，环抱着半个水平面，原来是络绎不绝的一串大鲸的喷水，正在午刻的空中光闪闪地向上进射着……有如在一个令人神往的秋晨，突然看到一个人烟稠密的大都市的无数令人高兴的烟囱"。

裴廓德号开始追捕，但很快另一群海盗出现在它身后，这艘船一边被人追击，一边又在追逐别人。当它穿过海峡驶入更开阔的水域时，前面的鲸鱼转身朝着它"聚拢来，列成紧密的队伍，所以它们的喷水完全像是一片闪光的枪林弹雨，以加倍的速度奋勇向前"，但随后又似乎失去主意，毫无目的地游来游去，此时小艇被派出，鱼叉手开始捕杀。为什么这些大鲸突然惊慌失措、脆弱不堪了呢？

最后，当水手们往下看，发现在海面之下的情景：

> 另有一个更为奇特的天地映入我们的眼帘。因为贴在这种水晶宫里的苍穹中，漂泛有许多哺养小鲸的母鲸的形体，还有一些从它们那粗大的腰围看来，似乎不久就将做母亲的母鲸。这个大湖……虽然很深，却非常明澈；一如小孩子在吃奶的时候，会安静而定神地撇开一下母亲的胸脯，望一望别的地方，仿佛同时在过着两种不同的生活：一边在吸取肉体的滋养，一边又在精神上饱享一些神秘的追怀——这些小鲸就正是这般模样，它们似乎在往上望着我们。[9]

对于读者来说，随后必然发生的屠杀鲸鱼的场景更加恐怖，尤其是鱼叉手魁魁格扯着尚未断掉的脐带把一条小鲸鱼从海里直接拉了出来。

美国的"自然主义者"：亨利·戴维·梭罗　亨利·戴维·梭罗自称**自然主义者**，意指避世独居，生活在自然环境中（梭罗也是一名政治活动家，曾因拒缴人头税而入狱一夜；梭罗称投票是自然权利）。

梭罗的自然主义之所以能够实行，是因为他不怎么需要城市中存在的那种陪伴和交谈。在他的著作《瓦尔登湖》（1854）中，他说"没有邮局也完全可以"，因为他"一年到头也收不到几封对得起邮费的信"。他并没有组织游行来抗议贪婪工厂主对环境的破坏，但他确实把城市主义等同于一种可悲的生活方式。他同情那些每天被囚禁在城市庸常中的人，他们一定从未看到过鸟儿觅食或幼鸟出生。他对城市社会的厌恶产生了他最著名也时常被引用的一段话。

> 人类在过着静静的绝望的生活。所谓听天由命，正是肯定的绝望。……甚至在人类的所谓游戏与娱乐底下，都隐藏着一种凝固的，不知又不觉的绝望。

游戏中都没有游戏可言，因为工作之后才是游戏。可是不做绝望的事，才是智慧的一种特征。[10]

对梭罗来说，自然不是宇宙的本源，而是通往个人幸福的道路。让那些选择在城里劳作的人去劳作吧，这是他们的事。相反，梭罗移居波士顿郊外瓦尔登湖周围的林间，那里离马萨诸塞州的康科德不远。他花 23.44 美元为自己建了一间小木屋（一个电视恶搞节目暗示，兑换成今天的货币后，这间小屋的花费是 7.5 万美元。有人竟怀疑梭罗能否拿到相应的抵押贷款）。他在自己的小木屋里住了将近两年，根据自己的经历写了一本书，书中有些章节很短，比如"声""湖""寂寞""冬天的湖"和"春天"等。梭罗的自然主义是观察事物的良方，而这在拥挤的康科德是完全不可能的。

> 第一年夏天，我没有读书；我种豆。不，我比干这个还好。有时候，我不能把眼前的美好的时间牺牲在任何工作中，无论是脑的或手的工作。我爱给我的生命留有更多余地。有时候，在一个夏天的早晨里，照常洗过澡之后，我坐在阳光下的门前，从日出坐到正午，坐在松树、山核桃树和黄栌树中间，在没有打扰的寂寞与宁静之中，凝神沉思，那时鸟雀在四周唱歌，或默不作声地疾飞而过我的屋子，直到太阳照上我的西窗，或者远处公路上传来一些旅行者的车辆的辚辚声，提醒我时间的流驶。[11]

阅读梭罗让人们意识到，即使无法拥有孤寂清净的林间小屋，人仍然可以自由地观察事物。后院或街对面的屋顶上都有小鸟，到处都有野花和树，它们都在努力地彰显自己，即使是在最贫穷的城市中的最破败的地方。

音乐中的浪漫主义

浪漫主义对自然的关注及其对感官和情感（而非理性）的强调，也影响了 19 世纪早期的音乐，尤其是在德国。德国作曲家 E. T. A. 霍夫曼（1776—1822）因创作包括《胡桃夹子》在内的儿童故事而闻名。他也是一位批评家，写了许多有关音乐浪漫主义的重要文章。他于 1813 年完成其中的一篇，主要讨论贝多芬的器乐作品。在这篇文章中，他指出：

> （音乐是）所有艺术中最具浪漫主义特质的，或者也可以说它才是真正浪漫的，因为它的主题近乎无限。俄耳甫斯的七弦琴打开了冥国之门。音乐向人

天地与我并生，而万物与我为一。
——庄子

类揭示了一个未知的领域，一个与人周围的外部感官世界完全分离的世界，一个人为了拥抱一种无法表达的渴望而将所有精确的情感抛诸脑后的世界……[12]

霍夫曼认为浪漫主义的根源可以在海顿和莫扎特身上找到，但它却在贝多芬的作品中大放异彩。当然，德国是音乐浪漫主义运动的中心。《崔斯坦与伊索德》和《尼伯龙根的指环》等作品表现出理查德·瓦格纳对中世纪传奇故事的迷恋，这与浪漫主义的旨趣相投，因为后者也在中世纪的传奇故事中看到一种更自然、理性色彩更弱的艺术品质。

民族主义是所有浪漫主义艺术中另一个重要的组成部分，但也许音乐中的民族主义是最突出的。浪漫主义艺术家大都对各自国家的早期历史特别是民间传说感兴趣，许多作曲家开始根据民族主题或花腔歌调创作音乐，如弗雷德里克·肖邦（波兰，1810—1849）的《玛祖卡舞曲》和《波兰舞曲》、让·西贝柳斯（芬兰，1865—1957）的《芬兰颂》、理查德·瓦格纳根据早期德国传说创作的史诗歌剧。

浪漫主义艺术家也对当时横扫欧洲的革命运动抱着极大的同情，包括法国大革命（1789—1799）、希腊独立战争（1820—1831）、比利时革命（1830—1831），以及德国和意大利的统一战争（这两场战争都以1871年两个民族国家的诞生而正式结束）。英国作曲家爱德华·埃尔加（1857—1934）写出了像《威仪堂堂进行曲》这样的大进行曲，而约翰·菲力浦·苏萨在美国从事同类型的创作。作家也没有免受革命精神的影响。英国诗人拜伦勋爵（1788—1824）投身希腊民族独立运动，染病而亡。而《致意大利》的作者、意大利诗人贾科莫·莱奥帕尔迪（1798—1837）在告别早期对希腊经典的模仿后，出版了一部文集《凡人琐事》，在书中将自然的纯真与现代理性人的堕落进行了深刻的对比。

15.3　亚洲人眼中的自然

与西方艺术家所表达的自然观相比，亚洲的自然观如何？

自然一直以来都是包括中国、日本、印度次大陆在内的亚洲大部分地区艺术作品的中心元素。从精致的水墨画和水彩画到上古中国青铜器皿上的纹饰，一幅又一幅图像都内含或真实或虚构的自然生物（蛇、花卉、龙）和自然构造，尤其是山峦和洞窟。在中国人的思想中，自然界是复杂的、持续再生且不断流动变化的。它提供了净化的可能（从很早开始，修道之人就隐入山林修炼养生之术，找寻益寿之方）和清净的环境（世俗中人借乡居除烟尘污垢，避庙堂纷扰）。道家天人感应、道法自然的思想后来逐渐融入儒家与佛教的思想当中。

大自然的每一个领域都是美妙绝伦的。

——亚里士多德

汉代（公元前202—公元220）艺术中出现了大量的仙山图像，这些图像充满神秘色彩，常是仙窟、仙药和植物的所在，有时仙窟也被视作异界的入口。渐渐地，这些图像在山水画中变得越来越常见，到了唐代（618—907）晚期，山水画，尤其是描绘园林庙宇的绘画，已成为创作中的主流。描绘自然的山水画回应着一种人类的普遍渴望：逃离日常世界，去到一个更加本真而自然的环境。

同样，日本艺术也始终颂扬自然界的重要性，不过他们更关注四季变换所显现出的自然之消逝。四季变换同时也是日本神道教信仰体系的核心。人们常以节日或聚餐来迎接新季节的到来。很多日本画家和作家的创作都取材于此。日本的许多风景画都以独特的风格体现出变化的必然性，有时会在一幅画中表现四季，画中的树有的已经花满枝头，有的刚刚含苞待放，而有的还是枯枝败叶。

印度次大陆的许多艺术作品也关注人与自然之间的关系。这也是预料之中的，因为当地的主要信仰体系印度教宣扬人的本性与自然世界有着不可分割的联系。或许是因为相信释迦牟尼在菩提树下成佛的说法，许多印度的设计和绘画作品中都有非常明显的树木和其他植物。

所有的人都在她之中，
而她又在所有的人之中。
——歌德

15.4 城市化的兴起

城市化的兴起对人与自然的关系有什么影响，尤其是在美国？

公元前5到4世纪的雅典人表现出一种态度，认为文明意味着城邦生活。当有人问苏格拉底为什么从不在乡间散步时，苏格拉底直截了当地回答说，在自然中独处远不如与同伴交谈。对他来说，城邦意味着文化、高雅、艺术和哲学，甚至生活本身。

随着城市及城市工业在19世纪的发展，城市公园成为原始自然的替代物。20世纪早期的纽约人开着他们的新汽车，沿着公园大道驶出城市。这些公园大道不只是连接城郊的道路，而且是特意供人们周末开车游玩的。那些经济条件允许的人乘专列北上阿第伦达克山脉，入住各种木结构酒店后，便可坐在用树枝做成的长椅上，眺望乔治湖独特的美景。在美国，大片大片的土地被指定为国家公园，从1872年的黄石公园开始，如今已有不下58个国家公园，它们都是为那些真正想看看自然是什么样子的人设立的。无论是城市居民还是郊区居民，对许多人来说，自然几乎是不真实的，它只是某个度假的地方，不再是生活不可分割的一部分。

美国神话本质上都是城市神话。早期的定居者是"开拓者"，一群"对抗并驯服荒野"的先驱，他们成了后世无数影片的主题。在好莱坞西部片中，开拓者和牛仔都是"好人"，他们在美国骑兵的帮助下，通过战争、屠杀或驱赶的方式清除了原住民印第安人。清理是为了建立城镇，而城镇才是文明的象征。美洲原住民是最大的障碍，因为他们深爱游牧生活，总是能与自然世界和谐相处。

1845 年，一位名叫约翰·欧苏利文的记者为了呼吁联邦政府吞并得克萨斯共和国而杜撰了"**昭昭天命**"一词。其潜在含义是，优越的国家有义务向"欠发达国家"传播文明的福音。发展成了理所应当的事情，它意味着要建立起相应的城市文明。

于是，美国的城市迅猛兴起：纽约、芝加哥、旧金山、亚特兰大、洛杉矶、汽车城市底特律、石油城市达拉斯和休斯顿，等等。包括伦敦、罗马、孟买、北京、里约热内卢、墨西哥城、达喀尔等世界各地的城市都有着长期的繁荣，美国的城市也是如此，人口持续增长，城市的个性特征也越来越强。这些宏伟的城市有着高耸的建筑（摩天大楼，这种叫法始于芝加哥），耀眼的灯火（图 15.4），强大的金融中心、文化场地和购物天堂，让人满心爱恋，不能自拔。

图 15.4　纽约时代广场夜景
这里的风景与约瑟·马洛德·威廉·透纳在图 15.3 中描绘的风景相比如何？有没有同时适用于这两幅图的词语？
Gary Burke/Moment/Getty Images

美国的城市诗人：惠特曼与桑德堡

天生热爱自然的沃尔特·惠特曼也被美国的城市吸引。他曾在布鲁克林做报纸编辑工作，某日他举目望向河对岸的曼哈顿，看到一番景象：

> 丰富，到处围满了帆船和轮船，一个十六英里长的岛屿，根基稳固，
> 数不清的拥挤的街道，铁制的，苗条的，强有力的，轻重量的高建筑物，辉煌地直升到那晴朗的天空，
> 潮水飞速而宽广，是我十分喜爱的，在快要日落的时候，
> 那些流动着的海的水流，那些小小的岛屿，稍大些的附近岛屿、山峦、别墅。
> 那些数不清的桅杆，那些白色的岸边汽船、驳船、渡船、造型美观的黑色海轮，
> 商业区的街道、批发商的店铺、船舶业和代办短期借款的商号、傍河的街道，
> 正在到来的移民，每周一万五千到两万，
> 正在拖拉货物的二轮马车，矫健的赶马的马夫，晒黑了脸的水手，

夏天的空气，明亮的太阳在照耀着，正在高空浮游的云彩，

冬天的雪、雪车上的铃铛，河里的碎冰块随着潮水的涨落而起伏着漂过，

城里的机械工、那些老板，他们体格健美，英俊的脸对你坦率地望着，

拥挤的人行道、车辆、百老汇、妇女们、店铺和各种展览品，

一百万人——仪态潇洒而优美——响亮的人声——好客——最为勇敢而友好的青年，

忙忙碌碌而波光粼粼的滨水的城市！尖顶和桅杆的城市！

偎依在水湾的怀里的城市！我的城市！[13]

物竞天择，适者生存。
　　　　——达尔文

另一个兴盛的美国城市芝加哥也有自己的桂冠诗人卡尔·桑德堡（1878—1967）。他曾在1914年如此描写过他生活的城市：

世界的猪屠夫，

工具匠，小麦存储者，

铁路运输家，全国货物转运人

暴躁、魁梧、喧闹，

宽肩膀的城市：

人家告诉我你太卑劣，我相信：我看到你的女人浓妆艳抹在煤气灯下勾引乡下小伙。

人家告诉我你太邪恶，我回答：是的，的确我见到凶手杀了人逍遥法外又去行凶。

人家告诉我你太残酷，我的答复是：在妇女和孩子脸上我见到饥饿肆虐的烙印。

我这样回答后，转过身，对那些嘲笑我的城市的人，我回敬以嘲笑，我说：

来呀，给我看别的城市，也这样昂起头，骄傲地歌唱，也这样活泼、粗犷、强壮、机灵。

他把工作堆起来时，抛出带磁性的咒骂，在那些矮小孱弱的城市中，他是个高大拳击手。

凶狼如一只狗，舌头伸出准备进攻，机械有如跟荒原搏斗的野蛮人。[14]

桑德堡和惠特曼并非老朽的古董。每年都有怀着类似态度的千万游客涌入这些仍在肆意扩张的城市，继续充满敬畏地凝视高耸的摩天大楼。有趣的是，在当今保护环境的大氛围中，城市也在不断证明自身的价值。大多数统计结果表明，城市的人均能耗低于农村和郊区的人均能耗。城市居民出行以公共交通为主，很少开私家车，更不会把水用于灌溉，总体的碳排放量也远低于其他群体。但是，当人远离宁静的自然时，又会失去什么呢？

当代的反城市主义者

生活中确实偶尔会出现梭罗这样的人，一位个人主义者，与世隔绝，过着或试图过上一种自给自足的生活。这种隐居生活在 20 世纪 60 年代特别受欢迎，还带动了家庭手工业及邻近行业的发展，甚至出现了不定期刊物《全球概览》(1968—1998) 和季刊《狐火》。前者关注生态和自给自足，详细列出用于挖井、研磨面粉等的产品名录和相关供应商；后者于 1966 年首次出版，用采访和口述史等形式试图保护并传承阿巴拉契亚山脉地区的文化和手工艺。

最近，美国各地的一些城市居民都在努力找回那种易于管理的小社区的感觉。纽约的布鲁克林区因聚集了许多大胡子的制酪手艺人、养蜂人和小微酿酒厂而闻名（有时也被嘲笑）。而旧金山则是"本土食品"运动的发源地，该运动强调需要食用本地小农场种植的、不含化学物质或人工添加剂的食物。

可以说，尽管美国的土地上出现了许多伟大的城市，但这个国家中也一直存在着一种回归自然的冲动。世界石油巨头美孚公司的创办人约翰·戴维森·洛克菲勒曾在自传中写到，他的财富和成就都归于上帝。众所周知，他的财富和成就与化石燃料的大规模消耗密切相关，难道洛克菲勒是在暗示上帝允许这种大肆消耗地球资源的行为？又或者他的意思是说，他对上帝心怀敬畏，提供了大量工作岗位和可供汽车、工厂使用的能源，切实造福了人类，上帝正是通过他来实现自己的计划的？

且慢，也许洛克菲勒真的意识到了《圣经》的训诫，即人类必须"耕种并管理伊甸园"？也许他看到了自然正在遭受大规模的掠夺，意识到自己有能力对此采取行动？不管有什么样的理由，洛克菲勒曾在晚年购买了怀俄明州的一大片荒野，然后遗赠给美国政府，条件是这片荒野要永远作为自然保护区。美国的两个最早的国家公园——黄石国家公园和大梯顿国家公园，就是在这片土地上建成的。

15.5 自然的力量

当我们谈论像麦尔维尔的《白鲸》和玛丽·雪莱的《弗兰肯斯坦》这样的作品时，自然的力量意味着什么？

浪漫主义艺术家将但丁和米开朗基罗对上帝的敬畏之情赋予了自然。19 世纪英国画家约瑟·马洛德·威廉·透纳的许多巨幅油画，如图 15.3 所示，把自然描绘成一种既恐怖又雄浑的力量。伦敦泰特不列颠美术馆新建的侧厅收藏着最为全面的透纳作品。观众可以在那里欣赏透纳的风景画，尤其是海景画。画中缤纷的色彩和巨大的海浪彰

人法地，地法天，天法道，道法自然。

——老子

图 15.5　温斯洛·霍默，《湾流》，1899 年
霍默建议青年艺术家们从大自然中寻找创作灵感。这幅画与图15.3 透纳的海景画有什么不同？这种差别会影响图像的力量吗？
SuperStock

显着自然的狂暴能量。那是一曲曲挽歌，似乎不可能被彻底理解，但也永远不会被忽视，而且总是被人类所崇敬。人只是宏伟自然的一部分，绝不可能凌驾其上。

　　美国艺术家温斯洛·霍默（1836—1910）的早期作品常描绘平静的海洋和在海滩上放松的人们。之后他曾去巴黎学习，创作受到印象派绘画中柔和色彩的影响。后来他回到缅因州，在那里度过余生。霍默的这幅作品（图 15.5）受到了透纳的影响，把海洋描绘为一种令人敬畏但从未被驯服的力量。

麦尔维尔，《白鲸》

　　透纳和霍默的作品隐含着某种环境保护主义的先声，他们大声疾呼："爱它，崇拜它，但要保持距离！"就在透纳去世的那一年，赫尔曼·麦尔维尔出版了他的史诗级小说《白鲸》，作品风格博大壮阔，堪称透纳和霍默绘画作品的文字版。《白鲸》讲述了一个悲剧故事。船长亚哈在与白鲸之前的遭遇中被夺去了一条腿，之后他一直企图寻找并猎杀白鲸。白鲸象征着自然的全部力量，因而也象征着上帝的力量。叙述者是年轻的水手以实玛利，他经常谈到面对自然时的恐怖——不仅因为它的物理力量，而且因为它也会在心理上吞噬人。比如在第 35 章"桅顶瞭望者"中，他描述了自己在捕鲸船的桅顶上值守瞭望的经历，他"已让浪潮与思潮的混合韵律，催眠得六神无主，想入非非，像吸鸦片似的没精打采，以致终于失去识别力；把他脚下的神秘的海洋，当成一幅明显的画像，其中有渗透了人类与自然的、深蓝无底的灵魂"[15]。

有人将《白鲸》与古希腊的悲剧以及《约伯记》相提并论，将其称为对骄纵或狂妄的警告。

在 19 世纪早期，另一部以科学为基础的小说也警告人们不要自以为是。

弗兰肯斯坦的怪物

科学已经做出许多尝试想去控制或操纵自然，但也许从未有像小说《弗兰肯斯坦》中的维克多·弗兰肯斯坦所创造的怪物那样被如此生动地描绘出来。《弗兰肯斯坦》的作者是著名诗人珀西·比希·雪莱的妻子玛丽·雪莱（1797—1851）。这部小说甫一出版即成经典，既大大丰富了人们的词汇，也催生了无数的电影。

这个故事是玛丽·雪莱于 19 岁时完成的，当时她和丈夫正与拜伦勋爵打赌谁能写出最恐怖的鬼故事。玛丽·雪莱写的故事以普罗米修斯的神话为基础。普罗米修斯是半人半神的英雄，想寻求无限的力量，于是去神那里偷取火种，却被当场抓住，锁在岩石上让秃鹰啄食肝脏。日复一日，被啄食的肝脏会重新长出来，普罗米修斯就这样受着无尽的折磨。

玛丽·雪莱笔下的维克多·弗兰肯斯坦博士并非著名的改编电影中的疯狂科学家，而是一个敏感、温和的人，童年时代就被科学（当时被称为"自然哲学"）所吸引，渴望学习一切可能学到的东西，以便为所有人创造更好的生活。随着自身的成熟，他发现自己特别关注身体的运转方式。

> 如果我能为人体驱除病魔，使人类得以抵御除暴死外的任何灾祸，那我的发现将会赢得多么大的荣誉！相比之下，如果是为了发财致富，那实在是微不足道的。[16]

然而，他问自己，除非我首先知道生命从何而来，否则又如何能找到永生的秘密？

像她的丈夫和其他浪漫主义作家一样，玛丽·雪莱将自然视为充满神圣奥秘的谜。她 16 岁时就与珀西·比希·雪莱成婚，两人都特别喜欢山川湖泊的壮丽景观。小说的发生地瑞士是她的最爱。对她来说，自然应该受到欣赏、敬爱和崇拜，但绝不应被分析。自然不应该受到干涉。

维克多·弗兰肯斯坦的悲剧在于他不只想成为自然的一部分。他不满足于理解生命的火花是如何进入无生命的物质的，他深信自己还必须向前迈进一步。他把尸体的各部分组装成一个 8 英尺高的超人，以实现"人"这个物种的完美和永生。

众所周知，他的实验结果与他的预期并不相符。

> 不仅人是自然的一部分，自然是人的一部分，而巨人必须与自然多少有一点同型，以便能够在自然中存活。自然使人演化发展。
>
> ——马斯洛

我先前还为他挑选了漂亮的五官。漂亮！我的天！他那黄皮肤勉强覆盖住皮下的肌肉和血管，一头软飘飘的黑发油光发亮，一口牙齿白如珍珠。这乌发皓齿尽管漂亮，可配上他的眼睛、脸色和嘴唇那可真吓人！那两只眼睛湿漉漉的，与它们容身的眼窝颜色几乎一样。[17]

尽管如此，作者所谓的"怪物"，起初和他的创造者一样善良温和，他是自然的造物。作者相信，未遭干涉的自然本质上是善的。但是社会不会置之不理。因为骇人的外表，他被拒绝，被嘲笑，并最终成为一个邪恶的杀人恶魔。在转变之前，他表现出最高贵的情感。他是一个素食主义者，认为吃动物的肉是不道德的。当他无意中听到美洲是如何被发现的，他为原住民的命运悲泣。后来他躲到一家农舍里，当他发现这家人的吃食所剩无几后，就再也没偷过食物，尽管他已极度饥饿。

小说的结局极其不同寻常，早于《白鲸》三十多年。弗兰肯斯坦疯狂地追捕怪物，他像亚哈船长一样，相信一旦消灭怪物，所有的邪恶都会从地球上消失。但最终死去的是弗兰肯斯坦，而不是怪物。怪物最后是被其真正的、唯一的自然之父召回的。它在北极的冰山前显得十分渺小，驾着雪橇驶入迷雾之中，谁也不知道等待它的会是什么。它似乎本来就属于这个原始而永恒的地方，所有终极奥秘的所在。人的理智或许偶尔会瞥见或寻得一些踪迹，但从来不能完全掌控那奥秘。

一切顺乎自然的东西都是美好的。
——西塞罗

如果玛丽·雪莱今天还活着，她可能会建议我们保持浪漫主义作家赋予自然的那种神秘感。包括阿尔伯特·爱因斯坦和斯蒂芬·霍金在内的伟大科学家深知应该崇敬自然的神秘力量。维克多·弗兰肯斯坦也是一位科学家，但他忽视了自己的局限性。在这部伟大的小说中，谁是"怪物"？弗兰肯斯坦，像亚哈一样，根本上追求的是他自己的荣耀。

这种追求很可能与自然界原本的天真相冲突，但人文学并不害怕面对这种冲突。自然可能充满暴力和恐怖，但它产生的这些恐怖——风暴、海啸和地震——却是其天真中所固有的。

15.6 留下印记

自然在美洲原住民的文化和艺术中扮演什么角色？在特定场域艺术和环境艺术中又发挥着什么作用？

早在书写历史之前，人类就在自然界留下了印记。洞穴壁画和岩画可追溯到公元前四万年，出现在欧洲、亚洲、非洲、美洲和太平洋地区，它们可能是人类交流或宗教仪式的早期形式（图 15.1）。学者们认为，它们并非纯粹的装饰品，因为它们经常出现在没有其他居住迹象或难以进入的地方。在美国西南部和拉丁美洲也可以找到类似的人类活动的证据。这些画使用自然颜料，通常描绘动物形象，但有些也有人类的手印，偶尔还搭配抽象纹饰或几何图形。

自然与美洲原住民

美洲原住民与自然之间保持着深厚的精神联系，这一传统源远流长。他们的神照管自然的各个方面：河流、猎杀动物、生死轮回，等等。他们用歌舞仪式颂扬并加强这种关系，而他们使用的语言中也充满对自然奥秘的理解。自然启发了美国本土艺术，也为它提供了原材料：西南部普韦布洛的制陶匠用泥土和天然釉料制作出精美的黑色陶罐和红色陶罐（图 15.6）；纳瓦霍的编织者用天然染料制作出带图案的地毯，其手艺流传至今；太平洋西北部和加拿大的许多图腾柱都是用巨大的树干雕刻而成的，上面还填涂着各种自然材料制成的颜料。

图 15.6　格兰德河谷发掘出的早期陶罐，位于新墨西哥州的阿尔伯克基附近，上有典型的熊爪纹饰

是什么使壶或篮子这样的日常生活用品成了艺术品？

Diane N. Ennis/ShutterStock

美国作家肯特·纳尔本经常探索美洲原住民的文化，他在自己的口述历史集《暮光之狼》一书中，采访了 90 岁的拉科塔族老者丹。作者问丹如何知道附近的小溪有多深？丹回答道：

> 我只能坐下来仔细听，如果河水的声音很清脆，就说明水底的石头离水面很近；如果声音比较低沉，就说明水比较深，但又不至于淹到人；但是如果一点声音都没有的话，你可要小心了。仔细去听水的声音，你就知道在黑暗中从哪儿过河了。[18]

北美印第安黑脚部落的克劳福特（约 1830—1890）从自然的角度看待一切存在之物。

> 生命是什么？是夜色中萤火虫的点滴亮光，是冬日里水牛的呼吸，是从草地上掠过并在落日中消失不见的浅影。[19]

一位受人尊敬的美洲原住民圣女曾指出认同自然的人与那些自认为有权让自然屈从于自己意志的人之间的区别。

> 白人从不关心土地、鹿或熊。当我们印第安人吃肉的时候，我们会把肉都吃光。当我们挖根的时候，我们会尽量挖小洞。当我们为消灭蚱蜢而烧草的时候，我们不会破坏其他东西。我们摇下橡子和松子。我们不砍树，不杀生。树说：

大自然充满了一种使人心平气和的美与力。
　　　　——列夫·托尔斯泰

"不要。我很痛。别伤害我。"但是他们把它砍下来，然后再把它锯开。大地之灵憎恨他们。[20]

不管城市社会给一些美洲原住民保留区带来了多少变化，他们仍旧保有与自然融为一体的悠久历史。他们那些引以为傲的本土服饰以及传统舞蹈和歌曲，仍旧展示出许多过人的传统智慧。这些智慧都植根于自然世界之中。可以说，他们在自然界留下的印记微乎其微。

特定场域艺术与环境艺术

古代的创作者在创作洞穴壁画和图腾柱时，出于文化或精神上的原因，总是把它们放置在它们所属的地方。在20世纪和21世纪，人们创造出**"特定场域艺术"**这个词，用来指称那些同样只适合放在某一个特定场域位置的艺术作品（通常是雕塑作品）。这些作品通常把自然景观的轮廓或物料作为整体构思的一部分，而且无论这些作品是临时的还是永久性的，都不能出售，也不能搬到博物馆或客厅里。它们只属于它们所在的场域。

特定场域装置可以同时指为自然环境（如图5.43所示的由克里斯托和珍妮-克劳德创作的《橙色门廊》）或城市环境创作的作品。例如，美国著名雕塑家乔治·西格尔的作品主要是人体雕像。无论是新泽西蒙特克莱尔州立大学校园内"正在过马路"的群雕，还是1969年纽约石墙"暴动"遗址附近的公园里为同性恋权利运动创作的纪念雕塑，都会让路过的观众大吃一惊。但多数的特定场域艺术也被称为环境艺术，往往置于自然景观中，有时会引起人们对环境的关注，反思数百年来人类对自然景观造成的破坏。

罗伯特·史密森   美国艺术家罗伯特·史密森（1938—1973），早年从事人物绘画，但逐渐对自然材料和环境产生了浓厚的兴趣。他也是评论家和散文家，曾写了许多有关19世纪风景画和弗雷德里克·劳·奥姆斯特德景观设计的研究文章。在两者的深刻影响下，他注意到自然本身的流动性，和像奥姆斯特德的中央公园这种模仿自然景观流动性的设计。中央公园最初的设计追求是如画，但到了20世纪后期，它却变得完全不同了。史密森在20世纪70年代写道：

现在，漫步区已经成了一片城市丛林，灌木丛中潜伏着"莽汉、流浪汉、皮条客和同性恋者"，以及城市中其他陌生的生物……向东走，我看到了巨石上的涂鸦……在沃尔曼溜冰场延伸出的泄水渠里，我注意到一辆杂货车和一个半浸在水中的垃圾筐。再往下，溢出的水变成了一条被泥浆和锡罐塞满的小溪。[21]

在 20 世纪 60 年代，史密森开始创建纪念碑式的大地艺术作品，旨在证明他关于自然在不断发生变化的理念。他最著名的作品是《螺旋防波堤》(1970)，一条长达 457 米的螺旋形防波堤，由岩石和泥土构成，从犹他州的大盐湖边一直延伸到湖里。随着湖水的上升，防波堤会周期性地消失，在干旱的时候又会重新出现。

人本身是自然界的产物，是在他们的环境中并和这个环境一起发展起来的。
——恩格斯

安迪·高兹沃斯 不同于史密森，英国雕塑家安迪·高兹沃斯是一位活跃的环保主义者。但与史密森一样，他也对自然的兴衰往复感兴趣。他是一位技巧娴熟的摄影师——这几乎是必然的，因为他总是随意取材，大部分作品都极其短暂，有些甚至是转瞬即逝。他在地震多发的旧金山市的德扬博物馆的入口处，用破裂的花岗岩构建了一个地震之后的庭院。但他更典型的创作是在自然环境中进行的：将树干一根接一根地连接起来，形成一条通道；打磨大量光滑的岩石并把它们堆叠起来；用原石垒砌小拱廊；用红黏土做各种造型。

15.7 不只是麻烦
人类过去百年里对自然的漠视会对人类的未来产生什么影响？

华兹华斯在他的十四行诗《这尘世拖累我们可真够厉害》中谈到"得失盈亏"，这使我们与自然世界失去了联系。对他来说，自然是一种力量，它不仅能够治愈自身，而且能够治愈那些愿意逃离城市社会的人们的心灵。今天的许多人可能仍然像浪漫主义诗人那样，相信自然会奇妙地自我愈合，不需要人提供任何帮助。但并非所有人都同意这种观点，其中之一便是现代诗人大卫·柯怀特。

飓风季节，战争的本质

战争一样的风又一次造成了浩劫
翻倒，弯曲，压碎，挤压，
裹挟着根、草、混凝土和
愿上帝保佑，棺材。
这些巨人，许多都是在这百年里
被造就；源自这盐碱地和苦咸水，

> 这些曾经高耸入云，打着哈欠的天蓬
>
> 愿意将就它们现下的遭遇
>
> 心平气和地接受自己的作用
>
> 在更宏大的计划中；
>
> 这计划几不可解
>
> 在此时此地。
>
> 它说风是自然的
>
> 净化力量，而这些
>
> 人世的尖塔也不曾白白丧命。
>
> 一个生态的"只言片语"的论断
>
> 当被锯断的躯干
>
> 腐烂而四肢仍旧
>
> 颤抖在更加平静的
>
> 风中。

柯怀特表达的担忧并不新鲜。长期以来，一些作家和艺术家对人类的不良倾向感到沮丧，他们总是不顾后果地肆意从地球上攫取。几个世纪以来，我们一直沉溺于"文明化"的需要，要驯服自然，驯服所有栖居其中的东西，有时甚至要驯服人类自己，但代价又是什么呢？

"可怕啊！可怕！"

1902 年，约瑟夫·康拉德（1857—1924）发表了中篇小说《黑暗的心》，这是迄今写就的对人类傲慢的最强烈控诉之一。康拉德出生于波兰，后加入英国国籍，并用英语写作。早年，他在船上工作，后来到了世界各地的偏远地区，包括当时被称为比属刚果等地。比属刚果位于非洲中部，是一片相对未被开发，基本上难以渗透，但潜在资源丰富的土地。故事的叙述者是康拉德的另一个自我，名叫马洛，受雇于一家贸易公司，被公司派去刚果寻找公司的主要交易员，一个名叫库尔茨的奥地利人，他已经几个月没有音信了。

一开始讲故事，马洛就描述了进入这个诡异禁地的感觉，这是一片真正的原始之地：

> 沿河而上就好像是回到最原始的世界去做一次旅行，大地上万木争荣，参天大树俨然世间君王。河面上一片空荡，万籁俱寂，森林密密丛丛。[22]

在沿河而上的途中，马洛听到了一个又一个关于库尔茨的传说，在非洲当地人眼里，库尔茨被视作荒野的驯服师，甚至是一个神。在边远地区工作的白人把库尔茨称为"一个了不起的人……一个怜悯、科学和进步的使者"。然而，读者逐渐认识到的是，库尔茨代表了文明中所有的错误，这种错误始于人类视自己为进化的最高成就的神话。库尔茨相信"文明"的绝对正确性和"接管"的固有正确性，他深信自己对待土著人的方式符合他们的最佳利益。但马洛很快意识到，库尔茨营造出的神秘光环只是掩盖了他真正的"黑暗之心"。

> 但是这片荒野却早就认清了他，并且对他肆无忌惮的侵犯，实行了可怕的报复。我想，这片荒野曾悄悄地告诉他，那些他并不知道的事情。[23]

最终马洛找到了库尔茨，但此时的库尔茨已经在一场血腥暴动中受了致命伤。这是所有文学作品中最富戏剧性的遭遇之一。"我有一套庞大的计划，"库尔茨坚持说，"我刚开始要做一些伟大的事情。"没有人知道他要做的事情究竟是什么，但可以推测，他打算把自己那独具一格的文明的秩序和纪律强加给周围的人。

也没有人掌握库尔茨犯下的所有罪行，但确实了解到其中的一些，他主持了"某些午夜舞会，最后以不可言喻的形式结束"，参与了为获取象牙而肆意屠杀大象的活动，并在其他人阻碍他时实施了多起谋杀。弗朗西斯·科波拉于 1979 年将这个故事改编成电影《现代启示录》，影片中有一个镜头展现了库尔茨家门外一排排干瘪的人头，这个令人毛骨悚然的场景同样出现在小说中。当库尔茨在马洛面前死去时，也许终于意识到他以文明的名义造成的破坏，低声说道："可怕啊！可怕！"

但是当马洛回到伦敦与库尔茨的未婚妻见面时，他始终不敢说出真相，只得告诉她，库尔茨说的最后一句话是她的名字。

经典作品的一个特点是它能持续引发共鸣。今天，《黑暗的心》可以被解读为一个人类持续损害地球资源的寓言——人总是傲慢地认为自己的需求胜过所有其他生物的需求，甚至胜过地球本身的需求。

> 只有顺从自然，才能驾驭自然。
>
> ——培根

现代环境保护主义

当今的环境保护运动始于 20 世纪 60 年代。蕾切尔·卡森于 1962 年发表了《寂静的春天》，仅仅几年之后，1969 年 1 月，在加利福尼亚的圣巴巴拉就发生了美国第一次大规模的石油泄漏事故。当然，环境保护运动的源头可以追溯到更早的时代——浪漫主义者对纯粹风景的痴迷和 20 世纪早期人们对空气污染和水污染的日渐关注，但无论如何，卡森的书是当代环保运动的导火索。它警告滥用杀虫剂滴滴涕将产生不可估量的不良影响。在接下来的几十年里，出现了许多类似的警示性著作，包括乔纳森·谢尔的《地球的命运》（1982）和比尔·麦克基本的《自然的终结》（1989）等。

在 20 世纪 80 年代，科学家们开始发出警告，大气中日渐增加的二氧化碳含量将不可避免地引起气候的混乱变化，这种变化最终将对人类文明产生毁灭性的影响。他们警告说，那些大肆砍伐森林（尤其是南美洲的热带雨林）的企业，根本没有意识到森林在氧气和二氧化碳的空气循环中的重要性。他们警告人们不要开车，因为单是汽车的碳排放就可能毁掉地球，更不用说人类的汽油和石油消耗量最终会耗尽地球的资源。

《难以忽视的真相》　2006 年奥斯卡获奖纪录片《难以忽视的真相》是由美国前副总统阿尔·戈尔撰写并负责讲解的，向世人传达了一个强烈而清醒的信息。影片展示了许多已发生的灾难的真实照片，包括格陵兰岛、北极圈和南极洲融化的冰盖，以及到处都能看到的北极熊站在小冰块上绝望地寻找食物的照片。

在影片中，著名的环境科学家指出，南极洲的碳含量比过去 65 万年中的任何一年都要高。他们认为，如果环绕格陵兰岛数千年的冰盖继续融化（这是肯定会发生的），海平面可能会上升 6 米左右，使佛罗里达州以及美国东西海岸的大部分地区陷入水下，淹没世界各地的多个岛屿国家。他们说，到那时动物将会寻找新的栖息地，原本肥沃的田地将变为荒漠，饮用水也将极度稀缺。

这些预言早已成为现实。生物学家在一些地方发现了原本没有的物种；海平面持续上升，更多的北极熊被困；北非大部分地区已经从耕地变为荒漠；像"卡特里娜"（2005）和"桑迪"（2013）这样百年一遇的飓风如今频频降临；加利福尼亚遭受了长于

> 复命曰常，知常曰明，不知常，妄作，凶。
>
> ——老子

图 15.7　一只北极熊站在一小块浮冰上，原本这里目之所及皆是冰雪

Jan Martin Will/ShutterStock

图 15.8　内华达州塔霍湖湖滨，已遭遇四年干旱

你认为气候变化能够逆转吗？或者人们最好努力去寻找新的方法来适应气候变化？

David N Braun (www. Gowestfoto. com)/Momcnt Open/Getty Images

四年的干旱，州长只能实行定量供水（图 15.7 和图 15.8）。所有这一切都是气候变化的结果，而气候变化能否逆转的问题，也成了当今的一大议题。许多科学家认为答案是否定的——不管做出什么改变都没有用，这导致许多人生出一种宿命论的态度：如果我做什么都没用，那为什么还要做呢？另一些人则认为，只要世界各国共同携手合作，合力遏制消费和过量排放，就还有希望。

这个问题是令人难以置信的。如果在街上问人们是否担心地球的健康，得到的答案可能是肯定的，但他们可能会补充说："我能怎么办呢？上下班的路太远了。"关于全球变暖问题的首脑会议曾达成许多一致意见，但情况几乎没有什么改变。就像康拉德笔下的马洛，人们到头来可能不得不满足于谎言。或者，人们可能希望少数几个科学家的观点才是正确的——全球变暖只是自然循环的一部分。终究，人们可能不得不爬到一小块浮冰上，期待着最好的结果。

回顾

在这一章里：

- 我们讨论了从《圣经》时代到中世纪再到莎士比亚时代的艺术中不断变化的自然观；
- 我们区分了浪漫主义对自然的不同看法，包括如画、优美和崇高，并检视了文学和音乐中的相关案例；
- 我们探索了中国和日本艺术中表达的自然观；
- 我们讨论了城市化的兴起，尤其是美国城市化

的进程，并讨论了其对艺术的影响；

- 我们谈到了令人敬畏的自然的力量，包括它的冷漠和恐怖，尤其参考麦尔维尔的《白鲸》和玛丽·雪莱的《弗兰肯斯坦》做了一些讨论；
- 我们比较了美洲原住民艺术、特定场域艺术和环境艺术中观照自然的不同方式；
- 我们探讨了过去百年里人类对自然的资源和力量的漠视将如何不可避免地影响人类的未来。

主要术语

环境保护主义（environmentalism）：一场有关环境保护的运动，主要有以下基本观念：人类的真正作用是管理地球的资源；温室气体正在导致气候变化并会危及地球上的所有生命；所有人都应适当关注对地球产生不利影响的行为。

环境艺术（environmental art）：对所有包含自然因素的艺术作品的总称，但多数时候特指具有生态关怀和相关政治关怀的艺术。

昭昭天命（Manifest Destiny）：由约翰·欧苏利文于1845 年杜撰的流行说法，最初是为了呼吁联邦政府吞并得克萨斯共和国。对一些人来说，它意味着美国有义务成为世界领袖，充当"欠发达国家"的榜样。

自然主义者（naturalist）：指那些愿意避世独居的人，他们生活在乡村中，观察自然界中每日都会发生的事情。代表人物有亨利·戴维·梭罗等。

自然（nature）：有多重含义，如城市之外的世界、支配宇宙的法则系统、支配宇宙的内在精神或思想、宇宙中的环境和生态系统。

特定场域艺术（site-specific art）：指存在于特定场域的艺术作品，艺术家在进行艺术构思时已经提前考虑到作品的场域位置。

超验主义（Transcendentalism）：相信神性遍及自然，思想和灵性比物质和日常生活行为更真实。

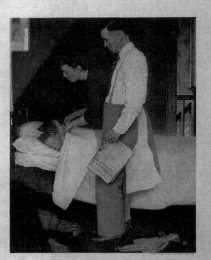

图 16.1　诺曼·洛克威尔,《四大自由》, 1943 年

你同意这四种自由——言论自由、信仰自由、免于匮乏的自由、免于恐惧的自由——是人类最重要的自由吗?
你还有什么补充?

第十六章

自　由

学习目标

16.1 解释早期的自由观，包括宗教在讨论自由中发挥的作用。

16.2 描述各种决定论的观点，包括政治决定论、制度决定论、经济决定论、性格即命运、行为主义和遗传决定论等。

16.3 描述主张自由意志存在的各种观点，包括那些以叔本华、威廉·詹姆斯和弗洛伊德的理论为基础的观点。

16.4 解释存在主义及其与自由意志和决定论的关系。

16.5 讨论为什么真正的自由需要限制。

人文主义者认为自由对如何成为人至关重要：创造和享受他人创造的自由；思考和倾听他人想法的自由（无论同意与否）；检视自己的选择，然后决定最明智的行动方针的自由。

本章探讨的核心问题是意志是否真正是自由的。如果不是，那么成为一个真正自由的个体意味着什么？我们将研究争论的两个主要方面：**决定论**认为自由意志并不存在，支配人类选择的因素多不胜数；支持自由意志的论点恰恰相反——人确实可以自由行动，而且有许多方法能够证明这一点。

纵观整个现代历史，教育一直被认为是保证自由的最佳方式：一种侧重于人文学和**通识**以及批判性思考的教育，将培养个人成为有思想的公民，具备批判性地分析论点、有效地表达自身立场、寻求折中和共识之途径的能力。然而，在过去的几十年里，出现了越来越强有力的争论，并提出一些截然不同的主张：教育首先应该通往好工作。应该教给学生就业所必需的技能，而不是分析、创新、有效沟通和创造力所必需的技能。但是，由于世界总是在不断变化，今天的就业岗位不一定会在明天继续存在，而分析、创新、沟通、创造这些技能则能使人在任何境况下生存下去。

16.1 早期的自由观

有哪些早期的自由观？当我们讨论自由时，宗教扮演什么角色？

与其他重要思想一样，自由在每一个历史语境中的含义都不相同。比如希腊人发展了民主的概念，并将民主国家的模式传之后世。在这种模式下，公民可以自由地思考、质疑和发声。然而，在当时，自由公民只占希腊成年人口的 5% 左右；其余的奴隶和妇女，则通常被认为是不理智和不负责任的，不足以做任何政治决定。

罗马政府也剥夺了大部分人民的自由，让成千上万的人沦为奴隶。早期的罗马帝国认为自己有权利以文明的名义奴役被征服者，把文明带给野蛮世界。然而，公元212年，卡拉卡拉皇帝授予罗马帝国内所有自由人完全的公民权（以前只有住在罗马周围地区的人才能成为罗马公民），许多历史学家认为，这一举动至少部分地促成了罗马对广阔领土的长期成功统治（女性拥有的公民资格则很有限）。罗马也有著名的论坛，在那里，合格的公民有权交流思想、辩论法律，即使在诸如卡利古拉和尼禄这样的暴君统治时期也仍是如此。

还有一些例子，比如古希腊哲学家爱比克泰德，他曾被罗马人俘虏，备受折磨，但当他的才智被认可后，他终于获得了自由。大概即使在他早期为奴的生活中，爱比克泰德也可以随心所欲地自由思考，而他多年的为奴生活则可能促进了他斯多葛主义观念的发展。

> 自由脆弱不堪，必须受到保护。要是牺牲自由，哪怕只是一时之计，也是对自由的背叛。
> ——杰梅茵·格里尔

宗教和自由意志

对大多数主要宗教来说，一个核心问题是，人类的行动是自由进行的，还是上帝创造的总体命运安排的一部分。几个世纪以来，基督教一直在自由的复杂性中挣扎。人类有没有自由意志？如果上帝是全能的，他必定是全知的；他必定预先知道人们将要做什么。如果人类的行为已经被决定了，那么在什么意义上，自由意志能够存在呢？

基督教思想家圣奥古斯丁（354—430）提出了一个解决方案：上帝拥有预知，但这并不意味着人类不需要为自己的罪负责。在神的层面上，没有自由意志，但在人类层面有。奥古斯丁相信预定论（在神的层面上），但由于人类没有这种预知，个人实际上可以自由地做他们喜欢做的事情——由于上帝的恩典而自由，因为上帝的权能而预定。然而，反对者认为奥古斯丁只是试图兼得两者，但就自由而言，人并不能得兼：要么自由，要么不自由。

印度教的教义在某些方面类似于奥古斯丁：人们对自己的行为负责，但他们只是世界的一部分，这个世界由一个无所不知、无所不能的形象创造并掌控。关键就是要认识到掌控一切的梵。只要个人相信他们有自由意志，他们就确实可以自由地做出自己的决定，走自己的路，但这些路只会导致生死轮回。如此一来，人就无法进入更纯粹的境界。而那些完全信奉梵的人，将解脱因果业报，受到天神的垂爱。

像佛教一样，印度教不认可宿命论。即使人处在一个被天神控制的世界里，仍有望过上美好而有意义的生活，做出美好而富有成效的选择。同样，伊斯兰教教徒也可以自由地选择，或者遵循安拉的指引，或者选择误入歧途。

自由地做什么？

当人们争论自己应该自由地做自己真正想做的事情时，他们怎么知道自己真正想要的是什么？也许有许多力量在把人推向一个或另一个方向。人之所是、人之所想、人之所为，在多大程度上是早在人进入世界且到达可做选择的年龄之前就已经被决定的？许多科学家、哲学家、社会学家、经济学家和心理学家都认为，即使在一个自由的社会里，完全的自由也是不可能的。

<blockquote>
一只狗饿死在主人的门前，预示着整个国家的衰乱。

——威廉·布莱克
</blockquote>

有些人将自由意志等同于自然权利。英国诗人威廉·布莱克坚信个人权利。在仍旧十分正统的 18 世纪，他和他的妻子要求获得在自己的花园里赤身裸体的权利。布莱克喜欢自然，喜欢以最原初的状态待在户外。他认为服装是社会压迫的象征。他认为人按自己的意愿行动的权利是自然的遗赠，当这种权利被剥夺时，自然（或天堂，这两者对他来说意义一样）会做出残忍的回应。在长诗《天真的预言》中，他简洁地阐述了这种观念：

> 笼子里关着一只知更鸟，
> 会引起天上神灵的怒恼。[1]

16.2 决定论

各种决定论，包括政治决定论、制度决定论、经济决定论、性格即命运、行为主义和遗传决定论的相关论据有哪些？

意志自由可以说就是在两者之间做选择的能力，所涉范围极广。小到驾驶超速还是遵守限速，上课还是睡觉，买电子游戏还是存钱到银行；大到同居、结婚还是保持单身，是跟随父母的信仰、找到自己的新信仰还是完全不信教。列出每天面临的选择的数量，从决定早上咖啡里加多少勺糖到晚上选择什么时候关掉平板电脑，可能会让人认为自己确实是自由的。

然而，停下来仔细想一想。如果没有汽车，就没法决定是超速还是遵守限速。没有钱，或者没有良好的信用评级，就买不起汽车。没有工作，就没有钱或信用（当然，除非继承财富，而这意味着一整套其他决定）。即使有工作，工作的种类将决定能买得起什么样的车。如果负担不起合适的教育，对工作的选择就会受到限制。

事情很快就变复杂了。

严格的决定论者认为，生活中存在的限制太多了，人根本不可能做出任何自由选择。社会阶层决定了生活方式。婚姻和家庭责任迫使一些人继续从事可能并不喜欢的工作。经济状况迫使一些父母从事两三份工作，以赚取养家糊口的钱。另外一些父母觉得有义务暂停职业生涯，以便照顾孩子——这种角色转换可能不会带来更大的自由，但会带来不同的限制。

决定论产生于 18 世纪的哲学革命，这场哲学革命是由科学引发的，尤其受到每一种结果必有其原因的观点的影响。一些哲学家将这一科学规律应用于人类行为，认为所有的选择都受到前提条件的严格限制，几乎不可以称作自由选择。他们认为，每个人实际上都是一连串因果的产物，可以追溯到存在之初。他们所论及的原因众多，包括政治、经济、制度、自身性格的构成、行为的限制、遗传学和社会生物学等。

政治决定论

当权者对个人施加的限制会成为个人选择和行动自由的障碍。当人们的行动自由被严重限制后，思想自由也几乎不再可能了。

一部名为《华人之梦》（2004）的独立电影，讲述了一群未受过教育、贫困潦倒的年轻男子被诱骗到美国工作的故事。他们被偷运到美国，带到纽约各处，被迫每天在餐馆闷热的厨房里长时间干活，住在肮脏、拥挤、不透气的宿舍里，从来见不到阳光。敏感的年轻主角想要的只是香烟和一本有纽约照片的杂志，因为纽约曾是他梦想中的乐土。终于，他在某个夜晚出逃，但身无分文的他在喧嚣的交通和大城市疯狂的节奏中不知所措，永远也不会自由地创造自己的命运。

数以百万计的人生活在除少数特权人士之外其他人缺乏自由的国家。如今身为约翰·霍普金斯大学教授的阿扎尔·纳菲西著有《在德黑兰读〈洛丽塔〉》（2003）一书。她曾在德黑兰的一所据说是伊朗最自由的大学里教授文学。该大学确实招收了一些女性学生，但她们的待遇远不如男性学生。

　　　压力最大的是学生，我听他们没完没了地诉苦，却爱莫能助。女学生因为上课迟到跑步上楼、在走廊上嬉笑、和异性交谈而动辄得咎。[2]

纳菲西努力扩大学生的阅读范围，提升学生的批判性思维能力，但受到了阻挠。她发现自己永远不会被容许教授这些鼓励思想自由交流的书籍，因此提出辞职，但也遭到拒绝，理由是只有大学有权决定雇佣关系何时终止。最后，她还是设法离开了，但总是心怀遗憾：教师的使命不能完全履行，无法继续扩展学生的视野，并帮助学生学会独立思考。

面对世界上很多人毫无自由可言的现实，人们会感到不快，往往叹息几句，然后耸耸肩膀，仿佛在说："但我又能做什么呢？幸亏我们还是自由的。"然而，真正的也是绝对必要的第一步就是要理解"自由"这个词不是可以轻易抛弃的，也不是可以简单假定的。即使我们足够幸运，不会因为在走廊里大笑而受惩罚，但正如决定论者所说的，仍要在一定程度上认清其他那些非人的力量，它们没有人类的面孔，却更加可怕。

制度决定论

众所周知，法国哲学家让－雅克·卢梭（1712—1778）是自由的有力倡导者，也是法国大革命的思想先驱，他曾分析过限制自由的各种力量。如果有人问他是不是决定论者，他的回答很可能是："我希望我不是，但我们生活的环境要求我接受这种观念。"

卢梭的思想与诸多现代活动家的思想一样激进。他强烈反对任何能够限制人的选择的专制政府，因为人应该自由地创造理想的政府形式。完全的自由对他来说是不可能的，因为无法控制的力量堆积在每个人身上。但是，掠夺自由并将其交给某个人或某群人的做法是对所有文明人的侮辱。他认为，理想的政府不是为了个人的权力或威望而存在的，而是要对全体人民负责。

卢梭，《论人类不平等的起源和基础》　因为对贵族阶级的堕落和普通民众所受的不公正日益感到愤怒，为了煽动起即将席卷整个法国的革命火焰，卢梭构建了一个关于人类起源的神话，借以论证自己的主张——自由既是一种自然条件也是一种自然权利。在《论人类不平等的起源和基础》一文中，卢梭描绘了一幅昔日黄金时代的浪漫画面。在那时，人们和睦而和谐地生活在一起，凭着自然为每个人提供了平等的馈赠这一共识彼此分享土地的果实。在那个纯真年代，没有法律或政府的存在，因为当每个人都能幸福而满足地生活、没有犯罪的时候，法律和政府显然是不必要的。

许多艺术家、诗人和宗教人士都从纯真的原始状态中得到过启发。犹太教、基督教和伊斯兰教都相信人类最早的祖先在堕落之前生活在伊甸园中（图 16.2）。

在《论人类不平等的起源和基础》中，卢梭说，有一天，一个拿着棍子的人决定抢夺比他的自然所得更多的东西。他就是第一个滥用自然赋予的自由来为自己谋取利益的人。他用棍子为自己划出了一块私人领地。

我到林中去，因为我希望谨慎地生活，只面对生活的基本事实，看看我是否学得到生活要教育我的东西，免得到了临死的时候，才发现我根本就没有生活过。

——亨利·戴维·梭罗

谁第一个把一块土地圈起来并想到说：这是我的，而且找到一些头脑十分简单的人居然相信了他的话，谁就是文明社会的真正奠基者。[3]

正如卢梭理解的那样，拿着棍子的人是社会的奠基人，因为通过剥削掠夺，他和他的追随者成为他人权利无时不在的威胁。因此，必须通过法律、政府和致力于削弱或限制自然权利的所有其他机构的逐步发展来压制剥削者。但是这些自由的保障一旦确立，就会变成专制性的存在。

在这里，卢梭的立场转向革命一边。这位哲学家断言，革命，即使是暴力，也是剥削的真正替代品，而且往往可能是应对剥削的唯一手段。卢梭以人人拥有的自然权利的名义解释革命并为革命正名，但却没有对那个拿棍子的人的起源神话做出相应的解释。是什么让这个人在阳光明媚、充满乐趣的年代，在所有人快乐地吃着金苹果的时候，突然变得充满占有欲呢？或者他只是第一个表现出来的人？那个"纯真"的社会的每一个成员都有潜在的剥削可能吗？果真如此的话，何时不需要制度的保障呢？

图 16.2　爱德华·希克斯，《和平的王国》，约 1820 年
你相信这样的伊甸园曾经存在过吗？它还会再次存在吗？
Courtesy of National Gallery of Art/Gift of Edgar William and Bernice Chrysler Garbisch

人类的自然状态　卢梭反对制度的态度基于这样一种假设：在自然状态（一个备受争议的说法）中，人类是正直、驯服、道德和仁慈的。只有当被限制时，只有当受到因不服从行为而受罚的威胁时，尤其是在出于正义而反抗时，人们才会变得心怀怨恨、好斗和暴力。但是卢梭在他所预言的大革命爆发的十年前就已经去世了，他并不知道拿破仑将会从法国的废墟中崛起，手握利剑，创造了一个剥削的新时代，压迫程度也许远甚于从前。历史表明，这种压迫、解放、进一步压迫的循环已经重复了太多次。

革命事业最终演变为死亡悲剧的例子有不少。1978 年 11 月 18 日，名为人民圣殿教的 900 多名成员奉命喝下氰化物，集体自杀身亡。在各方描述中，该教的头目吉姆·琼斯一开始热衷于建立一个农业公社。但是当许多成员幻想破灭并试图逃走时，原本的社区就变成了一座恐怖监狱。

其中一名成员能暗地里与外界取得联系，透露出一些内情，琼斯疯狂又自私，曾强迫性交，残酷殴打那些不服从规则的人。四名美国人，包括美国众议员利奥·瑞安和几名成员的亲属参观了这个地方，但是在离开之前被枪杀了。在走投无路时，琼斯最终下令集体自杀。遇难者中有 270 名儿童。在后来举行的追悼会上，一位发言人说："请记住琼斯镇的这些人，不是因为他们令人恐怖的死亡，而是因为他们都曾追求过更美好的世界。"

如果某个意志坚强的人主导着某个仁慈的事业，卢梭可能会说，它有时会变成"强迫的仁慈"，然后必须受到专制的监督。对那些会成为文明生活的威胁因而必须加以控制的人来说，那根棍子是与生俱来的吗？控制的制度和机构是不可避免的吗？它们会反过来又变得暴虐，限制每个人的自由吗？

卢梭认为，这些问题在自己的《社会契约论》中都已解决了。他声称，无限制的自由并不能保障每个人的权利，保护人权的唯一方法是每个公民将部分权利让渡给致力于维护社会秩序的制度机构。社会契约是制度决定论的基石，**制度决定论**认为需要政府的控制来保护人们不受他人的伤害。然而，当机构坚称自己必须拥有更多的权力才能尽职时，会发生什么？那个拿棍子的人会突然再次出现吗？

经济决定论

20 世纪有两种主要的经济意识形态：共产主义和资本主义。

马克思与共产主义理论　德国经济学家卡尔·马克思（1818—1883）的著作深刻地影响了 1917 年俄国十月革命以及随后社会主义在世界大部分地区的传播。直到今天，马克思的理论仍继续影响着经济理论。

马克思认为，真正掌控一切的，既不是自然，也不是人，而是金钱。作为一个经济学家，他提出了如下观点：人的行为、希望、抱负和职业选择都是由其所处的社会阶级决定的。富人想要保有财富，往往也支持相应的法律；穷人想要过得更好，甚至有时痴迷于此，不顾一切；而那些中产阶级则希望更上一层楼，尽量远离底层。

> ……只有乖张的傻子和富家的稚子会以为人贫百事哀。
>
> ——欧文·豪

马克思认为，**经济决定论**（对金钱财富的追求控制思想、支配行为）必然会导致社会的两极分化：掌握所有生产资料的富裕**资产阶级**和无产阶级劳动人民。然而，对不公平的财富分配感到愤怒的无产阶级迟早会团结起来，为自己夺取生产资料。马克思认为，这种激进的变革可以（但不一定）不借助暴力。

马克思的理论受到德国哲学家黑格尔（1770—1831）思想的影响。黑格尔认为人可以通过分析对立观点并将之综合起来的方法（他所谓的**辩证法**）获得哲学的确定性。马克思把黑格尔的抽象概念运用到阶级斗争的具体现实中。

苏联的共产主义实践　共产主义，一个建立在无阶级社会思想基础上的社会制度，是 1917 年俄国十月革命的旗帜。弗拉基米尔·列宁（1870—1924）重新定义了马克思主义，确立了暴力革命的必要性。首次引人注目、震撼世界的事件发生在 1917 年 2 月，当时的沙皇尼古拉二世被迫退位。同年 10 月，布尔什维克革命爆发，苏联成立，一种新的社会秩序随即诞生，绝大多数私人财产收归国有，私营经济几乎不复存在。

尽管苏联共产党谨慎地使用"公有"而非"国有"一词，但结果是一样的：工人和农民都被吸纳到集体经济中，共同劳动以支持整个国家。苏联（由俄罗斯及其周边国家组成的政治实体）很快意识到，所有生产资料的公有制并不容易推行。在这一经济体制下，绝大多数苏联人都被分配到工作，人人都有一份差不多的工资。住房也由国家统一管理，根据严格的指导方针按人均进行分配。

图 16.3　苏联 1967 年的宣传海报，号召工人为了国家利益联合起来
Sovfoto/Universal Images Group/Getty Images

随着时间的推移，苏联认识到需要更多的私有制。随着私营经济的发展，少数人很快富裕起来，大多数工人阶级则无法从中获利。长此以往，工人们也逐渐开始怀疑起来（图 16.3），似乎马克思主义所反对的贫富阶级划分仍然存在。倘若自身利益得不到满足，大多数工人就难以积极地生产更多的产品、提供更有效的服务。

事实上，许多人仍然在一定程度上用马克思主义理论解释人的行为动机。欧洲大部分地区现在主张的社会主义，就是对马克思主义的一种不那么僵化的解释，这种理论将人民的福利直接交到国家的手中。虽然个人可以自愿选择职业、赚取工资，但他们也要缴纳高额税款，以确保人人能享受免费教育、育儿假、医疗保险和法定休假等福利。

亚当·斯密和资本主义理论　苏格兰道德哲学家亚当·斯密认为，资本主义才是人类生活的自然驱动力。他认为人性本贪，并非不好，反而能确保自由市场体系的运转。如果企业能自由经营，必将提供更多的就业机会，增加所有人的可支配收入，最终推动经济发展。当供不应求时，企业就可以提高商品价格，直到需求下降，购买放缓，价格就会开始回落。

马克思主义和资本主义有一个共同的基本假设：以经济需求为主导。一些经济学家认为这两种哲学都是有缺陷的，因为根本没有足够的物质资源满足每个人的需求。在资本主义社会里，富人可以不顾价格随意购买，但是价格上涨最终会损害穷人。在此，决定论变得更加明确：有人能够免于对更多金钱财富的渴望吗？一个人拥有的越多，就越不容易满足；一个人拥有的越少，需求就越强烈。根据经济决定论者的观点，所有的人类行为都可以用钱的多少来理解。

经济与做人　在传统的人文主义者眼中，那种视金钱为幸福之源的想法是极其可耻的。当然，人们能够从物质资源以外的东西中找到快乐。事实上，人能从本书讨论的各种创造性活动中找到快乐，这也是人类不断发展进步的标志。做人不需要在人文学科和金钱之间二择其一。谁都不能否认经济对生活方式的重要性，但做人确实需要人在行动中观察自己。即便经济动机不是行动的唯一原因，但有时也会是主要原因之一。

人们一度浪漫地认为，具有创造力的艺术家是不受世俗经济影响的，但他们也有经纪人，也谈高价合同，也会对电视采访和大学讲座收取高昂的费用，也会为自己的新电影、新唱片或新出版物到处宣传促销。

不管乐意与否，经济常常主宰人们的生活：有人厌恶工作又不能辞职；有人为了贷款失去房子；还有人为了生存不择手段。尽管如此，承认经济对生活有一定的影响并不意味着立刻就成了一个粗俗的唯物主义者。重要的是要始终认识到（至少尽量去认识）人类行为的根源。越是视而不见、忽视现实，人就会越不自由。当人开始注意那些限制自己的事物或者当人开始自我设限时，他就在通往自由的道路上迈出了一步。

性格即命运

阿喀琉斯或许是一个英雄，但决定论者会说，他之所以成为英雄，是他的性格力量使然，就像俄狄浦斯因性格缺陷而悲剧收场一样。经典作品中的许多人物，像堂吉诃德、贝基·夏普、哈克贝利·费恩、佛罗多、凯特尼斯·伊夫狄恩等都经久不衰，长期留存在人们的脑海里。之所以如此，是因为他们性格各异、常有出人意料之举，更是因为他们终会走向读者业已预知的命运。他们的作者——塞万提斯、萨克雷、吐温、托尔金、柯林斯——为读者提供了必要的信息，让读者知道人物的结局。性格决定命运，情况每每如此。

难道这些人物的生平故事也意味着一种决定论？没有金钱的驱使，也没有权力的强迫，他们之所以遵循既定的命运，难道只是因为他们自己？正是他们身上独特的缺点（堂吉诃德对现实的无知、贝基·夏普的野心）或优点（哈克天生的道德感、凯特尼斯的同情心）驱动着他们前进。

早期希腊哲学家赫拉克利特（公元前535—前475）说过一句名言："性格即命运。"许多现代心理学家都深以为然。

行为主义

伯尔赫斯·弗雷德里克·斯金纳（1904—1990）是**行为主义**的奠基人之一。行为主义认为人之为人，不是其所是（如相信性格即命运的人所坚持的），是其所做。人自降生后的所作所为，皆是由一系列奖惩机制决定的。

根据斯金纳（图16.4）的说法，如果人有本性，那么这个本性就寓于行为反射的能力之中。人的所作所为皆是行为强化的结果。

人往往会重复那些愉快后果紧随其后的行为，避免那些不快后果紧随其后的行为。行为主义既是一种哲学思想，也是一些心理学家常用的临床方法。根据行为主义的相关原理，心理学家可以改变一些人的行为模式，这些行为模式要么违背个人的意愿、要么违背社会或制度的标准。行为学家认为，无论在理论上还是在实践中，人们的行为都取决于他们对行为后果的反应：反复将食物扔在地板上的孩子会受到责骂或其他惩罚，直到最后不再这样做为止。

斯金纳认为，自由仅仅是为了逃避某些行为的不快后果而做出的努力。打蚊子是为了防止蚊子叮咬后瘙痒难耐；把啼哭不停的孩子送上床是为了让他不哭。行为主义者说，无论逃避的动机是什么，逃避的欲望本身就是决定性的力量。此外，如果自由被定义为逃避不快，那么就不存在纯粹和绝对的自由，因为把自己从所有的不快中解脱出来是不可能的。

图16.4　心理学家伯尔赫斯·弗雷德里克·斯金纳

斯金纳认为，所有的行为都基于行为反射——奖惩强化原理。你同意吗？

AP Images

行为主义者认为，人们会把没有"厌恶性控制"的状态当作绝对自由，也就是说，当没有明显的压迫时，人们就会想象自己是自由的。斯金纳称这些人为"快乐的奴隶"，他们在不知不觉中被隐秘的控制所塑造。他们的自由只不过是一种幻觉。在斯金纳看来，受压迫的人要远好于那些快乐的奴隶，因为他们至少清楚自己的真实处境。"自由文学正是要人们'意识'到令人厌恶的控制，但它所选择的方法却决定了它不能拯救快乐的奴隶。"[4] 反对压迫的人通常只关注明显的受害者，却很少顾及那些自认为自由的人。

物理学不会改变它所研究的世界的本质，行为科学也不会改变人的本质，尽管这两门科学都产生出了足以操纵二者的各种技术。

——伯尔赫斯·弗雷德里克·斯金纳

斯金纳，《超越自由与尊严》　斯金纳认为，人之所以坚持"自由"的概念，是因为人们觉得，如果自己不是也永远不可能是自由的，那么人的尊严就会丧失。如果人不自由，那么如何解释人类伟大的想象创造——艺术作品、文学、音乐、哲学？它们仅仅是条件反射吗？果真如此，如何定义人的尊严？

在他最重要的作品之一《超越自由与尊严》中，斯金纳用严格的行为学语言重新定义了这两个关键词。既然人们无论如何都被控制着，就应该把重点放在可能存在的积极控制上。他写道："问题的症结是，要使人们挣脱的不是控制，而是某些种类的控制，只有我们的分析充分考虑到所有的结果后，这一难题才能得以解决。"[5] 最终，斯金纳认为，一个理想的社会可以被设计出来，在这个社会中，人们可以通过精心策划来最大限度地发展自己的能力，甚至是创造力。这样的社会将没有犯罪、没有侵略、没有剥削。问题是，人们会想要一个如此精心策划的社会吗？

基因决定论

DNA 决定着人的命运吗？遗传学研究的是生物因素在决定植物、动物和人类如何发展其特性方面所发挥的作用。一个几乎不可思议的结果是，遗传学家正在绘制构成各种生命形式的微小细胞的结构图，以此探究生命本身的秘密。

如今人们已经知道，许多疾病（包括 I 型和 II 型糖尿病、老年痴呆症、囊胞性纤维症、亨廷顿氏舞蹈病以及某些形式的癌症）的易染病体质都可以遗传。更多试验性的证据表明，易于上瘾的体质（包括酗酒和其他曾被认为是在社会中获得的依赖性）也可能是遗传的。

基因研究进展迅速。如今 DNA 链已经被全部识别和标记出来，基因图谱的绘制工作也日渐扩展到越来越多的生物体，基因替代疗法已经成为医学的主要目标和主要关注点。不久的将来，通过定位和置换相关致病基因就能消除先天性疾病或感染遗传性疾病的倾向了。

那么，离父母能够决定孩子头发颜色的日子还有多远？她应该有多聪明？身体有多好？还是像许多宗教领袖说的那样，这将是难以阻止的滑坡吗？对于未来的人类，人们想要控制多少，又应该控制多少？人的需求应该限制到什么程度，才不会变成风险远超收益的傲慢自大？关于干扰自然进程的伦理学争议很可能会一直继续下去。

基因置换已经取得惊人的成功，特别是在老鼠和黑猩猩身上。凭借遗传密码的相关知识，科学家已经成功克隆出动物。这意味着他们已经掌握了基因编辑和基因重组的方法。有些运动员很早就开始使用基因工程，注射生长激素和其他促进肌肉生长的基因材料。科学家认为，基因治疗技术的简单易行很容易引发颠覆性的后果。

反过来，再考虑一下成功的基因治疗可能带来的益处——它可以治愈致命疾病或延长人的寿命。如果可以活得更久、更健康，人们是否就能更自由地实现自己全部的创造潜力？

社会生物学　在社会科学中，遗传学的作用与长期以来关于遗传与环境（**先天与后天**）的争论交织在一起。争论的核心问题是，究竟是什么对人的性格和选择产生更大的影响，是基因，还是家庭、同龄人、教育和社会结构？置换一个缺陷基因是一回事，随意置换外部影响就是另外一回事了。

社会生物学认为不存在自由意志，并从基因投资的角度研究人类行为。其基本假设是，人的所作所为都是由基因品系驱动的。两人之间的爱情是一个基因问题，决定与伴侣结婚生子是为了延续血统所进行的基因投资。人对基因繁殖的感受决定了人会如何处理亲密关系。

由此，传统的爱的定义被取代了。拥有相同基因态度的人可能会彼此吸引，甚至家庭关系也只是因为人们共享着一个相似的基因库。社会生物学也重新定义了利他主义或者自我牺牲。一个母亲为了她的孩子牺牲，因为他们代表了她的基因的延续，但是她不一定会为别人的孩子做同样的事情。为拯救自己的部队而牺牲的士兵之所以这样做，是因为部队已经变成家庭的替代。

某位社会生物学家甚至认为，所有的决定，无论是政治的、宗教的、教育的，还是经济的，都以某种方式与基因有关。正是基因决定了人是什么，进而又决定了人代表着什么，显然，人没有其他的选择。

16.3 自由意志

主张自由意志的观点有哪些？那些以叔本华、威廉·詹姆斯和弗洛伊德的理论为基础的观点分别是什么？

到目前为止，我们在本章中已经讨论了决定论的观点，决定论认为人没有选择自己行为的自由意志。这种观点影响极大，不容忽视。必须承认，经济、政治、先天性格、遗传和生物学都是影响生活的重要力量，但是，这些力量的存在必然意味着人没有真正的自由吗？这个问题的答案可能取决于人如何定义自由。

悲观主义者的自由意志观：解读叔本华

许多人认为"自由意志"这个短语是赘余的：如果一个人有意志，并且这个意志可以被运用，那它就必然是自由的。意志的存在本身就意味着自由，但是意志真的存在吗？或者，某些哲学家所谓的意志不过是因果关系，在经由意识加工后，让人以为自己在按意愿行事？斯金纳认为意志既不能被察觉也不能被感觉，那么意志居于何处呢？不同的人有着不同的答案。

以下是德国哲学家亚瑟·叔本华（1788—1860）对意志的分析：

- 站在镜子前面观察你自己。
- 想一下你想举起你的左臂。
- 然后举起你的左臂。

在第一个瞬间，想要举起手臂的愿望被固定在头脑里、意识里；在接下来的一瞬间，意志明显地呈现在你从镜子中看到的行动中。

> 如果你问我来到这世上干什么，我，这样一个艺术家，会这样回答你："我来是要大声地生活。"
> ——爱弥尔·左拉

但是，在把意志变得可见之后，叔本华继续问道：意志是为了什么？下面是一段想象中的对话：

> **我们**：很明显，意志在现有的选项中做出了自由选择。
>
> **叔本华**：的确如此，但是做出自由选择就足以证明对人类境况所持的乐观主义是正确的吗？
>
> **我们**：我们不太明白。
>
> **叔本华**：自由选择总是好的选择吗？假设选择的是杀掉某人呢？这是一个自由选择，但这个事实能否减轻犯罪的恐怖？知道了谋杀的决定完全是由谋杀者的意志所决定的，人是否会感到些许安慰？如果这个潜在的谋杀者受到宗教教育的影响和约束，从而学会了对同伴的仁慈，那不是更好吗？

利己的自由意志　叔本华认为意志实际上就是生存的意志。意志驱使人去做那些自认为利己的事情，那些能确保自己生存下去的事情。通常这些事情都是全然的恶。

> 对于施行不义之行或恶行的人来说，这是他确信自己强大生存意志的标志，那么他离真正的、否定这种意志的救赎还有多远？[6]

换句话说，虽然叔本华没有否认行动的自由，但在他看来，每个人都受到约束，被迫使用意志力去实现自己的目的，即使可能伤害他人。不采取行动的自由也存在，但这通常只是因为害怕被抓住，或者至少是害怕不能从中获利，而不能被解释为真正的对意志的否定。

叔本华似乎相信自由只在对意志的否定中才有可能。虽然他总体上对人性持悲观态度，但仍希望极少数人能够理解并抑制自己的攻击驱力。他鼓励人们要故意抛弃生活提供的快乐和成功，因为对快乐和成功的自由追求只会让人变得更恶，更以自我为中心。叔本华是一个不抱幻想的理想主义者，他渴望一个充满和平与善意的世界，但他认为这几乎不可能实现。在21世纪这样一个高度宣扬自恋的时代，很难不同意他的结论。

后悔和解脱是自由意志的标志：解读威廉·詹姆斯

美国哲学家威廉·詹姆斯（1842—1910）回顾了欧洲哲学家提出的纯粹决定论，并断定其是全然错误的。事实上，詹姆斯还提出了一个新的理论，把世界描述为随机事件的集合，并针锋相对地称之为**非决定论**。在詹姆斯看来，决定论逻辑性太强，太过冰冷，总是强调某个原因导致某个结果，让人们看起来像是运转良好而顺畅的机器。詹姆斯说，恰恰相反，人类通常是优柔寡断和不可预测的——正好与机器相反。

例如，遗憾就是非常普遍的现象。无论何时，人们都能回想起上百个他们希望自己从未做出的选择。但与此同时，如果没有遗憾的反面——满意——存在，遗憾本身就无法确立，对遗憾的体验也就没有意义。换句话说，在随机的事件集合中，人们有时会做出自认为正确的行动，但大多数时候做出的都是自认为错误的选择。

如果一切都是预定的，即如果意志不是自由的，人们在回顾过去时就不会发现任何曾经错失的机会。只有这些机会确实存在过，人们才能在回顾时看到它们，尽管在当初做选择时可能对它们视而不见。杀人犯有多少次会回想过去并意识到他们原本还有其他选择呢（比如他们根本不必携带枪支）？很有可能在未来的某个时刻，连金·卡戴珊都会后悔自己居然出版过一整本自拍合集，还取了"自私"这样的名字。对詹姆斯来说，后见之明证明了真正的选择总是存在的。在决定论那里，未被选择的就是不存在的，总有一些东西会让人做出选择，而且只能有唯一的选择。

大概每个人都能列出一些之前本可以做但又没做的事情，而且还庆幸自己没做。当人们想起自己本可能做错但幸好没做的事时，就会意识到自己做出了明智的选择。因为人可能会做出错误的决定，所以人是能自由选择的。而真正决定这些选择的，不是别的，正是人自己的理智。心安理得（就像遗憾一样），也是自由意志的标志。

大多数人的生活都有两面：一面是正确的行动（人为此感到很欣慰），另一面是错误的行动（人为此感到后悔）。说自己犯了很多错，实际上也就承认了自己是自由的行动者。人偶尔能做出明智的选择，随即就可能产生这样的想法："如果正确的选择是预定的，那么我就自愿接受决定论！"

> 让一个人遭到举世唾弃的，除了犯罪，就是言行不一。
>
> ——约瑟夫·艾迪生

精神分析与自由意志：弗洛伊德的影响

许多心理学家认为，人的所作所为都是由一些自己并不一定能意识到的原因推动的。**精神分析**检视各种梦、对话中的思考过程以及自由联想，为的是帮人弄清自身行为背后的原因（图 16.5）。其最终目的是引导人进入理性状态，在这种状态下，自由选择是可能的，因为所有不正常、反社会或反常行为的原因都已经暴露出来。精神病学理论认为，一旦发现病因，驱动相关行为的力量就可以完全或至少部分地得到控制。对于那些因无法接受自己或自己的所作所为而接受治疗的人来说，治疗师希望他们能在理解和适当地引导之后有所改变。事实上，他们可能会变得不像以前那么"坚决"。

西格蒙德·弗洛伊德的精神分析法旨在帮助人们获得心理健康，其基本假设是，隐藏在潜意识中的痛苦往事会导致一些人做奇怪的梦、说奇怪的话，甚至做出难以理解的举动。换句话说，他们的生活会被先在的潜意识所控制：有时是一些难以面对的

图 16.5　西格蒙德·弗洛伊德的诊察台，约 1930 年
在这里弗洛伊德长期探索病人的隐秘心理。人们可能会在被遗忘的童年往事中找到自己性格和行为的原因，你同意吗？
Bjanka Kadic / Alamy

内疚情绪，更多的时候是本我（先于理性自我的那种动物性自我）的欲望。

在弗洛伊德的观点中，自我（ego）是日神式的理性意识，本我（id）是酒神式的本性，它包含了性驱力和攻击驱力。弗洛伊德把由家庭、教育、宗教、法律和他人的观点强加于个人身上的价值观称为超我（superego）——一种支配人应该做什么不应该做什么的内心的声音。当然，意志可以自由地违背这个声音，但违背这个声音的人很可能会倍感内疚。当然，人也可以自由地不去考虑内疚感，但是，对弗洛伊德来说，否认它只会让事情变得更糟。

弗洛伊德式心理治疗的目的是揭示导致神经官能症（即无序行为）的隐秘自我，引导患者过上由自我所主导的幸福生活。通过成功的心理分析，病人从过去的幻象中解脱出来，能够在完全的自我中自由地运用自己的意志。

当代思想中的弗洛伊德　近年来，弗洛伊德的理论遭到越来越多的质疑。批评者认为，人类行为远比弗洛伊德分析的要复杂。他们声称，并非所有的行为都可以追溯到童年往事或潜藏的原因，而且一旦潜藏的原因被揭示出来，自我也并不总是能够理性、持续地思考。

人们对弗洛伊德理论的看法发生了改变，其中一个原因是超我的作用在今天远没有当时那么明显。特别是性观念远没有那时严苛，所以也不容易产生内疚感。女性可以更自由地决定自己的生育选择；同性恋曾经被视作疾病，现在也被当作生物学事实了。在今天的许多**心理治疗**中，治疗师和病人更关注改变不受欢迎的行为（管理愤怒、戒除瘾症），而不是翻检陈年往事。

弗洛伊德、自由意志与人文学　尽管最近备受质疑，但弗洛伊德对 20 世纪和 21 世纪人文学的影响是不可否认的。如果没有弗洛伊德，就不会有绿巨人（全然的本我）或《X 战警》中的 X 教授（全然的自我），更不会有蝙蝠侠或托尼·索普拉诺这样遭受精神创伤的人物形象（蝙蝠侠少时曾目击父母被人谋杀，《黑道家族》中的托尼则受困于让人虚弱不堪的怪梦）。而且，如果没有弗洛伊德，那些备受喜爱的童书，尤其是美国作家和艺术家莫里斯·桑达克（1928—2012）的作品，就不会被创作出来了。桑达克曾屡屡表示，他就是在精神分析的帮助下进入童年记忆，然后才能用《野兽国》（1963）这样的书去"驯服"它。

正因为弗洛伊德及其后继者，无数电影和书籍的关注点才从"谁干的"变成"为什么这么做"，甚至"人物害怕面对的是什么"这个问题构成了前些年的系列电影《谍影重重》的中心。故事主要围绕失忆特工杰森·伯恩（马特·达蒙饰演）展开，他总被记忆的片段侵袭，也惊讶于自己拥有的杀人技能，在前三部电影中，他一直在找寻自己的过去。终于，他发现了真相，也找回了自己的真实身份，并开始纠正自己所犯的错误，试图以此摆脱罪恶感。驱动杰森·伯恩不断向前的正是那些亟待解释的噩梦般的记忆。

精神分析电影在第二次世界大战期间和战争刚刚结束时非常受欢迎，其中大多数电影讲述的都是深陷困境的角色和富有同情心的治疗师之间的故事，结局通常是幸福的（比如患者和治疗师准备结婚）。有趣的是，弗洛伊德式电影大肆流行的时候，也正是美国经济从 20 世纪 30 年代大萧条中复苏的时候，而人们也正是在此时就美国必须参战以对抗法西斯达成了共识。对自由文学和自由戏剧的需求显然是无法满足的。

作家们不相信任何人都能轻易地从压抑的过去中解脱出来，他们并不乐观，其中有些还创作出令人难忘的现代悲剧。田纳西·威廉斯的代表作《欲望号街车》（1947）展现了一个人因心理障碍最终陷入疯狂的悲剧。女主人公布兰奇试图给人一种上流南方美女的印象，继承老南方的高雅传统，但是随着剧情的发展，她表现出明显的精神不稳定状态，不满于妹夫的粗俗同时又被其吸引。妹夫得知内情，为了自我满足，粗暴地强奸了布兰奇。惨遭侮辱的布兰奇最终堕入无法逃脱的幻想世界中。作者威廉斯本人一生中大部分时间都在接受治疗，但显然也无法从过去的阴影中解脱出来。

当然，决定论者总是认为，从无意识中解脱出来进而直面现实，可能会给人一种自由的幻觉，但它只能持续一段时间。在病历上盖上"已治愈"的章，并不能确保人的自由再也不会受到影响。就像物理学家发现物质是由粒子组成的，但粒子之内还有粒子，以致无穷；自我也可能是一个环形的阶梯，通向无数的影子。弗洛伊德深知这一点，总体上对人类的存在持怀疑态度，但他的理论也提供了希望——人们总可以沿着这个环形阶梯上升到白昼之中。

如果没有真正认识到弗洛伊德的作用，对 20 世纪人文学的研究将变得困难重重。许多心理治疗的流派仍旧以弗洛伊德思想为基础，千百万人也已借助心理分析的方法恢复了心理健康。弗洛伊德的观点可能并非万效仙方，不能从既定的过去中完全解放人类，但也不应掩盖这些观点对于艺术和现代心理学的重要性。

科学能指出危险，但不能扭转思想和心灵的方向。这是我们之内或之外的各种精神力量的领地，这些力量就是生命本身的奥秘。

——奥农达加龟族酋长
奥伦·里昂

16.4 存在主义

什么是存在主义？它与有关自由意志和决定论的讨论有什么关系？

第一次世界大战结束后，许多古老的信仰都被扫地出门了。欧洲各国开始探寻思考自由的新方式，或许还会借助某种程度上的国际合作。但是罗马式的民族主义又一次抬头，这种信仰本国优于他国且有权征服其他文明的极端民族主义找到了新的代言人——奥地利油漆工阿道夫·希特勒，随即恐怖的世界大战又重新开始了。这一次，牵涉其中的不只是士兵，还有许多平民——犹太人、吉卜赛人和同性恋者。

希特勒及其同伙最终于 1945 年被击败，世界又一次被消耗殆尽。随之而来的是对自由的重新定义，即**存在主义**。存在主义哲学萌发于 19 世纪中叶，并于第二次世界大战后开始生根，尤其在法国这个自诩为西方文明的中心却被纳粹摧毁殆尽的国家。战后的法国发现自己没有指导性的哲学思想，艺术中也尽是绝望。存在主义的重新发现，是漫长黑暗尽头耀眼的自由选择之光，但也让人们付出了极大的代价。

宗教存在主义

索伦·奥贝·克尔凯郭尔（1813—1855）被视作第一位存在主义哲学家。他是丹麦人，从小生长在严苛的宗教环境中，曾一度做出反抗，后来又把宗教视作不需神启的有意选择，于是再次皈依。对克尔凯郭尔来说，宗教是自愿接受的心理现实，而不是要求人们接受的显白真理。他认为，当一个人达到绝望的境地（他自己确曾如此），并做好准备转向上帝时，他只能凭借**信仰的飞跃**。

然而，这种飞跃中存在诸多不可否认的焦虑。因为要在没有科学或有形证据证明上帝或神之存在的情况下完成飞跃，还要克服诸多反对观点。人们匍匐在教会的黑暗中，也许会感觉到自己的祷告在天上翱翔，感觉到上帝与自己同在，但永远也不会知道上帝是否在聆听，甚至根本不知道上帝在不在。

为了戏剧性地描述信徒的困境，克尔凯郭尔在他的《恐惧与颤抖》（1843 年用约翰内斯·德·西森提奥的笔名出版）一书中重述了《圣经》中亚伯拉罕和以撒的故事。一位天使出现在亚伯拉罕面前，告诉他上帝命他把独生子以撒献为燔祭。亚伯拉罕很震惊，但他能做什么呢？如果上帝想要燔祭，作为仆人的他必须服从。他毫无疑问地遵照上帝的命令行事，这就是信仰的飞跃。在那次飞跃中，在伸手拿刀的时候，亚伯拉罕不是经历了无法言喻的痛苦吗（图 16.6）？假设这个命令不是上帝下达的，然后呢？对克尔凯郭尔来说，亚伯拉罕的痛苦代表了所有人的生存困境。这个困境是，知道一个人可以自由地做出选择，但是谁又能知道它是不是正确的（甚至最好的）选择呢？

20 世纪的宗教存在主义：马丁·布伯 像克尔凯郭尔一样，哲学家马丁·布伯（1878—1965）也通过非传统的方式找到了自己的信仰。他曾定义人拥有的两种关系，并以此著称于世：

图 16.6 卡拉瓦乔，《燔祭以撒》，约 1590 年
在亚伯拉罕奉上帝之名正要动手杀自己儿子以撒的时候，一位天使拉住了他。你认为亚伯拉罕和以撒此时怀着怎样的情感？卡拉瓦乔是如何表达这些情感的？

Erich Lessing / Art Resource, NY

- "我与它"：人与客体和具体现实事件的客观关系。这里不存在上帝，只有具体的生存时刻。对布伯来说，"它"必须被定义，必须被证明为某个具体的现实，否则就不会存在"我与它"的关系。

- "我与你"：代表人与上帝关系的桥梁。"你"不是被定义的，而是被称述的。

两者的区别十分明显：如果一个人能直接称述某人（无论是站在面前的人还是看不见的上帝），那么，客观定义就无关紧要了。我们能称述某人，意味着对我们来说，某人是存在的。在"我与它"的关系中，客观证明是可能的，因为"它"总是在那里，总是可见的。在"我与你"的关系中，对上帝的体验凭借的是感觉和直觉，并不总是可见的，但这种上帝存在的感觉是绝对不可能被驳斥的。布伯和克尔凯郭尔在这一点上异常接近。

进入成年后，布伯开始从智性上接近宗教。他本是希伯来经典文本的释经专家，主要关注的是传统宗教历史中隐含的神话和传说问题，不过他并未就此止步，而是努力探求文本背后的基本真理。布伯从未把上帝思考为"你"，直到他读到一段特殊的文字。寥寥数行，却真正永远改变了他的生活。

> 我翻开一本小书，它是犹太拉比巴尔·谢姆·托夫的遗书，眼前闪现了一句话："他赋自己以激情，因他已成圣，成了另一个，值得被创造，近于创世时的圣主，蒙着上帝的祝福。"就在那时，我瞬间被震撼了，感受到了哈西德派的精神。[7]

我们可以将上述文字称为酒神式的宗教体验。布伯发现宗教中的真理来自不可抗拒的感觉，而不是分析性的思想。从那一刻起，他转而成了哈西德派的信徒。哈西德派由拉比巴尔·谢姆·托夫创立，强调个人要在亲近上帝中获得喜悦，与同蒙天召的弟兄温情团契。

随后，布伯对人与人之间关系的神圣性产生了强烈的关注，因为在人与人的接触

> 只要祢的天堂还笼罩着我，因果之风就在我脚下畏缩，命运的旋涡也谨守其道。
>
> ——马丁·布伯

中，他也发现了上帝。在人与人的联系中，每一个他人都是"你"，每一个"你"都包含着上帝的灵。神存在于每一个生命中，这种信仰是许多东方宗教中都有的，甚至在贵格会或教友会中也能找到。

"我与你"引发了一场现代伦理学的革命。布伯绝对是一位摒弃规则的哲学家，他挑战了苏格拉底传统的道德原则，也挑战了世界多数主要宗教的道德原则。存在主义哲学家认为，人都是自由的——只要去寻找，每个人心中都有道德上的善。不是每个人都能找到它，但每个人都可以自由地去寻觅。

世俗存在主义

第二次世界大战之后再次涌现的存在主义，已与往时大为不同。饱受战争摧残的欧洲各国笼罩在浓重的悲观失望情绪中，世俗存在主义与这种悲观情绪一拍即合，很快就席卷欧洲。不过，世俗存在主义中对自由的信仰也激发起一些乐观情绪。

信仰上帝意味着遵守戒律，也意味着相信人之存在是为了屈从上帝的意志，求得上帝的爱和怜悯。世俗存在主义不企图称述一个无法证明其存在的上帝，更反对那种把人之为人定义为某种本质的宗教教义。

世俗存在主义的基本观点是，人所能确定的只有自己的存在（生存）。一旦认识到这个事实，人就可以摆脱那种被抛于世的感觉。这种感觉源自这样一种认识——人孤独地存在于这个扑朔迷离又不知为何而存在的宇宙中。承认人能确定的只有自己的存在，意味着每个人都是自由的，没有对更高力量的义务，也没有对其他任何东西的义务。但这种自由既令人困惑又令人恐惧。

人会选择某种宗教或其他有着同样严格而恐怖的生活规范的权威，因为这样一来，人就免于为自己制定规范。即使人们不服从规范，但至少有了某种参照，知道自己应该做什么。这对人是莫大的安慰，放弃这种安慰，尽管能终获自由，但也让人感到万分恐惧。

法国存在主义哲学家：萨特、波伏娃和加缪　对世俗存在主义运动而言，三位20世纪法国哲学家的作品都至关重要。他们是让－保罗·萨特（1905—1980）、西蒙·德·波伏娃（1908—1986）和阿尔贝·加缪（1913—1960）。萨特是其中最具影响力的一位，他认为上帝绝然不存在，故而人具有自我定义的权利。同时，他也反对那种上帝因人的心理需要而存在的观念。他认为，在内心深处，人必定知道在一个毫无意义的世界里，每个人都是孤独的。对欧洲许多饱受战争之苦的幸存者来说，这句话似乎太过真实了。

萨特认为根本就没有所谓的人性。人们谈论人的本性，但是谁见过呢？人降生于世时并无善恶之分，所以不能做出人根本上是善或恶的假设。没有人是为了服务某个目的才降生于世的，也没有人是为了实现某种人的既存定义才降生于世的。

> 如果人，像存在主义者所以为的那样，是不可定义的，那是因为他最初是
> 无。只有在后来他才成了某物，并将自己塑造为他之将是。因而，根本不存在
> 人的本性，既然没有上帝来构想其本性的话。[8]

说人生来就没有确定的本性，这与早期的各种哲学思想是直接对立的，因为后者总会赋予人某种确定的本质。例如，在基督教中，人之本质就是灵魂；对亚里士多德来说，人之本质乃是理性。克尔凯郭尔坚持认为，个人创造了一种精神性的、渴望与上帝同在的本质。然而，世俗存在主义者却说，个人必须致力于发展一种可以被定义为人的本质，这种本质包括善意和对他者强烈而清晰的道德责任感。因此，宗教和世俗存在主义都明确宣称："存在先于本质。"

根据萨特的观点，只有自然现象和人造物从一开始就具有本质。切纸机"生来"就是为了切纸，否则就可能被退货。暴风雨"生来"就要带来风和雨（或者雪），还可能摧毁几栋楼。即使动物也有本质，因为它们也是自然现象。老虎必须咆哮而且得是食肉的，但是人类却以某种方式避免了自己必须是什么。

好的一面是，人能够具有理性的能力，并且能通过经验发展出这种能力。有些人会选择更多地利用这种能力，有些人则认为他们要活着就必须有本质、有目的、有定义自我的方式，但是每个人都必须独自去找寻这个定义。倘若只是从过去，从祖先的传统和信仰中借来某个本质，甚至在同辈压力或教育、宗教机构的影响下产生出某种本质，那么人就丧失了定义自我的权利。

萨特，"注定的自由" 一旦意识到自己没有本质，人就必须自由地创造出自己的本质。正如萨特所说，人有"注定的自由"。每个人在明确了自己的本质之后，都必须为之负责。倘若自己的行为伤害了别人，人就不能否认自己之前的决定，然后再决定自己将来要如何。没有人可以免除道德责任。真正的自由需要付出高昂的代价。理性并不能保证人肆意妄行的权利，除非如伊曼努尔·康德所说，人也愿意把此权利赋予他人。如此一来，人就必须小心了，万不能背对他人。有人会真的愿意生活在一个无人承担责任的社会里吗？

当然，多数人乐意相信自己是服务于某个目的的，自己的所作所为都是注定的，这样更简单一些。萨特讲了一个青年的故事。这个青年在各种职业考试都尽数失败后，坚持认为自己注定要失败，因为他真正的宿命是成为一名牧师。萨特说，这根本就是胡言乱语！就像所有人一样，这个青年全然掌握着自己的生活。他不应该仅仅凭着某种对命运的想象就去做牧师。自由有时是痛苦的。如果人选择使用切纸机（其本质的

> 人是注定要受自由之苦的。
> ——让－保罗·萨特

实现就是要切割纸张），还不小心切了手指，就会禁不住咒骂切纸机。但是无生命的物体本没有道德责任可言，只有人有道德责任。如果人因自己的失败而责备他人或他物，那他就是在否认自己的自由。

真正的存在主义者，如亚伯拉罕那样，必须做出选择，并且总愿面对痛苦。存在主义者会对自己做出的决定负责，不管这些决定有多么恐怖。真正的人是那些自己定义自己的人，他们坚持这个定义，甘愿接受任何赞扬或责备。

波伏娃，《第二性》　萨特的终身伴侣西蒙·德·波伏娃是女性主义作家，始终关注女性创造自己本质的问题，曾大声疾呼女性要大胆创造全新的自己。她的存在主义坚持摒弃男性规则，摒弃男性强加给女性的本质。

在她最著名的作品《第二性》（1949）中，波伏娃探讨了女性在历史上被持续贬低的各种原因，从生物学上的"母性"问题到私有财产的经济理论。前者确立了女性与其身体的独特关联，使女性更容易受到男性的奴役；后者则直接导致女性作为财产的法律地位。波伏娃认为，早在人类进入神话和法律的成文时代之前，父权制就已经确立了：

> 制定法规的是男性。很自然，男性给予女人一个从属的地位，但是，有人会设想，他们以对待孩子和家畜一样的善意去看待她。没有这回事。立法者筹划对女人的压迫，对女人是恐惧的。[9]

波伏娃认为，女人被男人贴在她们身上的标签"欺骗"了：她们是无价之宝，弥足珍贵，不该让她们抛头露面。为了自由，妇女需要为绝对的平等而战：

> 和男人一样得到培养和教育的女人，会同工同酬；性爱自由会得到风俗的承认，而性行为不再被看作要付酬的"服务"；女人会不得不采取别的谋生手段；结婚会建立在配偶可以随意解除婚约的基础上；怀孕会是自由的，就是说允许节育和人工流产，反过来，会给予所有母亲和孩子同样的权利。[10]

进入 20 世纪后，女性在争取平等方面取得了巨大的进步。很久以来，女性都被限制在家庭主妇的角色中，几乎毫无政治或经济权力可言，但到了 19 世纪末 20 世纪初，女性开始冲破藩篱。她们相继在芬兰（1906）、美国（1920）、欧洲和美洲大部分地区（第二次世界大战开始时）赢得了选举权。2011 年，世界上最后一个仍旧剥夺女性投票权的国家——沙特阿拉伯——也颁布法令，宣布自 2015 年开始女性将有权投票。

在 20 世纪，外出工作的女性越来越多，这首先是因为第二次世界大战期间需要她们来维持工厂运转，后来她们发现这样的工作很有满足感（而且往往也是生计所需）。节育手段的发展和人工流产的合法化，明显提升了女性决策自身生育的能力，虽然仍有许多宗教领袖和政治家对此表示反对（后者甚至认为自己更适合做类似决策）。当然，波伏娃或许会发现 21 世纪的女性已经比 1949 年她写《第二性》时更加自由了，但她肯定也会说，要走的路还很漫长。

加缪，自由意志与自杀　阿尔贝·加缪或许不是最有影响力的法国存在主义哲学家，但他无疑是其中最具诗意、最引人注目的一个。在他的三篇主要论文《荒谬的推理》《荒谬的人》和《西西弗的神话》中，加缪指出：理性根本不在宇宙中，只在人的心灵之中。智性试图理解现实，但最终发觉这项任务根本无法完成。那么，为什么人是理性的呢？为了什么目的呢？理性引导人得出一个结论：生活是荒谬的，毫无意义。

说到这里，加缪就用一句话开始了《荒谬的推理》，这句话常被引用："真正严肃的哲学问题只有一个：自杀。"萨特认为被抛于毫无意义的宇宙中，恰为人打开了通往自由的大门；加缪则进一步分析了被抛（abandonment，又译为"舍弃""放达"等）于世的境况，并坚持认为如果人不能赋予生命以价值，那么生命就根本不值得过。然而，如果生命是荒谬的，它又能有什么价值呢？

加缪的回答是，它具有荒谬的价值。人的想法和行为可能没有任何终极意义，但也许"终极意义"本就不应该是目标。只有生存的此刻，只有此时此地，并不意味着此刻不值得去体验。和萨特等人不同，加缪谈论的是色彩、声音、宇宙中持续展现的奇迹。它们没有自我之外的意义，这就是荒谬，但这并不会让自杀成为必然的、唯一的办法。

如果人不选择自杀（就像哈姆雷特那样），那么他必须有一个目的。反过来说，若人选择了自杀，那么他的目的不就是为了毁灭自己吗？如果选择自杀是有目的的，那么选择生活也一定是有目的的。但如果这个世界是荒谬的而人又选择留在其中，那么人就必须接受这荒谬，然后继续前行。人的自由就在这当中，而且随自由而来的将是无限的可能性。

为了进一步表明观点，加缪分析了西西弗的神话。西西弗是希腊神话中"最聪明、最谨慎的凡人"，他也曾质疑过生命的意义。为了找到答案，他从诸神那里窃取了秘密，后来遭到惩罚，被迫将一块沉重的巨石推上陡峭的山坡。西西弗用尽全力、忍着疼痛，终于把巨石推到山顶，但转瞬之间，巨石又滚落到山脚，他不得不重新开始，而且注定永无休止。

> 对未来真正的慷慨，
> 是把一切都献给现在。
> ——阿尔贝·加缪

　　我把西西弗留在山脚下！人们总是能看到他身上的重负。而西西弗告诉我们，最高的虔诚是否认诸神并且搬动石头。他也认为自己是幸福的。这个从此没有主宰的世界对他来讲既不是荒漠，也不是沃土。这块巨石上的每一颗粒，这黑黝黝的高山上的每一颗矿砂唯有对西西弗才形成一个世界。他爬上山顶所要进行的斗争本身就足以使一个人心里感到充实。应该认为，西西弗是幸福的。[11]

存在主义哲学和文学中表达的自由观受到广泛的质疑。自由是指不顾他人、肆意行动的自由吗？如果每个人都能创造自己的价值，还有道德上的善恶之分吗？诚然，存在主义者坚称人要对自己的言语和行为负责，但是，人不是也可以自由地说谎吗？能够以一种备受赞扬且易于操纵他人的方式对待他人吗？如果人为了自己的利益而运用自己的自由，那么人真是自由的吗？抑或仅仅是自私的牺牲品？

16.5　有限的自由
为什么真正的自由需要限制？

到目前为止，你可能已经意识到了，我们一直在讨论的自由和自由意志的哲学，都是由生活在相对开放的社会中的西方思想家提出的，在这些社会中，思想和言论自由被认为是理所当然的（图16.1）。甚至在基督教的限制内，奥古斯丁也可以自由地表达他的怀疑。像马克思和斯金纳这样的决定论者也不会因为坚称人没有自由选择而受到监禁。

有时，讨论自由的哲学家实际上生活在政府的压迫之下。例如，卢梭生活在一个僵化的君主政体之中，萨特生活在纳粹统治下的法国。两者都曾反抗暴政，卢梭用他的笔，萨特则投身法国抵抗运动中，还创办了自己的地下组织，试图帮助被纳粹追捕迫害的人。两位哲学家都没有放弃自己的信念——自由是人类的自然条件。这个信念常常以不同的方式回荡在整个人文学中。

对于那些在日常行为规范严苛的社会中成长的人来说，自由意味着什么？对于那些身处严重的宗教或领土纷争的社会里、选择极其有限的人来说，自由又意味着什么？自由只是一个狭义的西方观念吗？

佛教与自由

尽管深受西方的影响，但日本社会绝对是一个规则驱动的社会。流行于亚洲大部分地区的禅宗，主张长时间打坐冥想。同样，要想在某些亚洲国家异常珍视的武术中脱颖而出，也需要长期的练习，以增强身体协调性和肌肉发育。武术也是文明社会的产物，伦理规范和行为礼仪在其中不可或缺。即使是在西方人难以理解的相扑比赛中，对手之间也必须相互鞠躬以示尊重。

对美的热爱在很多亚洲文化中都有所体现，如茶道、花艺和书法等。在西方，所有这些艺道都可能会被视作多此一举，甚至是对意志的禁锢。不过，修习艺道之人大概

……
我没有朋友
只与心相伴
我没有敌人
只与粗心为敌
我没有铠甲
只以仁慈为衣。
——14世纪某武士

是不会同意的。

禅修大师秋扬·创巴仁波切是在美国传播佛教思想的重要代表之一。他曾在科罗拉多州的波尔德创办了一个佛教社团，繁荣至今。诗人艾伦·金斯伯格（1926—1997）曾去到那里，了解学习佛法。金斯伯格是美国文学流派"垮掉的一代"的主将，被贴上相同标签的还有第二次世界大战后的一批作家、艺术家和作曲家。他们目睹了社会各方的贪婪和日益增长的物质主义，遽感幻灭。于是宣称自己是社会畸零人，漂泊在这片自称自由之摇篮的土地上。这里曾孕育了社会流动的美国梦，但如今给人带来的只是与日俱增的低劣价值观和腐败政治。

许多人像金斯伯格一样，在佛教中看到了一条真正的自由之路，通过冥想修行和放弃私欲来摆脱这种新生的奴役和束缚。秋扬·创巴仁波切曾在《自由的神话》中指出，西方对"自由"的定义包括外部控制的不存在和适时违反规则甚至自设规则的权利。而人如要想获得佛教所说的自由，首先必须清醒地认识到现实存在的痛苦和折磨。以为追逐美国梦、为财富和快乐而奋斗就能避免痛苦和折磨，这完全是荒谬的。财富和快乐只会带来更多的痛苦，因为（正如伊壁鸠鲁所指出的）永远没有足够的快乐能让人满足。即使家财万贯，可以"自由"地随意行事，但死亡终将降临并带走一切，这种对死亡的意识会给人带来无尽的痛苦。创巴仁波切称：

> 必须如实地看待生活经验。必须看到苦和不满。不能忽视它，不能只是看到生活中令人愉快的方面。如果人要找寻应许之地、金银岛，那么这种找寻只会带来更多的痛苦。人不可能去到这样的地方，也无法以此种方式开悟。故此，佛教各派各宗皆认为，人必须从面对现实生活境况开始，万不能从梦想开始。[12]

创巴仁波切认为真正的自由是服从现实，如实地接受现实，进而实现自由人的目标——从痛苦中解脱出来。在他看来，囚徒也可得自由，因为没有人能够给思想和感情套上枷锁。这种在限制中凭借个人选择来实现自由的教义启发了许多人。

选择自由

创巴仁波切的教义会不会给那些仍身处奴役或专制统治下的人带来些许慰藉呢？似乎不太可能。然而，历史上有许多例子表明，即使在最骇人的情况下，人们也可以运用自己的自由意志。圣雄甘地、马丁·路德·金、纳尔逊·曼德拉以及其他许多人都是如此，他们曾身处监狱，但仍为自由而战。在美国和世界其他地方，被奴役的非洲人一直在为自由而战，既有身体上的反抗——武装暴动，也有心理上的反抗——坚持有尊严地活着。饱受种族隔离之苦的非裔美国人也曾奋起反抗（图16.7）。德国宗教改革家马丁·路德推

翻了腐败教会的暴政，贵格会的创始人乔治·福克斯则因宣扬人人可拥有上帝而遭到监禁和殴打。

尽管历史学家声称，现在发生的战争比过去一千年里大多数时候都要少，但似乎战争仍无处不在，也许是因为社交媒体把战争带到每个人的面前。举目望去，总有一些人的生活境遇是旁人难以想象的。然而，人们仍在追求自由，追求这种可能性。

也许如今能确定的是，通往自由的道路有很多，其中一些仍然存在着不可逾越的障碍。也正是因为如此，所有拥有选择权的人都更应心怀感激。

图 16.7　密西西比州的自由乘车者，1964 年
在你的经历中，曾发生过哪些争取自由的运动？
Paul Schutzer/The LIFE Picture Collection/Getty Images

尾声：理解自由的限度

用一种理论来结束全书似乎是恰当的，或许本该如此。因为这样一来，我们就能把"自由"一词用到自己身上了。这种理论来源众多，强调的是，只有当人对自己的选择加以限制时，自由才能实现。

喜欢慢跑的人都深知自由与限制之间的关系。他们会感觉到跑动中的自由，逆风而行，感觉自己的胳膊和腿随着自己的意志而动。跑步者，与斯金纳所说的相反，确实能感觉到自己的意志。在上陡坡时，他们必须用尽全力；在下坡时，他们知道自己要保存力量。如果他们一直用全力，可能会没力气跑完最后一公里。如果他们正在参加比赛，而且要赢，就会加速。如果他们只是想跑完全程，就会更从容一些。

但是对意志的真切体验不是突如其来的。刚开始时，慢跑总是伴着身体酸痛。肌肉被拉伸，呼吸加重，体温也很快升高。一开始，慢跑者常会因各种微不足道的借口停下脚步。坚持一段时间后，他们有了目标：要跑完一段路，然后是要跑个来回，接着再增加一公里，再增加两公里，一直跑到更远的地方。给自己施加限制是至关重要的，而且一定要达到目标。坚定的跑步者几乎是风雨无阻的。当跑步者的身体与意志协调一致后，就会产生终极的解脱感、飘浮感，或者所谓跑步者的亢奋感。而当跑步者在给自己施加的限制中感到自在时，他们就会体验到意志。

在创作十四行诗时，诗歌形式决定了诗人的选择。诗人很容易抱怨有限的长度阻碍了思想的自由表达。因此，许多诗人实际上总是选用没有限制的自由诗体来进行创作。不过，在浪漫主义诗人威廉·华兹华斯眼中，严格的诗歌形式并非对自由的约束。

修女不嫌

修女不嫌修道院房舍狭小；

学者满足于枯守书斋一隅；

隐士满足于茅庵；纺纱的少女，

织布的工匠，在纺车、织机前坐好，

都自得其乐；蜜蜂把香花寻找，

　　飞越弗尼斯最高的山峰，终于

　　又钻入毛地黄花冠，嗡嗡低语。

给自己画地为牢算不得监牢：

拿我来说，在不同心境里，把自身

　　拘禁于十四行诗的狭小地界

　　是一种消遣；我也会为之欣悦，

倘若有（我相信准有）这样的灵魂——

　　厌倦于海阔天空，愿步我后尘，

　　愿到这方寸之土来寻求慰藉。[13]

　　有人会问，为什么自由如此重要？如果萨特有关大多数人宁愿不自由的说法是正确的，那么为什么人必须要自由呢？或者，如果自由（freedom）不等同于肆意（liberty），那么追求肆意本身又有什么错呢？不受约束地生活、肆意行止有什么错呢？究竟为什么人要自我定义，然后还要对自己的所作所为负责呢？

　　给沸腾的锅盖上盖子，锅里的能量就会增强。在有限的选择面前，生活的愉悦也同样会增强。肆意会让人困惑，不知从何选起。自我定义则是首要的限制。倘若没有自我定义，人就会随风飘散，任凭狂风侵袭。毕竟，缩小可能性的范围，然后找到在此范围内运转的最佳方式，可能才是答案。那么问题又是什么？问题是，在盘清了可供选择的自由之后，人怎样才能最大限度地过好仅有的一生？

　　当然，决定论的观点是很有影响的，人也有权相信不存在自由意志，因此也就可以不为任何事情负责。如果有人秉持这种观点，那么他就必须接受没有人对任何事情负责的事实。对某些人来说，决定论是唯一合乎逻辑的说法。许多艺术家和哲学家则对此持有异议。即使一幅画遭到展览赞助人的批评，艺术家也不会说类似"是我身处的恶劣环境迫使我这样画"这样的话。相反，艺术家为这幅作品辩护，并反过来批评那些赞助人。要是没有这样的自由，再大的成就都不值得引以为豪。

　　如果选择了决定论，那么做选择的人是被迫做出这种选择的吗？令人惊讶的是，许多人都是在无意中选择了决定论。总是会有一些人愿意向人倾诉自己的悲惨故事，诉说自己遭到别人、法律、政府、父母等的伤害，而且只有在诉说时好像才是幸福的。他们从不会说自己是咎由自取。正如让－保罗·萨特所说的，做一个真正的人的唯一方法就是承认自己是自由的，并为自己的错误决定承担责任。上文已屡屡提及，并非每个人都有幸能拥有选择的权利。那些本来拥有选择权却以为自己是无助的受害者、不必承担责任的人，最好承认自己仍是自由的，因为他们还能拒绝承担那种责任。

地狱肇始于上帝赐下清晰异象之时，由此让人见识到一切本可达成的，一切曾被赠与却已然耗尽的，以及一切可做却未做的。于我而言，地狱的概念只在两个字中："太迟。"

——吉安·卡洛·梅诺蒂

真正的人总是彰显自己的本性，总能满足别人对自己的期待。不真实的人在遭到指责后，总是试图推脱责任，为自己辩白。如果自由意志是生活中真实存在的，那么人们就不能此时接受彼时又拒绝。

归根结底，真正的自由可能就存在于人自由地强加给自己的限制之中。倘若认为自由意味着拥有无限的选择，人就会受困于无限。只有有意地缩小选择的范围，人方能体验到真正做自己的那种愉悦感。说自己能如此这般做，这是自由；说自己能如此这般做，也能如彼那般做，甚至还能做完全相反的事情，那就不是自由。一旦意识到这一点，人也就明白了自己不必总是受限于简单易行的选择。面对满桌珍馐美馔，人可以大快朵颐，也可以暗下决心只享寥寥几味。

那些具备内在控制力的人，不仅是真正的人，也是良善之人。他们从不愿伤害别人，因为伤害别人就意味着自己受到了肆恣激情的摆布，成了本不愿成为的受害者。

人文学研究探究的是创造者和思想家的精神和内心，揭示的是艺术和哲学的诸多革新。正是这些为数众多的艺术家和哲学家改变了人类观念的进程，给予了人们前所未有的选择：体验美、体验差异甚至震惊、体验深省与创见。其中一些人居功至伟，前无古人，又如何能被预先决定呢？如果能被预先决定，为什么没有多出几个贝多芬或莎士比亚这样的人？人文学似乎是对自由精神的研究，能让人明白如何更好地生活。如若不欣赏米开朗基罗的壁画《创世记》，那就举起双手，在心里把它重绘一番，这是人与生俱来的权利。一旦洞悉了过去，就可以知道现在该是如何，就可以将过去放到一边，这也是人与生俱来的权利。探入黑暗之中，觅得一盏新的灯笼，哪怕它造型迥异、烛光摇曳，这更是人与生俱来的权利。

超越自我是一种自然权利。没有失败的风险，就没有成功的可能。美国小说家、诗人斯蒂芬·克莱恩对此进行了总结：

我曾见过追逐地平线的人

我曾见过追逐地平线的人；
一圈又一圈，他飞驰。
我对此心生不安；
我跟他搭话，
"这是徒劳啊，"我说，
"你永远无法——"
"你说谎，"他喊道，
然后继续奔跑。[14]

没有自由，就无艺术；艺术生于自我约束，死于其他一切限制。
——阿尔贝·加缪

回顾

在这一章里：

- 我们解释了一些早期的自由观，包括宗教在有关自由的讨论中发挥的作用；
- 我们描述了各种决定论的观点，包括政治的、制度的、经济的决定论，以及性格即命运、行为主义和遗传决定论；

- 我们描述了一些主张自由意志存在的论点，包括叔本华、威廉·詹姆斯和弗洛伊德的相关理论；
- 我们讨论了存在主义及其与自由意志和决定论之间的关系；
- 我们讨论了为什么真正的自由需要限制——因为无限的自由根本不是真正的自由。

主要术语

行为主义（behaviorism）：既是一种哲学思想，也是一个心理学流派，认为人之为人即是人之所作所为，而人的所作所为又是由奖惩强化机制决定的。

资产阶级（bourgeoisie）：在马克思主义中指富裕的上层阶级。

决定论（determinism）：一种哲学思想，认为一切事物都有前因，因而自由意志不可能存在。

辩证法（dialectic）：黑格尔的哲学方法，包括正题、反题和最终将两者统一起来的合题；卡尔·马克思用之描述无产阶级和资产阶级之间的冲突以及无阶级社会的最终综合。

DNA：脱氧核糖核酸的缩写，是存在于几乎所有生物体中的一种遗传物质。它储藏着遗传信息，遍布全身。

经济决定论（economic determinism）：卡尔·马克思哲学思想的别名，主张人的行为是由对金钱的需求所控制的。

存在主义（existentialism）：一种具有宗教或世俗基础的哲学，主张人能够自由创造自己的本质。

非决定论（indeterminism）：由威廉·詹姆斯阐发的哲学思想，主张所有事情都是随机发生的，没有明确的前因，因此人有做出选择的自由意志。

制度决定论（institutional determinism）：指让－雅克·卢梭所坚持的主张，认为意志受到法律、教育和宗

教力量的限制，这些限制都是必需的，因为少数一些人天生邪恶。

信仰的飞跃（leap of faith）：克尔凯郭尔提出的说法，指宗教信仰是可以自由选择的，但为了做到这一点，人们必须绕过理智，因此永远也无法确定其选择正确与否。

通识（liberal arts）：在古希腊，指那些保证个人参与公民生活的技艺，包括修辞、逻辑和语法。后来指相应的人文学，包括文学、语言、历史、艺术史和艺术鉴赏、音乐史和音乐鉴赏、哲学、数学和科学。

先天与后天（nature versus nurture）：关于个人性格是受 DNA 的影响更多，还是受生活经历和环境的影响更多的争论。

精神分析（psychoanalysis）：由西格蒙德·弗洛伊德发明的技术，通过检视病人的梦境和自由联想模式来诊断其神经质行为和精神疾病的原因。

心理治疗（psychotherapy）：针对精神和情绪障碍的临床治疗。

社会生物学（sociobiology）：一种社会学思想，认为人的行为可以从基因投资的角度进行分析，也就是说，一个人的行为取决于其繁殖自身基因的欲望，或者是通过两性关系直接繁殖，或者是通过满足生理、社会或经济的需要而间接繁殖。

注 释

第一章　人文学：一座闪耀的灯塔

[1] Leonard Cohen, "Anthem", Available at http://www.azlyrics.com/lyrics/leonardcohen/anthem.html. ——原注

[2] Taylor Mali, *What Learning Leaves* (Newtown, CT: Hanover Press, 2002). Available at http://www.taylormali.com/poems-online/totally-like-whatever-you-know. ——原注

第二章　人文学和批判性思考

[1] William Wharton, *Dad* (New York: Avon, 1981), pp.419-420. ——原注

[2] Daniel Mendelsohn, "But Enough about Me", *The New Yorker*, January 25, 2010, pp.68-74. ——原注

[3] Alex Ross, *The Rest Is Noise* (New York: Farrar, Straus and Giroux, 2007), p.xii. ——原注

[4] Alastair Macaulay, "Review of Joffrey Ballet Production of *Cinderella*", *The New York Times*, Monday, February 22, 2010. ——原注

[5] William Wordsworth, "The World Is Too Much with Us", *The Major Poets, English and American* (New York: Harcourt Brace, 1954), p.257. ——原注

中译引自《华兹华斯诗歌精选》，华兹华斯著，杨德豫译 (北岳文艺出版社，2000 年)，第 139 页。——译注

第三章　神话及人文学的起源

[1] June Singer, *Boundaries of the Soul: The Practice of Jung's Psychology* (New York: Doubleday, 1972), p.79. ——原注

[2] Ibid. ——原注

[3] 中译引自《圣女贞德——六场戏剧附尾声》，萧伯纳著，刘炳善译 (辽宁教育出版社，1998 年)，第 118 页。——译注

[4] Joseph Campbell, *The Myths of God: Oriental Mythology* (New York: Viking Penguin, 1976), p.243. ——原注

[5] Ibid., p.342. ——原注

[6] 中译引自《哈克贝利·费恩历险记》，马克·吐温著，成时译 (人民文学出版社，2004 年)，第 294 页。——译注

[7] Joseph Campbell, *The Myths of God: Oriental Mythology* (New York: Viking Penguin, 1976), pp.9-10. ——原注

[8] Edith Hamilton, *Mythology* (New York: New American Library, 1969), p.63. ——原注

[9] John Milton, *Paradise Lost*, Book VII, ll. pp.211−217. ——原注

中译引自《失乐园》，弥尔顿著，朱维之译（上海译文出版社，1984 年），第 262 页。 ——译注

[10] Hamilton, *Mythology*, p.89. ——原注

中译引自《神话——希腊、罗马及北欧的神话故事和英雄传说》，依迪丝·汉密尔顿著，刘一南译（华夏出版社，2010 年），第 92 页。——译注

[11] Rose Anna Mueller, "La Llorona, The Weeping Woman" , *Community College Review* 20, no. 1 (1999): pp.28−33. ——原注

[12] Alfred, Lord Tennyson, from "The Lotos-eaters" , in *English Poetry III: From Tennyson to Whitman*, Vol. XLII, *The Harvard Classics* (New York: P. F. Collier & Son, 1909−1914). Bartleby.com, 2001. www.bartleby.com/42/. ——原注

中译引自《丁尼生诗选》，丁尼生著，黄杲炘译（上海译文出版社，1993 年），第 66−68 页。——译注

[13] J. R. R. Tolkien, *The Return of the King* (New York: Ballantine Books, 1966), p.384. ——原注

中译引自《魔戒第三部：王者归来》，托尔金著，邓嘉宛、杜蕴慈译（上海人民出版社，2013 年），第 364 页。——译注

[14] Paraphrased from R. H. Blythe, *Zen and Zen Classics* (Tokyo: Hokuseido Press, 1960−1970). ——原注

[15] Walter de la Mare, *Memoirs of a Midget* (New York: Knopf, 1921), p.379. ——原注

第四章　文学

[1] John Steinbeck, *The Grapes of Wrath* (1939; reprint, New York: Penguin Books, 1992). ——原注

中译引自《斯坦贝克文集——愤怒的葡萄》，斯坦贝克著，胡仲持译（上海译文出版社，2004 年），第 160 页。——译注

[2] *The Iliad*, trans. Augustus Taber Murray (London: W. Heinemann, 1929). Available on Google Books. ——原注

中译引自《荷马史诗·伊利亚特》，荷马著，罗念生、王焕生译（上海人民出版社，2016 年），第 161 页。 ——译注

[3] Sappho, "Ode to Aphrodite" , trans. J. Addington Symonds, in *Our Heritage of World Literature*, ed. Stith Thompson and John Gassner (New York: Dryden Press, 1942), p.258. Available at www.gutenberg.org. ——原注

中译引自《我看见了爱神》，萨福著，王命前译（燕山出版社，2014 年），第 18−19 页。——译注

[4] The source for this and all other Shakespeare quotations in this volume is *The Complete Works of Shakespeare*, 7th ed., ed. David Bevington (New York: Pearson, 2013). ——原注

中译引自《莎士比亚十四行诗集》，莎士比亚著，曹明伦译（河北大学出版社，2008 年），第 37 页。 ——译注

[5] Petrarch, "Love's Inconsistency" , in *The Sonnets of Europe*, ed. Samuel Waddington (London: Walter Scott, 1888); Bartleby.com, 2012. http://www.bartleby.com/342/. ——原注

中译引自《外国文学鉴赏辞典·古代卷》，吴笛编，飞白译（上海辞书出版社，2009 年），第 874 页。——译注

[6] 中译引自《莎士比亚十四行诗集》，莎士比亚著，曹明伦译（河北大学出版社，2008 年），第 59 页。——译注

[7] John Donne, "Holy Sonnet XIV", in *Metaphysical Lyrics & Poems of the 17th c.,* ed. Herbert J. C. Grierson (Oxford: The Clarendon Press, 1921); Bartleby.com, 1999. http://www.bartleby.com/105/. ——原注

中译引自《英国抒情诗选》，黄杲炘译（上海译文出版社，1997 年），第 34 页。——译注

[8] William Blake, "The Tiger" and "The Lamb", in Quiller-Couch, Arthur Thomas, Sir. *The Oxford Book of English Verse* (Oxford: Clarendon, 1919, [c1901]); Bartleby.com, 1999. http://www.bartleby.com/101/. ——原注

中译引自《天真与经验之歌》，布莱克著，杨苡译（译林出版社，2002 年），无具体页码。——译注

[9]　中译同上。——译注

[10]　Gerard Manley Hopkins, *Poems* (London: Humphrey Milford, 1918); Bartleby.com, 1999. http://www.bartleby.com/122/. ——原注

[11]　Emily Dickinson, "After great pain", *The Atlantic Monthly*, February 1929. ——原注
中译引自《狄金森诗选》，狄金森著，蒲隆译（上海译文出版社，2010 年），第 26 页。——译注

[12]　Georgia Douglas Johnson, "Black Woman", in *The Portable Harlem Renaissance*, ed. Daniel Levering Lewis (New York: Penguin Books, 1995). ——原注

[13]　Audre Lorde, *The Collected Poems of Audre Lorde* (New York: W. W. Norton and Company Inc., 1997). ——原注

[14]　F. Scott Fitzgerald, *The Great Gatsby* (New York: Scribner Paperback Edition, 1995), pp.160－161. ——原注
中译引自《了不起的盖茨比》，菲茨杰拉德著，巫宁坤等译（上海译文出版社，2011 年），第 152 页。——译注

[15]　John Updike, *My Father's Tears and Other Stories* (New York: Knopf, 2006), p.89. ——原注

[16]　Ibid., p.112. ——原注

[17]　Walt Whitman, *Leaves of Grass* (Philadelphia: David McKay, [ca. 1900]). Bartleby.com, 1999, http://www.bartleby.com/142/. ——原注
中译引自《草叶集（上）》，惠特曼著，赵萝蕤译（重庆出版社，2008 年），第 434－435 页。——译注

[18]　A. E. Housman, *A Shropshire Lad* (London: K. Paul, Trench, Treubner, 1896). Bartleby.com, 1999. http://www.bartleby.com/123/. ——原注
中译引自《西罗普郡少年》，霍思曼著，周煦良译（湖南人民出版社，1983 年），第 30－31 页。——译注

[19]　Wilfred Owen, *The Poems of Wilfred Owen*, ed. Jon Stallworthy (New York: W. W. Norton, 1986). Available at http://www.poetryfoundation.org/poem/176831. ——原注
中译引自《英国文学通史》，常耀信编（南开大学出版社，2013 年），第 94－95 页。由屠岸先生译出。——译注

第五章　艺术

[1]　Bruce Cole and Adelheid Gealt, *Art of the Western World* (New York: Summit, 1985), p.271. ——原注

[2]　Somerset Maugham, *The Gentleman in the Parlour: A Record of a Journey from Rangoon to Haiphong* (London: W. Heinemann, 1930). ——原注

[3]　Jonathan Lipman, *Frank Lloyd Wright and the Johnson Wax Building* (New York: Rizzoli, 1986), xii. ——原注

第六章　音乐

[1]　"I Been Workin' on the Railroad", *Carmina Princetonia: The University Song Book*, 8th Edition (Martin R. Dennis & Co., 1894), pp. 24－25. ——原注

[2]　"John Henry", Author anonymous. Lyrics vary from version to version. This version available at http:// www.ibiblio.org/john_henry/early/. ——原注

[3]　Joan Baez, "Joe Hill", http://www.ilyric.net/Lyrics/J/ JoanBaez/JoeHill.html/. ——原注

[4]　"The Moonshiner", Author anonymous. Lyrics vary from version to version. This version available at http://www.celtic-lyrics.com/lyrics/337.html/. ——原注

[5]　"Deep River", Author anonymous. First published in Marsh, J. B. T., *The Story of the Jubilee Singers: with Their*

Songs (London: Hodder & Stoughton, 1876). ——原注

[6]　"His Eye Is on the Sparrow", Civilla De. Martin, 1905. First published in Alexander, Charles, *Alexander's Gospel Songs* (Philadelphia: Westminster Publishing Co., 1908). ——原注

[7]　Alan Bullock and R. B. Wooding, eds., *20th Century Culture* (New York: Harper & Row, 1983), p.212. ——原注

[8]　Charlie Gillett, *The Penguin Book of Rock and Roll Writing*, ed. Clinton Haydin (London: Penguin, 1992), p.11. ——原注

[9]　Ibid.,, p.14. ——原注

[10]　Rolling Stone, *100 Greatest Rolling Stone Songs*. 15 October 2013. Accessed 25 June 2015. http://www.rollingstone.com/music/lists/100-greatest-rolling-stones-songs-20131015/gimme-shelter-1969-19691231. ——原注

[11]　Gillett, *op cit*, p.212. ——原注

第七章　戏剧

[1]　*Henry V*, IV, Prologue, pp.1—9, pp.22—28. ——原注
中译引自《莎士比亚全集·第三卷》,莎士比亚著,朱生豪等译(人民文学出版社,1994年),第408—409页。
——译注

[2]　Sophocles, *Antigone*, in *The Oedipus Cycle*, trans. Dudley Fitts and Robert Fitzgerald (Orlando, FL: Harcourt, 1941).
——原注
中译引自《安提戈涅》,索福克勒斯著,罗念生译,载《罗念生全集·第二卷》(上海人民出版社,2007年),第
330页。——译注

[3]　*Othello*, V, ii, pp.338—344. ——原注
中译引自《莎士比亚全集·第五卷》,莎士比亚著,朱生豪等译(人民文学出版社,1994年),第680页。——译注

[4]　*King Lear*, V, iii, pp.306—308. ——原注
中译同上,第550—551页。——译注

[5]　*Aristotle*, trans. Philip Wheelright (New York: Odyssey, 1951), p.296. ——原注
中译引自《诗学》,亚里士多德著,陈中梅译(商务印书馆,1996年),第63页。——译注

[6]　*Othello*, V, ii, pp.91—97. ——原注
中译引自《莎士比亚全集·第五卷》,莎士比亚著,朱生豪等译(人民文学出版社,1994年),第670页。——译注

[7]　*Romeo and Juliet*, II, ii, 2—3; 5—6.——原注
中译引自《莎士比亚全集·第四卷》,莎士比亚著,朱生豪等译(北京:人民文学出版社,1994年),第635页。——译注

[8]　*Hamlet*, III, iv, p.162; pp.164—165. ——原注
中译同上,第569页。——译注

[9]　*Hamlet*, III, ii, pp.1—8. ——原注
中译同上,第345页。——译注

[10]　*Hamlet*, V, ii, pp.217—222. ——原注
中译同上,第415页。——译注

[11]　*Macbeth*, V, v, pp.17—28. ——原注
中译同上,第272—273页。——译注

[12]　Jean Racine, *Phaedra*, trans. Robert Bruce Boswell. A volume in the Harvard Classics series, ed. Charles W. Eliot (New

York: P. F. Collier & Son, 1909—1914）. ——原注

中译引自《拉辛戏剧选》,拉辛著,齐放等译（上海译文出版社,1985年）,第266—267页。 ——译注

[13] *Henry IV, Pt. II*, V, v, pp.47—51. ——原注

中译引自《莎士比亚全集·第三卷》,莎士比亚著,朱生豪等译（人民文学出版社,1994年）,第331页。 ——译注

[14] Harold Bloom, *Shakespeare and the Invention of the Human* (New York: Riverhead, 1996), pp.271—272. ——原注

[15] Ibid., p.272. ——原注

[16] Molière, *Tartuffe*, trans. Richard Wilbur (New York: Roundhouse, 1997). ——原注

中译引自《莫里哀喜剧全集·第二卷》,莫里哀著,李健吾译（湖南文艺出版社,1993年）,第196页。 ——译注

[17] Oscar Wilde, *The Importance of Being Earnest* (London: Methuen & Co., 1915). ——原注

中译引自《理想丈夫与不可儿戏》,王尔德著,余光中译（辽宁教育出版社,1998年）,第157页。 ——译注

[18] Henrik Ibsen, *A Doll's House*, trans. Rolfe Fjelde, in *Literature of the Western World*, ed. Brian Wilke and James Hurt (New York: Macmillan, 1988), p.1303. ——原注

中译引自《易卜生戏剧选》,易卜生著,潘家洵译（人民文学出版社,1997年）,第165页。 ——译注

[19] Eugene O'Neill, *Long Day's Journey into Night* (New Haven, CT: Yale University Press, 1955), pp.165—166. ——原注

中译引自《奥尼尔文集·第五卷》,奥尼尔著,郭继德译（人民文学出版社,2006年）,第448—449页。 ——译注

[20] 中译引自《推销员之死》,阿瑟·米勒著,英若诚等译（上海译文出版社,2008年）,第111页。 ——译注

第八章　音乐舞台艺术：歌剧、音乐剧、舞蹈

[1] John D. Drummond, *Opera in Perspective* (Minneapolis: University of Minnesota Press, 1980), p.278. ——原注

[2] William G. Hyland, *Richard Rodgers* (New York: Yale University Press, 1998), p.127. ——原注

[3] Ibid., pp.131—132. ——原注

第九章　电影与电视

[1] Gerald Mast, *A Short History of the Movies* (New York: Macmillan, 1986), p.68. ——原注

[2] Roger Ebert, "Great Movie: The Films of Buster Keaton", http://www.rogerebert.com/reviews/great-movie-the-films-of-buster-keaton, November 10, 2002. Accessed 10 April 2015. ——原注

[3] Ephraim Katz, *The Film Encyclopedia*, 3rd ed. (New York: Harper Perennial, 1998), p.121. ——原注

[4] David Denby, "A Fine Romance: The New Comedy of the Sexes", *The New Yorker*, July 23, 2007. ——原注

[5] Nick Poppy, "Frederick Wiseman", 30 January 2002. http://www.salon.com/2002/01/30/wiseman_2/. Accessed 10 April 2015. ——原注

[6] Newton N. Minow, "Television and the Public Interest", Address to the National Association of Broadcasters, Washington, D. C., May 9, 1961. ——原注

[7] Alison Bechdel, *Dykes to Watch Out For* (Ann Arbor: Firebrand Books, 1986). ——原注

第十章　宗教

[1] Wendy Doniger, *Merriam-Webster's Encyclopedia of World Religions* (Springfield, MA: Merriam-Webster, 1999), p.434. ——原注

[2] *Buddhist Scriptures*, trans. Edward Conze (London: Penguin Books, 1959), p.51. ——原注

[3] *The Republic and Other Works by Plato*, trans. B. Jowett (New York: Doubleday Anchor Books, 1989), p.470. ——原注
中译参考《游叙弗伦·苏格拉底的申辩·克力同》,严群译(商务印书馆,2003 年),第 80 页。 ——译注

[4] 同上。

[5] *Aristotle*, ed. and trans. Philip Wheelright (New York: Odyssey Press, 1951), pp.4－5. ——原注

[6] Rabbi Joseph Telushkin, *Jewish Literacy* (New York: William Morrow, 1991), p.102. ——原注

[7] *The Confessions of Saint Augustine*, Book VI (New York: Airmont Publishing Company, 1969), p.213. ——原注
中译引自《忏悔录》,圣奥古斯丁著,周士良译(商务印书馆,1996 年),第 11 卷第 5 章。 ——译注

[8] Karen Armstrong, *A History of God* (New York: Alfred A. Knopf, 1993), p.142. ——原注

[9] Edwin Arlington Robinson, "The Man Against the Sky", in *American Poetry and Prose*, ed. Norman Foerster (Boston: Houghton Mifflin, 1947), pp.1275－1276, pp.305－314. ——原注

[10] Charles S. Peirce, "How to Make Our Ideas Clear", *Popular Science Monthly* 12, January, 1878. ——原注

[11] Peirce, "The Fixation of Belief", in *The Search for Meaning*, ed. Robert F. Davidson (New York: Holt Rinehart Winston, 1967), p.259. ——原注

[12] Peirce, "How to Make Our Ideas Clear". ——原注

[13] Stephen Crane, "God fashioned the ship of the world carefully", Poem VI in *The Black Riders and Other Lines* (Boston: Copeland & Day, 1895). Available online at http://www.theotherpages.org/poems/crane02.html. ——原注

[14] Walt Whitman, *Leaves of Grass* (New York: Heritage Press, 1936), p.25. ——原注

第十一章　道德

[1] Plato, *The Republic*, trans. Benjamin Jowett (New York: Doubleday, 1973), 44ff. ——原注
中译引自《理想国》,柏拉图著,郭斌和、张竹明译(商务印书馆,1986 年),第 47－48 页。 ——译注

[2] Ibid., 44ff. ——原注
中译同上书,第 50 页。 ——译注

[3] Henry David Thoreau, "On the Duty of Civil Disobedience" (Originally published as "Resistance to Civil Government", 1849). ——原注

[4] Thomas Hobbes, *Leviathan* (London: Printed for Andrew Crooke, 1651). ——原注
中译引自《利维坦》,霍布斯著,黎思复、黎廷弼译(商务印书馆,1986 年),第 131－132 页。 ——译注

[5] Jonathan Swift, "A Modest Proposal for Preventing the Children of Poor People from Being a Burden to Their Parents or Country" (Dublin: Printed for S. Harding, 1729). ——原注

[6] John Stuart Mill, *On Liberty* (London: John W. Parker and Son, 1859). ——原注
中译引自《论自由》,约翰·密尔著,许宝骙译(商务印书馆,2005 年),第 10 页。 ——译注

[7] John Donne, "Meditation XVII", in *Devotions upon Emergent Occasions* (1623). ——原注

[8] Huston Smith, *The World's Religions* (San Francisco: Harper, 1991), pp.290－291. ——原注

[9] John A. Hutchinson, *Path of Faith*, 2nd ed. (New York: McGraw-Hill, 1973), pp.121－122. ——原注
中译引自《法句经》,了参译(圆明出版社,1991 年)。 ——译注

[10] Leo Tolstoy, "What Is Art?" trans. Alymer Maude (New York: Funk & Wagnalls, 1904). ——原注

[11] Nicholas D. Kristof, "In Japan Nice Guys (and Girls) Finish Together", *The New York Times*, April 15, 1998. ——原注

第十二章　幸福

[1] Epicurus, *The Extant Remains*, trans. Cyril Bailey (London: Oxford University Press, 1926), p.64. ——原注

[2] Ibid., p.65. ——原注

[3] *The Complete Short Stories of Ernest Hemingway* (New York: Scribners, 1982), pp.289-290. ——原注

[4] Viktor Frankl, *Man's Search for Meaning: An Introduction to Logotherapy*, preface by Gordon W. Allport (New York: Washington Square, 1998), p.90. ——原注

[5] Anne Frank, *The Diary of a Young Girl*, ed. Otto J. Frank and Miriam Pressler, trans. Susan Massotty (New York: Doubleday, 1991), p.28. ——原注

[6] Ibid., p.54. ——原注

[7] Ibid., p.190. ——原注

第十三章　爱

[1] Petronius Gaius, "Doing, a Filthy Pleasure Is, and Short", trans. Ben Jonson, in *99 Poems in Translation*, eds. Harold Pinter et al. (London: Faber and Faber, 1994). ——原注

[2] William Shakespeare, *Venus and Adonis*, in *The Annotated Shakespeare*, ed. A. L. Rowse (New York: Clarkson N. Potter, 1978), pp.7-12. ——原注
中译引自《莎士比亚全集·第十卷·诗歌卷》，莎士比亚著，方平等译（上海译文出版社，2014年），第15页。——译注

[3] Translated from the Middle English by the authors. ——原注
中译引自《坎特伯雷故事集》，乔叟著，黄杲炘译（上海译文出版社，2013年），第451页。——译注

[4] *The Rubáiyát of Omar Khayyám*, trans. Edward Fitzgerald, *The College Survey of English Literature*, rev. ed. (New York: Harcourt, Brace & World, 1951), pp.393-396. ——原注

[5] Ibid., pp.217-220. ——原注

[6] *The Essential Rumi*, trans. Coleman Barks (New York: HarperCollins, 2004). ——原注

[7] Plato, *The Symposium*, trans. B. Jowett (New York: Doubleday, 1989). ——原注
中译引自《会饮篇》，柏拉图著，王太庆译（商务印书馆，2013年），第65-66页。——译注

[8] "The Death of the Hired Man", in *The Poetry of Robert Frost*, ed. Edward Connery Lathern (New York: Holt, Rinehart and Winston, 1969). ——原注

[9] Confucius, "Classical Rites", in *Anthology of World Literature*, ed. Robert E. Van Voort (Belmont, CA: Wadsworth, 1999), pp.152-153. ——原注
中译引自《礼记集解·中》，孙希旦撰，沈啸寰、王星贤点校（中华书局，1989年），第734页。——译注

[10] Dante, *La vita nuova*, trans. D. G. Rossetti (New York: Viking, 1947), pp.547-548. ——原注
中译引自《新生》，但丁著，钱鸿嘉译（上海译文出版社，1993年），第2-3页。——译注

[11] Dante, *The Divine Comedy*, trans. Lawrence Binyan (New York: Viking, 1947), p.30. ——原注
中译引自《神曲·地狱篇》，但丁著，朱维基译（上海译文出版社，1987年），第41页。——译注

[12] Gabriel García Márquez, *Love in the Time of Cholera* (New York: Knopf, 1988), p.339. ——原注
中译引自《霍乱时期的爱情》，加西亚·马尔克斯著，杨玲译（南海出版公司，2015年），第390页。——译注

[13]　Hannah Kahn, "Signature", in *Eve's Daughter* (Coconut Grove, FL: Hurricane House, 1962), p.17. Reprinted by permission of the poet. ——原注

第十四章　生之肯定

[1]　中译引自《亨利五世》，莎士比亚著，梁实秋译 (中国广播电视出版社，2001 年)，第 163、165 页。按原文稍做分行。——译注

[2]　Sherwin B. Nuland, *How We Die* (New York: Knopf, 1993), p.10. ——原注

[3]　Christopher Hitchens, "Topic of Cancer", *Vanity Fair*, November, 2010. ——原注

[4]　Oscar Wilde, *The Picture of Dorian Gray* (New York: Dell, 1977), p.33. ——原注
　　中译引自《道连·葛雷的画像》，王尔德著，荣如德译 (上海译文出版社，2006 年)，第 30 页。——译注

[5]　Matthew Gilbert, "Review of *House*", *Boston Globe*, November 16, 2004. ——原注

[6]　James Agee, *A Death in the Family* (New York: McDowell, Obolensky, 1957), pp.307−308. ——原注

[7]　*The Republic and Other Works*, trans. Benjamin Jowett (New York: Doubleday, 1989), p.551. ——原注
　　中译引自《柏拉图对话集》，柏拉图著，王太庆译 (商务印书馆，2004 年)，第 286 页。——译注

[8]　Johann Wolfgang von Goethe, *Faust*, trans. Walter Arndt (New York: Norton, 1976), p.294. ——原注
　　中译引自《浮士德》，歌德著，钱春绮译 (上海译文出版社，1999 年)，第 637 页。——译注

[9]　中译引自《华兹华斯诗选》，华兹华斯著，杨德豫译 (外语教学与研究出版社，2012 年)，第 3 页。——译注

[10]　*The Essential Tao*, trans. Thomas Cleary (San Francisco: Harper, 1991), p.75. ——原注
　　中译引自《庄子》，庄子著，方勇译注 (中华书局，2007 年)，第 38 页。——译注

[11]　Rabbi Joseph Telushkin, *Jewish Literacy* (New York: Morrow, 1991), p.566. ——原注

第十五章　自然

[1]　"Invitation to the Dance, No. 23", in *Wine, Women, and Song: Medieval Latin Drinking Songs Now Translated into the English,* with an Essay by John Addington Symonds (London: Chatto and Windus, 1884). ——原注

[2]　*As You Like It*, II, pp.12−17. ——原注
　　中译引自《莎士比亚全集·喜剧卷 (下)》，莎士比亚著，朱生豪译 (译林出版社，1998 年)，第 110 页。——译注

[3]　Ibid., pp.20−27. ——原注
　　中译同上。——译注

[4]　Ibid., pp.47−49. ——原注
　　中译同上，第 111 页。——译注

[5]　Ibid., II, vii, pp.58−62. ——原注
　　中译同上，第 121 页。——译注

[6]　该诗有多种译本，标题也不尽相同。此处标题及诗文皆引自《华兹华斯诗歌精选》，华兹华斯著，杨德豫译 (北岳文艺出版社，2000 年)，第 94 页。——译注

[7]　From Ralph Waldo Emerson, "Nature", first published anonymously in 1836 and as Ch. 1 in the collection titled *Nature, Addresses and Lectures,* 1849. Available at http://www.emersoncentral.com/nature.htm. ——原注
　　中译引自《论自然·美国学者》，爱默生著，赵一凡译 (生活·读书·新知三联书店，2015 年)，第 5−6 页。——译注

[8]　Walt Whitman, "Song of Myself", Canto 6, in *Leaves of Grass*, Riverside Edition, ed. James E. Miller, Jr., (Boston:

Houghton-Mifflin, 1959), p.28.——原注

中译引自《草叶集·上》，惠特曼著，赵萝蕤译（上海译文出版社，1991 年），第 66 页。——译注

[9] Herman Melville, "The Grand Armada", Ch. 89 in *Moby-Dick,* eds. John Bryant and Haskell Springer (New York: Pearson Education, 2007), pp.340－345.——原注

中译引自《白鲸》，麦尔维尔著，曹庸译（上海译文出版社，1982 年），第 541 页。——译注

[10] Henry David Thoreau, *Walden and Civil Disobedience* (New York: Barnes & Noble Classics, 2003), p.11.——原注

中译引自《瓦尔登湖》，梭罗著，徐迟译（上海译文出版社，1982 年），第 6 页。——译注

[11] Ibid., p.90.——原注

中译同上，第 103－104 页。——译注

[12] Allgemeine musikalische Zeitung (Leipzig), 1810, trans. Martyn Clarke. In David Charlton, ed., *E. T. A. Hoffmann's Musical Writings* (Cambridge: Cambridge University Press, 1989), pp.96－97, p.98.——原注

[13] Walt Whitman, "Mannahatta", No. 161 in *Leaves of Grass* (Philadelphia: David McKay, 1900). Bartleby.com, 1999. http://www.bartleby.com/142/.——原注

中译引自《草叶集·下》惠特曼著，赵萝蕤译（上海译文出版社，1991 年），第 881 页。——译注

[14] "Chicago", in *The Complete Poems of Carl Sandburg* (New York: Harcourt, Brace, Jovanavich, 1969).——原注

中译引自《桑德堡诗选》，桑德堡著，赵毅衡译（人民文学出版社，1987 年），第 1－2 页。——译注

[15] Herman Melville, "The Masthead", Ch. 35 in *Moby-Dick,* eds. John Bryant and Haskell Springer (New York: Pearson Education, 2007), pp.154－155.——原注

中译引自《白鲸》，麦尔维尔著，曹庸译（上海译文出版社，1982 年），第 222 页。——译注

[16] Mary Wollestonecraft Shelley, *Frankenstein; or, The Modern Prometheus* (Berkeley: University of California Press, 1989), p.24.——原注

中译引自《弗兰肯斯坦》，玛丽·雪莱著，刘新民译（上海译文出版社，2007 年），第 30 页。——译注

[17] Ibid., p.51.——原注

中译同上，第 48 页。——译注

[18] Kent Nerburn, *The Wolf at Twilight* (Novato, CA: New World Library, 2009), p.161.——原注

中译引自《暮光之狼》，纳尔本著，徐刘刘译（中国友谊出版公司，2011 年），第 142 页。——译注

[19] T. C. McLuhan, *Touch the Earth* (New York: Promontory Press, 1971), p.12.——原注

[20] Ibid., p.15.——原注

[21] David Kwiat, *A Traveler in Residence* (Miami: Three Star Press, 2010), 144.——原注

[22] Joseph Conrad, *Heart of Darkness* (New York: W. W. Norton, 2005), p.34.——原注

中译引自《黑暗的心脏》，康拉德著，胡南平译（译林出版社，2001 年），第 45 页。——译注

[23] Ibid., p.69.——原注

中译同上书，第 78 页。——译注

第十六章　自由

[1] 中译引自《布莱克诗选》，布莱克著，袁可嘉等译（人民文学出版社，1957 年），第 120 页。——译注

[2] Azar Nafisi, *Reading Lolita in Tehran* (New York: Random House, 2004), p.9.——原注

中译引自《在德黑兰读〈洛丽塔〉》，纳菲西著，朱孟勋译（上海人民出版社，2011 年），第 10 页。——译注

[3] Jean-Jacques Rousseau, "Principal Discourses", in *Rousseau's Social Contract and Discourses,* trans. G. D. H. Cole (New York: Everyman Library, 1923). Second Discourse, Part 2, p.1. ——原注

中译引自《论人类不平等的起源和基础》, 卢梭著, 李常山译 (商务印书馆, 1997 年), 第 111 页。——译注

[4] B. F. Skinner, *Beyond Freedom and Dignity* (New York: Bantam Books, 1972), p.37. ——原注

中译引自《超越自由与尊严》, 斯金纳著, 王映桥、栗爱平译 (贵州人民出版社, 1988 年), 第 39 页。——译注

[5] Ibid., p.39. ——原注

中译同上, 第 41 页。——译注

[6] Arthur Schopenhauer, *Essays and Aphorisms*, ed. and trans. R. J. Hollingdale (London: Penguin Books, 1970), p.65. ——原注

[7] Martin Buber, *Tales of the Hasidim* (New York: Schoken Books, 1992), viii. ——原注

[8] Jean-Paul Sartre, *Existentialism and Human Emotions*, trans. Bernard Frechtman (New York: Philosophical Library, 1947), p.15. ——原注

[9] Simone de Beauvoir, *The Second Sex*, ed. and trans. H. M. Parchley (New York: Knopf, 1969), p.79. ——原注

中译引自《第二性 I》, 波伏娃著, 郑克鲁译 (上海译文出版社, 2011 年), 第 108 页。——译注

[10] Simone de Beauvoir, *The Second Sex* [1949], trans. Constance Borde and Sheila Malovany-Chevallier (New York: Knopf, 2009), p.760. ——原注

中译引自《第二性 II》, 波伏娃著, 郑克鲁译 (上海译文出版社, 2011 年), 第 592 页。——译注

[11] Albert Camus, *The Myth of Sisyphus and Other Essays*, trans. Justin O'Brien (New York: Vintage Books, 1995), p.123. ——原注

中译引自《西西弗的神话》, 加缪著, 杜小真译 (西苑出版社, 2003 年), 第 146 页。——译注

[12] Chögyam Trungpa, *The Myth of Freedom* (Berkeley, CA: Shambala, 1976), pp.1－2. ——原注

[13] 中译引自《华兹华斯柯尔律治诗选》, 华兹华斯、柯尔律治著, 杨德豫译 (人民文学出版社, 2001 年), 第 136 页。——译注

[14] Stephen Crane, "I saw a man pursuing the horizon", Poem XXIV in *The Black Riders and Other Lines* (Boston: Copeland & Day, 1895). Available online at http://www.theotherpages.org/poems/crane02.html. ——原注

年 表

公元前	历史	人文学
约 7000 年	美洲原住民可能从北亚迁徙而来	
约 3200 年	埃及文明建立	
约 1500 年	印度教在印度地区发展	《吠陀经》《奥义书》
约 14 世纪	法老阿蒙霍特普四世确立一神教 法老图坦卡蒙重新恢复多神教	
约 13 世纪	摩西带领希伯来人出埃及	
约 1200 年	推定的特洛伊战争时期	
约 1027—256 年	中国哲学的黄金时代	老子，6 世纪 孔子 (551—479)
约 700 年	荷马和希腊神话时代	《伊利亚特》
6 世纪	佛教在印度 酒神节在雅典	乔达摩·悉达多 (564—483) 萨福 (6 世纪初) 埃斯库罗斯 (525—456)
5 世纪	雅典黄金时代	索福克勒斯 (496—406) 欧里庇得斯 (484—406) 苏格拉底 (469—399) 柏拉图 (约 427—347)
4 世纪	336—323 年，亚历山大大帝统治时期	亚里士多德 (约 382—322)
公元	**历史**	**人文学**
1 世纪	基督教在罗马	
约 400 年	410 年，哥特人洗劫罗马	奥古斯丁 (354—430)
6 世纪		穆罕默德 (570—632)
8 世纪	摩尔人占领西班牙	
10 世纪		紫式部 (978—1031) 《源氏物语》，日本，已知最早的小说
11 世纪	1066 年，诺曼征服英格兰	贝叶挂毯
12 世纪	日本封建时期，武士的崛起	吴哥窟 摩西·迈蒙尼德 (1135—1204)
13 世纪	西欧中世纪盛期	巴黎圣母院 托马斯·阿奎那 (1225—1274) 但丁·阿利吉耶里 (1265—1321)
14 世纪	奥斯曼帝国崛起 1347—1351 年，黑死病席卷欧洲	杰弗里·乔叟 (1343—1400)
15 世纪	文艺复兴全盛期肇始于意大利 1492 年，哥伦布发现新大陆	达·芬奇 (1452—1519) 米开朗基罗 (1475—1564) 拉斐尔 (1483—1520)
16 世纪	1517 年，马丁·路德提出宗教改革论纲 1519 年，科尔特斯征服墨西哥 1533—1603 年，伊丽莎白一世统治时期	索福尼斯巴·安圭索拉 (约 1532—1625) 塞万提斯 (1547—1616) 威廉·莎士比亚 (1564—1616)

公元	历史	人文学
17 世纪	约 1600 年，非洲的达荷美王国建立 1603 年，日本孤立主义盛行的江户时代开始 1620 年，朝圣者登陆美洲新大陆 1643—1715 年，路易十四统治时期 1644 年，明朝灭亡 1650—1725 年，巴洛克时期	蓝色清真寺（1609—1616） 伦勃朗·凡·莱因（1606—1669） 约翰·弥尔顿（1608—1674） 莫里哀（1622—1673） 泰姬陵建成（1630—1648） 艾萨克·牛顿（1643—1727） 约翰·塞巴斯蒂安·巴赫（1685—1750）
18 世纪	奥斯曼帝国衰落 启蒙运动时期 1775—1783 年，美国独立战争 18 世纪 70 年代，工业革命肇始于英国 1789—1799 年，法国大革命	让－雅克·卢梭（1712—1778） 亚当·斯密（1723—1790） 弗朗西斯科·戈雅（1746—1828） 沃尔夫冈·阿马德乌斯·莫扎特（1756—1791） 威廉·布莱克（1757—1827） 路德维希·凡·贝多芬（1770—1827） 简·奥斯汀（1775—1817）
19 世纪	1804 年，拿破仑一世加冕 1816 年，恰卡在南非建立祖鲁王国 1827 年，第一张照片诞生 1837—1901 年，英国维多利亚时代 1854 年，美国海军准将佩里率舰队驶入日本；幕末时代 1858 年，英属印度政府在印度建立 1859 年，达尔文的《物种起源》出版 1861—1865 年，南北战争 1865 年，林肯遇刺 1894—1895 年，甲午中日战争	朱塞佩·威尔第（1813—1901） 理查德·瓦格纳（1813—1883） 卡尔·马克思（1818—1883） 亨利克·易卜生（1828—1906） 艾米莉·狄金森（1830—1886） 克劳德·莫奈（1840—1926） 文森特·梵·高（1853—1890） 西格蒙德·弗洛伊德（1856—1939）
20 世纪	1903 年，第一架飞机试飞成功 1905 年，爱因斯坦提出"相对论" 1914—1918 年，第一次世界大战 1917 年，俄国革命 1920 年，美国妇女获得选举权 1929 年，股市崩盘；美国大萧条 1938 年，水晶之夜：纳粹迫害犹太人 1939—1945 年，第二次世界大战 1942 年，联合国成立 1945 年，美国向广岛投放原子弹 1948 年，联合国支持下以色列建国 1948 年，甘地遇刺 1954—1968 年，美国民权运动 1968 年，马丁·路德·金遇刺 1989 年，柏林墙倒塌 1996 年，谷歌公司注册成立	乔治亚·欧姬芙（1887—1986） 阿尔伯特·爱因斯坦（1879—1955） 巴勃罗·毕加索（1881—1973） 玛莎·葛兰姆（1884—1991） 乔治·格什温（1898—1937） 艾灵顿公爵（1899—1974） 理查德·罗杰斯（1902—1979） 安妮·弗兰克（1929—1945） 马丁·路德·金（1929—1968） 斯蒂芬·桑德海姆（1930—2021） 托妮·莫里森（1931—2019） 菲利普·格拉斯（1937—　） 斯蒂芬·霍金（1942—2018） 托尼·库什纳（1956—　） 纽约古根海姆博物馆建成（1959） 坎耶·维斯特（1977—　） 毕尔巴鄂古根海姆博物馆建成（1997）
21 世纪	2001 年，世贸中心大厦被袭 2003 年，美国入侵伊拉克 2004 年，脸书公司注册成立 2008 年，第一位非裔美国人当选美国总统 2008—2012 年，全球经济大衰退 2010 年，"阿拉伯之春" 2014 年，极端组织"伊斯兰国"建立	

著作权合同登记号　图字：01-2016-4853

图书在版编目（CIP）数据

艺术：让人成为人：第 11 版 . 人文学通识 /（美）理查德·加纳罗，（美）特尔玛·阿特休勒著；郭峰，张萌译 .— 北京：北京大学出版社，2023.5

ISBN 978-7-301-33616-8

Ⅰ . ①艺… 　Ⅱ . ①理… ②特… ③郭… ④张… 　Ⅲ . ①人文科学－文集 　Ⅳ . ① C53

中国版本图书馆 CIP 数据核字（2022）第 222578 号

书　　　名	艺术：让人成为人——人文学通识（第 11 版） YISHU: RANG REN CHENGWEI REN——RENWENXUE TONGSHI (DI-SHIYI BAN)
著作责任者	[美] 理查德·加纳罗（Richard P. Janaro） 　[美] 特尔玛·阿特休勒（Thelma C. Altshuler）著 　郭峰 　张萌 译
责 任 编 辑	于海冰
标 准 书 号	ISBN 978-7-301-33616-8
出 版 发 行	北京大学出版社
地　　　址	北京市海淀区成府路 205 号 　100871
网　　　址	http://www.pup.cn 　新浪微博：@ 北京大学出版社 @ 阅读培文
电 子 信 箱	编辑部 pkupw@ pup.cn 　总编室 zpup@ pup.cn
电　　　话	邮购部 010-62752015 　发行部 010-62750672 　编辑部 010-62750883
印 刷 者	天津联城印刷有限公司
经 销 者	新华书店
	787 毫米 ×1092 毫米 　16 开本 　37.75 印张 　1000 千字
	2023 年 5 月第 1 版 　2024 年 3 月第 4 次印刷
定　　　价	180.00 元（精装）